二十一世纪普通高等教育人才培养“十四五”系列教...
ERSHIYI SHIJI PUTONG GAODENG JIAOYU RENCAI PEIYANG SHISIWU XILIE JIAOCAI

新编
会计电算化教程（第三版）

主　编○李　焱　唐湘娟
副主编○陈　蓝　申益美　陈　晖　温　莉

西南财经大学出版社
Southwestern University of Finance & Economics Press
中国·成都

图书在版编目(CIP)数据

新编会计电算化教程/李焱,唐湘娟主编;陈蓝等副主编.—3 版.—成都:
西南财经大学出版社,2024.2
ISBN 978-7-5504-6107-9

Ⅰ.①新… Ⅱ.①李…②唐…③陈… Ⅲ.①会计电算化—教材
Ⅳ.①F232

中国国家版本馆 CIP 数据核字(2024)第 021346 号

新编会计电算化教程(第三版)
主　编:李　焱　唐湘娟
副主编:陈　蓝　申益美　陈　晖　温　莉

责任编辑:李晓嵩
责任校对:王　琳
封面设计:何东琳设计工作室
责任印制:朱曼丽

出版发行	西南财经大学出版社(四川省成都市光华村街 55 号)
网　　址	http://cbs. swufe. edu. cn
电子邮件	bookcj@ swufe. edu. cn
邮政编码	610074
电　　话	028-87353785
照　　排	四川胜翔数码印务设计有限公司
印　　刷	郫县犀浦印刷厂
成品尺寸	210mm×285mm
印　　张	24. 625
字　　数	742 千字
版　　次	2024 年 2 月第 3 版
印　　次	2024 年 2 月第 1 次印刷
印　　数	1— 2000 册
书　　号	ISBN 978-7-5504-6107-9
定　　价	55. 00 元

第三版前言

本书以用友公司推出的 U8-10.1 财务软件为蓝本编写，主要向读者介绍了总账系统、应收账款系统、应付账款系统、固定资产管理系统、薪资管理系统、销售管理系统、采购管理系统、存货核算系统、库存管理系统等用友财务软件的相关操作知识。

本书主要有以下四个方面的特点：

第一，强调项目实训是提高财务软件操作技能的基础。

针对应用技术类人才教学特点，本书按项目给出了具有针对性的实训资料，有助于读者通过亲自动手操作从而熟练地掌握财务软件中的重点操作技能，真正做到化复杂为简单，化整体为个别，夯实财务软件中每一个基本环节的操作技能，练好财务软件操作的基本功，为能够真正地提高财务软件综合操作技能奠定坚实的基础。结合整个软件各个子系统的具体功能，各个分项目实训的数据是有机联系的，操作者只需要建立一个账套就可以完成整个项目的实训，起到了由个别到综合的实训效果。

第二，着力提高财务软件的综合操作技能是终极目标。

本书列示了一家公司连续两个月的综合财务数据。学生对该公司连续两个月的业务进行会计处理，有利于其将用友 U8-10.1 财务软件中的总账系统、应收账款系统、应付账款系统、固定资产管理系统、薪资管理系统、销售管理系统、采购管理系统、存货核算系统、库存管理系统等作为一个整体加以应用，提高其财务软件综合操作技能，为他们今后走向工作岗位解决工作中的财务软件操作问题奠定了坚实的基础。

第三，图文并茂，对财务软件操作过程进行了详细演示。

本书针对财务软件每一个操作界面都进行了详细的图示，同时对一些重点操作技能进行了文字性总结和说明，强调了财务软件操作中应注意的事项和相关操作要点，分析了财务软件操作过程中出现各种错误的原因，指出了解决问题的方法和途径，便于读者独立进行财务软件实际操作。

第四，强调了应用型人才培养的教学理念。

本书根据各相关企业、行政事业单位实际工作中的管理需要，详细地介绍了总账系统、应收账款系统、应付账款系统、固定资产管理系统、薪资管理系统的操作技能，并有针对性地指出了在实际工作中应注意的操作关键点。同时，根据实际工作的管理需要，本书给出了详细、丰富、完备的项目实训和综合实训资料，有利于学生适应未来的工作岗位，从而为企业和事业单位培养出高素质的实用技能人才。

本书中的会计电算化概述、基础设置系统、总账系统、应收账款系统、应付账款系统部分由唐湘娟（广州铁路职业学院）编写，固定资产管理系统部分由陈蓝（贵州建设职业技术学院）编写，薪资管理系统部分由李焱（广州科技贸易职业学院）编写，库存管理系统、采购管理系统、销售管理系统部分由申益美（广州铁路职业学院）编写，存货核算系统部分由陈晖（广州铁路职业学院）编写，会计电算化综合实训部分由李焱（广州科技贸易职业学院）和温莉（广州科技贸易职业学院）编写，李焱负责全书的统稿和审核工作。

本次修订，我们按照最新的税率对实训内容进行了修改，并改正了原书的个别错误。由于编者水平有限，在编写过程中难免存在一些不足之处，敬请读者批评和指正。主编联系方式：liyan5903@126. com。

李　焱

2024 年 1 月

目录

1　会计电算化概述 ………………………………………………………………… (1)
1.1　会计电算化的发展历程 ……………………………………………………… (1)
1.2　会计电算化的定义及作用 …………………………………………………… (1)
1.3　会计电算化的发展趋势 ……………………………………………………… (2)
1.4　会计电算化的管理体制 ……………………………………………………… (3)

2　基础设置系统 ………………………………………………………………… (4)
2.1　账套的创建 …………………………………………………………………… (4)
2.2　基础设置 ……………………………………………………………………… (17)
实训一　创建账套实训 …………………………………………………………… (63)
实训二　基础设置实训 …………………………………………………………… (63)
实训三　会计科目设置实训 ……………………………………………………… (66)
实训四　项目目录实训 …………………………………………………………… (66)

3　总账系统 ……………………………………………………………………… (68)
3.1　期初余额录入 ………………………………………………………………… (68)
3.2　凭证 …………………………………………………………………………… (76)
3.3　出纳 …………………………………………………………………………… (87)
3.4　账表 …………………………………………………………………………… (94)
3.5　期末…………………………………………………………………………… (115)
3.6　会计报表的生成……………………………………………………………… (131)
实训一　数据初始化实训 ………………………………………………………… (136)
实训二　会计凭证的填制审核与记账实训 ……………………………………… (140)
实训三　出纳业务实训 …………………………………………………………… (141)
实训四　对应结转实训 …………………………………………………………… (142)
实训五　销售成本结转实训 ……………………………………………………… (142)
实训六　汇兑损益实训 …………………………………………………………… (143)

4 应收账款系统 …………………………………………………………………… (144)
4.1 设置…………………………………………………………………………… (144)
4.2 应收单据处理……………………………………………………………… (158)
4.3 收款单据处理……………………………………………………………… (164)
4.4 核销处理…………………………………………………………………… (169)
4.5 转账处理…………………………………………………………………… (172)
4.6 坏账处理…………………………………………………………………… (177)
4.7 制单处理…………………………………………………………………… (181)
4.8 单据查询…………………………………………………………………… (182)
4.9 账表管理…………………………………………………………………… (184)
4.10 期末处理 ………………………………………………………………… (187)
实训一 应收账款系统设置实训 ………………………………………………… (188)
实训二 应收账款系统日常业务处理实训 ……………………………………… (189)

5 应付账款系统 …………………………………………………………………… (191)
5.1 设置…………………………………………………………………………… (191)
5.2 应付单据处理……………………………………………………………… (203)
5.3 付款单据处理……………………………………………………………… (208)
5.4 核销处理…………………………………………………………………… (211)
5.5 转账…………………………………………………………………………… (216)
5.6 制单处理…………………………………………………………………… (221)
5.7 单据查询…………………………………………………………………… (223)
5.8 账表管理…………………………………………………………………… (226)
5.9 期末处理…………………………………………………………………… (228)
实训一 应付账款系统设置实训 ………………………………………………… (230)
实训二 应付账款系统日常业务处理实训 ……………………………………… (231)

6 固定资产管理系统 ……………………………………………………………… (233)
6.1 固定资产管理系统初始化………………………………………………… (233)
6.2 设置…………………………………………………………………………… (236)
6.3 卡片…………………………………………………………………………… (239)
6.4 处理…………………………………………………………………………… (246)
6.5 账表…………………………………………………………………………… (255)
实训一 固定资产管理系统——工作量法 ……………………………………… (259)
实训二 固定资产管理系统——年限平均法 …………………………………… (261)

7 薪资管理系统 …………………………………………………………………… (264)
7.1 薪资管理系统初始化……………………………………………………… (264)
7.2 设置…………………………………………………………………………… (268)
7.3 业务处理…………………………………………………………………… (274)
7.4 凭证查询…………………………………………………………………… (281)
实训 薪资管理实训 ……………………………………………………………… (282)

8 库存管理系统 …………………………………………………………………… (286)
8.1 初始设置…………………………………………………………………… (286)
8.2 入库业务…………………………………………………………………… (288)
8.3 出库业务…………………………………………………………………… (292)
8.4 调拨业务…………………………………………………………………… (294)
8.5 盘点业务…………………………………………………………………… (298)
8.6 报表…………………………………………………………………………… (299)
8.7 月末结账…………………………………………………………………… (301)
实训 库存管理实训 ……………………………………………………………… (302)

9 采购管理系统 …………………………………………………………………… (304)
9.1 设置…………………………………………………………………………… (304)
9.2 供应商管理………………………………………………………………… (305)
9.3 请购 ………………………………………………………………………… (307)
9.4 采购订货…………………………………………………………………… (307)
9.5 采购到货…………………………………………………………………… (309)
9.6 采购入库…………………………………………………………………… (313)
9.7 采购发票…………………………………………………………………… (315)
9.8 采购结算…………………………………………………………………… (327)
9.9 现存量查询………………………………………………………………… (329)
9.10 月末结账 ………………………………………………………………… (330)
9.11 报表 ……………………………………………………………………… (330)
实训 采购管理实训 ……………………………………………………………… (333)

10　销售管理系统 …… (335)
10.1　设置 …… (335)
10.2　销售订货 …… (336)
10.3　销售发货 …… (337)
10.4　销售开票 …… (340)
10.5　代垫费用单 …… (346)
10.6　销售现存量查询 …… (347)
10.7　月末结账 …… (348)
10.8　报表 …… (348)
实训　销售管理实训 …… (351)

11　存货核算系统 …… (353)
11.1　初始设置 …… (353)
11.2　日常业务 …… (356)
11.3　业务核算 …… (356)
11.4　财务核算 …… (361)
11.5　账表 …… (364)
实训　存货核算实训 …… (365)

12　会计电算化综合实训 …… (366)
12.1　4月份实训资料 …… (366)
12.2　5月份实训资料 …… (380)

1　会计电算化概述

1.1　会计电算化的发展历程

1.1.1　国外会计电算化的发展历程

1946年，计算机诞生后，西方的一些计算机技术发达国家着手将计算机技术应用于会计领域，并取得了一些重大突破。1954年，美国通用电气公司第一次利用计算机计算员工工资、库存存货等相关问题，并取得了一些技术成就和突破。

20世纪60年代，一些西方发达国家利用计算机技术进行会计业务处理取得了全面突破。其最重要的一个特点是，手工记账方法几乎全面被以计算机为基础的会计电算化信息系统取代，并适当提供了一些有助于公司加强管理的会计信息。

20世纪80年代，以计算机技术为基础的会计电算化信息系统得到了广泛普及和应用。其标志是，1987年10月国际会计师联合会在日本东京召开了以“计算机在会计中的应用”为中心议题的第十三届世界会计师大会。

20世纪90年代，以美国为首的西方国家在以计算机技术为基础的会计电算化信息系统方面达到了日臻成熟的阶段。在国际市场上，多达数百种财务软件在市场上销售和使用，会计软件已经成为计算机软件的一个重要组成部分。

1.1.2　我国会计电算化的发展历程

同一些西方发达国家相比，我国计算机技术发展是比较落后的，因此将计算机技术应用到会计领域也是落后了一大步。

1979年，财政部向长春第一汽车制造厂拨款500万元进行会计电算化试点工作，这是我国将计算机技术应用于会计领域的起点。1981年，中国人民大学和长春第一汽车制造厂联合召开了“财务、会计、成本应用计算机”专题研讨会。

20世纪80年代，由于国家出台了许多相关政策来发展计算机技术，因此很多计算机公司在会计电算化信息系统方面投入了大量财力进行研发，但技术仍不成熟，有待于进一步发展。

20世纪90年代，我国以计算机技术为基础的会计电算化信息系统日渐成熟，开始广泛应用于会计工作领域，出现了以用友、金蝶等为代表的财务软件。

1.2　会计电算化的定义及作用

1.2.1　会计电算化的定义

会计电算化就是以计算机技术为基础，利用专业的财务软件来进行会计业务处理，为企业管理提供相关会计信息，来实现预测、分析、决策、控制、预算等会计管理工作。

1.2.2 会计电算化的作用

第一，节约了会计从业人员的工作时间，提高了会计工作效率。

由于实行了会计电算化，在会计从业人员录制完会计凭证后，会计凭证的记账、账簿的生成、会计报表的生成以及其他会计数据的生成都由计算机在极短的时间内完成。同手工做账相比，会计电算化进行会计处理的时间大大减少，极大地提高了会计工作效率。

第二，有利于转变会计从业人员职能，加强企业管理工作。

由于实行了会计电算化，会计从业人员不必花费过多时间进行记账、计算等繁重的工作，有利于抽出更多的时间从事财务数据分析、利用财务信息进行决策等工作，从而有助于加强企业的经济管理工作。

第三，有助于减少会计从业人员，提高会计从业人员素质。

由于实行了会计电算化，会计工作的效率大大提高，因此不再需要过多的人员从事会计工作。一方面，操作财务软件需要一定技能；另一方面，会计电算化能让会计从业人员有更多时间进行会计专业知识学习，因此有利于提高会计从业人员素质。

第四，有助于会计工作规范化，提高会计工作质量。

会计电算化解决了手工做账中常出现的字体不规范、不清洁等一系列问题，有利于会计工作规范化，极大地促进了会计工作质量的提高。

第五，有助于会计理论的发展和研究。

会计电算化同手工做账相比，在会计核算的程序、会计资料保管等许多方面都有不同之处，这些问题需要会计从业人员去研究、探索，从而有利于促进会计理论的研究和发展。

1.3 会计电算化的发展趋势

随着计算机技术和网络技术的迅速发展，会计电算化技术已经日趋成熟，在企事业单位的日常经营管理活动中发挥着越来越重要的作用。结合近些年来的发展状况来看，会计电算化呈现出以下几个方面的发展趋势。

1.3.1 会计电算化发展普及化

一方面，各种类型的财务软件经过多年的应用、提高和完善，它们在企事业单位中发挥着提高工作效率、降低经营成本、减轻会计从业人员劳动强度、及时提供各种财务数据等作用；另一方面，随着计算机技术和网络技术的发展，财务软件设备的使用成本变得越来越低，各种财务软件的购置成本也变得更加便宜。这两个方面的合力让会计电算化越来越平民化、普及化，在不久的将来，有可能社会上所有的企事业单位都会采用会计电算化，从而抛弃传统的手工会计核算方式。

1.3.2 会计电算化从“核算型”向“管理型”发展

由于企业管理工作的需要，我国的会计功能逐步从“核算”功能向“管理”功能发展，强调如何利用准确的财务信息做出及时和正确的分析、决策，以满足企业管理工作的需要，实现企业利益的最大化。因此，会计电算化从最初的填制凭证、记账、生成会计报表等会计核算功能逐步向财务分析、财务决策、财务预算等企业管理功能发展，以更好地适应企业发展需要，为企业事前和事中管理及预算、控制提供及时与有效的财务数据。

1.3.3 会计电算化发展的多元化

在会计电算化发展的早期阶段，财务软件主要满足大众化的需要，主要功能是存货核算、固定资产核算、薪酬核算、会计报表编制等基本功能。随着会计电算化的发展和成熟，市场竞争日益激烈，各软件供应商为了占领市场，根据银行、电信、铁路、学校等不同行业及不同客户的管理需要，量身开发了一系列个性化的会计软件。因此，会计电算化多元化发展的趋势更加明显和突出。

1.4 会计电算化的管理体制

我国会计电算化的管理体制实行的是“统一领导，分级管理”的模式，国务院财政部门负责全国的会计电算化管理工作，县级以上各级财政部门负责本地区的会计电算化管理工作，各地企事业单位结合本单位实际管理工作需要，在当地财政部门指导下开展会计电算化工作。

各级财政部门管理会计电算化的主要任务如下：

第一，制定会计电算化工作管理制度。

第二，制定会计电算化工作发展规划。

第三，对当地会计电算化工作进行技术指导，并开展会计电算化人员培训工作。

国务院财政部门为了促进会计电算化工作的应用和发展，在 1994 年 6 月同时发布了三个有关会计电算化管理的文件，即《会计电算化管理办法》《商品化会计核算软件评审规范》和《会计核算软件基本功能规范》，特别是在 1996 年 6 月又发布了《会计电算化工作规范》。这些行政法规的出台和实施，有利于我国会计电算化工作规范化、制度化，对指导和促进全国会计电算化工作的开展起到了至关重要的作用。

2 基础设置系统

2.1 账套的创建

2.1.1 系统管理

在用友 U8-10.1 财务软件中，系统管理主要提供了账套的创建，账套的引入、删除、输出和备份，年度账套，操作员的增加和权限的分配，消除异常任务等功能。以下对系统管理的各项功能进行简单介绍。

账套的创建：一般是指为一个独立核算的会计单位建立一个完整的账簿体系。

账套的引入：已经建立账套的备份数据可以在以后时间直接引入用友财务软件中继续使用。

账套的删除：已经建立的账套，若以后不需要继续使用，可以从用友财务软件系统中删除。

账套的输出和备份：已经建立的账套数据可以备份到电脑的除 C 盘以外的硬盘和其他移动存储媒介中，以防数据丢失。

年度账套：一个会计单位多年使用财务软件进行会计业务处理，利用此功能可以选择某一年度的账套，然后查询相关年度的财务数据。

操作员的增加和权限的分配：增加系统操作人员及操作人员的权限的分配设置。

消除异常任务：在财务软件操作中，出现了一些特殊情况导致财务软件不能继续操作时，执行此功能，从而能够继续操作财务软件。

第一次进入 U8-10.1 财务软件时，首先要以系统管理员（administrator）身份进入，系统管理员具有操作所有账套的权限，首次进入系统管理是不需要录入密码的。具体操作是双击桌面上的“系统管理”快捷图标，如图 2-1 所示。

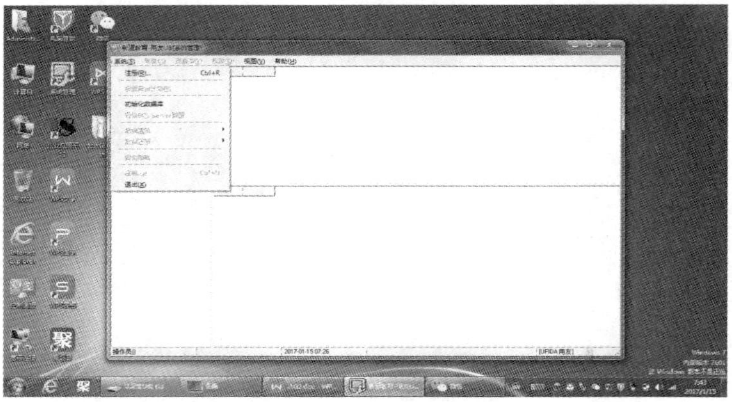

图 2-1（a）

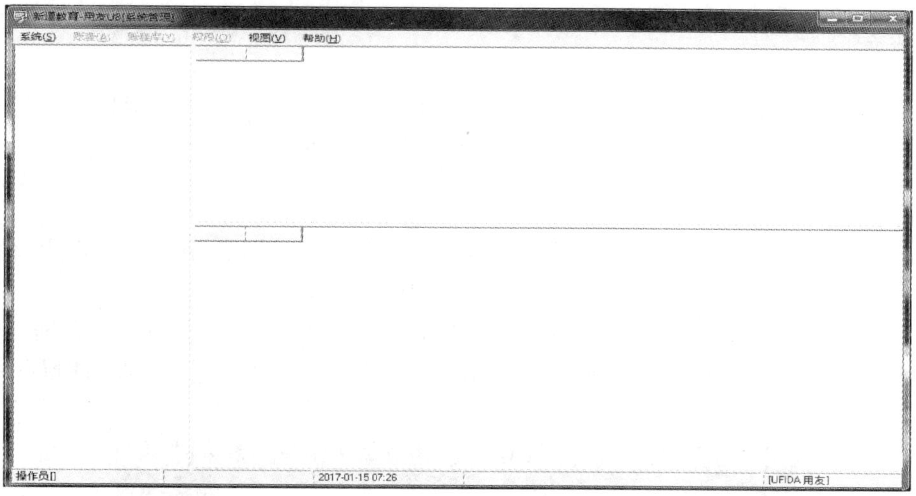

图 2-1（b）

图 2-1　启动 U8-10.1 财务软件界面

进入系统管理员界面后，弹出“登录”对话框（见图 2-2），设置相关内容后，点击“登录”按钮，打开“用友 ERP-U8［系统管理］”操作界面，如图 2-3 所示。

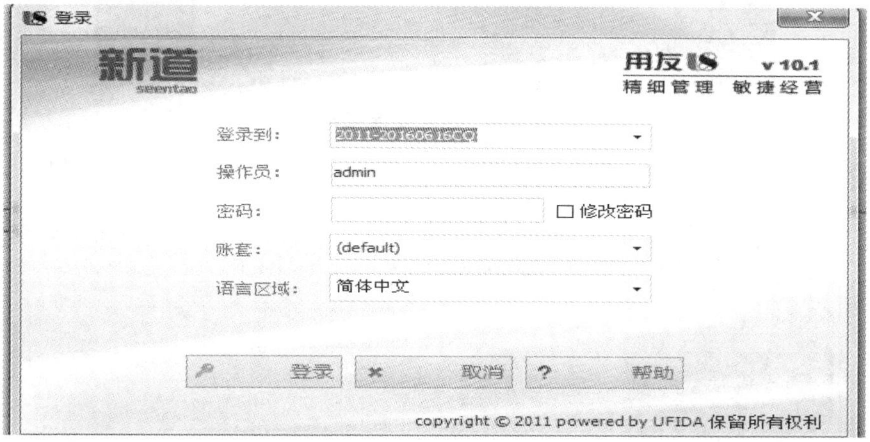

图 2-2　登录对话框

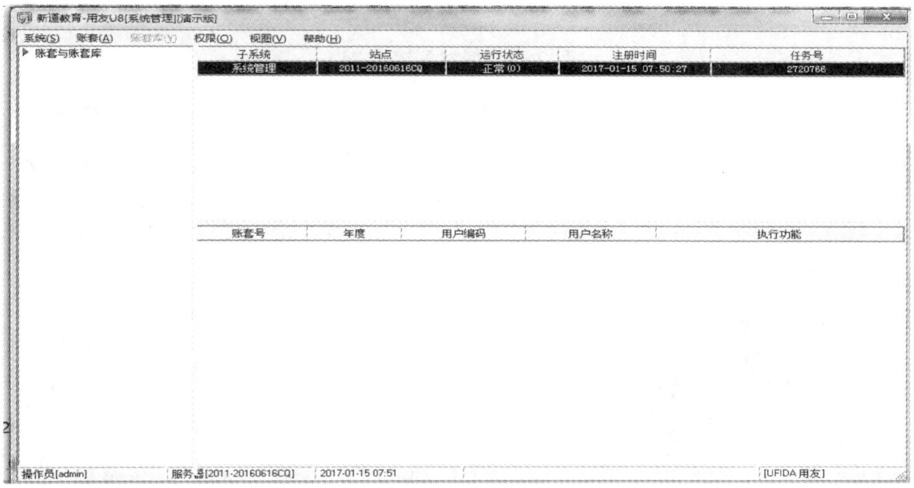

图 2-3　用友 ERP-U8［系统管理］操作界面

2.1.2 创建账套

单位账套的创建一般是指为一个独立核算的会计单位建立一个完整的账簿体系。其主要包括账套的基本信息、单位信息、核算类型、基础信息、编码方案等内容。

2.1.2.1 基本信息

基本信息主要包括已存账套、正在创建的账套号、账套名称、账套路径（软件自动将相关数据存储在 C 盘上，也可以人为改存在其他硬盘上）、账套启用的时间。

账套启用的时间在 1 月份与在其他启用时间（2 月至 12 月）对期初余额录入数据、数据录入方法的影响是不同的，在一个 U8-10.1 财务软件中，最多可以创建 999 个账套。其具体操作如图 2-4 至图 2-7 所示。

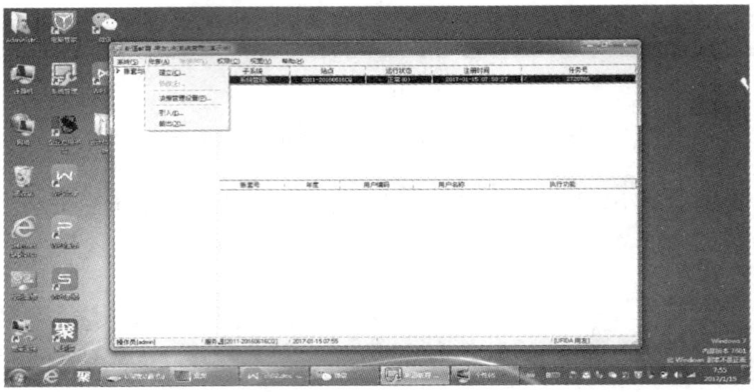

图 2-4 创建账套（1）

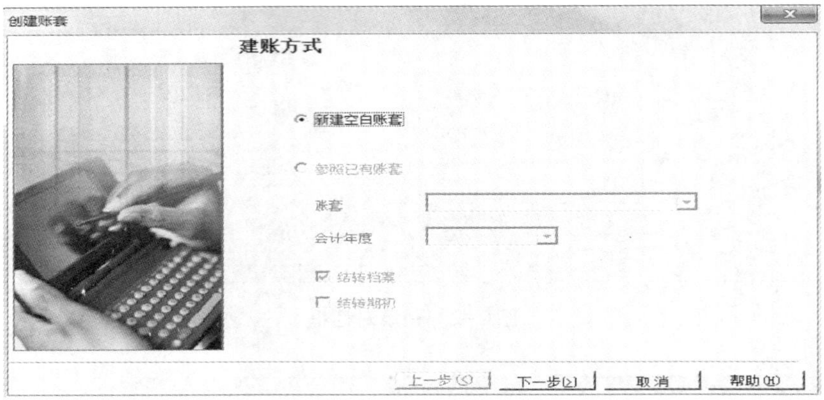

图 2-5 创建账套（2）

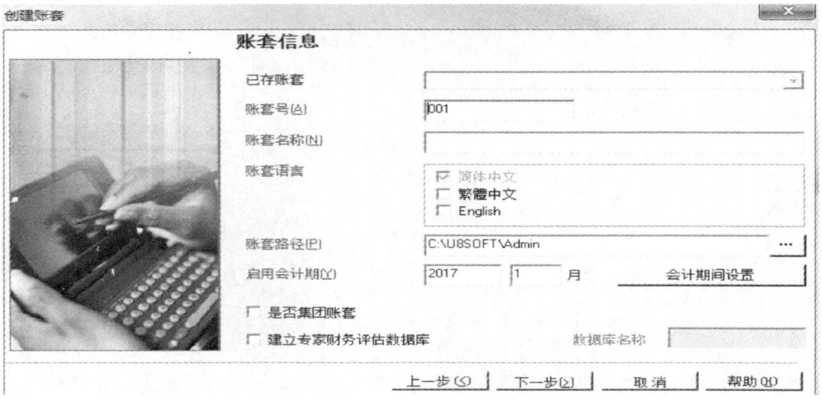

图 2-6 创建账套（3）

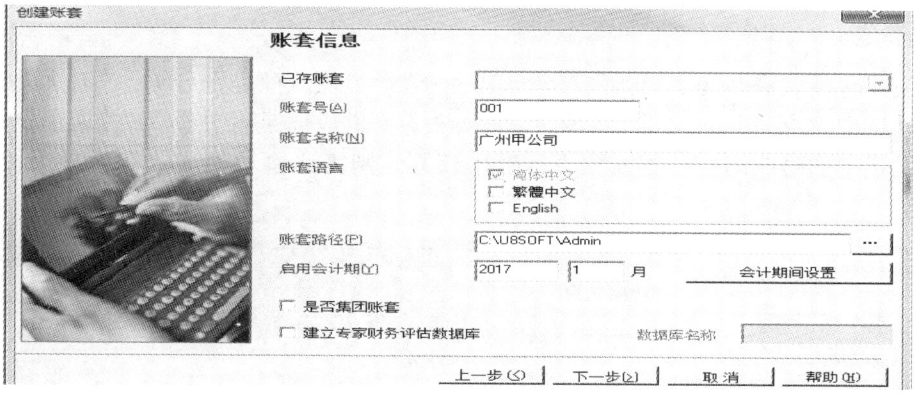

图 2-7　创建账套（4）

2.1.2.2　单位信息

单位信息主要包括单位名称、机构代码、单位简称、单位域名、单位地址、法人代表（法定代表人）、邮政编码、联系电话等内容。“单位信息”对话框设置如图 2-8 所示。

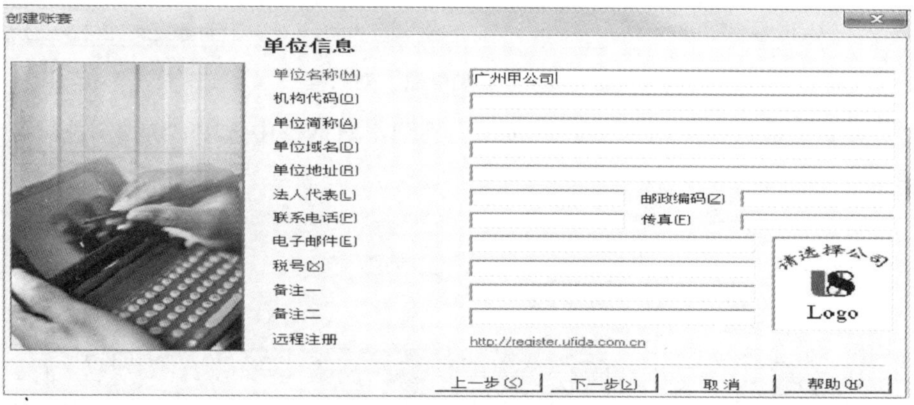

图 2-8　“单位信息”对话框设置

2.1.2.3　核算类型

核算类型主要设置“企业类型”中的工业、商业、农业等类型；“行业性质”一定要选择 2007 年新会计制度科目，否则会影响到基础设置中的会计科目项目及会计报表的编制工作。“核算类型”对话框设置如图 2-9 所示。

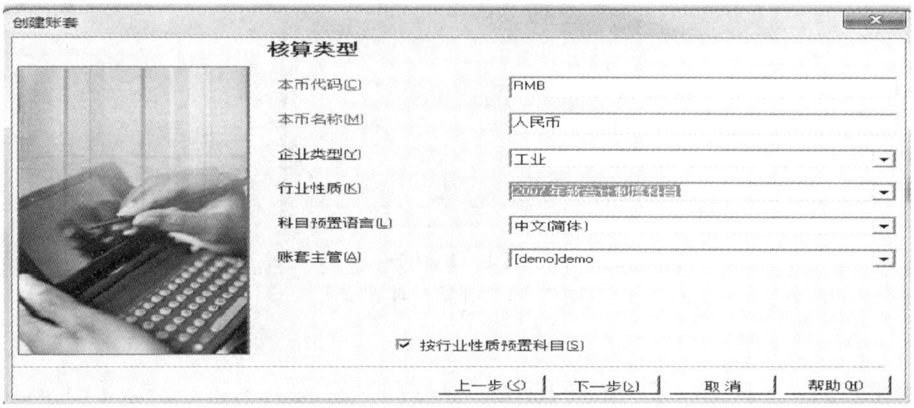

图 2-9　“核算类型”对话框设置

2.1.2.4　基础信息

基础信息主要包括“存货是否分类”“客户是否分类”“供应商是否分类”“有无外币核算”等内容。软件会自动选中“存货是否分类”“客户是否分类”“供应商是否分类”，若取消选中，将会导致无法操作基础设置中的对应内容。若需要进行外币核算，则需要手动勾选“有无外币核算”复选框，如图 2-10 所示。

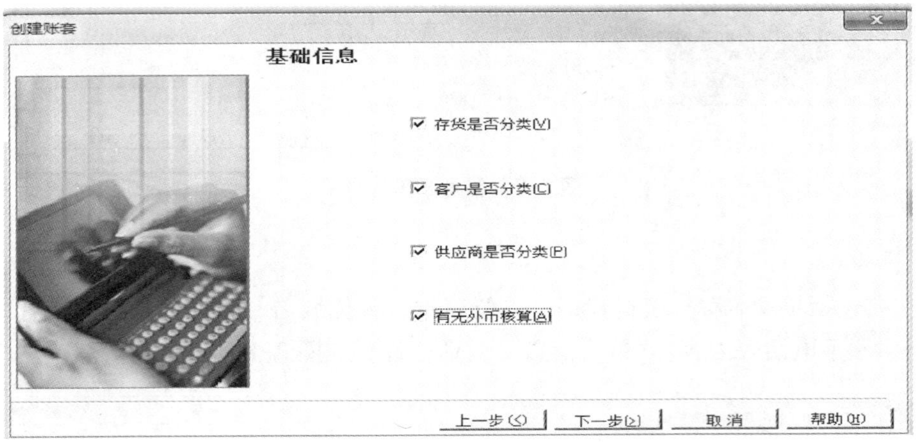

图 2-10　“基础信息”对话框

“基础信息”设置完成后，点击“完成”按钮，在弹出对话框中选中“是”，进行账套的创建，如图 2-11 所示。

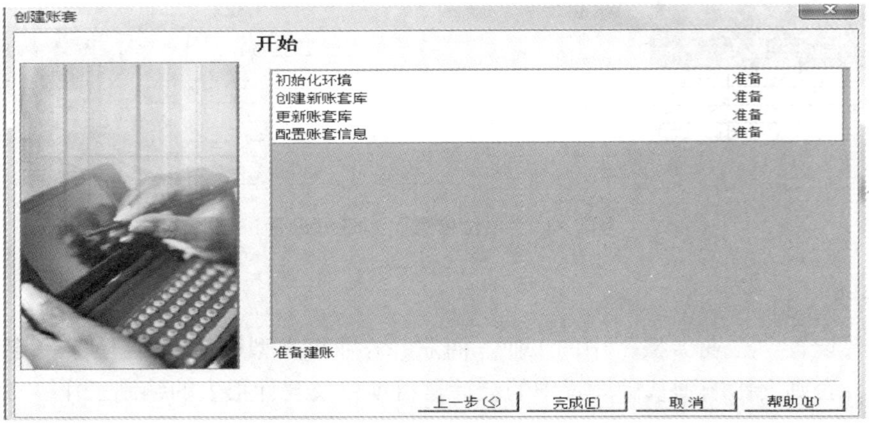

图 2-11（a）

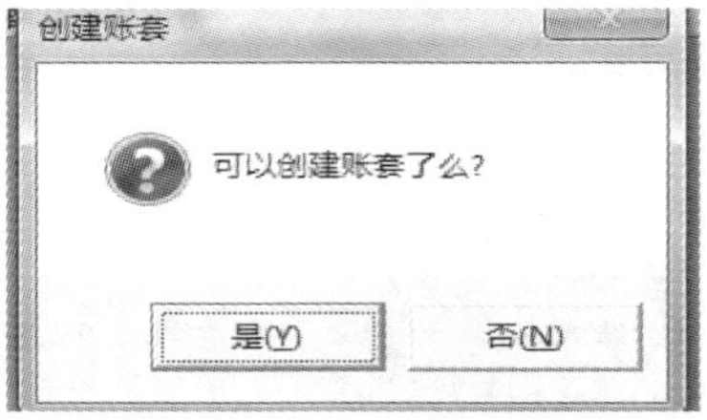

图 2-11（b）

图 2-11　开始创建账套

2.1.2.5　编码方案

编码方案可以根据企业管理要求，进行会计科目编码级次、客户分类编码级次、供应商分类编码级次等来操作。编码方案设置如图 2-12 所示，数据精度设置如图 2-13 所示，创建账套成功如图 2-14 所示。

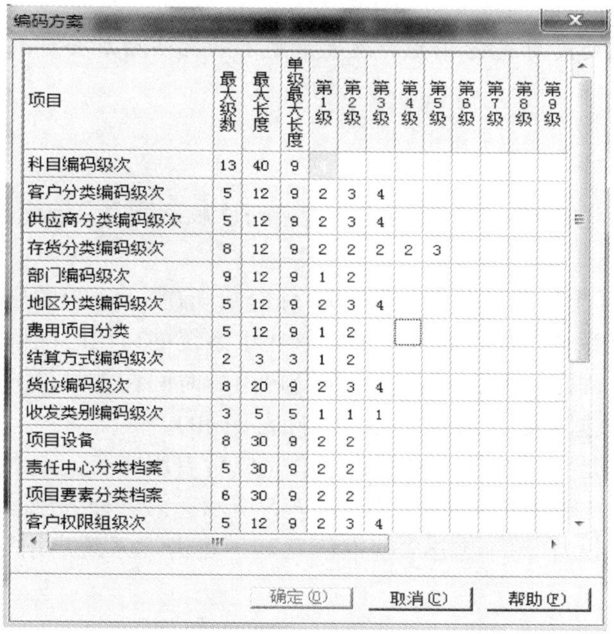

图 2-12（a）

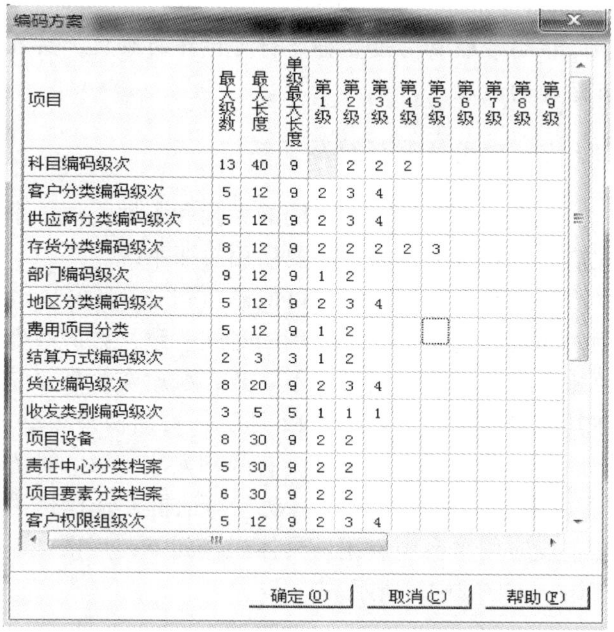

图 2-12（b）

图 2-12　编码方案

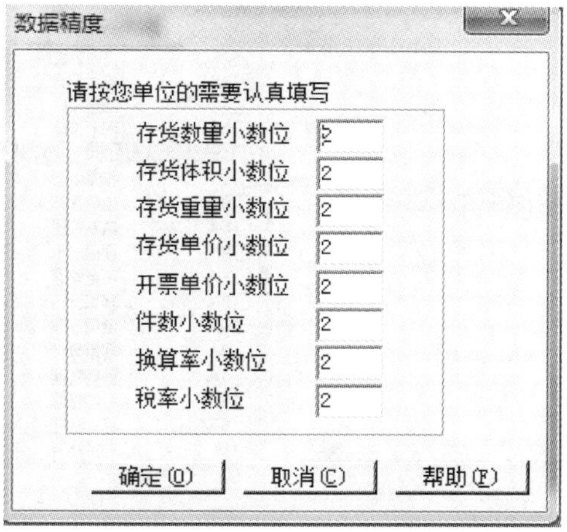

图 2-13　数据精度

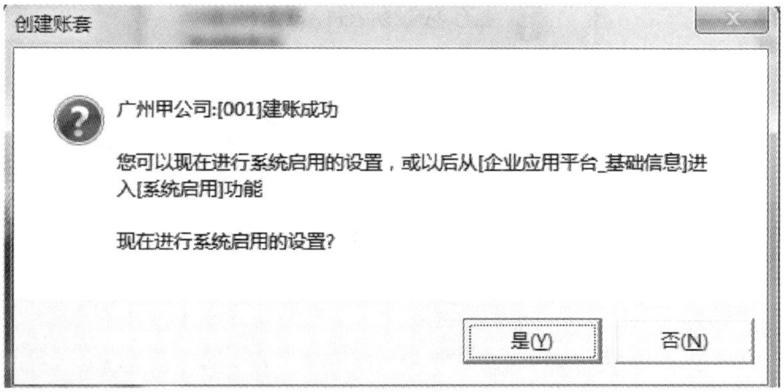

图 2-14　创建账套成功

[特别提示]

根据管理需要设置会计科目核算的级次，若在此处没有进行相关的设置，则以后无法增加会计科目核算的级次。

2.1.3 启用总账系统及子系统

总账系统是所有子系统的大脑和中枢，每一个子系统的有关数据最终会传递到总账系统中。因此，在启用子系统的同时，也要启用总账系统。

总账系统启用的时间可能是年初（1 月份），也可能是在年中（2 月至 12 月份），有些子系统的启用时间必须同总账系统启用的时间一致，如应收账款系统、应付账款系统。有些子系统的启用时间同总账系统启用的时间可以不一致，如薪资管理系统、固定资产管理系统。账套启用的时间在 1 月份与在其他启用时间（2 月至 12 月份）对期初余额录入数据、数据录入方法的影响是不同的。

启用总账系统和子系统有两种方法。第一种方法是在系统管理中创建账套完成后启用账套，点击“是”按钮，弹出“系统启动”对话框，选择相关的复选框完成操作，如图 2-15 所示。第二种方法是在企业应用平台中启用。具体操作如下：点击“基础设置”→点击“基本信息”→点击“系统启用”按钮，如图 2-16 所示。

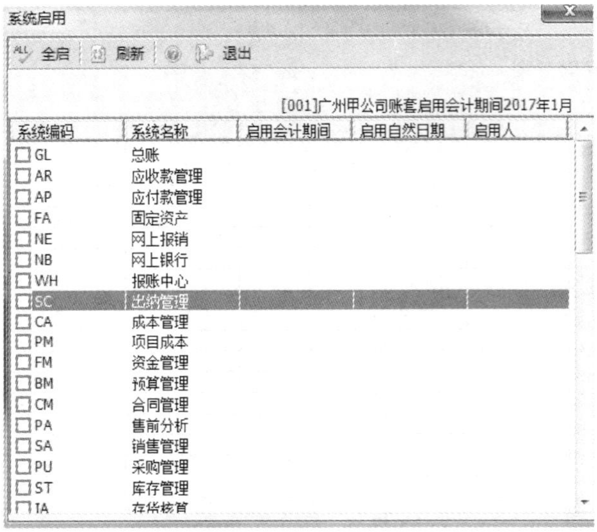

图 2-15（a）

图 2-15（b）

图 2-15（c）

图 2-15　系统启用（1）

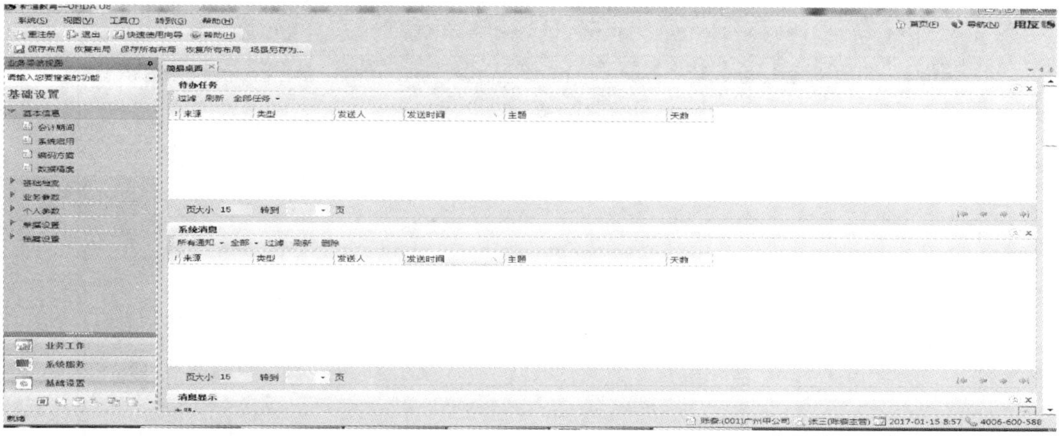

图 2-16（a）

图 2-16（b）

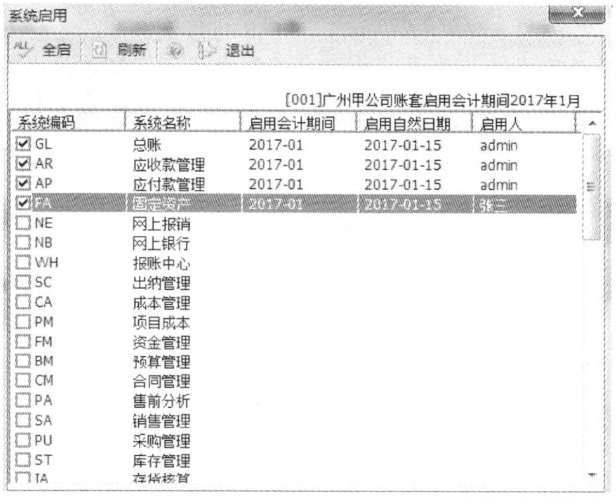

图 2-16（c）

图 2-16 系统启用（2）

2.1.4 用户管理及权限设置

账套主管拥有操作某个账套的全部权限，它有权增加操作该账套的操作人员以及根据企业管理实际需要，给每个操作人员授予适当的操作权限。

2.1.4.1 增加用户

具体操作如下：点击“权限”→点击“增加”→录入相关信息→点击“增加”按钮，如图 2-17 所示。

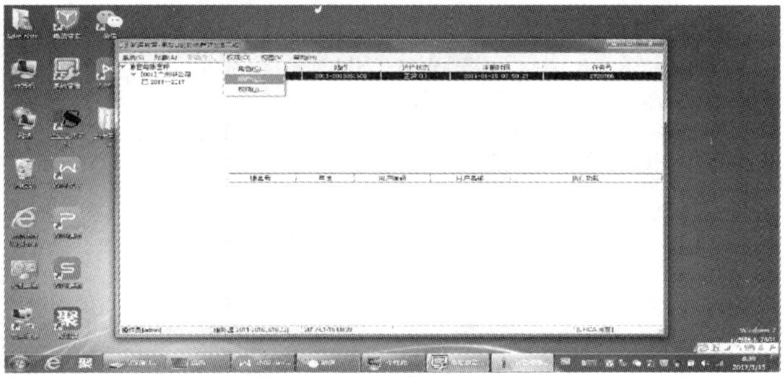

图 2-17（a）

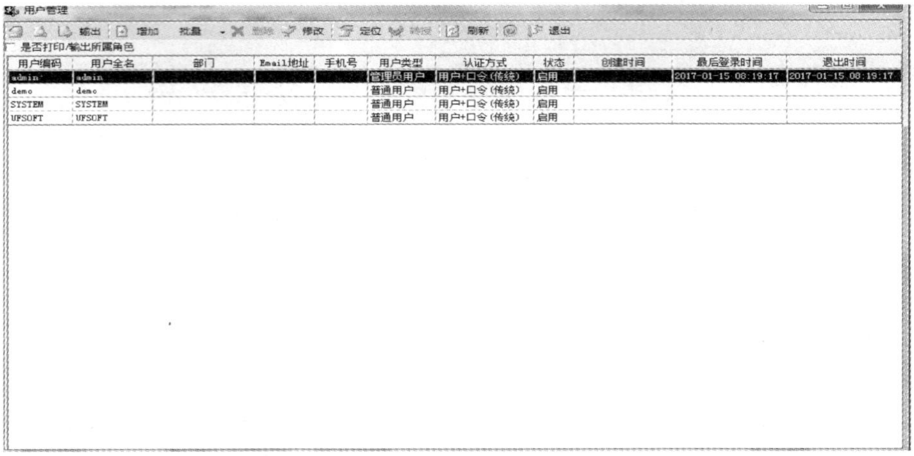

图 2-17（b）

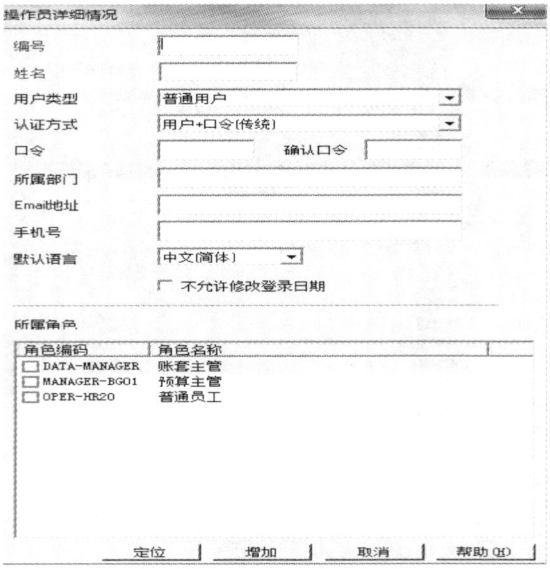

图 2-17（c）

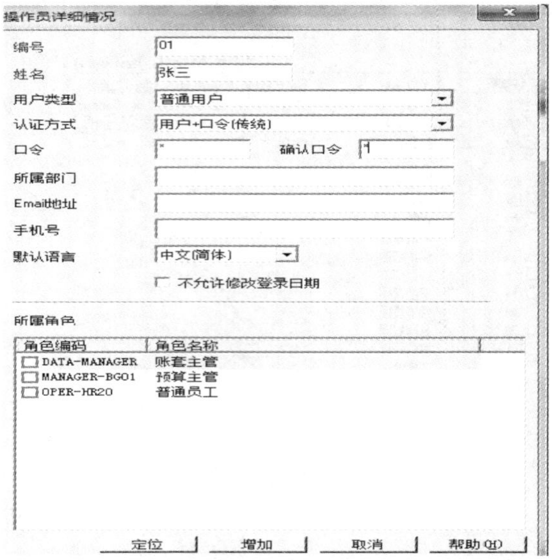

图 2-17（d）

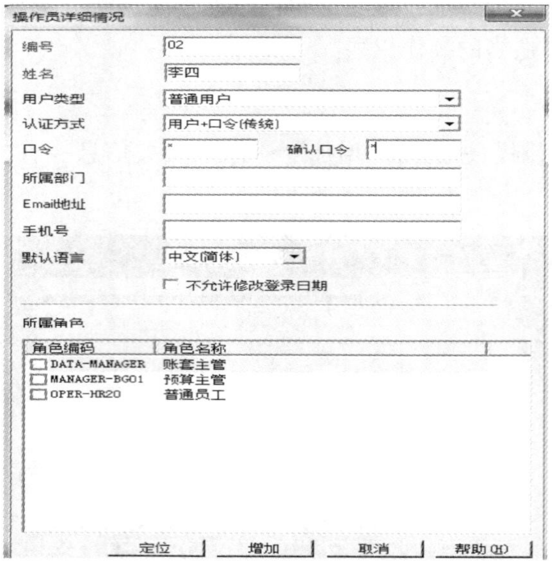

图 2-17（e）

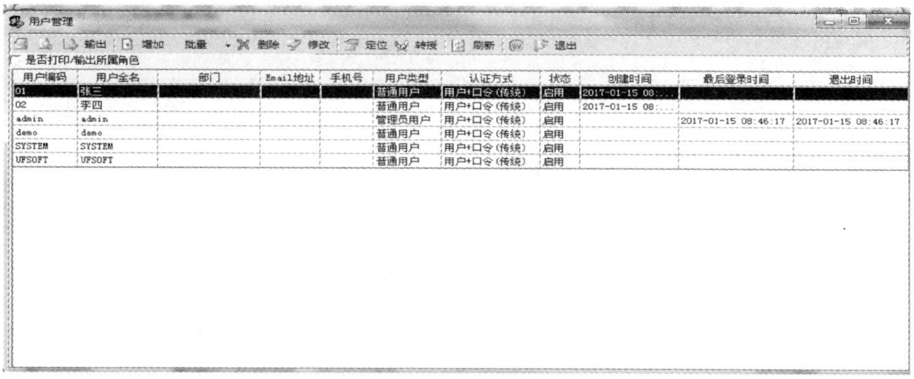

图 2-17（f）

图 2-17 增加用户

2.1.4.2 账套主管及相关操作人员权限设置

第一，账套主管的设置。在“操作员权限”窗口选中某个人为账套主管，找到某个账套，选中此账套，账套主管设置完成，如图 2-18 所示。

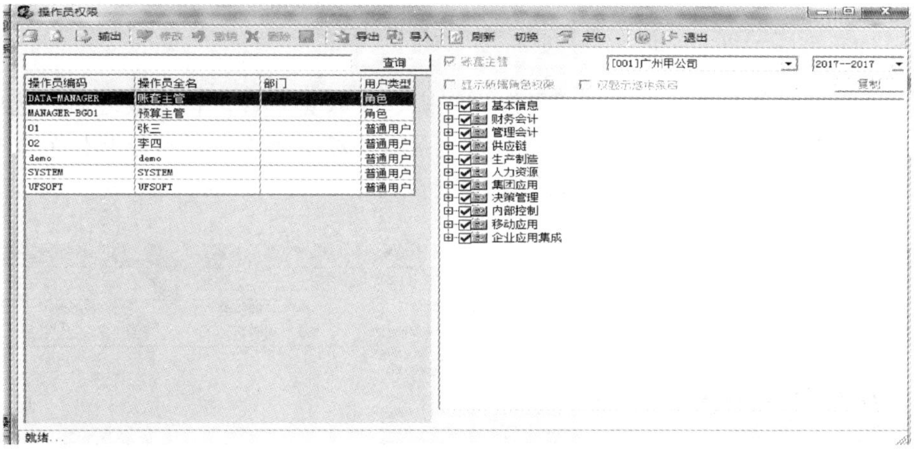

图 2-18（a）

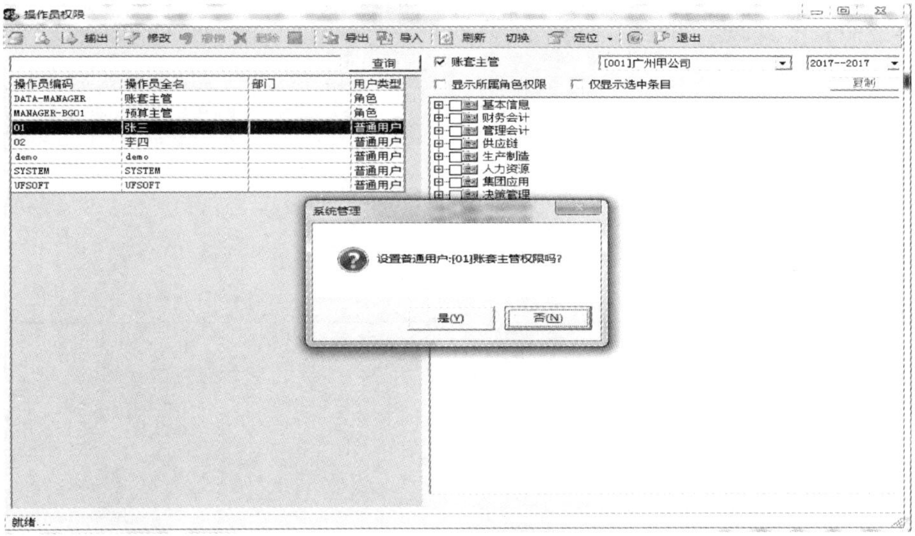

图 2-18（b）

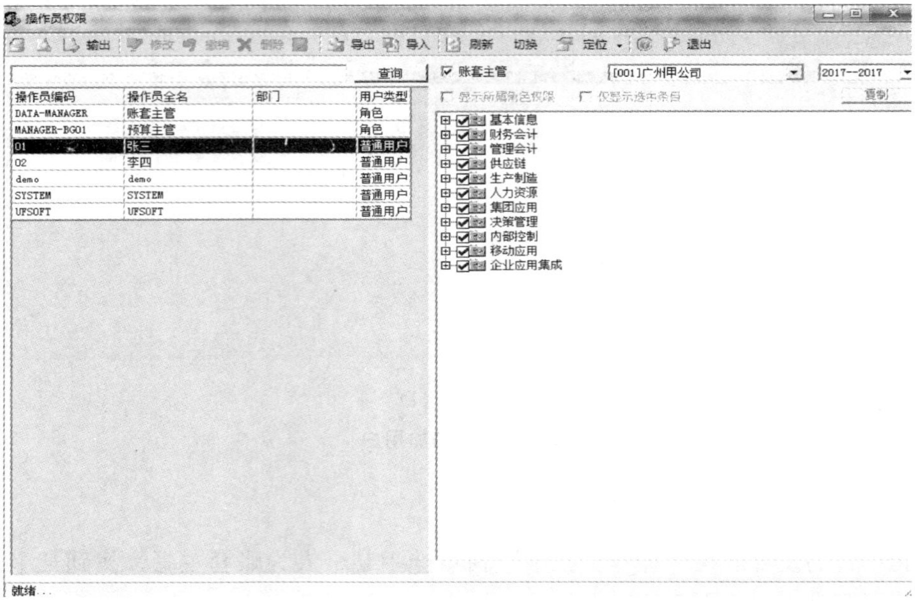

图 2-18（c）

图 2-18　账套主管设置完成

第二，账套主管给账套有关操作人员授予操作权限。在账套主管设置完成之后，选中某个操作人员，点击“修改”按钮，方能进行授权。然后，账套主管给相关操作人员授予具体的操作权限。授权完成后，点击“保存”按钮，授权完成，如图 2-19 所示。

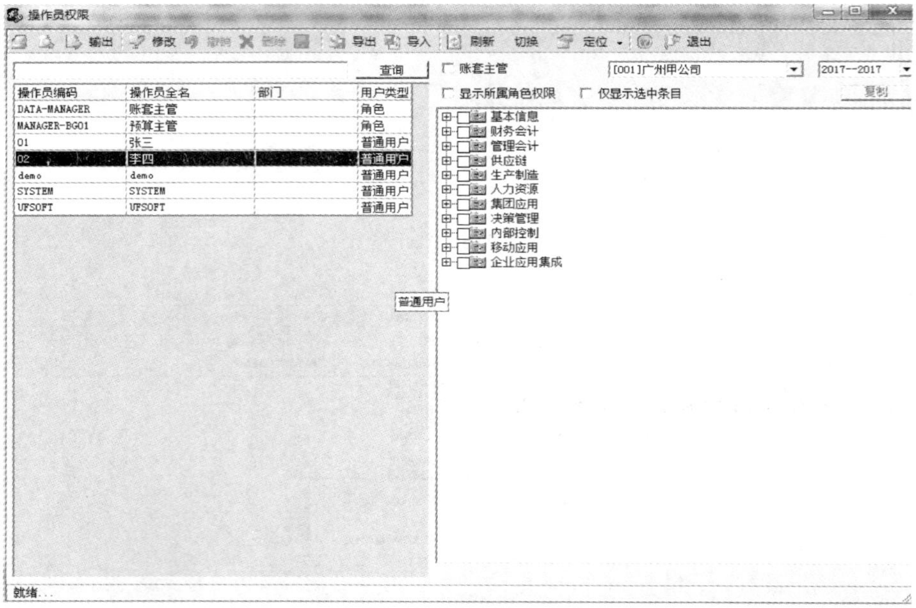

图 2-19（a）

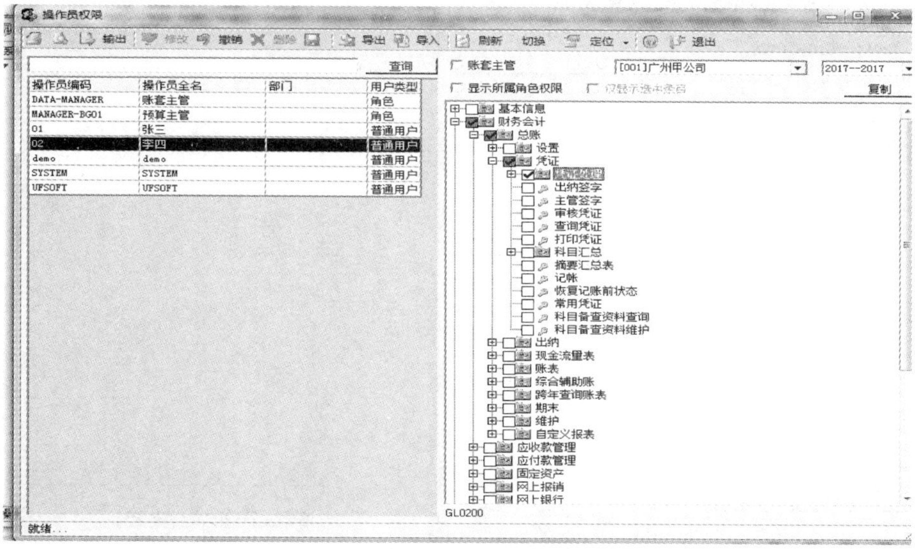

图 2-19（b）

图 2-19　授权过程完成

2.1.5　账套的引入和输出操作

在关闭财务软件之前，操作人员可以将财务软件中的数据进行备份。

调出“账套”，点击“账套输出”命令，选中相关的账套，然后点击“确认”按钮（见图 2-20）；弹出“请选择账套备份路径”对话框，选择存放地址，点击“新建文件夹”按钮（见图 2-21）；弹出“请输入新建的文件夹名称”对话框，输入文件名（见图 2-22）；点击“确定”按钮完成，如图 2-23 所示。

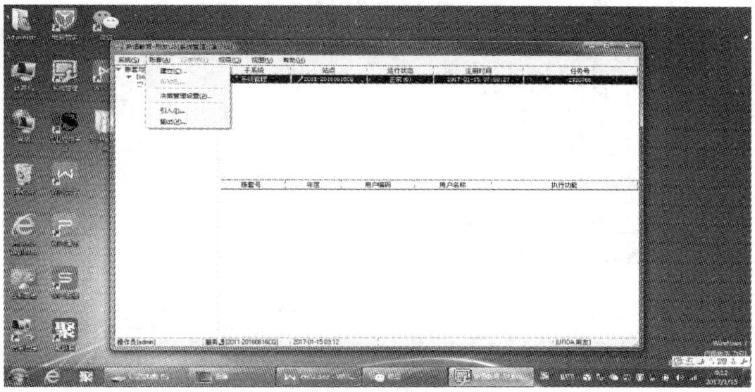

图 2-20（a）

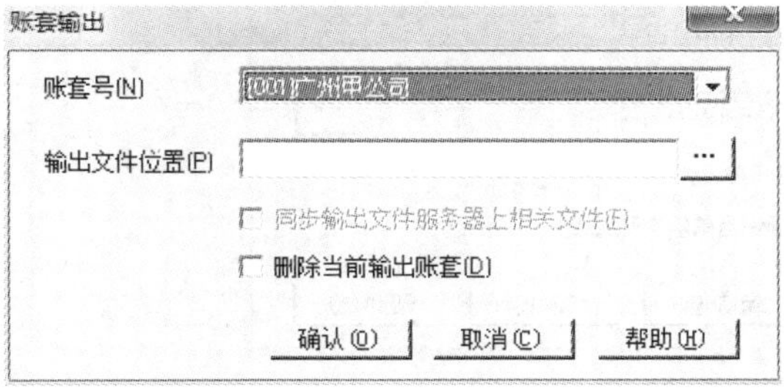

图 2-20（b）

图 2-20　账套输出

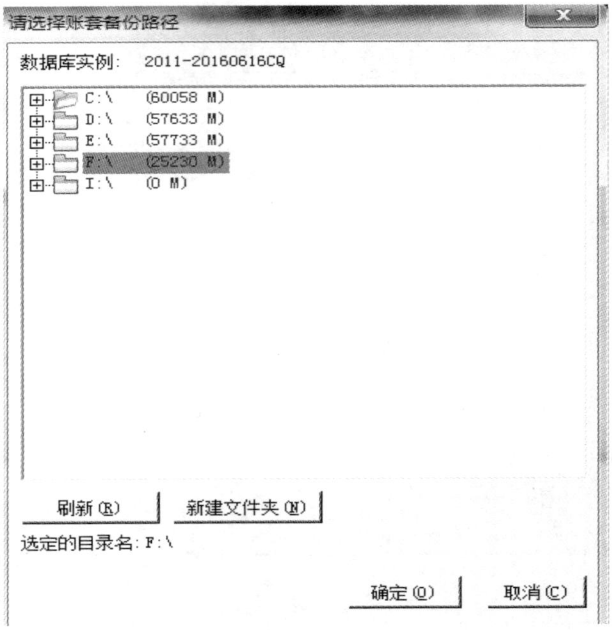

图 2-21 选择账套备份路径

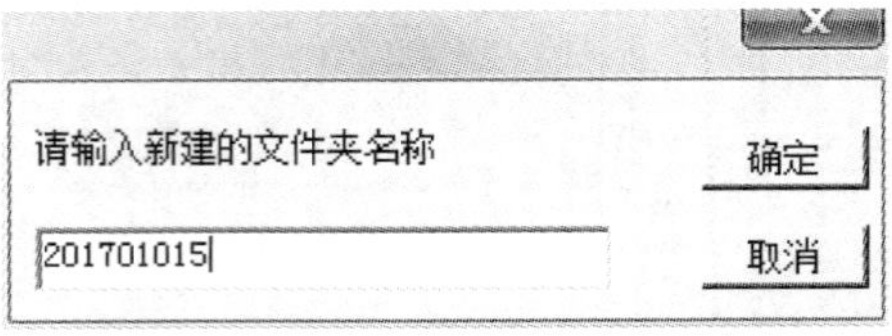

图 2-22 “请输入新建的文件夹名称”对话框

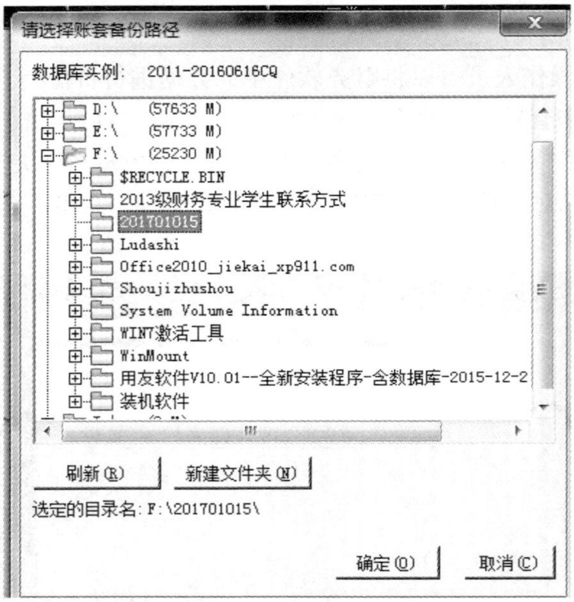

图 2-23（a）

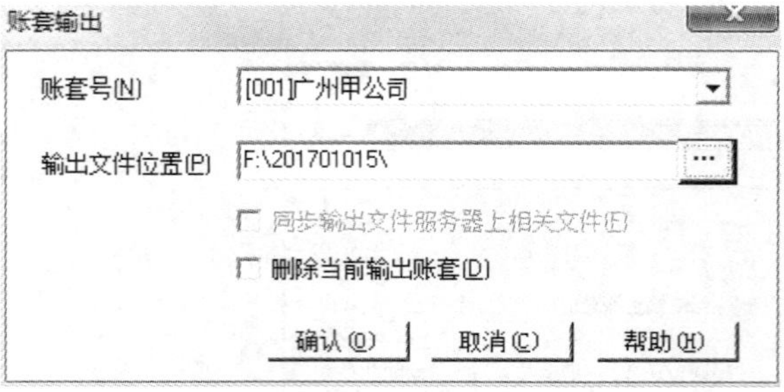

图 2-23（b）

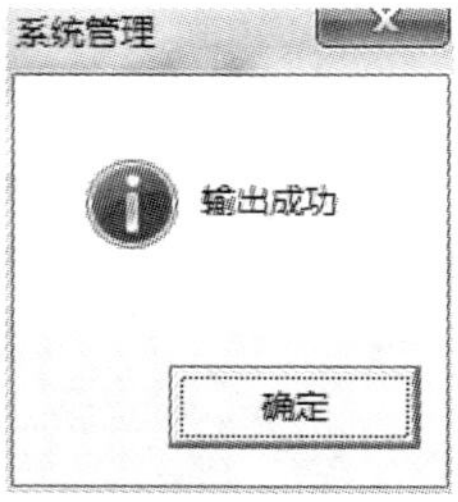

图 2-23（c）

图 2-23 输出成功

[特别提示]

- 注意建立账套的时间。
- 注意是否需要采用外币进行核算。
- 注意总账系统启用的时间要同应收账款系统、应付账款系统启用的时间一致。
- 注意建立好会计科目核算的级数。
- 行业性质只能选择2007年新会计制度科目。

若账套已经启用，以上内容不可进行更改，否则只能重新建立账套。

2.2 基础设置

基础设置是进行财务软件操作的前提和基础。只有完成了此项工作，才能进行后续操作。基础设置主要由基本信息、基础档案、业务参数、个人参数、单据设置和档案设置六大部分构成。其中，最主要的是要做好机构人员、客商信息、存货、财务、收付结算、业务、其他等相关部分的设置工作，否则无法完成后续的相关操作。

点击页面左下角的“基础设置”按钮，进行基础设置操作，如图2-24所示。

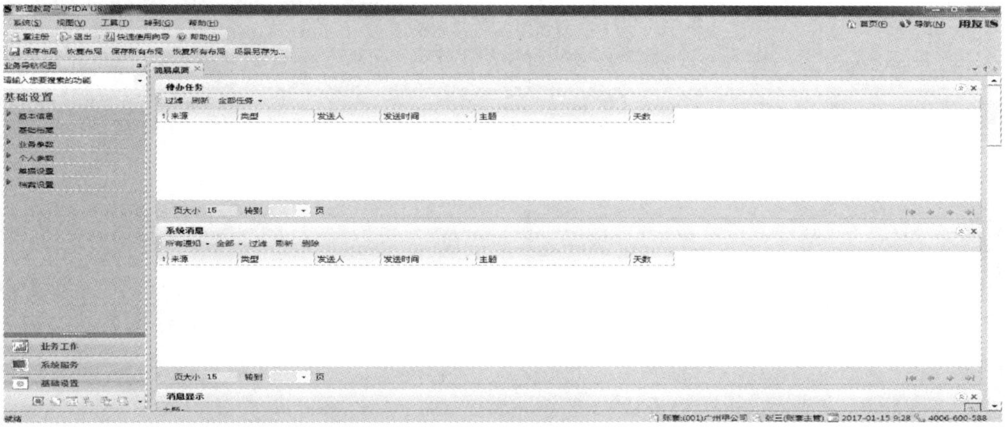

图2-24 “基础设置”对话框

基本信息由会计期间、系统启用、编码方案和数据精度四个部分组成。

设置会计期间的具体操作如下：点击“基础设置”→点击“基本信息”→点击“会计期间”按钮，如图2-25所示。

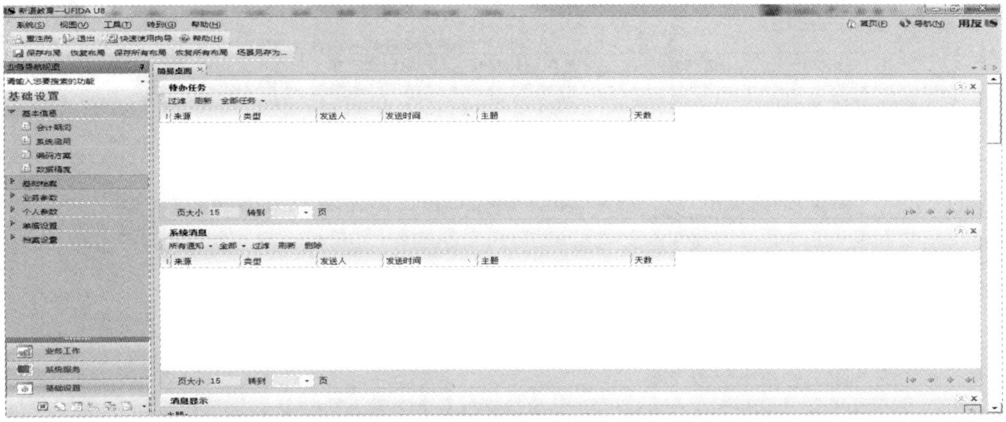

图2-25（a）

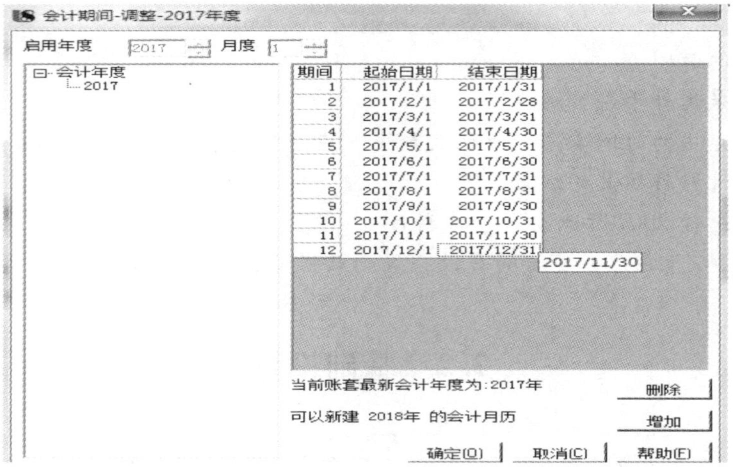

图 2-25（b）

图 2-25　会计期间

系统启用主要是用于在创建账套时没有启用相关子系统的情况，在此界面可以根据工作要求启用相关子系统。

具体操作如下：点击“基础设置”→点击“基本信息”→点击“系统启用”按钮，如图 2-26 所示。

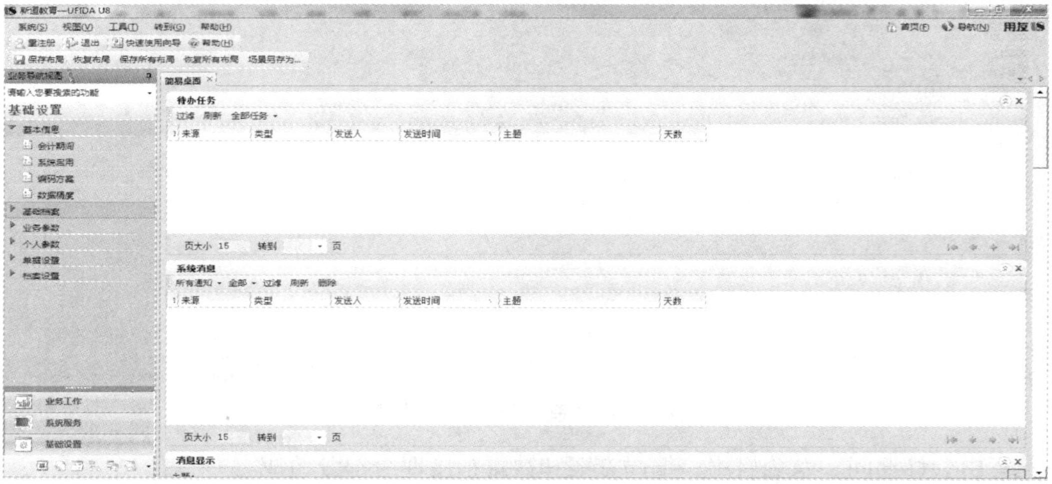

图 2-26（a）

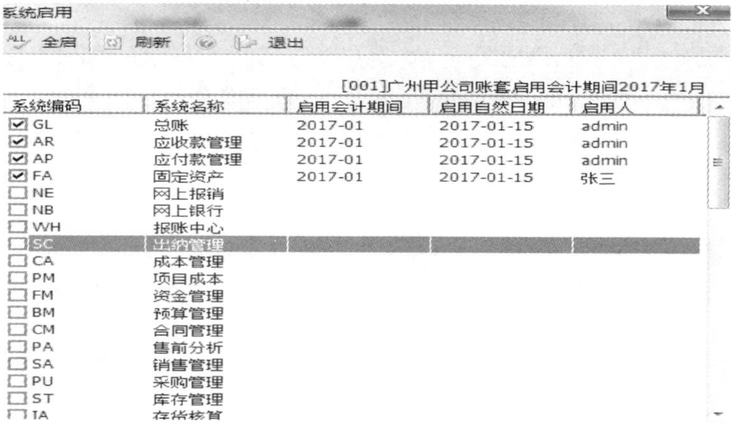

图 2-26（b）

图 2-26　系统启用

编码方案可用于查看在启用账套时已经设置好的各项编码，但不能修改编码。

具体操作如下：点击“基础设置”→点击“基本信息”→点击“编码方案”按钮，如图 2-27 所示。

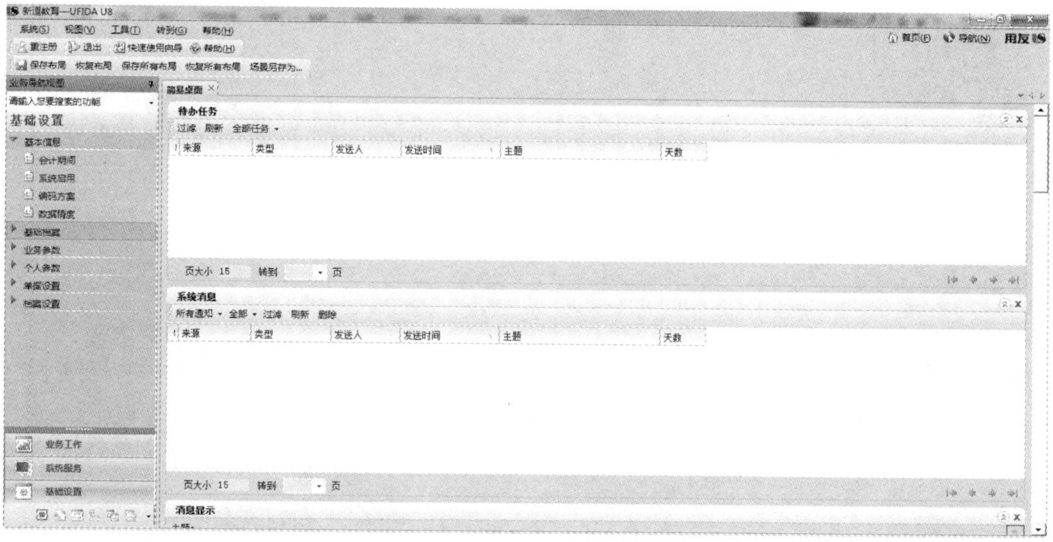

图 2-27（a）

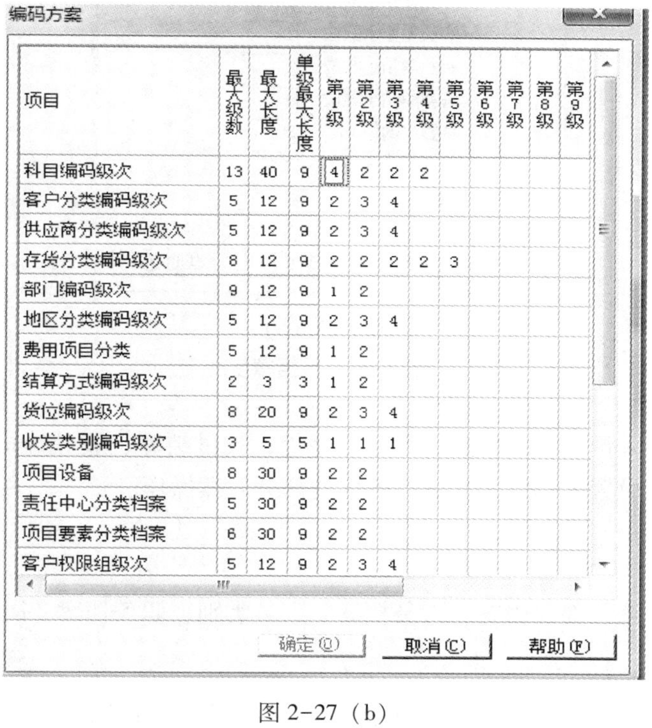
编码方案

项目	最大级数	最大长度	单级最大长度	第1级	第2级	第3级	第4级	第5级	第6级	第7级	第8级	第9级
科目编码级次	13	40	9	4	2	2	2					
客户分类编码级次	5	12	9	2	3	4						
供应商分类编码级次	5	12	9	2	3	4						
存货分类编码级次	8	12	9	2	2	2	2	3				
部门编码级次	9	12	9	1	2							
地区分类编码级次	5	12	9	2	3	4						
费用项目分类	5	12	9	1	2							
结算方式编码级次	2	3	3	1	2							
货位编码级次	8	20	9	2	3	4						
收发类别编码级次	3	5	5	1	1	1						
项目设备	8	30	9	2	2							
责任中心分类档案	5	30	9	2	2							
项目要素分类档案	6	30	9	2	2							
客户权限组级次	5	12	9	2	3	4						

确定(O) 取消(C) 帮助(F)

图 2-27（b）

图 2-27 编码方案

数据精度可用于根据工作的具体要求，修改数据需要保留的小数点位数。在创建账套时可以设置数据精度，若没有进行设置，在此时可以进行重新进行设置。

具体操作如下：点击“基础设置”→点击“基本信息”→点击“数据精度”按钮，如图 2-28 所示。

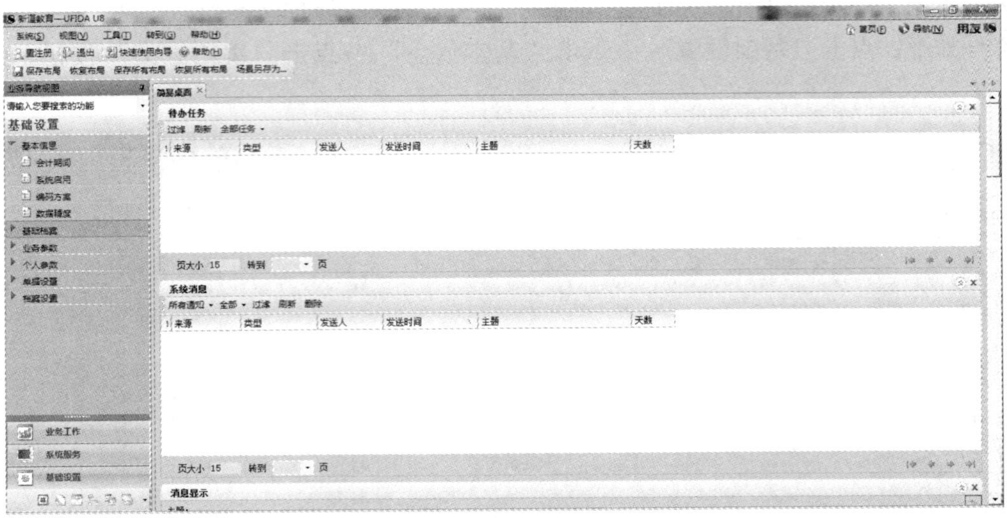

图 2-28（a）

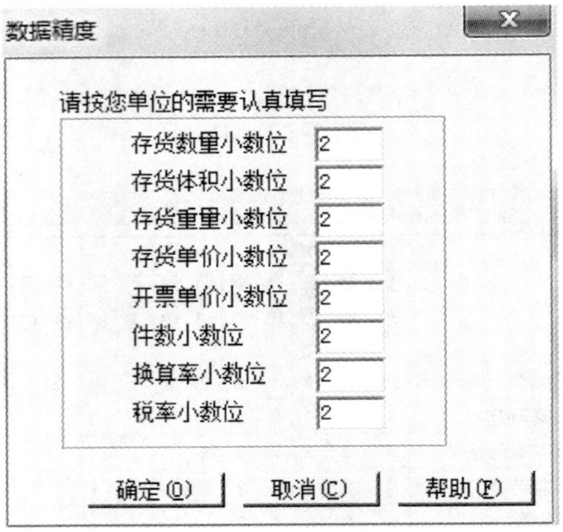

图 2-28（b）

图 2-28　数据精度

基础档案主要由机构人员、客商信息、财务、存货、收付结算、业务等构成。它是基础设置中最重要的组成部分，未完成设置工作则无法进行软件的部分后续操作。

2.2.1　机构人员

机构人员由本单位信息、部门档案、人员档案、人员类别、职务档案、岗位档案等内容组成。

2.2.1.1　本单位信息

设置本单位信息的具体操作如下：点击“基础设置”→点击“基础档案”→点击“机构人员”→点击“本单位信息”按钮，如图 2-29 所示。

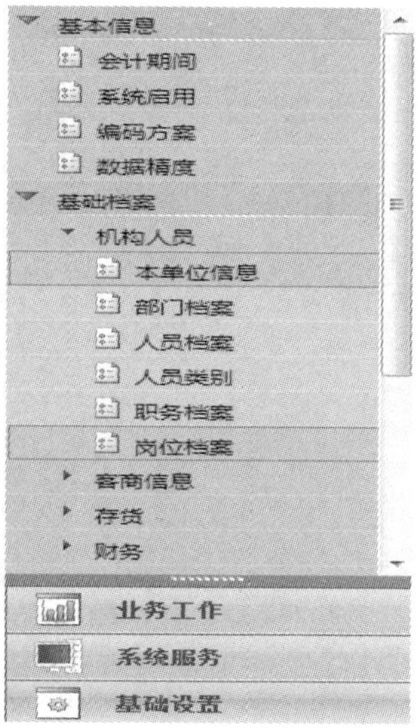

图 2-29（a）

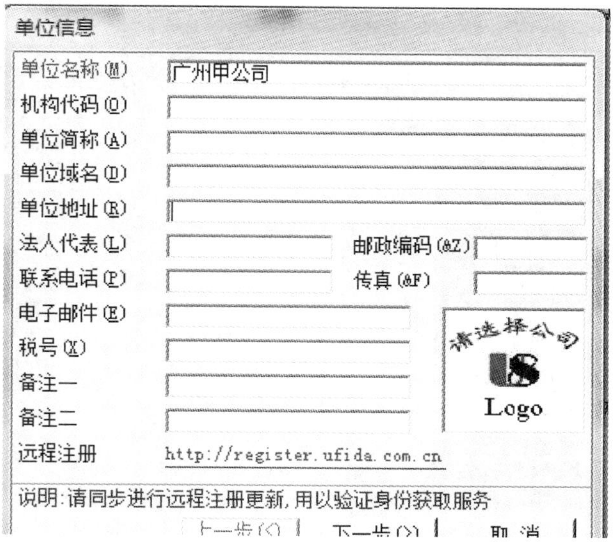

图 2-29（b）

图 2-29 “单位信息”对话框

2.2.1.2 部门档案

由于一级部门编码的位数为 1 位数，故任何一个单位只能有 10 个一级部门，它们的编码为 0~9。二级部门编码的位数为 2 位数。

具体要填写的内容有部门编码、部门名称、负责人、部门属性、电话、传真、邮政编码、地址、电子邮件、信用额度、信用等级、信用天数等内容。部门编码、部门名称、成立日期这三项为必填内容，其他内容可以根据管理需要进行填写，也可以不填，如图 2-30 所示。

具体操作如下：点击“基础设置”→点击“基础档案”→点击“机构人员”→点击“部门档案”→点击“增加”→填写相关内容→点击“保存”按钮，如图 2-30 所示。若发现相关内容有错误，点击“修改”按钮，修改完相关内容后点击“保存”按钮。

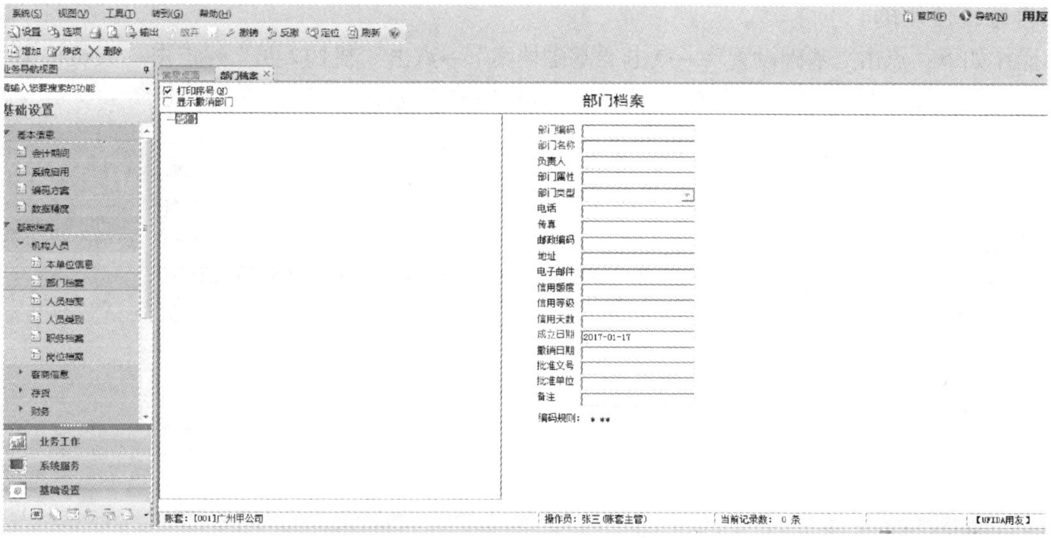

图 2-30（a）

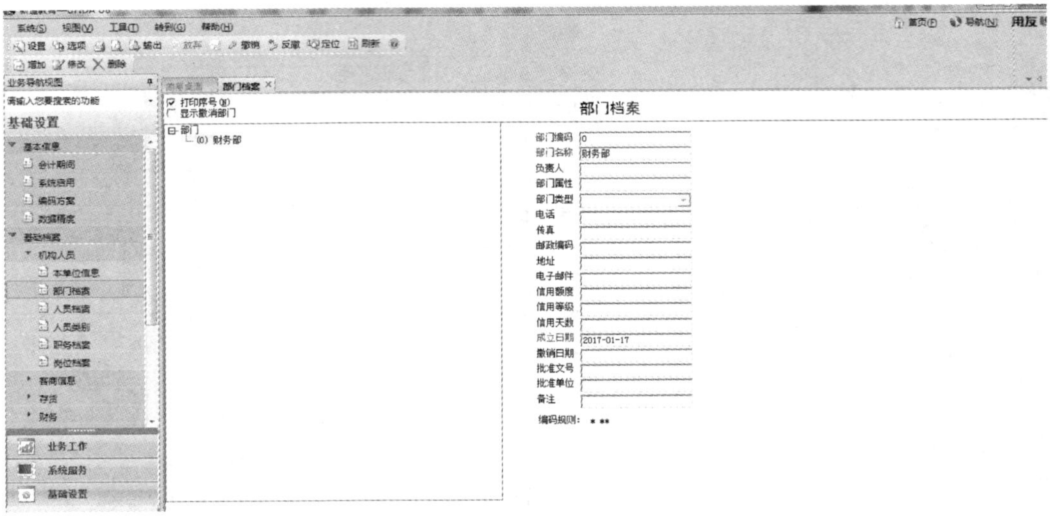

图 2-30（b）

图 2-30　部门档案

2.2.1.3　人员档案

根据所设立的部门，在每个部门增加相关的人员编码、人员姓名、性别等内容。人员编码、人员姓名、性别、人员类别、行政部门名称、生效日期、业务或费用部门名称为必填项目。银行、出生日期、人员属性、账号、证件号码为非必填项目。

根据每个人员的具体情况选择是否为操作员、是否为营业员等。只有某个人员是该系统中的操作人员，才能选择该操作人员。

人员档案如果没有选操作员、业务员等，则只能给人力资源（HR）系统使用，选择是否为业务员后，总账、供应链等系统中的人员才可以显示出来。是否为操作员选中后将自动在系统管理中添加一名操作员，该操作员可以登录系统，一般情况下可以直接在系统管理中增加操作员。在人员档案中选中操作员是为了方便，不用录入两次，但是有的模块要设置操作员与人员档案对应。是否为营业员是给连锁零售系统使用的。

具体操作如下：点击“基础设置”→点击“基础档案”→点击“机构人员”→点击“人员档案”→点击“增加”→录入相关信息→点击“保存”按钮，如图 2-31 所示。

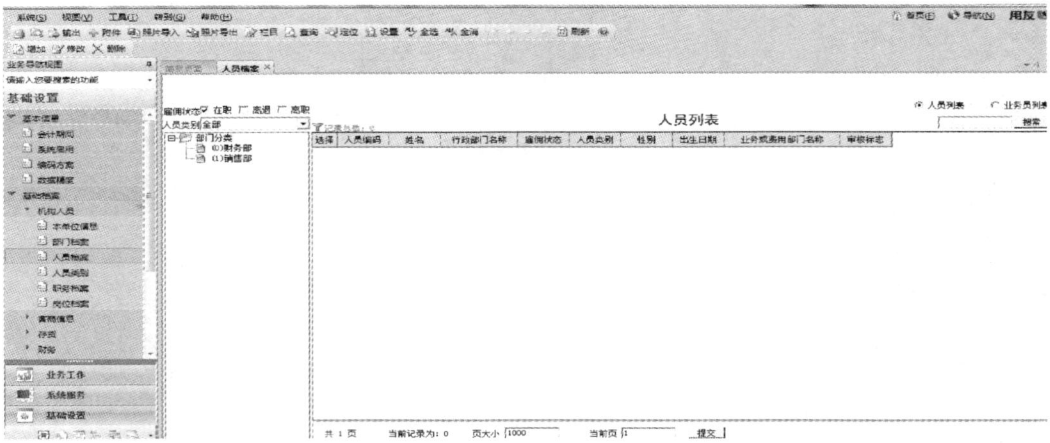

图 2-31（a）

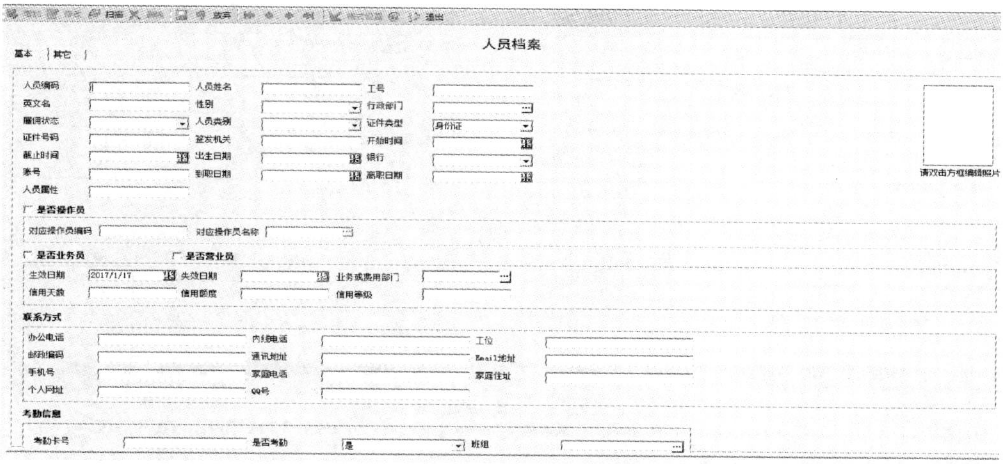

图 2-31（b）

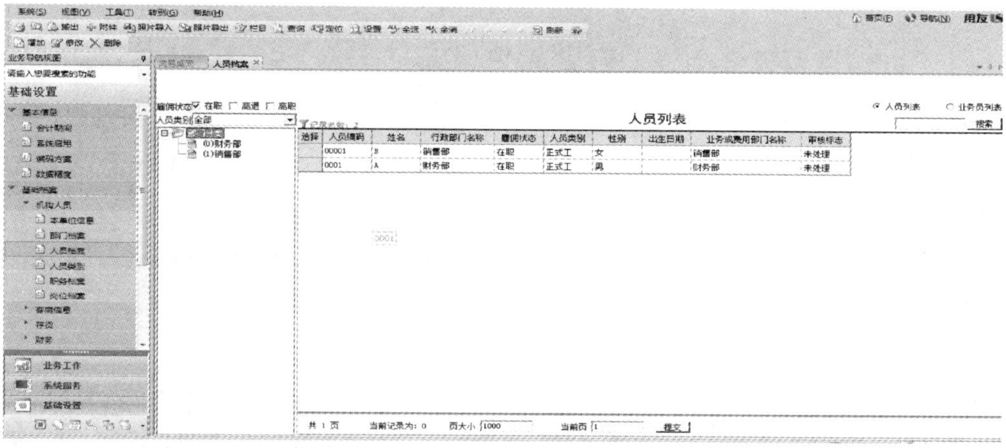

图 2-31（c）

图 2-31　人员档案

［特别提示］

· 人员类别不能选择为无类别，否则会影响薪资管理系统的相关操作。性别只能选择男或女，不能选择未知的性别。

· 人员编码不能重复，人员姓名可以重复。

2.2.1.4　人员类别

软件设置了三个原始类别，而在实际工作中，操作人员可以根据实际情况酌情增加人员类别。

具体操作如下：点击“基础设置”→点击“基础档案”→点击“机构人员”→点击“人员类别”→点击“增加”→录入相关信息→点击“确定”按钮，如图 2-32 所示。根据需要，点击“修改”按钮，可以修改相关内容。

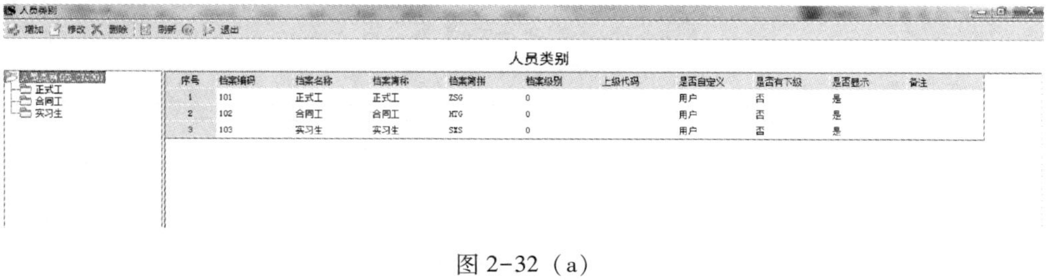

图 2-32（a）

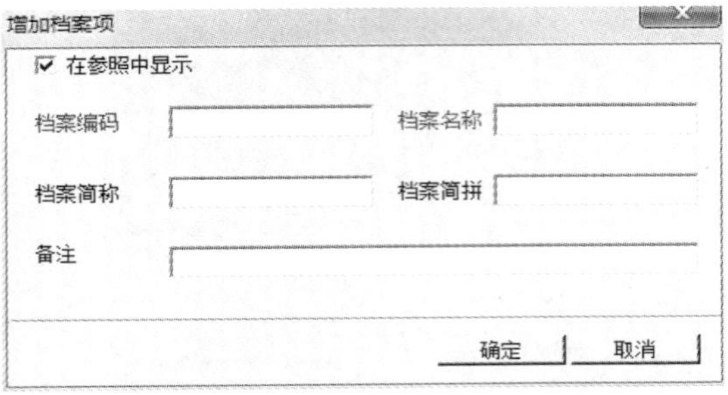

图 2-32（b）

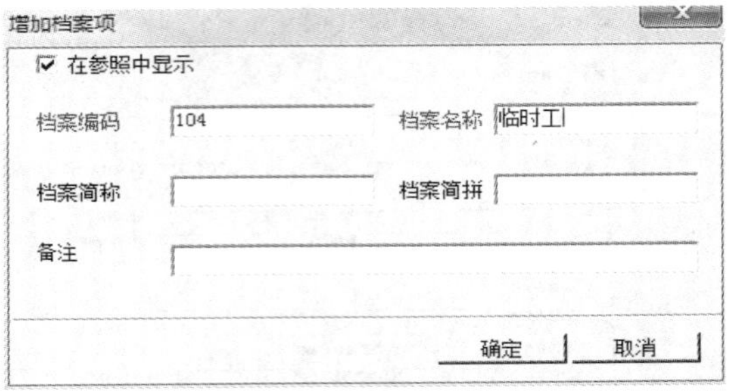

图 2-32（c）

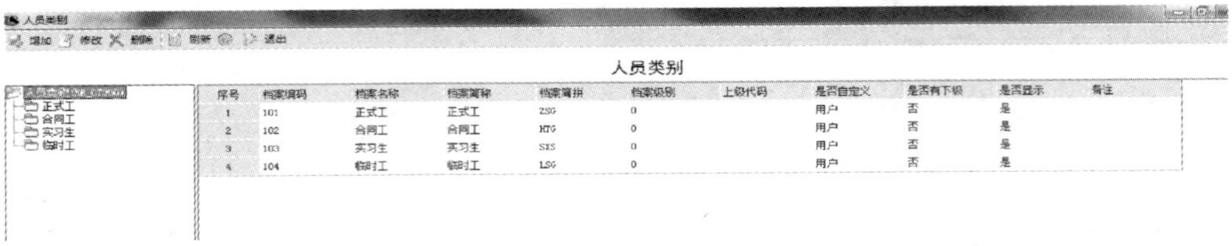

图 2-32（d）

图 2-32　人类类别

2.2.2　客商信息

客商信息主要包括供应商分类及档案、客户分类及档案两个方面内容。

对供应商、客户分类的标准取决于每个企业的管理要求，可以按地区进行分类，也可以按销售额（购买额）进行分类，还可以按其他标准进行分类。

2.2.2.1　地区分类

地区分类共有三级编码，一级编码为 2 位数，二级编码为 3 位数，三级编码为 4 位数。

具体操作如下：点击“基础设置”→点击“基础档案”→点击“客商信息 ”→点击“地区分类”→点击“增加”→录入相关信息→点击“保存”按钮，如图 2-33 所示。根据需要，点击“修改”按钮，可以修改相关内容。修改完成后点击“保存”按钮。

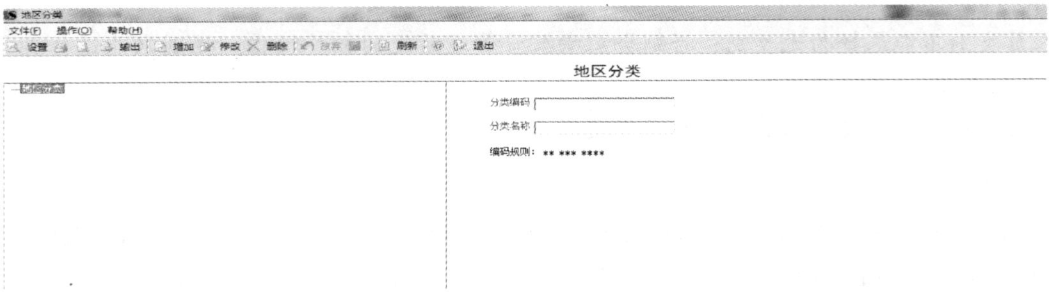

图 2-33（a）

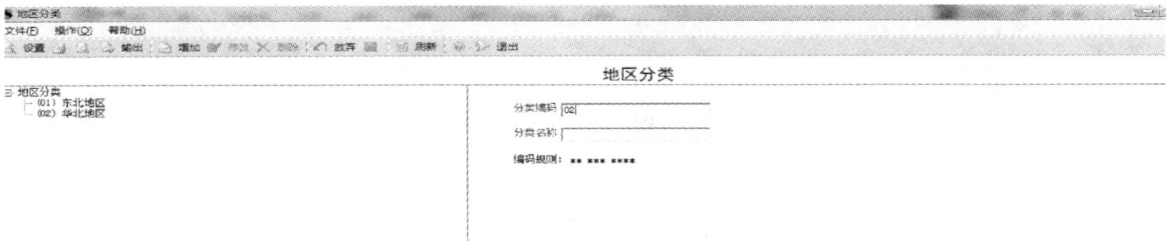

图 2-33（b）

图 2-33　地区分类

2.2.2.2 行业分类

行业分类共有三级编码，一级编码为 1 位数，二级编码为 2 位数，三级编码为 3 位数。

具体操作如下：点击“基础设置”→点击“基础档案”→点击“客商信息”→点击“行业分类”→点击“增加”→录入相关信息→点击“保存”按钮，如图 2-34 所示。根据需要，点击“修改”按钮，可以修改相关内容。修改完成后点击“保存”按钮。

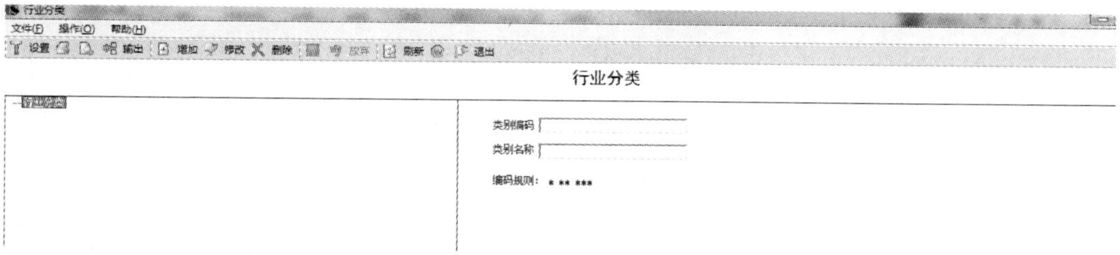

图 2-34（a）

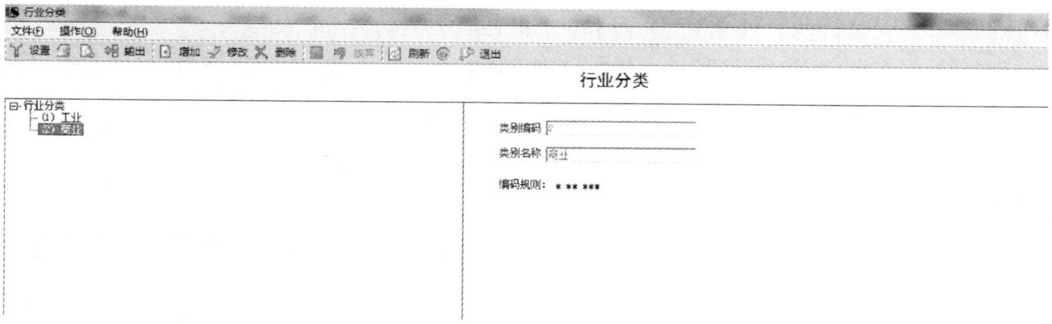

图 2-34（b）

图 2-34 地区分类

2.2.2.3 供应商分类

供应商分类共有三级编码，一级编码为 2 位数，二级编码为 3 位数，三级编码为 4 位数。

具体操作如下：点击“基础设置”→点击“基础档案”→点击“客商信息”→点击“供应商分类”→点击“增加”→录入相关信息→点击“保存”按钮，如图 2-35 所示。根据需要，点击“修改”按钮，可以修改相关内容。修改完成后点击“保存”按钮。

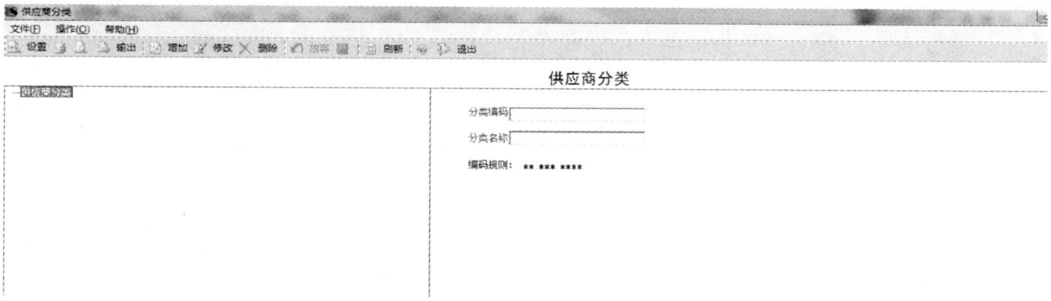

图 2-35（a）

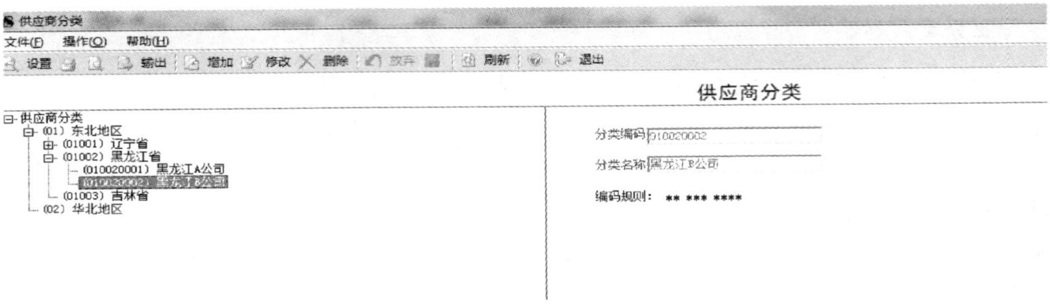

图 2-35（b）

图 2-35　供应商分类

2.2.2.4　供应商档案

在对供应商进行分类的基础上，进行供应商档案操作，主要填写供应商编码、供应商名称、供应商简称、所属分类、所属行业、注册资金等内容。其中，供应商编码、供应商简称、所属分类为必填项目，供应商名称、所属行业、注册资金等内容为非必填项目。

具体操作如下：点击“基础设置”→点击“基础档案”→点击“客商信息”→点击“供应商档案”→点击“增加”→录入相关信息→点击“保存”按钮，如图 2-36 所示。

［特别提示］

供应商分类中的编码应当与供应商档案中的编码保持一致。

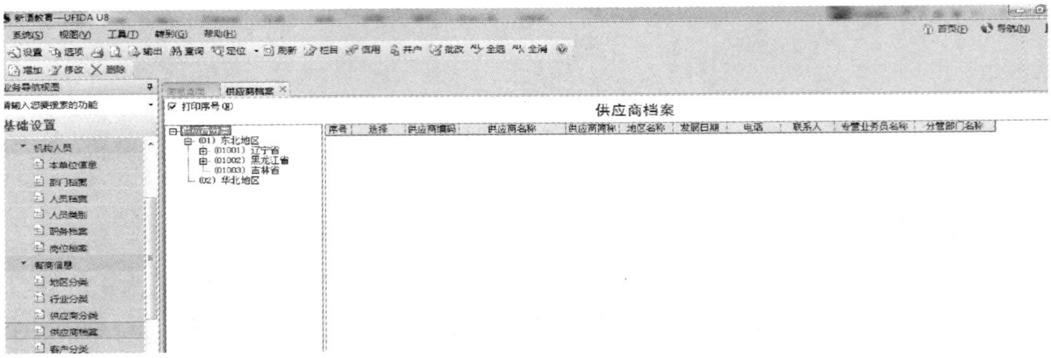

图 2-36（a）

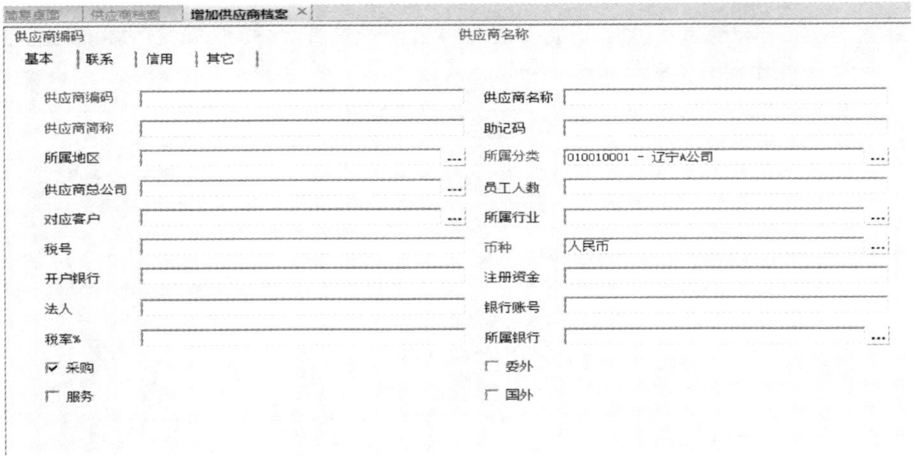

图 2-36（b）

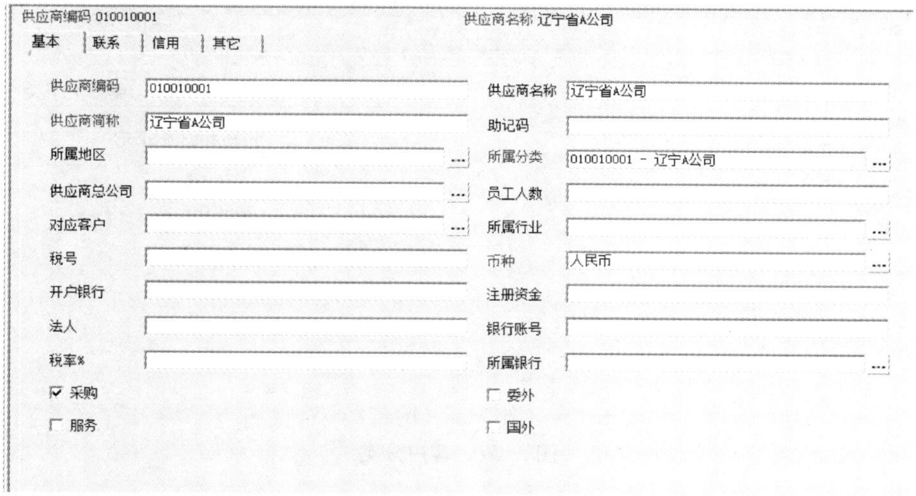

图 2-36（c）

图 2-36（d）

图 2-36 供应商档案

2.2.2.5 客户分类

客户分类共有三级编码，一级编码为 2 位数，二级编码为 3 位数，三级编码为 4 位数。

具体操作如下：点击“基础设置”→点击“基础档案”→点击“客商信息”→点击“客户分类”→点击“增加”→录入相关信息→点击“保存”按钮，如图 2-37 所示。根据需要，点击“修改”按钮，可以修改相关内容。修改完成后点击“保存”按钮。

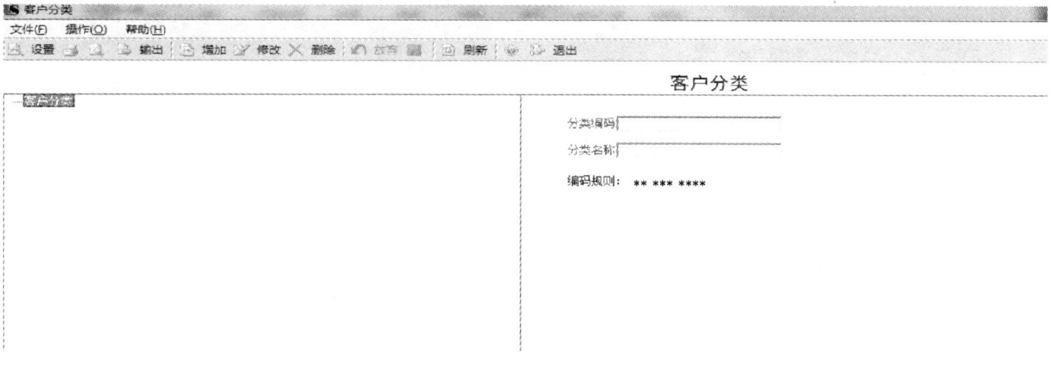

图 2-37（a）

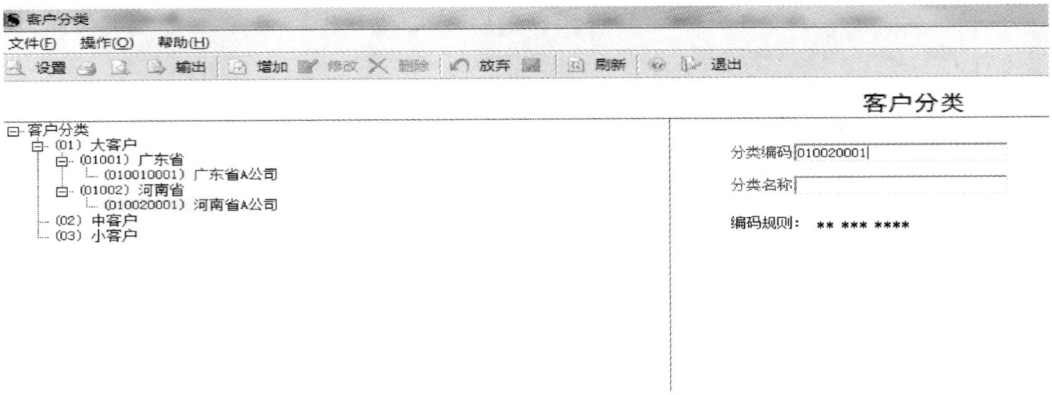

图 2-37（b）

图 2-37　客户分类

在对客户进行分类的基础上，进行客户档案操作，主要填写客户编码、客户名称、客户简称、所属分类、所属行业、法人、税号等内容。其中，客户编码、客户名称、客户简称、所属分类为必填项目，所属行业、法人、税号等内容为非必填项目。

具体操作如下：点击“基础设置”→点击“基础档案”→点击“客商信息”→点击“客户档案”→点击“增加”→录入相关信息→点击“保存”按钮，如图 2-38 所示。根据需要，点击“修改”按钮，可以修改相关内容。修改完成后点击“保存”按钮。

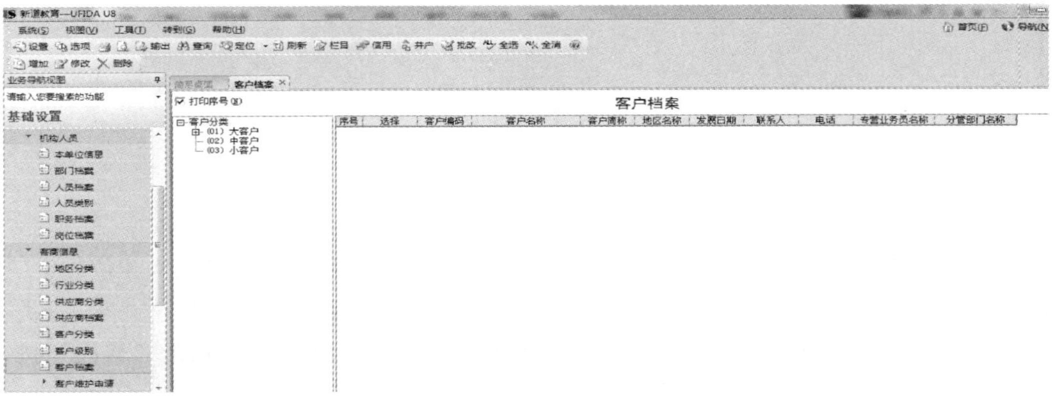

图 2-38（a）

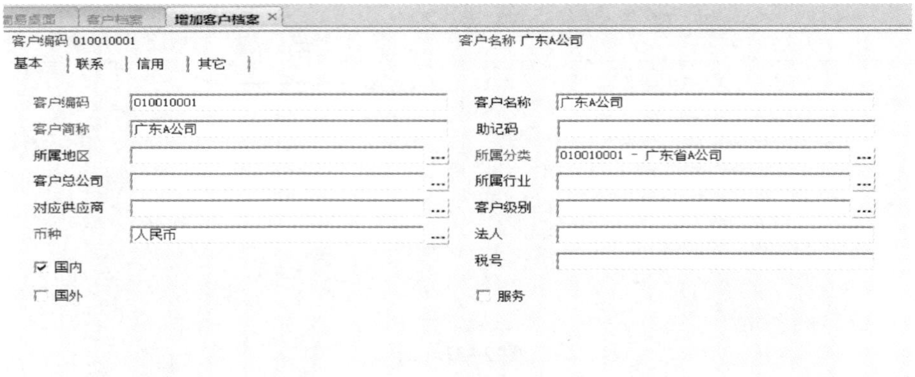

图 2-38（b）

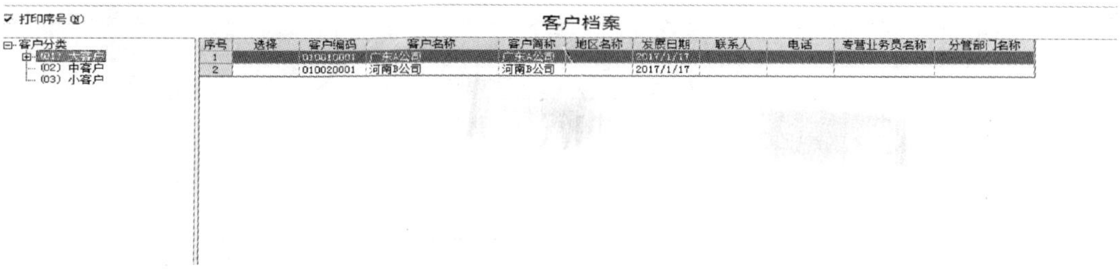

图 2-38（c）

图 2-38　客户档案

［特别提示］

· 做好地区分类和行业分类后，在进行客户、供应商分类时，还必须重新进行设置，两者之间没有必然联系。

· 客户名称、供应商名称可以重复，但客户编码、供应商编码不能重复。

· 只有必须先做好供应商分类、客户分类后，才可以做供应商档案、客户档案。

2.2.3　存货

存货包括存货分类、计量单位和存货档案三方面内容。

2.2.3.1　存货分类

企业根据管理的实际需要，可以将存货分为原材料、库存商品和周转材料等类别。

存货编码的级次为四级，第一、二、三级编码的位数为 2 位数，第四级编码的位数为 3 位数。

具体操作如下：点击“基础设置”→点击“基础档案”→点击“存货”→点击“存货分类”→点击“增加”→录入相关信息→点击“保存”按钮，如图 2-39 所示。根据需要，点击“修改”按钮，可以修改相关内容。修改完成后点击“保存”按钮。

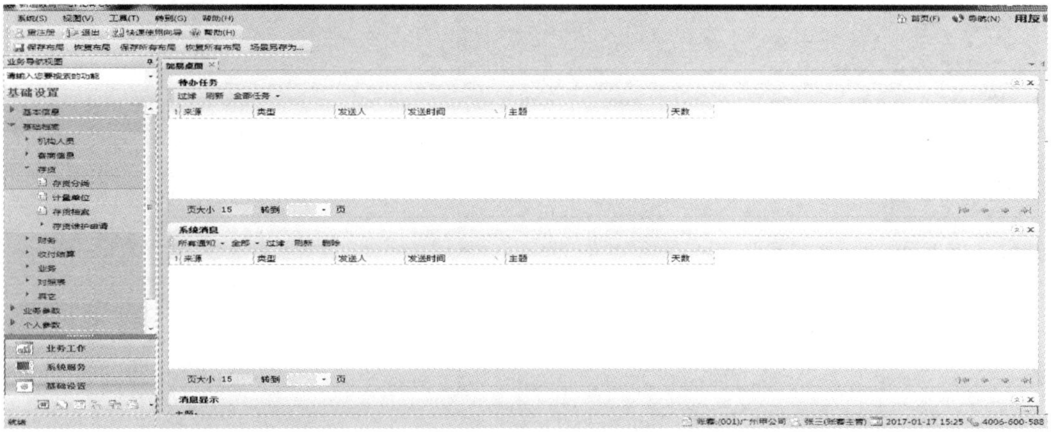

图 2-39（a）

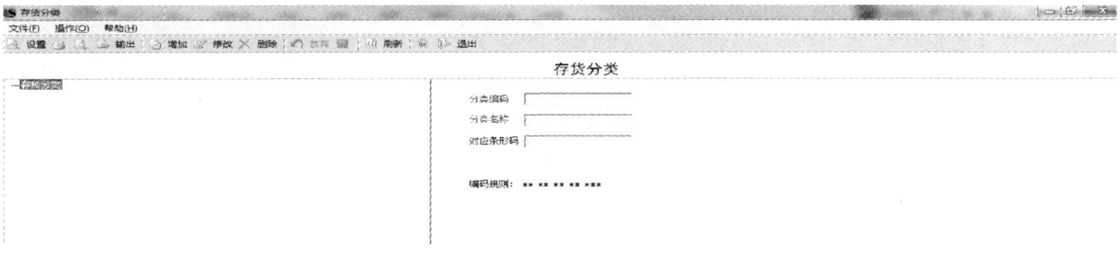

图 2-39（b）

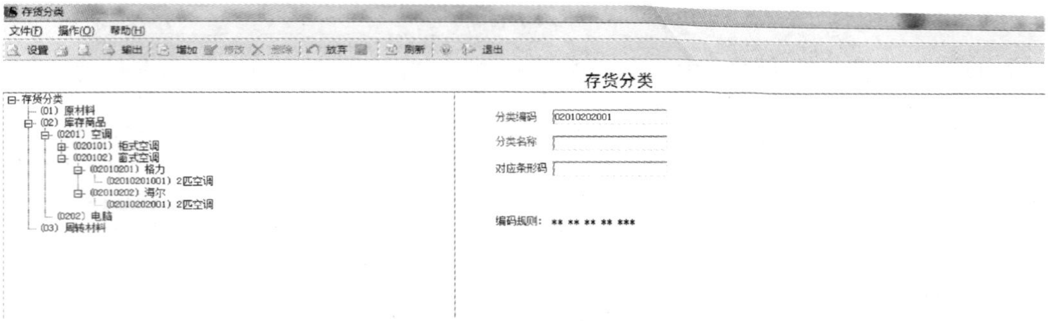

图 2-39（c）

图 3-29　存货分类

2.2.3.2　计量单位

企业的存货种类、品种众多，具有不同的计量单位，如件、个、台等计量单位。对相关的计量单位进行分组时，每一个计量单位组确定一个主要计量单位，其他计量单位为辅助计量单位，辅助计量单位同主要计量单位可以进行相互换算。

具体操作如下：点击“基础设置”→点击“基础档案”→点击“存货”→点击“计量单位”→点击“计量单位组”→点击“分组”→点击“增加”→录入相关信息→点击“保存”→点击“单位”→录入相关信息→点击“保存”按钮，如图 2-40 所示。

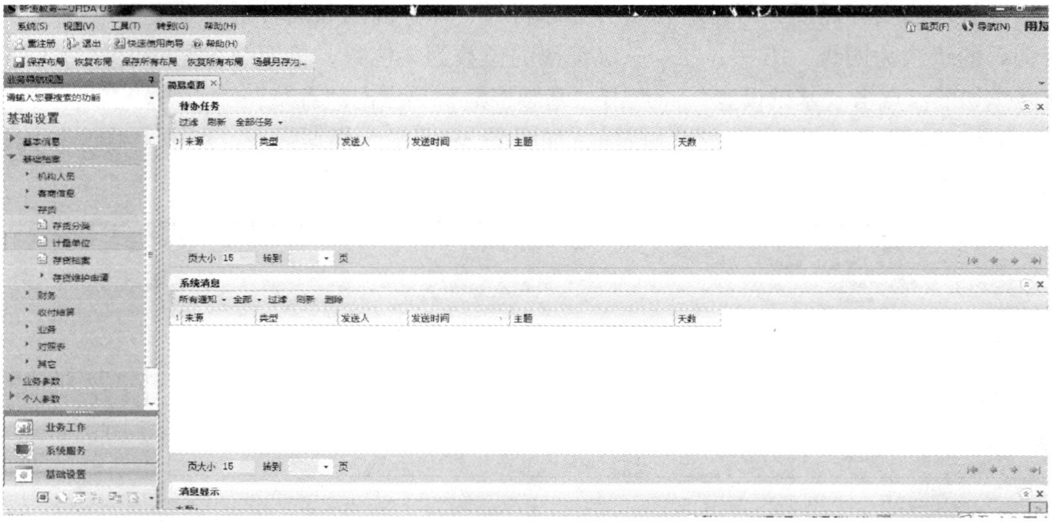

图 2-40（a）

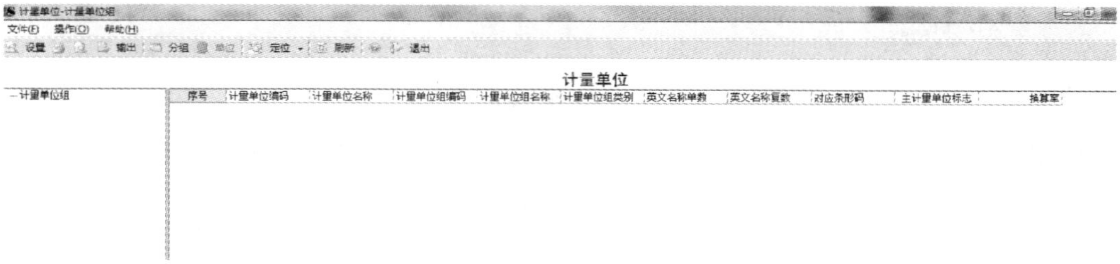

图 2-40（b）

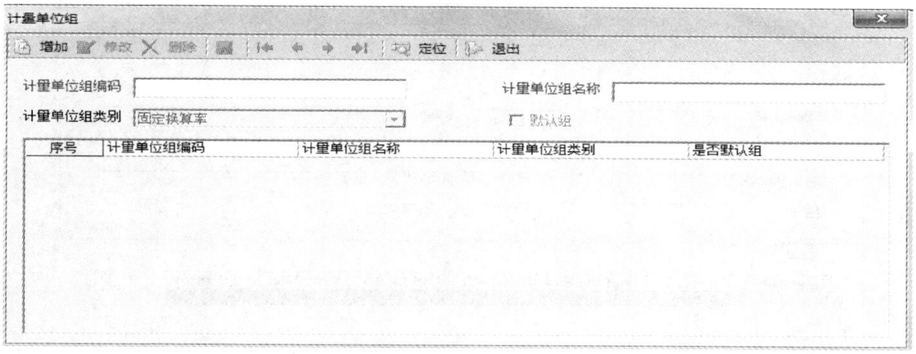

图 2-40（c）

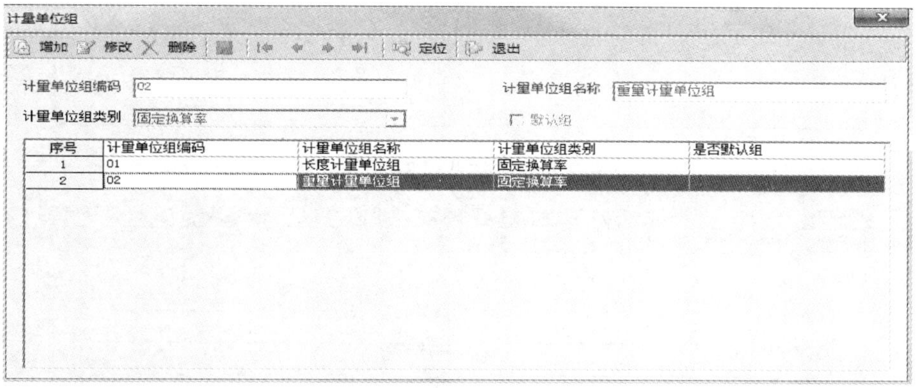

图 2-40（d）

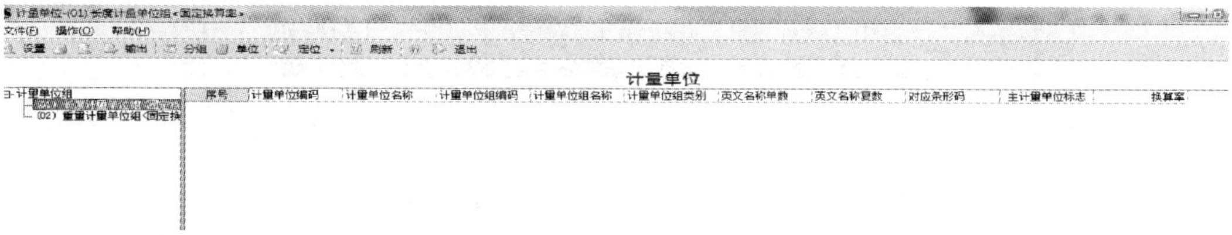

图 2-40（e）

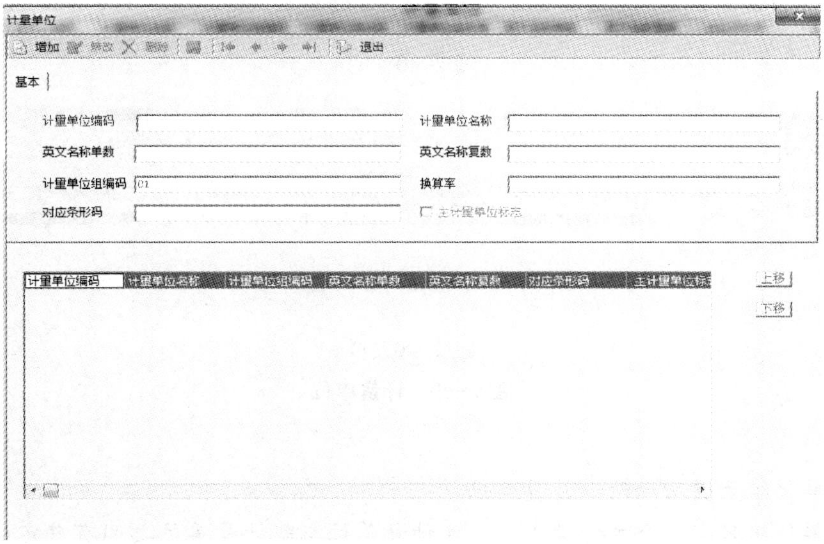

图 2-40（f）

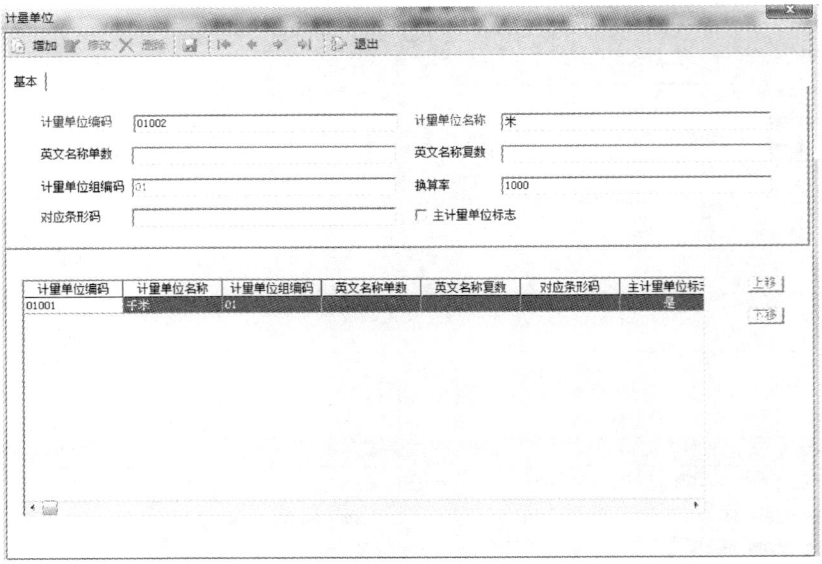

图 2-40（g）

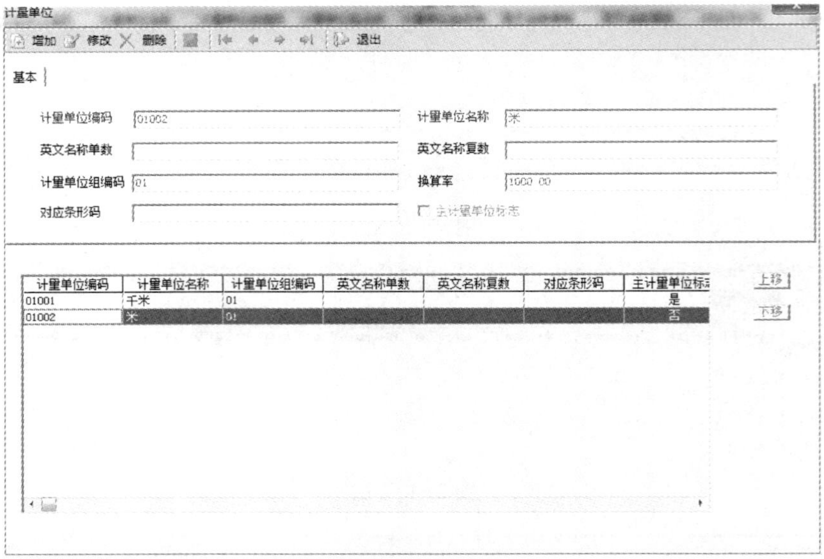

图 2-40（h）

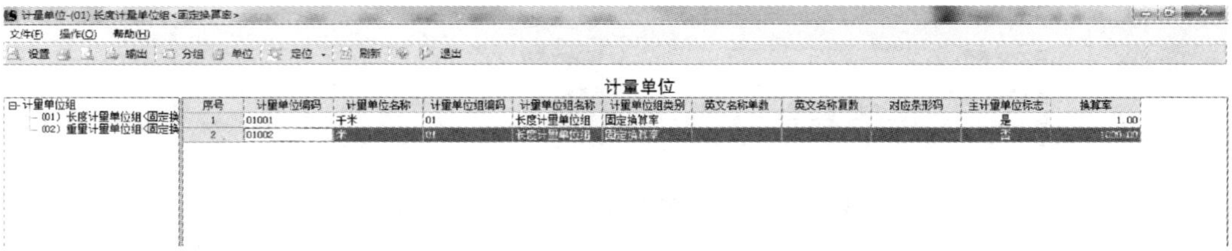

图 2-40（i）

图 2-40　计量单位

［特别提示］

· 一个计量单位组至少增加两个计量单位。

· 一个计量单位组只有一个主计量单位，主计量单位与非计量单位之间有确定的换算率就录入确定的换算率。若计量单位之间没有确定的换算关系，在设置计量单位组时，选择固定换算率。

2.2.3.3　存货档案

存货档案的内容包括存货编码、存货名称、计量单位组、主计量单位、存货属性、规格型号、计划售价（售价）、最高售价和最高（最低）库存等众多内容。其中，存货编码、存货名称、计量单位组、主计量单位和存货属性是必填项目，规格型号、计划售价（售价）、最高售价和最高（最低）库存等其他内容为非必填项目。

存货属性中有众多可供选择的项目，但是不能全部选中，只能选择其中的一部分项目。

具体操作如下：点击“基础设置”→点击“基础档案”→点击“存货”→点击“存货档案”→点击“增加”→录入相关信息→点击“保存”按钮，如图 2-41 所示。若需要对有关内容进行修改，点击“修改”按钮，修改完成后点击“保存”按钮，完成修改。

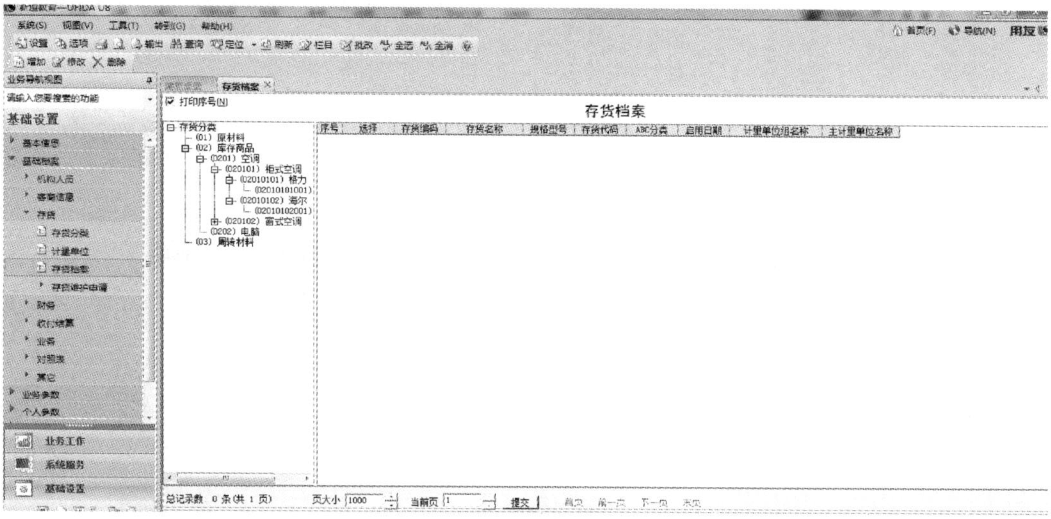

图 2-41（a）

图 2-41（b）

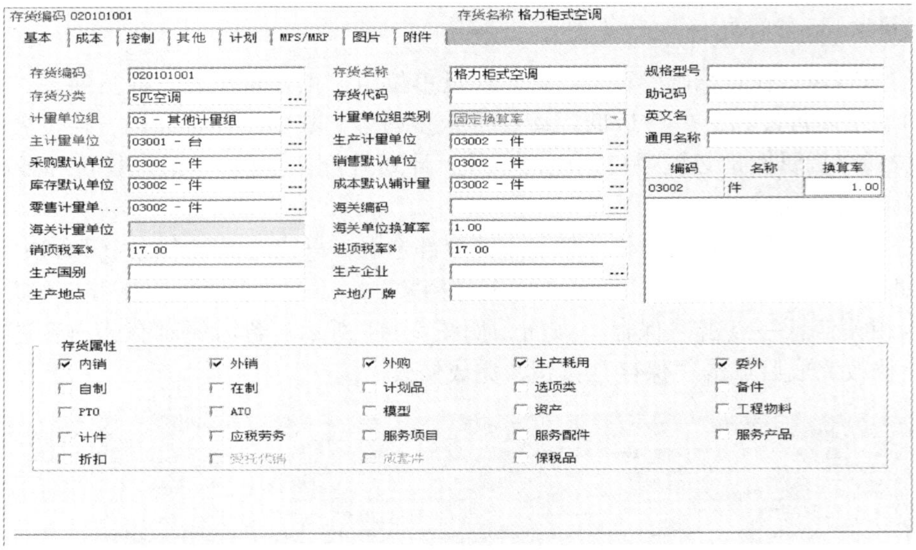

图 2-41（c）

图 2-41（d）

图 2-41　存货档案

仓库设置的具体操作如下：点击“基础设置”→点击“基础档案”→点击“存货”→点击“存货档案”→点击“增加”→点击“成本”→点击“默认仓库”→点击“保存”按钮，如图 2-42 所示。

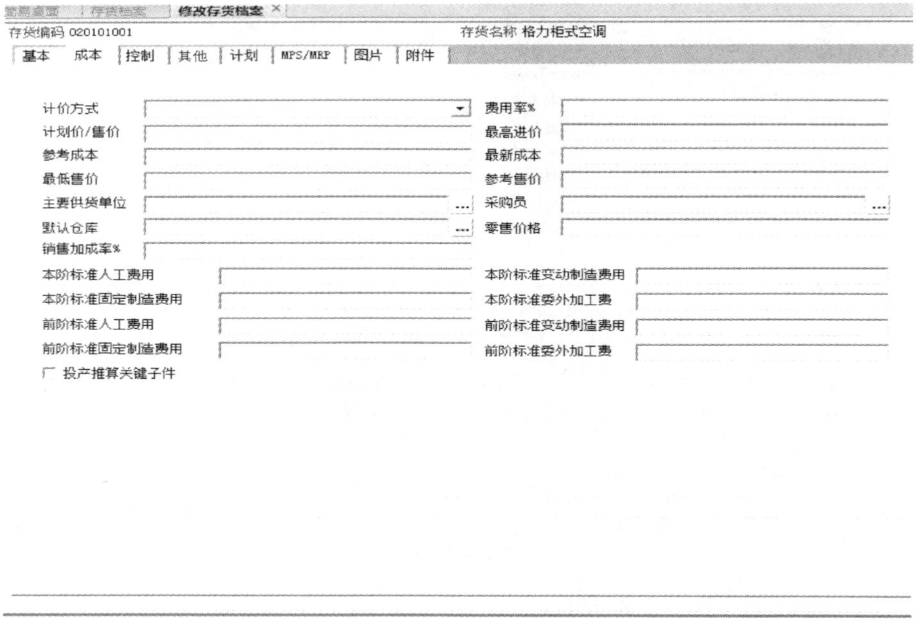

图 2-42（a）

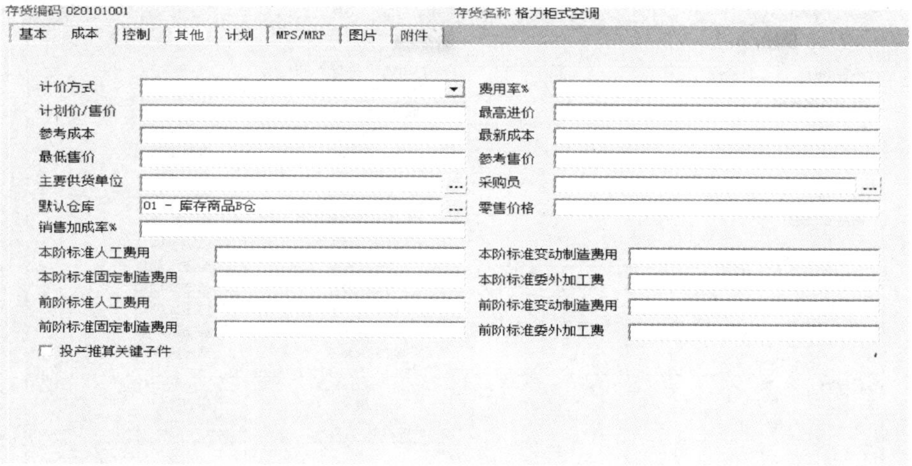

图 2-42（b）

图 2-42 仓库设置

[特别提示]

· 存货名称可以重复，存货编码不能重复。

· 一定要适当选择存货属性，但不能全部选中。

2.2.4 财务

财务主要包括会计科目、凭证类别、外币设置、项目目录等内容。

2.2.4.1 会计科目

第一，根据管理需求，可以增加会计科目。增设软件中没有的一级会计科目，在期末生成有关会计报表时，报表中数据不会包括新增加的一级会计科目的数据。因此，要使期末生成的有关会计报表中包括新增加的一级会计科目的数据，需要在报表中对有关项目公式重新设置；否则，期末生成的会计报表是错误的。

第二，在软件中已经允许设置二、三级会计科目，甚至更多的明细会计科目，最多可以设置九级会计科目。在实际管理中可以根据需要增设多级会计科目，但在有关编码方案设置时，企业要根据管理需要设置好需要的会计科目级数。

具体操作如下：点击“基础设置”→点击“基础档案”→点击“财务”→点击“会计科目”→选中某一个会计科目→点击“增加”→录入相关信息→点击“确定”按钮，如图 2-43 所示。

图 2-43（a）

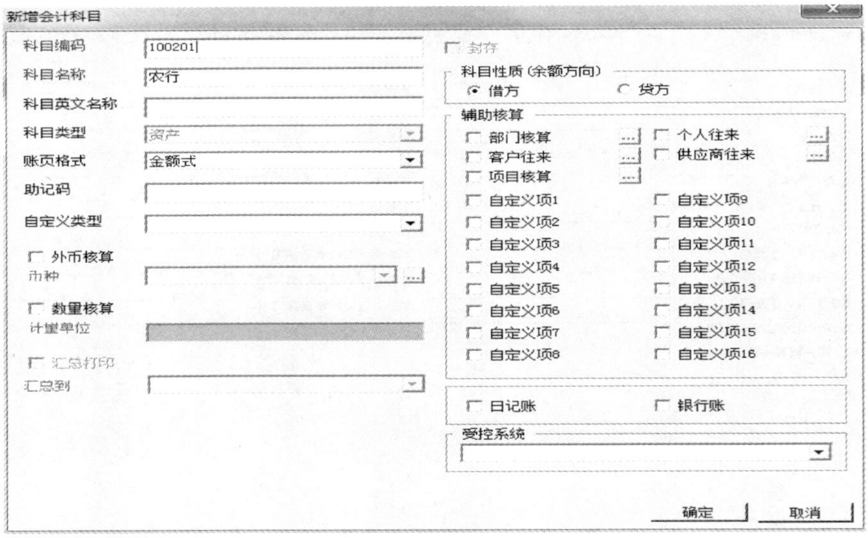

图 2-43（b）

图 2-43（c）

图 2-43　会计科目

第三，若已经启用了应收账款系统、应付账款系统，则不需要在应收账款、应收票据、预收账款、应付账款、应付票据、预付账款会计科目下面增加有关客户、供应商的名称。

具体操作如下：点击“基础设置”→点击“基础档案”→点击“财务”→点击“会计科目”→选中“应收票据或应收账款或预付账款”“应付账款或应付票据或预收账款”科目→点击“修改”或选中“应收票据或应收账款或预付账款”“应付账款或应付票据或预收账款”→点击“修改”，选中“客户往来”或“供应商往来”→点击“确定”按钮，如图 2-44 所示。

图 2-44（a）

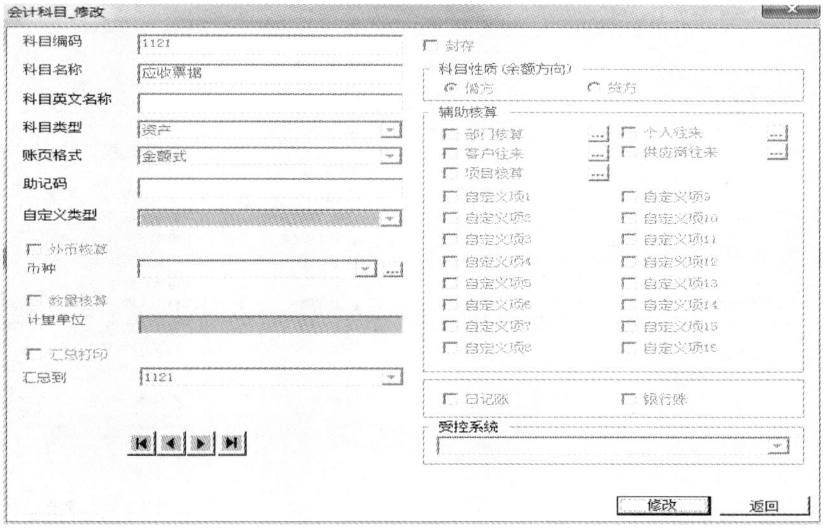

图 2-44（b）

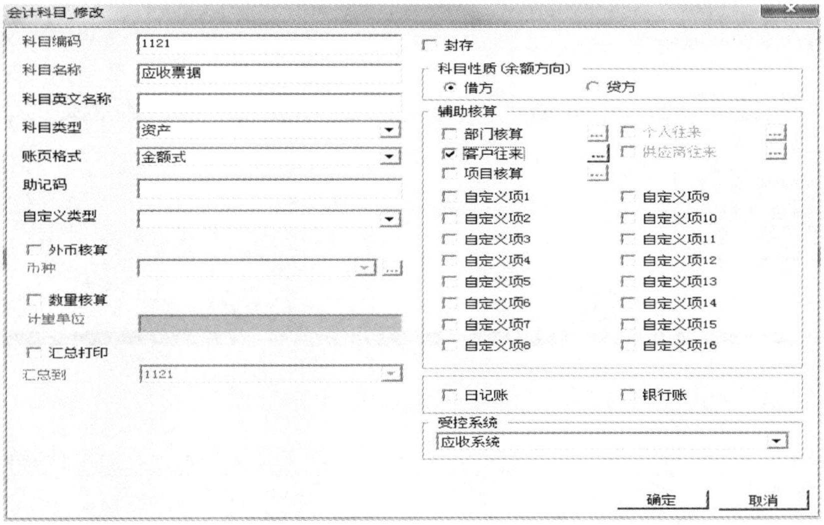

图 2-44（c）

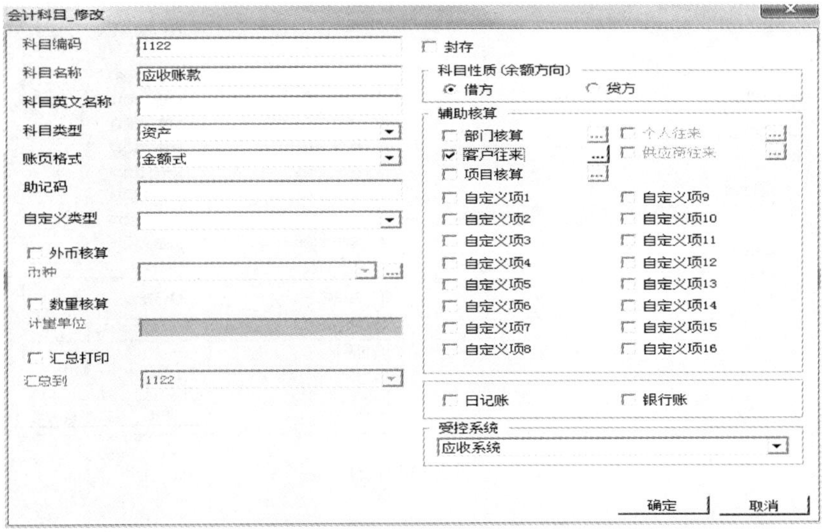

图 2-44（d）

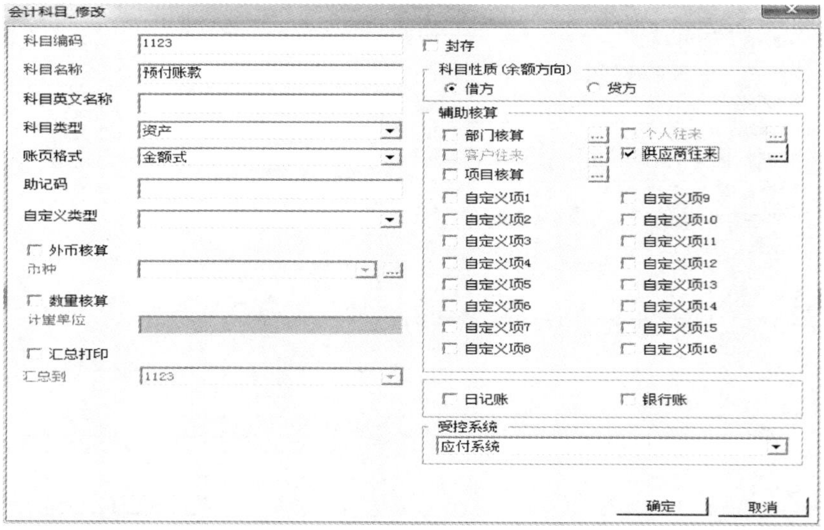

图 2-44（e）

图 2-44（f）

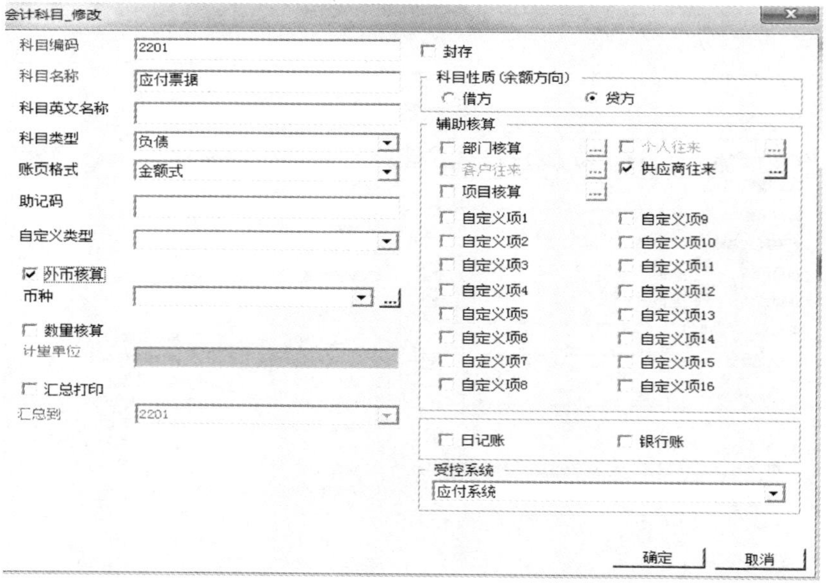

图 2-44（g）

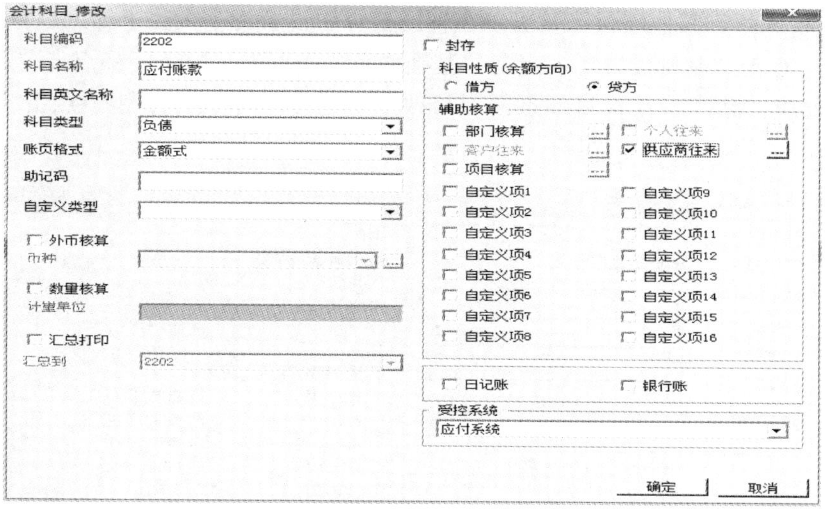

图 2-44（h）

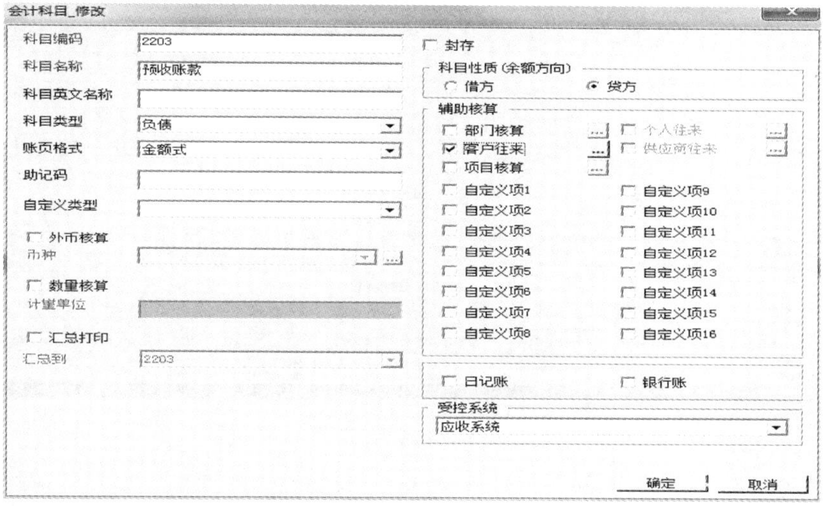

图 2-44（i）

会计科目
文件(F) 编辑(E) 查看(V) 工具(T)
输出 增加 修改 删除 查找 退出
会计科目
科目级长 4-2-2-2
科目个数 35
全部 资产 负债 共同 权益 成本 损益
级次 科目编码 科目名称 外币币种 辅助核算 银行科目 现金科目 计量单位 余额方向 受控系统 是否封存 银行账 日记账 自定义类型
1 2001 短期借款 贷
1 2002 存入保证金 贷
1 2003 拆入资金 贷
1 2004 向中央银行借款 贷
1 2011 吸收存款 贷
1 2012 同业存放 贷
1 2021 贴现负债 贷
1 2101 交易性金融负债 贷
1 2111 卖出回购金融资产款 借
1 2201 应付票据 供应商往来 贷 应付系统
1 2202 应付账款 供应商往来 贷 应付系统
1 2203 预收账款 客户往来 贷 应收系统
1 2211 应付职工薪酬 贷
1 2221 应交税费 贷
1 2231 应付利息 贷

图 2-44（j）

图 2-44　会计科目修改（1）

［特别提示］

· 预付账款会计科目应当设置为供应商往来辅助核算。

· 预收账款会计科目应当设置为客户往来辅助核算。

第四，其他应收账款、其他应付账款可以在辅助核算中设置为个人往来辅助核算。

具体操作如下：点击“基础设置”→点击“基础档案”→点击“财务”→点击“会计科目”→点击“其他应收款或其他应付款”会计科目→点击“修改”→选中“个人往来”→点击“确定”按钮，如图 2-45 所示。

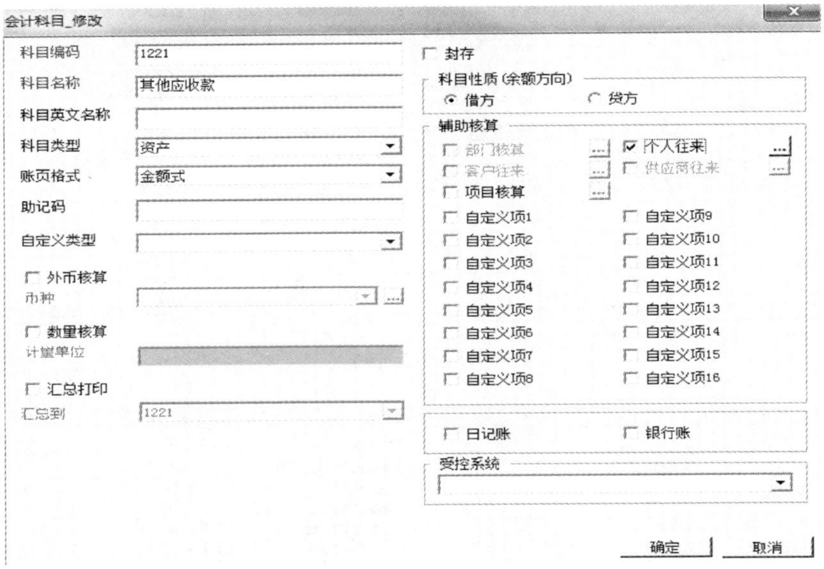

图 2-45（a）

图 2-45（b）

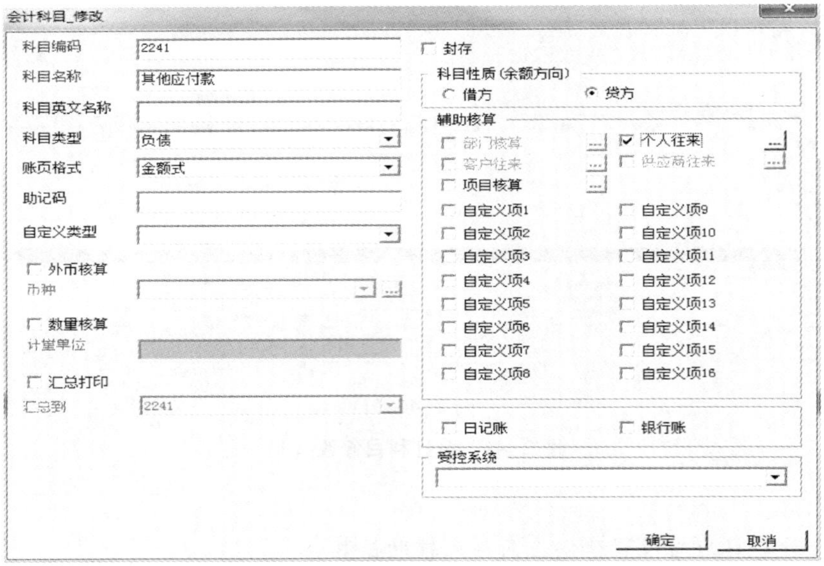

图 2-45（c）

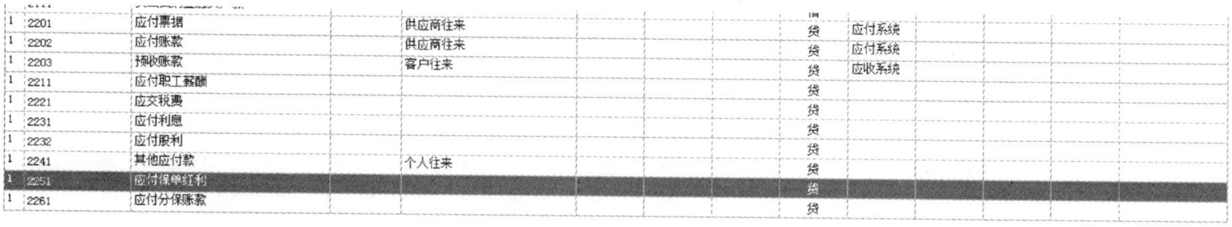

1 2201 应付票据 供应商往来 贷 应付系统
1 2202 应付账款 供应商往来 贷 应付系统
1 2203 预收账款 客户往来 贷 应收系统
1 2211 应付职工薪酬 贷
1 2221 应交税费 贷
1 2231 应付利息 贷
1 2232 应付股利 贷
1 2241 其他应付款 个人往来 贷
1 2251 应付保单红利 贷
1 2261 应付分保账款 贷

图 2-45（d）

图 2-45　会计科目修改（2）

第五，“库存现金”“银行存款”会计科目的操作。

只有将“库存现金”“银行存款”科目指定为会计科目后，才能实现查询现金日记账、银行存款日记账、资金日报等功能。“库存现金”科目要修改为日记账，“银行存款”科目要修改为日记账和银行账。

具体操作如下：点击“基础设置”→点击“基础档案”→点击“财务”→点击“会计科目”→点击“库存现金”或“银行存款”会计科目→点击“编辑”→点击指定会计科目→点击“库存现金”或“银行存款”会计科目→点击“>”→点击“确定”按钮，如图 2-46 所示。

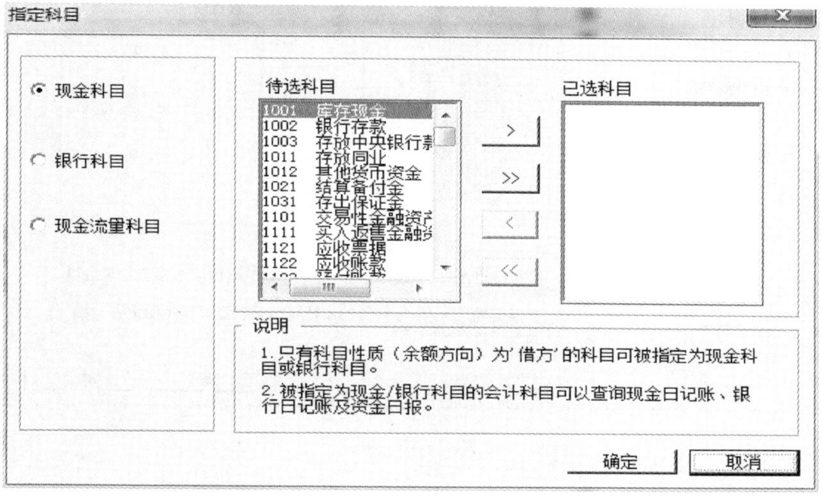

图 2-46（a）

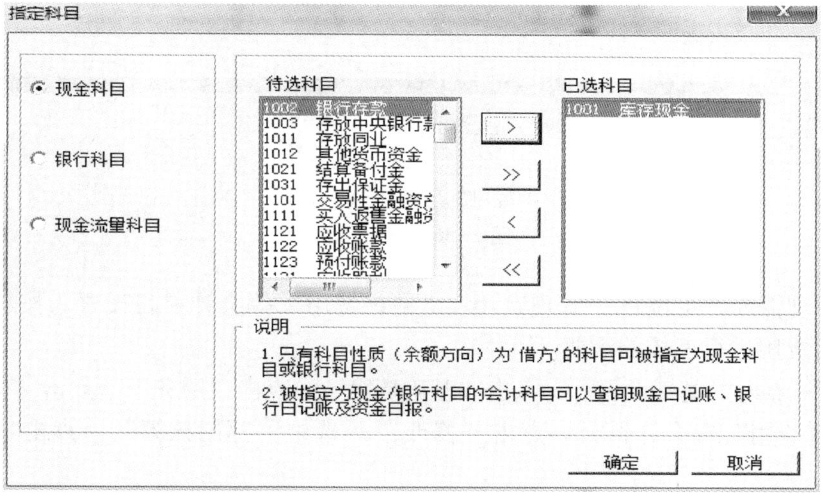

图 2-46（b）

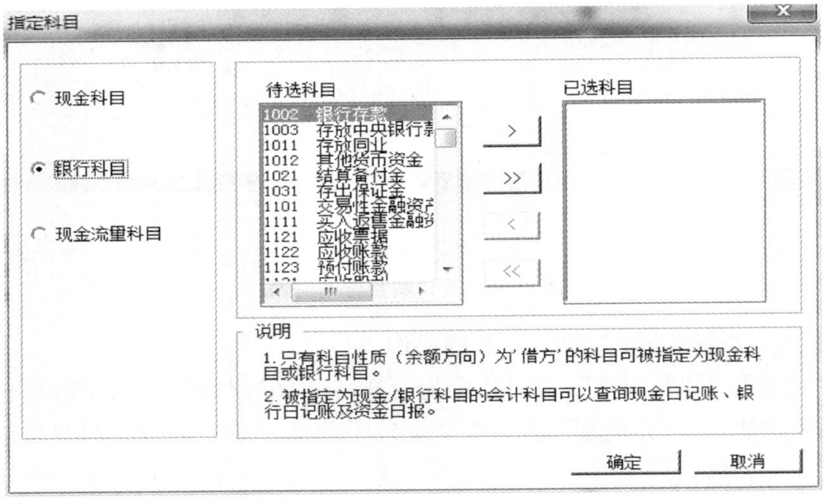

图 2-46（c）

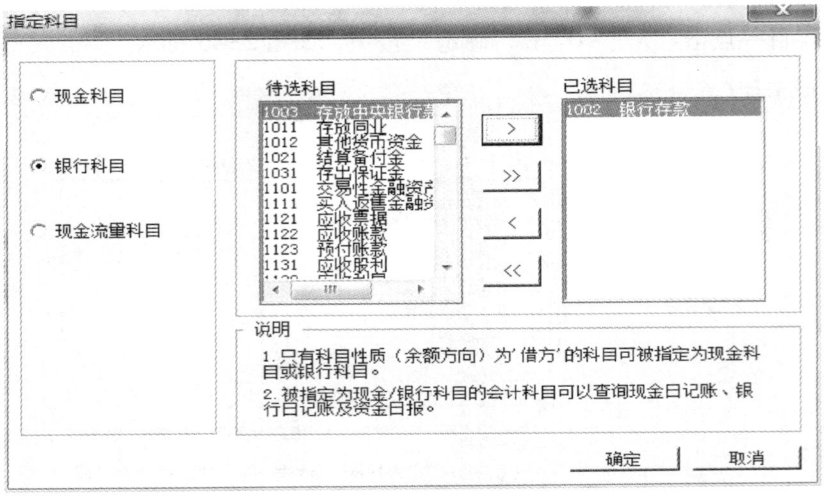

图 2-46（d）

图 2-46（e）

图 2-46 指定科目

第六，根据管理需要，可以将“管理费用”“销售费用”等会计科目设置为按部门核算，以满足企业对每一个部门费用进行考核的需要。

具体操作如下：点击“基础设置”→点击“基础档案”→点击“财务”→点击“会计科目”→点击“管理费用”“销售费用”等会计科目→点击“修改”→选中“部门核算”→点击“确定”按钮，如图 2-47 所示。

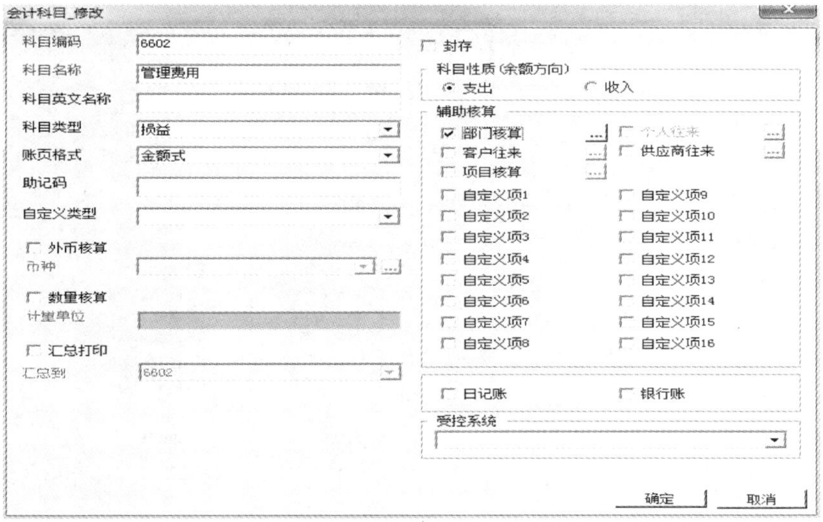

图 2-47（a）

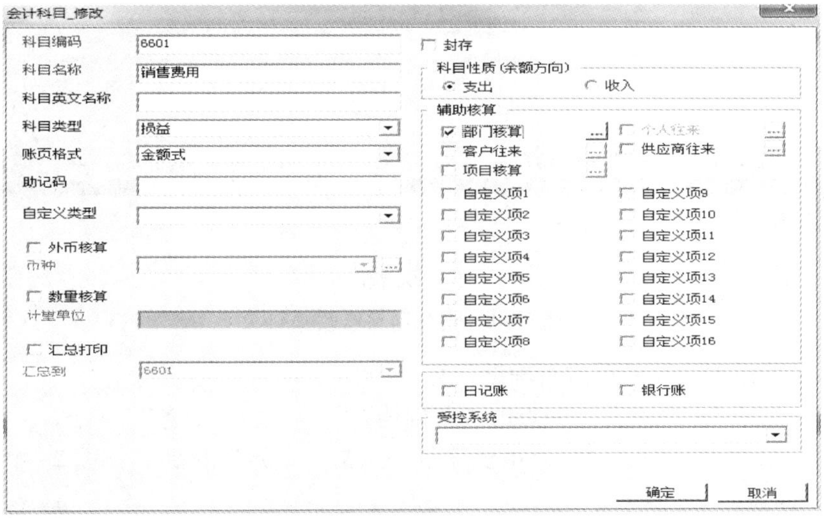

图 2-47（b）

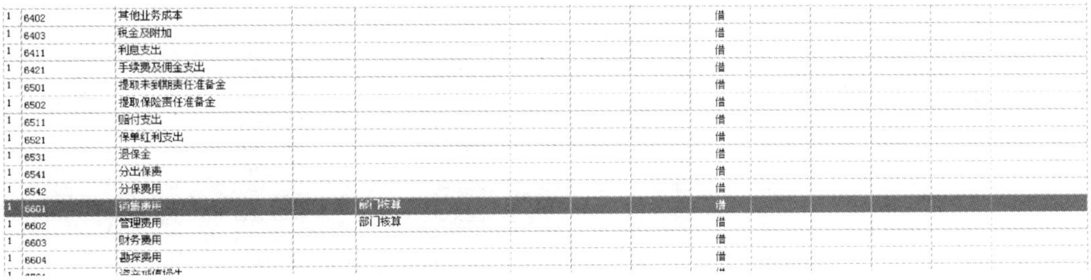
1 6402 其他业务成本 借
1 6403 税金及附加 借
1 6411 利息支出 借
1 6421 手续费及佣金支出 借
1 6501 提取未到期责任准备金 借
1 6502 提取保险责任准备金 借
1 6511 赔付支出 借
1 6521 保单红利支出 借
1 6531 退保金 借
1 6541 分出保费 借
1 6542 分保费用 借
1 6601 销售费用 部门核算 借
1 6602 管理费用 部门核算 借
1 6603 财务费用 借
1 6604 勘探费用 借

图 2-47（c）

图 2-47　会计科目修改（3）

第七，根据管理需要，可以将有些会计科目设置为进行项目目录的辅助核算。这类会计科目主要有“生产成本”“主营业务收入”“其他业务收入”等会计科目。

具体操作如下：点击“基础设置”→点击“基础档案”→点击“财务”→点击“会计科目”→点击“生产成本”“主营业务收入”“其他业务收入”等会计科目→点击“修改”→选中“项目核算”→点击“确定”按钮，如图 2-48 所示。

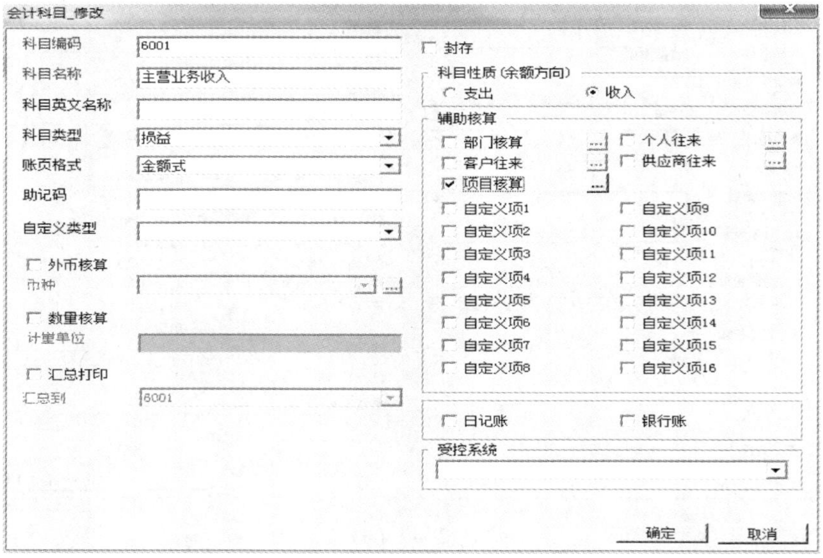

图 2-48（a）

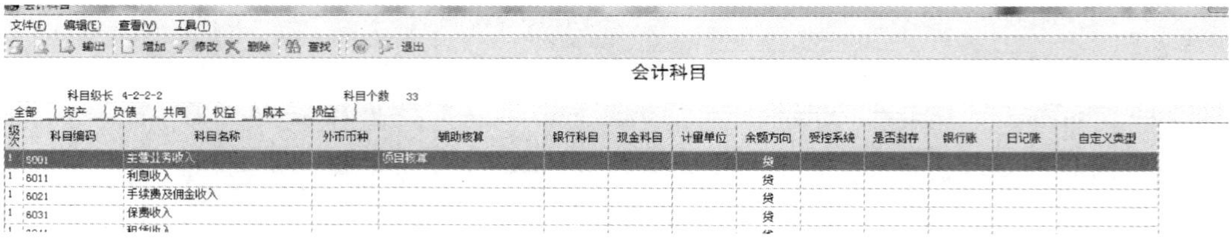

图 2-48（b）

图 2-48　会计科目修改（4）

第八，将银行存款设置为按外币进行辅助核算。

具体操作如下：点击“基础设置”→点击“基础档案”→点击“财务”→点击“会计科目”→双击或修改“银行存款”会计科目→选中“外币核算”→点击“确定”按钮，如图 2-49 所示。

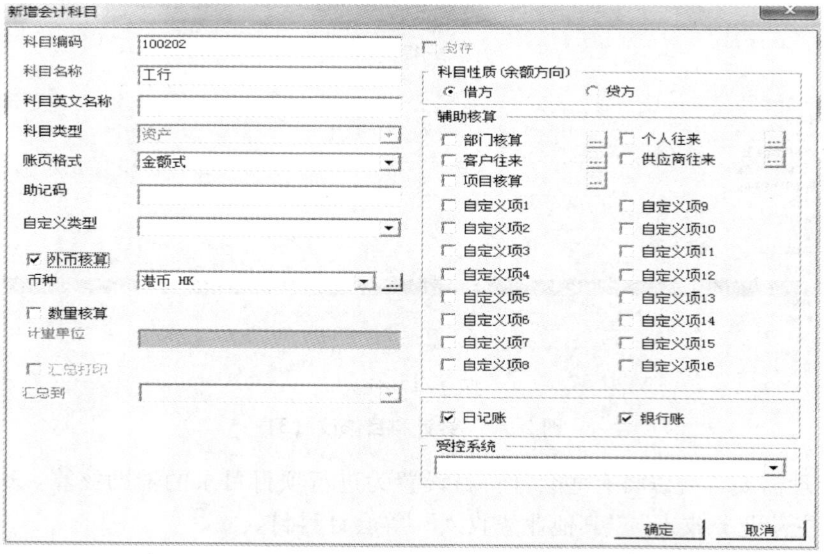

图 2-49（a）

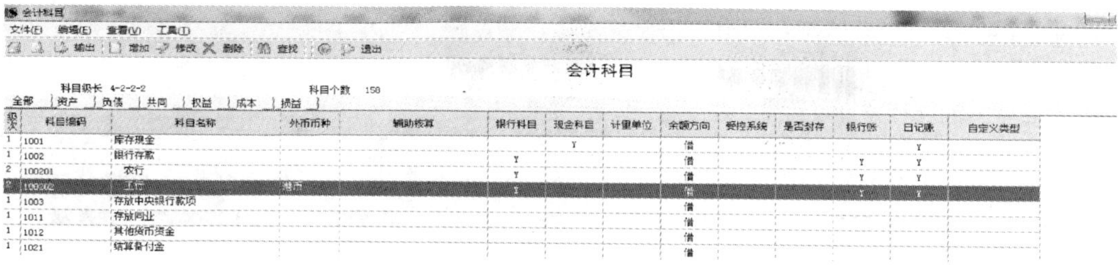

图 2-49（b）

图 2-49 新增会计科目

[特别提示]

要先进行外币设置后，才能进行这一功能设置。

第九，将“原材料”“库存商品”“周转材料”等会计科目设置为数量金额辅助核算。

具体操作如下：点击“基础设置”→点击“基础档案”→点击“财务”→点击“会计科目”→点击“原材料”“库存商品”“周转材料”等会计科目→点击“修改”→选中“数量核算”→录入计量单位→点击“确定”按钮，如图 2-50 所示。

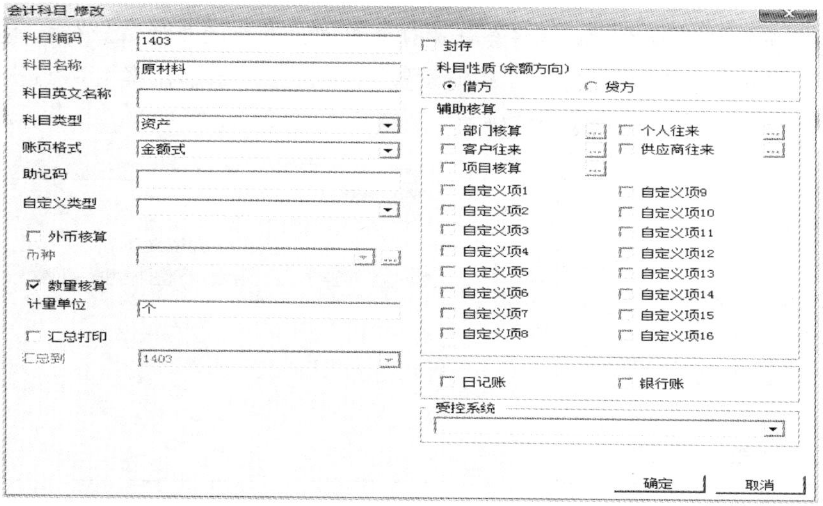

图 2-50（a）

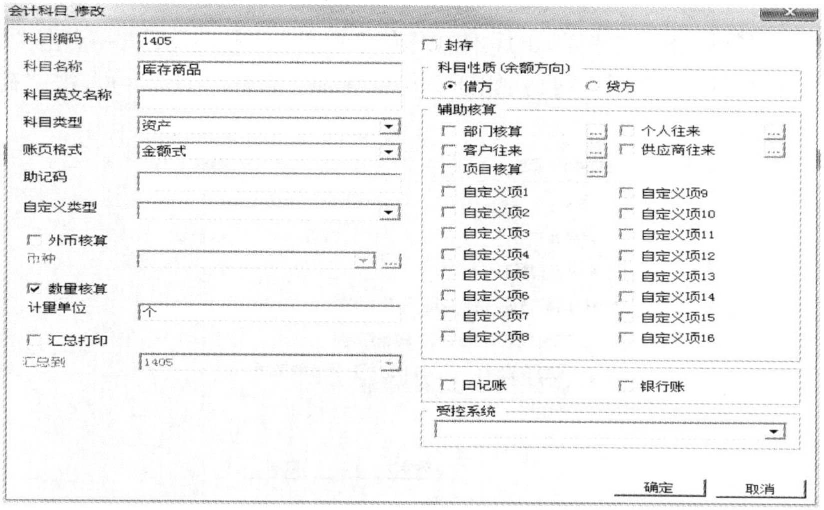

图 2-50（b）

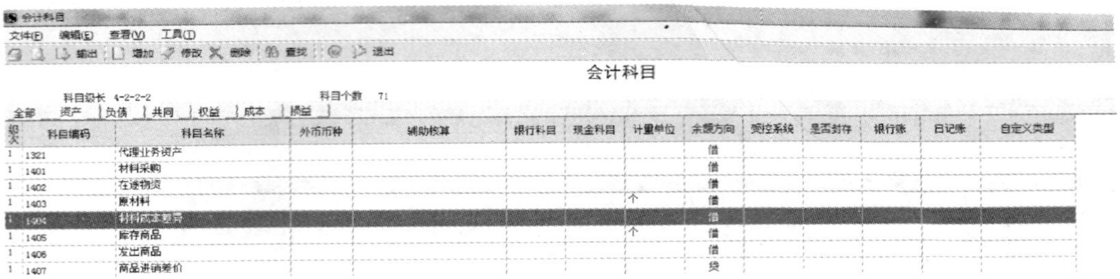

图 2-50（c）

图 2-50　会计科目修改（5）

［特别提示］

一般只有单用户版的财务软件才进行此操作，ERP 软件不需要进行这一操作。

2.2.4.2　凭证类别

一般情况下，将会计凭证设定为记账凭证、收款凭证、付款凭证以及转账凭证的方式比较常用，其他凭证类别设置方式比较少用。

［特别提示］

若要进行出纳签字等功能操作，必须将会计凭证的类别设置为收款凭证、付款凭证、转账凭证。

设置记账凭证的具体操作如下：点击“基础设置”→点击“基础档案”→点击“财务”→点击“凭证类别”→选中“记账凭证”→点击“确定”按钮，如图 2-51 所示。

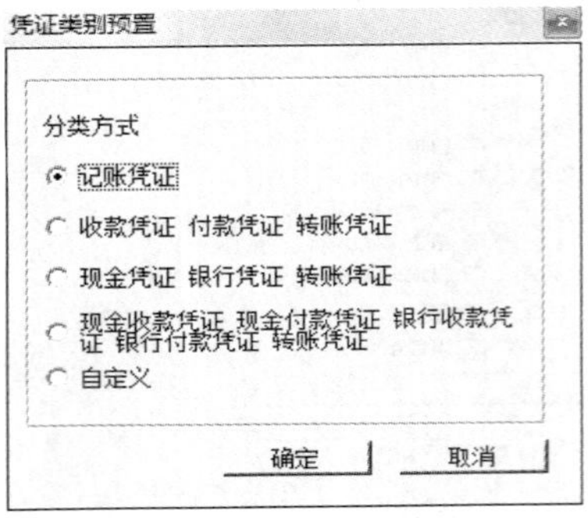

图 2-51（a）

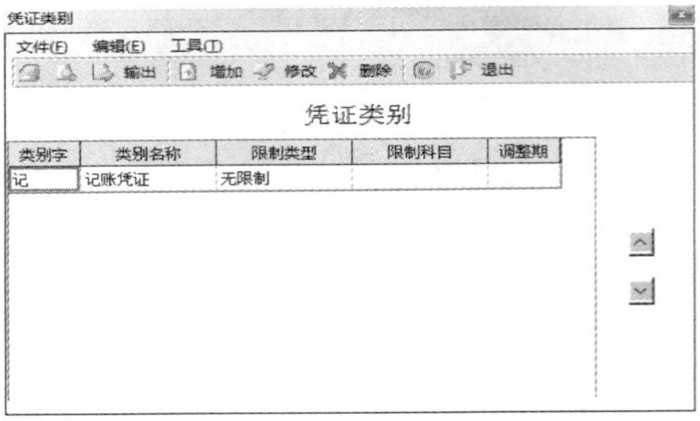

图 2-51（b）

图 2-51　设置记账凭证

设置为收款凭证、付款凭证、转账凭证的具体操作如下：点击“基础设置”→点击“基础档案”→点击“财务”→点击“凭证类别”→选中“收款凭证、付款凭证、转账凭证”→点击“确定”按钮，如图 2-52 所示。

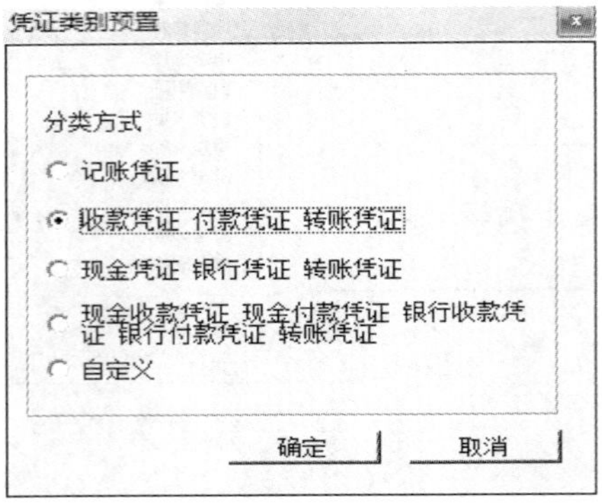

图 2-52　设置为收款凭证、付款凭证、转账凭证

在此基础上，可以在填制会计凭证时，对一些会计科目有一定限制。一般来说，财务软件有以下五种类型可供选择：

第一，无限制，即在填制会计凭证时，可使用所有合法的会计科目。

第二，凭证必无，即在填制会计凭证时，无论借方或贷方，都不可有一个限制会计科目发生额。

第三，凭证必有，即在填制会计凭证时，无论借方或贷方，都至少有一个限制会计科目发生额。

第四，借方必有，即在填制会计凭证时，借方至少有一个限制会计科目发生额。

第五，贷方必有，即在填制会计凭证时，贷方至少有一个限制会计科目发生额。

具体操作如下：点击“限制类型”→选中某一个限制类型→点击“限制科目”→选中某些会计科目→点击“退出”按钮，如图 2-53 所示。

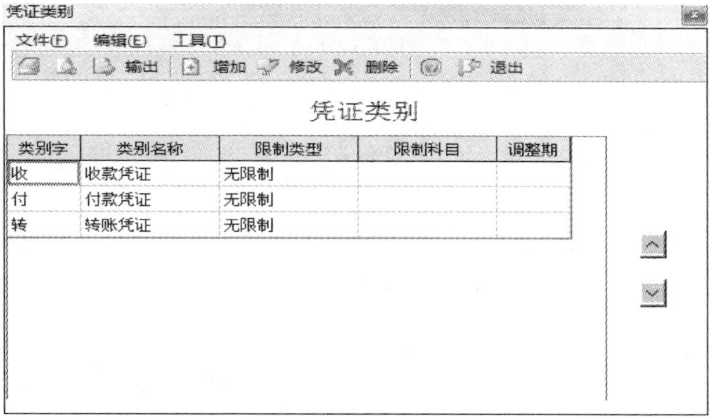

图 2-53（a）

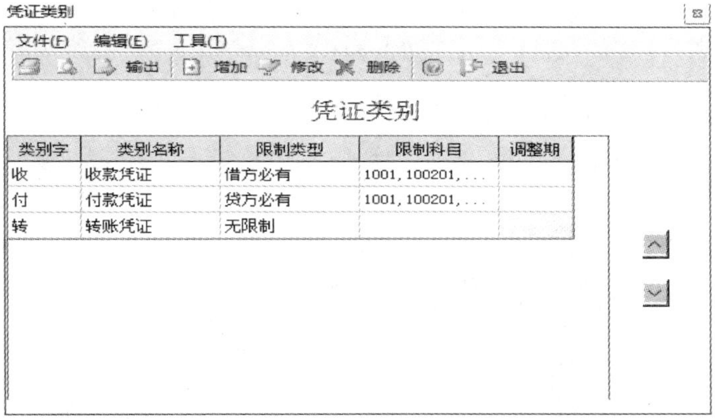

图 2-53（b）

图 2-53　设置限制类型与限制科目

凭证类别设置错误后，可以删除已经设置好的凭证类别，一旦填制凭证后是不能删除的。

［特别提示］

限制会计科目之间的逗号是在英文半角状态录入的，不能采用全角的方式录入。

2.2.4.3　外币设置

当一个企业发生外币经济业务时，需要进行此项基础设置；若没有发生外币经济业务，则不需要进行此项基础设置。

具体操作如下：点击“基础设置”→点击“基础档案”→点击“财务”→点击“外币设置”→选中“固定汇率”或“浮动汇率”→录入币符、币名→点击“确认”按钮，录入汇率，如图 2-54 所示。

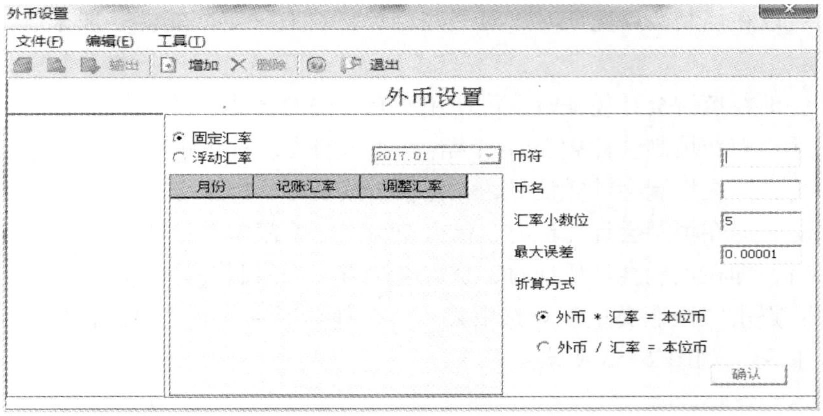

图 2-54（a）

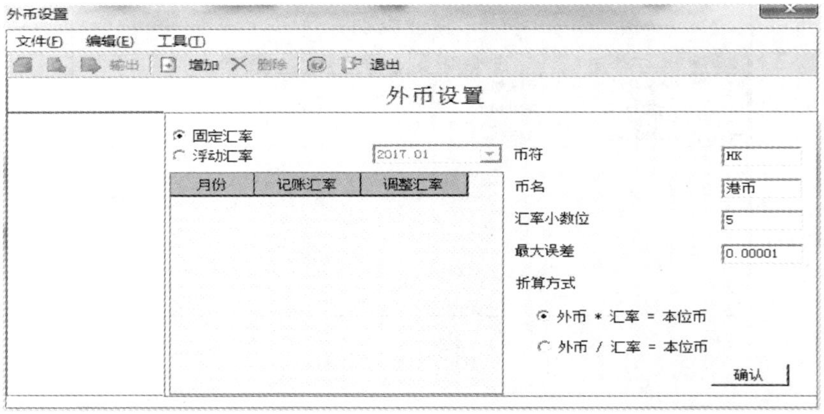

图 2-54（b）

图 2-54（c）

图 2-54　外币设置

2.2.4.4　项目目录

在企业的实际管理工作中，企业需要对产品生产成本、其他业务收入、主营业务收入、在建工程、对外投资、合同等业务活动进行项目管理和核算，将具有共同特性的一类项目定义成一个项目大类。一个项目大类可以核算多个项目。为便于管理，我们还可以对这些项目进行分类管理。我们可以将存货、成本对象、现金流量、项目成本等作为核算的项目分类。由此可以确定，实行项目核算不仅可以满足管理的需要，而且可以减少一级会计科目的设置。

其主要操作内容有定义项目大类名称、定义项目级次和定义项目栏目等内容。

定义项目大类名称，即将具有共同特性的一类项目定义为一个项目名称，一个项目大类可以包括多个子项目。项目大类名称并不是会计科目名称。例如，一个企业同时销售多个产品，取得不同产品的销售收入，为了核算不同产品的销售收入，将产品销售收入定义为一个项目名称。

定义项目级次，该项目分类最多可以分为 8 级，单级长度最大为 9 字节，总项目长度为 22 字节。

定义项目栏目，主要内容有项目编号、项目名称、是否结算、所属分类码，还可以根据企业管理要求增加有关项目。

第一步，在会计科目中进行项目设置。

具体操作如下：双击某个会计科目→点击“修改”→选中“项目核算”选项→点击“确定”按钮，如图 2-55 所示。

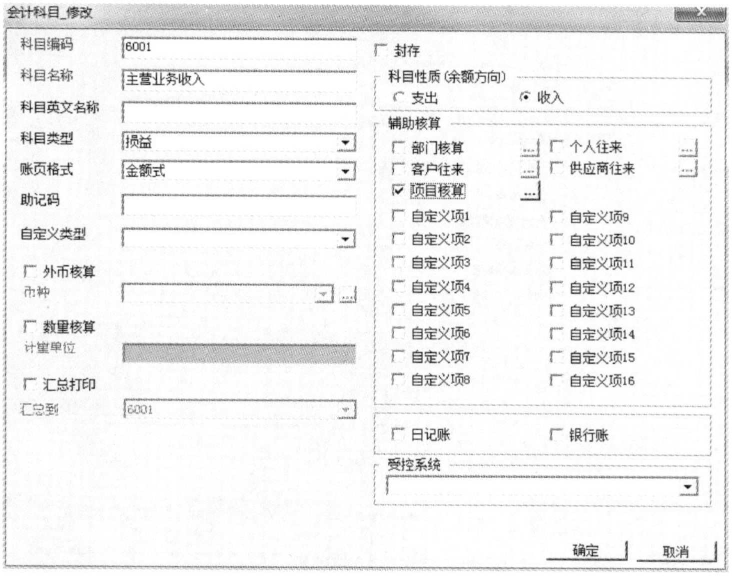

图 2-55（a）

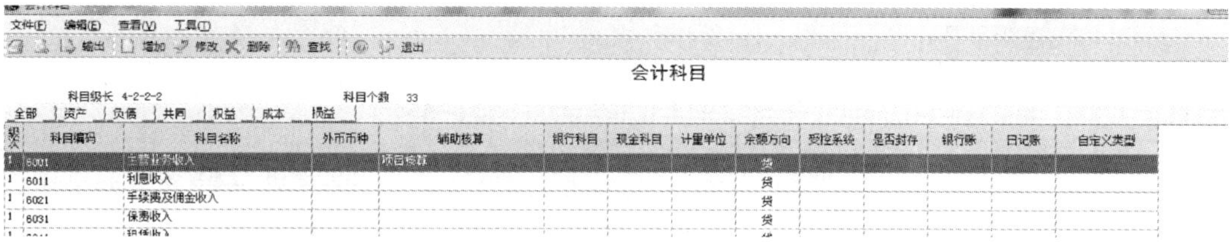

图 2-55（b）

图 2-55 在会计科目中进行项目设置

第二步，定义项目大类名称。

具体操作如下：点击“基础设置”→点击“基础档案”→点击“财务”→点击“项目目录”→点击“增加”→录入项目大类名称→点击“下一步”→点击“完成”按钮，如图 2-56 所示。

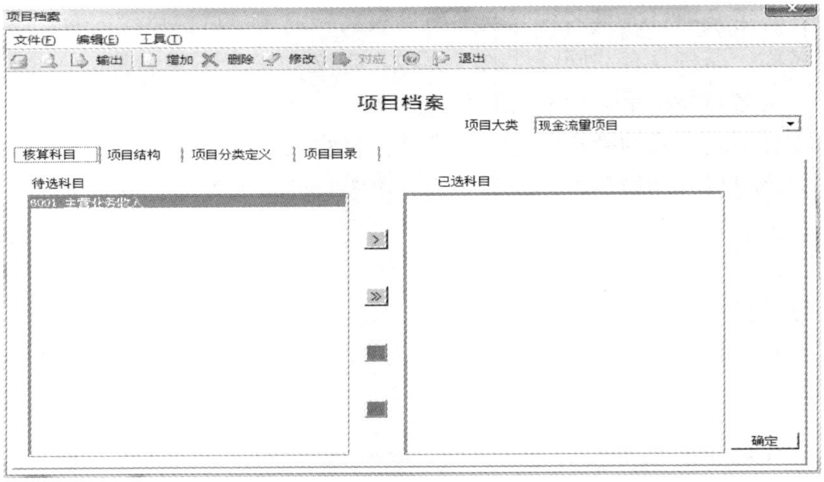

图 2-56（a）

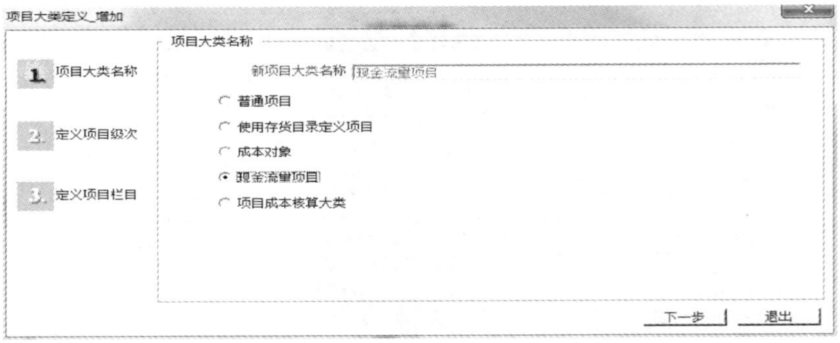

图 2-56（b）

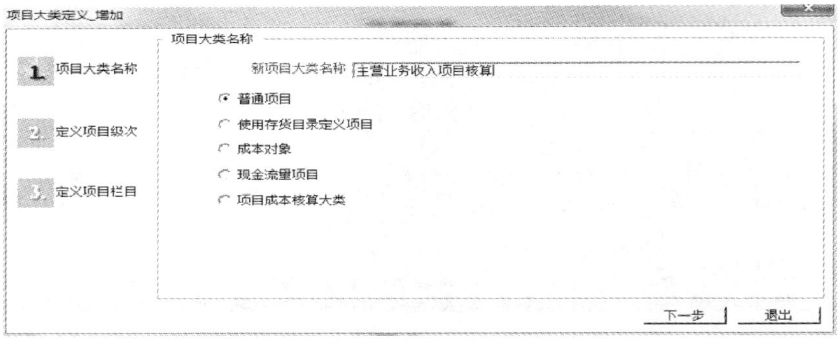

图 2-56（c）

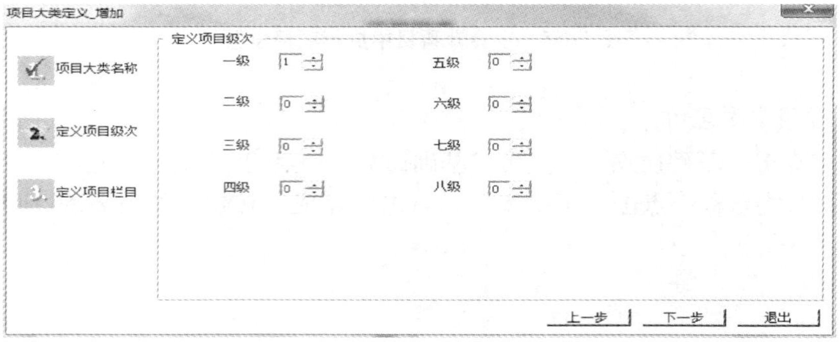

图 2-56（d）

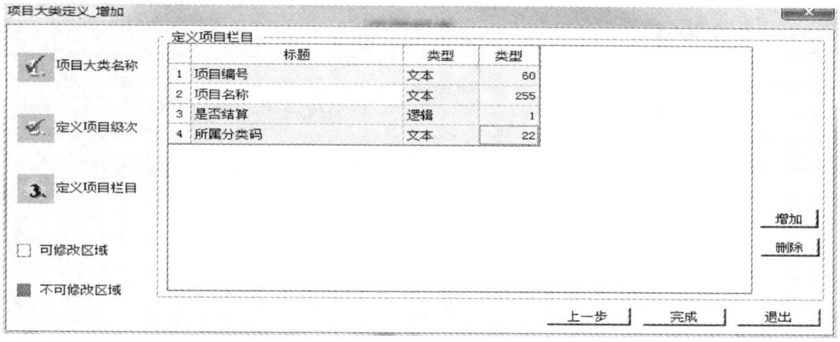

图 2-56（e）

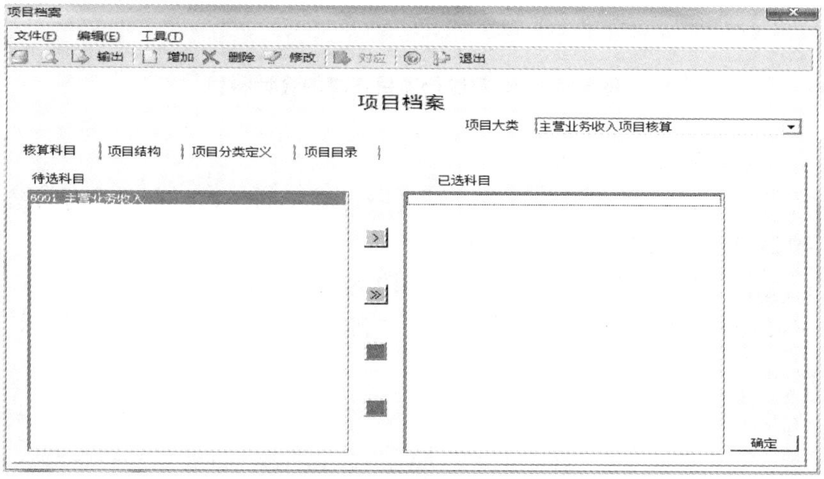

图 2-56（f）

图 2-56　定义项目大类名称

第三步，选定进行项目核算的会计科目。

具体操作如下：点击“基础设置”→点击“基础档案”→点击“财务”→点击“项目目录”→选择“项目大类”→移动相关进行项目核算的会计科目→点击“项目分类定义”→录入相关信息→点击“确定”按钮，如图 2-57 所示。

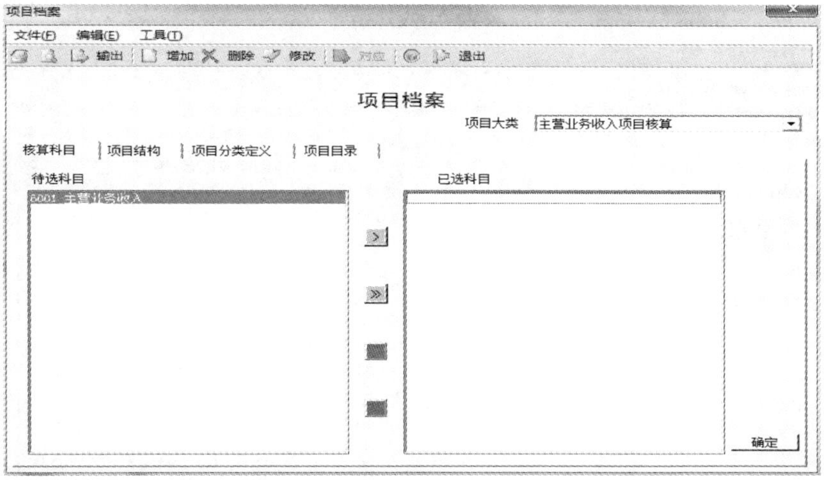

图 2-57（a）

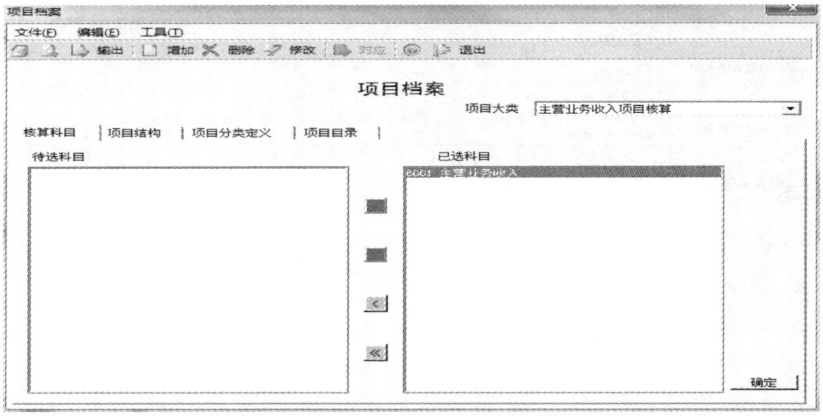

图 2-57（b）

图 2-57　选定进行项目核算的会计科目

［特别提示］

进行项目核算的类别和进行项目核算的会计科目一定要匹配，否则无法进行后续操作。

第四步：进行项目分类定义的设置。

具体操作如下：点击“基础设置”→点击“基础档案”→点击“财务”→点击“项目目录”→点击“项目分类定义”→录入分类编码和分类名称→点击“确定”按钮，如图 2-58 所示。

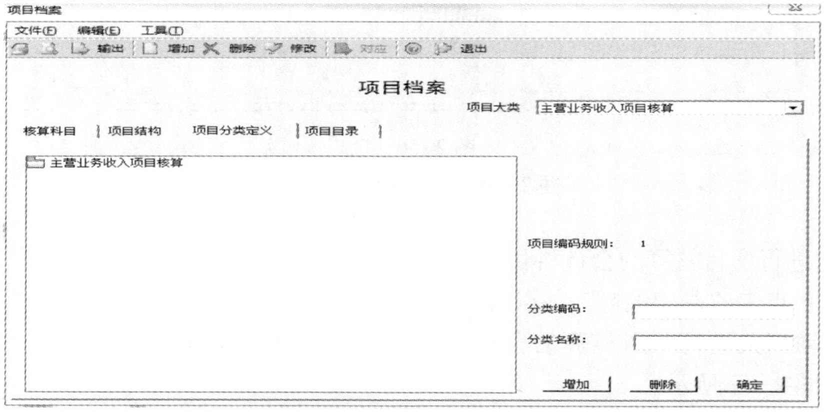

图 2-58（a）

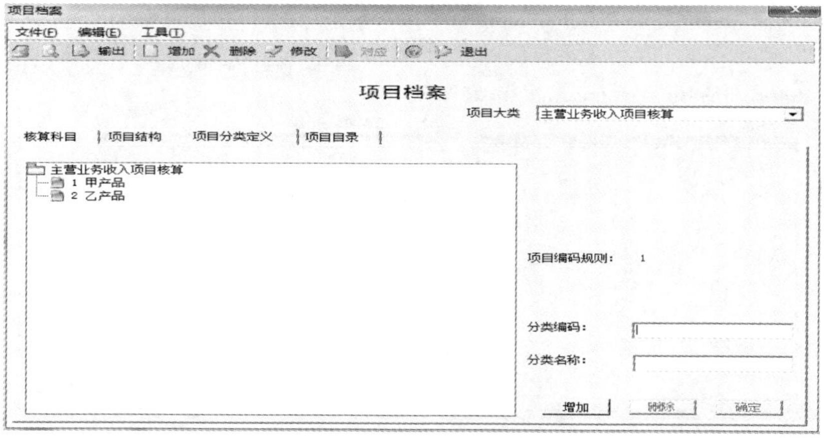

图 2-58（b）

图 2-58　进行项目分类定义的设置

第五步：进行项目目录的设置。

具体操作如下：点击“基础设置”→点击“基础档案”→点击“财务”→点击“项目档案”→点击“项目目录”→点击“维护”→点击“增加”→录入相关信息→点击“退出”按钮，如图 2-59 所示。

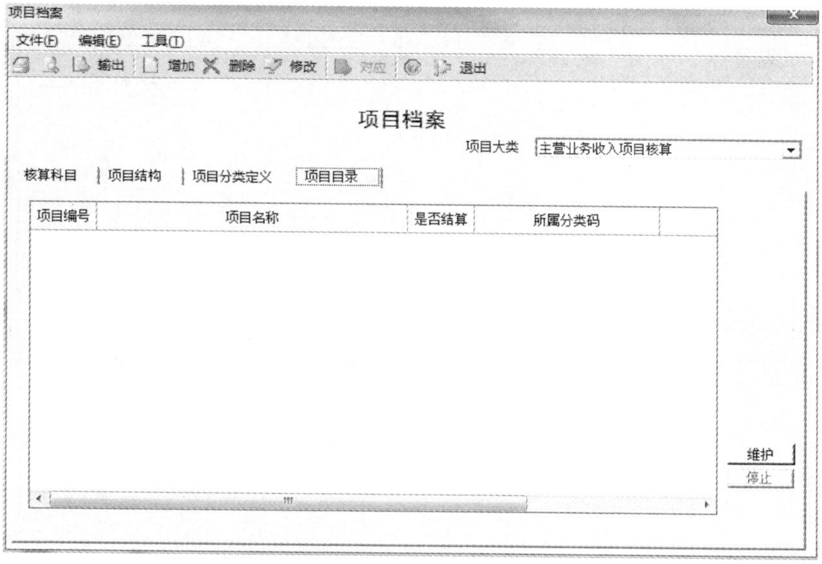

图 2-59（a）

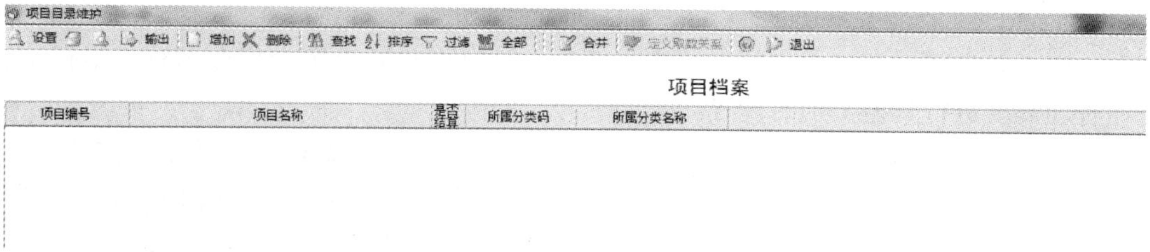

图 2-59（b）

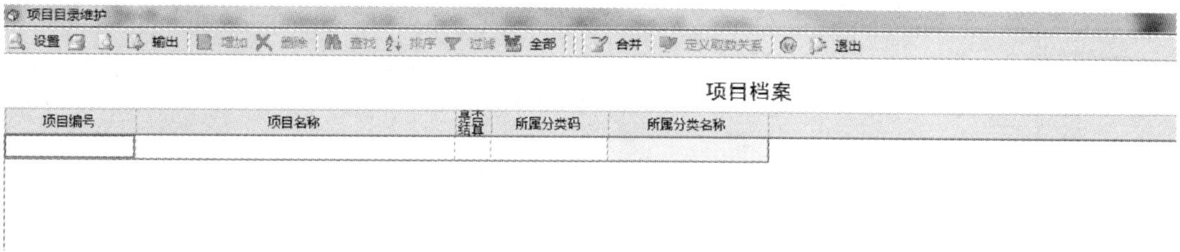

图 2-59（c）

图 2-59（d）

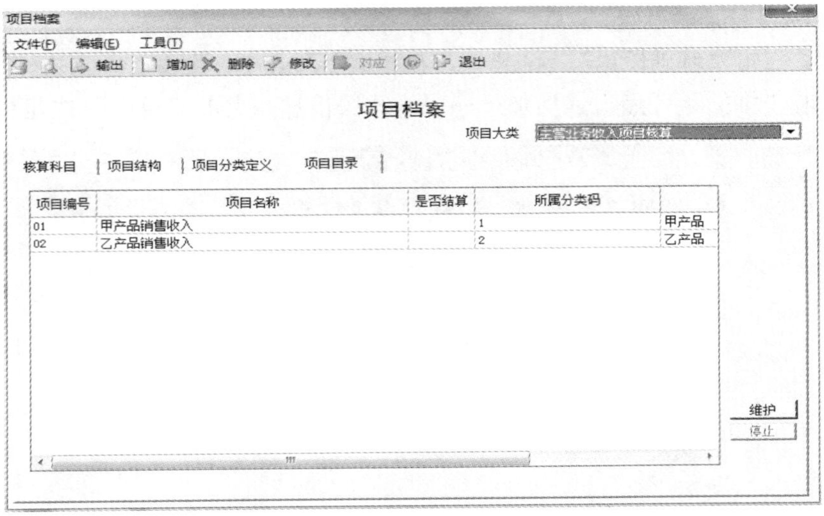

图 2-59（e）

图 2-59 进行项目目录的设置

2.2.5 收付结算

收付结算主要包括结算方式、付款条件和本单位开户银行等内容。

2.2.5.1 结算方式

结算方式主要是指通过何种方式进行结算。操作人员可以将其设置为现金结算、银行结算，也可以根据企业管理需要进行其他类别的设置。

结算方式的编码规则共有两级，一级编码的位数是 1 位数，二级编码的位数是 2 位数。

具体操作如下：点击“基础设置”→点击“基础档案”→点击“财务”→点击“收付结算”→点击“结算方式”→点击“增加”→录入相关信息→点击“保存”按钮，如图 2-60 所示。

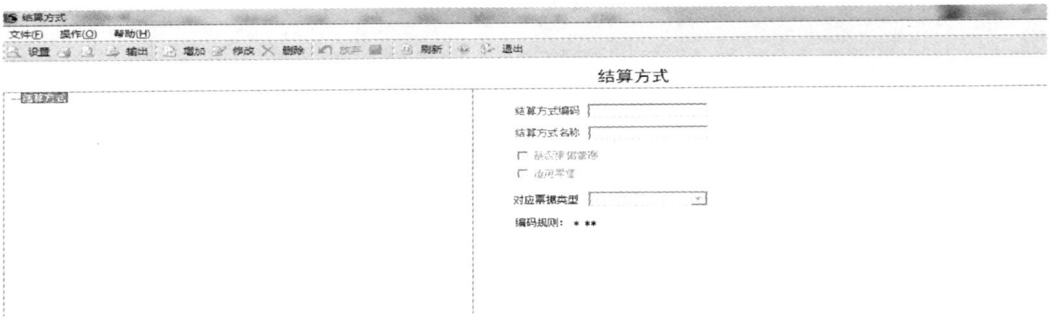

图 2-60（a）

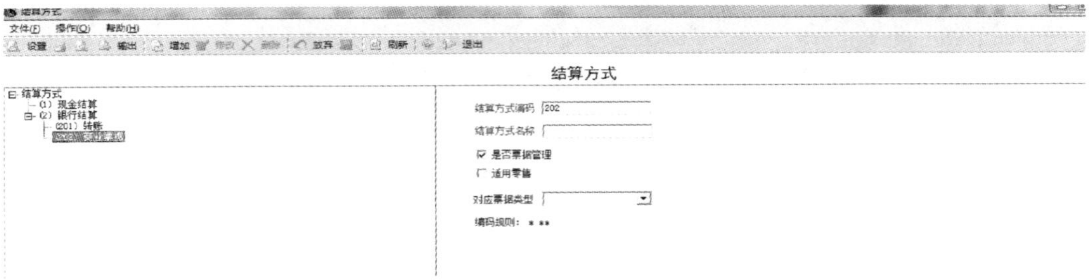

图 2-60（b）

图 2-60 结算方式的设置

2.2.5.2 付款条件

付款条件主要包括付款条件编码、信用天数、优惠天数和优惠率等内容。

具体操作如下：点击“基础设置”→点击“基础档案”→点击“财务”→点击“收付结算”→点击“付款条件”→点击“增加”→录入相关信息→点击“保存”按钮，如图 2-61 所示。

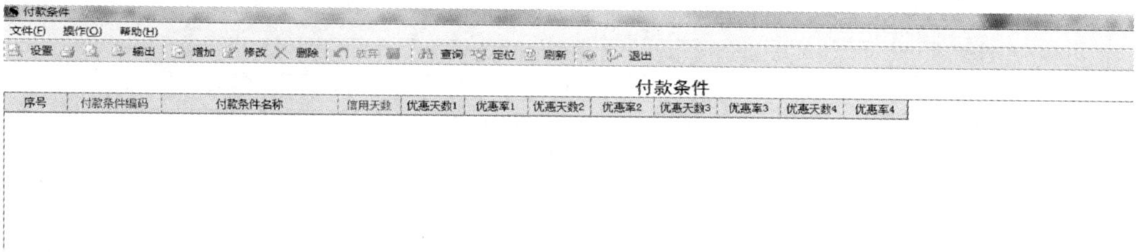

图 2-61（a）

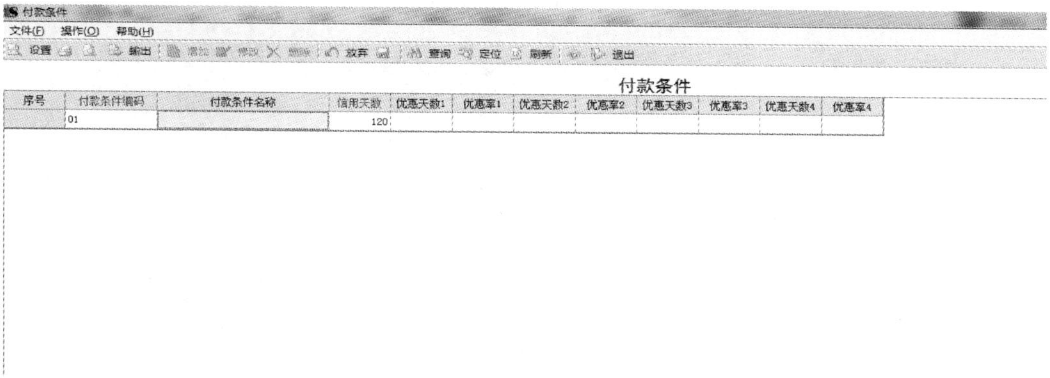

图 2-61（b）

图 2-61 付款条件的设置

2.2.5.3 本单位开户银行

本单位开户银行相关信息要按照一定要求进行录入。其主要内容有编码、银行账号、账户名称、币种、开户银行、所属银行、客户编号、联行号、开户银行地址等。其中，编码、银行账号、币种、所属银行、开户银行为必填内容，账户名称、开户银行地址和联行号等其他内容为非必填内容。

具体操作如下：点击“基础设置”→点击“基础档案”→点击“财务”→点击“收付结算”→点击“本单位开户银行”→点击“增加”→录入相关信息→点击“保存”按钮，如图 2-62 所示。

图 2-62（a）

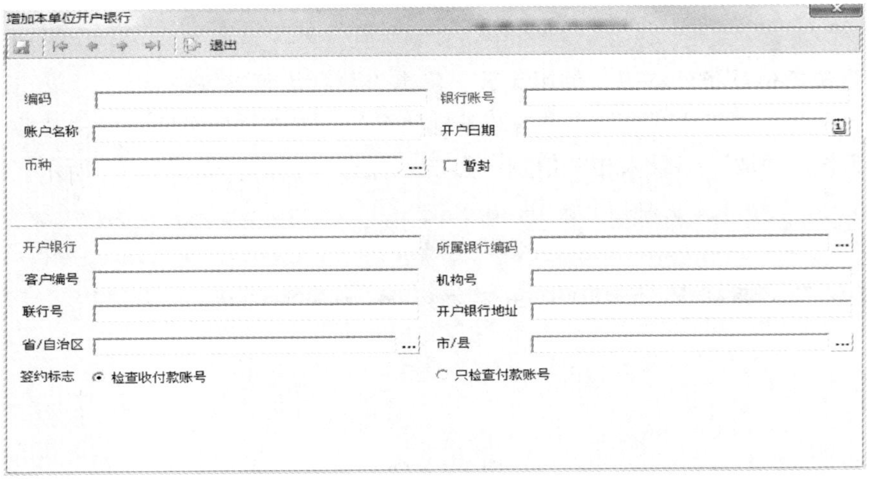

图 2-62（b）

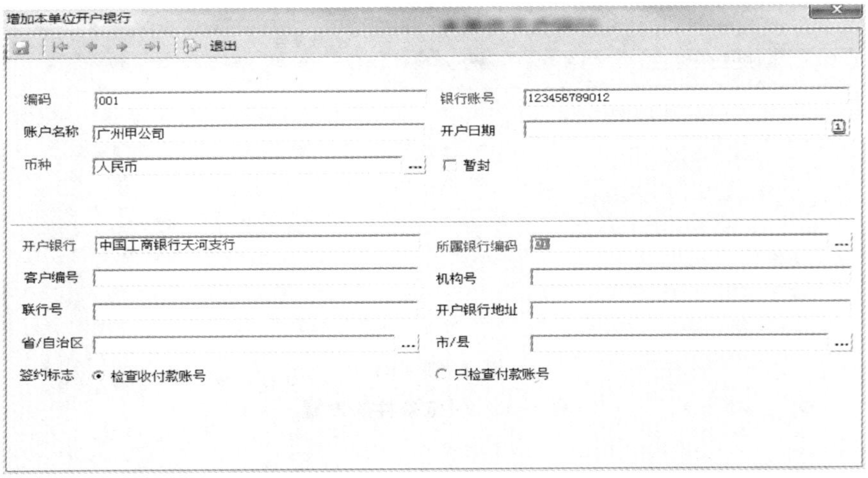

图 2-62（c）

图 2-62（d）

图 2-62　本单位开户银行的设置

2.2.6　业务

在业务界面，主要进行仓库档案、货位档案、收发类别、采购类型、销售类型、费用项目分类、费用项目、发运方式等相关内容的操作。

2.2.6.1　仓库档案的设置

具体操作如下：点击“基础设置”→点击“基础档案”→点击“业务”→点击“仓库档案”→点击

"增加"→录入相关信息→点击"保存"按钮。若发现有关操作不正确，可以点击"修改"按钮，修改完成相关内容后，点击"保存"按钮，如图 2-63 所示。

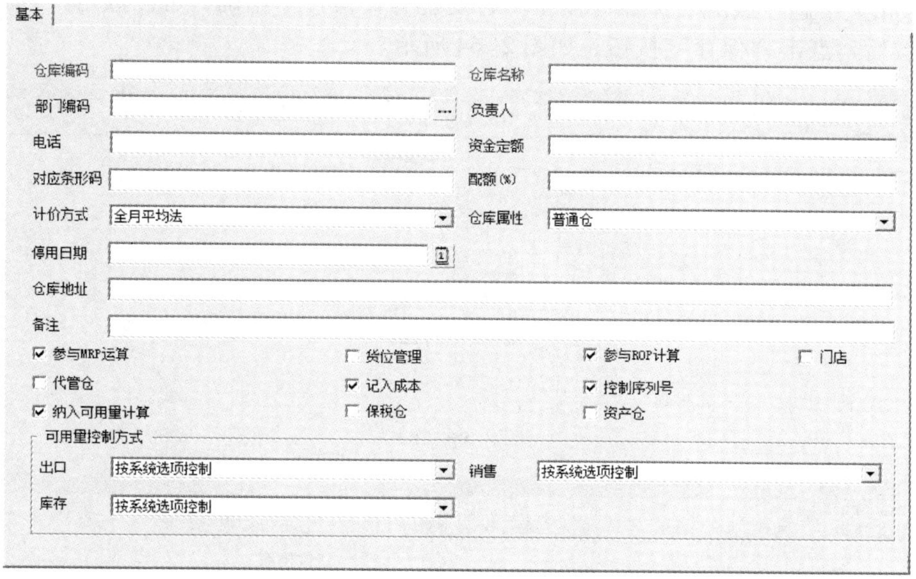

图 2-63（a）

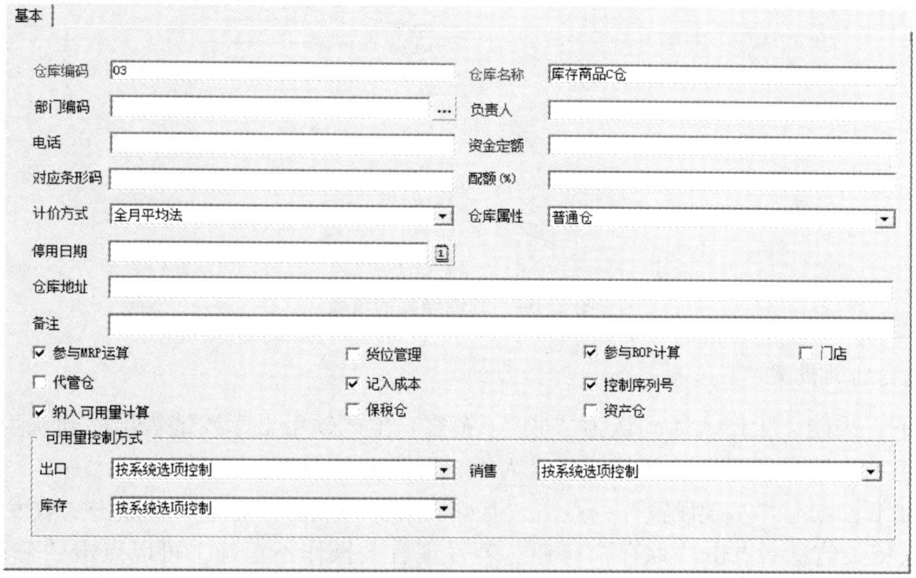

图 2-63（b）

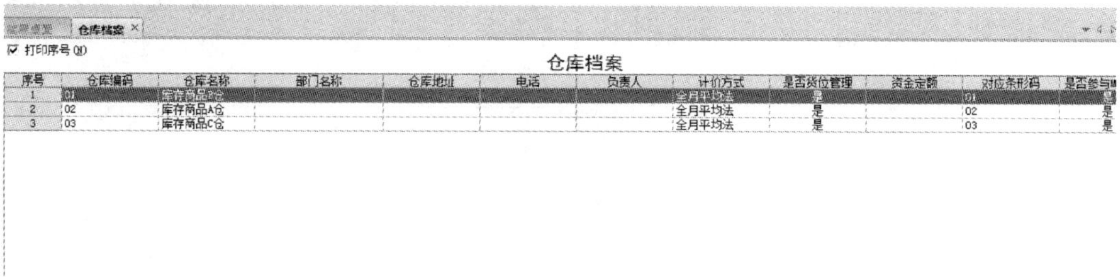

图 2-63（c）

图 2-63　仓库档案的设置

2.2.6.2 货位档案的设置

具体操作如下：点击“基础设置”→点击“基础档案”→点击“业务”→点击“货位档案”→点击“增加”→录入相关信息→点击“保存”按钮。若发现有关操作不正确，可以点击“修改”按钮，修改完成相关内容后，点击“保存”按钮，如图 2-64 所示。

图 2-64（a）

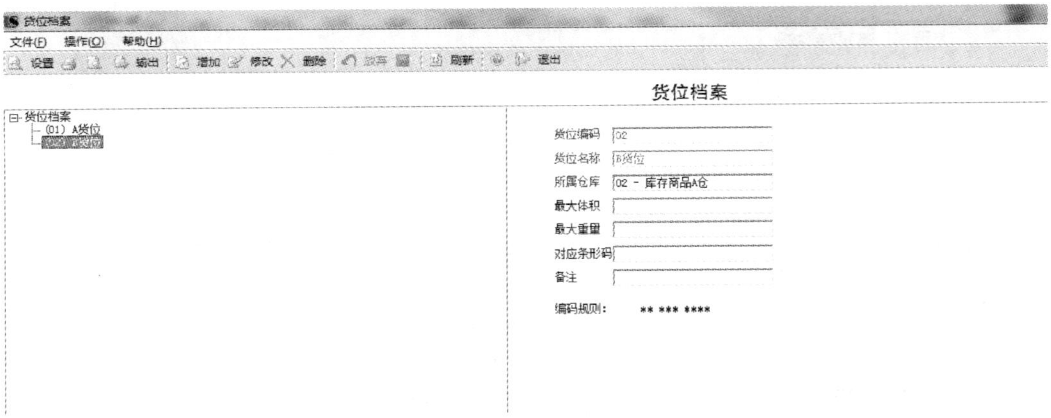

图 2-64（b）

图 2-64 货位档案的设置

2.2.6.3 收发类别的设置

一般情况下，采购、生产入库确认为“收”，销售、生产领用出库或销售出库确认为“出”。每个企业可根据自己的实际经营需要，具体设置出入库，即收发的类别。

具体操作如下：点击“基础设置”→点击“基础档案”→点击“业务”→点击“收发类别”→点击“增加”→录入相关信息→点击“保存”按钮。若发现有关操作不正确，可以点击“修改”按钮，修改完成相关内容后，点击“保存”按钮，如图 2-65 所示。

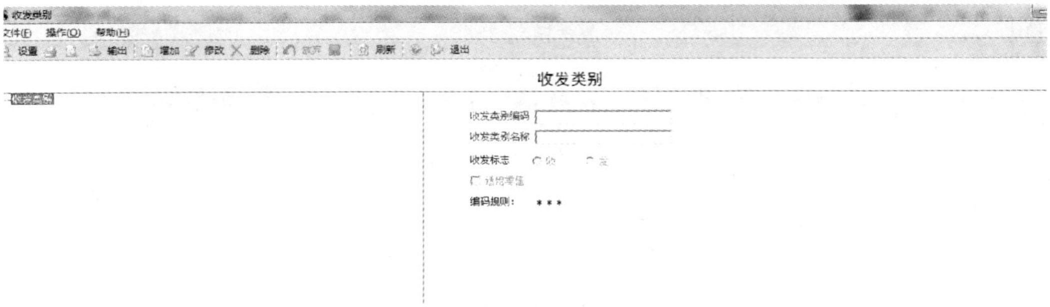

图 2-65（a）

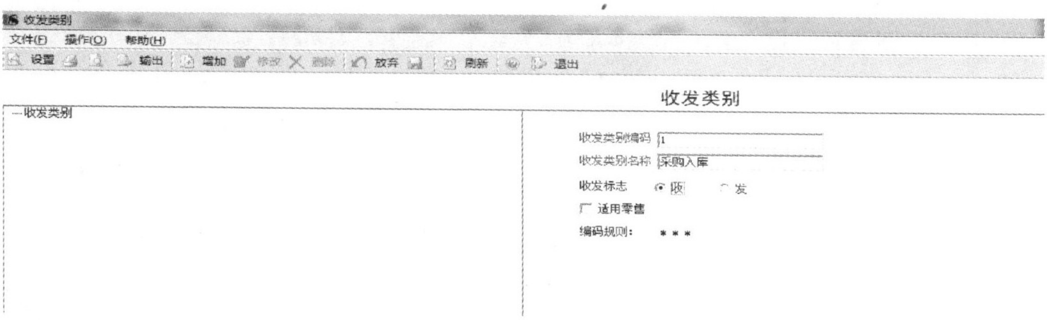

图 2-65（b）

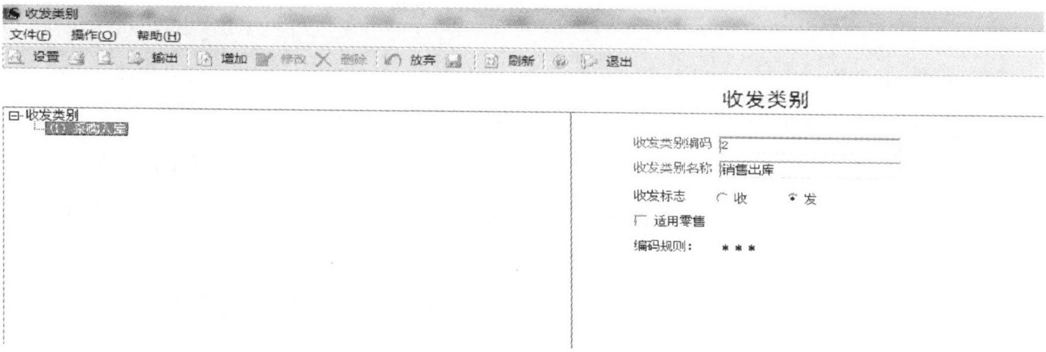

图 2-65（c）

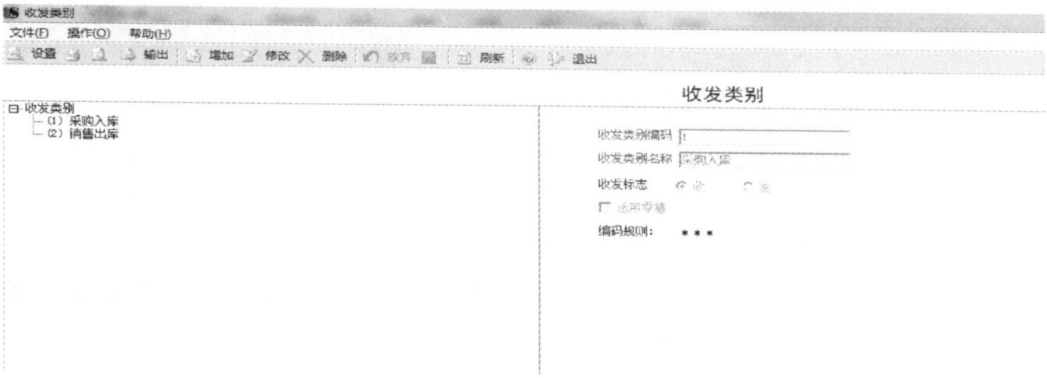

图 2-65（d）

图 2-65 收发类别的设置

2.2.6.4 采购类型的设置

每个企业可以根据自己的实际经营需要，设置具体的采购类型。

具体操作如下：点击“基础设置”→点击“基础档案”→点击“业务”→点击“采购类型”→点击“增加”→录入相关信息→点击“保存”按钮。若发现有关操作不正确，可以点击“修改”按钮，修改完成相关内容后点击“保存”按钮，如图 2-66 所示。

图 2-66（a）

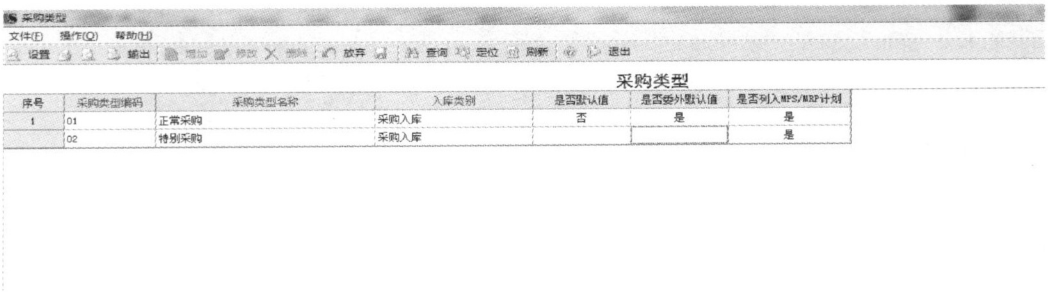

图 2-66（b）

图 2-66 采购类型的设置

2.2.6.5 销售类型的设置

每个企业可以根据自己的实际经营需要，设置具体的销售类型。

具体操作如下：点击“基础设置”→点击“基础档案”→点击“业务”→点击“销售类型”→点击“增加”→录入相关信息→点击“保存”按钮。若发现有关操作不正确，可以点击“修改”按钮，修改完成相关内容后点击“保存”按钮，如图 2-67 所示。

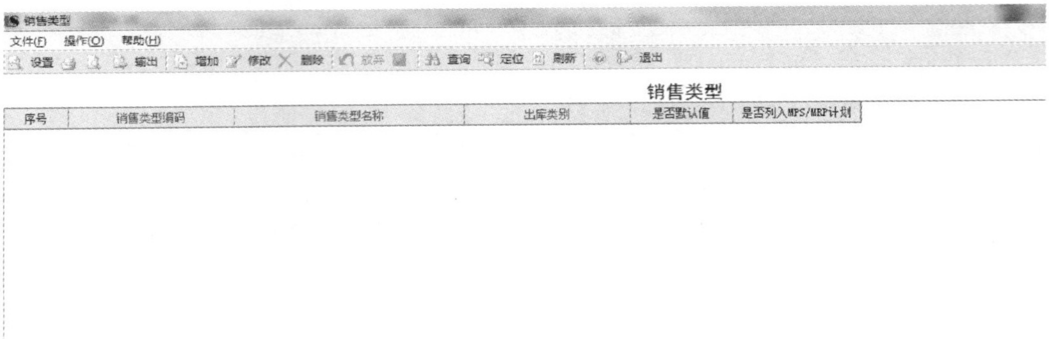

图 2-67（a）

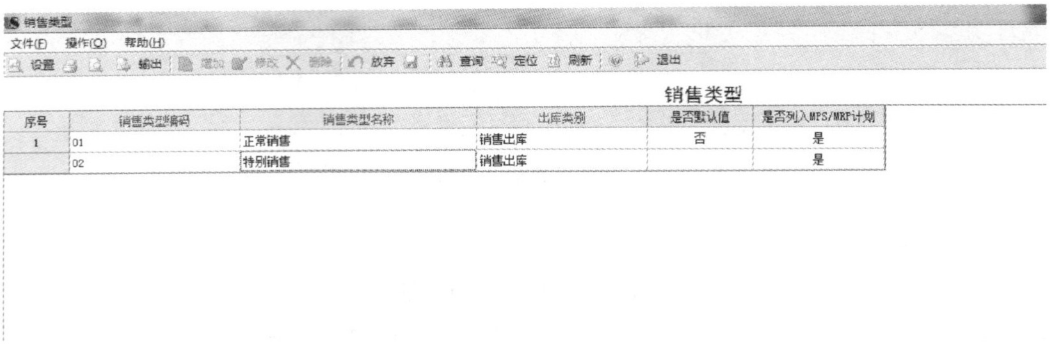

图 2-67（b）

图 2-67 销售类型的设置

2.2.6.6 费用项目分类的设置

每个企业可以根据自己的实际经营需要，设置具体的费用项目分类。

具体操作如下：点击“基础设置”→点击“基础档案”→点击“业务”→点击“费用项目分类”→点击“增加”→录入相关信息→点击“保存”按钮。若发现有关操作不正确，可以点击“修改”按钮，修改完成相关内容后点击“保存”按钮，如图 2-68 所示。

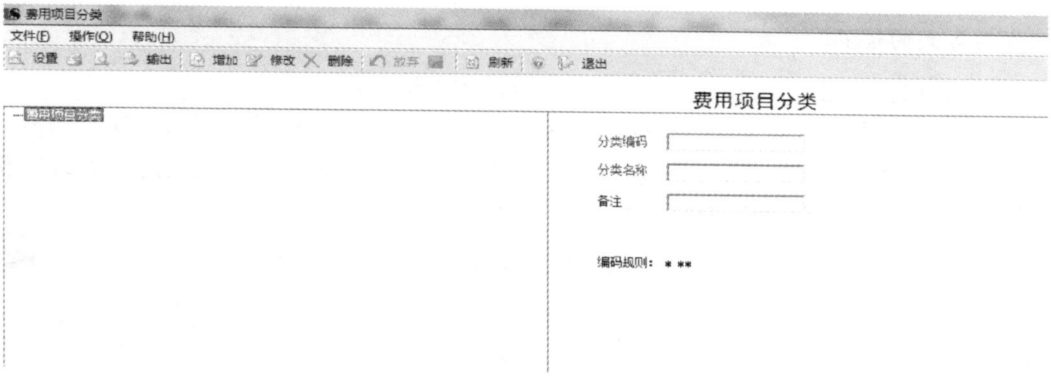

图 2-68（a）

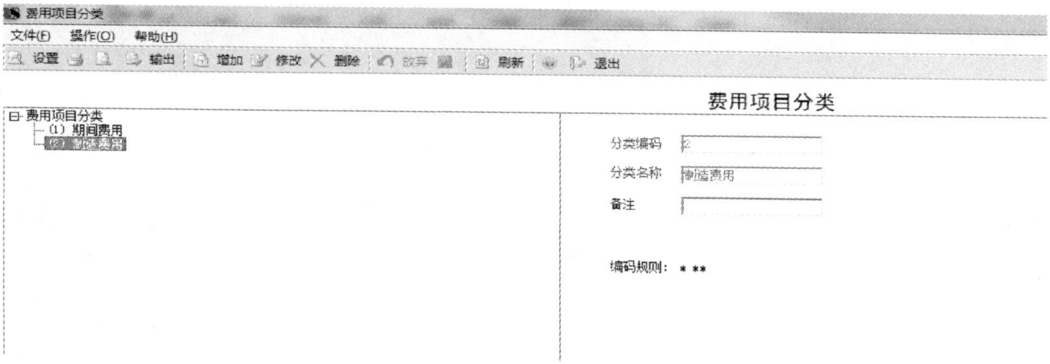

图 2-68（b）

图 2-68　费用项目分类的设置

2.2.6.7　费用项目的设置

具体操作如下：点击“基础设置”→点击“基础档案”→点击“业务”→点击“费用项目”→点击“增加”→录入相关信息→点击“保存”按钮。若发现有关操作不正确，可以点击“修改”按钮，修改完成相关内容后点击“保存”按钮，如图 2-69 所示。

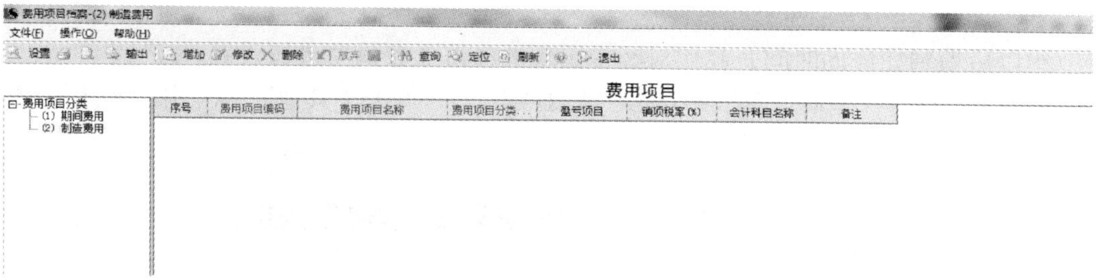

图 2-69（a）

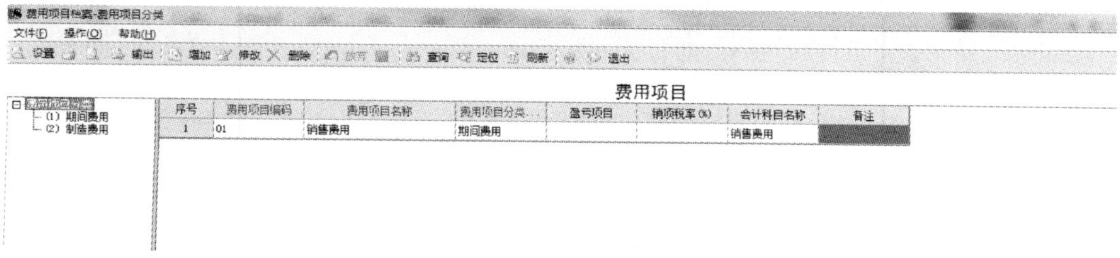

图 2-69（b）

图 2-69　费用项目的设置

2.2.6.8 发运方式的设置

每个企业可以根据自己的实际经营需要，设置具体的发运方式。

具体操作如下：点击“基础设置”→点击“基础档案”→点击“业务”→点击“发运方式”→点击“增加”→录入相关信息→点击“保存”按钮。若发现有关操作不正确，可以点击“修改”按钮，修改完成相关内容后，点击“保存”按钮，如图 2-70 所示。

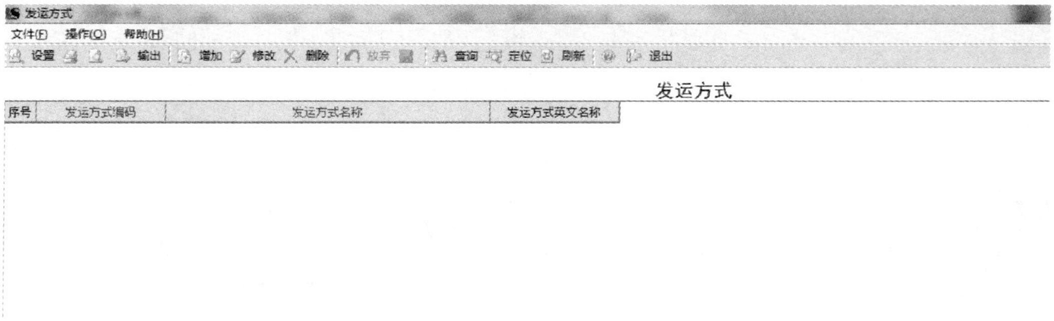

图 2-70（a）

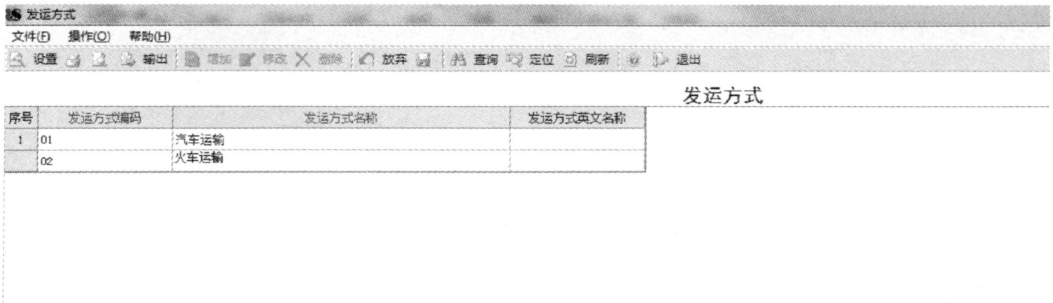

图 2-70（b）

图 2-70 发运方式的设置

2.2.7 其他

为了节约以后填制凭证的时间，我们对经常出现的经济业务摘要进行设置。

具体操作如下：点击“基础设置”→点击“基础档案”→点击“其他”→点击“常用摘要”→点击“增加”→录入相关信息→点击“退出”按钮，如图 2-71 所示。

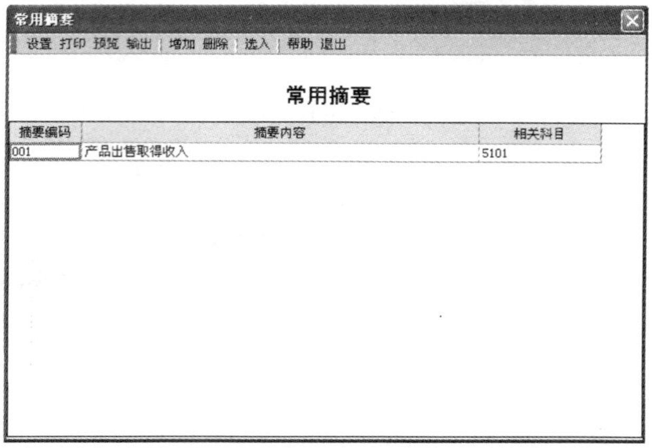

图 2-71 常用摘要的设置

实训一　创建账套实训

［实训目的］

通过本实训，学生能够掌握创建账套（账套的基本信息、单位信息、核算类型、基础信息、编码方案）、启用账套、设置账套主管和分配操作人员权限等相关操作知识。

［实训内容］

（1）账套名称：广东珠江实业股份有限公司。

（2）账套启用时间：2023 年 4 月 1 日。

（3）单位信息。

公司名称：广东珠江实业股份有限公司。

公司简称：广东珠江实业公司。

单位地址：广州市大德路 168 号。

法定代表人：张××。　　　　邮编：510440。

企业类型：工业生产企业。　　行业性质：2007 年新会计制度科目。

基础信息：存货需要分类、供应商需要分类、客户需要分类、需要进行外币核算。

编码方案：会计科目设置为 5 级编码（4-2-2-2-2）。

启用系统：总账系统、固定资产管理系统、应收账款系统、应付账款系统、薪资管理系统。

账套主管及操作人员表如表 2-1 所示。

表 2-1　账套主管及操作人员表

人员编码	姓名	权限	密码
01	王小丽	账套主管、制单人	1
02	张三	审核人	2
03	李中华	出纳	3

［实训要求］

根据上述资料，完成系统管理中的有关操作。

实训二　基础设置实训

［实训目的］

通过本实训，学生能够掌握基础设置中机构人员、客商信息、存货、财务、收付结算以及其他等相关操作知识。

［实训内容］

（1）广东珠江实业股份有限公司部门设置表如表 2-2 所示。

表 2-2　广东珠江实业股份有限公司部门设置表

一级部门编码	一级部门名称	二级部门编码	二级部门名称
1	财务部		

表2-2(续)

一级部门编码	一级部门名称	二级部门编码	二级部门名称
2	总经理办公室		
3	采购部		
4	销售部	401	销售一部
		402	销售二部
5	生产车间	501	车间办公室
		502	车间生产线
6	人力资源部		

（2）人员相关信息表如表2-3所示。

表2-3　人员相关信息表

部门名称	人员编码	姓名	性别	人员类别	出生日期	是否为销售人员
财务部	101	A	男	在职	1982-10-02	否
	102	B	女	在职	1969-01-09	否
总经理办公室	201	C	女	在职	1977-08-25	否
	202	D	女	在职	1981-10-11	否
采购部	301	E	男	在职	1965-01-28	否
	302	F	男	在职	1972-06-12	否
销售一部	40101	G	女	在职	1981-12-01	是
	40102	H	女	在职	1970-11-23	是
销售二部	40201	I	男	在职	1987-12-05	是
	40202	J	男	在职	1968-07-26	是
车间办公室	50101	K	女	在职	1987-01-25	否
	50102	L	女	在职	1989-11-08	否
车间生产线	50201	M	男	在职	1990-12-08	否
	50202	N	女	在职	1976-01-26	否
人力资源部	601	O	男	在职	1975-06-02	否
	602	P	女	在职	1974-09-02	否

（3）供应商相关信息表如表2-4所示。

表2-4　供应商相关信息表

一级编码	一级分类名称	二级编码	二级分类名称	三级编码	三级分类名称
03	东北地区	03001	黑龙江	030010001	A公司
		03002	吉林	030020002	B公司
		03003	辽宁	030030003	C公司
04	华东地区	04001	上海	040010001	D公司
		04002	浙江	040020002	E公司
		04003	江苏	040030003	F公司

（4）客户相关信息表如表 2-5 所示。

表 2-5　客户相关信息表

一级编码	一级分类名称	二级编码	二级分类名称
01	大客户	01001	A 公司
		01002	B 公司
		01003	C 公司
02	中客户	02001	D 公司
		02002	E 公司
		02003	F 公司
03	小客户	03001	G 公司

（5）存货相关信息表如表 2-6 所示。

表 2-6　存货相关信息表

一级编码	一级分类名称	二级编码	二级分类名称	三级编码	三级分类名称	存货编码	计量单位	存货属性
01	原材料	0101	A 材料			0101	个	销售、外购、生产耗用、委托
		0102	B 材料			0102	个	销售、外购、生产耗用、委托
02	库存商品	0201	甲产品			0201	个	销售、外购、生产耗用、委托
		0202	乙产品			0202	个	销售、外购、生产耗用、委托
03	周转材料	0301	包装物	030101	C 纸箱	030101	个	销售、外购、生产耗用、委托
				030102	D 铁桶	030102	个	销售、外购、生产耗用、委托
		0302	低值易耗品	030201	打印纸	030201	箱	销售、外购、生产耗用、委托
				030202	水笔	030202	支	销售、外购、生产耗用、委托

（6）计量单位组相关信息表如表 2-7 所示。

表 2-7　计量单位组相关信息表

一级编码	计量单位组名称	二级编码	计量名称	是否为主计量单位	与主计量单位换算率
01	长度计量组	0101	KM	是	
		0102	M	否	1 000
		0103	CM	否	100 000
02	数量计量组	0201	个	否	固定换算率
		0202	件	否	固定换算率
		0203	箱	否	固定换算率
		0204	台	否	固定换算率

[实训要求]

根据上述资料，完成基础设置中的相关操作。

实训三　会计科目设置实训

［实训目的］

通过本实训，学生能够掌握与会计科目设置相关的操作知识。

［实训内容］

会计科目表如表 2-8 所示。

表 2-8　会计科目表

会计科目	辅助核算	现金科目	银行科目	银行账	日记账
库存现金		是			是
银行存款			是	是	是
银行存款——工行			是	是	是
银行存款——建行	美元		是	是	是
应收账款	客户往来				
应收票据	客户往来				
预收账款	客户往来				
其他应收款	个人往来				
应付票据	供应商往来				
应付账款	供应商往来				
预付账款	供应商往来				
其他应付款	个人往来				
管理费用	部门核算				
主营业务收入	项目核算				
生产成本	项目核算				
制造费用	部门核算				
库存商品	数量金额				
原材料	数量金额				
周转材料	数量金额				

［实训要求］

根据上述要求，完成相关会计科目的辅助核算设置。

实训四　项目目录实训

［实训目的］

通过本实训，学生能够掌握项目目录中的项目大类名称、项目核算的会计科目选定、项目分类定义等相关操作知识。

［实训内容］

（1）项目核算大类名称：产品生产成本。

（2）项目核算的会计科目如表 2-9 所示。

表 2-9 项目核算的会计科目

一级会计科目	二级会计科目
生产成本	直接材料
生产成本	直接人工
生产成本	制造费用

（3）项目分类如表 2-10 所示。

表 2-10 项目分类

分类编码	分类名称
1	甲产成品
2	乙产成品
3	丙产成品

（4）项目目录如表 2-11 所示。

表 2-11 项目目录

项目编码	项目名称	是否结算	所属分类
1	甲产品成本	否	1
2	乙产品成本	否	2
3	丙产品成本	否	3

［实训要求］

根据上述资料，完成项目目录的相关操作。

3 总账系统

3.1 期初余额录入

经过创建账套及基础设置等相关操作后，我们就可以将手工做账形成的会计数据作为期初数据录入财务软件中了。在录入初始数据的过程中，要注意以下几点：

第一，总账、应收账款、应付账款等系统启用的时间在年初（1 月）同这些系统启用的时间在年中（2~12 月）对录入期初余额的数据和界面是有不同影响的。

启用时间在年中比在年初要多录入年初至系统启用时间期间的有关会计科目的累计发生额。只要将有关数据录入“期初余额”“累计借方”“累计贷方”栏目后，“年初余额”栏目的数据就会自动填入。

启用时间在年初（1 月）的界面如图 3-1 和图 3-2 所示。

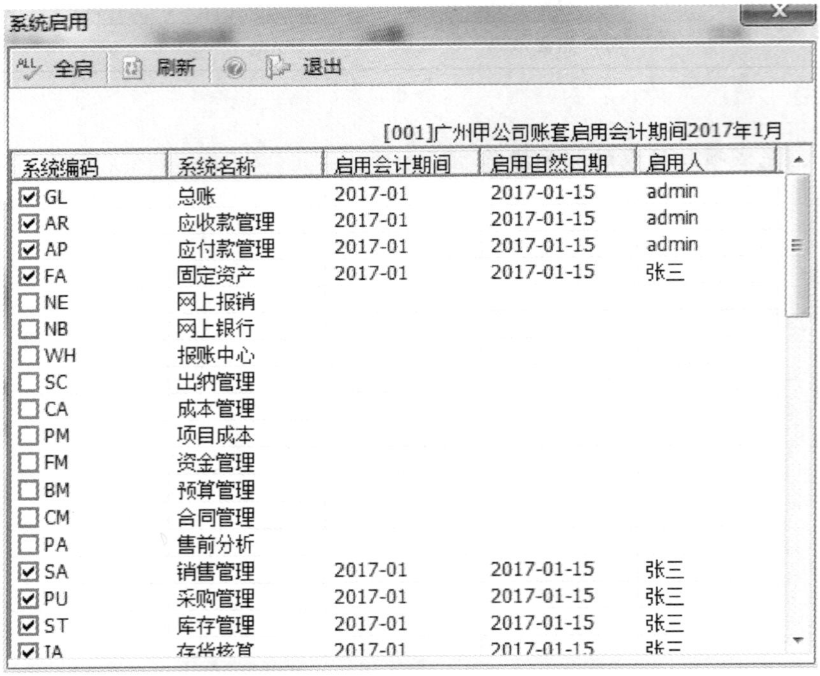

图 3-1 系统启用对话框

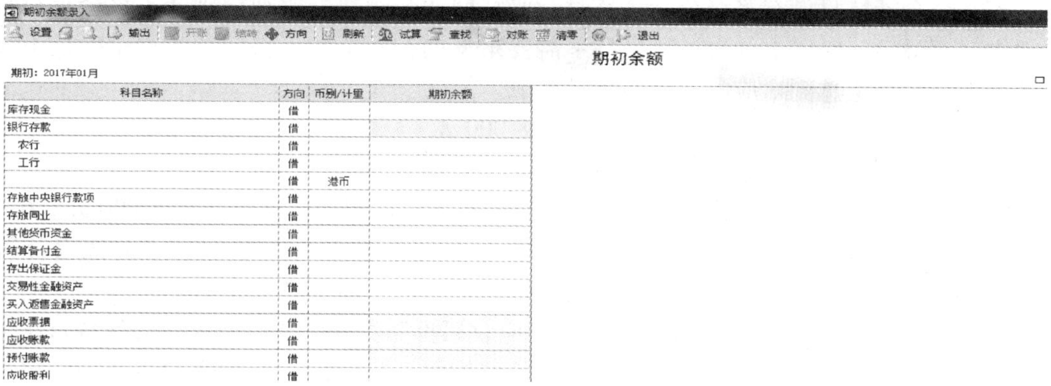

图 3-2　期初余额对话框

启用时间在年中（2~12 月）的界面如图 3-3 和图 3-4 所示。

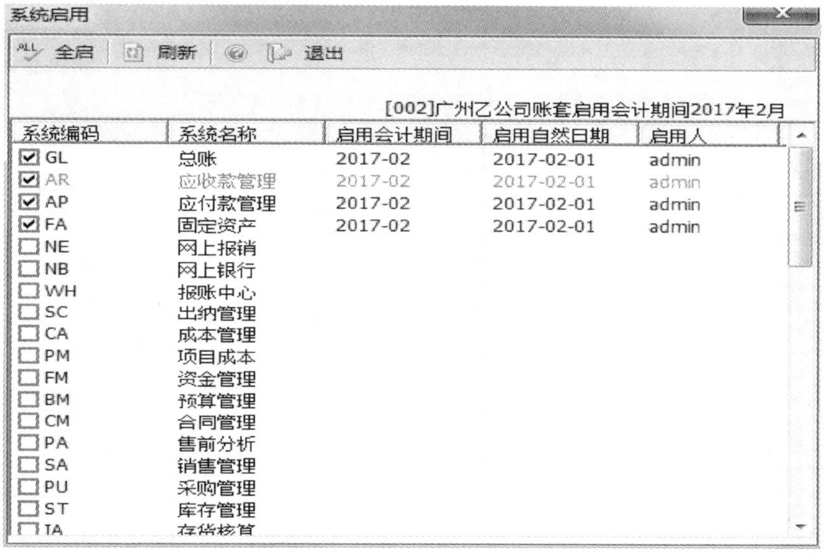

图 3-3　系统启用对话框

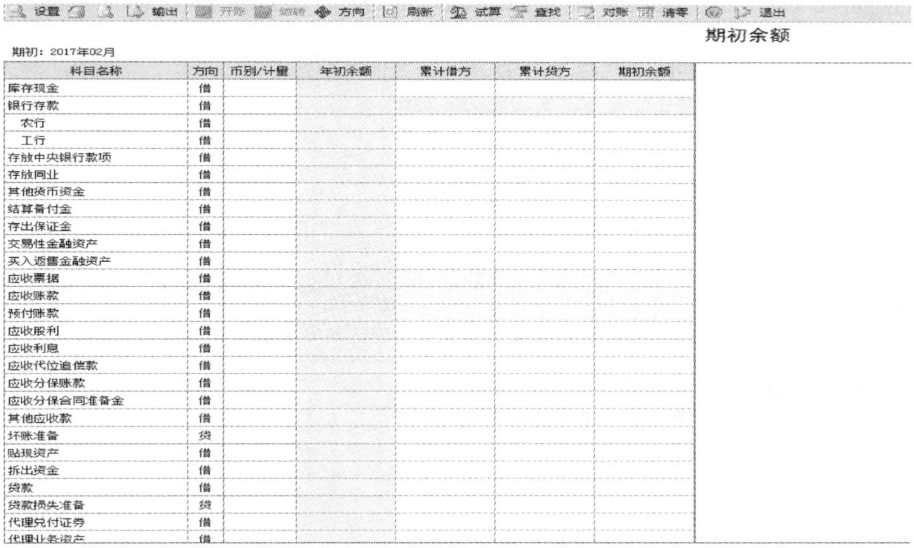

图 3-4　期初余额界面

第二，若某个会计科目设有多级会计科目时，要将期初余额数据明细分别录入该会计科目最后一级明细科目中，而最后一级以上的会计科目是不需要录入期初数据的，将期初数据录入最下级明细科目后，相关数据会自动汇总到对应的一级会计科目中。

例如，应交税费——应交增值税——进项税额 8 000 元

应交税费——应交增值税——销项税额 6 000 元

“应交税费”会计科目有三级明细科目，在录入该会计科目期初数据时，将 8 000 元、6 000 元分别录入第三级会计科目进项税额、销项税额中即可，一级会计科目“应交税费”、二级会计科目“应交增值税”是不需要录入的，财务软件会将有关的数据自动汇总到这些项目中。

第三，若已启用应收账款系统，“应收账款”“应收票据”“预收账款”这些会计科目是不能够直接录入相应的期初余额数据的。与这些会计科目相关的期初余额数据在应收账款系统操作完成后直接引入即可。

具体操作如下：选中并双击“应收账款”“应收票据”对应的期初余额空栏→点击“增行”→录入相关信息→点击“往来明细”→点击“引入”→点击“覆盖”按钮，如图 3-5 所示。

图 3-5（a）

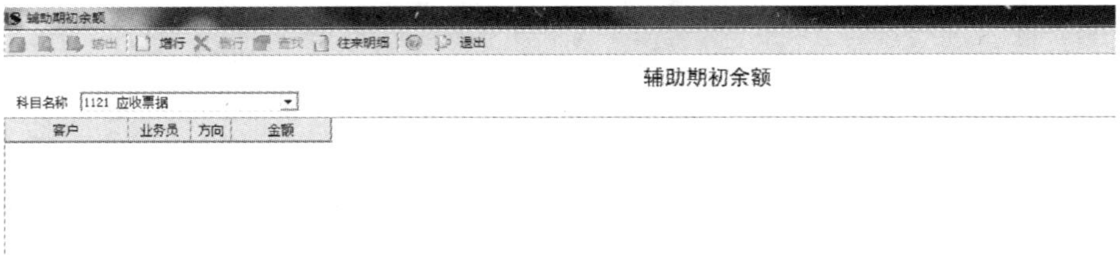

图 3-5（b）

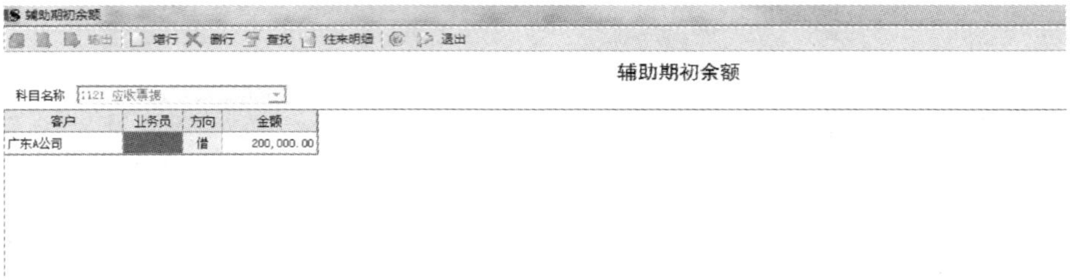

图 3-5（c）

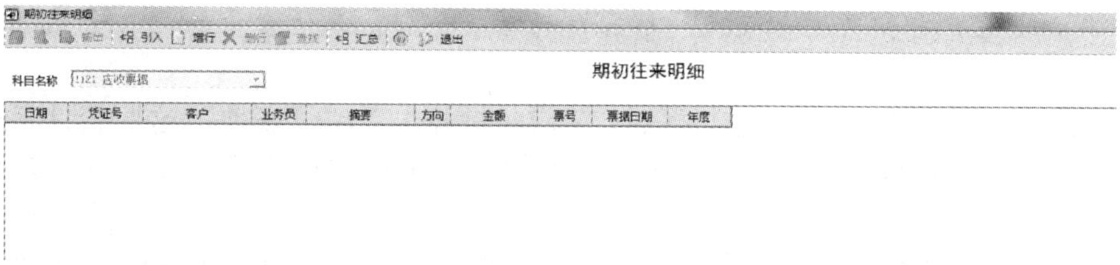

图 3-5（d）

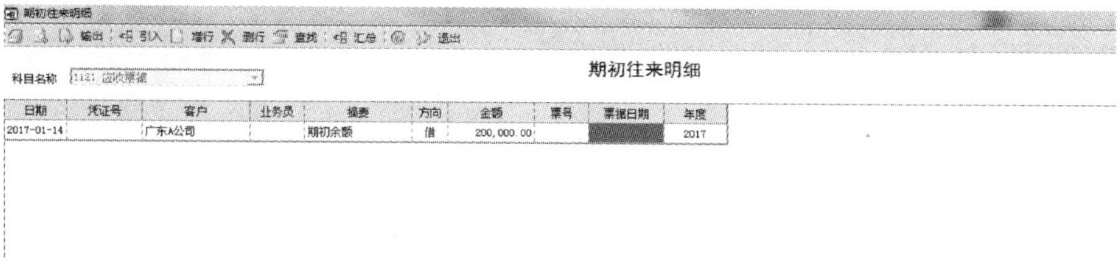

图 3-5（e）

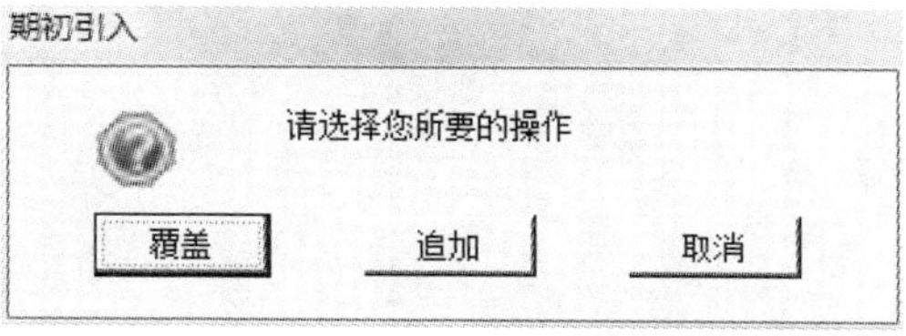

图 3-5（f）

图 3-5（g）

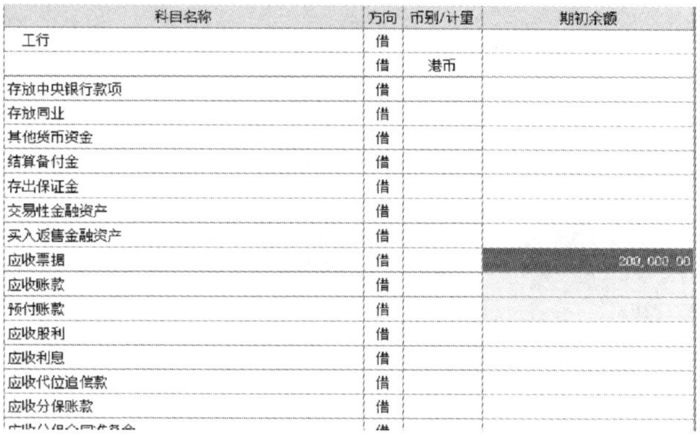

图 3-5（h）

图 3-5　期初余额数据的直接引入（1）

［特别提示］

· 引入总账系统的期初余额数据同应收账款系统中的期初余额数据要一致。

· 必须在应收账款系统中录入本期相关业务数据之前将期初余额的数据引入总账期初余额中；否则，此操作无法完成。

· 当有多个应收客户时，只需要录入一个客户的准确金额，其他客户的应收金额也能准确无误地引入总账系统中。

第四，若已启用应付账款系统，“应付账款”“应付票据”“预付账款”这些会计科目是不能够直接录入相应的期初余额数据的，与这些会计科目相关的期初余额数据在应付账款系统操作完成后直接引入即可。

具体操作如下：选中并双击“应付账款”“应付票据”对应的期初余额空栏→点击“增行”→录入相关信息→点击“往来明细”→点击“引入”→点击“覆盖”按钮，如图 3-6 所示。

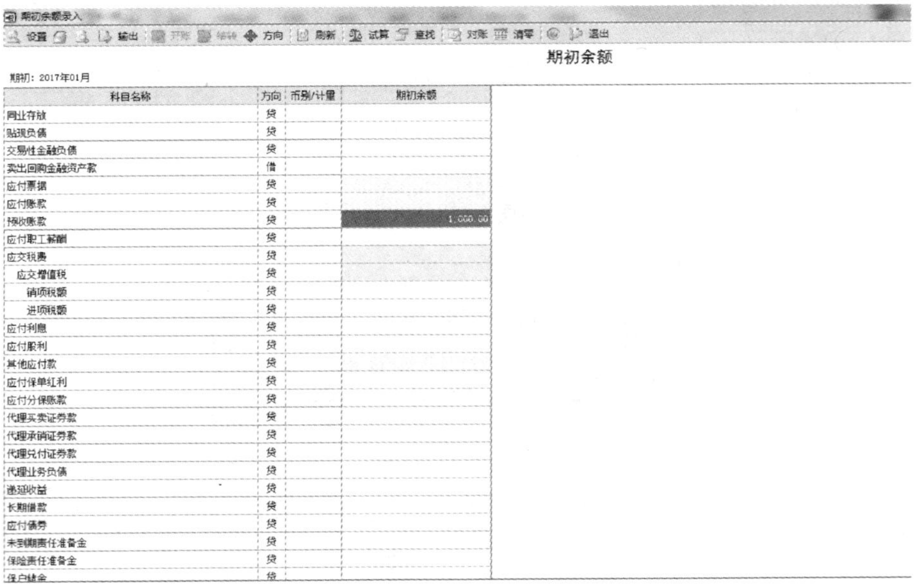

图 3-6（a）

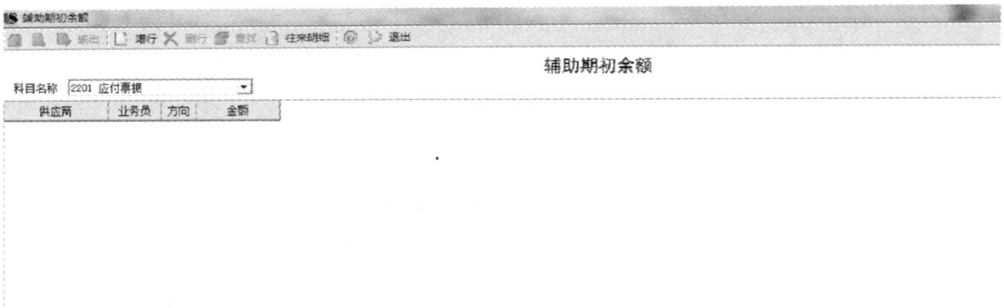

图 3-6（b）

图 3-6（c）

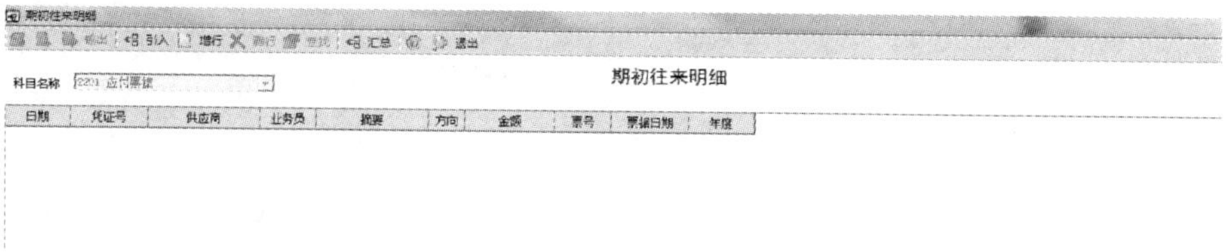

图 3-6（d）

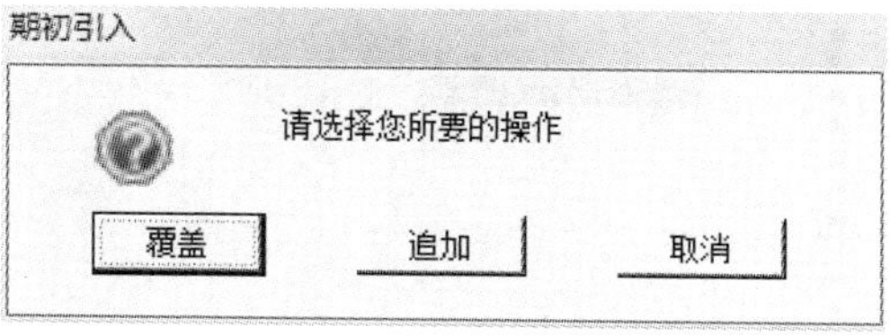

图 3-6（e）

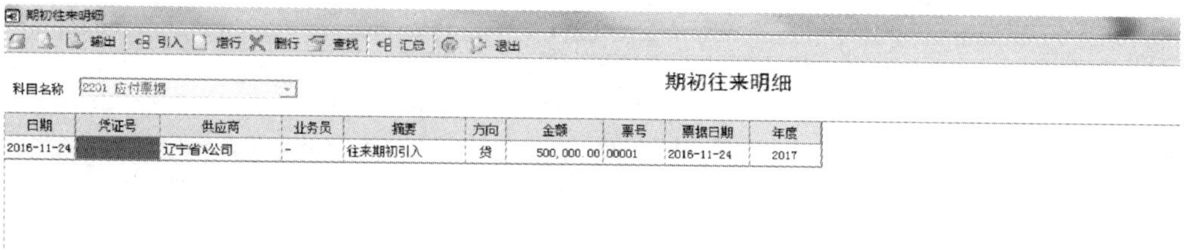

图 3-6（f）

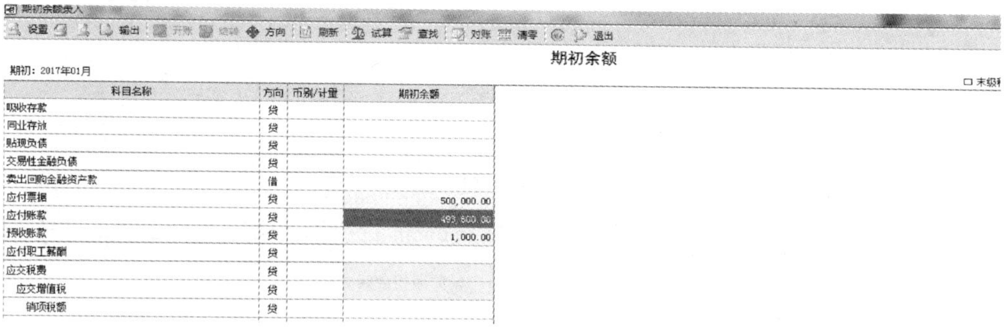

图 3-6（g）

图 3-6　期初余额数据的直接引入（2）

［特别提示］

· 引入总账系统的期初余额数据同应付账款系统中的期初余额数据要一致。

· 必须在应付账款系统中录入本期相关业务数据之前将期初余额的数据引入总账期初余额中；否则，此操作无法完成。

· 当有多个应付客户时，只需要录入一个客户的准确金额，其他客户的应付金额也能准确无误地引入总账系统中。

第五，“其他应收款”“其他应付款”会计科目设置为个人往来后，不能直接录入期初数据。

具体操作如下：选中并双击“其他应收款”或“其他应付账”期初余额下对应的空栏，点击“增行”按钮，录入相关信息，如图 3-7 所示。

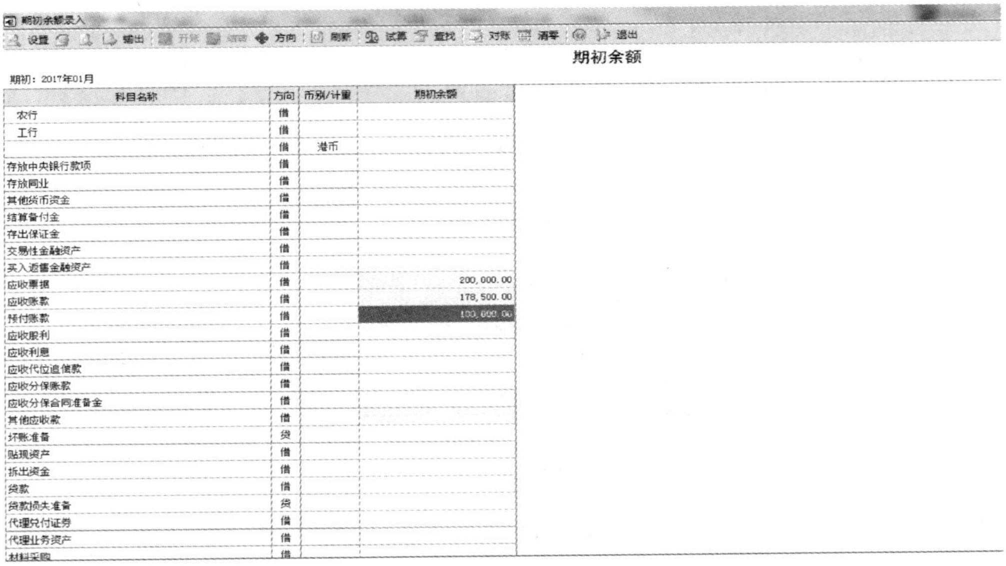

图 3-7（a）

图 3-7（b）

图 3-7（c）

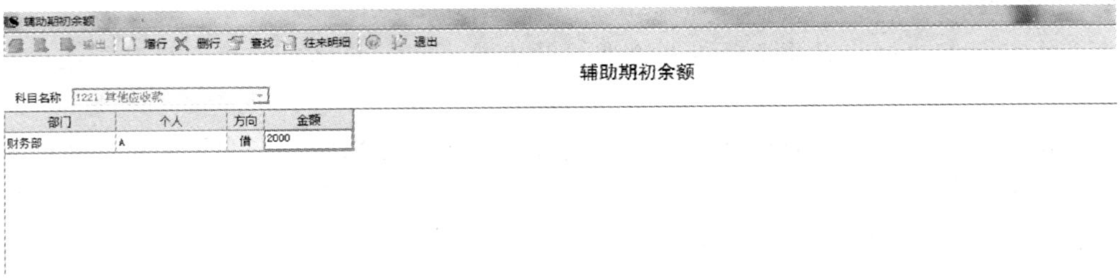

图 3-7（d）

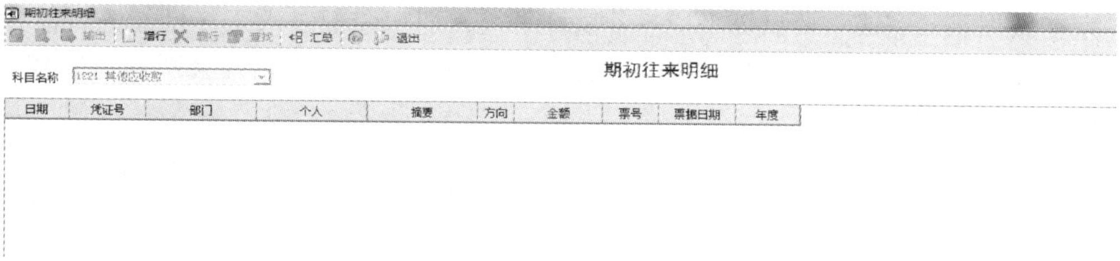

图 3-7（e）

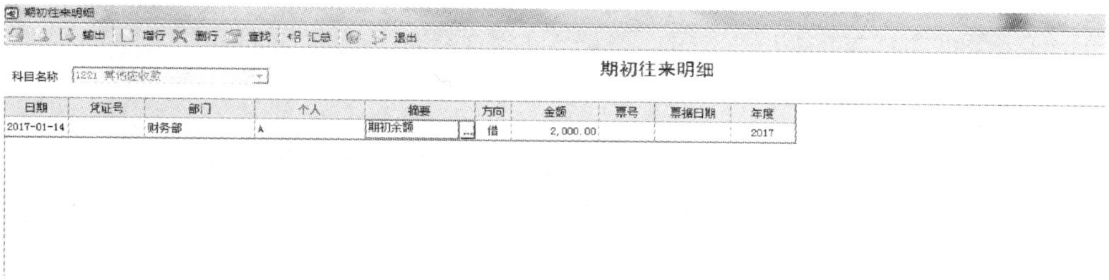

图 3-7（f）

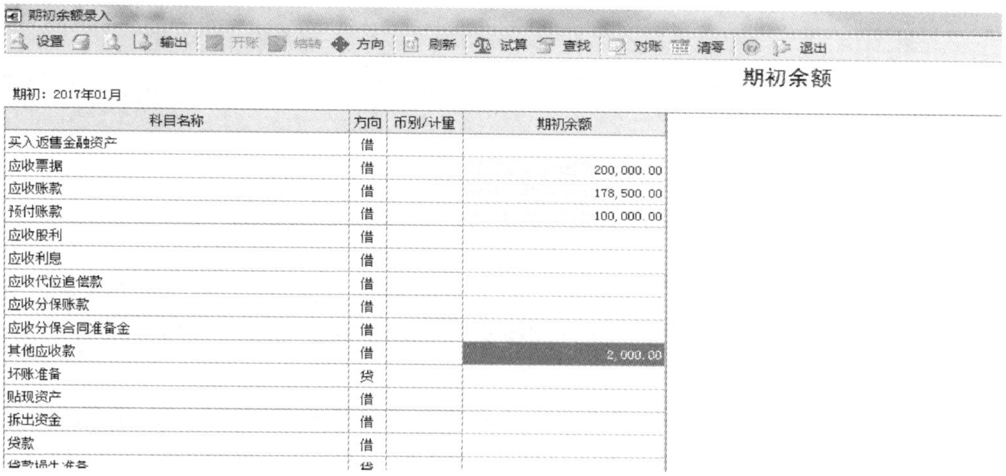

图 3-7（g）

图 3-7 “其他应收款”“其他应付款”录入期初数据

第六，若“银行存款”科目设置为外币辅助核算，在录入期初余额时，不仅先要录入本位币金额，还要录入外币金额。外币期初余额录入完成界面如图 3-8 所示。

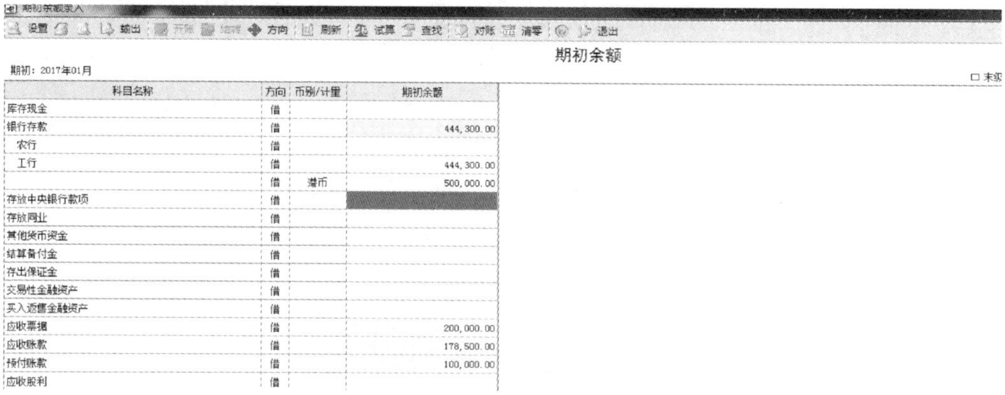

图 3-8 外币期初余额录入完成界面

第七，期初数据录入完成，要试算平衡。若试算平衡，期初余额录入工作已经完成，如图 3-9 所示；若试算不平衡，一定要找出录入数据错误的会计科目并改正过来，否则会影响到记账工作的操作及期末生成的会计报表的准确性。

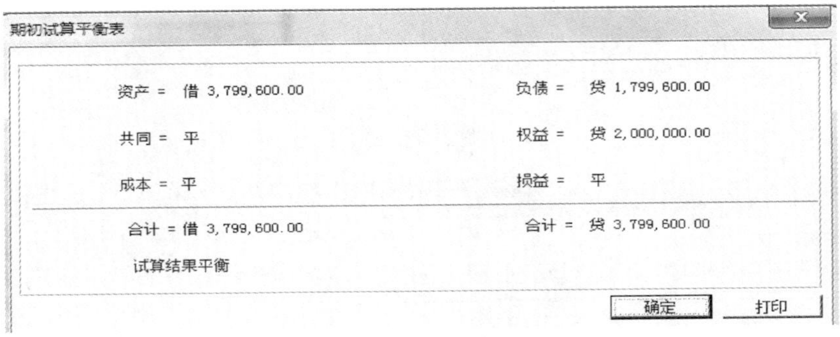

图 3-9 期初试算平衡表

3.2 凭证

凭证主要由填制凭证、出纳签字、主管签字、审核凭证、查询凭证、打印凭证、科目汇总、记账等内容构成。

3.2.1 填制凭证

第一，增加凭证操作程序。

具体操作如下：点击“财务会计”→点击“总账”→点击“凭证”→点击“填制凭证”→点击“+”→选择凭证的类别→选择制单日期→填写摘要—选择会计科目→填写金额→点击“保存”按钮，普通凭证录入完成，如图 3-10 所示。

第二，红字凭证的填写。一般来说，“主营业务收入”“其他业务收入”“投资收益”“营业外收入”等收入类会计科目的发生额记贷方。若发生退货等情况，导致发生额减少时，则填制红字凭证。

“主营业务成本”“其他业务成本”“财务费用”“管理费用”“销售费用”“营业外支出”“税金及附加”“所得税费用”等费用类会计科目的发生额记借方，若发生退货等情况，导致发生额减少时，则填制红字凭证。

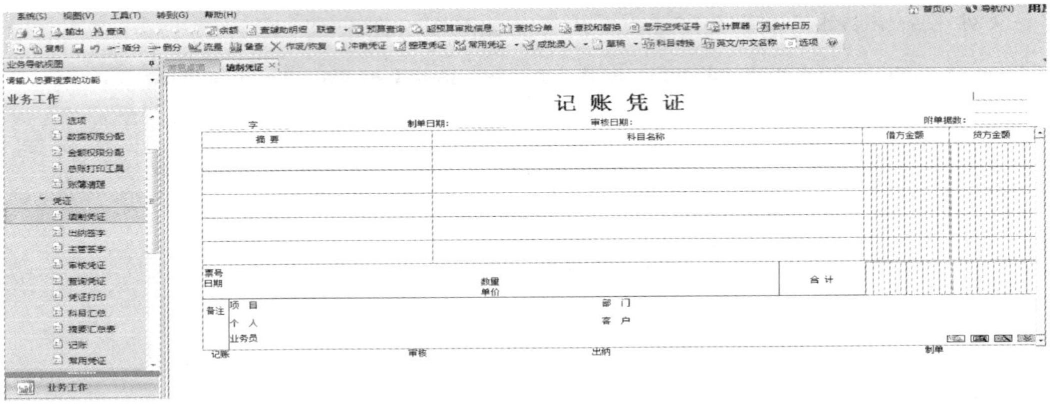

图 3-10（a）

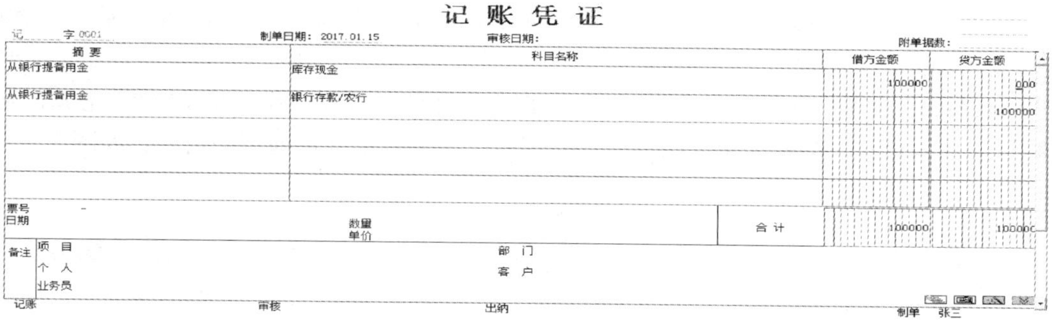

图 3-10（b）

图 3-10 普通记账凭证录入完成对话框

红字凭证填写的具体操作程序同增加凭证的具体操作程序基本上是一样的，不同点是在录入金额前，先按一下键盘上的减号就实现了录入红字凭证的操作；在录入金额后再按一下键盘上的减号也可以实现录入红字凭证的操作。红字记账凭证的录入如图 3-11 所示。

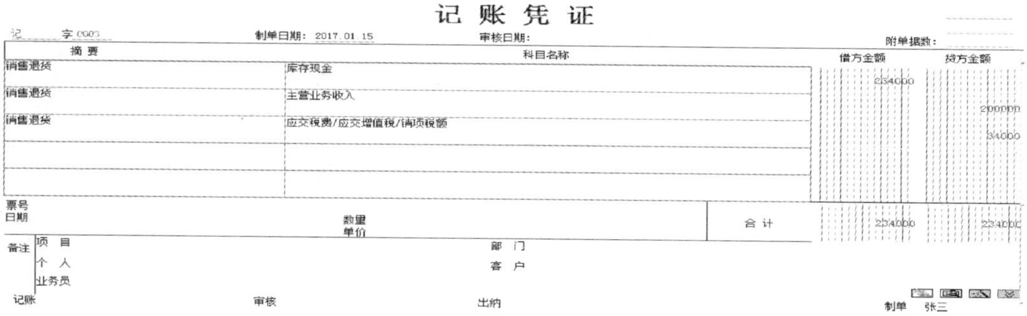

图 3-11 红字记账凭证录入完成对话框

第三，凭证的修改。若在填制凭证完成之后，发现某些凭证在会计科目金额等方面存在错误，找到这些存在错误的记账凭证，将存在错误的地方改正过来，然后点击“保存”按钮。若在凭证已经被审核之后，发现某些凭证在会计科目、金额等方面存在错误，则要取消审核，方可进行修改。

第四，某些经济业务比较复杂，需要填制复式记账凭证，一张记账凭证无法反映业务全过程，可点击“插分”命令来实现。

第五，一张凭证填制完成，点击“保存”按钮之后，后经审核发现是多余的凭证，可以将该凭证作废，作废凭证的数据不会参与数据运算，但会永远保存在财务软件中。若将来认为该作废凭证是有用的，还可将其恢复为正常的凭证。此时，该凭证的数据就会参与数据运算了。

具体操作如下：点击“填制凭证”→点击“作废/恢复”命令，如图 3-12 所示。

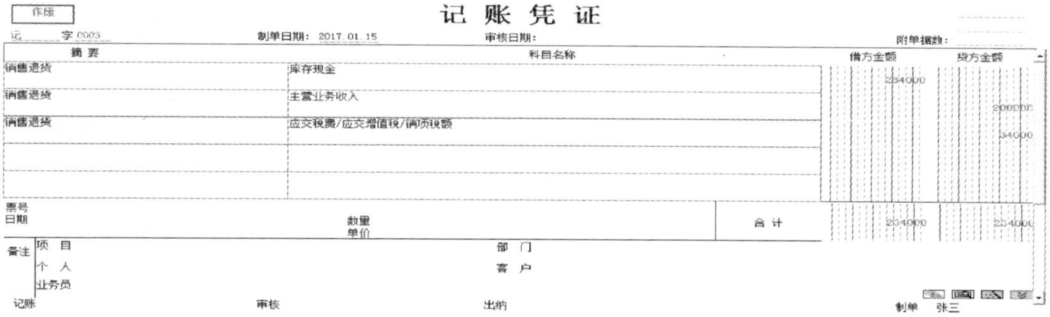

图 3-12 普通记账凭作废或恢复界面

第六，若会计科目设有多级时，每次选择会计科目时一定要选到该会计科目的最后一级才可以。

第七，录入辅助核算信息。

一是有关银行存款账户的辅助核算信息。若在基础设置中已经将结算方式设置完成，则在选择“银行存款”会计科目时，会要求录入结算方式票据号、发生日期等辅助相关信息，如图 3-13 所示。

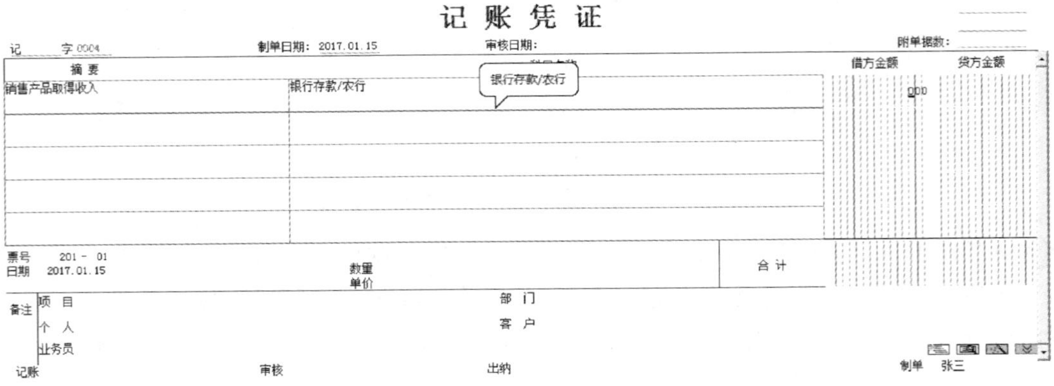

图 3-13（a）

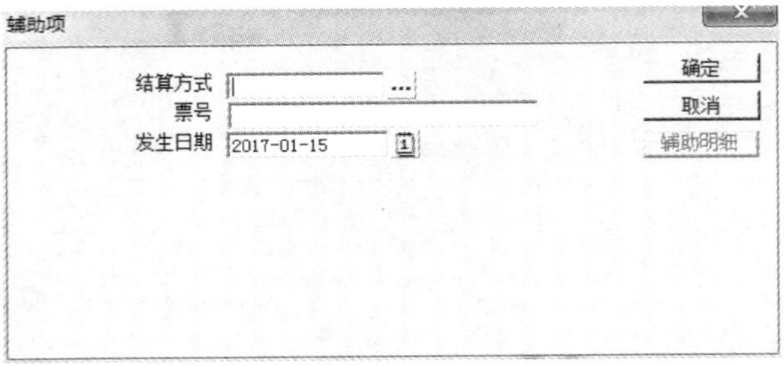

图 3-13（b）

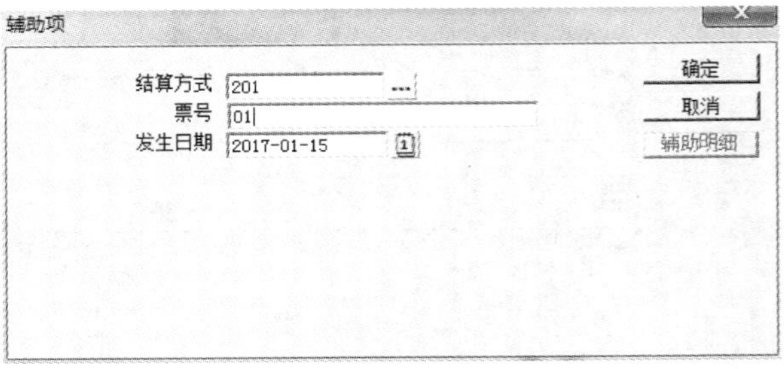

图 3-13（c）

图 3-13　有关银行存款会计科目的辅助核算信息录入

二是有关项目核算的辅助核算信息。若在基础设置中已经将项目目录设置完成，则在录入相关会计科目金额时，会要求录入项目核算辅助信息，如图 3-14 和图 3-15 所示。

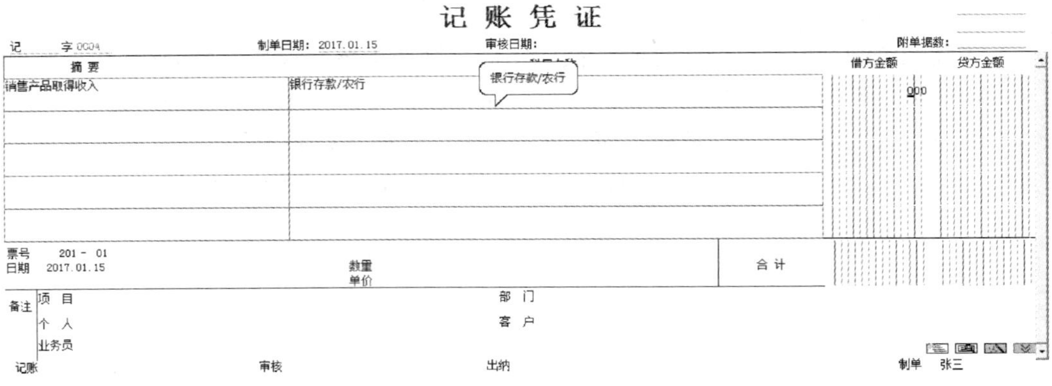

图 3-14（a）

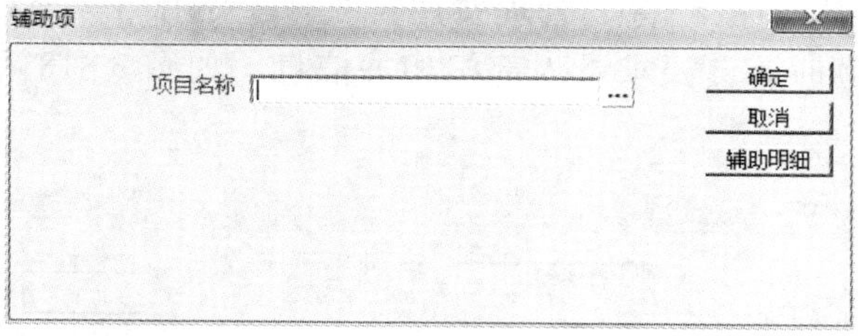

图 3-14（b）

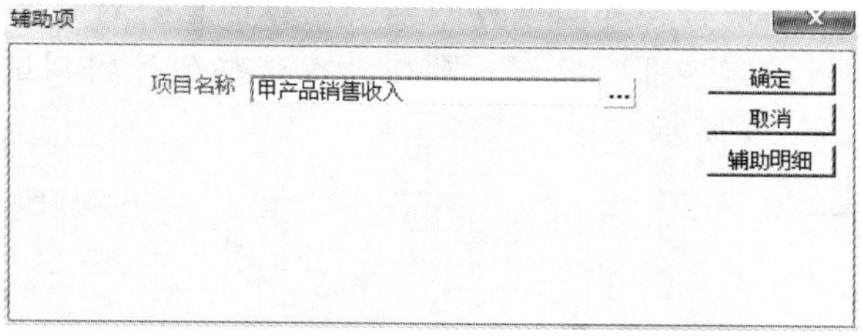

图 3-14（c）

图 3-14 有关项目核算会计科目的辅助项录入

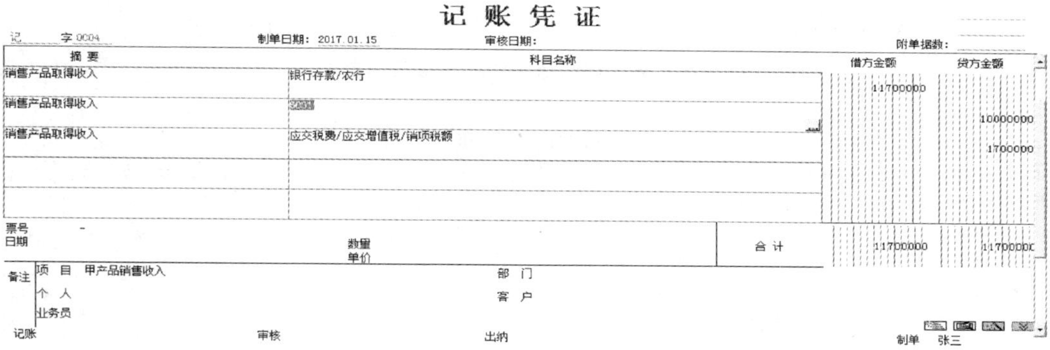

图 3-15 有关项目核算的会计凭证录入完成对话框

三是有关个人往来的辅助核算信息。若在会计科目中已经将“其他应收款”“其他应付款”会计科目设置为个人往来，则在录入这些会计科目的金额时，会要求录入部门、个人、发生时间等相关辅助核算信息，如图 3-16 和图 3-17 所示。

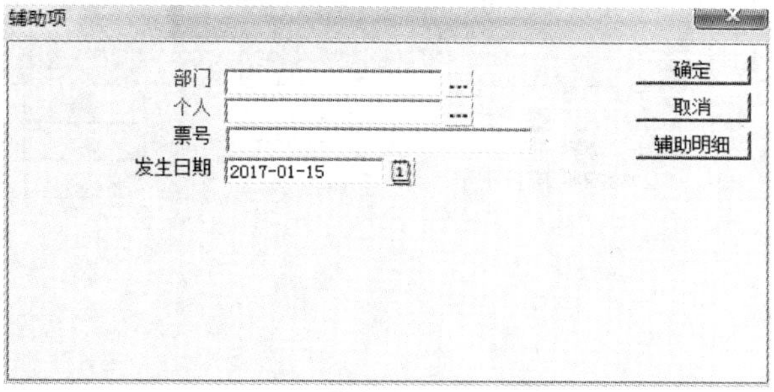

图 3-16（a）

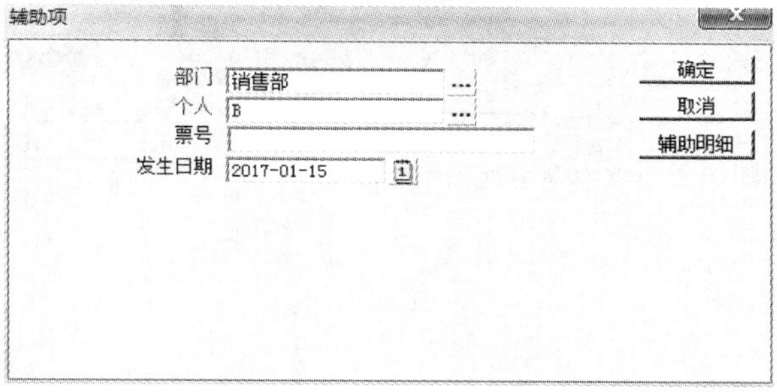

图 3-16（b）

图 3-16 有关个人往来的辅助核算信息录入

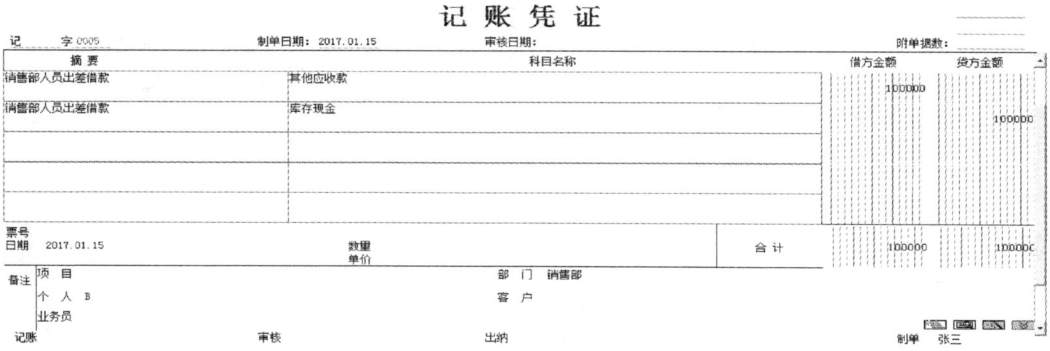

图 3-17 “其他应付款”或“其他应收款”会计科目记账凭证录入完成对话框

四是有关部门核算的辅助核算信息。若在会计科目中已经将“管理费用”“销售费用”等会计科目设置为部门核算，则在录入这些会计科目的金额时，会要求录入部门相关信息，如图 3-18 和图 3-19 所示。

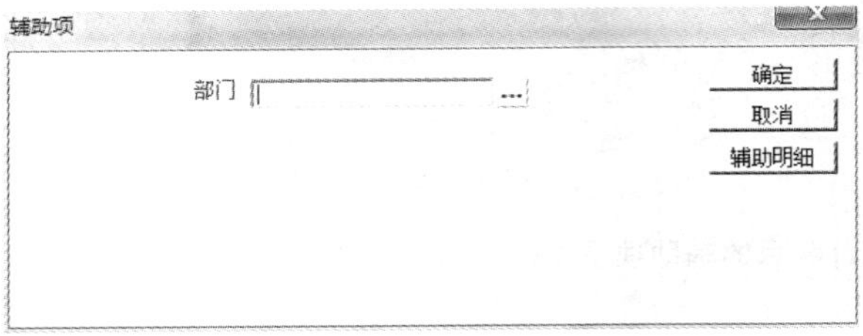

图 3-18（a）

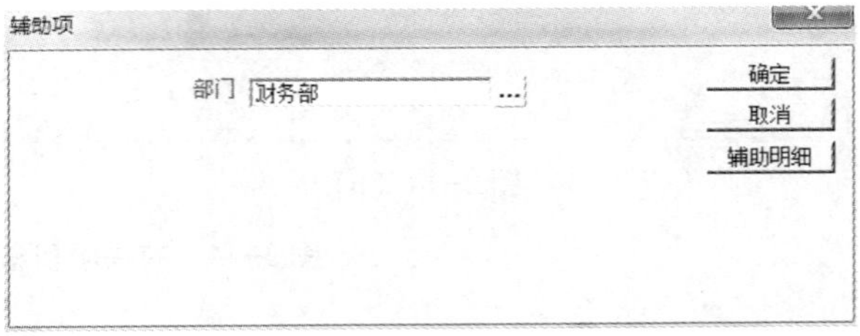

图 3-18（b）

图 3-18　有关部门核算的辅助核算信息录入

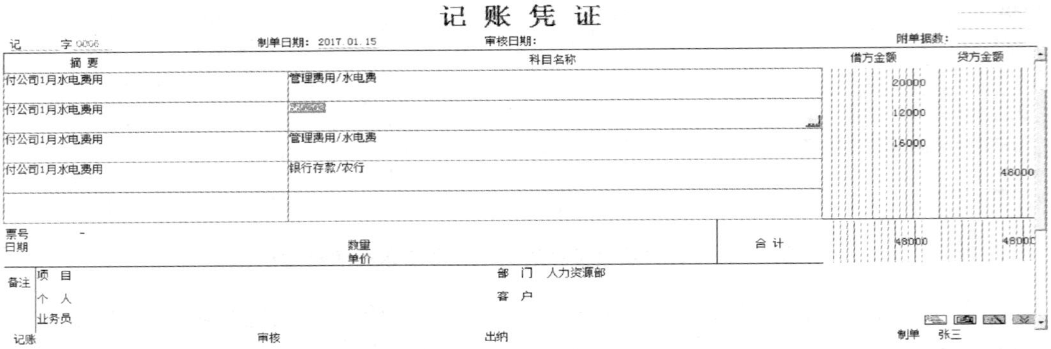

图 3-19　实行部门核算的会计科目的记账凭证录入完成对话框

五是有关外币核算的辅助核算信息，如图 3-20 和图 3-21 所示。

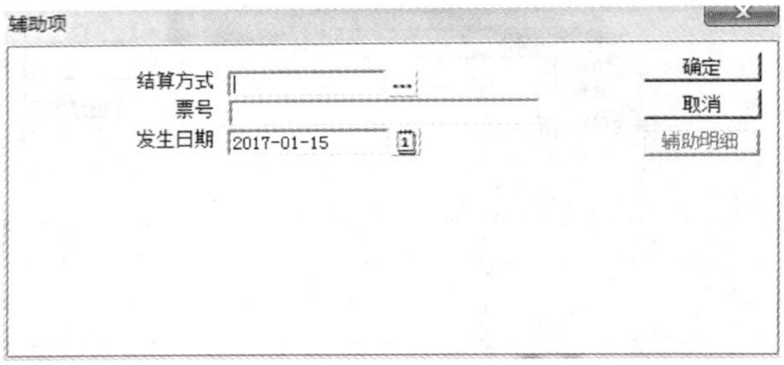

图 3-20（a）

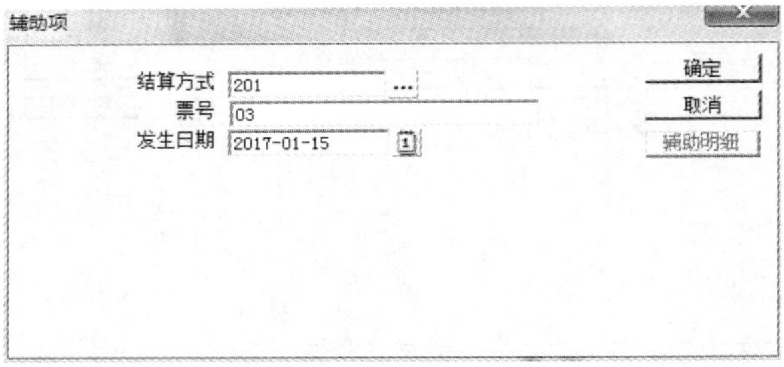

图 3-20（b）

图 3-20　实行外币核算的会计科目辅助信息录入

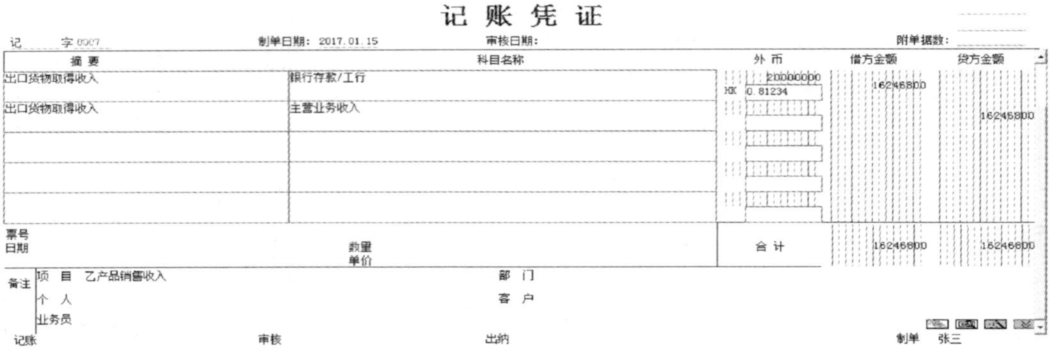

图 3-21　实行外币核算的会计科目的记账凭证录入完成对话框

3.2.2 出纳签字

出纳签字的前提是将记账凭证的种类设置为收款凭证、付款凭证、转账凭证，这样便于签字。若将凭证仅设置为记账凭证，也可以进行签字，但这样比较麻烦。以出纳的身份进入系统就可以实现出纳签字的功能了，如图 3-22 所示。

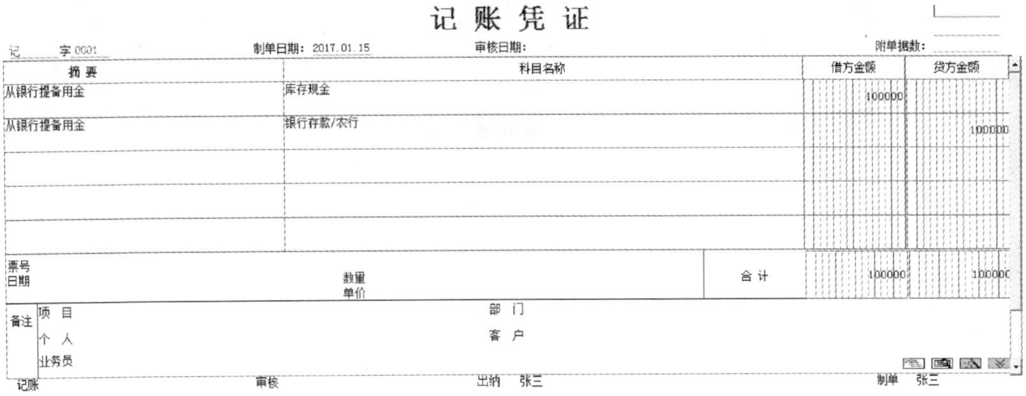

图 3-22 出纳签字后的会计凭证对话框

具体操作如下：点击“财务会计”→点击“总账”→点击“凭证”→点击“出纳签字”→点击“签字”按钮。若需要取消签字，点击“取消”按钮即可。

3.2.3 主管签字

具体操作如下：点击“财务会计”→点击“总账”→点击“凭证”→点击“主管签字”→点击“签字”或“成批处理”按钮。若签字后发现有错误，需要修改的，点击“取消”按钮。注意，制单人与主管签字不能为同一人，否则操作无法实现，如图 3-23 所示。

图 3-23（a）

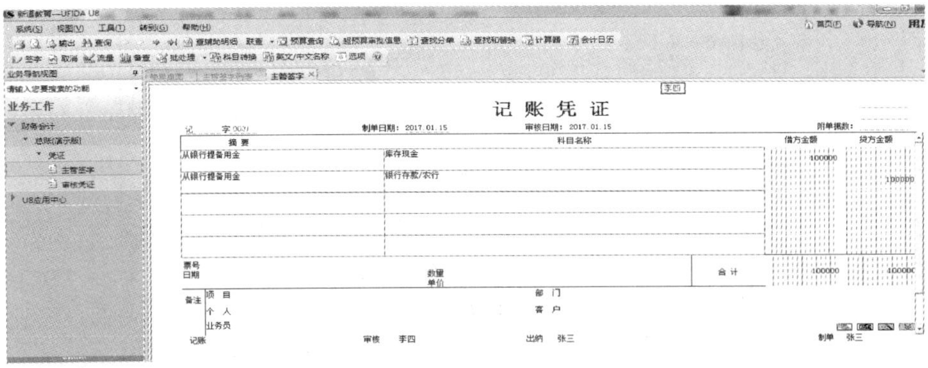

图 3-23（b）

图 3-23 主管签字

3.2.4 审核凭证

会计凭证的制单人与会计凭证的审核人不能为同一个人，即制单人不能审核凭证，会计凭证的审核人不能填制凭证。而以会计凭证审核人的身份进入系统就可以实现凭证审核的功能了，具体界面如图 3-24 所示。

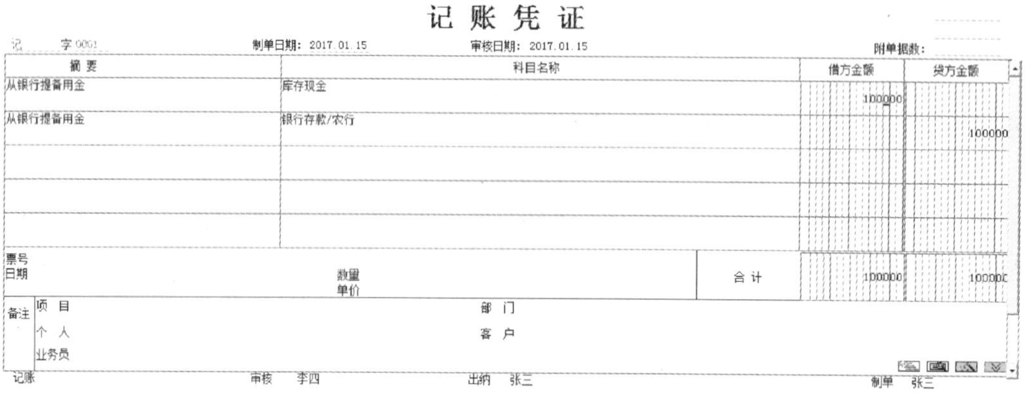

图 3-24 审核凭证

具体操作如下：点击“财务会计”→点击“总账”→点击“凭证”→点击“审核凭证”→点击“审核”或“成批审核”命令。

点击“审核凭证”命令只能对会计凭证一张一张地进行审核。若点击“成批审核”命令则能够对全部会计凭证一次性审核完成。

会计凭证审核后，会计凭证制单人就不能对已审核完成的会计凭证进行修改了。若要对已审核完成的会计凭证进行修改，审核人必须取消会计凭证审核。

具体操作如下：点击“财务会计”→点击“总账”→点击“凭证”→点击“审核凭证”→点击“取消审核”或“成批取消审核”命令。

点击“取消审核”命令只能对已审核的会计凭证一张一张地取消审核。若点击“成批取消审核”命令，则能够对全部已审核的会计凭证一次性取消审核。

3.2.5 查询凭证

通过此功能，可以查找已经填制完成的会计凭证，获取所需要的有关信息，如图 3-25 所示。

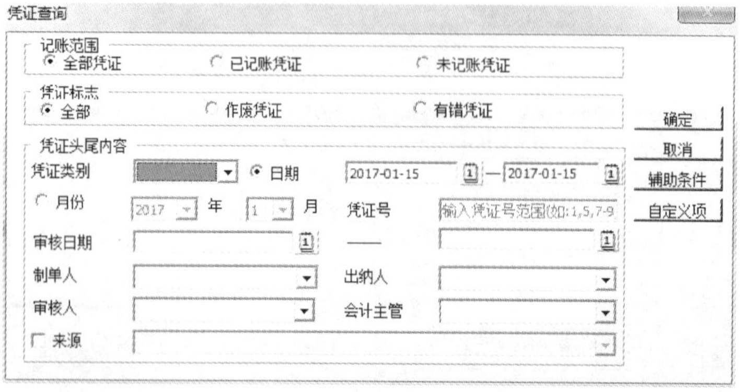

图 3-25（a）

制单日期	凭证编号	摘要	借方金额合计	贷方金额合计	制单人	审核人	系统名	备注	审核日期	年度
2017-01-15	记 - 0001	从银行提备用金	1,000.00	1,000.00	张三	李四			2017-01-15	2017
2017-01-15	记 - 0002	销售产品取得收入	23,400.00	23,400.00	张三					2017
2017-01-15	记 - 0003	销售退货	-2,340.00	-2,340.00	张三			作废		2017
2017-01-15	记 - 0004	销售产品取得收入	117,000.00	117,000.00	张三					2017
2017-01-15	记 - 0005	销售部人员出差借款	1,000.00	1,000.00	张三					2017
2017-01-15	记 - 0006	付公司1月水电费用	480.00	480.00	张三					2017
2017-01-15	记 - 0007	出口货物取得收入	162,468.00	162,468.00	张三					2017
		合计	303,008.00	303,008.00						

图 3-25（b）

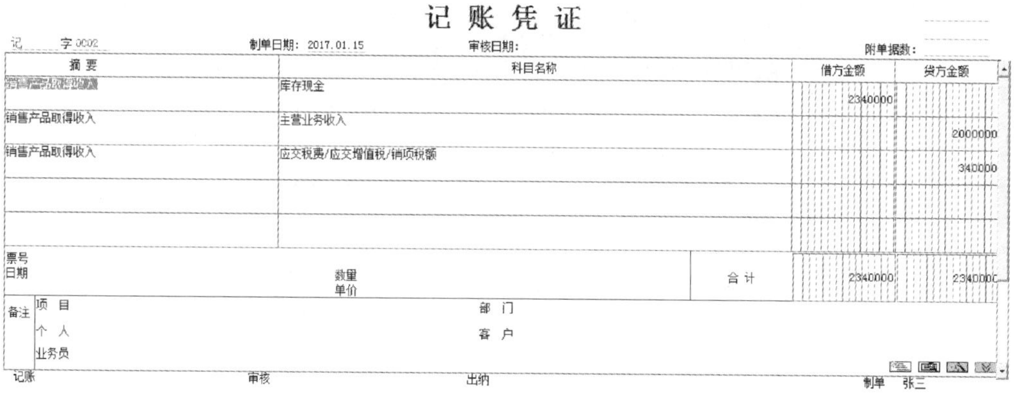

记 账 凭 证
记 字 0002
制单日期：2017.01.15
审核日期：
附单据数：
摘 要
科目名称
借方金额
贷方金额
销售产品取得收入
库存现金
2340000
销售产品取得收入
主营业务收入
2000000
销售产品取得收入
应交税费/应交增值税/销项税额
340000
票号
日期
数量
单价
合 计
2340000
2340000
备注
项 目
部 门
个 人
客 户
业务员
记账
审核
出纳
制单 张三

图 3-25（c）

图 3-25 查询凭证

具体操作如下：点击“财务会计”→点击“总账”→点击“凭证”→点击“查询凭证”→点击所需要查看的会计凭证。

3.2.6 打印凭证

在打印凭证功能下，可以将录制完成的会计凭证打印出来（见图 3-26）。打印凭证时既可以按会计凭证的类别打印，又可以按会计凭证的号码打印。若会计凭证还没有记账，其也可以打印，只要选择“未记账凭证”即可。

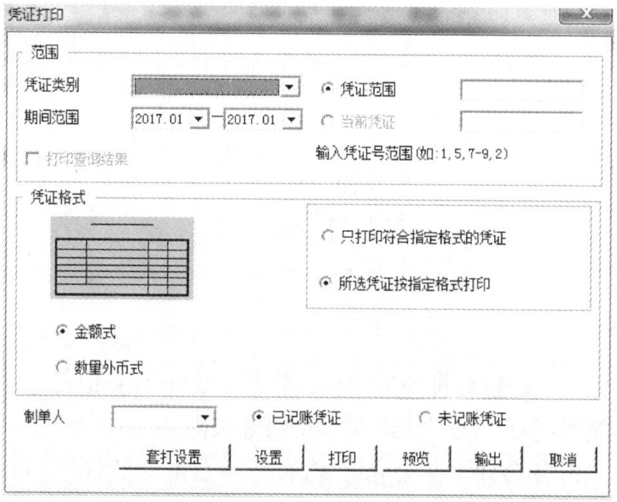

图 3-26 打印凭证

具体操作如下：点击“财务会计”→点击“总账”→点击“凭证”→点击“打印凭证”→选择“会计凭证类别”或“凭证范围”→点击“打印”按钮。

3.2.7 科目汇总

为了查看有关财务信息，可以按照月份凭证类别、制单人等条件查询会计科目汇总数据。若会计凭证没有记账，只要选择“未记账凭证”就可以查询有关会计科目的数据。

具体操作如下：点击“财务会计”→点击“总账”→点击“凭证”→点击“科目汇总”→选择“月份”“凭证类别”“制单人”→点击“汇总”按钮，如图 3-27 所示。

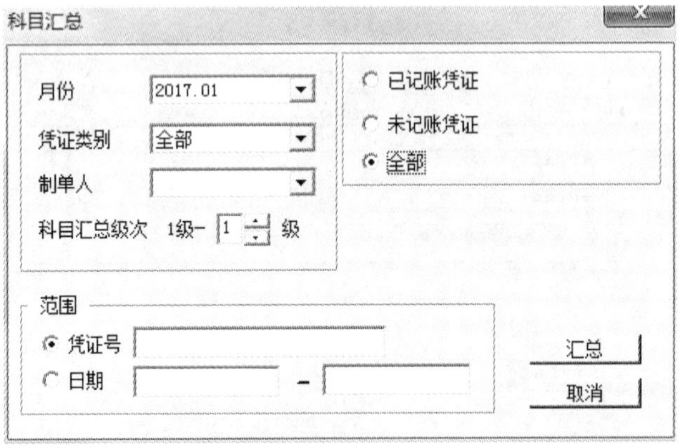

图 3-27（a）

科目汇总表

共7张凭证, 其中作废凭证1张, 原始单据共0张　　月份:2017.(

科目编码	科目名称	外币名称	计量单位	金额合计		外币合计		数量合计	
				借方	贷方	借方	贷方	借方	贷方
1001	库存现金			24,400.00	1,000.00				
1002	银行存款			279,468.00	1,480.00				
1221	其他应收款			1,000.00					
资产 小计				304,868.00	2,480.00				
港币						200,000.00			
2221	应交税费				20,400.00				
负债 小计					20,400.00				
6001	主营业务收入				282,468.00				
6602	管理费用			480.00					
损益 小计				480.00	282,468.00				
合计				305,348.00	305,348.00				
港币						200,000.00			

图 3-27（b）

图 3-27 科目汇总

3.2.8 记账

已经录制完成的会计凭证，经过会计凭证审核人审核后，方可登记日记账、明细账、总账等账簿。没有审核的会计凭证是不能登记日记账、明细账、总账等账簿的。

具体操作如下：点击“财务会计”→点击“总账”→点击“凭证”→点击“记账”→点击“全选”“记账”命令，如图 3-28 所示。

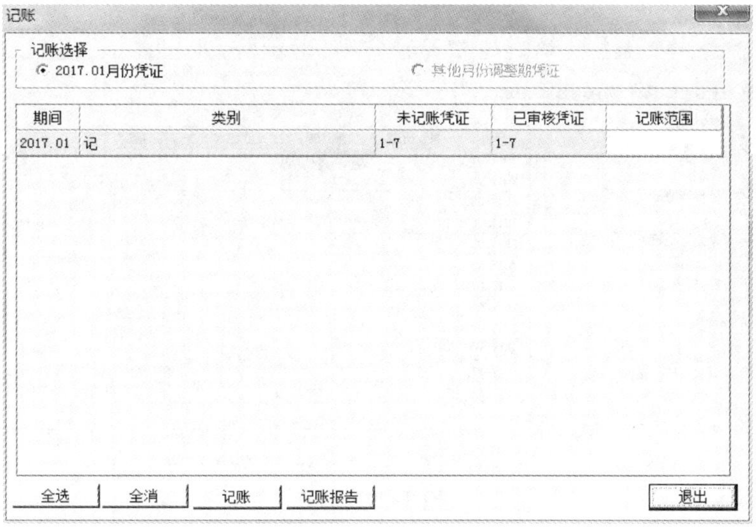

图 3-28（a）

图 3-28（b）

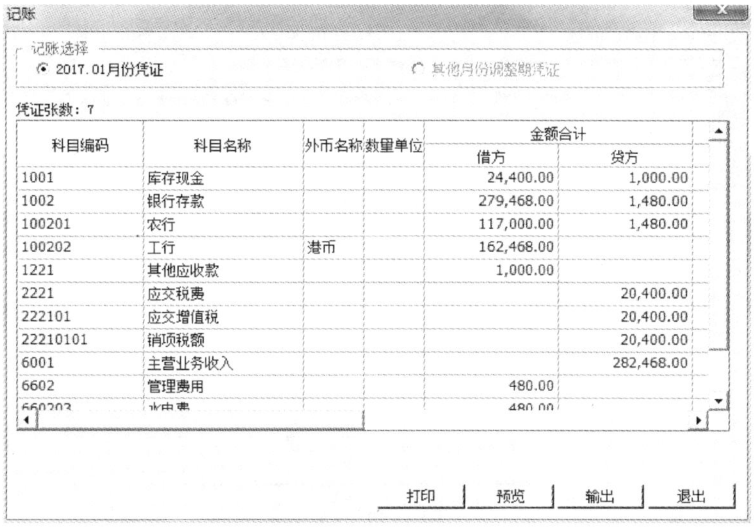

图 3-28（c）

图 3-28　记账

若记账后发现有些会计凭证处理存在错误，需要修改相关的会计凭证。首先进行反记账，然后取消审核，最后对有关会计凭证进行修改。进行反记账的功能键是“Ctrl+H”。

具体操作如下：点击“财务会计”→点击“总账”→点击“期末”→点击“对账”→按“Ctrl+H”组合键→点击“确定”→点击凭证中的“恢复记账前状态”→点击“确定”→录入账套的主管密码→点击“确定”按钮，如图 3-29 所示。

图 3-29（a）

图 3-29（b）

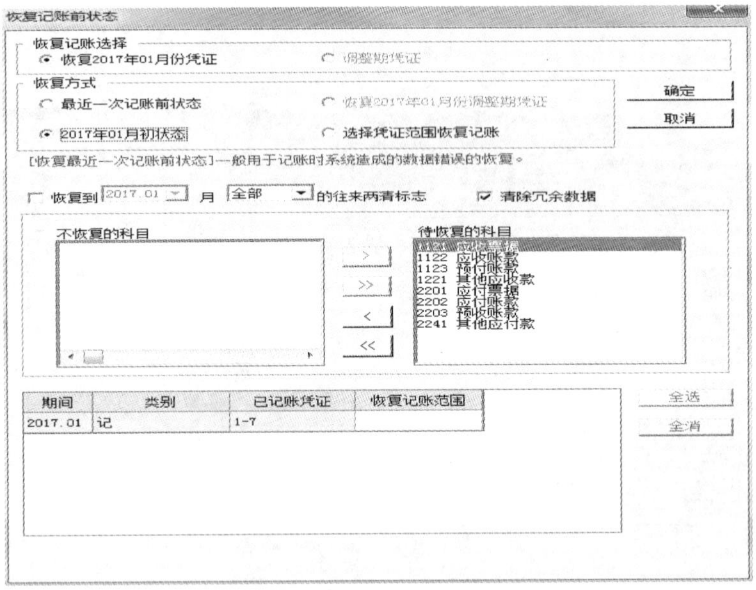

图 3-29（c）

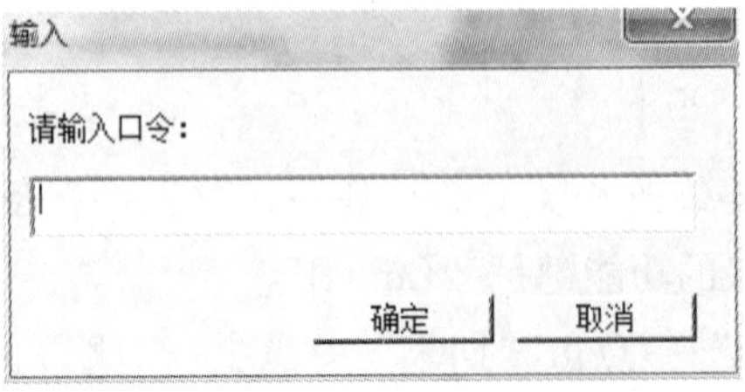

图 3-29（d）

图 3-29（e）

图 3-29　记账后修改错误会计凭证

3.3 出纳

3.3.1 现金日记账、银行日记账、资金日报表的查询

根据管理需要，可以查询现金日记账、银行日记账、资金日报表，以获取库存现金、银行存款等方面的会计信息，以加强企业对资金的管理。至于没有记账的会计凭证，只要在查询时选择了“未记账凭证”，也可以查询到有关库存现金、银行存款等相关会计信息。

具体操作如下：点击“财务会计”→点击“出纳”→点击“现金日记账”“银行日记账”或“资金日报表”→选择“按月查询”或“按日查询”→点击“确定”按钮，如图3-30至图3-32所示。

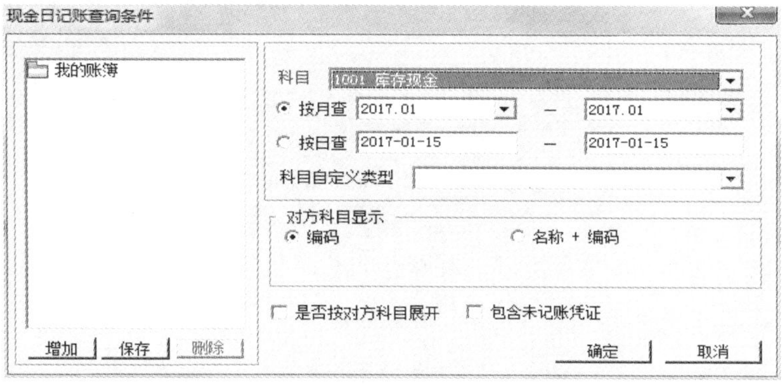

图3-30（a）

现金日记账

科目 1001 库存现金　　　　月份：

2017年 月	日	凭证号数	摘要	对方科目	借方	贷方	方向	余额
			上年结转				借	120,000.00
01	15	记-0001	从银行提备用金	100201	1,000.00		借	121,000.00
01	15	记-0002	销售产品取得收入	6001,22210101	23,400.00		借	144,400.00
01	15	记-0005	销售部人员出差借款	1221		1,000.00	借	143,400.00
01	15		本日合计		24,400.00	1,000.00	借	143,400.00
01			当前合计		24,400.00	1,000.00	借	143,400.00
01			当前累计		24,400.00	1,000.00	借	143,400.00
			结转下年				借	143,400.00

图3-30（b）

图3-30 现金日记账的查询

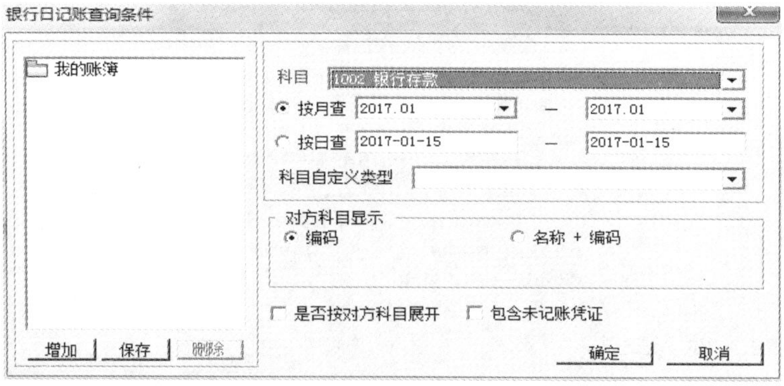

图3-31（a）

银行日记账

金额式

科目 1002 银行存款　　　　月份：2017.01-2017.01

2017年 月	日	凭证号数	摘要	结算号	对方科目	借方	贷方	方向	余额
			上年结转					借	2,444,300.00
01	15	记-0001	从银行提备用金_203_01_2017.01.15	支票-01	1001		1,000.00	借	2,443,300.00
01	15	记-0004	销售产品取得收入_201_01_2017.01.15	转账-01	6001,22210101	117,000.00		借	2,560,300.00
01	15	记-0006	付公司1月水电费用_203_02_2017.01.15	支票-02	660203		480.00	借	2,559,820.00
01	15	记-0007	出口货物取得收入_201_03_2017.01.15	转账-03	6001	162,468.00		借	2,722,288.00
01	15	记-0008	*支付差旅费_201_9_2017.01.15	转账-9	660204		1,760.00	借	2,720,528.00
01	15	记-0009	*支付财务部人员工资_203_6_2017.01.15	支票-6	2211		5,600.00	借	2,714,928.00
01	15		本日合计			279,468.00	8,840.00	借	2,714,928.00
01			当前合计			279,468.00	8,840.00	借	2,714,928.00
01			当前累计			279,468.00	8,840.00	借	2,714,928.00

图 3-31（b）

图 3-31　银行日记账的查询

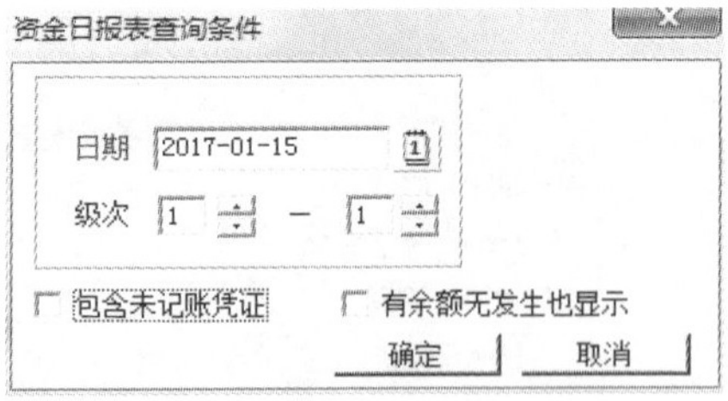

图 3-32（a）

资金日报表

日期:2017.01.

科目编码	科目名称	币种	今日共借	今日共贷	方向	今日余额	借方笔数	贷方笔数
1001	库存现金		24,400.00	1,000.00	借	143,400.00	2	1
1002	银行存款		279,468.00	8,840.00	借	2,714,928.00	2	4
合计			303,868.00	9,840.00	借	2,858,328.00	4	5
		港币	200,000.00		借	700,000.00	1	

图 3-32（b）

图 3-32　资金日报表的查询

3.3.2　账簿打印

根据企业管理需要，可以将现金日记账、银行日记账打印出来。

具体操作如下：点击“财务会计”→点击“出纳”→点击“账簿打印”→点击“现金日记账”或“银行日记账”→选择“按月打印”或“按日打印”→点击“打印”按钮，如图 3-33 和图 3-34 所示。

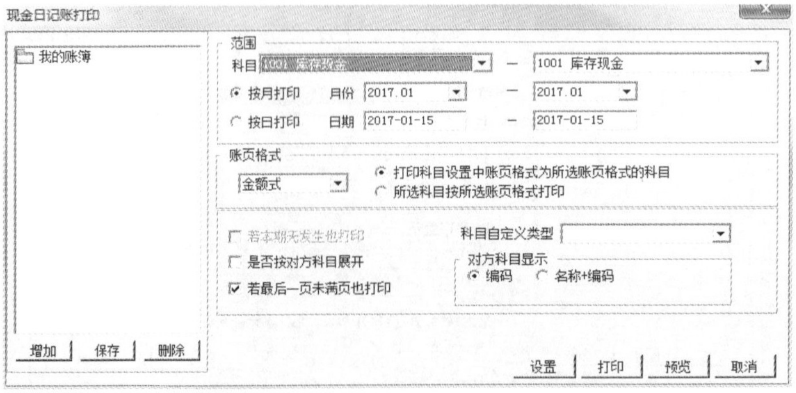

图 3-33　现金日记账打印

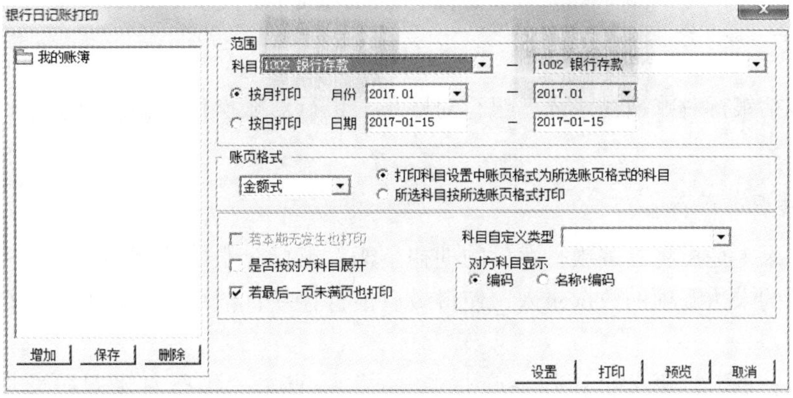

图 3-34 银行日记账打印

3.3.3 支票登记簿

为加强企业对支票的管理，可以在系统中录入支票的领用日期、领用人、支票号、预计金额等相关信息，以满足对银行存款加强管理的需要。

具体操作如下：点击“财务会计”→点击“出纳”→点击“支票登记簿”→点击“增加”→录入相关信息→点击“保存”按钮，如图 3-35 所示。

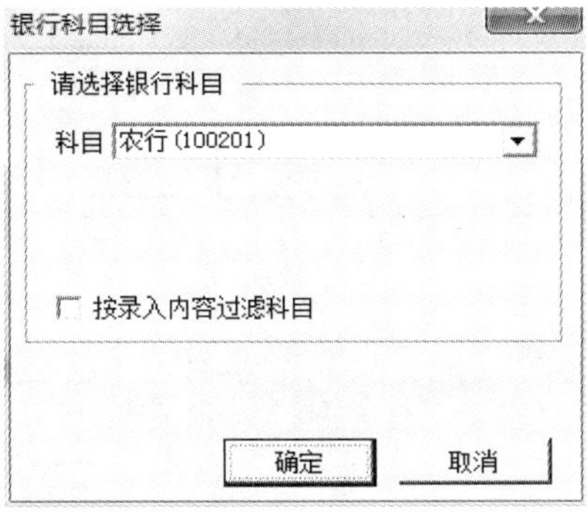

图 3-35（a）

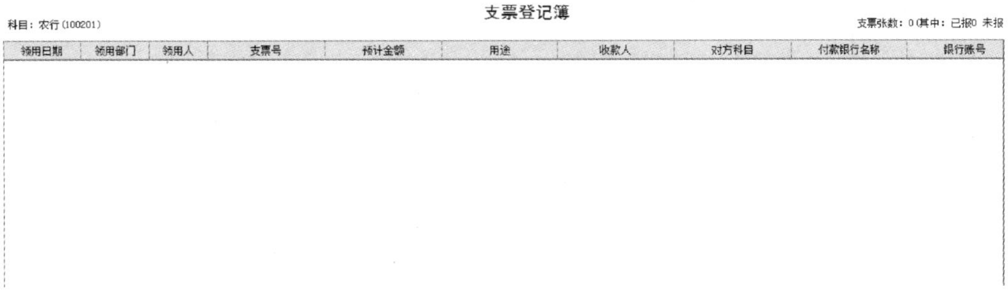

图 3-35（b）

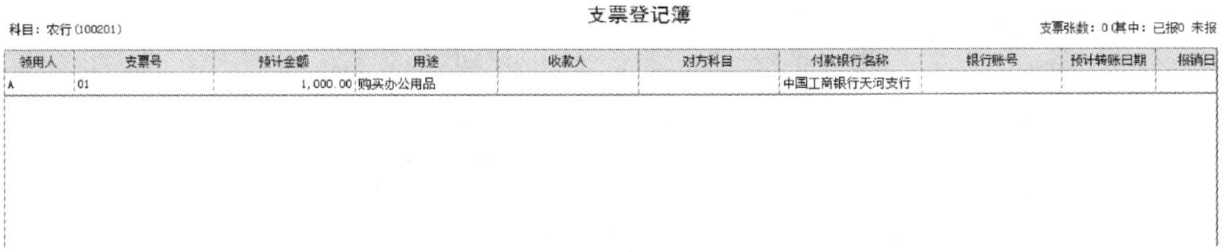

图 3-35（c）

图 3-35 支票登记簿

3.3.4 银行对账

该模块主要包括银行对账期初录入、银行对账单、银行对账操作、银行存款余额调节表查询等相关查询内容。

3.3.4.1 银行对账期初录入

银行对账期初录入是指将有关银行存款的期初余额、银行对账单的期初余额以及影响银行存款银行对账单期初余额的未达账项的数据录入，使得最后银行存款日记账与银行对账单调整后的期末余额金额相等。

具体操作如下：点击“财务会计”→点击“出纳”→点击“银行对账期初录入”→录入“单位日记账”或“银行对账单的调整前余额”相关信息→点击“对账单期初未达账项”或“日记账期初未达账项”→点击“增加”→录入相关信息→点击“保存”按钮，如图 3-36 所示。

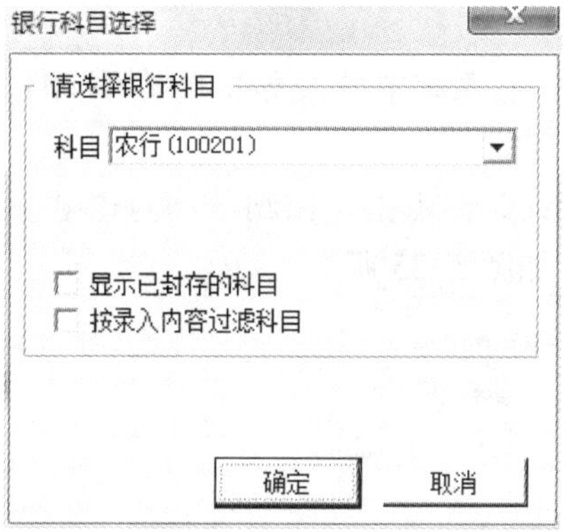

图 3-36（a）

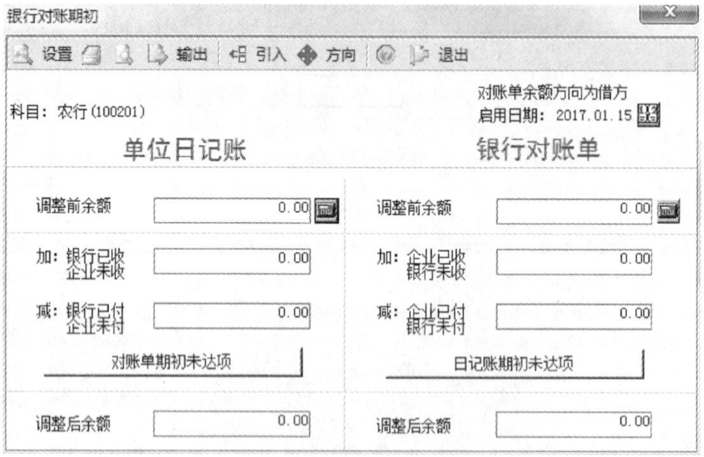

图 3-36（b）

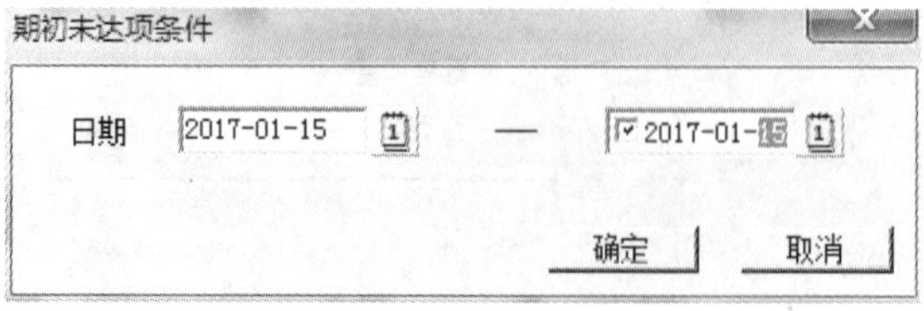

图 3-36（c）

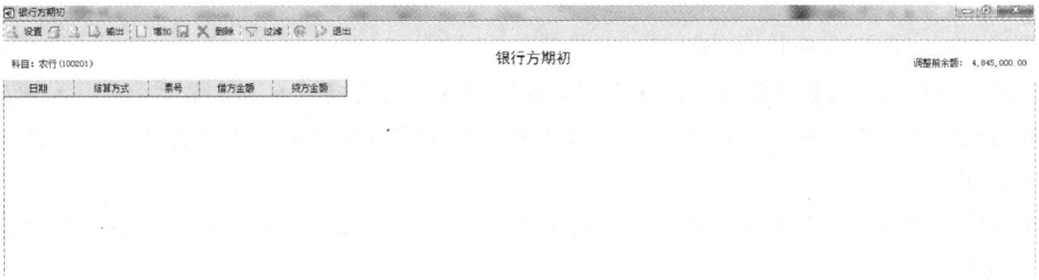

图 3-36（d）

图 3-36（e）

图 3-36（f）

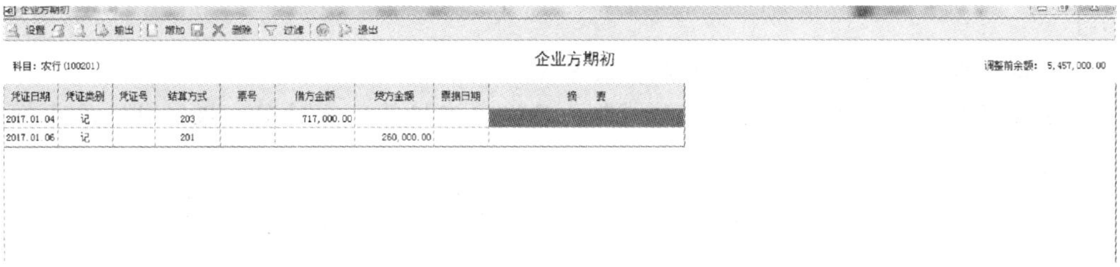

图 3-36（g）

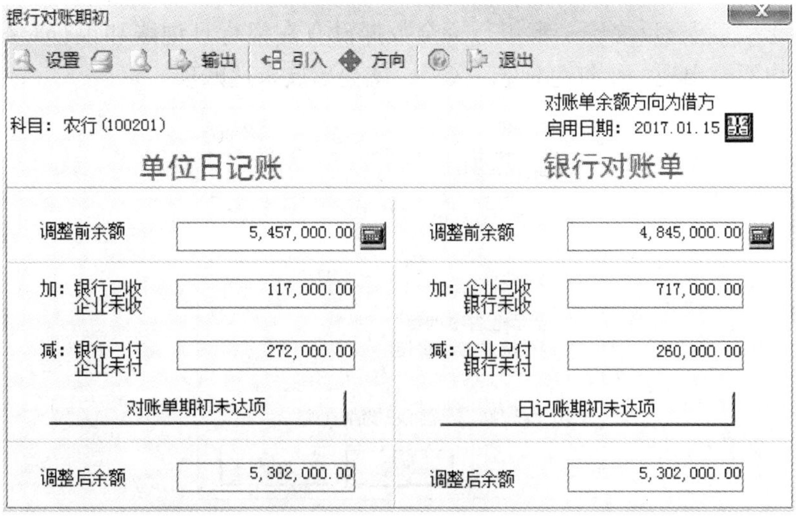

图 3-36（h）

图 3-36 银行对账期初录入

[特别提示]

· 调整前余额是需要手工录入的。

· 银行、企业双方的未达账项可以点击“引入”按钮实行自动引入，不需要手工录入相关数据。

· 前期发生的经济业务所生成的会计凭证要全部进行审核和记账，否则是不能实现此界面中的“引入”功能的。

· 在操作“引入”功能之前，要完成银行对账单界面的相关操作，否则是不能实现此界面中的“引入”功能的。

· 实现了“银行对账”后，此界面的相关数据就不能再进行任何形式的修改。

3.3.4.2 银行对账单

具体操作如下：点击“财务会计”→点击“出纳”→点击“银行对账单”→选择“开户银行或月份”→点击“确定”→点击“增加”→录入相关信息→点击“保存”按钮，如图 3-37 所示。

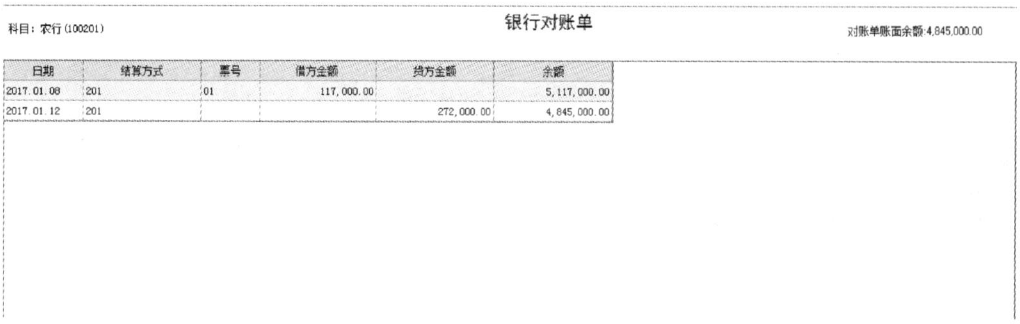
银行对账单

科目：农行 (100201)　　对账单账面余额:4,845,000.00

日期	结算方式	票号	借方金额	贷方金额	余额
2017.01.08	201	01	117,000.00		5,117,000.00
2017.01.12	201			272,000.00	4,845,000.00

图 3-37 银行对账单

[特别提示]

· 银行对账单的有关数据可以实行手工方式录入。

· 可以点击“引入”按钮，将有关银行对账单数据（网银等）直接引入银行对账单界面中。

3.3.4.3 银行对账操作

具体操作如下：点击“财务会计”→点击“出纳”→点击“银行对账”→选择“月份”→点击“确定”→点击“对账”→选择“对账截止日期”→点击“确定”按钮，如图 3-38 所示。

一笔银行资金数据在银行日记账和银行对账单都进行反映的，在操作此功能后，会计两清栏目内会出现一个红色标志“○”；反之，一笔银行资金数据没有在银行日记账和银行对账单中同时进行反映，会计两清栏目内不会出现一个红色标志“○”，就会形成未达账项。

图 3-38（a）

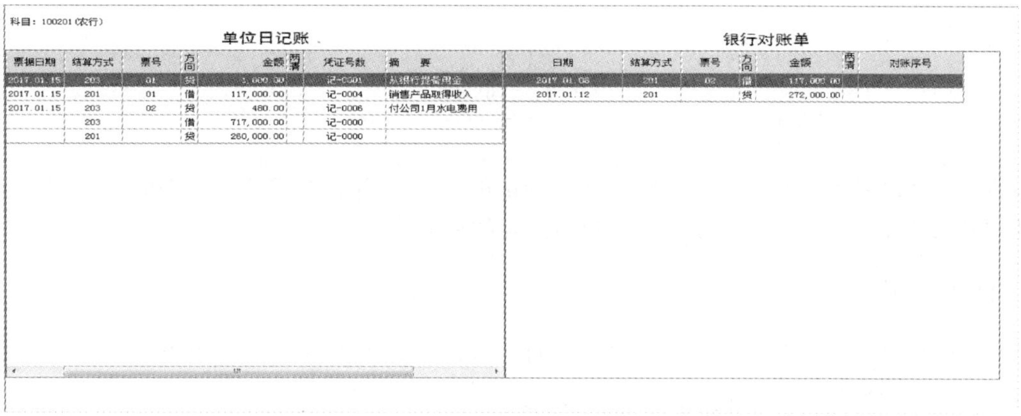

图 3-38（b）

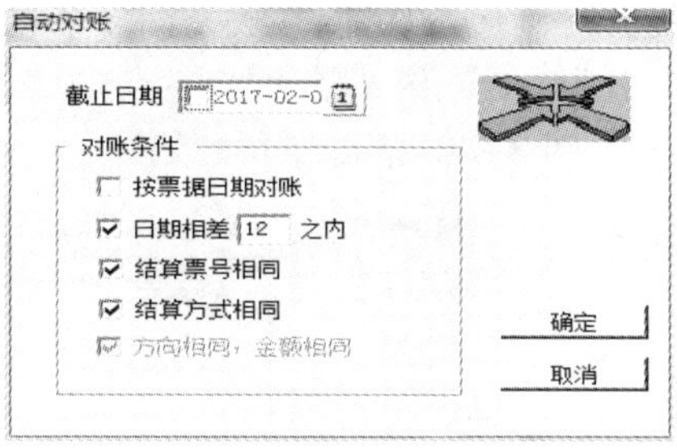

图 3-38（c）

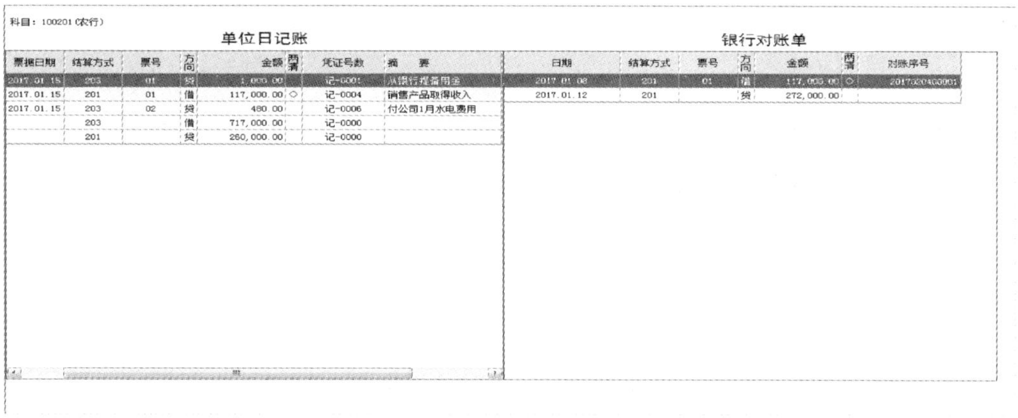

图 3-38（d）

图 3-38　银行对账

3.3.4.4　银行存款余额调节表查询

若银行存款日记账与银行对账单之间不存在未达账项，银行存款日记账与银行对账的期末余额是相同的；反之，若银行存款日记账与银行对账单之间存在未达账项，银行存款日记账与银行对账的期末余额是不相同的，如图 3-39 所示。

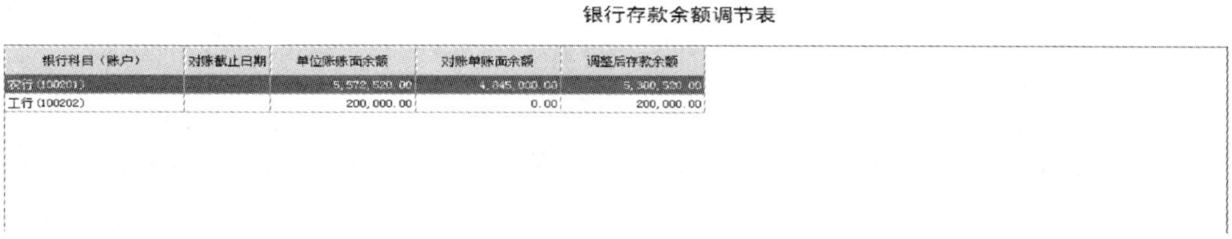

图 3-39　银行存款余额调节表查询

3.4 账表

账表的主要功能是通过对科目账、客户往来辅助账、供应商往来辅助账、个人往来账、部门辅助账、项目辅助账等账簿进行查询，以获取企业所需要的财务信息。

3.4.1 科目账查询

科目账主要包括总账、余额表、明细账、序时账等内容。若会计凭证还没有记账，要选中未记账凭证，然后就可以查询所需要的会计信息了。

3.4.1.1 总账查询

总账查询可以查询某一个总账会计科目，也可以一次查询多个总账会计科目。

具体操作如下 ：点击“财务会计”→点击“账表”→点击“科目表”→点击“总账”→选择“会计科目”→点击“确定”按钮，如图 3-40 所示。

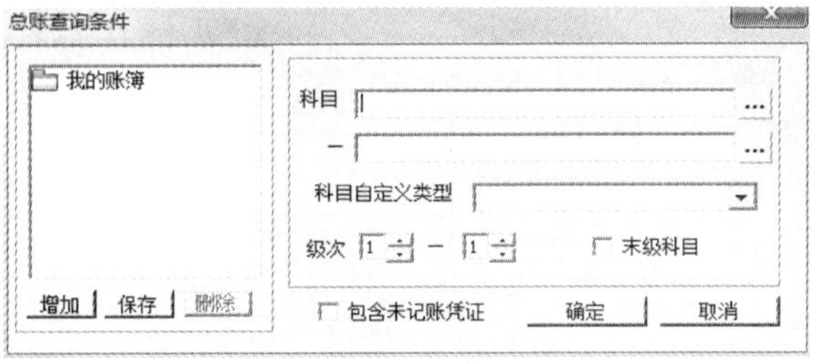

图 3-40（a）

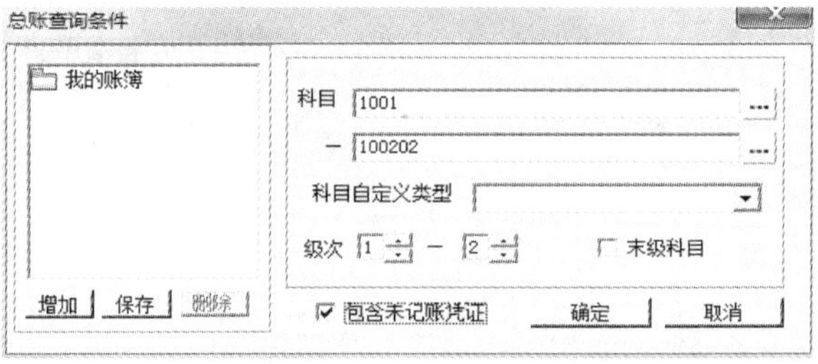

图 3-40（b）

图 3-40（c）

图 3-40 总账查询

3.4.1.2 余额表查询

余额表查询可以查询某一个会计科目的余额，也可以一次查询多个会计科目的余额。

具体操作如下：点击“财务会计”→点击“账表”→点击“科目表”→点击“余额表”→选择“月份”或“会计科目”→点击“确定”按钮，如图 3-41 所示。

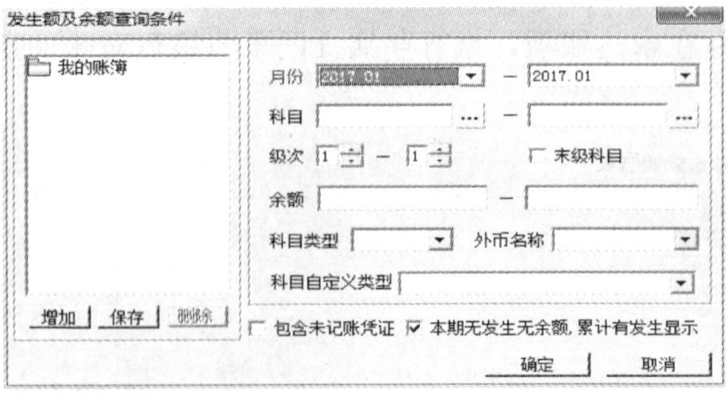

图 3-41（a）

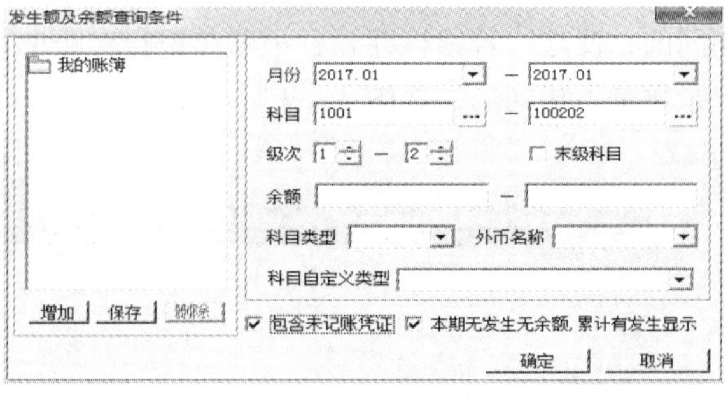

图 3-41（b）

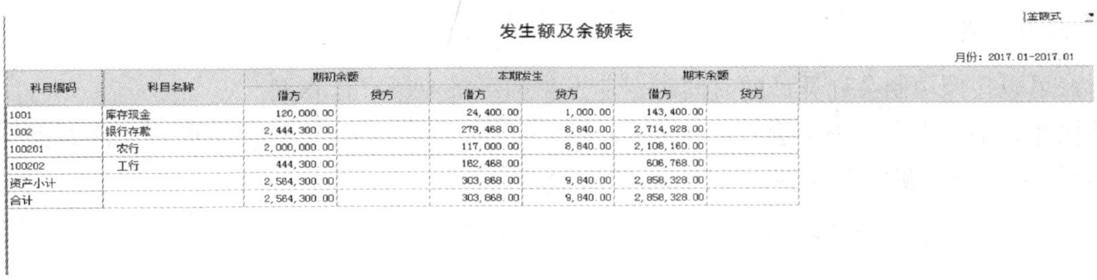

发生额及余额表

金额式

月份：2017.01-2017.01

科目编码	科目名称	期初余额		本期发生		期末余额	
		借方	贷方	借方	贷方	借方	贷方
1001	库存现金	120,000.00		24,400.00	1,000.00	143,400.00	
1002	银行存款	2,444,300.00		279,468.00	8,840.00	2,714,928.00	
100201	农行	2,000,000.00		117,000.00	8,840.00	2,108,160.00	
100202	工行	444,300.00		162,468.00		606,768.00	
资产小计		2,584,300.00		303,868.00	9,840.00	2,858,328.00	
合计		2,584,300.00		303,868.00	9,840.00	2,858,328.00	

图 3-41（c）

图 3-41　余额表查询

3.4.1.3　明细账查询

有关“库存现金”“银行存款”科目的详细信息只能到现金日记账、银行存款日记账中查询，不能在明细账中查询。明细账查询可以查询某一个会计科目的明细账，也可以一次查询多个会计科目的明细账。

具体操作如下：点击“财务会计”→点击“账表”→点击“科目表”→点击“明细账”→选择“月份”或“会计科目”→点击“确定”按钮，如图 3-42 所示。

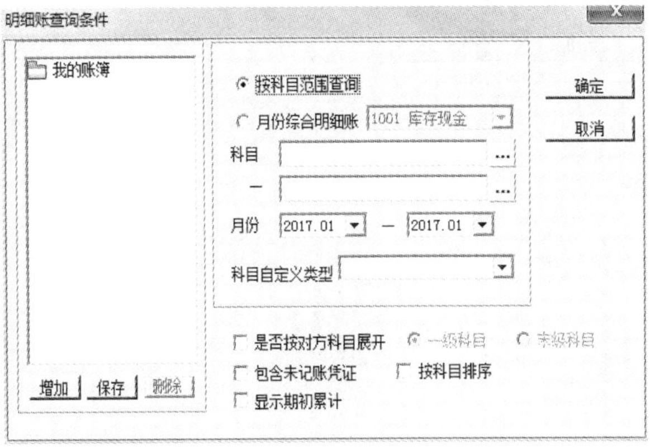

图 3-42（a）

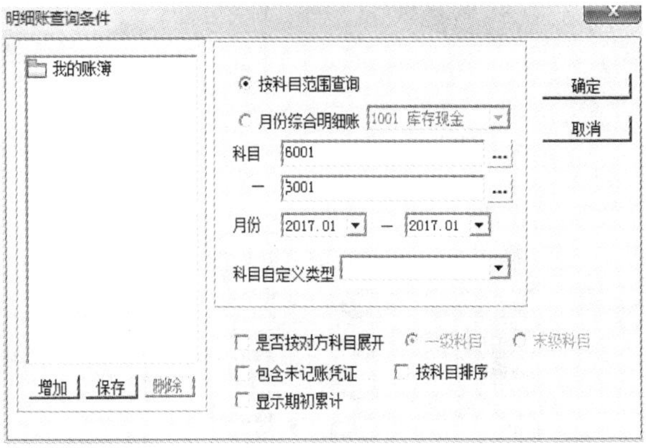

图 3-42（b）

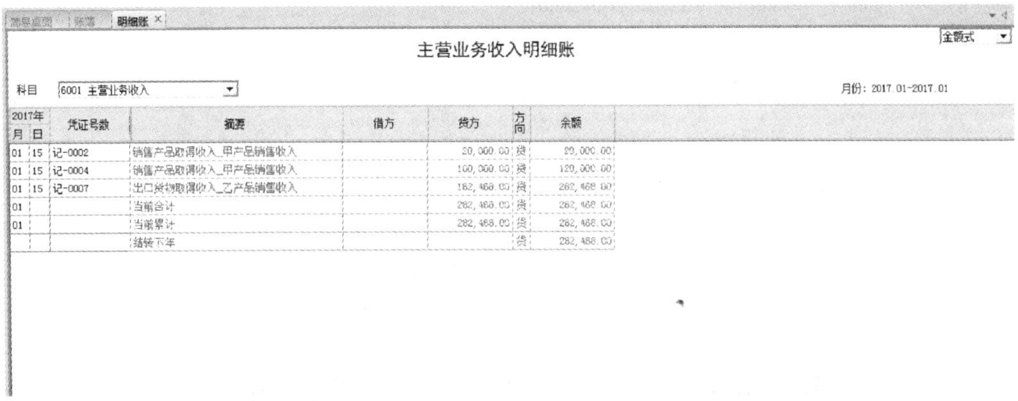

明细账

主营业务收入明细账

金额式

科目　6001 主营业务收入

月份：2017.01-2017.01

2017年 月	日	凭证号数	摘要	借方	贷方	方向	余额
01	15	记-0002	销售产品取得收入_甲产品销售收入		20,000.00	贷	20,000.00
01	15	记-0004	销售产品取得收入_甲产品销售收入		100,000.00	贷	120,000.00
01	15	记-0007	出口货物取得收入_乙产品销售收入		162,468.00	贷	282,468.00
01			当前合计		282,468.00	贷	282,468.00
01			当前累计		282,468.00	贷	282,468.00
			结转下年			贷	282,468.00

图 3-42（c）

图 3-42　明细账查询

[特别提示]

由于“库存现金”“银行存款”这两个会计科目设置了指定会计科目，要查询有关库存现金、银行存款明细账，需以出纳或账套主管身份进入系统中的现金日记账和银行日记账界面进行相关的操作。

3.4.1.4 序时账查询

序时账可以按照填制会计凭证的时间对企业发生的经济业务进行查询。

具体操作如下：点击“财务会计”→点击“账表”→点击“科目表”→点击“序时账”→选择“查询条件”→点击“确定”按钮，如图 3-43 所示。

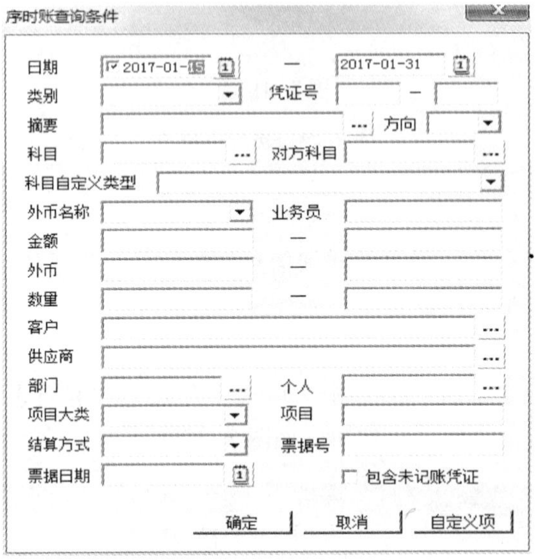

图 3-43（a）

序 时 账

日期：2017.01.15-2017.01.3

日期	凭证号数	科目编码	科目名称	摘要	方向	数量	外币	金额
2017.01.15	记-0001	1001	库存现金	从银行提备用金	借			1,000.00
2017.01.15	记-0001	100201	农行	从银行提备用金_203_01_2017.01.15	贷			1,000.00
2017.01.15	记-0002	1001	库存现金	销售产品取得收入	借			23,400.00
2017.01.15	记-0002	6001	主营业务收入	销售产品取得收入_甲产品销售收入	贷			20,000.00
2017.01.15	记-0002	22210101	销项税额	销售产品取得收入	贷			3,400.00
2017.01.15	记-0004	100201	农行	销售产品取得收入_201_01_2017.01.15	借			117,000.00
2017.01.15	记-0004	6001	主营业务收入	销售产品取得收入_甲产品销售收入	贷			100,000.00
2017.01.15	记-0004	22210101	销项税额	销售产品取得收入	贷			17,000.00
2017.01.15	记-0005	1221	其他应收款	销售部人员出差借款_销售部_B_2017.01.15	借			1,000.00
2017.01.15	记-0005	1001	库存现金	销售部人员出差借款	贷			1,000.00
2017.01.15	记-0006	660203	水电费	付公司1月水电费 销售部人员出差借款_销售部_B_2017.01.15				200.00
2017.01.15	记-0006	660203	水电费	付公司1月水电费用_人力资源部	借			120.00
2017.01.15	记-0006	660203	水电费	付公司1月水电费用_总经理办	借			160.00
2017.01.15	记-0006	100201	农行	付公司1月水电费用_203_02_2017.01.15	贷			480.00
2017.01.15	记-0007	100202	工行	出口货物取得收入_201_03_2017.01.15	借		200,000.00	162,468.00
2017.01.15	记-0007	6001	主营业务收入	出口货物取得收入_乙产品销售收入	贷			162,468.00
2017.01.15	记-0008	660204	差旅费	*支付差旅费_销售部	借			560.00
2017.01.15	记-0008	660204	差旅费	*支付差旅费_人力资源部	借			1,200.00
2017.01.15	记-0008	100201	农行	*支付差旅费_201_9_2017.01.15	贷			1,760.00
2017.01.15	记-0009	2211	应付职工薪酬	*支付财务部人员工资	借			5,600.00
2017.01.15	记-0009	100201	农行	*支付财务部人员工资_203_8_2017.01.15	贷			5,600.00
				合计	借			312,708.00
					贷			312,708.00

图 3-43（b）

图 3-43 序时账查询

3.4.1.5 多栏账查询

对于“生产成本”“制造费用”“管理费用”“财务费用”“销售费用”等会计科目，由于管理的需要，有时会查询多栏式明细账。

具体操作如下：点击“财务会计”→点击“账表”→点击“科目表”→点击“多栏账”→点击“增加”→选择会计科目→点击“增加栏目”或“自动编制”→录入相关信息→点击“确定”“查询”按钮，如图 3-44 所示。

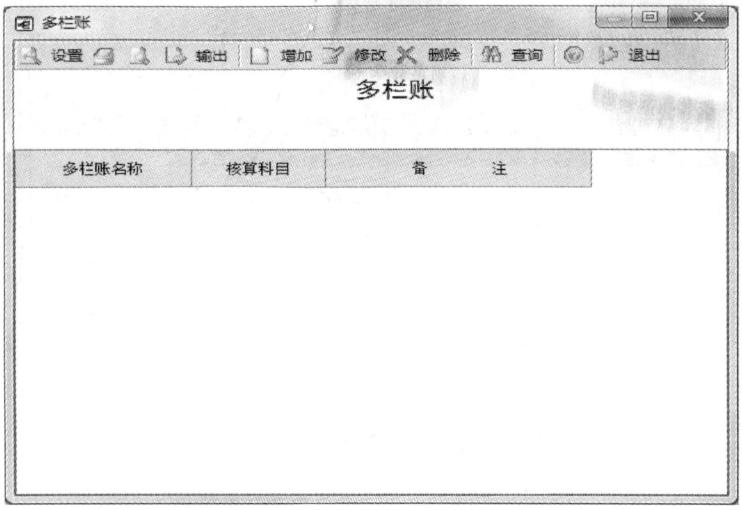

图 3-44（a）

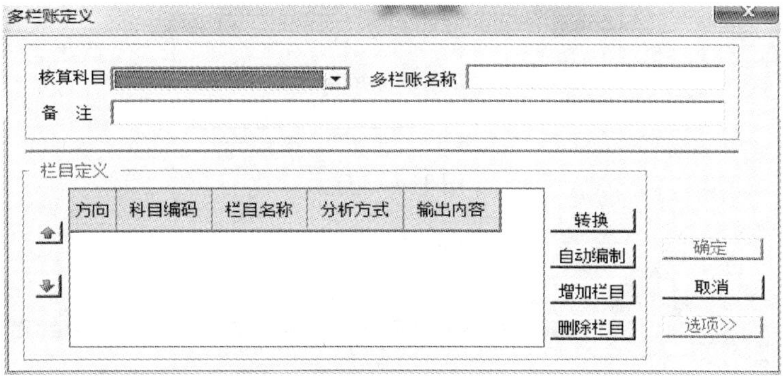

图 3-44（b）

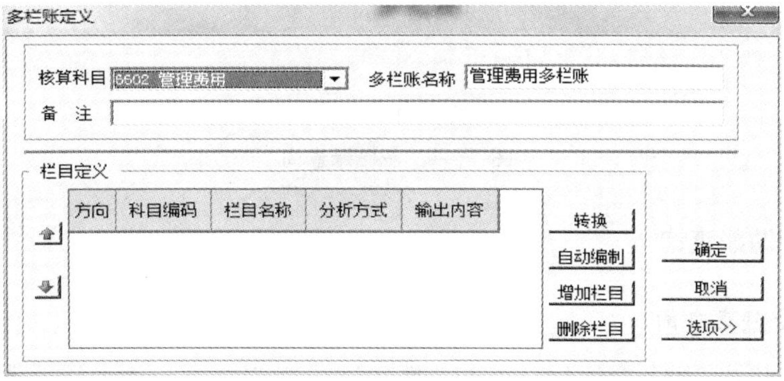

图 3-44（c）

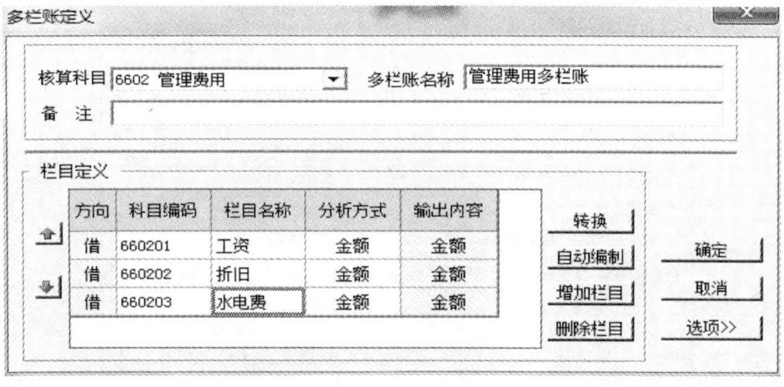

图 3-44（d）

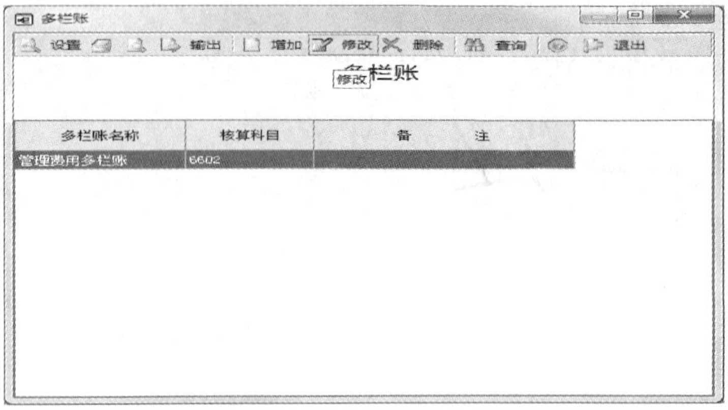

图 3-44（e）

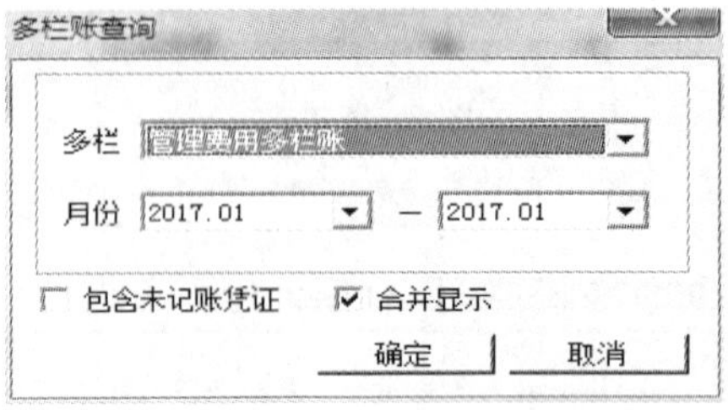

图 3-44（f）

2017年 月	日	凭证号数	摘要	借方	贷方	方向	余额	借方 工资	折旧	水电费
01	15	记-0006	付公司1月水电费用	200.00		借	200.00			200.00
01	15	记-0006	付公司1月水电费用	120.00		借	320.00			120.00
01	15	记-0006	付公司1月水电费用	160.00		借	480.00			160.00
01			当前合计	480.00		借	480.00			480.00
01			当前累计	480.00		借	480.00			480.00

图 3-44（g）

图 3-44　多栏账查询

3.4.2　客户往来辅助账查询

3.4.2.1　客户科目余额表查询

具体操作如下：点击“财务会计”→点击“账表”→点击“客户往来辅助账”→点击“客户科目余额表”→选择“月份”或“科目”→点击“确定”按钮，如图 3-45 所示。

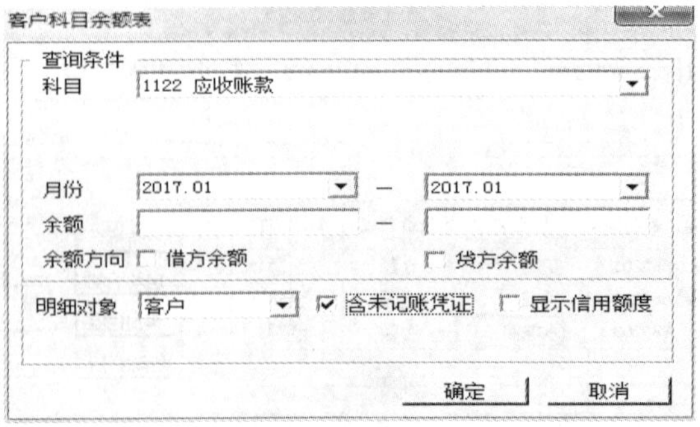

图 3-45（a）

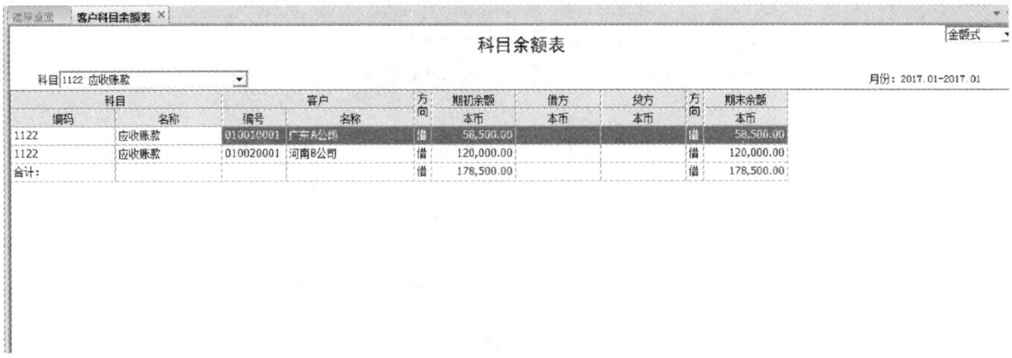

图 3-45（b）

图 3-45 客户科目余额表查询

3.4.2.2 客户余额表查询

具体操作如下：点击“财务会计”→点击“账表”→点击“客户往来辅助账”→点击“客户余额表”→选择“月份”或“客户”→点击“确定”按钮，如图 3-46 所示。

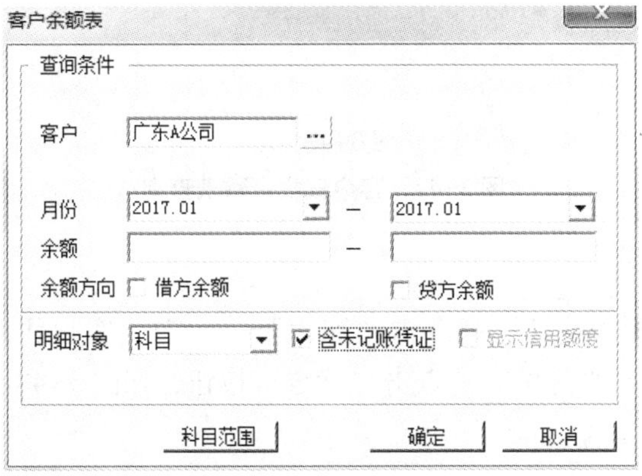

图 3-46（a）

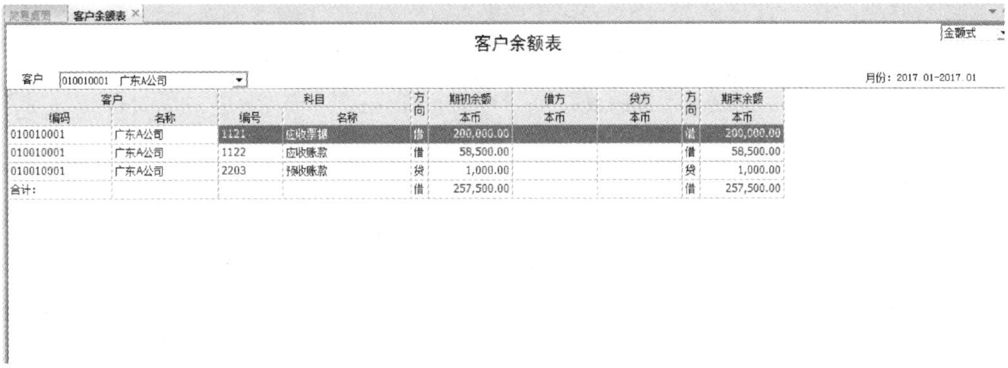

图 3-46（b）

图 3-46 客户余额表查询

3.4.2.3 客户三栏余额表查询

具体操作如下：点击“财务会计”→点击“账表”→点击“客户往来辅助账”→点击“客户三栏余额表”→选择“科目”或“客户”→点击“确定”按钮，如图 3-47 所示。

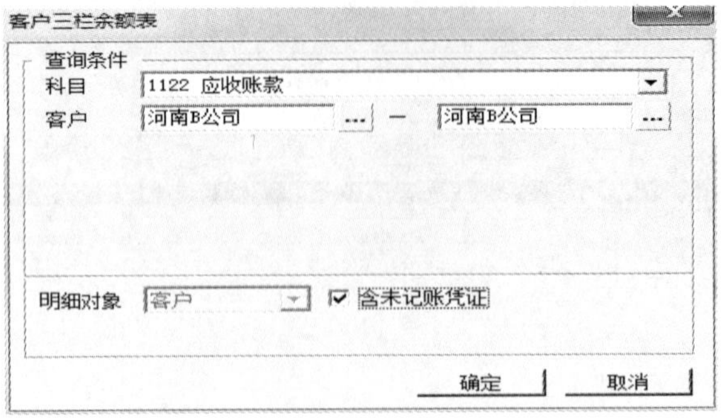

图 3-47（a）

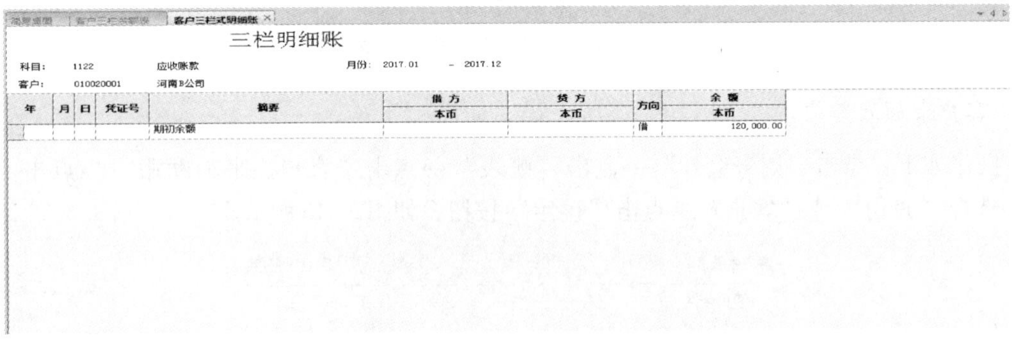

图 3-47（b）

图 3-47　客户三栏余额表查询

3.4.2.4　客户分类余额表查询

具体操作如下：点击“财务会计”→点击“账表”→点击“客户往来辅助账”→点击“客户分类余额表”→选择“科目”或“月份”→点击“确定”按钮，如图 3-48 所示。

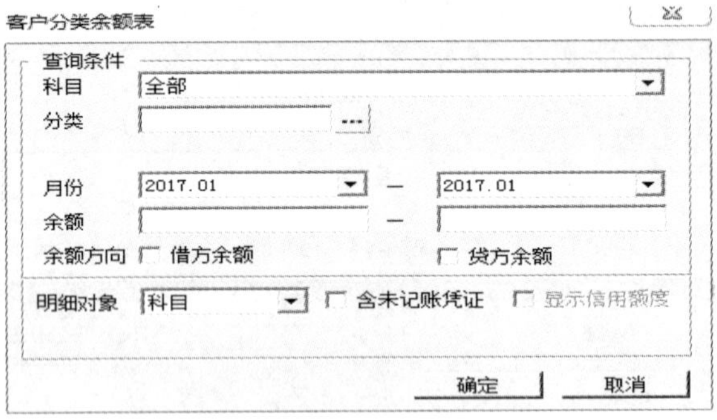

图 3-48（a）

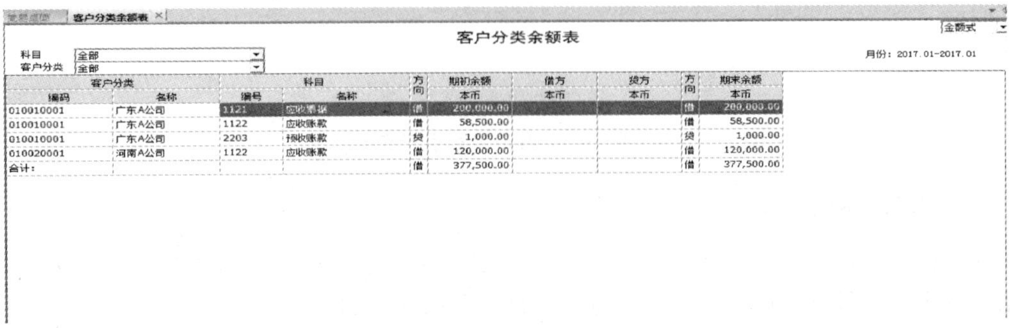

客户分类 编码	客户分类 名称	科目 编号	科目 名称	方向	期初余额 本币	借方 本币	贷方 本币	方向	期末余额 本币
010010001	广东A公司	1121	应收票据	借	200,000.00			借	200,000.00
010010001	广东A公司	1122	应收账款	借	58,500.00			借	58,500.00
010010001	广东A公司	2203	预收账款	贷	1,000.00			贷	1,000.00
010020001	河南A公司	1122	应收账款	借	120,000.00			借	120,000.00
合计：				借	377,500.00			借	377,500.00

图 3-48（b）

图 3-48　客户分类余额表查询

3.4.3 供应商往来辅助账查询

3.4.3.1 供应商科目余额表查询

具体操作如下：点击“财务会计”→点击“账表”→点击“供应商往来辅助账”→点击“供应商科目余额表”→选择“科目”或“月份”→点击“确定”按钮，如图3-49所示。

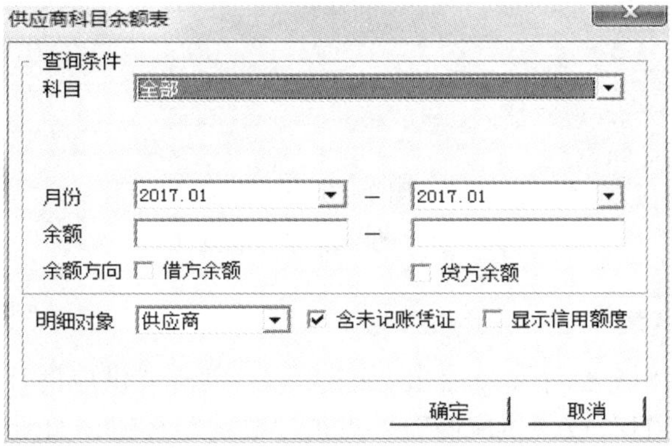

图3-49（a）

科目		供应商		方向	期初余额	借方	贷方	方向	期末余额
编码	名称	编号	名称		本币	本币	本币		本币
1123	预付账款	010010002	辽宁B公司	借	100,000.00			借	100,000.00
2201	应付票据	010010001	辽宁A公司	贷	500,000.00			贷	500,000.00
2202	应付账款	010010001	辽宁A公司	贷	93,600.00		505,387.08	贷	598,987.08
2202	应付账款	010010002	辽宁B公司	贷	400,000.00			贷	400,000.00
合计:				贷	893,600.00		505,387.08	贷	1,398,987.08

图3-49（b）

图3-49 供应商科目余额表查询

3.4.3.2 供应商余额表查询

具体操作如下：点击“财务会计”→点击“账表”→点击“供应商往来辅助账”→点击“供应商余额表”→选择“供应商”或“月份”→点击“确定”按钮，如图3-50所示。

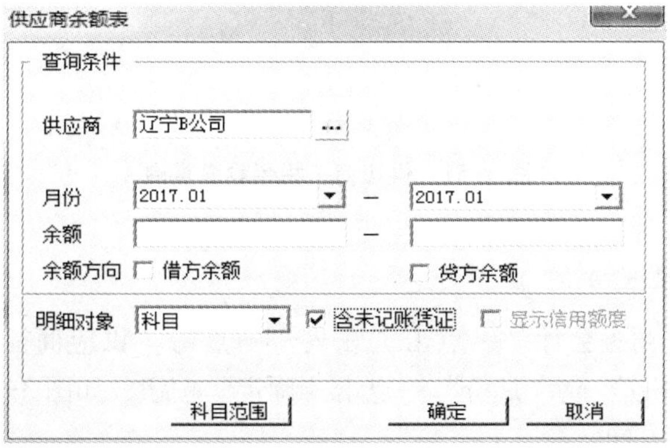

图3-50（a）

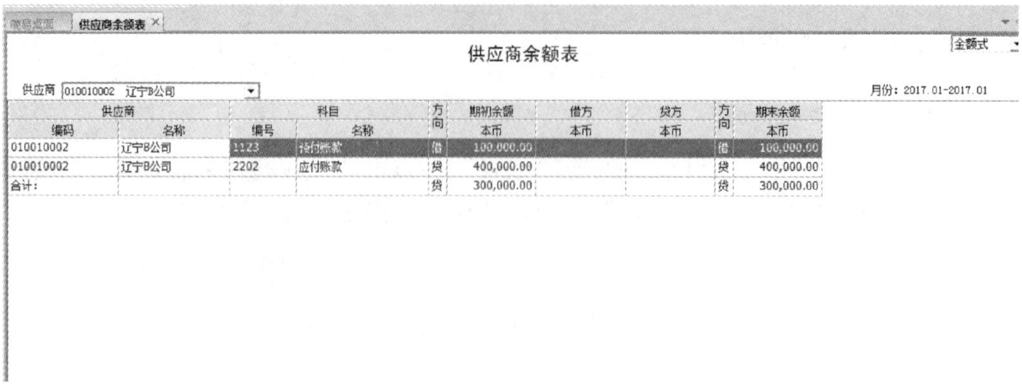

图 3-50（b）

图 3-50　供应商余额表查询

3.4.3.3　供应商三栏余额表查询

具体操作如下：点击“财务会计”→点击“账表”→点击“供应商往来辅助账”→点击“供应商三栏余额表”→选择“科目”或“供应商”→点击“确定”按钮，如图 3-51 所示。

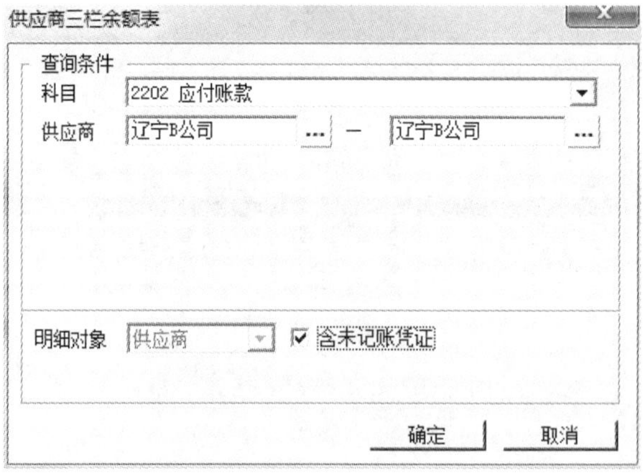

图 3-51（a）

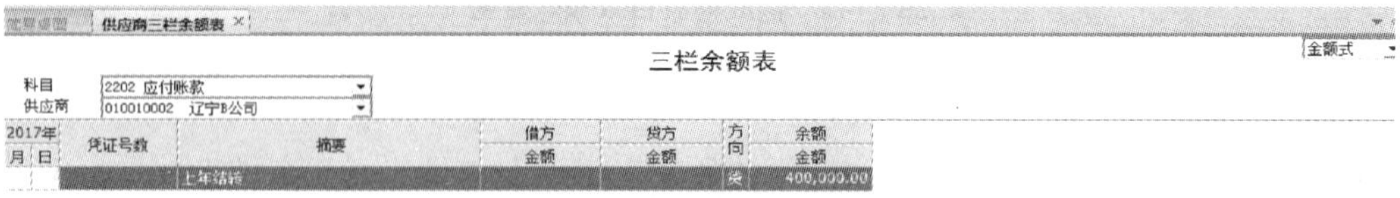

图 3-51（b）

图 3-51　供应商三栏余额表查询

3.4.3.4　供应商分类余额表查询

具体操作如下：点击“财务会计”→点击“账表”→点击“供应商往来辅助账”→点击“供应商分类余额表”→选择“科目”或“月份”→点击“确定”按钮，如图 3-52 所示。

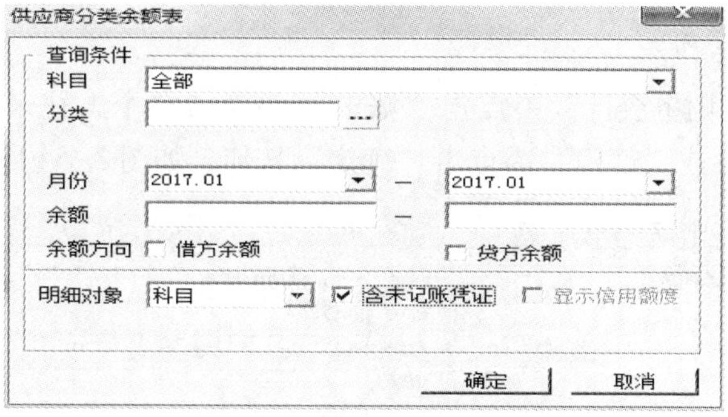

图 3-52（a）

供应商分类余额表

科目 全部
供应商分类 全部

金额式

月份：2017.01-2017.01

供应商分类		科目		方向	期初余额	借方	贷方	方向	期末余额
编码	名称	编号	名称		本币	本币	本币		本币
010010001	辽宁A公司	2201	应付票据	贷	500,000.00			贷	500,000.00
010010001	辽宁A公司	2202	应付账款	贷	93,600.00		505,387.08	贷	598,987.08
010010002	辽宁B公司	1123	预付账款	借	100,000.00			借	100,000.00
010010002	辽宁B公司	2202	应付账款	贷	400,000.00			贷	400,000.00
合计：				贷	893,600.00		505,387.08	贷	1,398,987.08

图 3-52（b）

图 3-52　供应商分类余额表查询

3.4.4　个人往来账查询

3.4.4.1　个人科目余额表查询

具体操作如下：点击“财务会计”→点击“账表”→点击“个人往来账”→点击“个人科目余额表”→选择“会计科目”或“月份”→点击“确定”按钮，如图 3-53 所示。

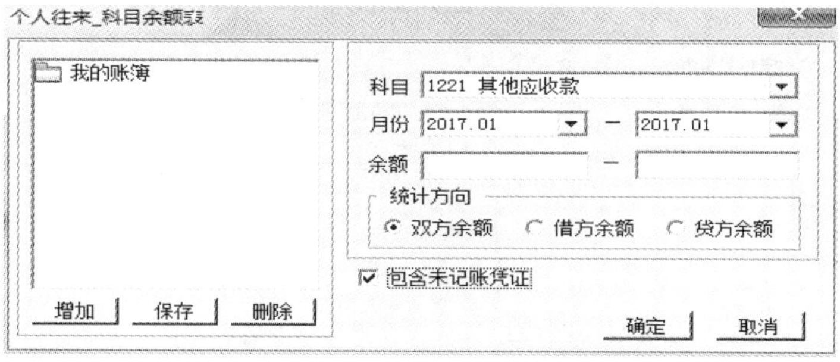

图 3-53（a）

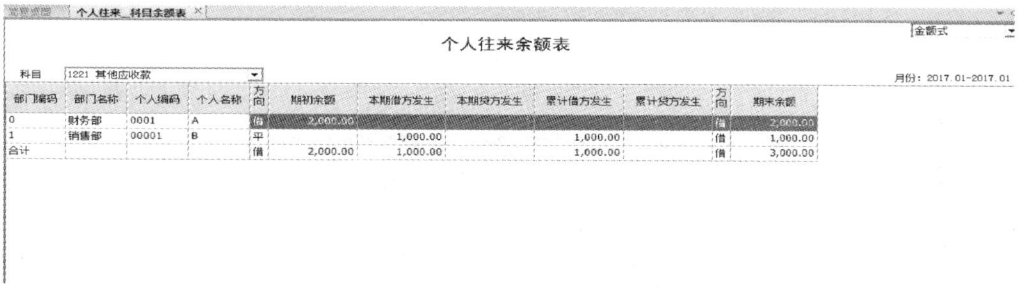

个人往来余额表

科目 1221 其他应收款

金额式

月份：2017.01-2017.01

部门编码	部门名称	个人编码	个人名称	方向	期初余额	本期借方发生	本期贷方发生	累计借方发生	累计贷方发生	方向	期末余额
0	财务部	0001	A	借	2,000.00					借	2,000.00
1	销售部	00001	B	平		1,000.00		1,000.00		借	1,000.00
合计				借	2,000.00	1,000.00		1,000.00		借	3,000.00

图 3-53（b）

图 3-53　个人科目余额表查询

3.4.4.2 个人部门余额表查询

具体操作如下：点击“财务会计”→点击“账表”→点击“个人往来账”→点击“个人部门余额表”→选择“会计科目”或“部门”→点击“确定”按钮，如图3-54所示。

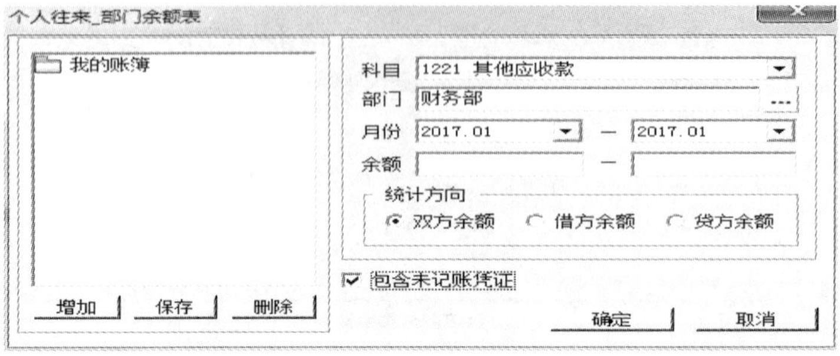

图3-54（a）

图3-54（b）

图3-54 个人部门余额表查询

3.4.4.3 个人余额表查询

具体操作如下：点击“财务会计”→点击“账表”→点击“个人往来账”→点击“个人余额表”→选择“部门”“个人”或“月份”→点击“确定”按钮，如图3-55所示。

图3-55（a）

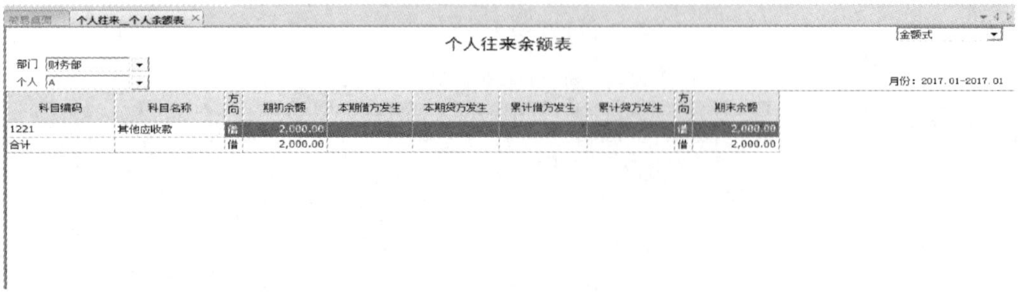

图3-55（b）

图3-55 个人余额表查询

3.4.4.4 个人往来三栏式余额表查询

具体操作如下：点击“财务会计”→点击“账表”→点击“个人往来账”→点击“个人往来三栏式余额表”→选择“部门”“个人”或“科目”→点击“确定”按钮，如图3-56所示。

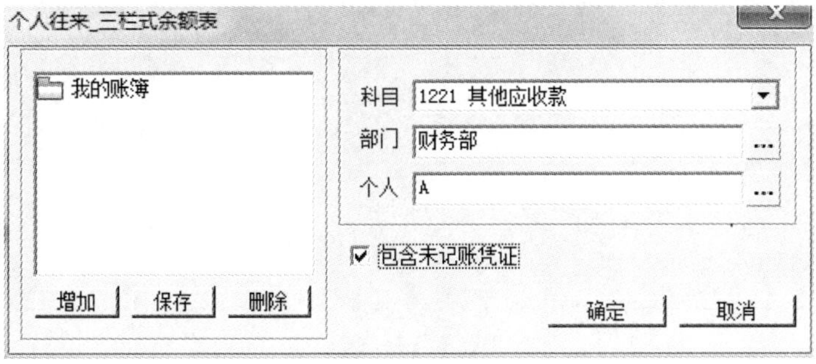

图3-56（a）

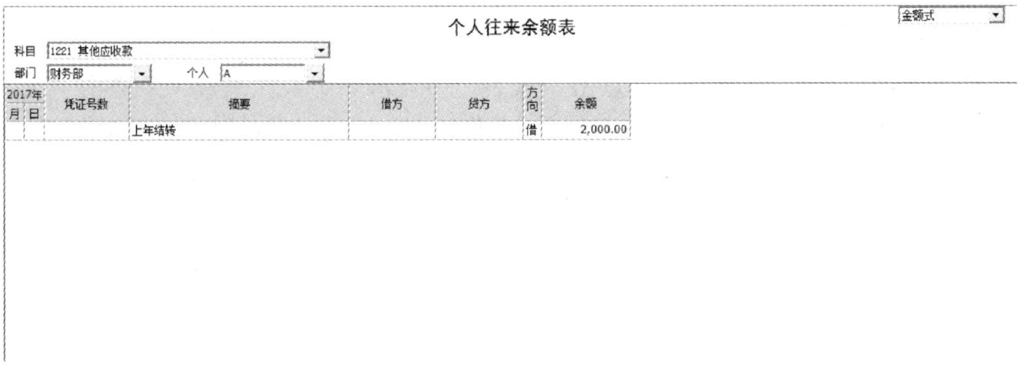

图3-56（b）

图3-56 个人往来三栏式余额表查询

3.4.4.5 个人往来科目明细账查询

具体操作如下：点击“财务会计”→点击“账表”→点击“个人往来账”→点击“个人往来明细账”→点击“个人科目明细账”→录入过滤条件→点击“确定”按钮，如图3-57所示。

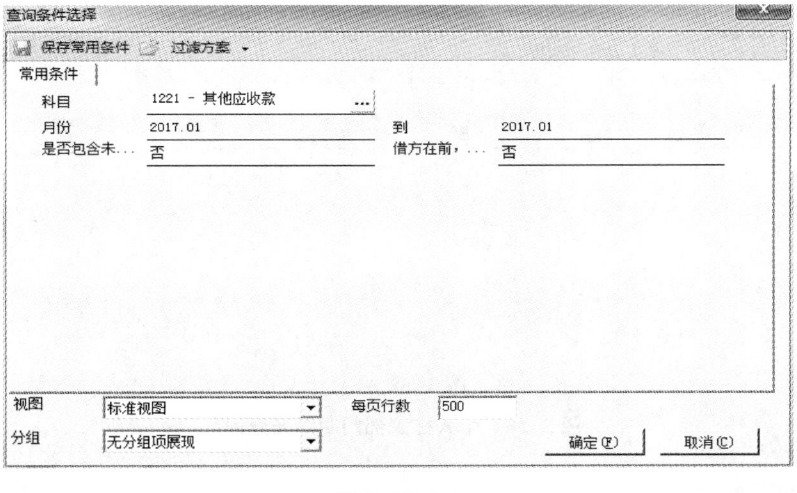

图3-57（a）

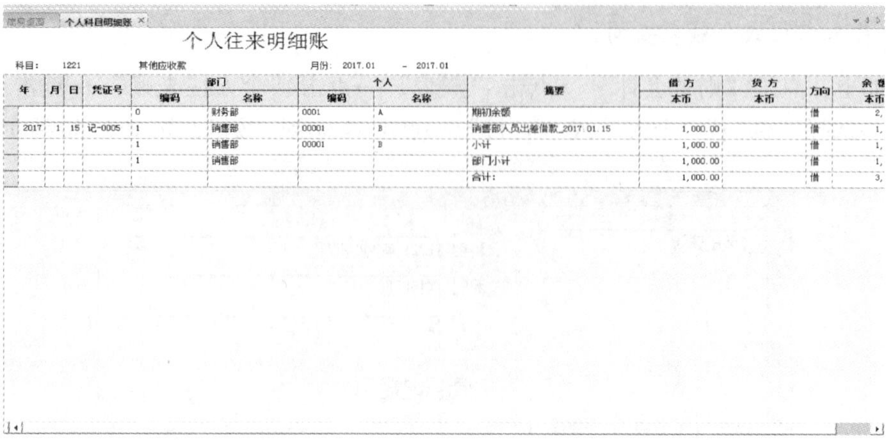

图 3-57（b）

图 3-57　个人往来科目明细账查询

3.4.4.6　个人往来部门明细账查询

具体操作如下：点击“财务会计”→点击“账表”→点击“个人往来账”→点击“个人往来明细账”→点击“个人往来部门明细账”→录入过滤条件→点击“确定”按钮，如图 3-58 所示。

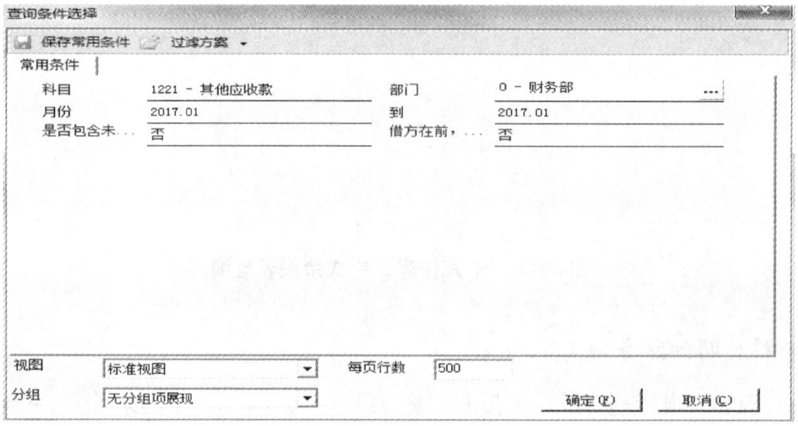

图 3-58（a）

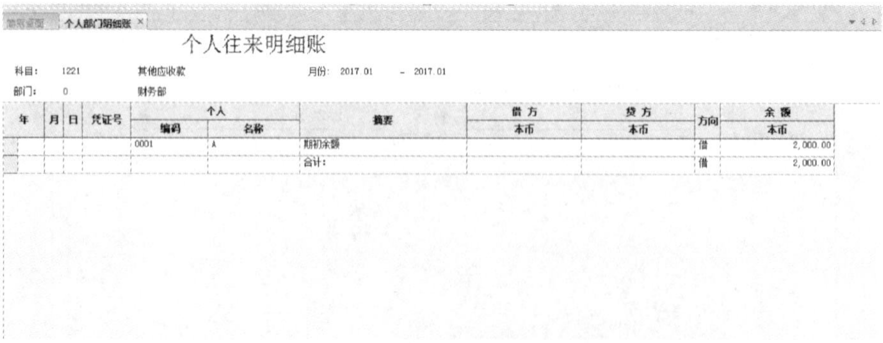

图 3-58（b）

图 3-58　个人往来部门明细账查询

3.4.4.7　个人明细账查询

具体操作如下：点击“财务会计”→点击“账表”→点击“个人往来账”→点击“个人往来明细账”→点击“个人明细账”→录入过滤条件→点击“确定”按钮，如图 3-59 所示。

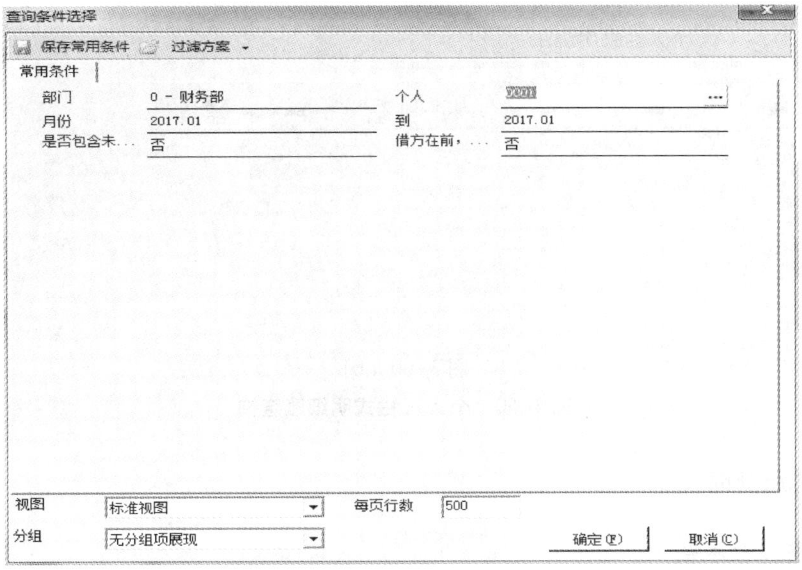

图 3-59（a）

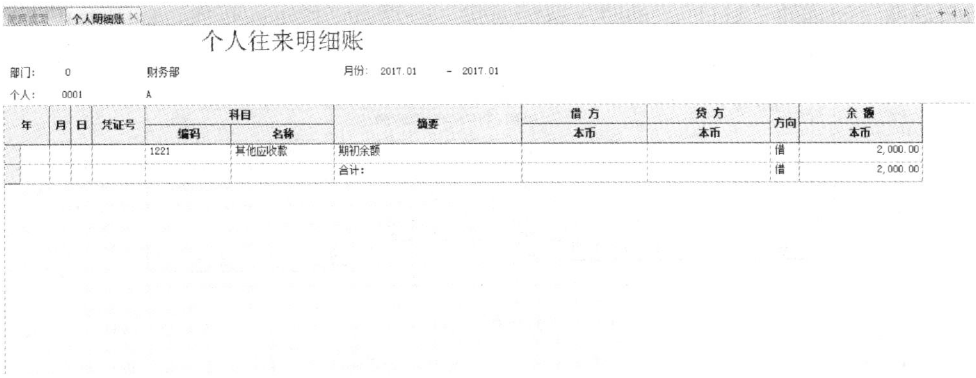
个人往来明细账

部门: 0 财务部 月份: 2017.01 - 2017.01

个人: 0001 A

年	月	日	凭证号	科目 编码	科目 名称	摘要	借方 本币	贷方 本币	方向	余额 本币
				1221	其他应收款	期初余额			借	2,000.00
						合计:			借	2,000.00

图 3-59（b）

图 3-59 个人明细账查询

3.4.4.8 个人三栏式明细账查询

具体操作如下：点击“财务会计”→点击“账表”→点击“个人往来账”→点击“个人往来明细账”→点击“个人三栏式明细账”→录入过滤条件→点击“确定”按钮，如图 3-60 所示。

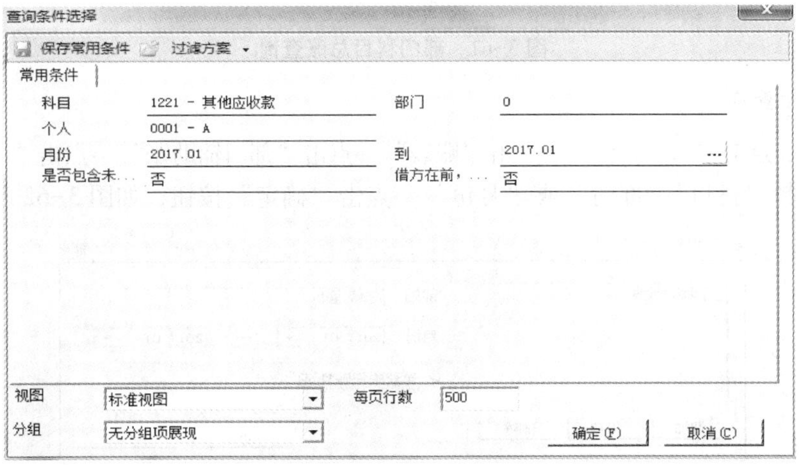

图 3-60（a）

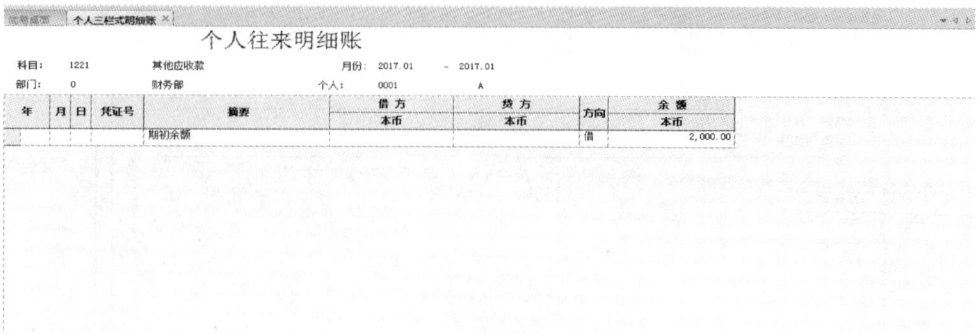

图 3-60（b）

图 3-60　个人三栏式明细账查询

3.4.5　部门辅助账查询

3.4.5.1　部门科目总账查询

具体操作如下：点击“财务会计”→点击“账表”→点击“部门辅助账”→点击“部门总账”→点击“部门科目总账”→选择“科目”“部门”或“月份”→点击“确定”按钮，如图 3-61 所示。

图 3-61（a）

图 3-61（b）

图 3-61　部门科目总账查询

3.4.5.2　部门总账查询

具体操作如下：点击“财务会计”→点击“账表”→点击“部门辅助账”→点击“部门总账”→点击“部门总账”→选择“科目”“部门”或“月份”→点击“确定”按钮，如图 3-62 所示。

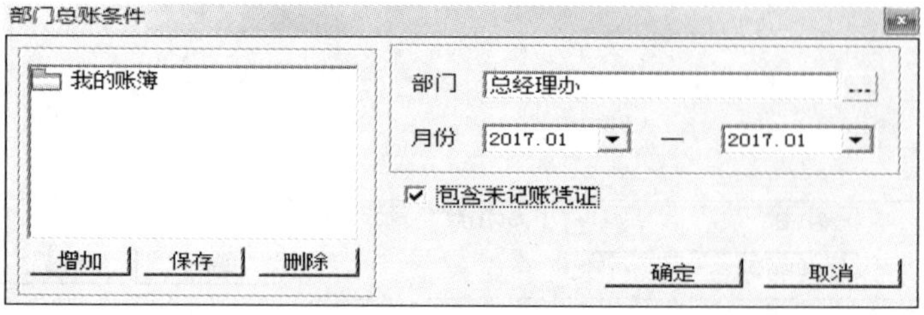

图 3-62（a）

图 3-62（b）

图 3-62　部门总账查询

3.4.5.3　部门三栏总账查询

具体操作如下：点击“财务会计”→点击“账表”→点击“部门辅助账”→点击“部门总账”→点击“部门三栏总账”→选择“科目”“部门”或“月份”→点击“确定”按钮，如图 3-63 所示。

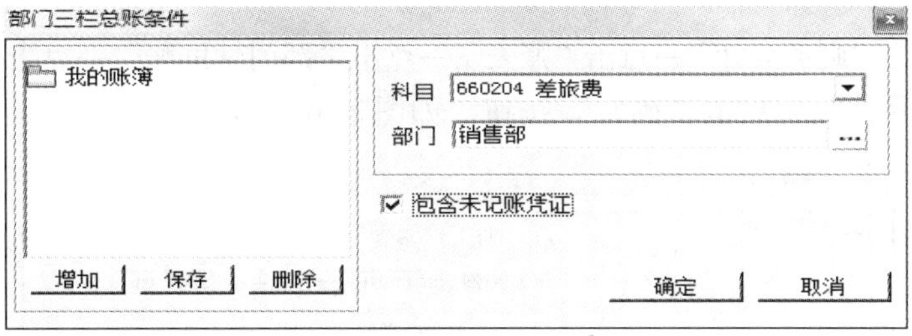

图 3-63（a）

图 3-63（b）

图 3-63　部门三栏总账查询

3.4.5.4　部门科目明细账查询

具体操作如下：点击“财务会计”→点击“账表”→点击“部门辅助账”→点击“部门明细账”→点击“部门科目明细账”→选择“科目”“部门”或“月份”→点击“确定”按钮，如图 3-64 所示。

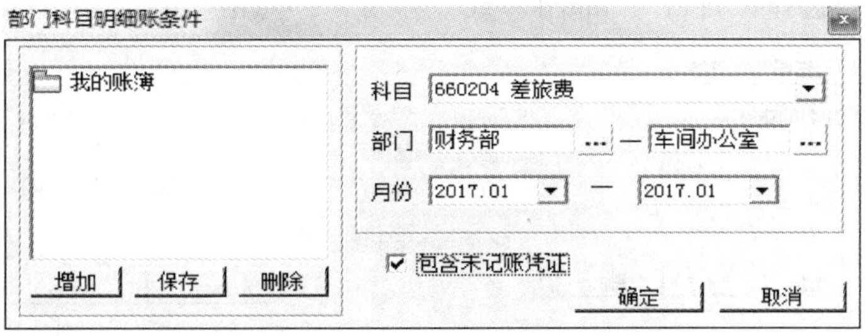

图 3-64（a）

部门明细账

部门：财务部 - 车间办公室
科目 660204 差旅费

2017年 月	日	凭证号数	部门编号	部门名称	摘要	借方	贷方	方向	余额
01	15	记-0008	3	人力资源部	*支付差旅费	1,200.00		借	1,200.00
01					当前合计	1,200.00		借	1,200.00
01					当前累计	1,200.00		借	1,200.00
01	15	记-0008	1	销售部	*支付差旅费	560.00		借	560.00
01					当前合计	560.00		借	560.00
01					当前累计	560.00		借	560.00
				科目合计	上年结转			平	
01					当前合计	1,760.00		借	1,760.00
01					当前累计	1,760.00		借	1,760.00

图 3-64（b）

图 3-64　部门科目明细账查询

3.4.5.5　部门明细账查询

具体操作如下：点击“财务会计”→点击“账表”→点击“部门辅助账”→点击“部门明细账”→选择“科目”“部门”或“月份”→点击“确定”按钮，如图 3-65 所示。

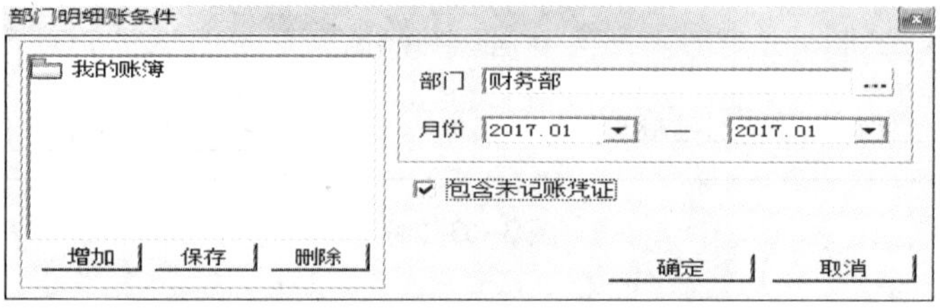

图 3-65（a）

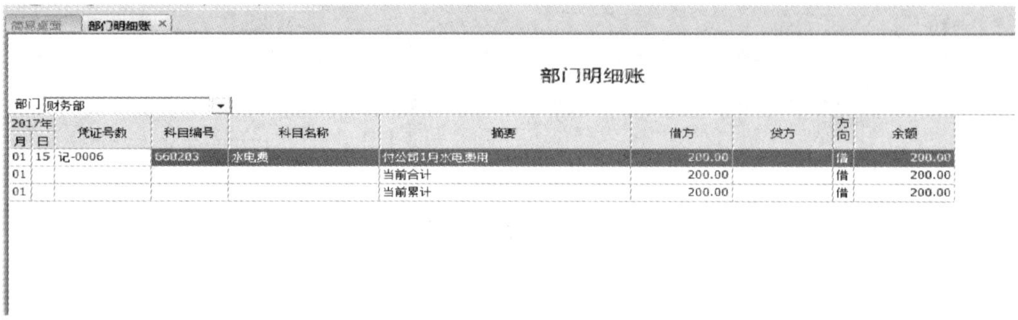

部门明细账

部门 财务部

2017年 月	日	凭证号数	科目编号	科目名称	摘要	借方	贷方	方向	余额
01	15	记-0006	660203	水电费	付公司1月水电费用	200.00		借	200.00
01					当前合计	200.00		借	200.00
01					当前累计	200.00		借	200.00

图 3-65（b）

图 3-65　部门明细账查询

3.4.5.6　部门三栏式明细账查询

具体操作如下：点击“财务会计 ”→点击“账表”→点击“部门辅助账”→点击“部门明细账”→点击“部门三栏式明细账”→选择“科目”“部门”或“月份”→点击“确定”按钮，如图 3-66 所示。

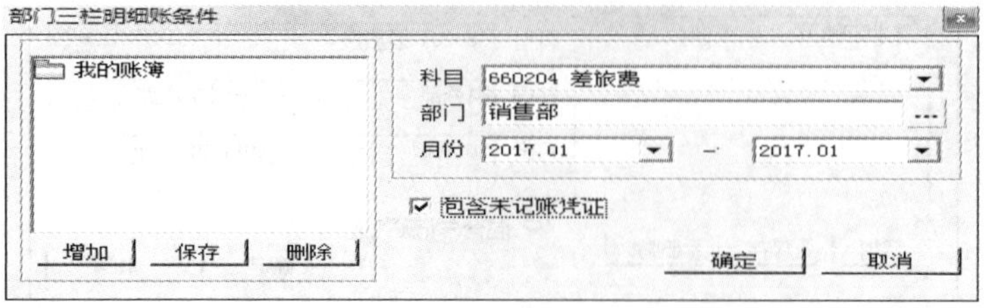

图 3-66（a）

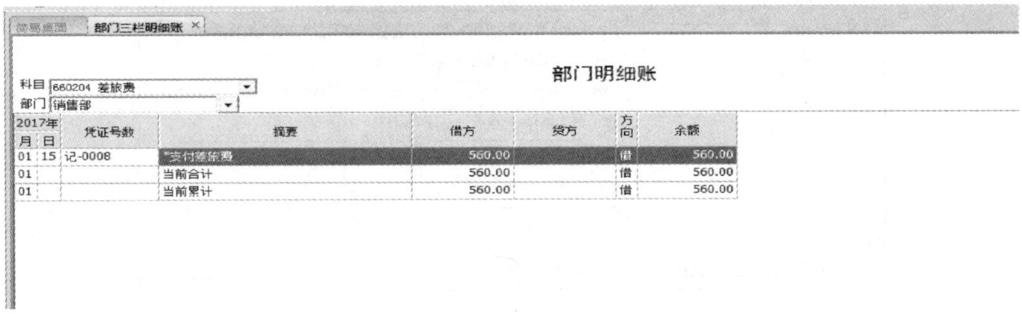

图 3-66（b）

图 3-66　部门三栏式明细账查询

3.4.5.7　部门多栏式明细账查询

具体操作如下：点击“财务会计”→点击“账表”→点击“部门辅助账”→点击“部门明细账”→点击“部门多栏式明细账”→选择“科目”“部门”或“月份”→点击“确定”按钮，如图 3-67 所示。

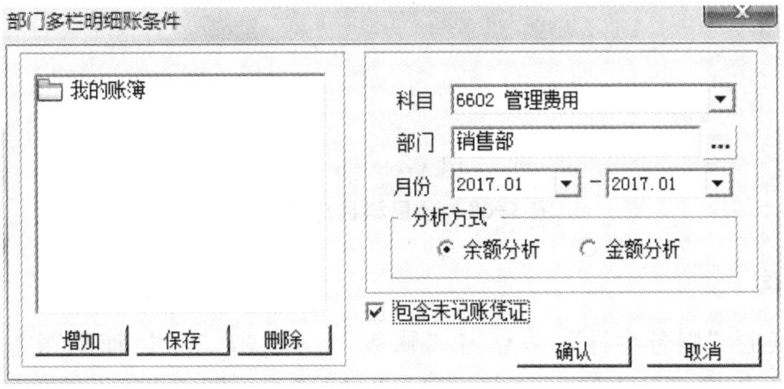

图 3-67（a）

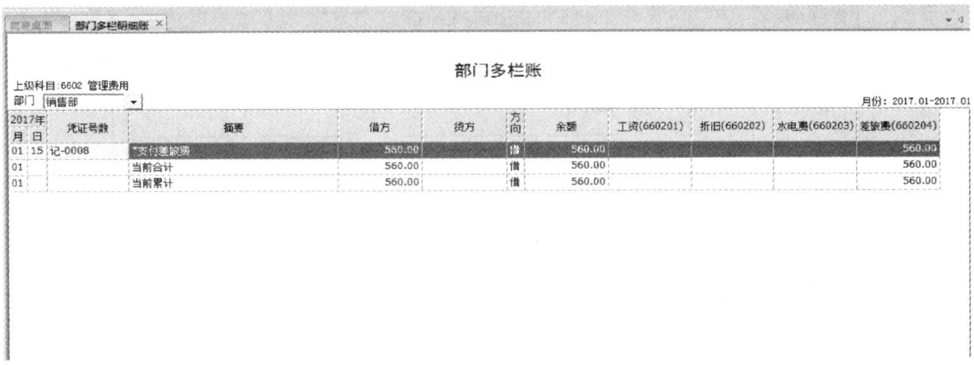

图 3-67（b）

图 3-67　部门多栏式明细账查询

3.4.6　项目辅助账查询

3.4.6.1　项目科目总账查询

具体操作如下：点击“财务会计”→点击“账表”→点击“项目辅助账查询”→点击“项目科目总账”→选择“项目大类”或“月份”→点击“确定”按钮，如图 3-68 所示。

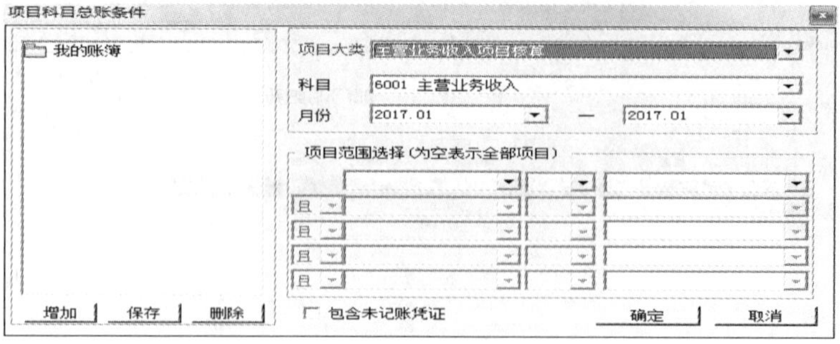

图 3-68（a）

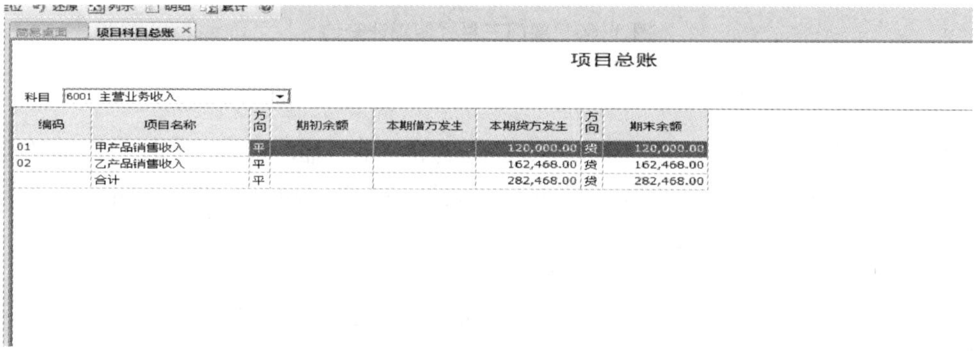
项目科目总账

科目 6001 主营业务收入

编码	项目名称	方向	期初余额	本期借方发生	本期贷方发生	方向	期末余额
01	甲产品销售收入	平			120,000.00	贷	120,000.00
02	乙产品销售收入	平			162,468.00	贷	162,468.00
	合计	平			282,468.00	贷	282,468.00

图 3-68（b）

图 3-68　项目科目总账查询

3.4.6.2　项目总账查询

具体操作如下：点击“财务会计”→点击“账表”→点击“项目辅助账查询”→点击“项目总账”→选择“项目大类”或“月份”→点击“确定”按钮，如图 3-69 所示。

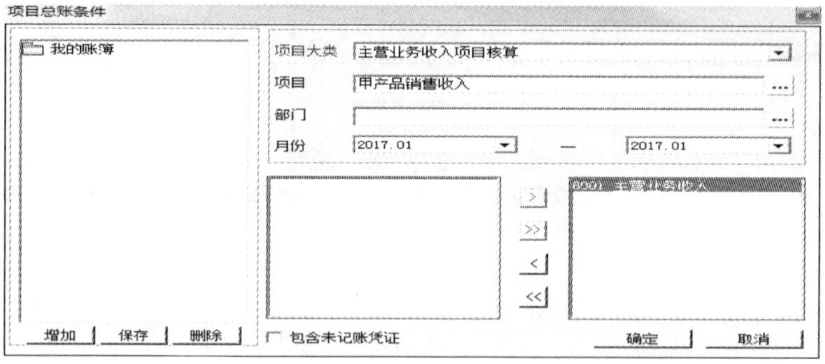

图 3-69（a）

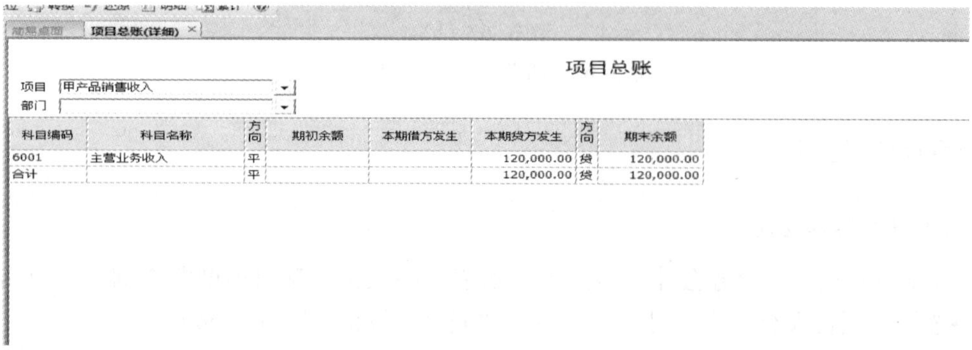
项目总账

项目 甲产品销售收入

部门

科目编码	科目名称	方向	期初余额	本期借方发生	本期贷方发生	方向	期末余额
6001	主营业务收入	平			120,000.00	贷	120,000.00
合计		平			120,000.00	贷	120,000.00

图 3-69（b）

图 3-69　项目总账查询

3.4.6.3 项目三栏式总账查询

具体操作如下：点击“财务会计”→点击“账表”→点击“项目辅助账查询”→点击“项目三栏式总账”→选择“项目大类”或“月份”→点击“确定”按钮，如图 3-70 所示。

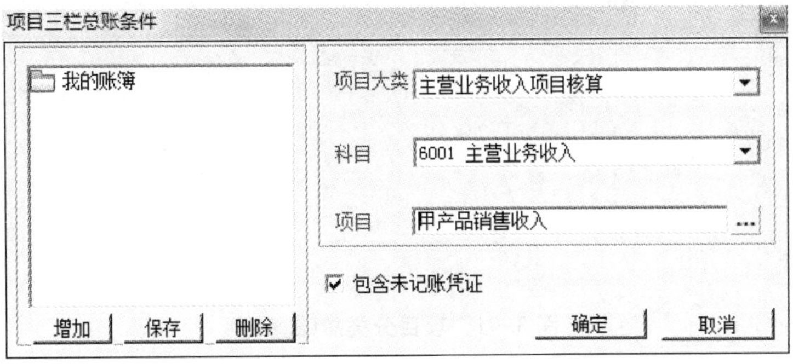

图 3-70（a）

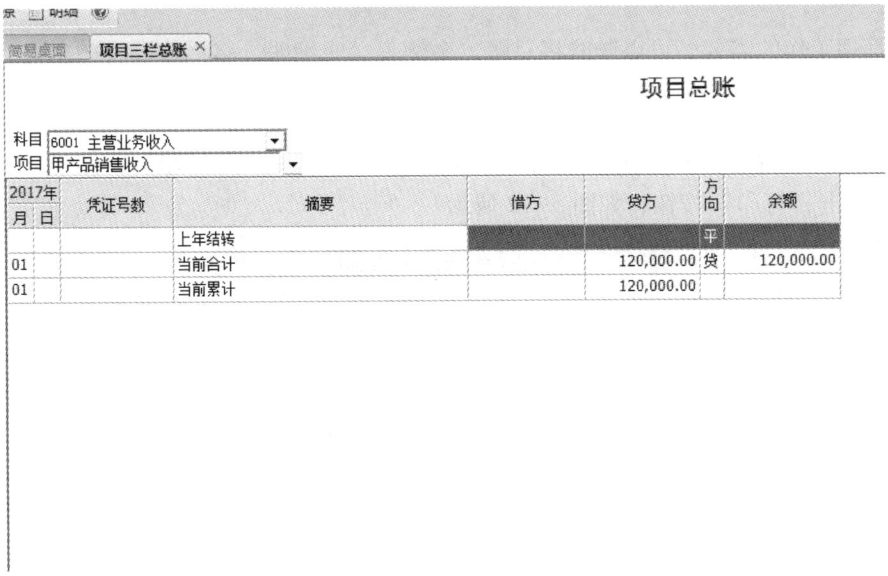

图 3-70（b）

图 3-70 项目三栏式总账查询

3.4.6.4 项目分类总账查询

具体操作如下：点击“财务会计”→点击“账表”→点击“项目辅助账查询”→点击“项目分类总账”→选择“项目大类”或“月份”→点击“确定”按钮，如图 3-71 所示。

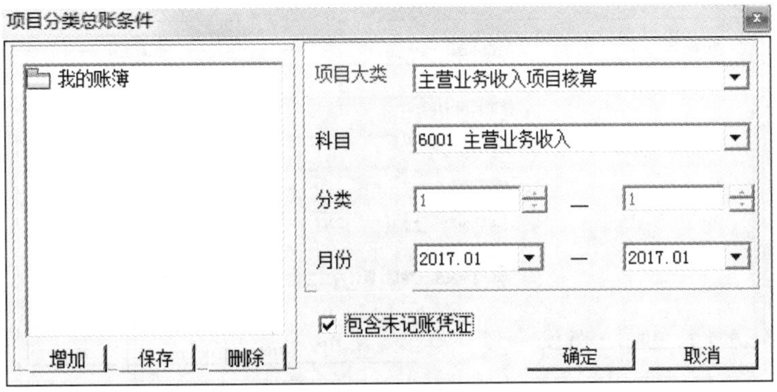

图 3-71（a）

图 3-71（b）

图 3-71　项目分类总账查询

3.4.7　账簿打印

根据实际管理工作的需要，可以随时将总账、余额表、明细账、多栏账等打印出来。

3.4.7.1　总账打印

具体操作如下：点击“财务会计”→点击“总账”→点击“账簿打印”→点击“总账”→选择“科目范围”→点击“打印”按钮，如图 3-72 所示。

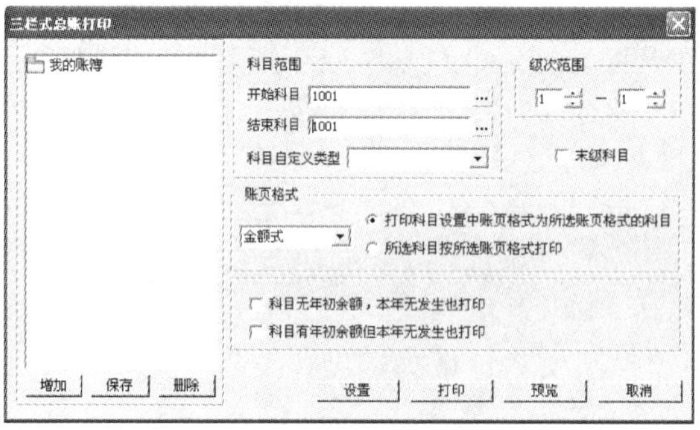

图 3-72　总账打印

3.4.7.2　余额表打印

具体操作如下：点击“财务会计”→点击“总账”→点击“账簿打印”→点击“余额表”命令，选择“科目范围”或“月份范围”→点击“打印”按钮，如图 3-73 所示。

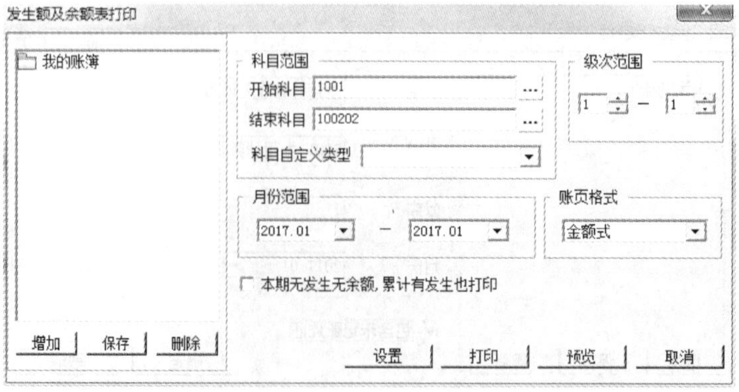

图 3-73　余额表打印

3.4.7.3 明细账打印

具体操作如下：点击“财务会计”→点击“总账”→点击“账簿打印”→点击“明细账”，选择“科目”或“月份”→点击“打印”按钮，如图 3-74 所示。

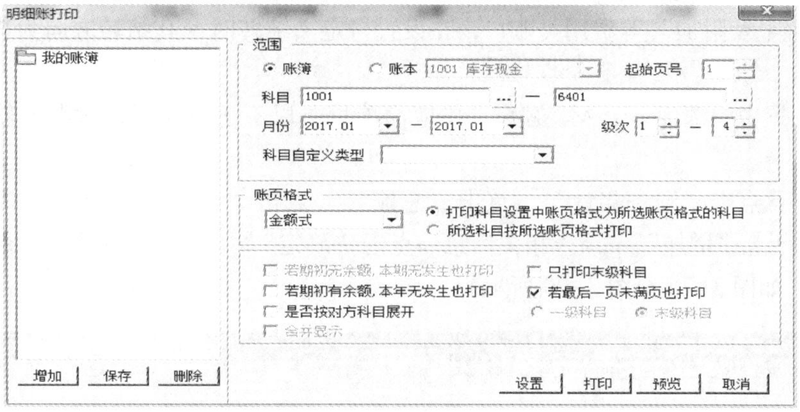

图 3-74 明细账打印

3.4.7.4 多栏账打印

具体操作如下：点击“财务会计”→点击“总账”→点击“账簿打印”→点击“多栏账”→选择“多栏”或“月份”→点击“打印”按钮，如图 3-75 所示。

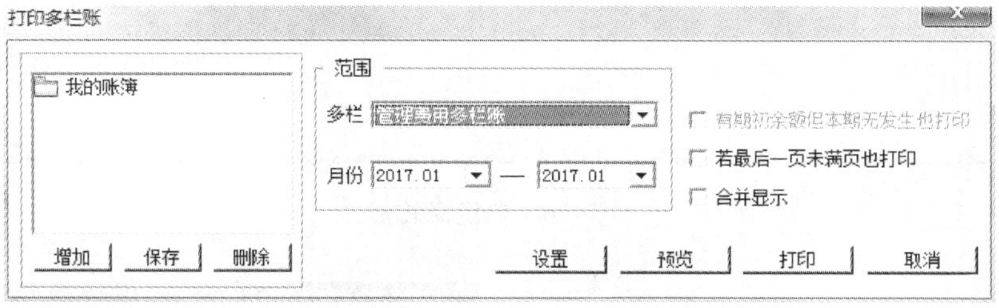

图 3-75 多栏账打印

3.5 期末

期末主要包括转账定义、转账生成、对账以及结账与反结账四个部分。

3.5.1 转账定义

3.5.1.1 自定义转账

操作人员通过在软件中进行相关设置，可以将一些会计科目的发生额或余额自动结转到指定的会计科目中。例如，在企业每个月月末进行会计业务处理的过程中，有一些会计科目在月末是没有余额的，如“主营业务收入”“其他业务收入”“投资收益”“管理费用”“销售费用”“财务费用”等损益类科目在每个月的月末都要将其发生额转入“本年利润”会计科目中。

结转的方法有三种：第一种是手工结转，第二种是半自动结转，第三种是自动结转。

手工结转：首先通过查询期末需要结转的会计科目的明细账，然后在总账中填制相关会计凭证，将其发生额或期末余额结转到有关会计科目中，从而完成期末结转工作。

半自动结转：通过在系统中进行相关设置，期末自动生成相关结转会计凭证，从而将有关会计科目的发生额或期末余额结转到相关会计科目中。

对于“主营业务收入”“其他业务收入”“营业外收入”“投资收益”等收入类账户，在设置自定义结转时，其结转方向为借方，金额公式应为贷方发生额。

对于“主营业务成本”“其他业务成本”“营业外支出”“财务费用”“管理费用”“销售费用”“所得税费用”“税金及附加”等费用类账户，在设置自定义结转时，其结转方向为贷方，金额公式应为借方发生额。

自定义转账设置中的部门、个人、客户、供应商项目可以不进行设置，对财务软件后面的操作是没有影响的。

具体操作如下：点击“财务会计”→点击“总账”→点击“期末”→点击“转账定义”→点击“自定义转账”→点击“增加”→录入相关信息→点击“确定”→点击“增行”→录入相关信息→点击“保存”按钮，如图 3-76 至图 3-79 所示。

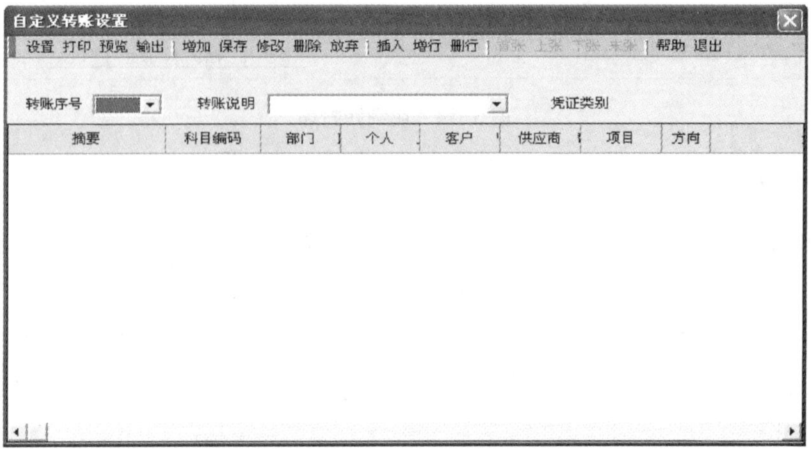

图 3-76　自定义转账

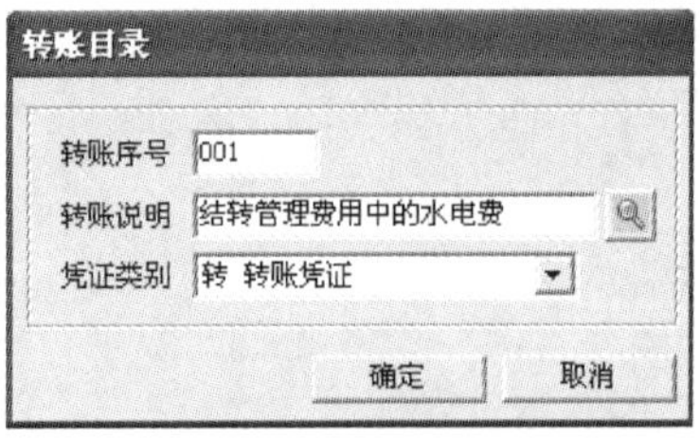

图 3-77　转账目录

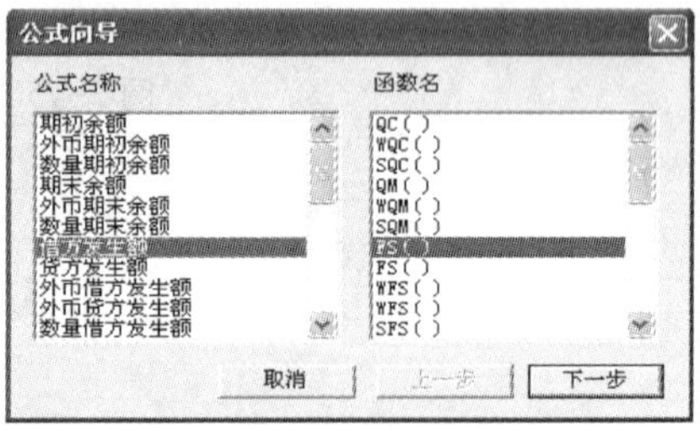

图 3-78　选择公式

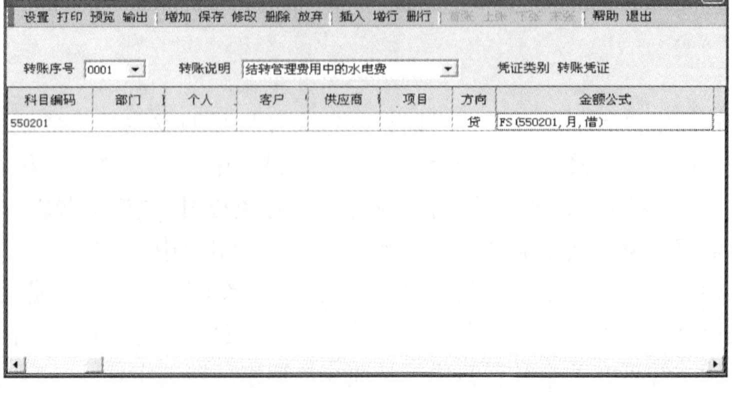

图 3-79　自定义转账设置完成

[特别提示]

· 无论是手工结转还是半自动结转，都必须按会计科目明细结转，而不能按会计科目总账金额结转。

· 平时在处理业务时，对于“主营业务收入”“其他业务收入”“营业外收入”“投资收益”等收入类会计科目，其发生额必须在贷方；对于“主营业务成本”“其他业务成本”“营业外支出”“税金及附加”“销售费用”“财务费用”“管理费用”“所得税费用”等费用类会计科目，其发生额必须在借方。

自动结转：在此界面不需要任何操作，只需要在“期间损益”界面进行设置，就可以在“转账生成”界面操作后自动结转损益了。具体操作分为如下两步：

第一步：点击“财务会计”→点击“总账”→点击“期末”→点击“转账定义”→点击“期间损益”→设置会计科目→点击“确定”按钮，如图 3-80 所示。

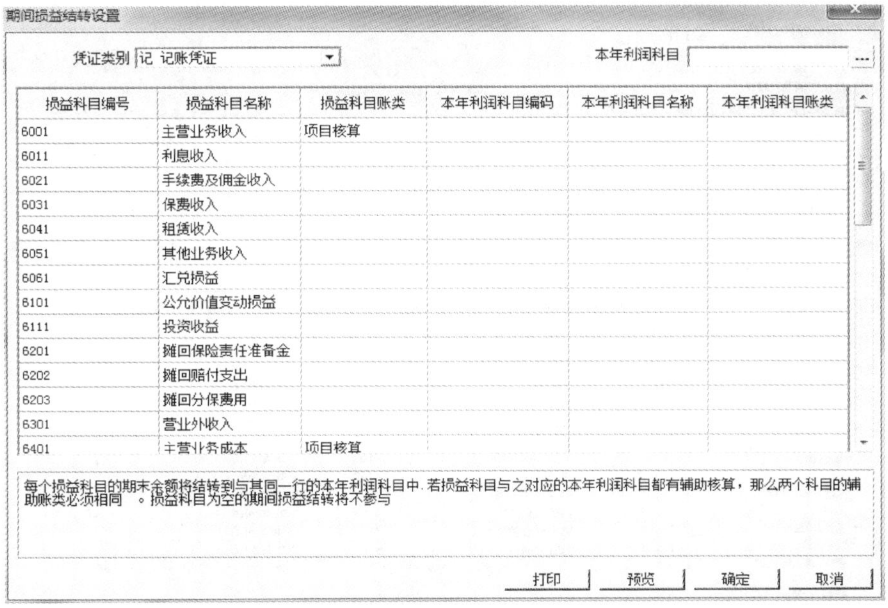

图 3-80（a）

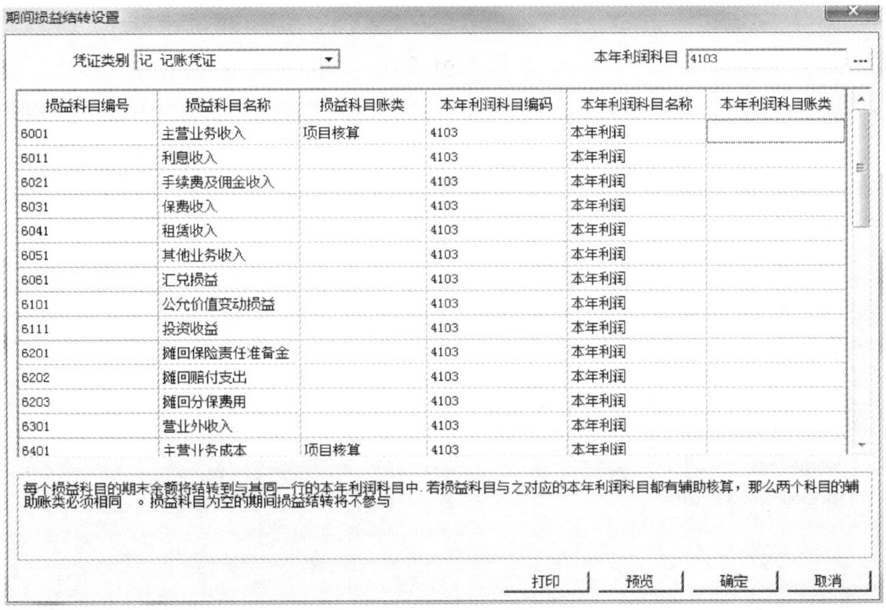

图 3-80（b）

图 3-80 期间损益结转设置

第二步：点击“财务会计”→点击“总账”→点击“期末”→点击“转账定义”→点击“转账生成”→选择“期间损益结转”→点击“全选”或选择部分会计科目→点击“确定”→点击“保存”按钮，如图 3-81 所示。

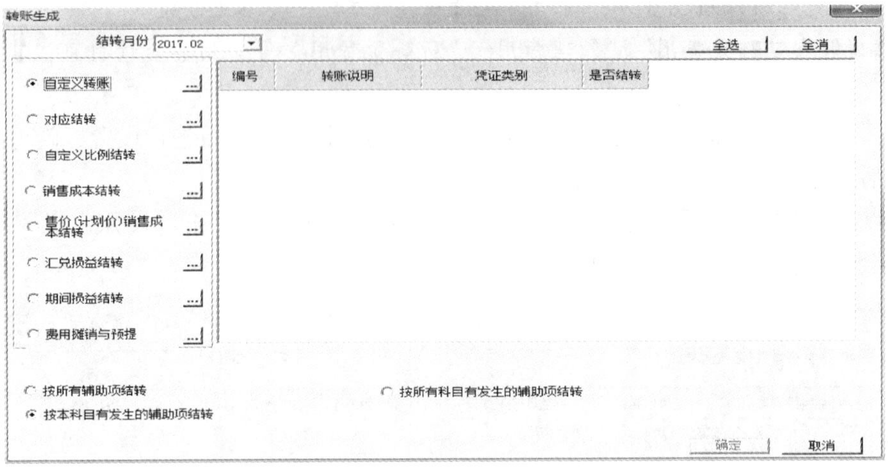

图 3-81（a）

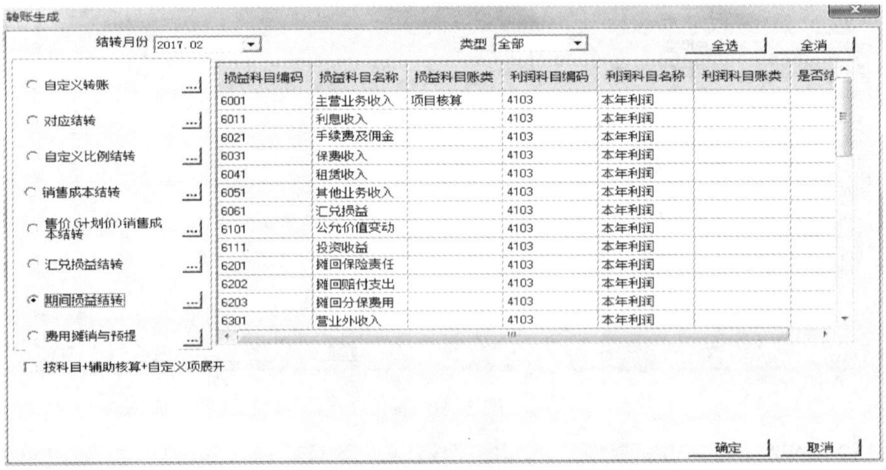

图 3-81（b）

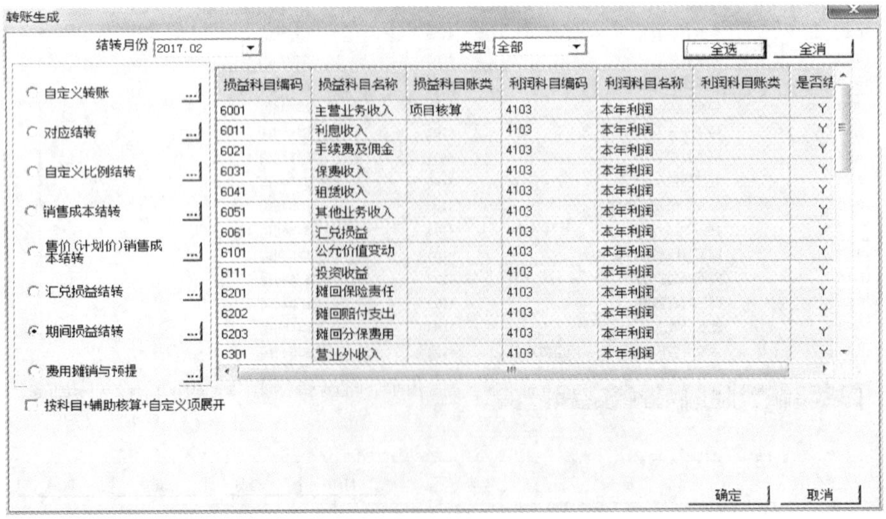

图 3-81（c）

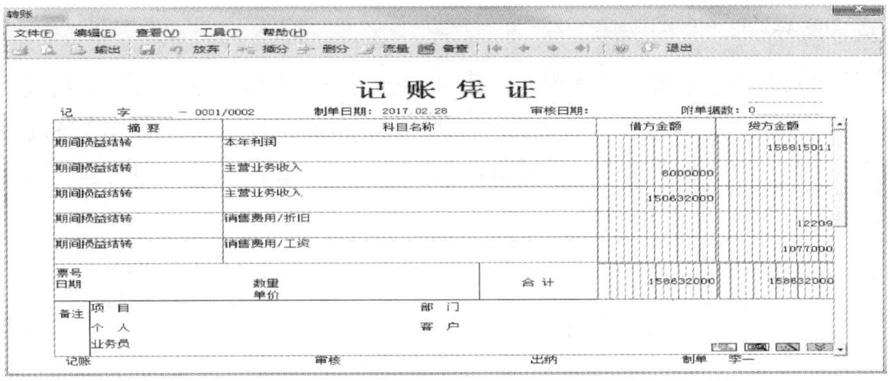

图 3-81（d）

图 3-81 转账生成

3.5.1.2 对应结转

当两个或多个上级科目的下级科目及辅助项有一一对应关系时，可以将其余额按一定比例系数进行对应结转，可以一对一结转，也可以一对多结转。

对应结转只能结转期末余额，而不能结转发生额。

一张凭证可定义多行，转出科目及辅助项必须一致，转入科目及辅助项可不相同。

转出科目与转入科目必须有相同的科目结构，但转出辅助项与转入辅助项可不相同。

自动生成凭证时，同一凭证转入科目有多个，并且若同一凭证的结转系数之和为 1，则最后一笔结转金额转为科目余额减去当前凭证已转出的余额。

例如，某公司有第一生产车间，同时生产 A、B 两种产品。到了期末就要将第一生产车间的制造费用按明细结转到“生产成本——A 产品（B 产品）——制造费用”科目中。假设 A 产品要承担 60%的比例，B 产品则承担 40%的比例。

具体操作如下：点击“财务会计”→点击“总账”→点击“期末”→点击“转账定义”→点击“对应结转”命令→录入“编号”“摘要”“转出科目”或“凭证类别”→点击“增行”→录入相关信息→点击“保存”按钮，如图 3-82 和图 3-83 所示。

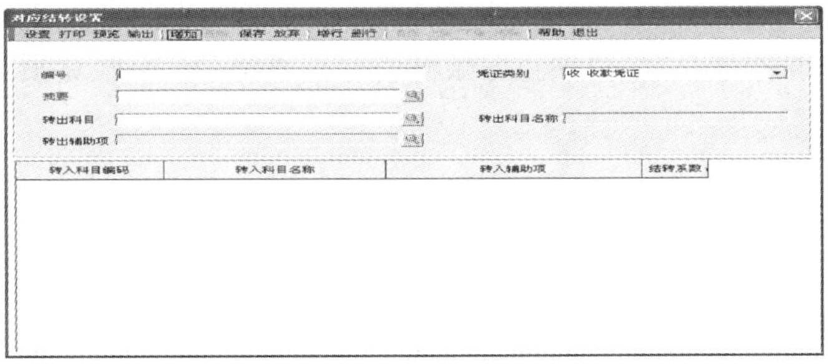

图 3-82 对应结转设置

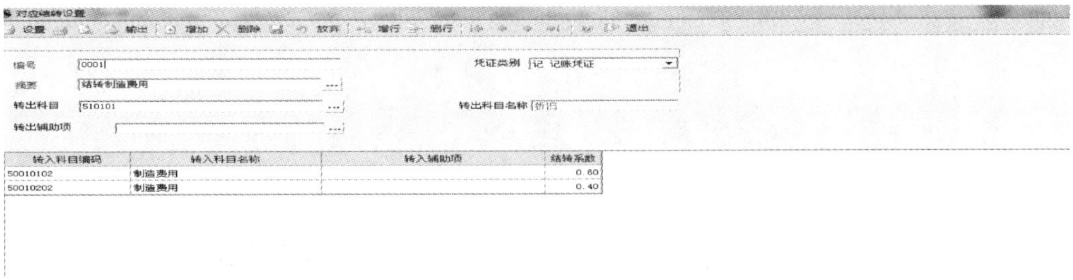

图 3-83 对应结转设置完成

3.5.1.3 销售成本结转

销售成本结转功能主要用来帮助有些没有启用供应链系统的企业在期末计算销售成本和结转工作。

具体操作如下：点击“财务会计”→点击“总账”→点击“期末”→点击“转账定义”→点击“销售成本结转”→选择“凭证类别”“库存商品科目”“商品销售收入科目”或“商品销售成本科目”→点击“确定”按钮，如图3-84所示。

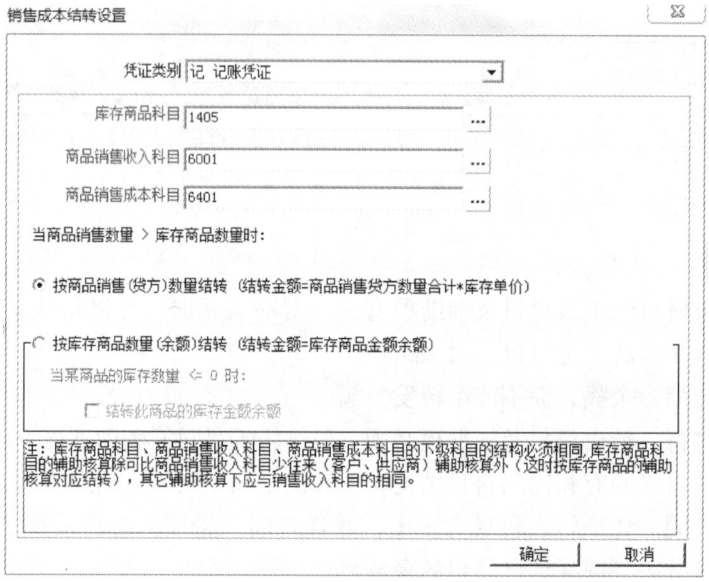

图3-84 销售成本结转

[特别提示]

要实现此功能，必须将“库存商品”“原材料”“主营业务成本”“主营业务收入”“其他业务成本”“其他业务收入”等会计科目设置为数量金额式辅助核算形式。

3.5.1.4 汇兑损益

具体操作如下：点击“财务会计”→点击“总账”→点击“期末”→点击“转账定义”→点击“汇兑损益”→选择“凭证类别”“汇兑损益入账科目”或“是否计算汇兑损益”→点击“确定”按钮，如图3-85所示。

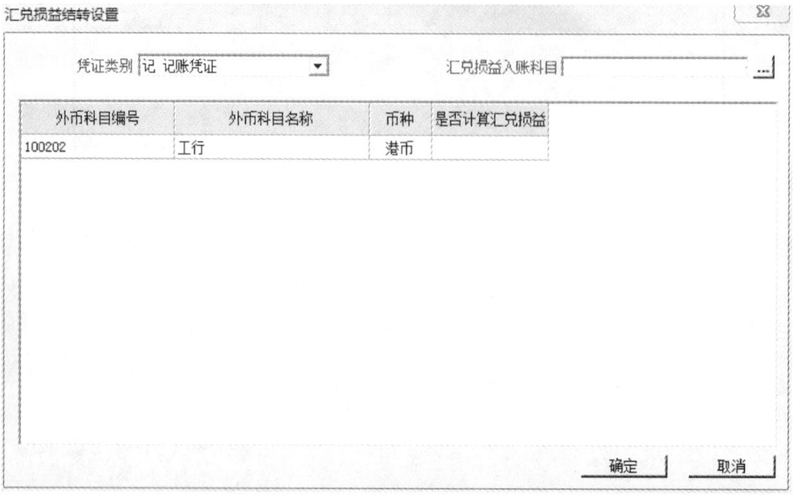

图3-85（a）

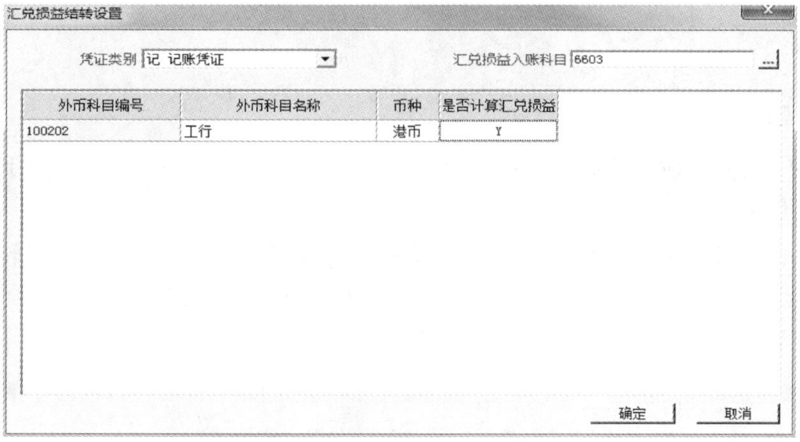

图 3-85（b）

图 3-85 汇兑损益

3.5.1.5 期间损益

具体操作如下：点击“财务会计”→点击“总账”→点击“期末”→点击“转账定义”→点击“期间损益结转”→选择“本年利润科目”或“凭证类别”→点击“确定”按钮，如图 3-86 所示。

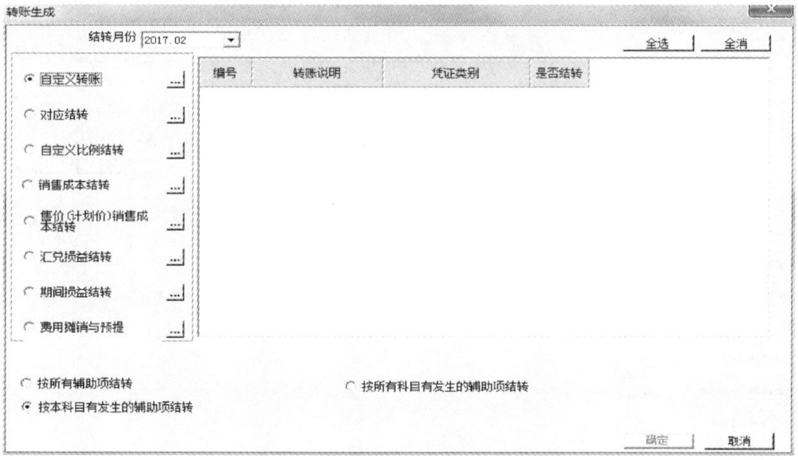

图 3-86（a）

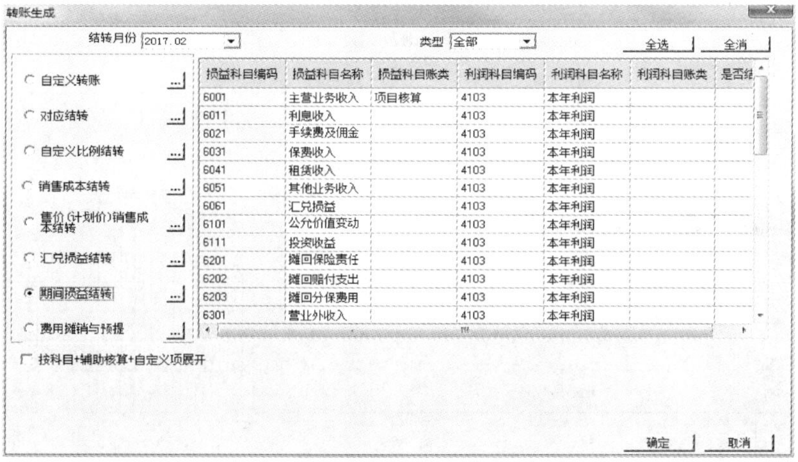

图 3-86（b）

图 3-86 期间损益

3.5.2 转账生成

3.5.2.1 自定义转账

在这种方式下，只能生成会计凭证的一部分，另一部分会计科目金额需要人工填制，然后才能生成一张完整的会计凭证。

具体操作如下：点击“财务会计”→点击“总账”→点击“期末”→点击“转账生成”→点击“自定义转账”→点击“全选”→点击“确定”→录入相关会计科目或金额→点击“保存”按钮（也可以双击“是否结转”，出现“Y”标志），如图 3-87 所示。

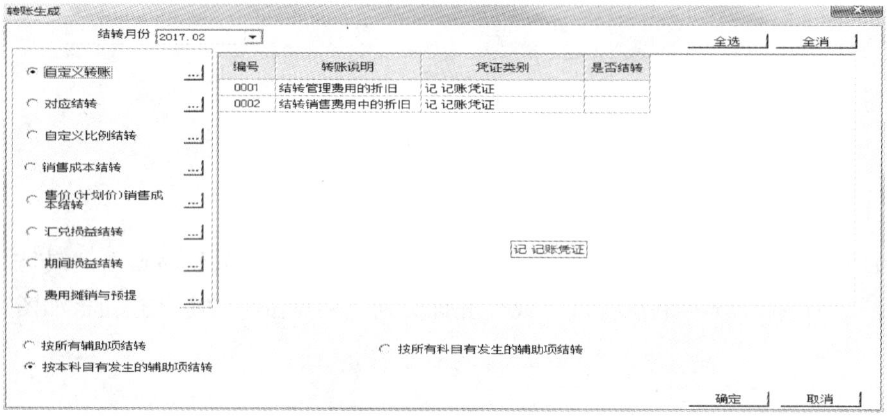

图 3-87（a）

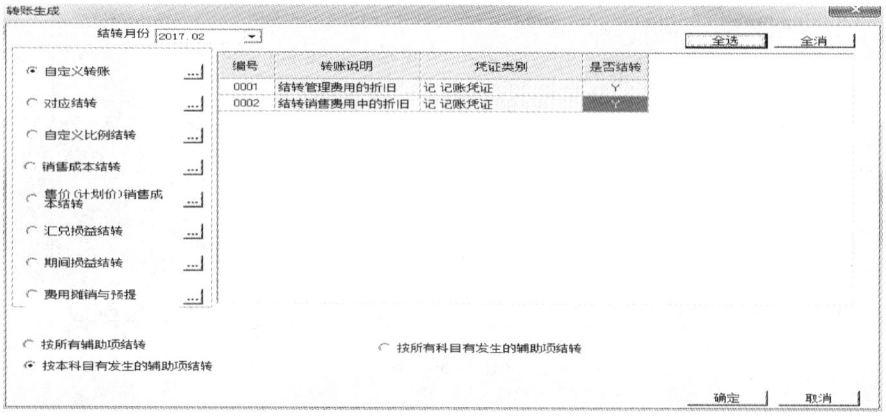

图 3-87（b）

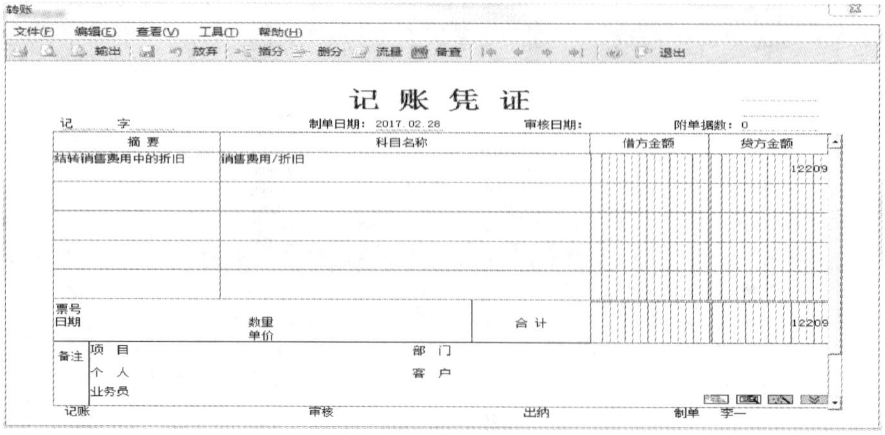

图 3-87（c）

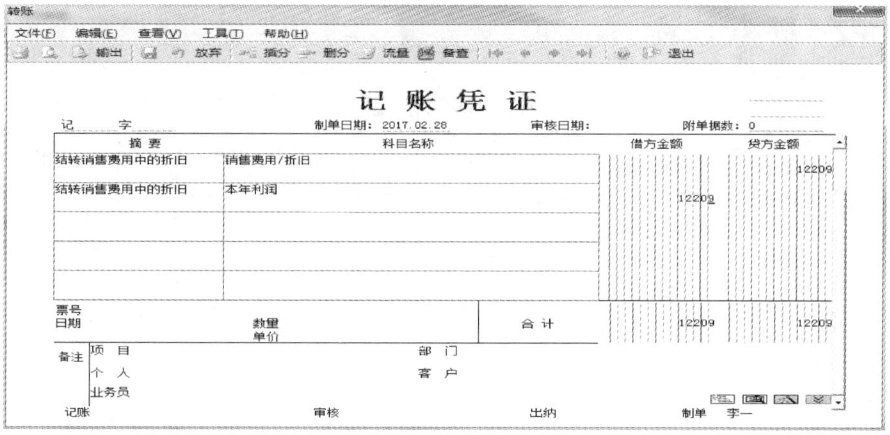

图 3-87（d）

图 3-87 自定义转账

[特别提示]

在转账生成之前的会计凭证要完成审核和记账工作。

3.5.2.2 对应结转

具体操作如下：点击“财务会计”→点击“总账”→点击“期末”→点击“转账生成”→点击“对应结转”→点击“全选”→点击“确定”→选择“凭证类别”→点击“保存”按钮（也可以双击“是否结转”栏，出现“Y”标志），如图 3-88 所示。

图 3-88（a）

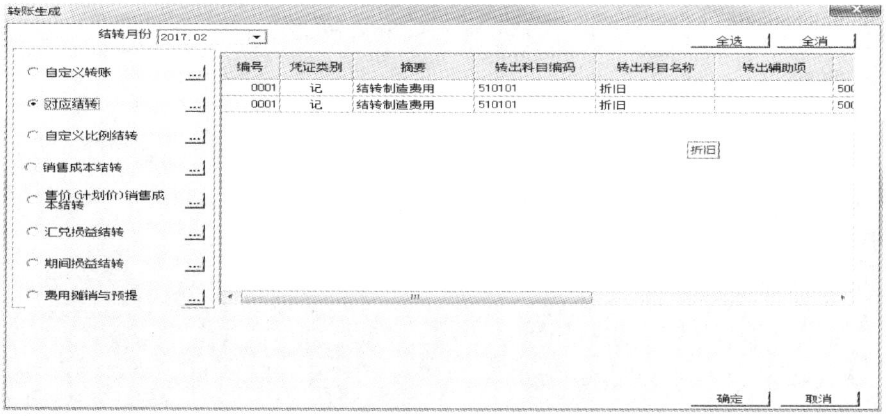

图 3-88（b）

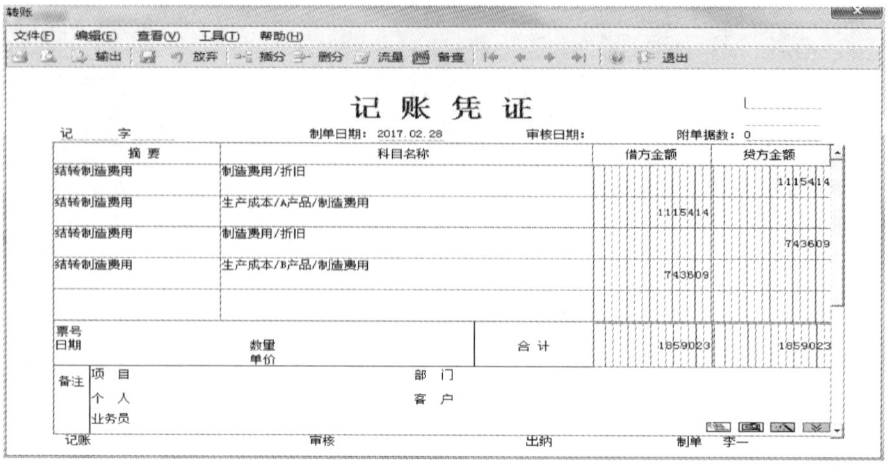

图 3-88（c）

图 3-88 对应结转

3.5.2.3 销售成本结转

销售成本结转主要用于没有启动供应链的企业在期末结转产品的销售成本。

具体操作如下：点击“财务会计”→点击“总账”→点击“期末”→点击“转账生成”→点击“销售成本结转”→点击“确定”→点击“保存”按钮，如图 3-89 所示。

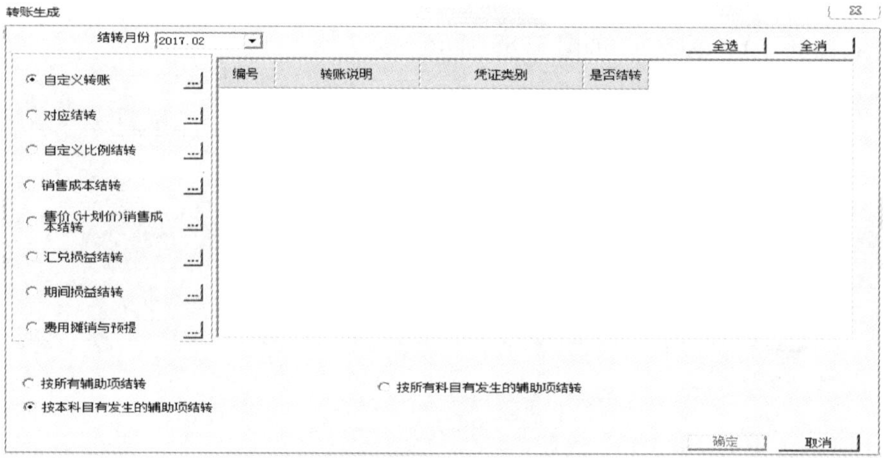

图 3-89（a）

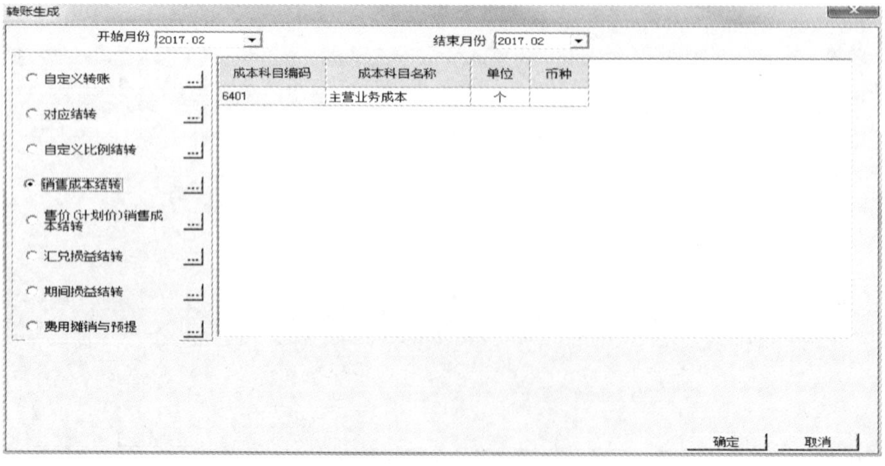

图 3-89（b）

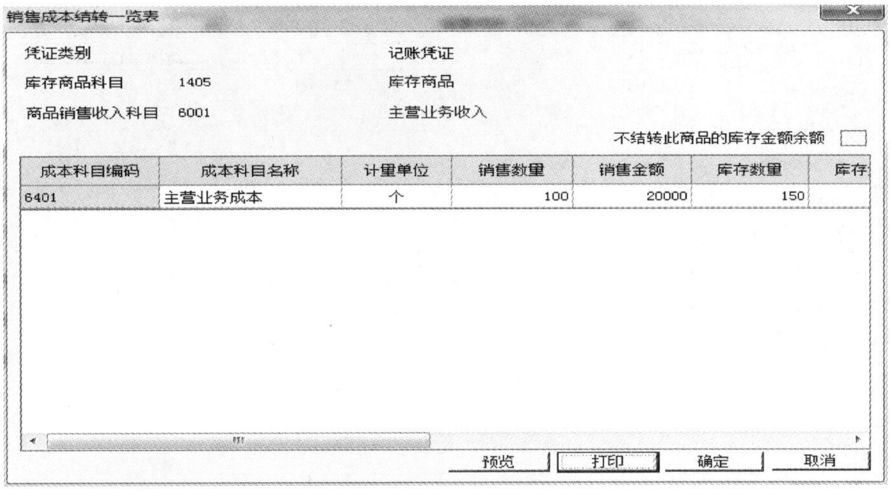

图 3-89（c）

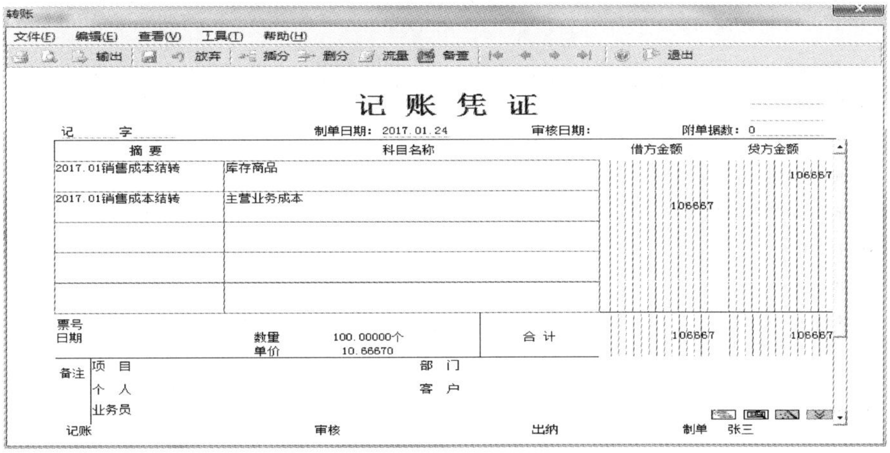

图 3-89（d）

图 3-89 销售成本结转

3.5.2.4 汇兑损益结转

具体操作如下：点击“财务会计”→点击“总账”→点击“期末”→点击“转账生成”→点击“汇兑损益结转”→点击“全选”→点击“确定”→点击“保存”按钮（也可以双击“是否结转”栏，出现“Y”标志），如图 3-90 所示。

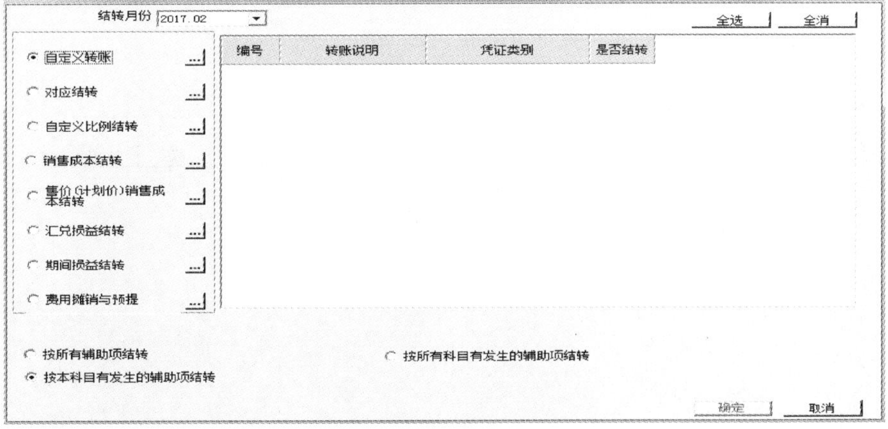

图 3-90（a）

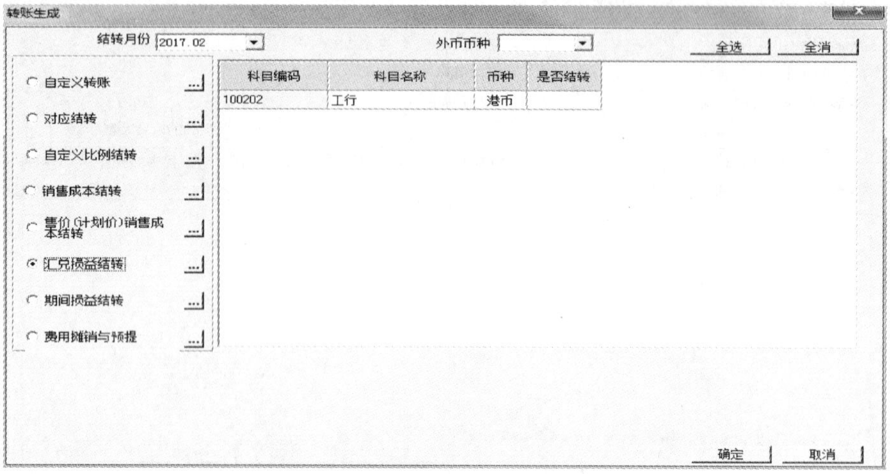

图 3-90（b）

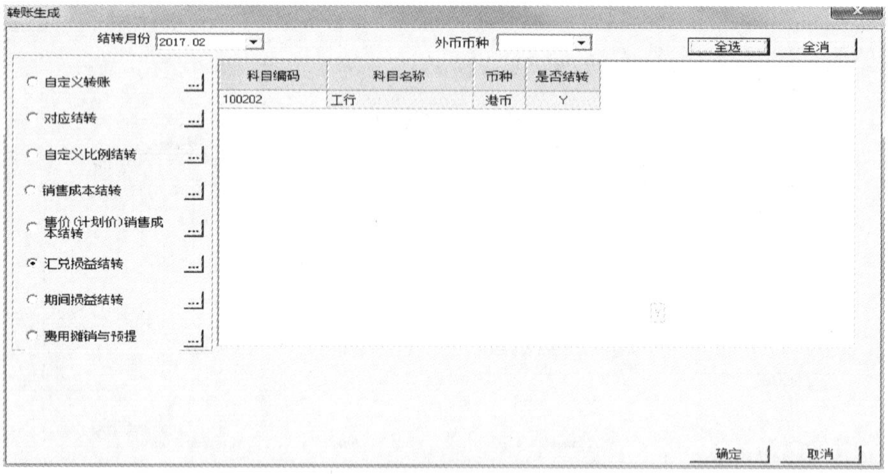

图 3-90（c）

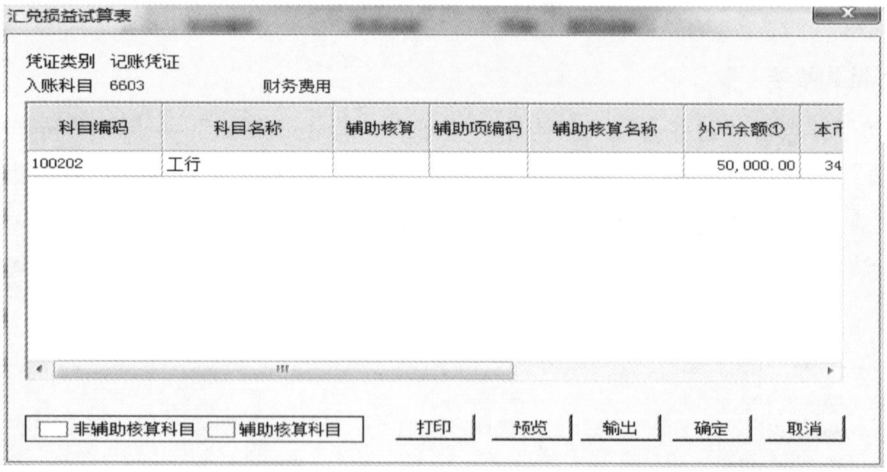

图 3-90（d）

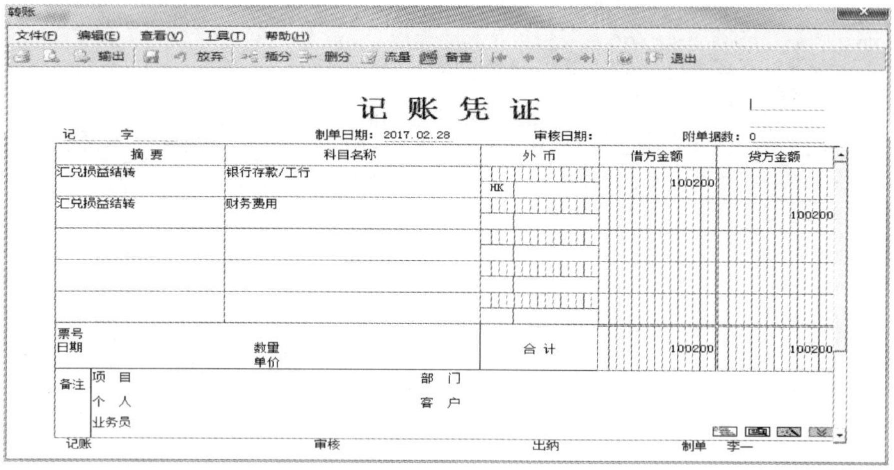

图 3-90（e）

图 3-90 汇兑损益结转

3.5.2.5 期间损益结转

具体操作如下：点击“财务会计”→点击“总账”→点击“期末”→点击“转账生成”→点击“期间损益结转”→点击“全选”→点击“确定”→选择会计凭证类别→点击“确定”→点击“保存”按钮（也可以双击“是否结转”栏，出现“Y”标志），如图 3-91 所示。

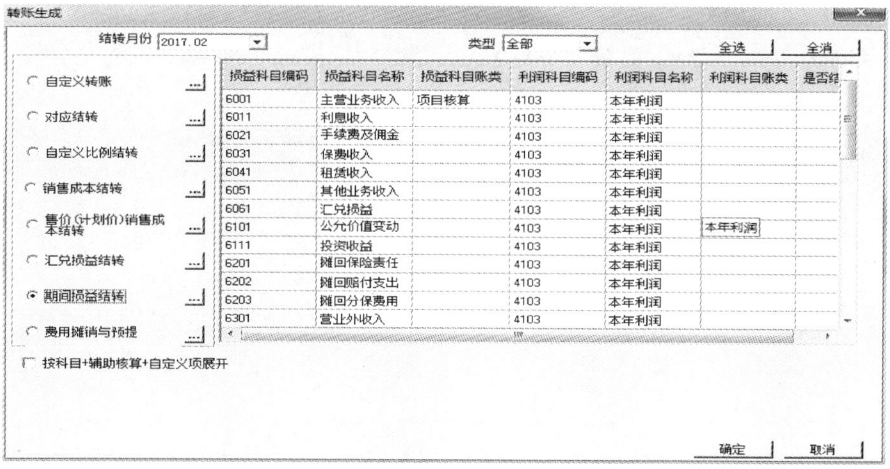

图 3-91（a）

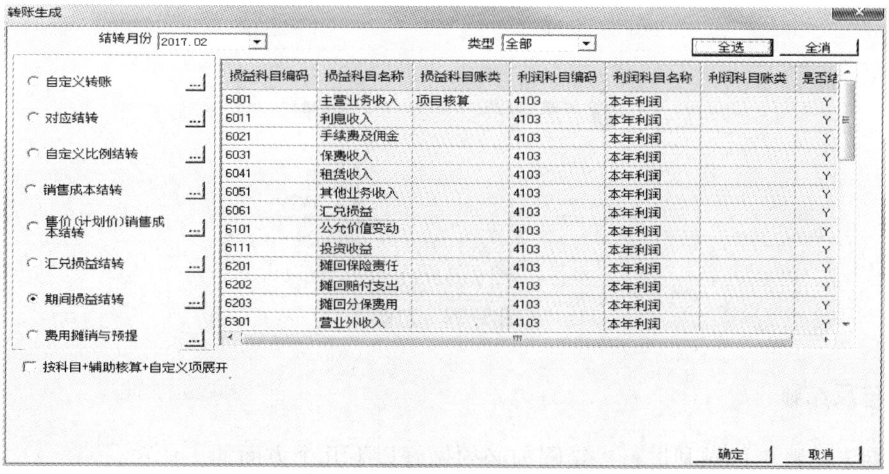

图 3-91（b）

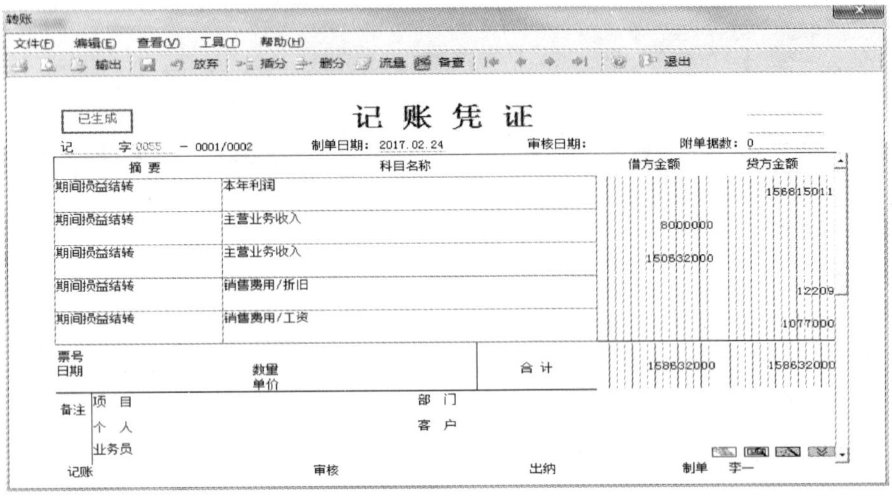

图 3-91（c）

图 3-91　期间损益结转

3.5.3　对账

具体操作如下：点击“财务会计”→点击“总账”→点击“期末”→点击“对账”→点击“是否对账”按钮，如图 3-92 所示。

图 3-92（a）

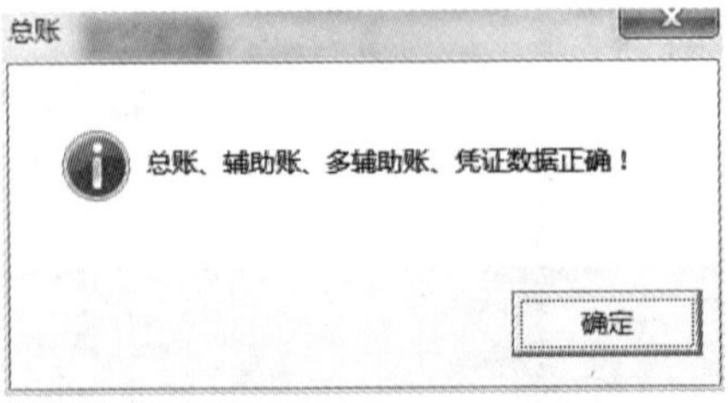

图 3-92（b）

图 3-92　对账

3.5.4　结账与反结账

为了保证期末结账工作顺利进行，结账前必须做好以下几个方面的工作：

第一，所有开启的子系统在期末必须全部完成结账工作。

第二，损益类账户本期发生额必须按明细分别结转到“本年利润”会计科目中。

第三，全部会计凭证必须完成审核记账工作。

若没有完成全部业务操作，期末结账工作是不能顺利完成的。

3.5.4.1 结账

具体操作如下：点击“财务会计”→点击“总账”→点击“结账”→点击“下一步”→点击“对账”→点击“下一步”→点击“结账”按钮，如图3-93所示。

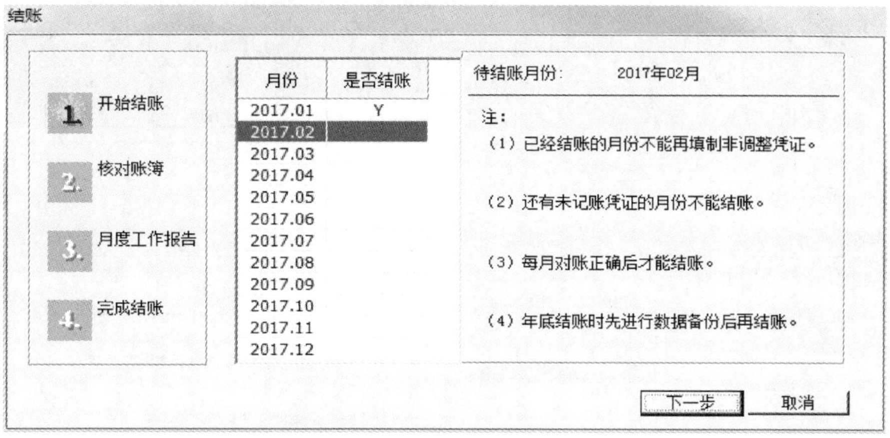

图3-93（a）

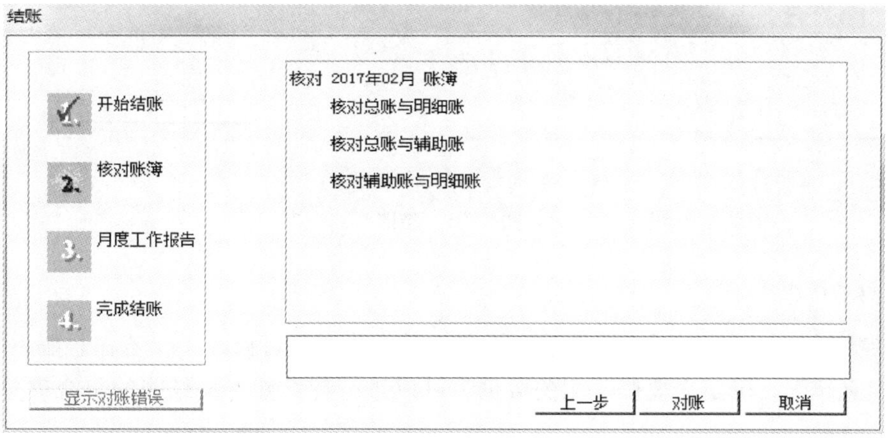

图3-93（b）

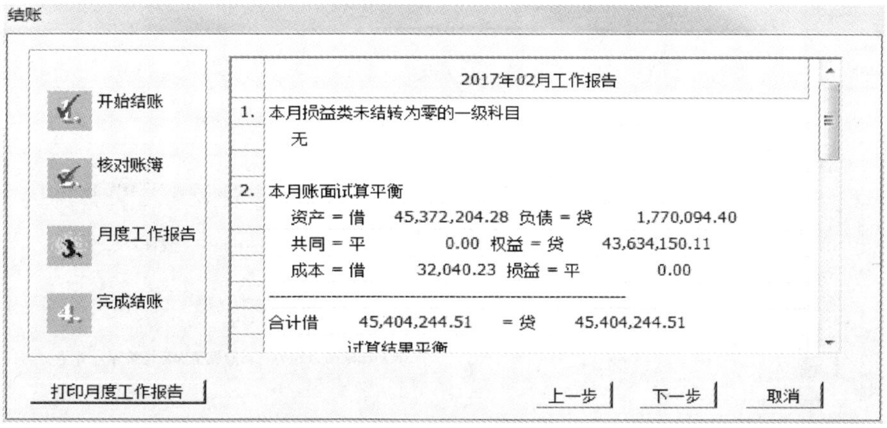

图3-93（c）

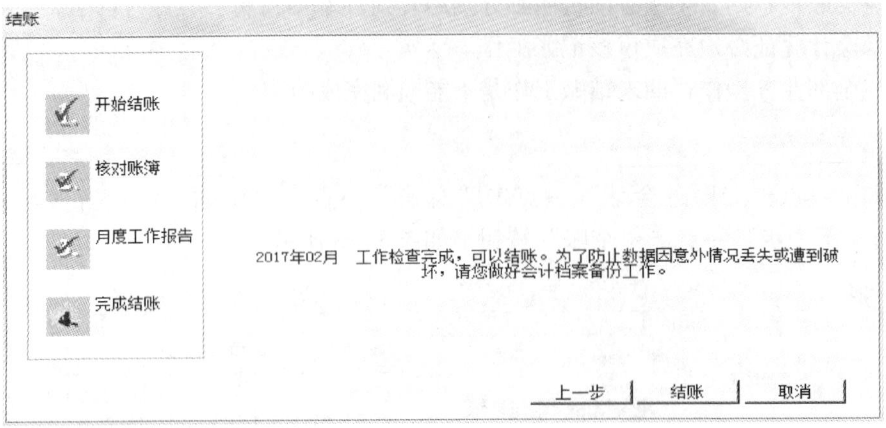

图 3-93（d）

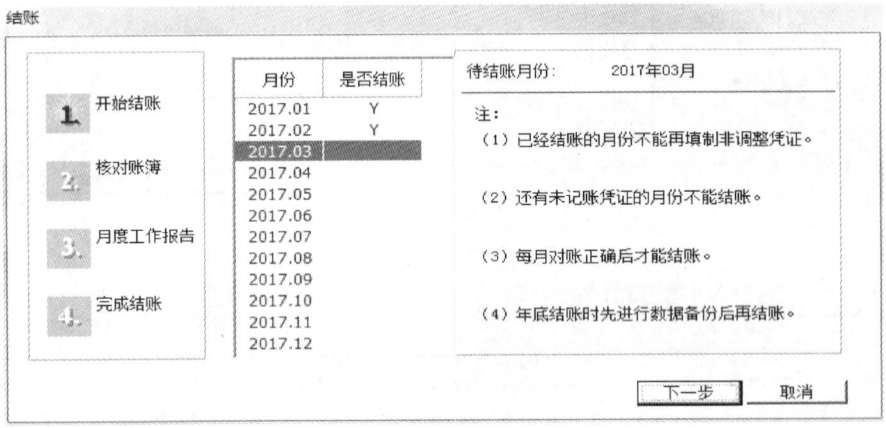

图 3-93（e）

图 3-93　结账

3.5.4.2　反结账

总账系统结账后，就不能对财务软件系统的有关财务数据进行修改了。若在总账系统结账后发现有关财务数据存在错误，确定需要修改相关数据，可以进行反结账。反结账的组合键是“Ctrl+Shift+F6”。

具体操作如下：点击“结账”→按下“Ctrl+Shift+F6”组合键→录入口令→点击“确定”按钮，如图 3-94 所示。

图 3-94（a）

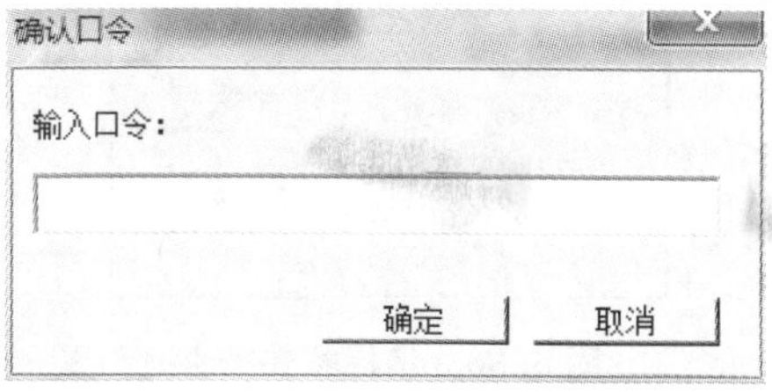

图 3-94（b）

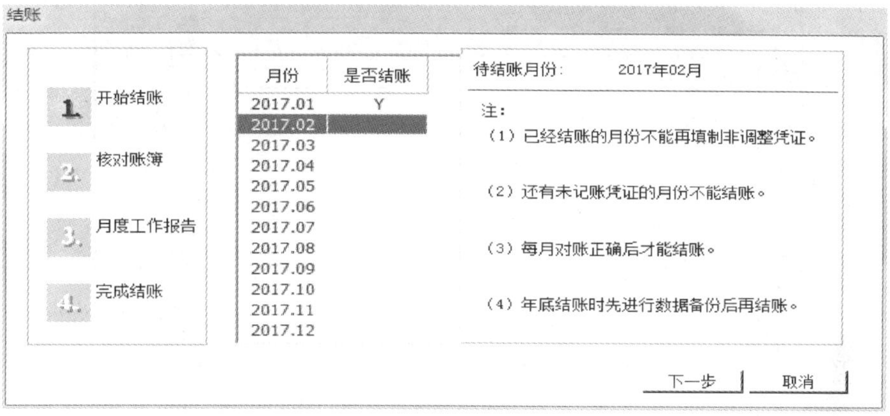

图 3-94（c）

图 3-94　反结账

3.6　会计报表的生成

总账系统期末完成结账工作后，就可以生成会计报表了。本部分主要讲述资产负债表和利润表的生成操作。

利用财务软件生成会计报表同手工做账是不同的，可以先生成利润表，后生成资产负债表；也可以先生成资产负债表，后生成利润表。

3.6.1　利润表的生成

具体操作如下：点击“UFO 报表”→点击“文件”→点击“新建”→点击“格式”→点击“报表模板”→点击“确认”按钮，并按下“Ctrl+D”组合键，如图 3-95 至图 3-97 所示。

[特别提示]

行业一定要选择“2007 年新会计制度科目”，否则生成的会计报表是错误的。

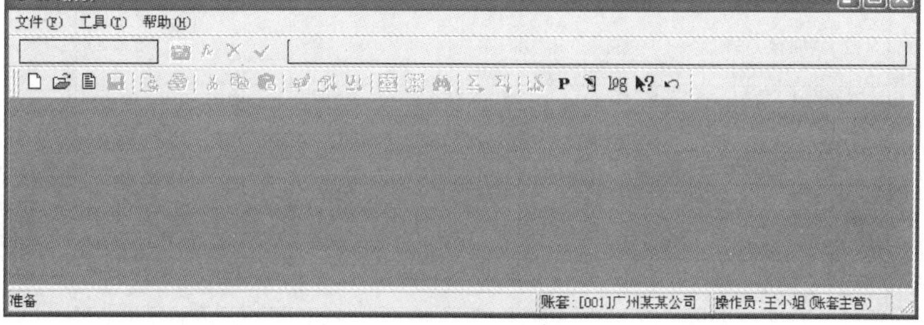

图 3-95　UFO 报表

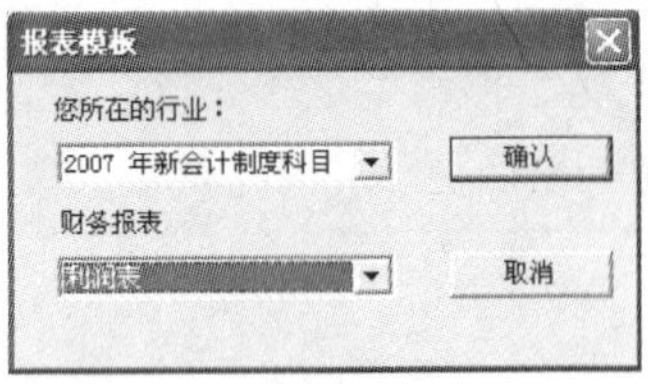

图 3-96　选择相关条件

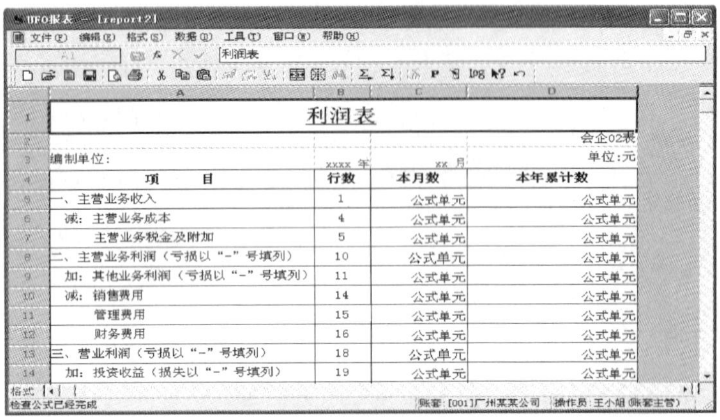

	A	B	C	D
1	利润表			
2				会企02表
3	编制单位:	xxxx 年	xx 月	单位:元
4	项　　目	行数	本月数	本年累计数
5	一、主营业务收入	1	公式单元	公式单元
6	减：主营业务成本	4	公式单元	公式单元
7	主营业务税金及附加	5	公式单元	公式单元
8	二、主营业务利润（亏损以“-”号填列）	10	公式单元	公式单元
9	加：其他业务利润（亏损以“-”号填列）	11	公式单元	公式单元
10	减：销售费用	14	公式单元	公式单元
11	管理费用	15	公式单元	公式单元
12	财务费用	16	公式单元	公式单元
13	三、营业利润（亏损以“-”号填列）	18	公式单元	公式单元
14	加：投资收益（损失以“-”号填列）	19	公式单元	公式单元

图 3-97　显示利润表报表模板

在此界面下，可以录入公司名称以及利润表的年月。

具体操作如下：选中“数据”→点击“设置”→选中“单位名称”“年”或“月”→录入相关内容→点击“确定”按钮，如图 3-98 和图 3-99 所示。若发现位置不正确，可以通过“偏移”功能实现位置的调整。

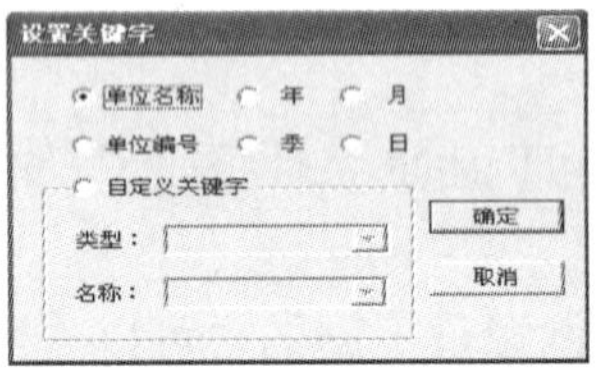

图 3-98　设置年、月、日等内容

	A	B	C	D
1	2017利润表			xxxx 年
2	演示数据			单位名称：xxxxxx会企02表
3	编制单位：广州乙公司		2　　xx 月	单位:元
4	项　　目	行数	本期金额	上期金额
5	一、营业收入	1	公式单元	公式单元
6	减：营业成本	2	公式单元	公式单元
7	税金及附加	3	公式单元	公式单元
8	销售费用	4	公式单元	公式单元
9	管理费用	5	公式单元	公式单元
10	财务费用	6	公式单元	公式单元
11	资产减值损失	7	公式单元	公式单元
12	加：公允价值变动收益（损失以“-”号填列）	8	公式单元	公式单元
13	投资收益（损失以“-”号填列）	9	公式单元	公式单元
14	其中：对联营企业和合营企业的投资收益	10		
15	二、营业利润（亏损以“-”号填列）	11	公式单元	公式单元
16	加：营业外收入	12	公式单元	公式单元
17	减：营业外支出	13	公式单元	公式单元
18	其中：非流动资产处置损失	14		
19	三、利润总额（亏损总额以“-”号填列）	15	公式单元	公式单元
20	减：所得税费用	16	公式单元	公式单元
21	四、净利润（净亏损以“-”号填列）	17	公式单元	公式单元
22	五、每股收益：	18		
23	（一）基本每股收益	19		

图 3-99　关键字设置完成

若利润表中会计取数公式存在错误，也可以重新进行设置。

具体操作如下：选中“数据”→选中“编辑公式”→设置正确的取数公式→点击“确认”按钮，如图 3-100 和图 3-101 所示。

[特别提示]

· 进行公式设置时，一定要在英文半角状态下进行，否则公式设置无法成功。

· 进行公式设置时，光标首先要指向所要编辑的公式处，然后再进行相关操作。

	A	B	C	D
1	利润表			
2				会企02表
3	编制单位：xxxxxxxxxxxxxxxxxxxxxxxxxxxxxxx	xxxx 年	xx 月	单位:元
4	项　　目	行数	本月数	本年累计数
5	一、主营业务收入	1	公式单元	公式单元
6	减：主营业务成本	4	公式单元	公式单元
7	主营业务税金及附加	5	公式单元	公式单元
8	二、主营业务利润（亏损以“-”号填列）	10	公式单元	公式单元
9	加：其他业务利润（亏损以“-”号填列）	11	公式单元	公式单元
10	减：销售费用	14	公式单元	公式单元
11	管理费用	15	公式单元	公式单元
12	财务费用	16	公式单元	公式单元
13	三、营业利润（亏损以“-”号填列）	18	公式单元	公式单元
14	加：投资收益（损失以“-”号填列）	19	公式单元	公式单元

图 3-100　进行公式设置的部分操作（1）

图 3-101　进行公式设置的部分操作（2）

单位名称、年、月等内容设置好后，按下“Ctrl+D”组合键，选择“数据”→选中“关键字”→选中“录入”，就可以生成利润表了，如图 3-102 所示。

	A	B	C	D
1	2017利润表			年
2			单位名称：	会企02表
3	编制单位：广州乙公司	2	月	单位：元
4	项　　目	行数	本期金额	上期金额
5	一、营业收入	1	1,586,320.00	
6	减：营业成本	2		
7	税金及附加	3		
8	销售费用	4	10,892.09	
9	管理费用	5		
10	财务费用	6		
11	资产减值损失	7	7,277.80	
12	加：公允价值变动收益（损失以“-”号填列）	8		
13	投资收益（损失以“-”号填列）	9		
14	其中：对联营企业和合营企业的投资收益	10		
15	二、营业利润（亏损以“-”号填列）	11	1,568,150.11	
16	加：营业外收入	12		
17	减：营业外支出	13		
18	其中：非流动资产处置损失	14		
19	三、利润总额（亏损总额以“-”号填列）	15	1,568,150.11	
20	减：所得税费用	16		
21	四、净利润（净亏损以“-”号填列）	17	1,568,150.11	
22	五、每股收益：	18		
23	（一）基本每股收益	19		

图 3-102　生成的完整利润表

3.6.2 资产负债表的生成

具体操作如下：点击“UFO 报表”→点击“文件”→点击“新建”→点击“格式”→点击“报表模板”→点击“确认”按钮，按下“Ctrl+D”组合键，如图 3-103 至图 3-106 所示。

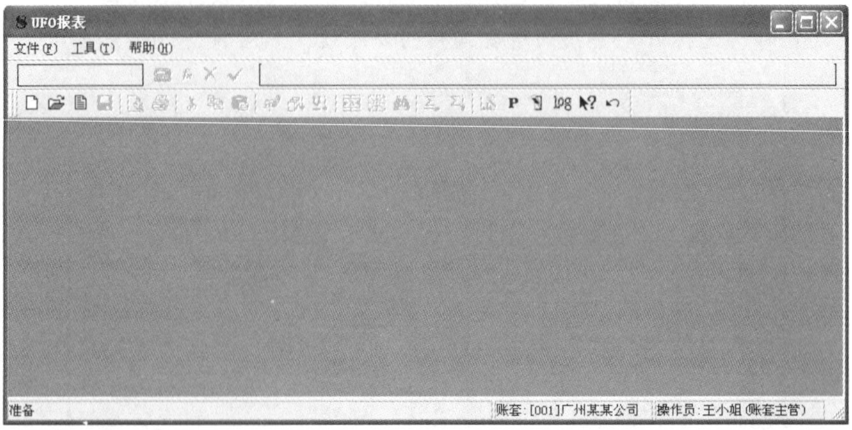

图 3-103　UFO 报表

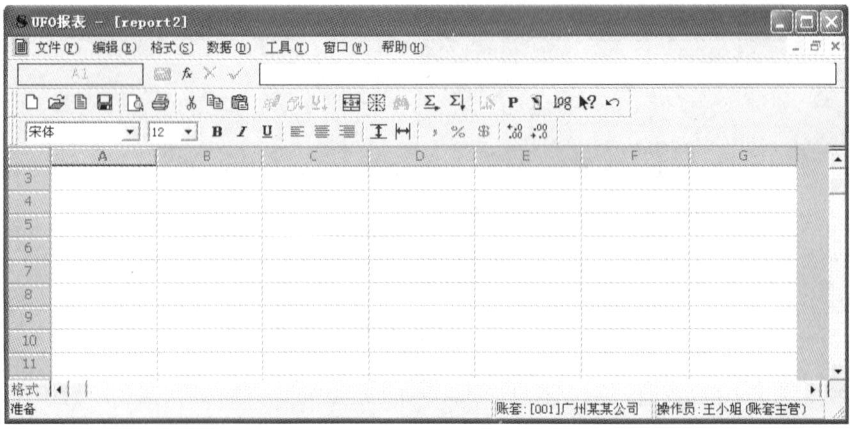

图 3-104　文件

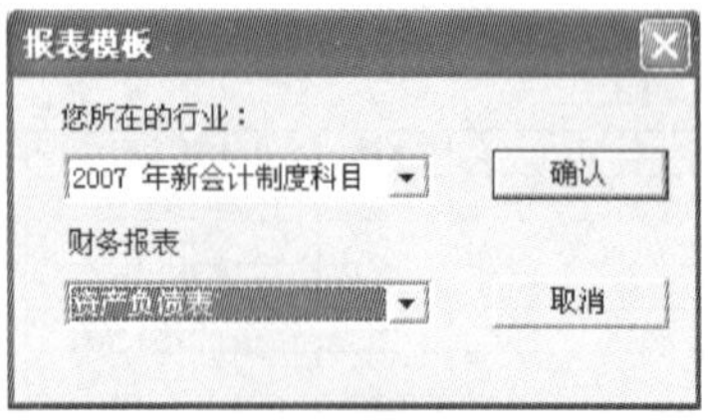

图 3-105　选择相关条件

图 3-106　显示资产负债表模板

［特别提示］

行业一定要选择“2007 年新会计制度科目”，否则生成的会计报表是错误的。

在此界面下，可以录入公司名称以及资产负债表的年、月、日。

具体操作如下：选择“数据”→选择“设置”→选中“单位名称”“年”“月”或“日”→录入相关内容→点击“确定”按钮，如图 3-107 所示。若发现位置不正确，可以通过“偏移”功能实现位置的调整。

资产负债表

编制单位：广州乙公司　2017 年　2 月　28 日　会企01表　单位：元

资　产	行次	期末余额	年初余额	负债和所有者权益（或股东权益）	行次	期末余额	年初余额
流动资产：				流动负债：			
货币资金	1	35,069,749.00	35,071,525.00	短期借款	32	343,825.00	343,825.00
交易性金融资产	2			交易性金融负债	33		
应收票据	3	100,000.00	100,000.00	应付票据	34	100,000.00	100,000.00
应收账款	4	1,861,892.60	60,500.00	应付账款	35	167,963.00	117,000.00
预付款项	5	6,841.00	10,000.00	预收款项	36	9,100.00	5,000.00
应收利息	6			应付职工薪酬	37	894,220.00	870,000.00
应收股利	7			应交税费	38	254,986.40	
其他应收款	8			应付利息	39		
存货	9	8,378,474.23	8,259,800.00	应付股利	40		
一年内到期的非流动资产	10			其他应付款	41		
其他流动资产	11			一年内到期的非流动负债	42		
流动资产合计	12	45,416,956.83	43,501,825.00	其他流动负债	43		
非流动资产：				流动负债合计	44	1,770,094.40	1,435,825.00
可供出售金融资产	13			非流动负债：			
持有至到期投资	14			长期借款	45		
长期应收款	15			应付债券	46		
长期股权投资	16			长期应付款	47		

图 3-107　关键字设置完成

若资产负债表中会计取数公式存在错误，也可以重新进行设置。

具体操作如下：选中“数据”→选中“编辑公式”→设置正确的取数公式→点击“确认”按钮，如图 3-108 和图 3-109 所示。

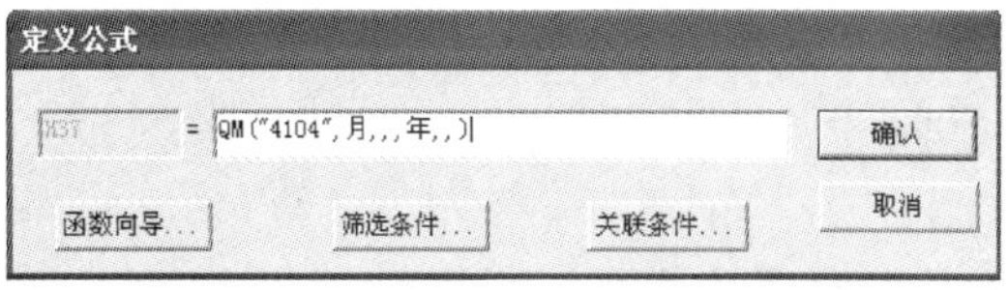

图 3-108　进行公式设置的部分操作（1）

图 3-109　进行公式设置的部分操作（2）

［特别提示］

- 进行公式设置时，一定要在英文半角状态下进行，否则公式设置无法成功。
- 进行公式设置时，光标首先要指向所要编辑的公式处，然后进行相关操作。

单位名称、年、月等内容设置好后，按下“Ctrl+D”组合键，选中“数据”→点击“关键字”→选中“录入”，就可以生成资产负债表了，如图 3-110 所示。

资产负债表

会企01表

编制单位：　　2017 年　　2 月　　28 日　　单位：元

资　产	行次	期末余额	年初余额	负债和所有者权益（或股东权益）	行次	期末余额	年初余额
流动资产：				流动负债：			
货币资金	1	35,069,749.00	35,071,525.00	短期借款	32	343,825.00	343,825.00
交易性金融资产	2			交易性金融负债	33		
应收票据	3	100,000.00	100,000.00	应付票据	34	100,000.00	100,000.00
应收账款	4	1,861,892.60	60,500.00	应付账款	35	167,963.00	117,000.00
预付款项	5	6,841.00	10,000.00	预收款项	36	9,100.00	5,000.00
应收利息	6			应付职工薪酬	37	894,220.00	870,000.00
应收股利	7			应交税费	38	254,986.40	
其他应收款	8			应付利息	39		
存货	9	8,378,474.23	8,259,800.00	应付股利	40		
一年内到期的非流动资产	10			其他应付款	41		
其他流动资产	11			一年内到期的非流动负债	42		
流动资产合计	12	45,416,956.83	43,501,825.00	其他流动负债	43		
非流动资产：				流动负债合计	44	1,770,094.40	1,435,825.00
可供出售金融资产	13			非流动负债：			
持有至到期投资	14			长期借款	45		
长期应收款	15			应付债券	46		
长期股权投资	16			长期应付款	47		
投资性房地产	17			专项应付款	48		
固定资产	18	1,732,159.77	1,750,000.00	预计负债	49		
在建工程	19			递延所得税负债	50		
工程物资	20			其他非流动负债	51		
固定资产清理	21	5,127.91		非流动负债合计	52		
生产性生物资产	22			负债合计	53	1770094.40	1435825.00
油气资产	23			所有者权益（或股东权益）：			
无形资产	24			实收资本（或股本）	54	34,990,000.00	34,990,000.00
开发支出	25			资本公积	55		
商誉	26			减：库存股	56		
长期待摊费用	27			盈余公积	57	1,750,000.00	1,750,000.00
递延所得税资产	28			未分配利润	58	8,644,150.11	7,076,000.00
其他非流动资产	29			所有者权益（或股东权益）合计	59	45,384,150.11	43,816,000.00
非流动资产合计	30	1,737,287.68	1,750,000.00				
资产总计	31	47,154,244.51	45,251,825.00	负债和所有者权益（或股东权益）总计	60	47,154,244.51	45,251,825.00

演示数据

图 3-110　生成的完整资产负债表

资产负债表不平衡的几种原因如下：

第一，自行增设了一级会计科目。这需要将生成的资产负债表相关项目数据同科目余额表进行对照，找出存在错误的会计报表项目，通过对会计报表取数公式重新设置来解决。

第二，“制造费用”会计科目存在期末余额。这需要将“制造费用”科目余额转入“生产成本”科目中。

第三，软件中有关会计报表项目的会计取数公式设置不正确。这需要将生成的资产负债表相关项目数据同科目余额表进行对照，找出存在错误的会计报表项目，通过对会计报表取数公式重新设置来解决。

实训一　数据初始化实训

[实训目的]

通过本实训，学生能够掌握数据初始化的相关操作知识。

[实训内容]

广东珠江实业股份有限公司为增值税一般纳税人，增值税税率为 13%，所得税税率为 25%，购进有关货物时，全部取得了增值税专用发票，原材料采用实际成本法进行核算。该公司 2023 年 4 月 1 日有关资料如下：

（1）科目余额表如表 3-1 所示。

表 3-1　科目余额表

单位：元

科目名称	辅助核算	1~3 月累计数		借方余额	科目名称	辅助核算	1~3 月累计数		贷方余额
		累计借方	累计贷方				累计借方	累计贷方	
库存现金	日记账 现金科目	15 000	5 000	4 000	短期借款——建行		420 000	200 000	600 000
银行存款——工行	银行账日记账 银行科目	1 260 000	765 087	2 818 000	应付票据	供应商往来	515 100	129 000	468 000
其他货币资金——银行本票		0	0	248 600	应付账款	供应商往来	976 000	1 260 000	1 808 000
交易性金融资产——股票		0	0	30 000	预收账款	客户往来	0	0	30 000
应收票据	客户往来	120 000	120 000	234 000	应付职工薪酬——工资		959 700	320 000	220 000
应收账款	客户往来	180 000	180 000	1 017 000	应交税费		0	0	0
预付账款	供应商往来	0	0	200 000	未交增值税		87 600	98 210	52 000
坏账准备		0	0	-1 800	城市维护建设税		1 500	1 630	20 000
其他应收款	个人往来	2 000	2 000	10 000	教育费附加		800	912	1 200
原材料		65 000	50 000	1 100 000	应付利息		32 000	41 300	2 000
周转材料		20 000	30 000	176 100	其他应付款	个人往来	0	0	100 000
库存商品		1 250 000	882 660	3 810 000	长期借款——招行		0	0	3 200 000
长期股权投资——A 公司		0	0	500 000	股本		0	0	24 062 200
固定资产		76 500	32 000	17 648 210	盈余公积——法定盈余公积		0	0	126 100
累计折旧		4 200	24 005	-1 814 010	利润分配——未分配利润		0	43 200	-11 400
在建工程——厂房		0	0	3 068 000					
无形资产——专利权		0	0	1 200 000					
长期待摊费用——装修费		0	3 500	430 000					
合计		2 992 700	2 094 252	30 678 100			2 992 700	2 094 252	30 678 100

（2）公司部门名称表如表 3-2 所示。

表 3-2　公司部门名称表

一级部门编码	一级部门名称	二级部门编码	二级部门名称	职员名称	职员编码
1	财务部				
2	总经理办公室			赵红	203
3	采购部				
4	销售部	401	销售一部		
		402	销售二部		
5	生产车间	501	生产车间办公室		
		502	生产车间生产线	李东国	50203
6	人力资源部				

（3）客户分级表如表 3-3 所示。

表 3-3　客户分级表

序号	一级分类名称	二级分类名称	三级分类名称
04	东北地区	黑龙江省	黑龙江三洋公司
		辽宁省	
		吉林省	

表3-3(续)

序号	一级分类名称	二级分类名称	三级分类名称
05	华东地区	上海市	上海广日电梯公司
		浙江省	
		江苏省	
		福建省	

（4）供应商分级表如表3-4所示。

表3-4 供应商分级表

序号	一级分类名称	二级分类名称
01	大供应商	A公司
02	中供应商	B公司
03	小供应商	

（5）存货分类表如表3-5所示。

表3-5 存货分类表

序号	一级分类	二级分类	三级分类	存货属性
1	原材料	A材料		外购外销生产耗用
		B材料		外购外销生产耗用
2	库存商品	甲产品		外购外销生产耗用
		乙产品		外购外销生产耗用
3	周转材料	包装物	A包装物	外购外销生产耗用
			B包装物	外购外销生产耗用
		低值易耗品	A低值易耗品	外购外销生产耗用
			B低值易耗品	外购外销生产耗用
			C低值易耗品	外购外销生产耗用

（6）计量单位组如表3-6所示。

表3-6 计量单位组

分组编码	计量单位组名称	二级编码	计量单位名称	是否为主计量单位	与主计量单位换算率
03	重量单位组	0301	千克	是	
		0302	克	否	1 000

（7）仓库货位分类表如表3-7所示。

表3-7 仓库货位分类表

仓库名称	仓库编码	货位名称	货位编码	备注
商品仓	01	A货位	01	商品全部存放于A货位
原材料仓	02	B货位	02	原材料全部存放于B货位
周转材料仓	03	C货位	03	周转材料全部存放于C货位

（8）应收账款明细表如表3-8所示。

表 3-8　应收账款明细表

客户名称	品种	计量单位	销售数量	不含税单价/元	不含税总金额/元	税额/元	部门	开户行
黑龙江三洋公司	甲产品	个	1 000	500	500 000	65 000	销售部	工行广东分行
上海广日电梯公司	乙产品	个	2 000	200	400 000	52 000	销售部	工行广东分行
合计					900 000	117 000		

（9）应收票据明细表如表 3-9 所示。

表 3-9　应收票据明细表

客户名称	票据号	承兑银行	签发日期	到期日	票据面值/元	部门
黑龙江三洋公司	1199	农行广州分行	2022. 12. 25	2023. 4. 25	234 000	销售部

（10）应付账款明细表如表 3-10 所示。

表 3-10　应付账款明细表

供应商名称	品种	计量单位	采购数量	不含税单价/元	不含税总金额/元	税额/元	部门	开户行
A 公司	C 材料	个	1 000	1 000	1 000 000	130 000	采购部	工行广东分行
B 公司	D 材料	个	750	800	600 000	78 000	采购部	工行广东分行
合计					1 600 000	208 000		

（11）应付票据明细表如表 3-11 所示。

表 3-11　应付票据明细表

供应商名称	票据号	承兑银行	签发日期	到期日	票据面值/元	部门
A 公司	1263	农行广州分行	2022. 11. 20	2023. 4. 20	468 000	采购部

（12）预付账款明细表如表 3-12 所示。

表 3-12　预付账款明细表

供应商名称	付款方式	金额/元	付款日期	部门
甲公司	支票	200 000	2022. 3. 14	采购部

（13）预收账款明细表如表 3-13 所示。

表 3-13　预收账款明细表

客户名称	收款方式	金额/元	收款日期	部门
黑龙江三洋公司	转账	30 000	2022. 3. 14	销售部

（14）其他应收款明细表如表 3-14 所示。

表 3-14　其他应收款明细表

部门	姓名	金额/元	备注
总经理办公室	赵红	10 000	预借差旅费

(15) 其他应付款明细表如表 3-15 所示。

表 3-15　其他应付款明细表

部门	姓名	金额/元	备注
车间生产线	李东国	100 000	工衣押金

(16) 库存商品明细表如表 3-16 所示。

表 3-16　库存商品明细表

名称	计量单位	数量	单价/元	总额/元	仓库	货位
甲产品	个	20 000	90.5	1 810 000	商品仓	A 货位
乙产品	个	10 000	100	1 000 000	商品仓	A 货位
丙产品	个	10 000	100	1 000 000	商品仓	A 货位
合计				3 810 000		

(17) 原材料明细表如表 3-17 所示。

表 3-17　原材料明细表

名称	计量单位	数量	单价/元	总额/元	仓库	货位
A 材料	个	12 000	50	600 000	材料仓	B 货位
B 材料	个	5 000	100	500 000	材料仓	B 货位
合计				1 100 000		

(18) 周转材料明细表如表 3-18 所示。

表 3-18　周转材料明细表

名称	计量单位	数量	单价/元	总额/元	仓库	货位
A 包装物	个	10 000	10.01	100 100	周转材料仓	C 货位
B 包装物	个	15 200	5	76 000	周转材料仓	C 货位
合计				176 100		

[实训要求]

(1) 根据上述要求，对相关会计科目进行辅助核算设置。

(2) 根据上述资料录入账套的初始数据，并试算平衡。

实训二　会计凭证的填制审核与记账实训

[实训目的]

通过本实训，学生能够掌握填制凭证、审核凭证、记账和反记账等相关操作知识。

[实训内容]

说明：账套初始化数据可以利用本章实训一的资料。

广东珠江实业股份有限公司 2023 年 4 月份发生经济业务如下：

(1) 2023 年 4 月 2 日开出现金支票一张，支票号码是 001，从中国工商银行提取现金 5 000 元。

(2) 2023 年 4 月 3 日采购部张××因到上海出差，预借差旅费 2 000 元，出纳以现金支付。

(3) 2023 年 4 月 4 日支付 2022 年 12 月水电费 25 000 元（其中公司行政部门负担 5 000 元，生产车间负担20 000元)，开出中国工商银行广州分行转账支票一张，支票号码是002。

(4) 2023年4月5日支付2022年12月电话费1 200元(其中公司行政部门负担800元，销售部门负担300元，生产车间负担100元)，开出中国工商银行广州分行转账支票一张，支票号码是003。

(5) 2023年4月20日支付销售部门产品广告费3 000元，开出中国工商银行广州分行转账支票一张，支票号码是004；取得了增值税普通发票。

(6) 2023年4月25日收到中国工商银行广州分行的进账通知，上个季度银行利息收入365.25元已经存入公司账户；进账单号是005。

(7) 2023年4月28日采购部张××报销差旅费1 800元，多余的现金已经退回。

(8) 2023年4月28日支付公司加油费共计17 550元(价税合计)，取得了增值税专用发票，增值税税率为13%；以银行转账方式支付。

(9) 2023年4月28日以现金方式支付辞职员工工资6 200元。

(10) 2023年4月30日支付生产车间的汽车修理费用1 130元(价税合计)，取得了增值税专用发票，增值税税率为13%；开出中国工商银行广州分行转账支票一张，支票号码是006。

[实训要求]

(1) 根据上述发生的经济业务填制会计凭证。

(2) 审核会计凭证。

(3) 记账。

(4) 记账后发现，在填制第5笔经济业务的会计凭证时，录入的金额是30 000元，需要修改第5笔经济业务的会计凭证。

实训三　出纳业务实训

[实训目的]

通过本实训，学生能够掌握查询现金日记账、查询银行存款日记账、查询银行余额调节表、银行对账等相关操作知识。

[实训内容]

说明：账套初始化相关数据可以利用本章实训一的资料。

广东珠江实业股份有限公司2023年4月1日银行存款日记账、银行对账单的期初余额为100 000元。该公司本月发生下列经济业务：

(1) 2023年4月2日开出现金支票一张，支票号码是001，从中国工商银行提取现金5 000元。

(2) 2023年4月4日支付2022年12月水电费25 000元(其中生产车间负担18 000元，公司管理部门负担7 000元)，开出中国工商银行广州分行转账支票一张，支票号码是002。

(3) 2023年4月5日支付2022年12月电话费1 200元(其中销售部门负担600元，公司管理部门负担400元，生产车间负担200元)，开出中国工商银行广州分行转账支票一张，支票号码是003。

(4) 2023年4月6日销售货物一批，收到转账支票一张，支票号码是004，金额是113 000元。

(5) 2023年4月10日收到客户退货通知，2023年4月6日销售的货物中有一部分货物不符合合同要求，故客户将一部分货物退回，退货金额为22 600元；开出中国工商银行广州分行转账支票一张，支票号码是005。

(6) 2023年4月20日支付销售部门产品广告费3 000元，开出中国工商银行广州分行转账支票一张，支票号码是006。

(7) 2023年4月21日中国工商银行广州分行已经将上个季度银行利息收入365.25元存入公司账

户，但该公司还没有接到银行利息收入进账通知。

（8）2023 年 4 月 22 日以现金支付上月管理部门电话费 256 元。

（9）2023 年 4 月 22 日采购部王小丽因出差从财务部借走现金 2 500 元。

（10）2023 年 4 月 26 日开出现金支票一张，金额是 1 000 元，支票号码是 007，银行对账单中没有此笔业务发生。

（11）2023 年 4 月 30 日银行收到一笔客户前欠的货款 3 000 元，但公司还没有收到进账通知单。

［实训要求］

（1）根据上述发生的经济业务，填制会计凭证，并查询现金日记账、银行存款日记账。

（2）编制 4 月份银行存款余额调节表。

实训四　对应结转实训

［实训目的］

通过本实训，学生能够掌握对应结转的设置及利用对应结转生成相关会计凭证的操作知识。

［实训内容］

（1）广东珠江实业股份有限公司有一个 A 生产车间，能够同时生产 A、B、C 三种产品，到了期末，A、B、C 三种产品要承担制造费用的比例分别为 50%、30%、20%。

（2）2023 年 4 月制造费用明细表如表 3-19 所示。

表 3-19　制造费用明细表

序号	项目	金额/元
1	工资	452 000
2	折旧	356 208
3	水电费	157 932
4	办公费	24 156
5	修理费	5 262

（3）为了便于操作，账套初始化数据可以任意录入。

［实训要求］

（1）完成对应结转的设置工作。

（2）利用对应结转功能生成相关的会计凭证。

实训五　销售成本结转实训

［实训目的］

通过本实训，学生能够掌握销售成本结转的设置及利用销售成本结转生成相关会计凭证的操作知识。

［实训内容］

广东珠江实业股份有限公司没有启用供应链，有关库存商品的会计资料如下：

（1）库存商品（甲）的进出台账如表 3-20 所示。

表 3-20 库存商品（甲）的进出台账

序号	日期	项目	入库数量/个	购进单价/元	出库数量/个	销售单价/元
1	4 月 1 日	购进	5 000	20		
2	4 月 2 日	销售			3 200	50
3	4 月 4 日	购进	6 000	22		
4	4 月 6 日	销售			4 200	48
5	4 月 15 日	购进	5 500	21		
6	4 月 18 日	购进	4 000	20		
7	4 月 25 日	销售			3 500	45

（2）为便于操作，没有期初库存商品数量，所有销售购进都通过银行存款直接收付款项。购进时全部取得了增值税专用发票，购进单价都是不含增值税的价格，销售单价都是不含增值税的价格。账套初始化数据可以任意录入。

[实训要求]

（1）完成销售成本结转的设置工作。

（2）利用销售成本结转功能生成相关的会计凭证。

实训六 汇兑损益实训

[实训目的]

通过本实训，学生能够掌握汇兑损益的设置及利用汇兑损益结转生成相关会计凭证的操作知识。

[实训内容]

（1）广东珠江实业股份有限公司发生的一部分经济业务采用美金收付，同时采用浮动汇率进行外币折算。

（2）汇率折算表 1～10 日的汇率为 1∶6.335 6；11～20 日的汇率为 1∶6.330 1；21～30 日的汇率为 1∶6.230 9；31 日的汇率为 1∶6.332 6。

（3）4 月份外汇（USD）收支明细表如表 3-21 所示。

表 3-21 外汇（USD）收支明细表　　单位：美元

时间	摘要	收入	支出	期初结存
4 月 1 日	期初结存			5 000
4 月 2 日	销售收入	60 000		
4 月 3 日	采购		42 000	
4 月 12 日	销售收入	70 000		
4 月 15 日	采购		6 000	
4 月 21 日	采购		50 000	
4 月 26 日	销售收入	3 600		
4 月 30 日	采购		4 000	

（4）为便于操作，账套初始化数据除银行存款以外，外币账户的金额任意录入。

（5）所有进口货物没有取得增值税专用发票，所有价格全部是含税价格。

[实训要求]

（1）根据以上发生的经济业务填制会计凭证。

（2）完成汇兑损益的设置操作。

（3）利用汇兑损益结转生成相关会计凭证。

4　应收账款系统

应收账款系统主要由设置、应收单据处理、收款单据处理、核销处理、转账处理、坏账处理、制单处理、单据查询、账表管理和期末处理等部分组成。

应收账款系统的主要功能是通过期初的设置，录入与应收账款、应收票据、预收账款相关的期初余额数据、本期发生的相关数据（在没有启用供应链的条件下），生成与应收账款、应收票据、预收账款相关的会计凭证，根据管理需要，查询每个客户的应收账款、应收票据、预收账款等会计科目的明细账和总账，获取有关财务数据。

4.1　设置

设置由初始设置和期初余额录入两个部分组成。

4.1.1　初始设置

4.1.1.1　基本科目设置

进行此操作的前提是在“基础设置”中将“应收账款”“应收票据”“预收账款”会计科目设定为客户往来辅助核算类科目，否则无法进行操作，如图 4-1 所示。

具体操作如下：点击“财务会计”→点击“应收管理”→点击“设置”→点击“基本科目设置”→点击“增加”按钮，然后录入相关信息。

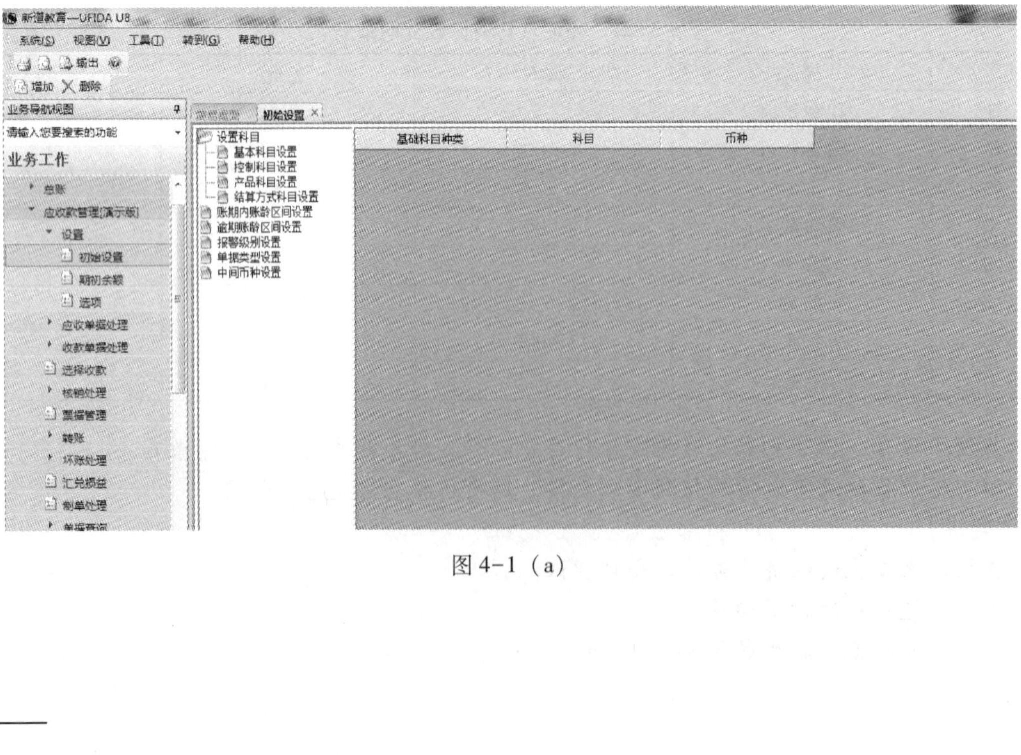

图 4-1（a）

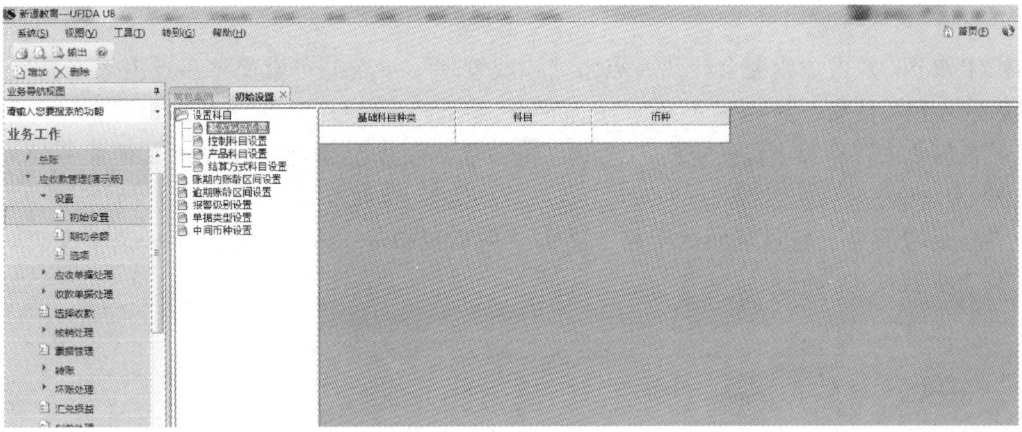

图 4-1（b）

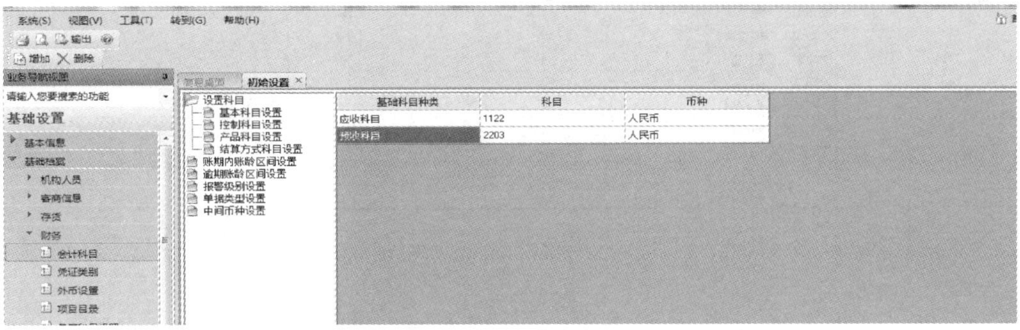

图 4-1（c）

图 4-1　基本科目设置

4.1.1.2　控制科目设置

具体操作如下：点击“财务会计”→点击“应收管理”→点击“设置”→点击“控制科目设置”按钮，然后录入相关信息，如图 4-2 所示。

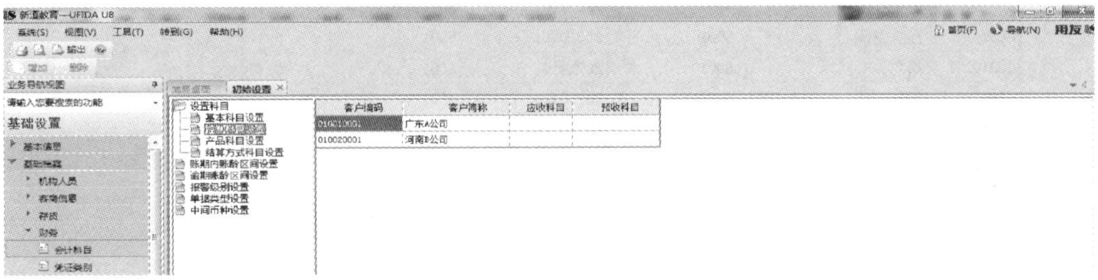

图 4-2（a）

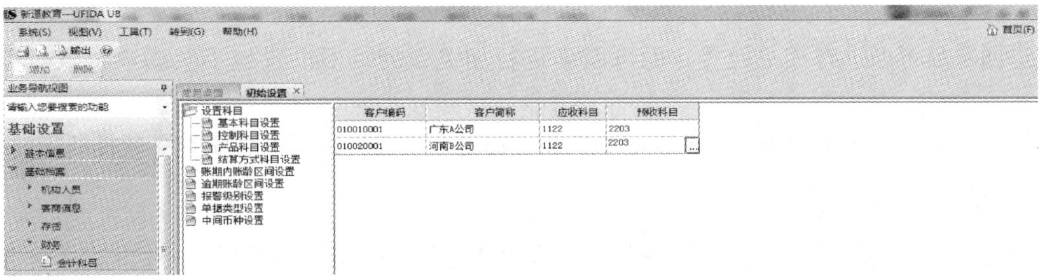

图 4-2（b）

图 4-2　控制科目设置

4.1.1.3 产品科目设置

具体操作如下：点击“财务会计”→点击“应收管理”→点击“设置”→点击“产品科目设置”按钮，然后录入相关信息。

点击“销售收入”科目下面的空格，选中“主营业务收入”会计科目或“其他业务收入”会计科目。

点击“应交增值税”科目下面的空格，选中“应交税费——应交增值税——销项税额”会计科目，如图 4-3 所示。

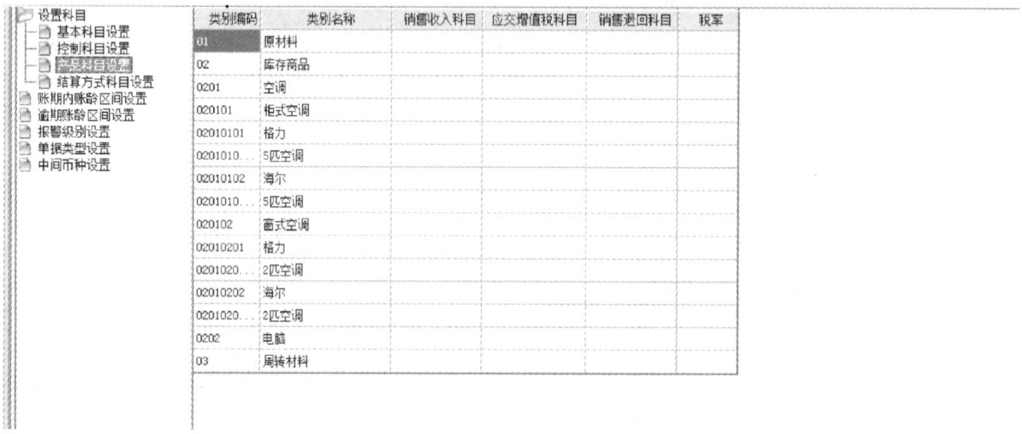

图 4-3（a）

类别编码	类别名称	销售收入科目	应交增值税科目	销售退回科目	税率
01	原材料	6051	22210101	6051	0.17
02	库存商品	6001	22210101	6001	0.17
0201	空调	6001	22210101	6001	0.17
020101	柜式空调	6001	22210101	6001	0.17
02010101	格力	6001	22210101	6001	0.17
0201010...	5匹空调	6001	22210101	6001	0.17
02010102	海尔	6001	22210101	6001	0.17
0201010...	5匹空调	6001	22210101	6001	0.17
020102	窗式空调	6001	22210101	6001	0.17
02010201	格力	6001	22210101	6001	0.17
0201020...	2匹空调	6001	22210101	6001	0.17
02010202	海尔	6001	22210101	6001	0.17
0201020...	2匹空调	6001	22210101	6001	0.17
0202	电脑	6001	22210101	6001	0.17
03	周转材料				

图 4-3（b）

图 4-3 产品科目设置

销售退回项目可以进行相关设置，也可以不进行相关设置，不设置也不会影响财务软件后面的操作。

税率一栏可以进行相关设置，也可以不进行相关设置，不设置也不会影响财务软件后面的操作。

4.1.1.4 结算方式科目设置

具体操作如下：点击“财务会计”→点击“应收管理”→点击“设置”→点击“结算方式科目设置”→点击“增加”按钮，然后录入相关信息，如图 4-4 所示。

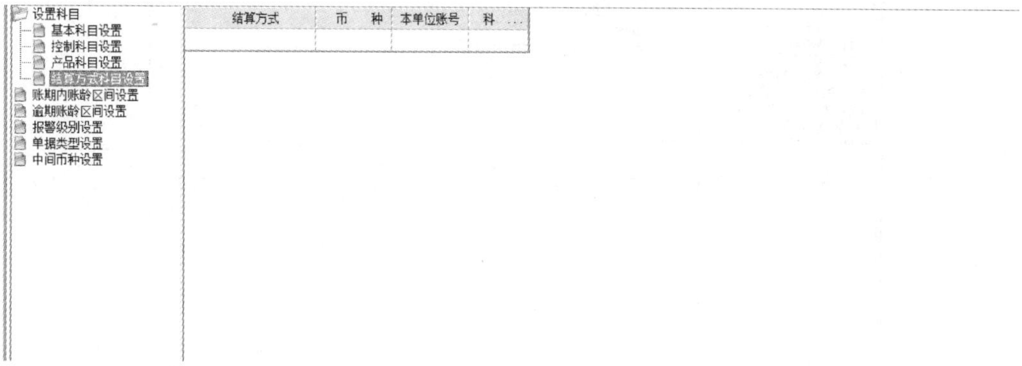

图 4-4（a）

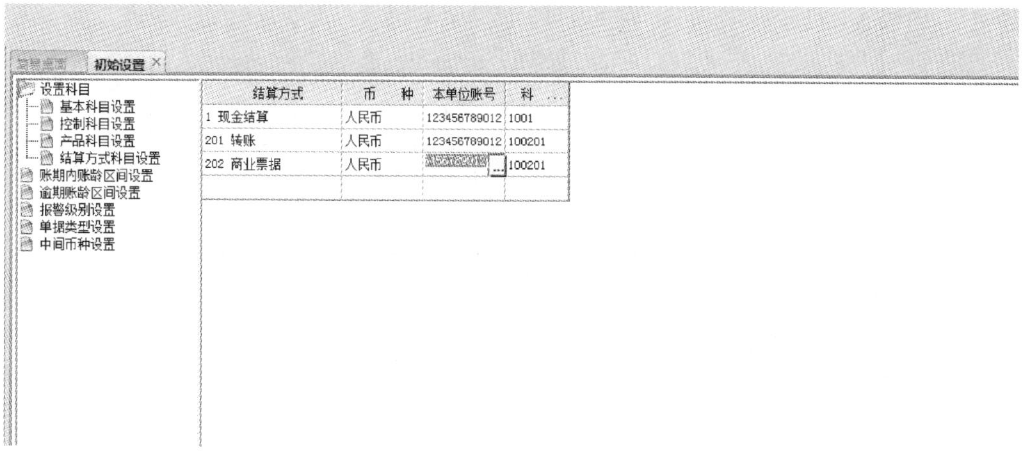

图 4-4（b）

图 4-4 结算方式科目设置

4.1.1.5 账期内账龄期间设置

每个企业根据管理工作的实际需要，应设置符合工作需要的应收账款管理天数，以加强对应收账款的管理工作。

具体操作如下：点击“增加”命令，在总天数项目空格下录入天数，如图 4-5 和图 4-6 所示。

例如，××公司以 30 天为时间段，对应收账款进行管理，如表 4-1 所示。

表 4-1 30 天时间段

序号	起止天数/天	总天数/天
01	0~30	30
02	31~60	60
03	61 以上	

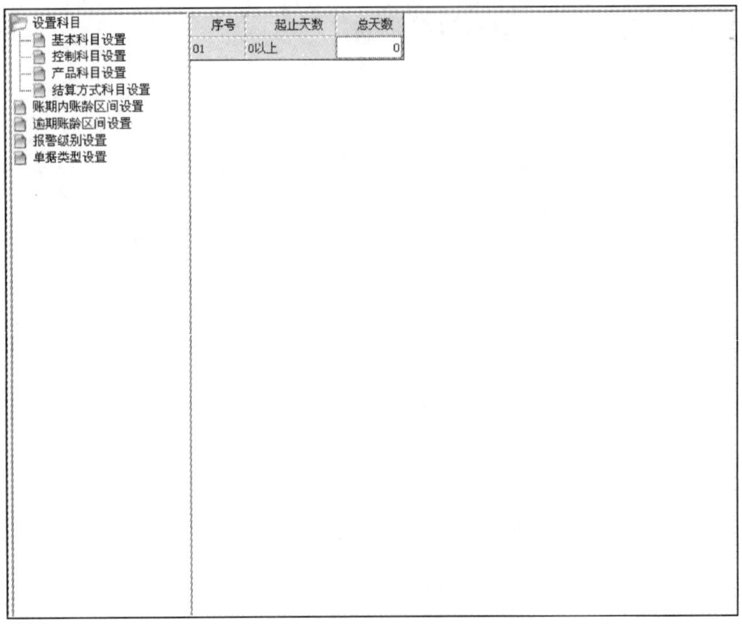

图 4-5　账期内账龄期间设置

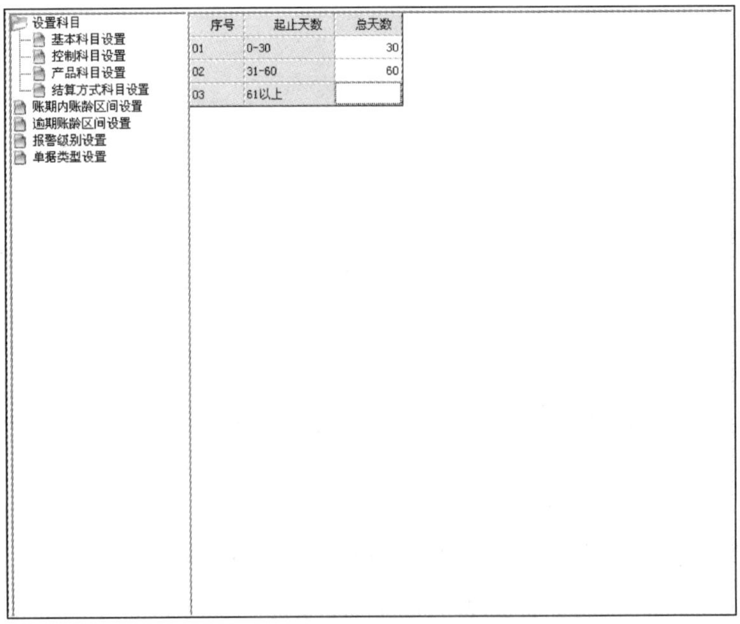

图 4-6　账期内账龄期间设置完成

[特别提示]

录入总天数后，按 Enter 键就会自动弹出下一栏。

4.1.1.6　逾期账龄期间设置

每个企业根据管理工作的实际需要，应设置应收账款逾期时间段，以加强对逾期应收账款的管理工作。

具体操作如下：点击“增加”命令，在总天数项目空格下录入天数，如图 4-7 和图 4-8 所示。

例：××公司以 90 天为时间段，对应收账款进行管理，如表 4-2 所示。

表 4-2 90 天时间段

序号	起止天数/天	总天数/天
01	1~90	90
02	91~180	180
03	181 以上	

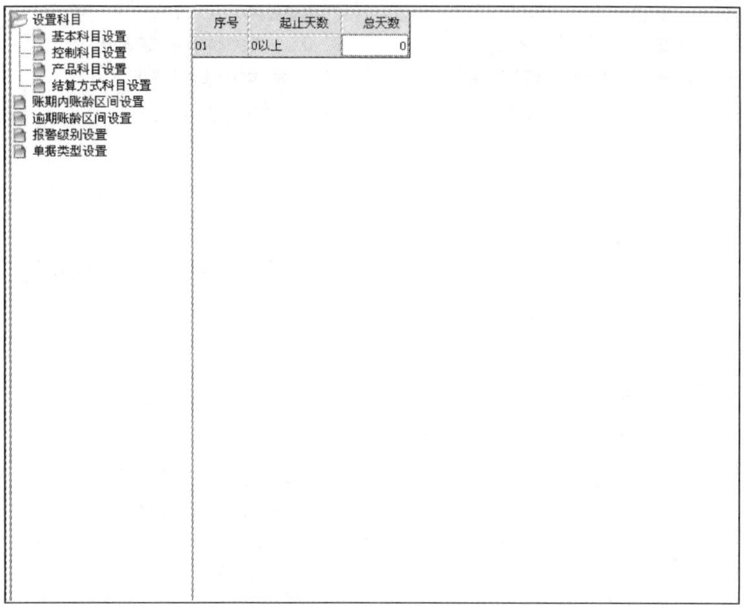

图 4-7 逾期账龄期间设置

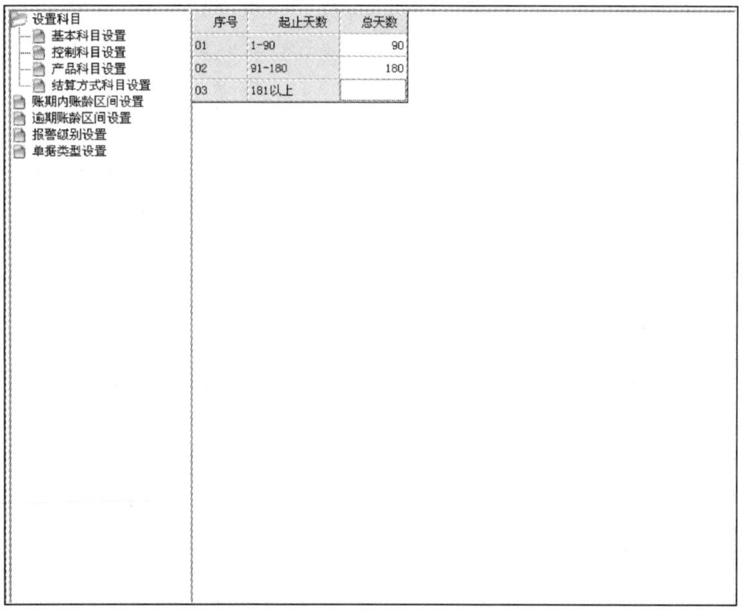

图 4-8 逾期账龄期间设置完成

4.1.1.7 坏账准备设置

只有在设置的“选项”中将坏账准备的方法由直接核销法修改为应收余额百分比法、销售收入百分比法或账龄分析法，此界面才会显示。若采用直接核销法进行坏账处理，此界面是不会出现的。

具体操作如下：点击“选项”→选择相关的计提方法→点击“确定”按钮，如图 4-9 所示。

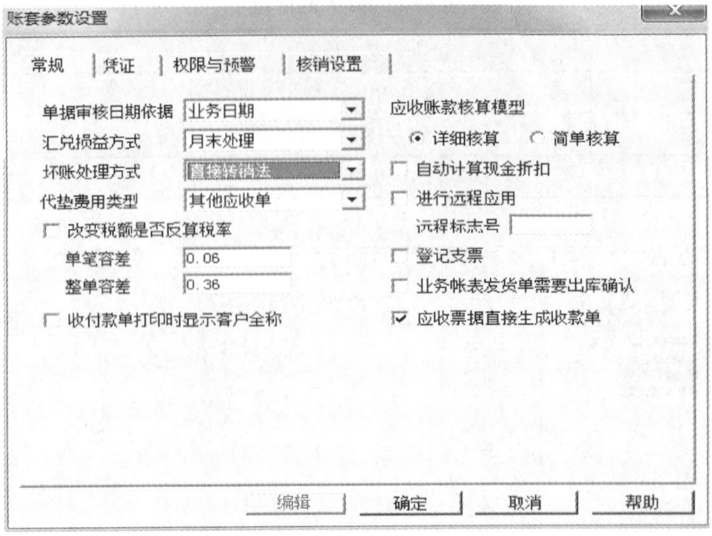

图 4-9（a）

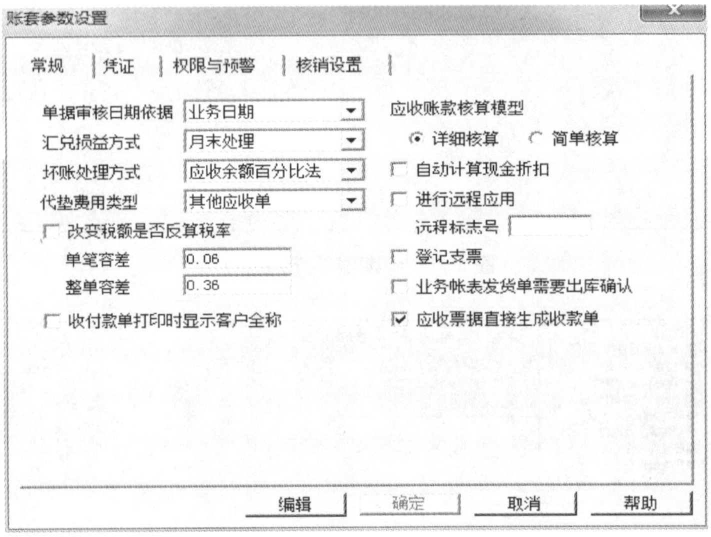

图 4-9（b）

图 4-9　坏账准备设置（1）

点击“坏账准备设置”命令，录入相关信息，点击“确定”按钮，如图 4-10 所示。

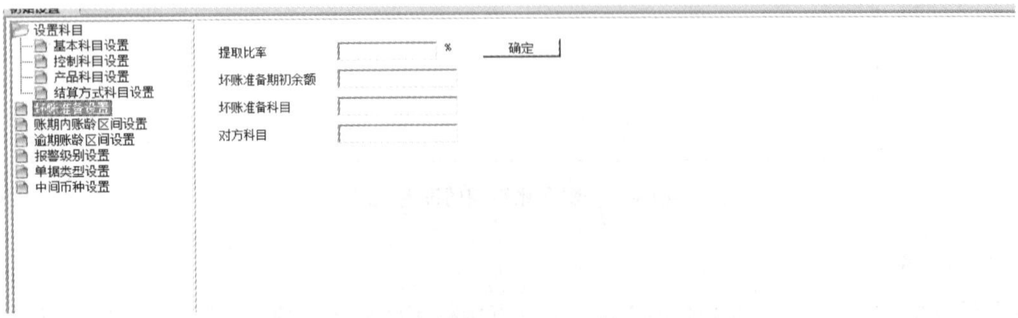

图 4-10（a）

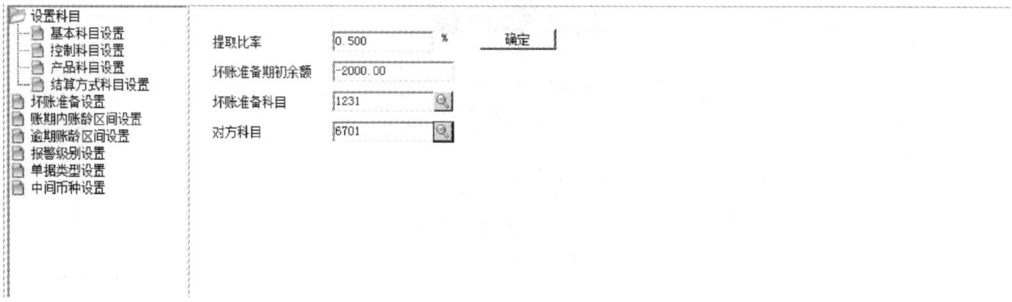

图 4-10（b）

图 4-10　坏账准备设置（2）

［特别提示］

若坏账准备科目余额是在借方，此时录入坏账准备期初余额时要录入负数。

4.1.2　期初余额录入

期初余额录入可以分为三大类，分别是应收账款期初余额的录入、应收票据期初余额的录入、预收账款期初余额的录入。应收账款期初余额的录入又可以分为销售专用发票的录入和销售普通发票的录入两大类。

4.1.2.1　应收账款期初余额的录入

第一，开具销售专用发票形成的应收账款期初余额的录入。

具体操作如下：点击“期初余额”→选择“销售发票”和“销售专用发票”→点击“确定”→点击“增加”→点击“确定”→点击“增加”→录入相关信息→点击“保存”按钮，如图 4-11 至图 4-18 所示。

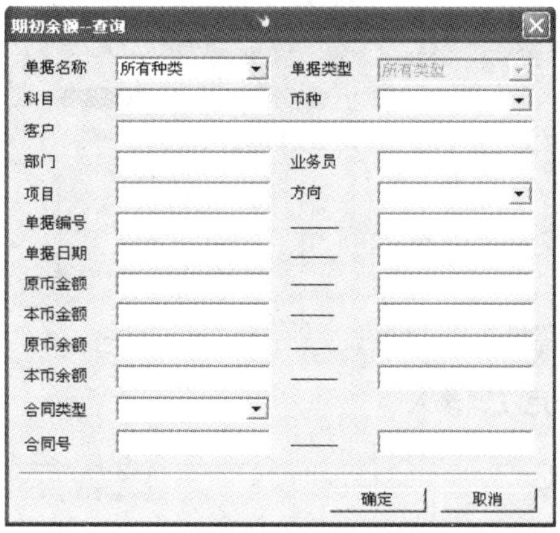

图 4-11　期初余额查询对话框

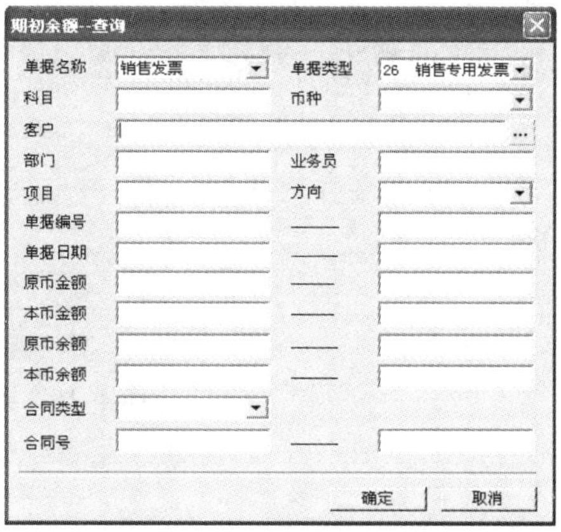

图 4-12　选择销售发票对话框

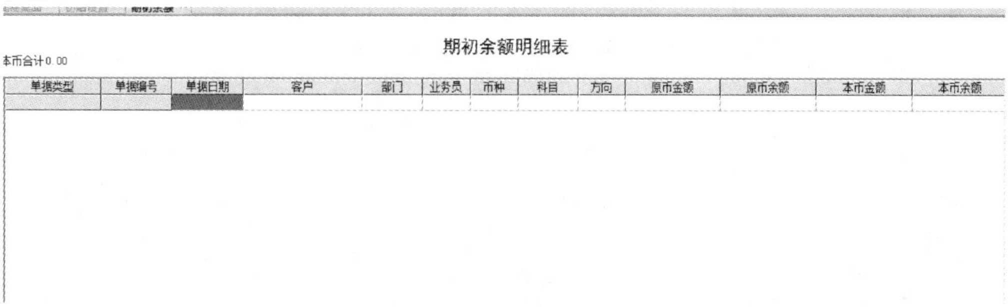

图 4-13　期初余额明细表

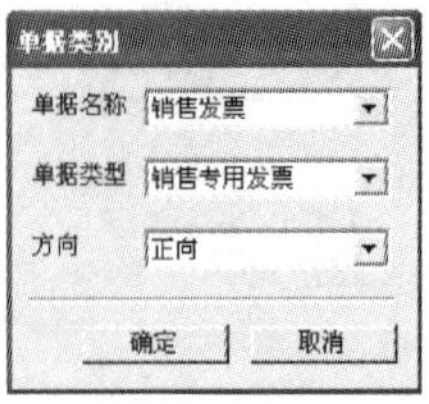

图 4-14　选择单据类别

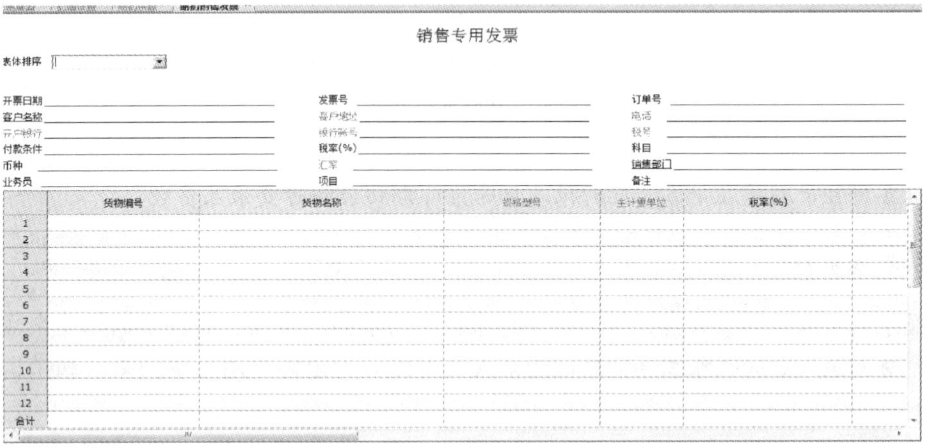

图 4-15　销售专用发票

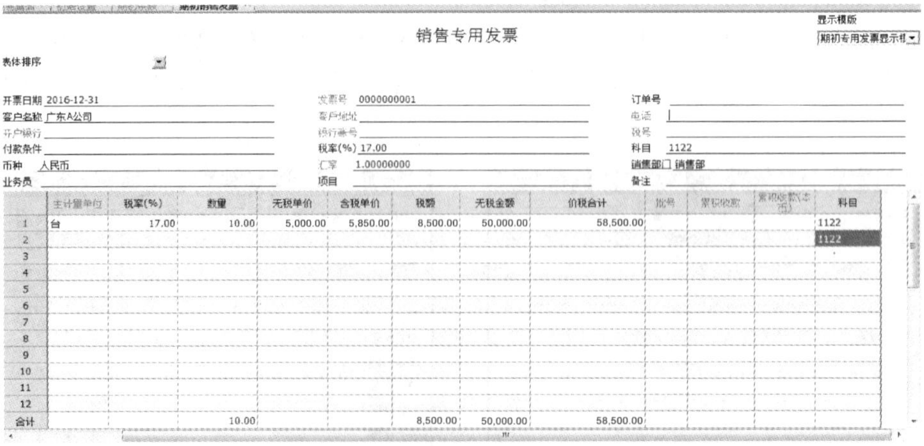

图 4-16　销售专用发票录入

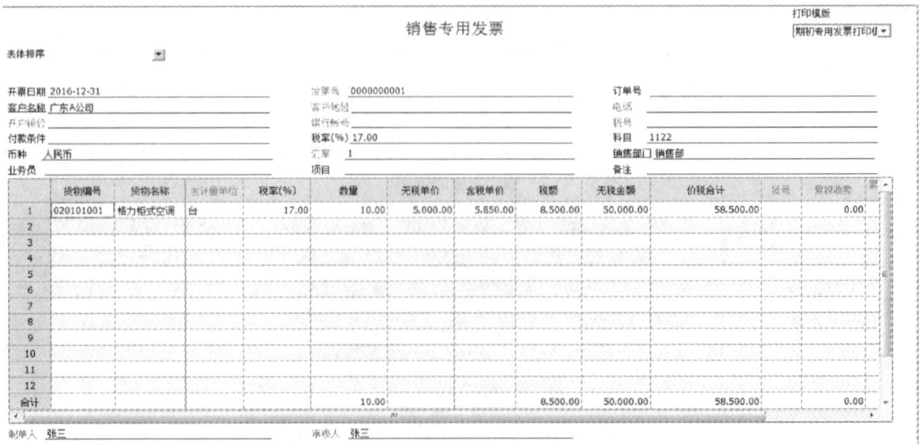

图 4-17　销售专用发票录入完成

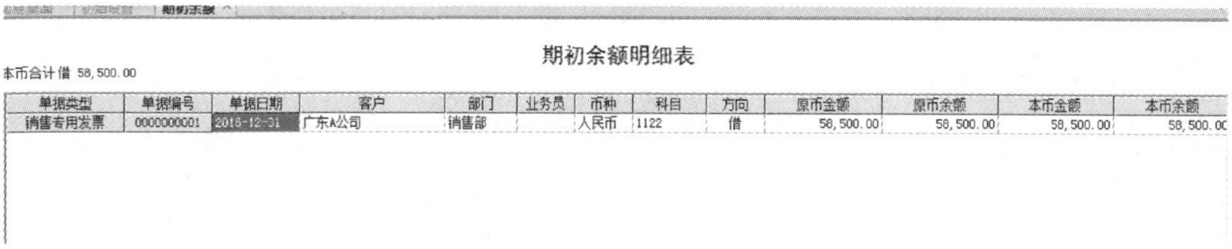

图 4-18 期初余额明细表完成

第二，开具销售普通发票形成的应收账款期初余额的录入。

具体操作如下：点击“期初余额”→选择“销售发票”和“销售普通发票”→点击“确定”→点击“增加”→点击“确定”→点击“增加”→录入相关信息→点击“保存”按钮，如图 4-19 至图 4-25 所示。

图 4-19 期初余额查询

图 4-20 选择销售发票种类

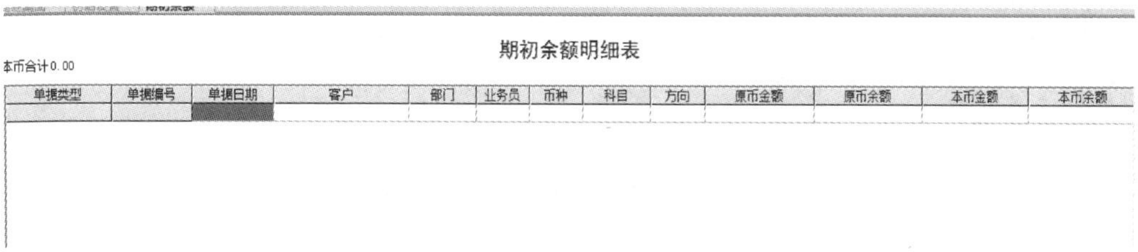

图 4-21 完成选择销售发票

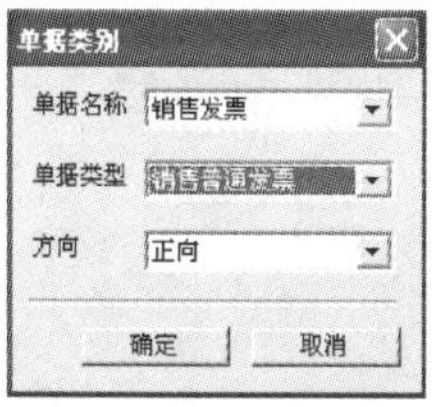

图 4-22 选择单据类别

图 4-23　销售普通发票

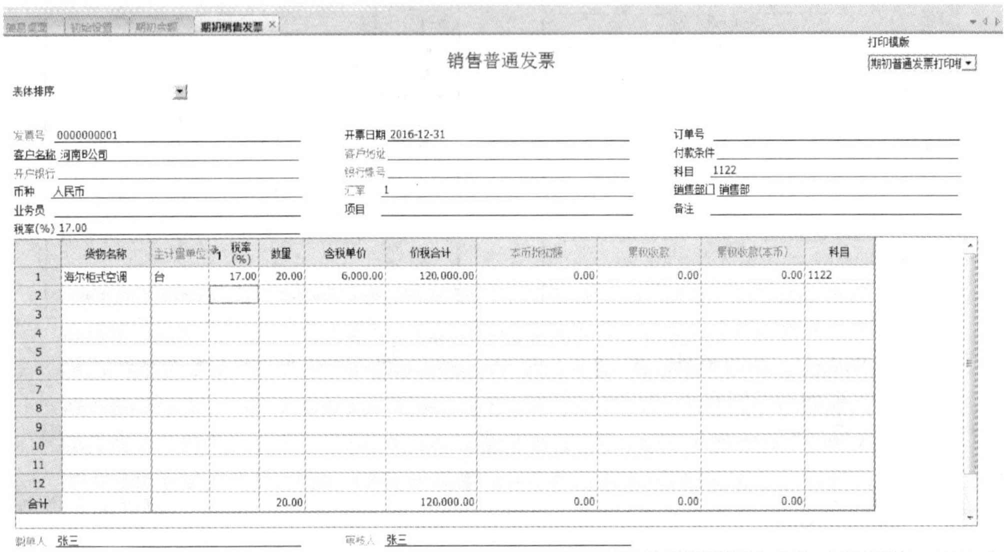

图 4-24　销售普通发票录入完成

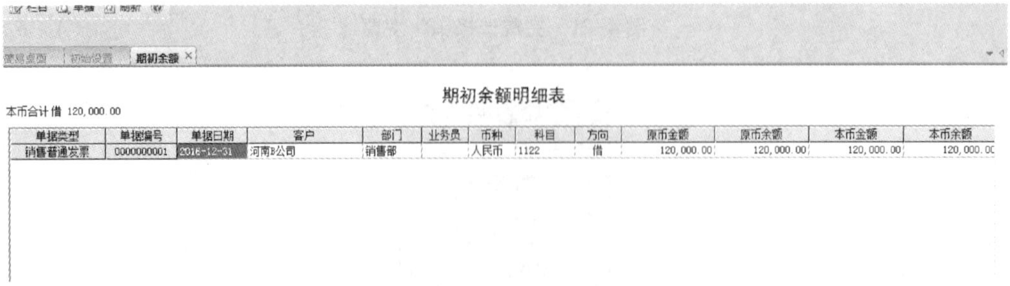

图 4-25　期初余额明细表完成

4.1.2.2　应收票据期初余额的录入

具体操作如下：点击“期初余额”命令→选择“应收票据”→选择“银行承兑汇票”或“商业承兑汇票”选项→点击“确定”→点击“增加”→录入相关信息→点击“保存”按钮，如图 4-26 至图 4-32 所示。

图 4-26　期初余额查询

图 4-27　选择应收票据类型

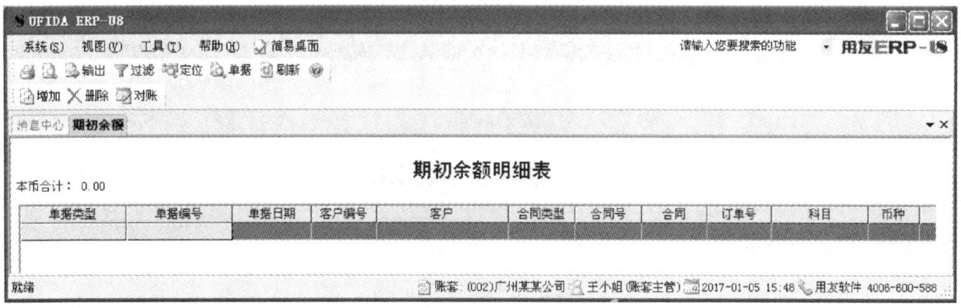

图 4-28　完成选择应收票据类型

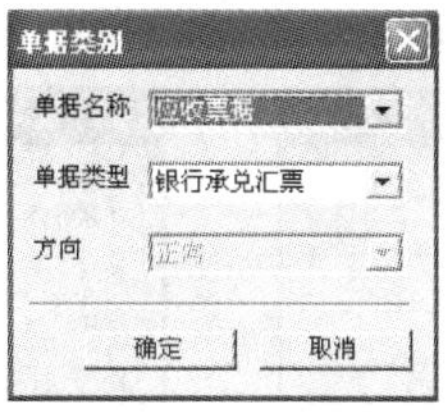

图 4-29　选择单据类别

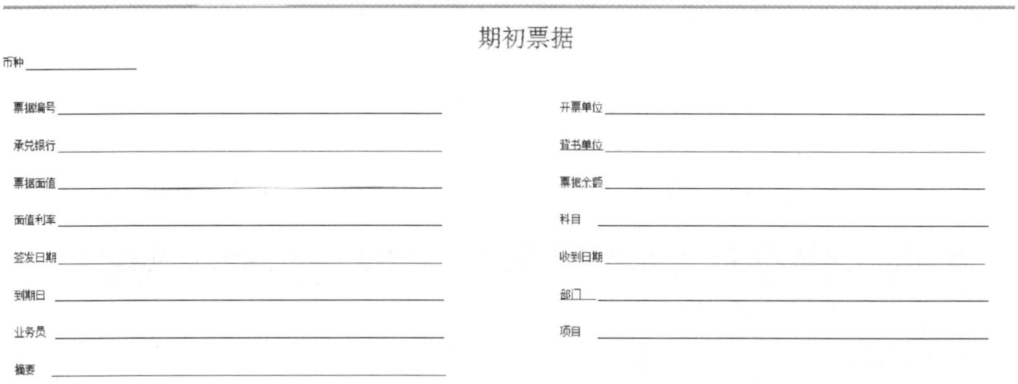

期初票据
币种
票据编号
开票单位
承兑银行
背书单位
票据面值
票据余额
面值利率
科目
签发日期
收到日期
到期日
部门
业务员
项目
摘要

图 4-30　期初票据

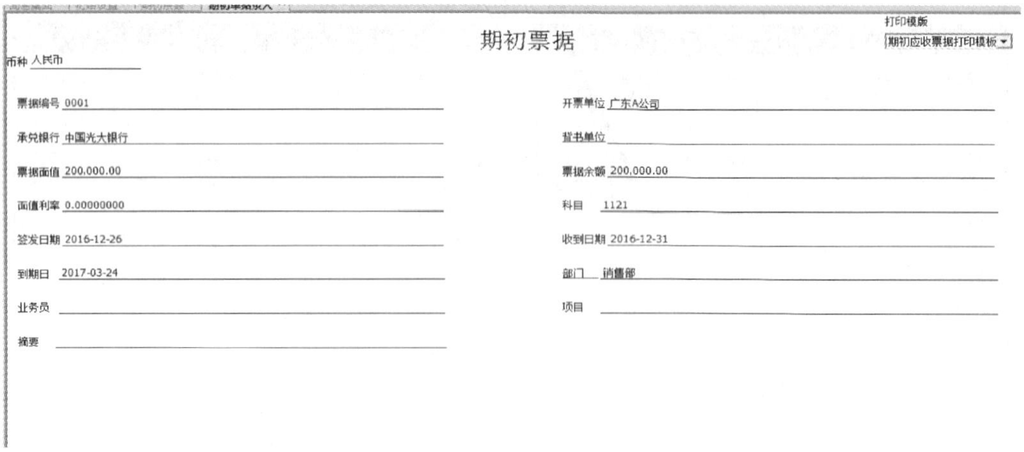

图 4-31　期初票据录入完成

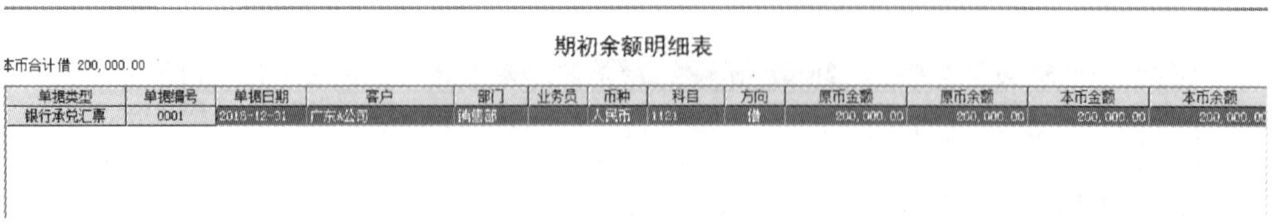

图 4-32　期初余额明细表完成

4.1.2.3　预收账款期初余额的录入

具体操作如下：点击“期初余额”→选择“预收款”和“收款单”→点击“确定”→点击“增加”→选择“预收款”→点击“确定”→点击“增加”→录入相关信息→点击“保存”按钮，如图 4-33至图 4-39 所示。

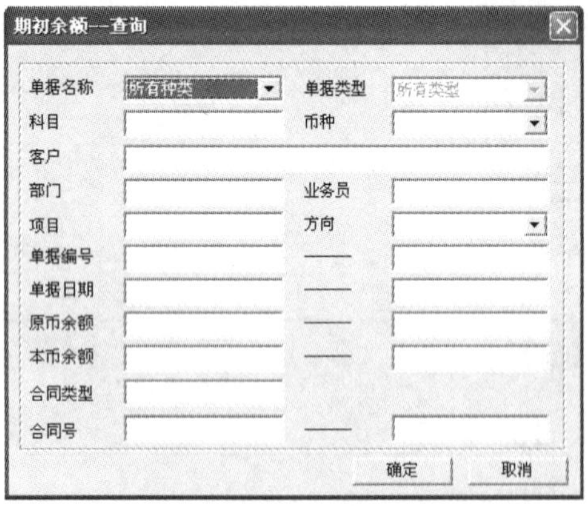

图 4-33　期初余额查询

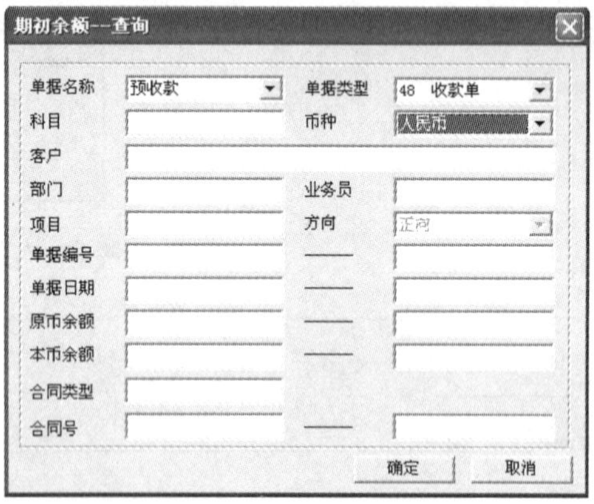

图 4-34　选择预收款的单据类型

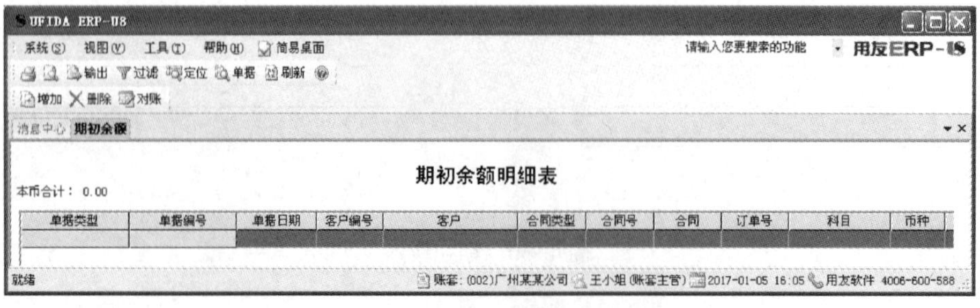

图 4-35　完成选择预收款的单据类型

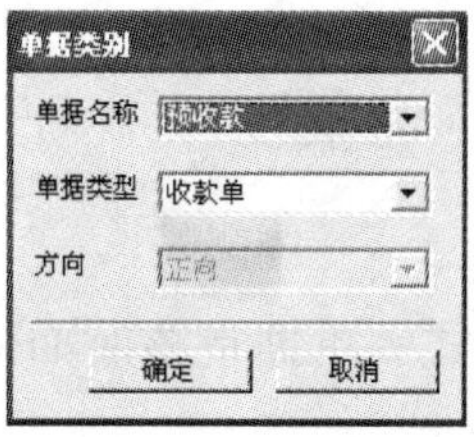

图 4-36 选择单据类别

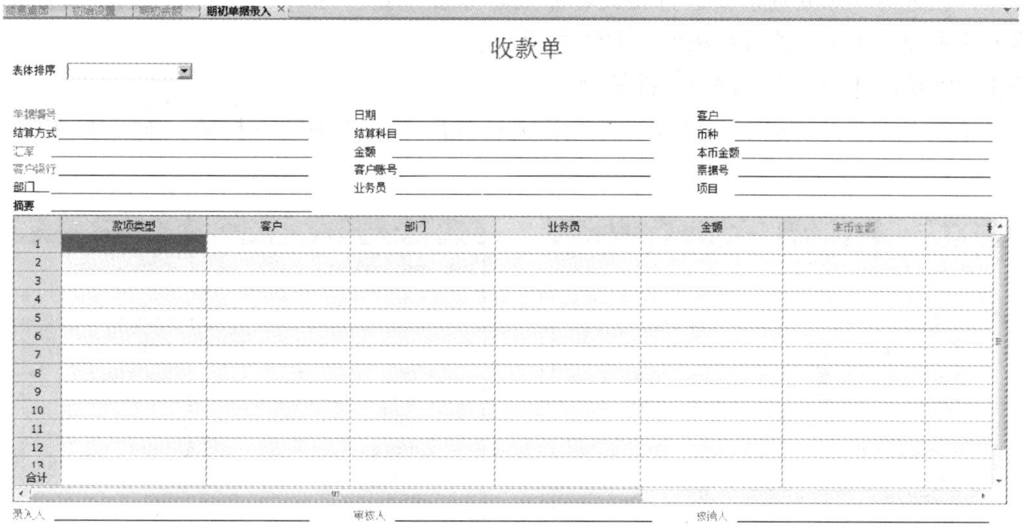

图 4-37 收款单

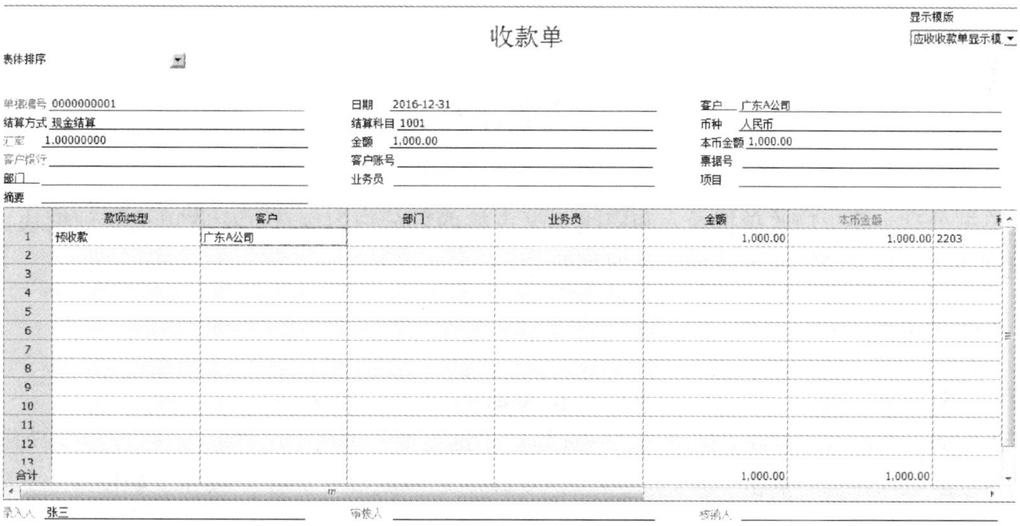

图 4-38 收款单录入完成

图 4-39 期初余额明细表完成

[特别提示]

收款单中的“款项类型”栏要选择为“预收款”。

4.1.2.4　选项

在选项功能下，能够对应收款核销方式、单据审核时期依据、汇兑损益方式、坏账处理方式等相关内容进行修改。

特别要提醒的是，会计准则中不允许采用直接核销法进行坏账处理，而只能采用备抵法进行坏账处理。因此，在进行坏账处理前要进行相关坏账处理方法设置。否则，进行了相关坏账会计处理后，在此功能下便不允许再进行修改坏账处理方法的操作了。

财务软件默认的坏账处理方法是直接核销法。

具体操作如下：点击“选项”命令，进行相关选择后点击“确定”按钮，如图4-40和图4-41所示。

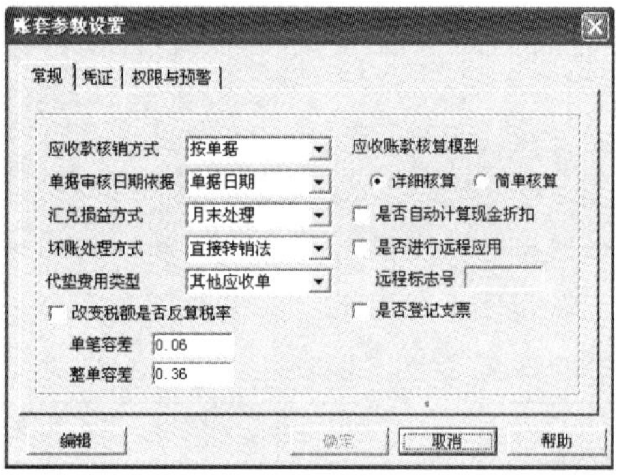

图4-40　选项

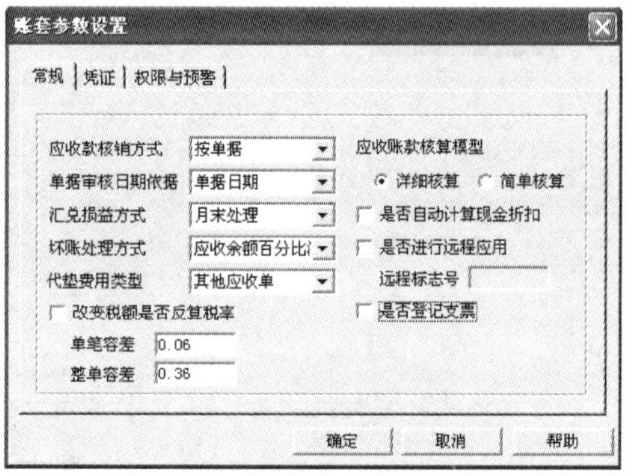

图4-41　完成设置

4.2　应收单据处理

应收单据处理主要由应收单据录入和应收单据审核两部分内容组成。应收单据处理模块主要用于处理本期销售业务形成的应收账款或应收票据业务。

4.2.1　应收单据录入

在应收单据录入功能下，制单人和审核人可以是同一人。

具体操作如下：点击“应收单据录入”→选择“单据类型”→点击“确定”→点击“增加”→录入相关信息→点击“保存”→点击“审核”→选择立即制单→点击“保存”按钮，如图4-42至图4-51所示。

图4-42　选择单据类别

图 4-43 销售专用发票

图 4-44 销售专用发票录入完成

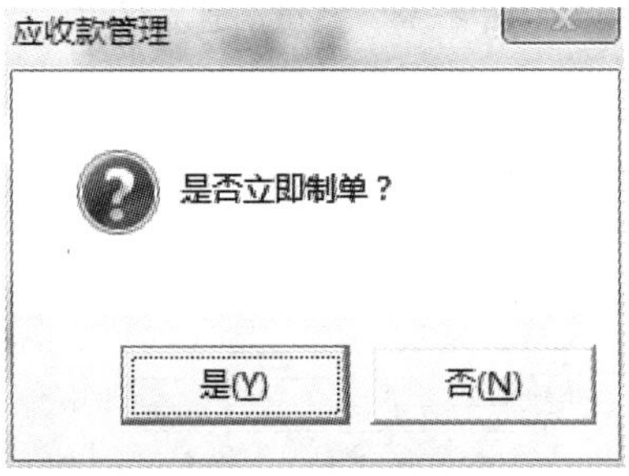

图 4-45 是否立即制单

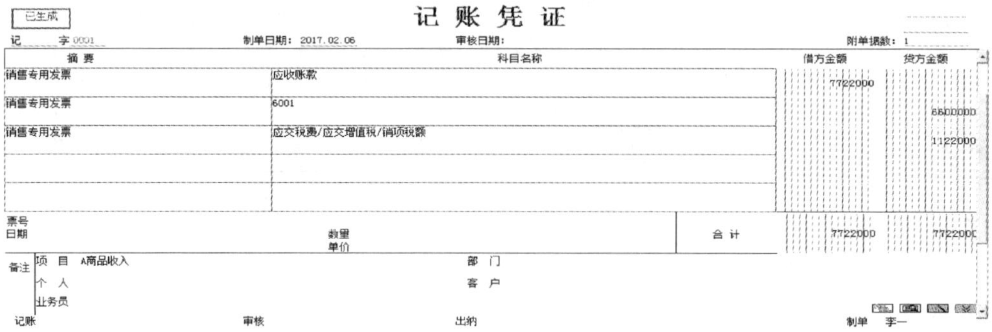

图 4-46　生成记账凭证

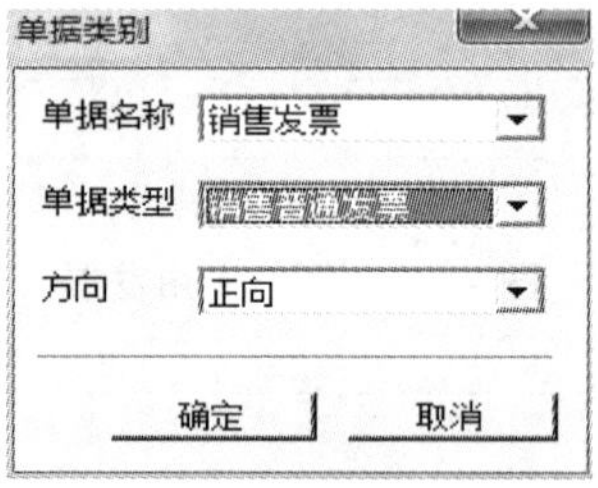

图 4-47　选择单据类别

图 4-48　销售普通发票

图 4-49　销售普通发票录入完成

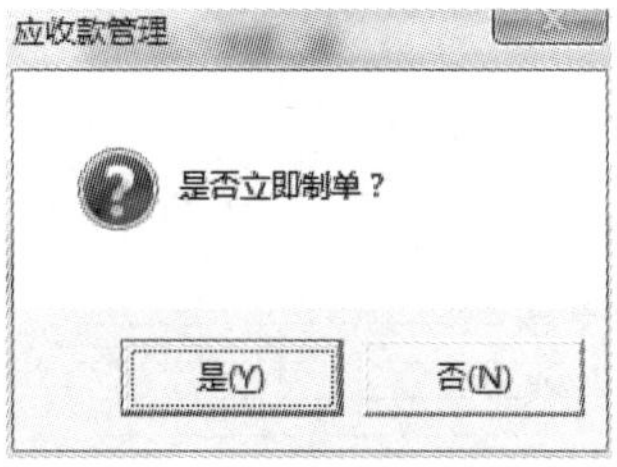

图 4-50　是否立即制单

图 4-51　生成记账凭证

若因产品质量等原因发生销货退回，具体处理如下：

具体操作如下：点击“应收单据录入”→选择发票种类，选择“负向”→点击“确定”→点击“增加”→录入相关信息→点击“保存”→点击“审核”→选择立即制单→点击“保存”按钮，如图 4-52 至图 4-55 所示。

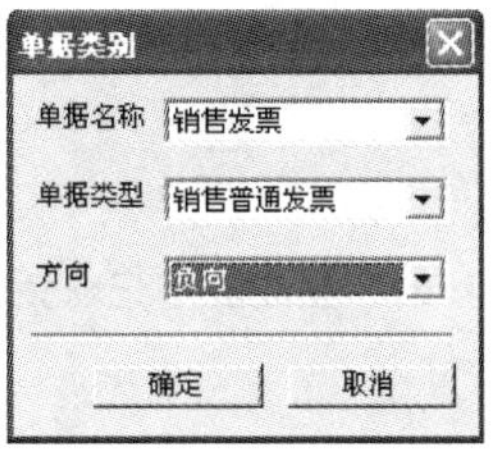

图 4-52　选择单据类别

图 4-53　销售专用发票

图 4-54 销售专用发票录入完成

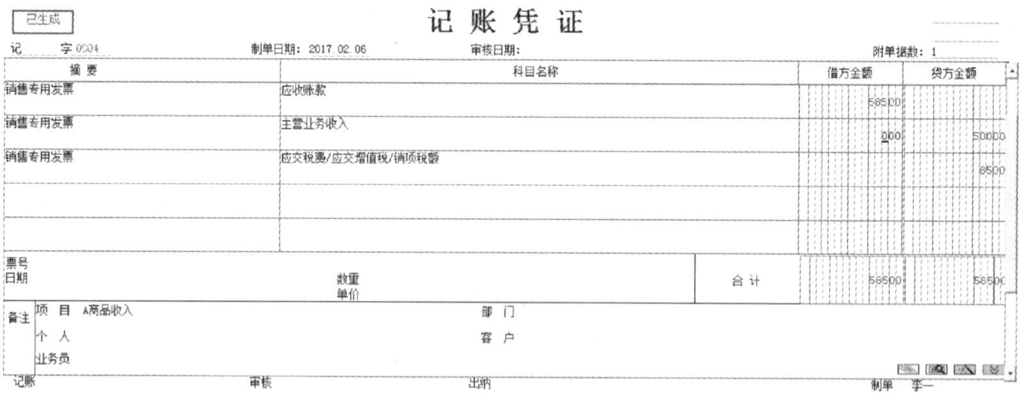

图 4-55 生成红字记账凭证

［特别提示］

· 可以在此界面进行审核，也可以不在此界面进行审核，而是在应收单据审核界面中进行审核。

· 审核工作完成后，就可以立即生成有关应收账款的记账凭证。也可以不在此界面生成有关应收账款的记账凭证，而是在制单处理界面中生成有关应收账款的记账凭证。

· 发生销售退回时，在录入销售发票“数量”时，不能录入正数，要录入负数。

· 若启用了供应链系统，应收单据是不需要再进行人工录入当期销售业务的相关数据的，完成了供应链系统的相关操作后，销售产品形成的应收数据可以在供应链系统中的存货核算系统中生成应收账款的相关记账凭证。这些销售数据也会传送到应收账款系统中，可以在应收账款系统中生成应收账款的相关记账凭证，没有收回的应收账款在以后会计期间收回，在“收款单据处理”界面进行操作即可。

4.2.2 应收单据审核

在应收单据录入功能下，若没有对应收单据进行审核，就可以在此功能下进行审核了。

具体操作如下：点击“应收单据审核”→录入相关条件→点击“确定”→选中需要审核的记录→点击“审核”按钮，如图 4-56 至图 4-59 所示。

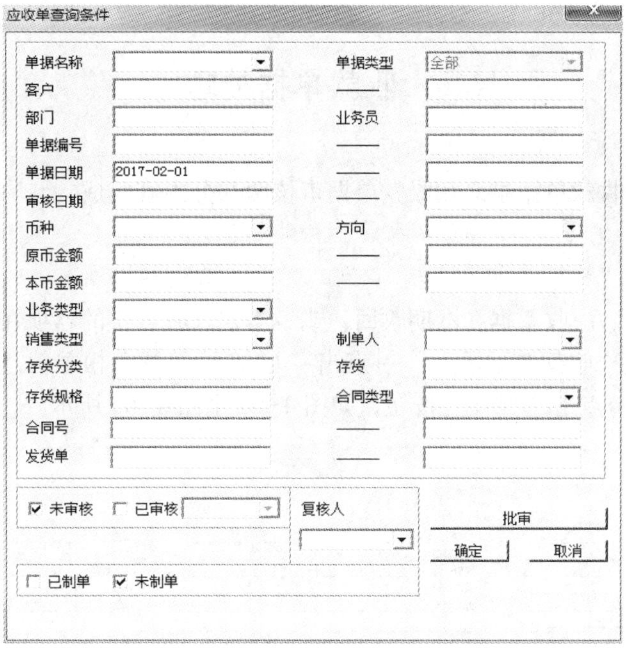

图 4-56　选择相关过滤条件

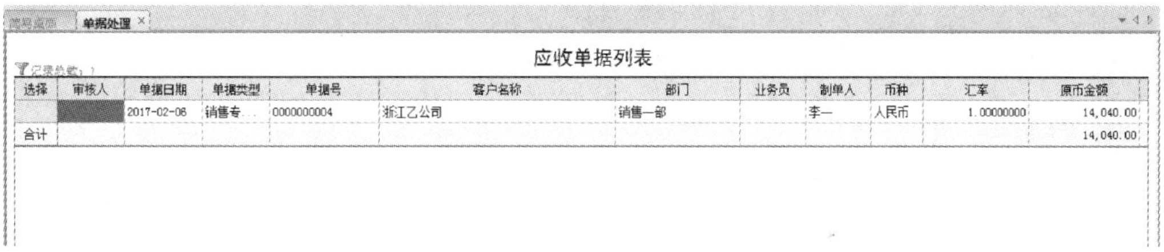

图 4-57　应收账单据列表

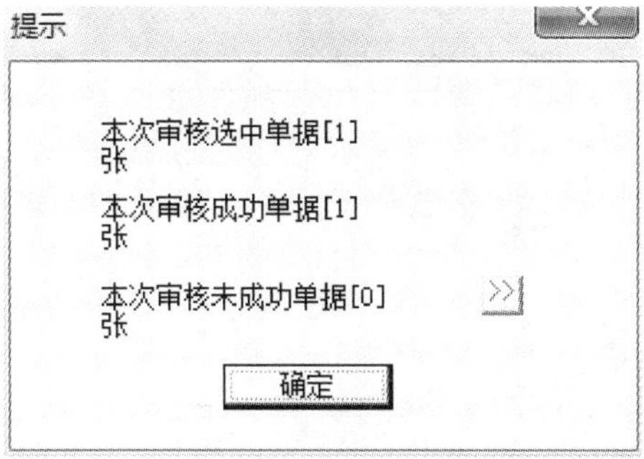

图 4-58　提示界面

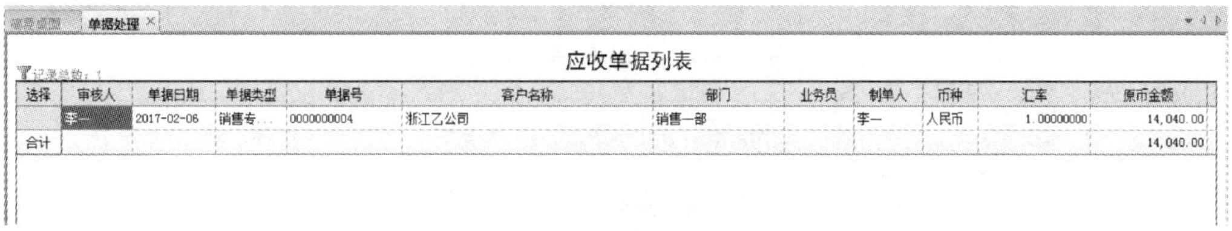

图 4-59　审核完成

若应收单据审核完成后，发现应收单据中有关数据存在错误，点击“弃审”命令后，就可以对有关数据进行修改了，修改完成后点击“保存”按钮，然后再次进行审核。

4.3 收款单据处理

收款单据处理主要由收款单据录入和收款单据审核两部分内容组成。

4.3.1 收款单据录入

前期形成的应收账款、应收票据在本期收回，或者本期预收客户的款项在此界面进行处理。

具体操作如下：点击“收款单据录入”→点击“增加”→录入相关信息→点击“保存”→点击“审核”→选择立即制单→点击“保存”按钮，如图4-60至图4-63所示。

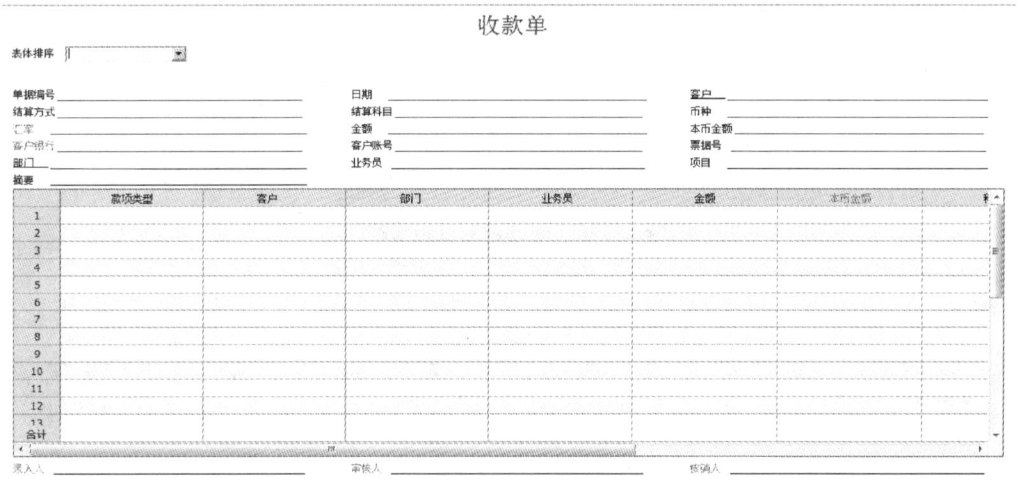

图4-60 收款单

图4-61 收款单录入完成

图4-62 是否立即制单

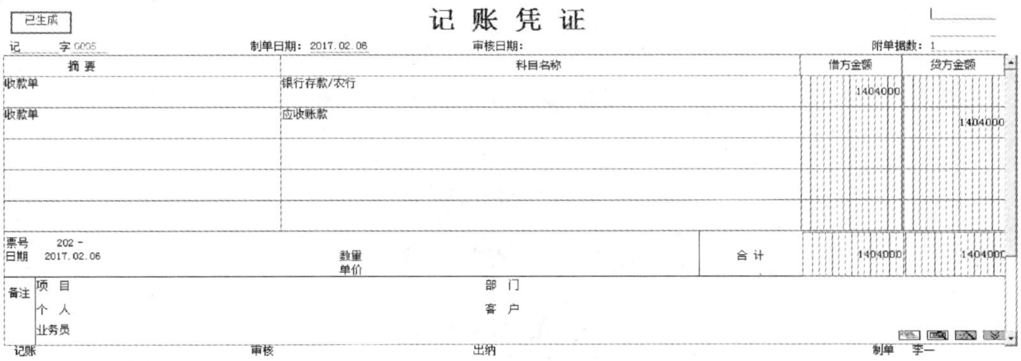

图 4-63 生成记账凭证

若采用预收账款方式进行结算，具体操作如下：点击“收款单据录入”→点击“增加”→录入相关信息→点击“保存”→点击“审核”→选择立即制单→点击“保存”按钮，如图 4-64 至图 4-67 所示。

款项类型要选择为“预收款”，否则，后面无法自动生成有关预收款账的会计凭证，预收冲应收的操作也无法完成。

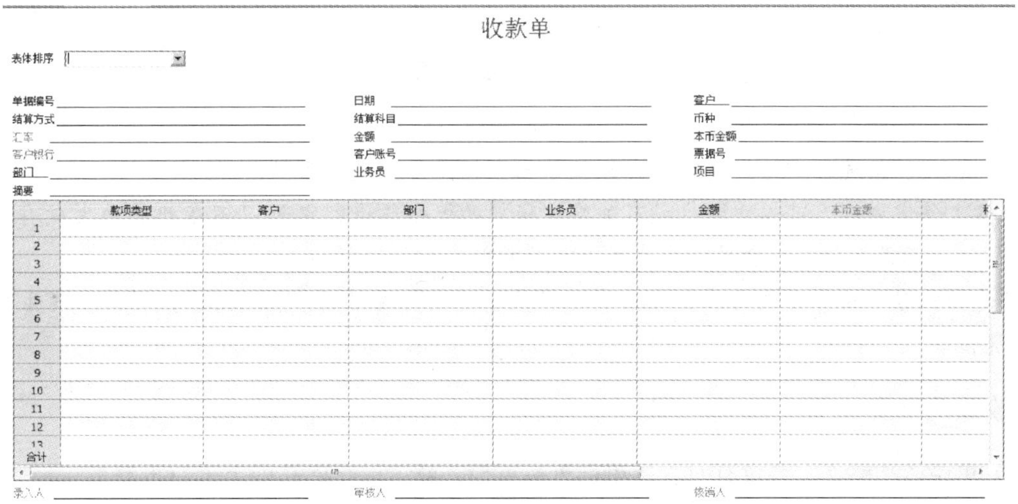

图 4-64 收款单

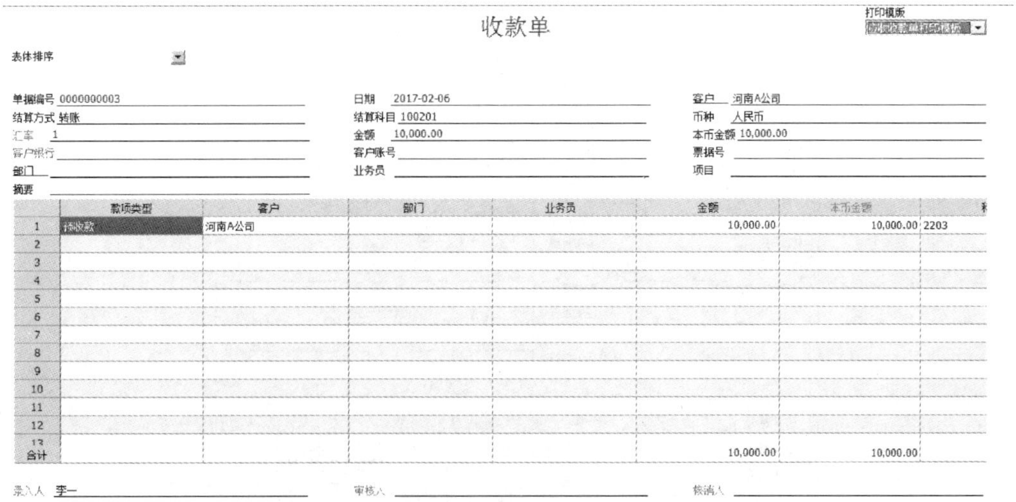

图 4-65 收款单录入完成

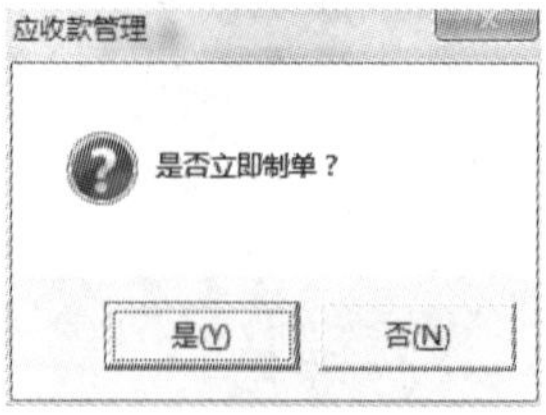

图 4-66　是否立即制单

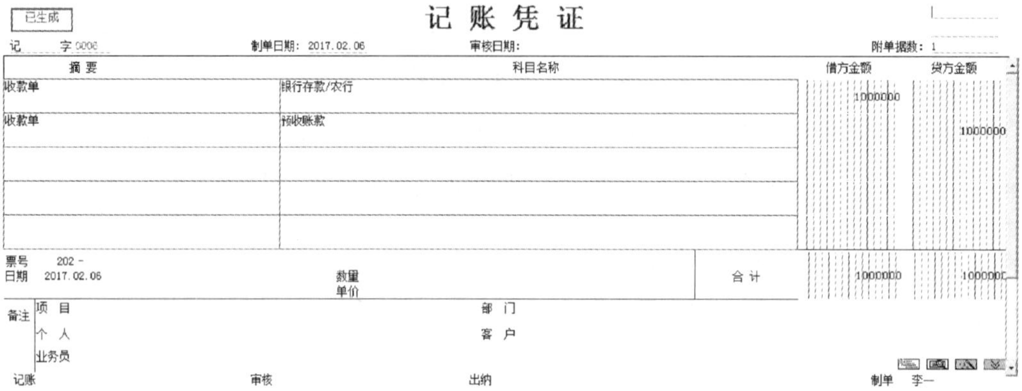

图 4-67　生成记账凭证

［特别提示］

· 可以在此界面进行审核，也可以在应收单据审核界面中进行审核。

· 审核工作完成后，可以立即生成有关应收账款的记账凭证，也可以不在此界面生成有关应收账款的记账凭证，而是在制单处理界面中生成有关应收账款的记账凭证。

· 若是预收客户的有关款项，在收款单的“款项类型”要选择“预收款”，否则不能生成预收款项的记账凭证。

4.3.2　收款单审核

在收款单录入功能下，若没有对收款单据进行审核，就可以在此功能下进行审核了。

具体操作如下：点击“收款单审核”→录入相关条件→点击“确定”→选中需要审核的记录→点击“审核”按钮，如图 4-68 至图 4-71 所示。

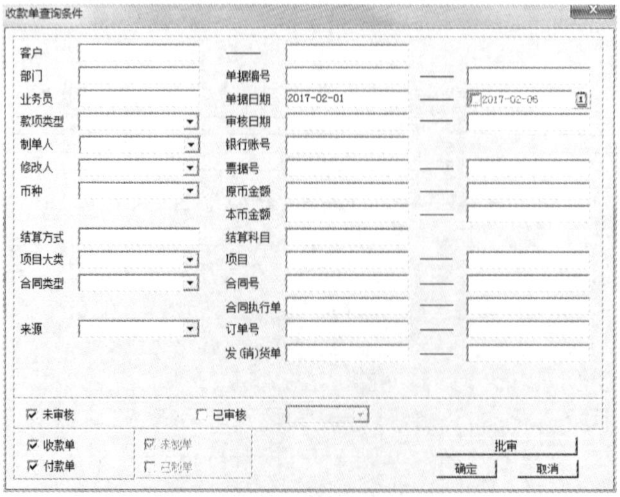

图 4-68　选择相关过滤条件

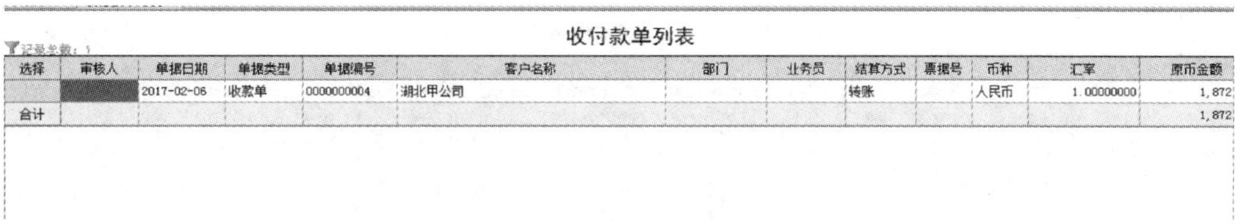

图 4-69　收付款单列表

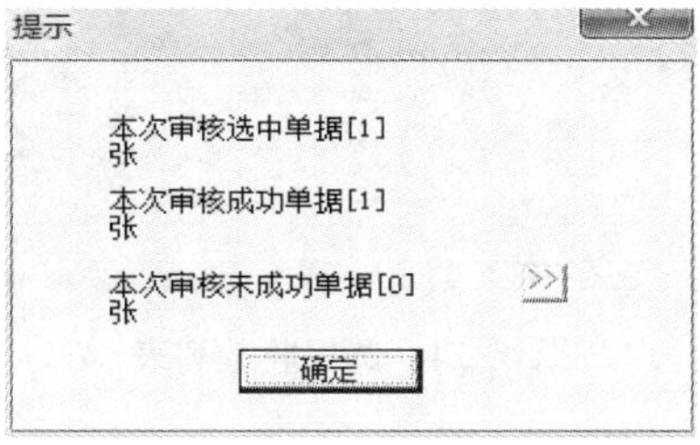

图 4-70　提示界面

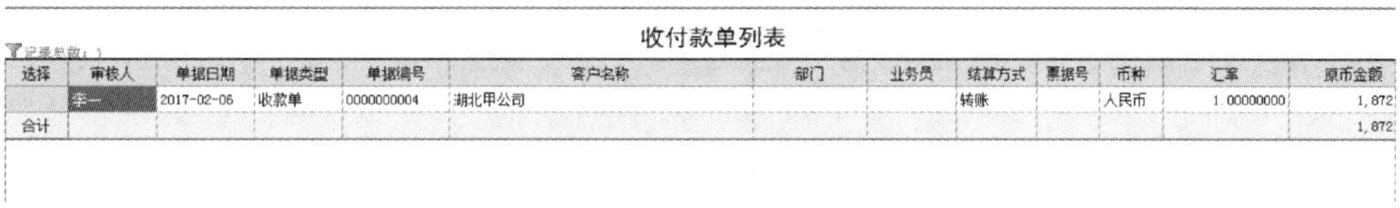

图 4-71　审核完成

选择收款具体操作如下：点击“应收款管理”→点击“选择收款”→选择客户→点击“确定”→填入收款金额→点击“确定”→录入结算方式→点击“确定”按钮，如图 4-72 至图 4-77 所示。

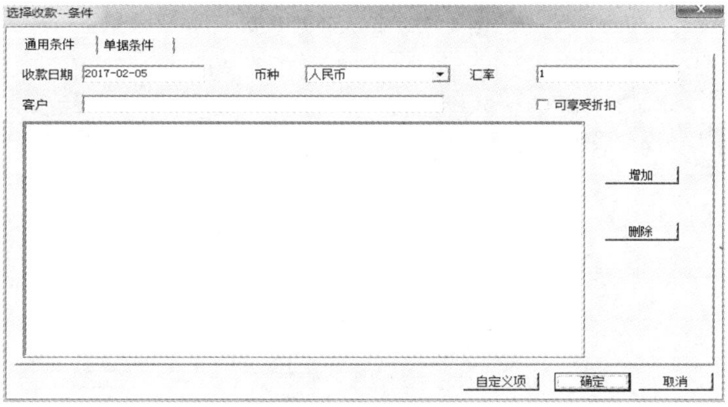

图 4-72　选择收款

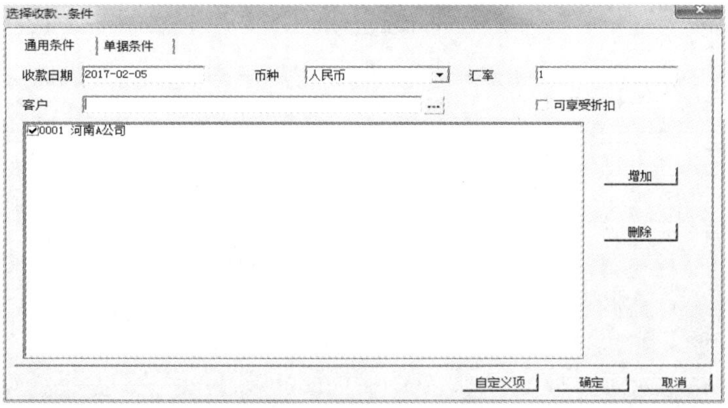

图 4-73　选择客户

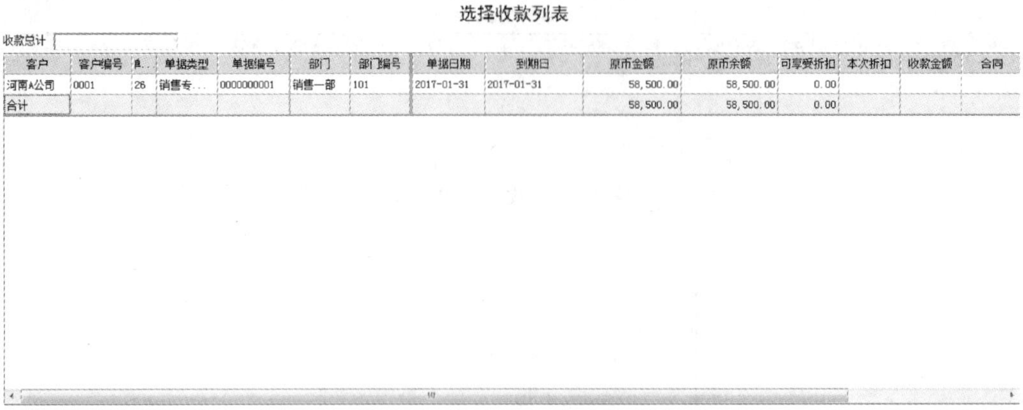

选择收款列表

收款总计

客户	客户编号	单...	单据类型	单据编号	部门	部门编号	单据日期	到期日	原币金额	原币余额	可享受折扣	本次折扣	收款金额	合同
河南A公司	0001	26	销售专...	0000000001	销售一部	101	2017-01-31	2017-01-31	58,500.00	58,500.00	0.00			
合计									58,500.00	58,500.00	0.00			

图 4-74　选择收款列表

选择收款列表

收款总计 8500.00

客户	客户编号	单...	单据类型	单据编号	部门	部门编号	单据日期	到期日	原币金额	原币余额	可享受折扣	本次折扣	收款金额	合同
河南A公司	0001	26	销售专...	0000000001	销售一部	101	2017-01-31	2017-01-31	58,500.00	58,500.00	0.00		8,500	
合计									58,500.00	58,500.00	0.00		8,500.00	

图 4-75　填入收款金额

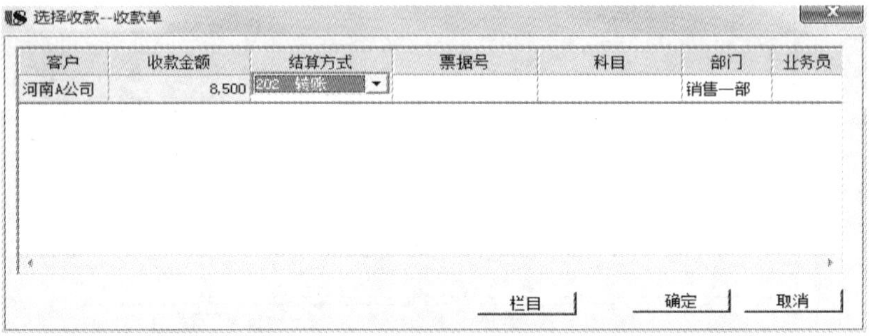

选择收款--收款单

客户	收款金额	结算方式	票据号	科目	部门	业务员
河南A公司	8,500	202 转账			销售一部	

栏目　确定　取消

图 4-76　录入结算方式

选择收款列表

收款总计

客户	客户编号	单...	单据类型	单据编号	部门	部门编号	单据日期	到期日	原币金额	原币余额	可享受折扣	本次折扣	收款金额	合同
河南A公司	0001	26	销售专...	0000000001	销售一部	101	20[illegible] 单据日期	2017-01-31	58,500.00	50,000.00	0.00			
合计									58,500.00	50,000.00	0.00			

图 4-77　选择收款完成

4.4 核销处理

4.4.1 手工核销

手工核销是指收款单与它们对应的应收单的核销工作，即从应收账款总额中减掉已收回的款项。企业根据查询条件选择需要核销的单据，然后手工核销，以加强对应收账款的管理工作。

进入单据核销界面，上边列表显示该客户可以核销的收付款单记录，下边列表显示该客户符合核销条件的对应单据。

录入本次结算金额，上下列表中的结算金额必须保持一致。

可以点击“分摊”按钮，系统将收付单据中的本次结算金额自动分摊到核销单据列表的本次结算栏。

核销处理有两种方式：一种是自动核销，另一种是手工核销。

手工核销具体操作如下：点击“手工核销”→录入相关信息→点击“确定”→录入结算金额或点击“分摊”→点击“保存”按钮，如图4-78所示。

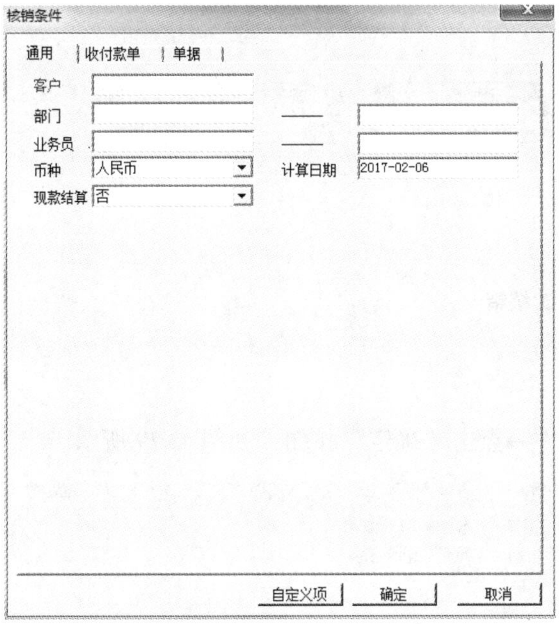

图4-78（a）

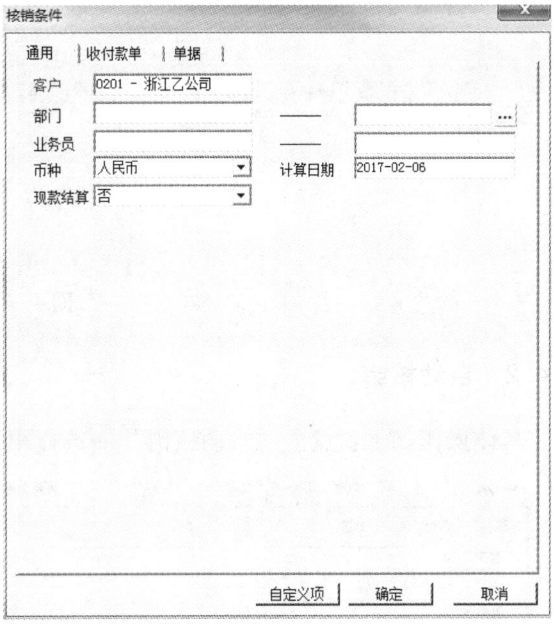

图4-78（b）

单据日期	单据类型	单据编号	客户	款项类型	结算方式	币种	汇率	原币金额	原币余额	本次结算金额	订单号
2017-02-06	收款单	0000000002	浙江乙公司	应收款	转账	人民币	1.00000000	14,040.00	14,040.00	14,040.00	
合计								14,040.00	14,040.00	14,040.00	

单据日期	单据类型	单据编号	到期日	客户	币种	原币金额	原币余额	可享受折扣	本次折扣	本次结算	订单号
2017-02-06	销售普...	0000000001	2017-02-06	浙江乙公司	人民币	1,755,000.00	1,755,000.00	0.00			
合计						1,755,000.00	1,755,000.00	0.00			

图4-78（c）

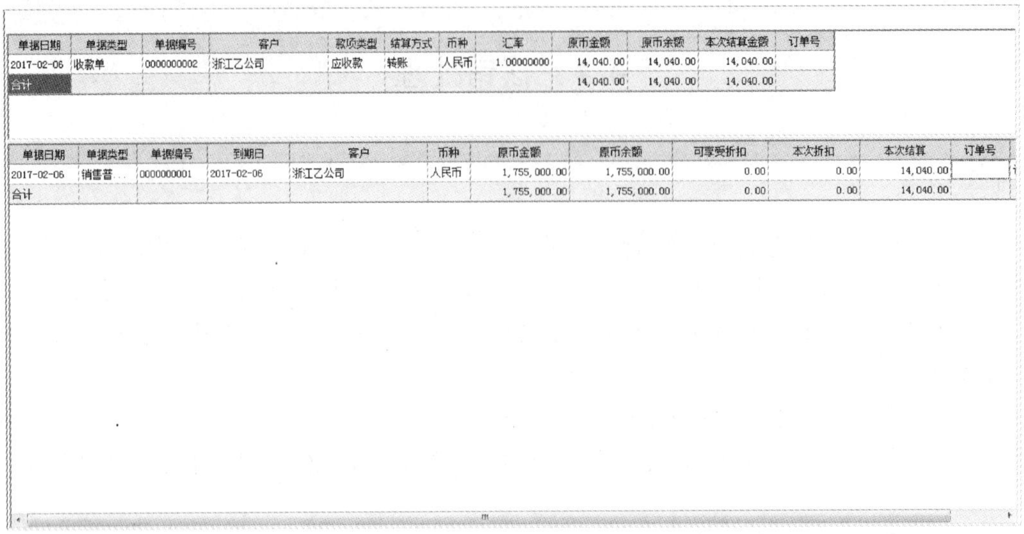

图 4-78（d）

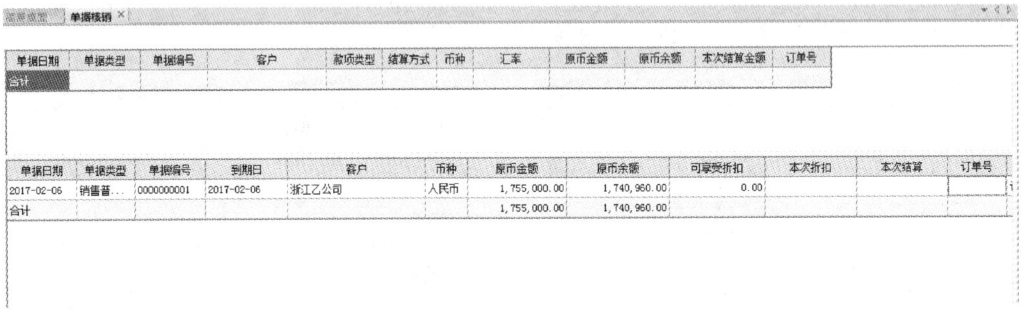

图 4-78（e）

图 4-78　手工核销

4.4.2　自动核销

具体操作如下：点击“自动核销”→选择相关条件→点击“确定”按钮，如图 4-79 所示。

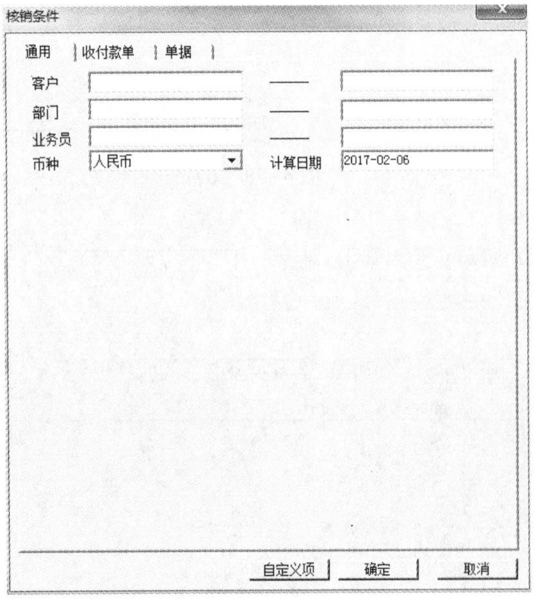

图 4-79（a）

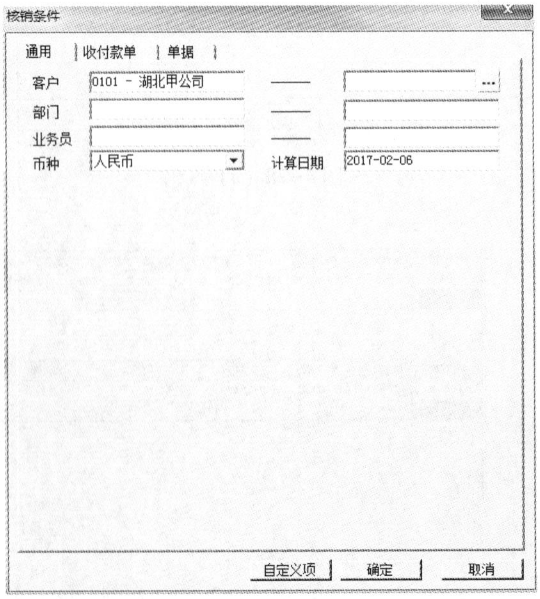

图 4-79（b）

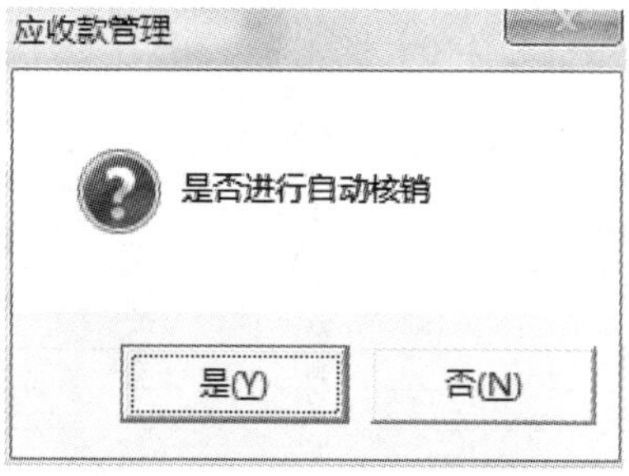

图 4-79（c）

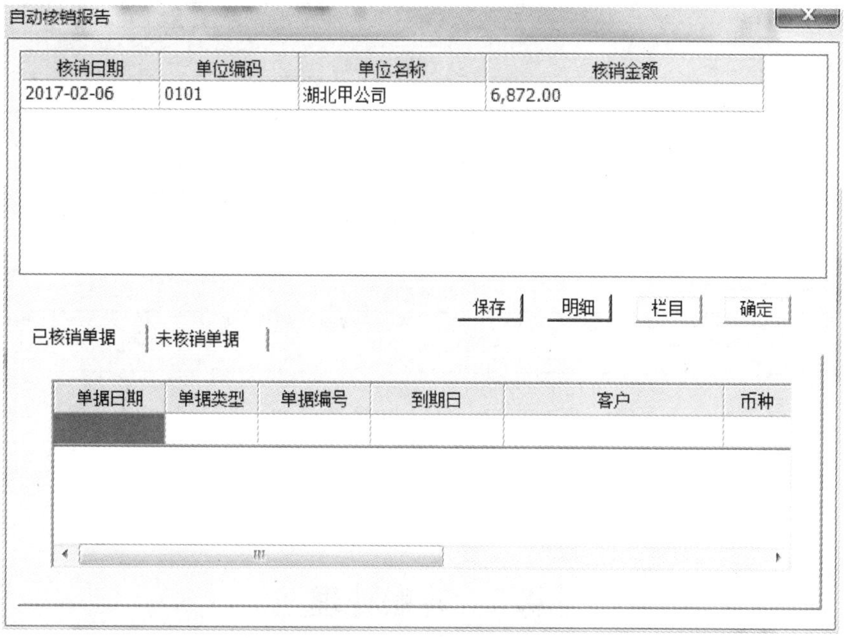

图 4-79（d）

图 4-79　**自动核销**

若在基础设置→基础档案→收付结算中做了票据管理操作，在这个界面就可以查到相关资料，如图 4-80 所示。

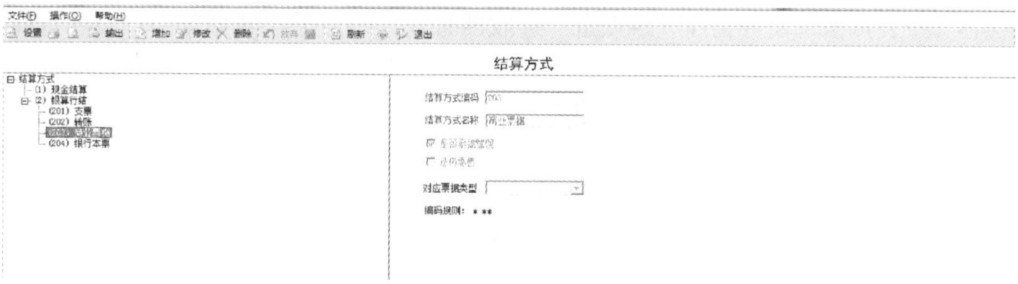

图 4-80（a）

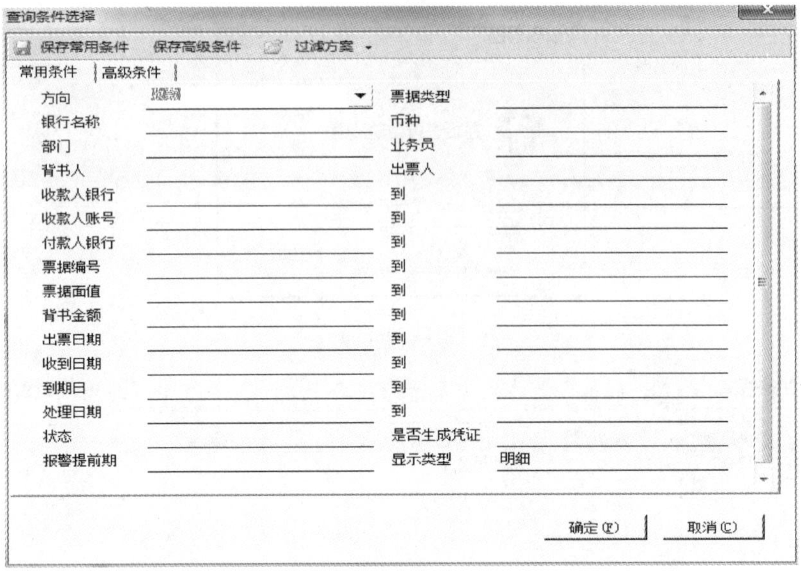

图 4-80（b）

票据管理

选择	序号	方向	票据类型	收到日期	票据编号	银行名称	票据摘要	币种	出票日期	结算方式	背书人	背书金额	金额	汇率	票面利率	票面余额
	1	收款	银行承…	2017-01-31	001			人民币	2017-01-13			0.00	100,000.00	1.00000000	0	100,000.0
合计												0.00	100,000.00			100,000.0

图 4-80（c）

图 4-80　票据管理

4.5　转账处理

4.5.1　应收冲应收

下面举例说明应收冲应收：甲公司应向 A 公司收取款项 5 000 元，又应向 B 公司收取款项 6 000 元。由于 B 公司还欠 A 公司款项 5 000 元，通过协商，达成某种协议，即由 B 公司代替 A 公司向甲公司偿还所欠的 5 000 元款项。

具体操作如下：点击“财务会计”→点击“应收款管理”→点击“转账”→点击“应收冲应收”命令→选择相关条件→点击“过滤”→录入并账金额→点击“保存”→选择是否立即制单→点击“保存”按钮，如图 4-81 所示（可以立即制单，也可以稍后生成记账凭证）。

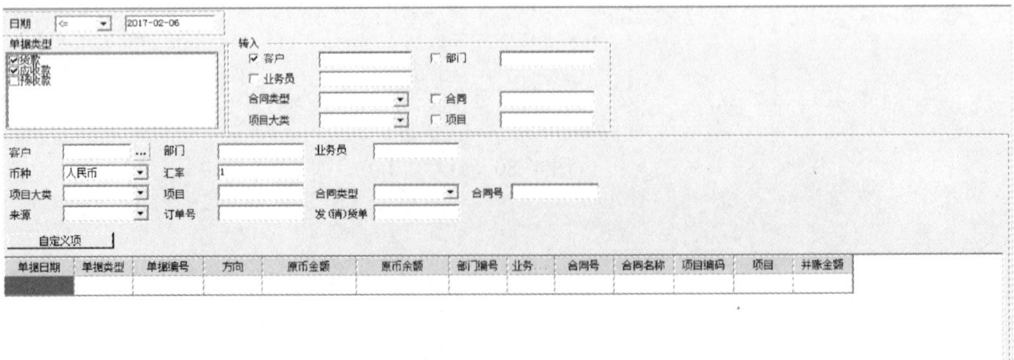

图 4-81（a）

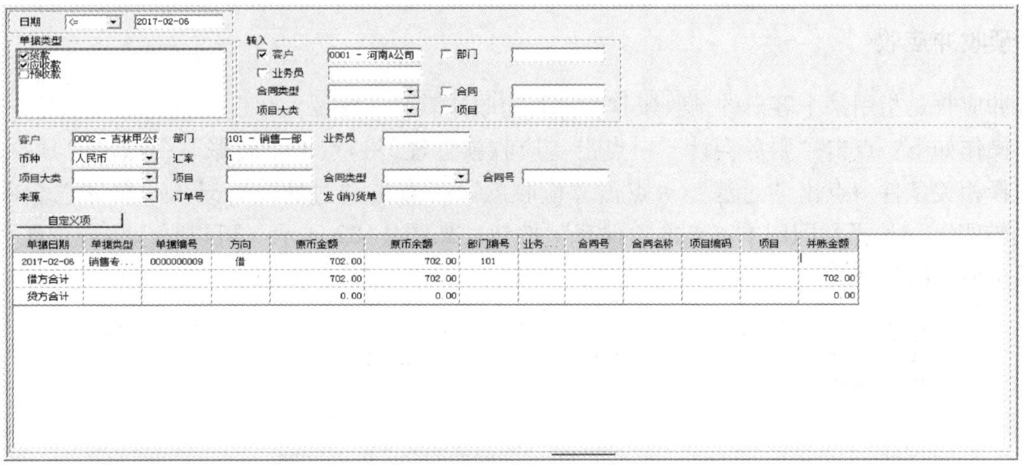

图 4-81（b）

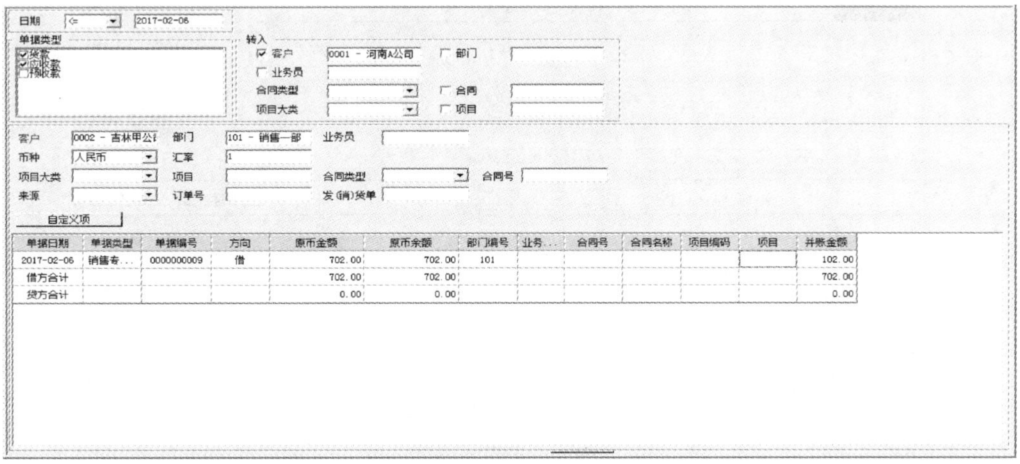

图 4-81（c）

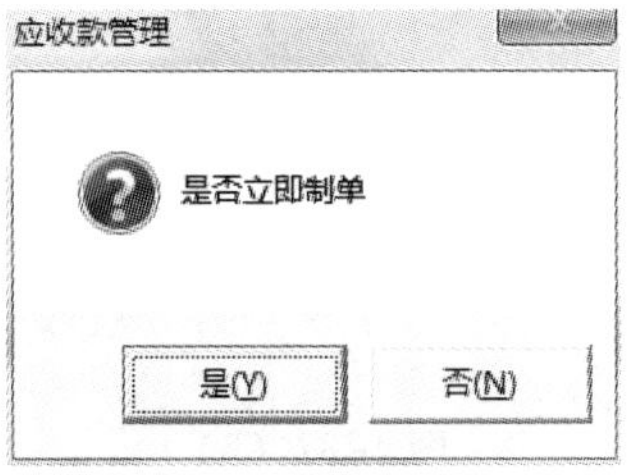

图 4-81（d）

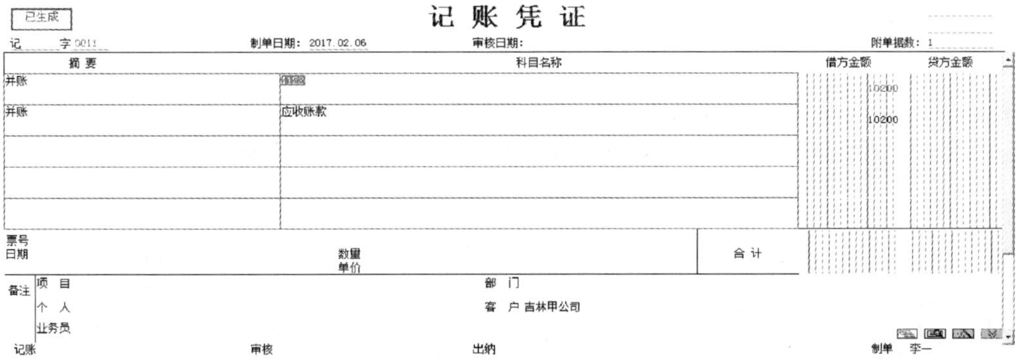

图 4-81（e）

图 4-81 应收冲应收

4.5.2 预收冲应收

预收冲应收是指用某个客户的预收账款冲抵其应收账款。

具体操作如下：点击“财务会计”→点击“应收款管理”→点击“转账”→点击“预收冲应收”命令→选择相关条件→点击“过滤”→点击“应收款”→点击“过滤”→录入“转账总金额”→点击“自动转账”→选择立即制单→点击“保存”按钮，如图 4-82 所示（可以马上生成记账凭证，也可以稍后生成记账凭证）。

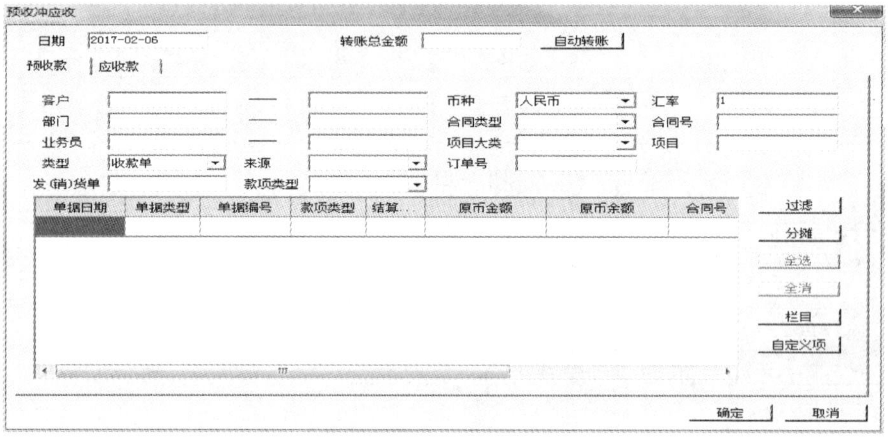

图 4-82（a）

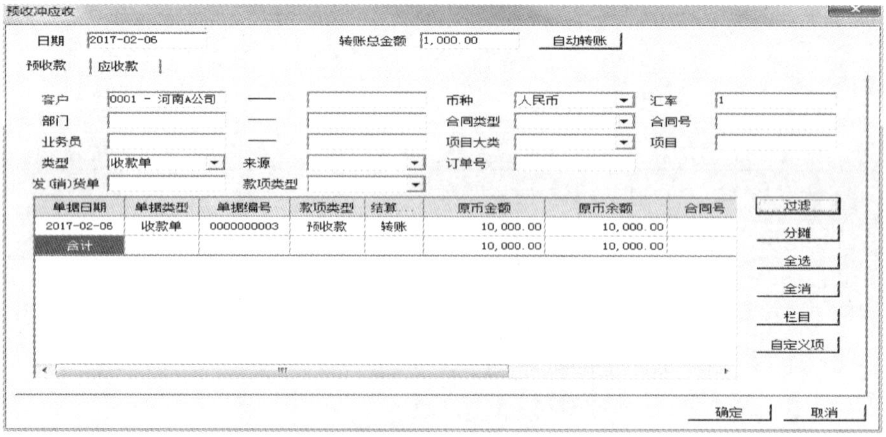

图 4-82（b）

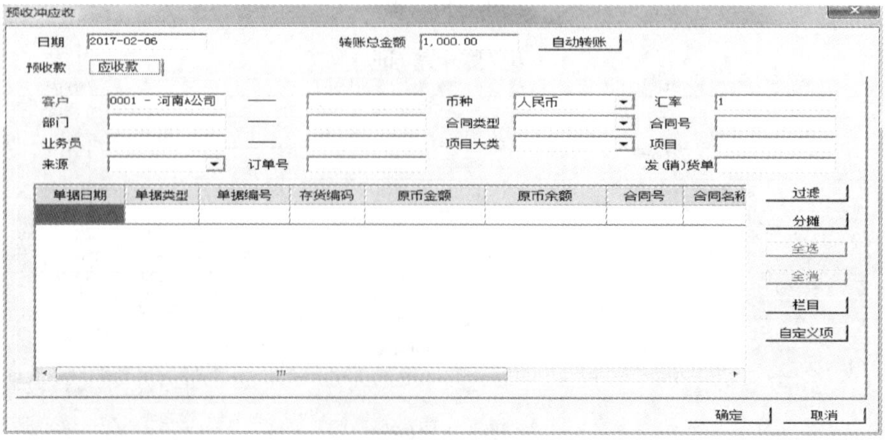

图 4-82（c）

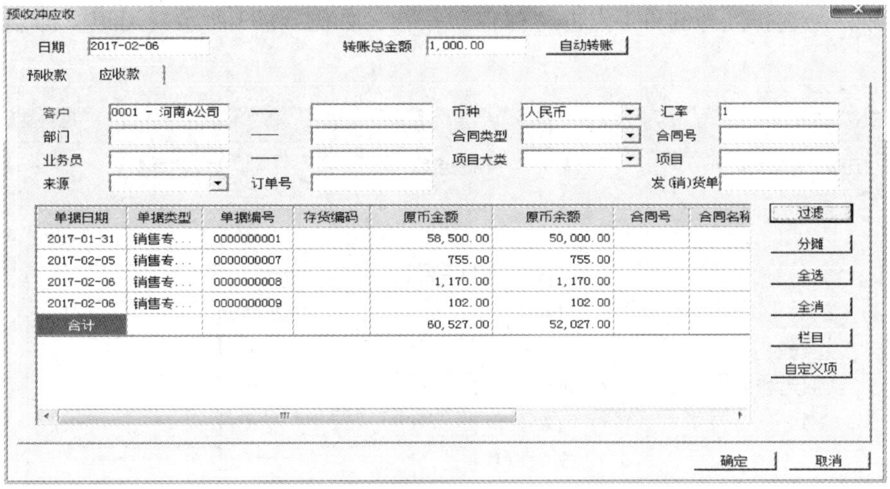

图 4-82（d）

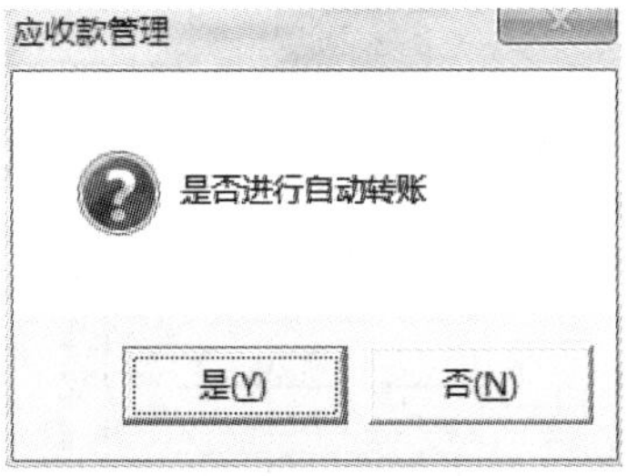

图 4-82（e）

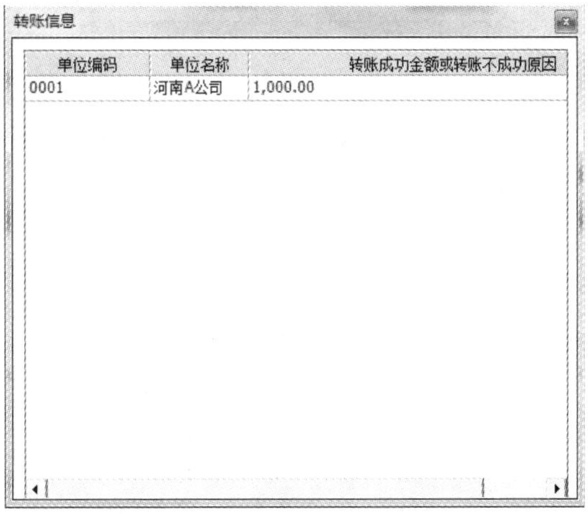

图 4-82（f）

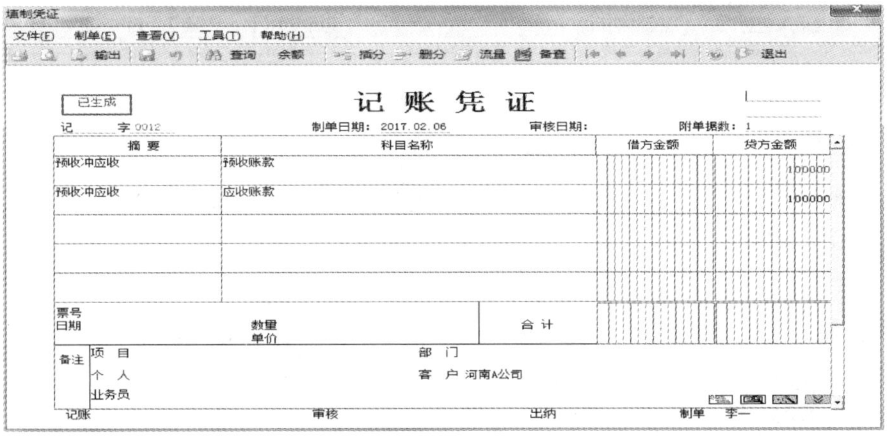

图 4-82（g）

图 4-82 预收冲应收

4.5.3 应收冲应付

具体操作如下：点击“财务会计”→点击“应收款管理”→点击“转账”→点击“应收冲应付”命令→选择相关条件→点击“确定”→点击“应付”→选择相关条件→点击“确定”→录入转账金额→

点击“自动转账”→选择立即制单→点击“保存”按钮，如图 4-83 所示（可以立即制单，也可以稍后制单）。

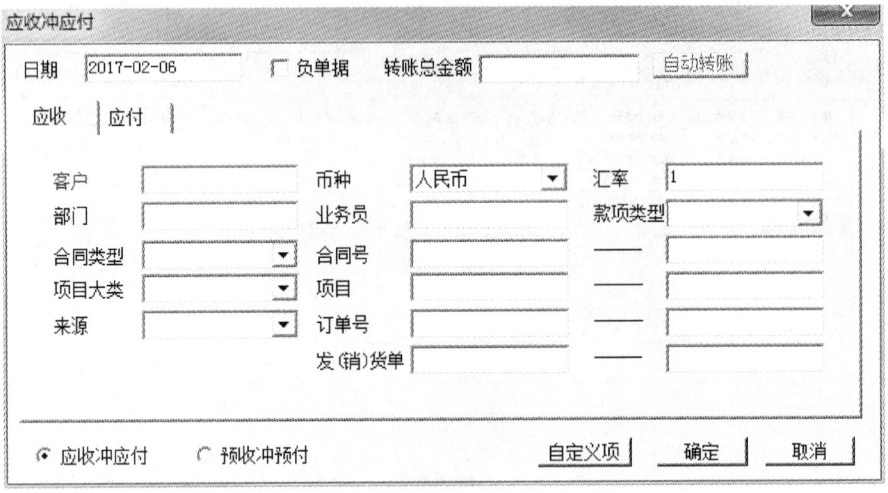

图 4-83（a）

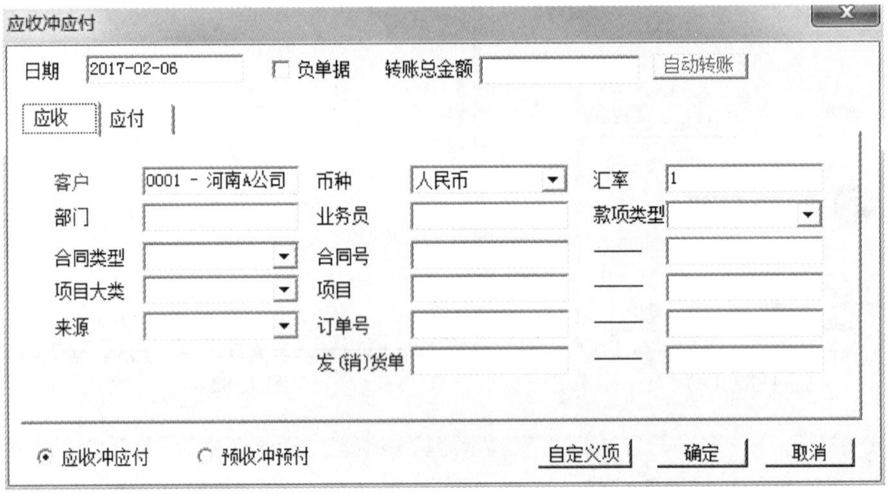

图 4-83（b）

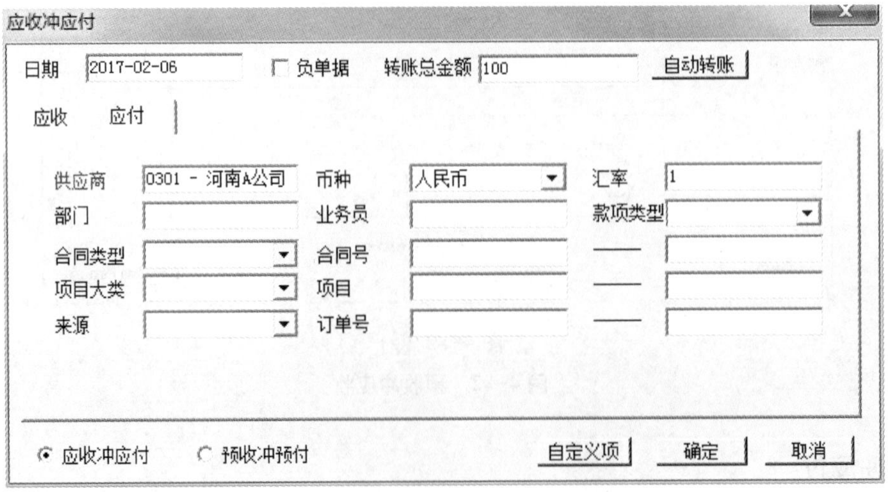

图 4-83（c）

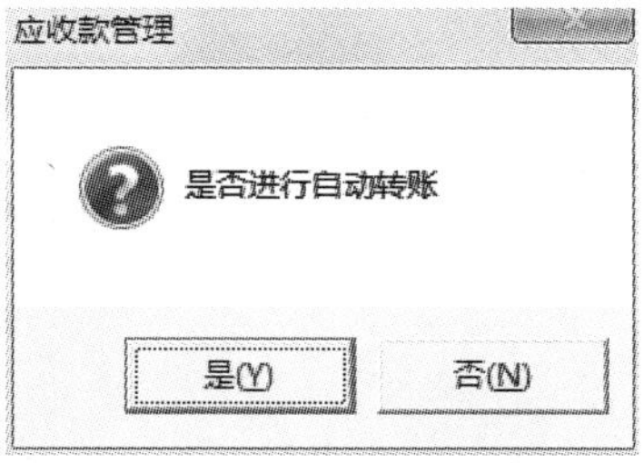

图 4-83（d）

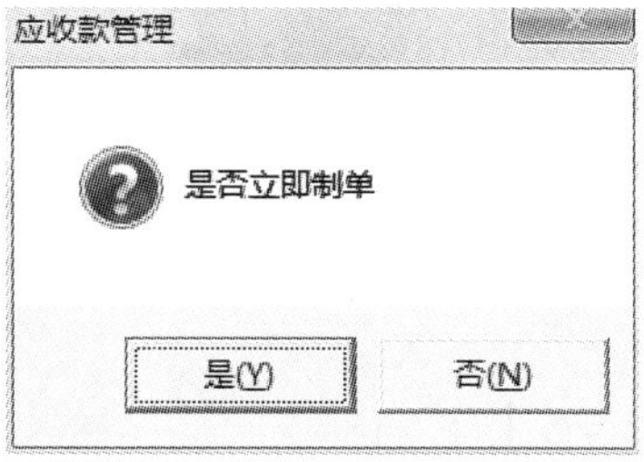

图 4-83（e）

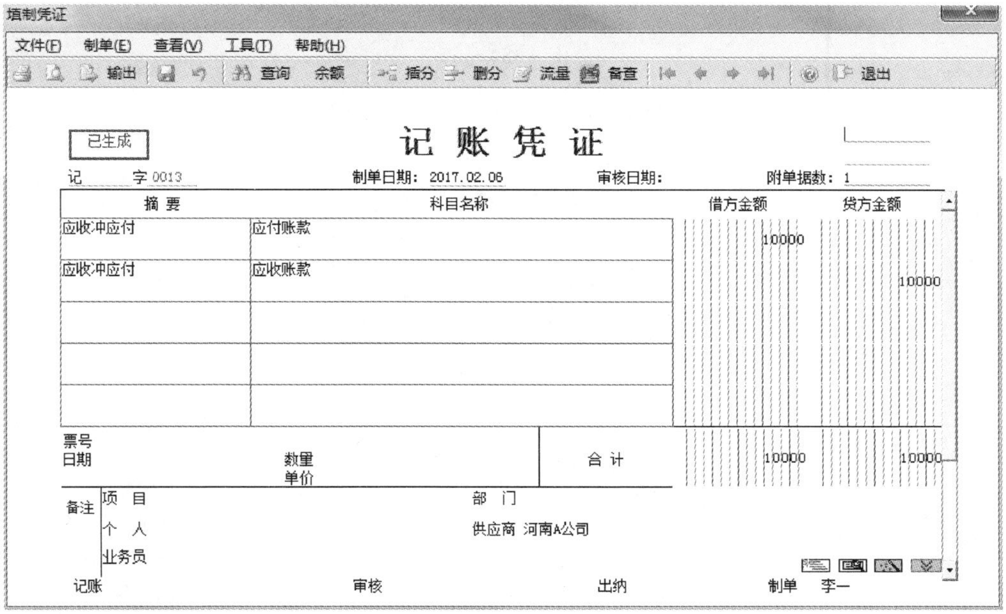

图 4-83（f）

图 4-83 应收冲应付

[特别提示]

应收冲应收、预收冲应收、应收冲应付操作成功后，可以选择立即生成有关会计凭证，也可以放弃立即生成有关会计凭证，而在“制单处理”界面生成相关的会计凭证。

4.6 坏账处理

在实际工作中，计提坏账准备是在每年的 12 月份进行处理的，平时（1~11 月）是不需要进行这方面业务处理的。

坏账处理模块主要由计提坏账准备、坏账发生、坏账收回等内容组成。

4.6.1 计提坏账准备

具体操作如下：点击“财务会计”→点击“应收款管理”→点击“坏账处理”→点击“计提坏账准备”→点击“确认”→选择立即制单→点击“保存”按钮，如图 4-84 所示（可以立即制单，也可以稍后在制单处理界面制单）。

应收账款...	计提比率	坏账准备	坏账准备余额	本次计提
1,855,560.40	0.500%	9,277.80	2,000.00	7,277.80

图 4-84（a）

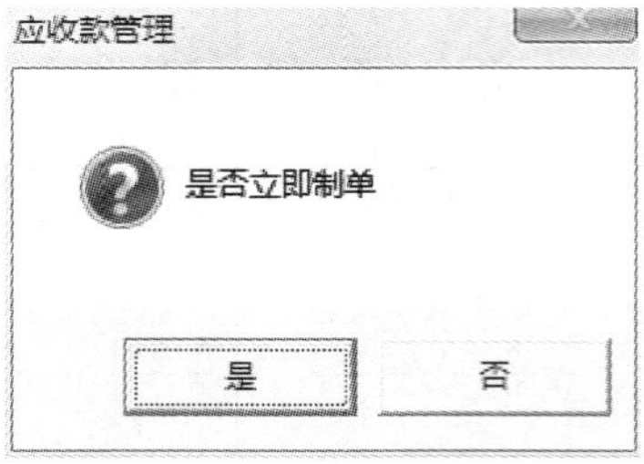

图 4-84（b）

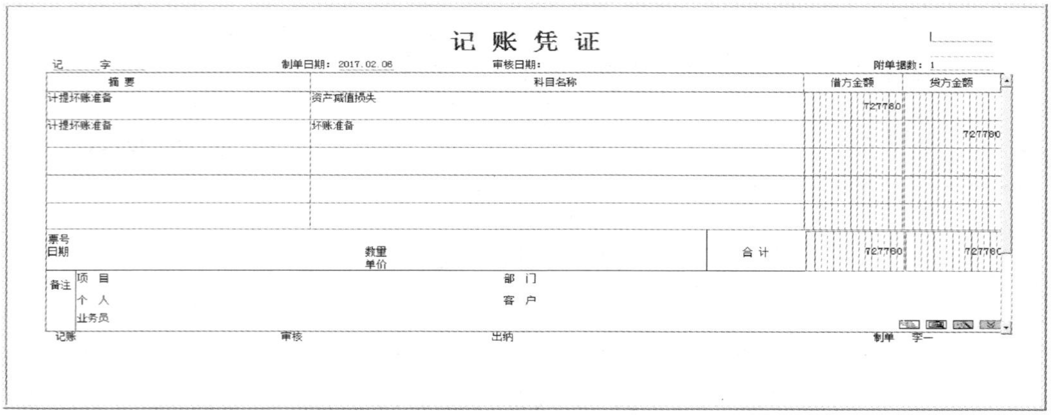

图 4-84（c）

图 4-84 计提坏账准备

4.6.2 坏账发生

具体操作如下：点击“财务会计”→点击“应收款管理”→点击“坏账处理”→点击“坏账发生”→选择相关条件→点击“确定”→录入坏账发生金额→点击“确认”→选择立即制单→点击“保存”按钮，如图 4-85 所示。

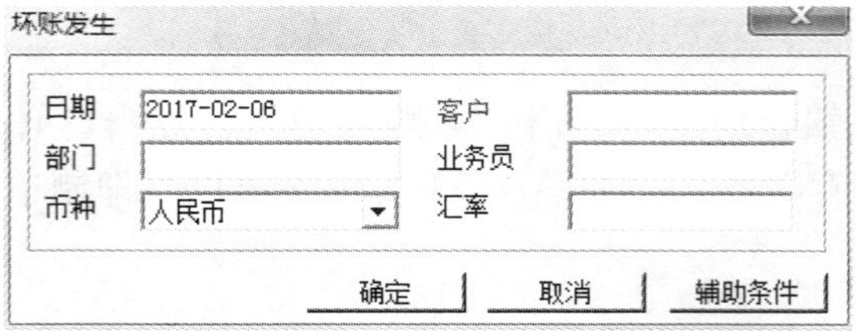

图 4-85（a）

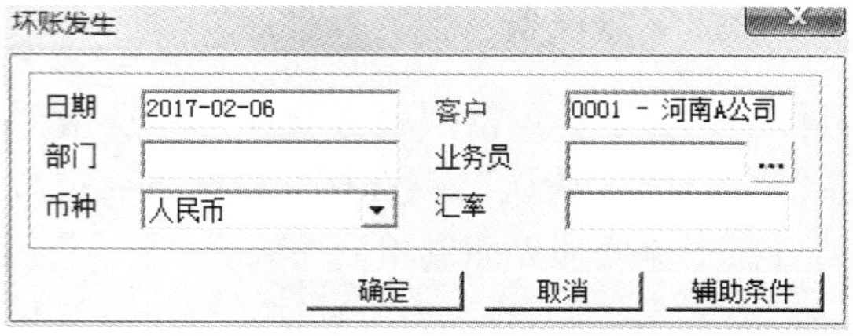

图 4-85（b）

坏账发生单据明细

单据类型	单据编号	单据日期	合同号	合同名称	到期日	余额	部门	业务员	本次发生坏账金额
销售专用发票	0000000001	2017-01-31			2017-01-31	48,900.00	销售一部		
销售专用发票	0000000007	2017-02-05			2017-02-05	755.00	销售二部		
销售专用发票	0000000008	2017-02-06			2017-02-06	1,170.00	销售一部		
销售专用发票	0000000009	2017-02-06			2017-02-06	102.00	销售一部		
合　计						50,927.00			0.00

图 4-85（c）

坏账发生单据明细

单据类型	单据编号	单据日期	合同号	合同名称	到期日	余额	部门	业务员	本次发生坏账金额
销售专用发票	0000000001	2017-01-31			2017-01-31	48,900.00	销售一部		900
销售专用发票	0000000007	2017-02-05			2017-02-05	755.00	销售二部		
销售专用发票	0000000008	2017-02-06			2017-02-06	1,170.00	销售一部		
销售专用发票	0000000009	2017-02-06			2017-02-06	102.00	销售一部		
合　计						50,927.00			900.00

图 4-85（d）

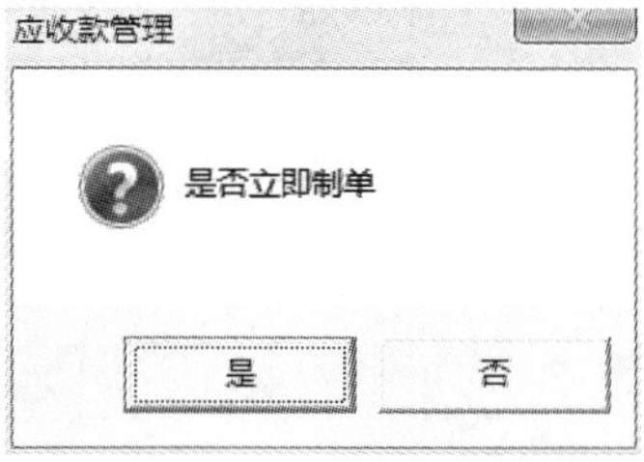

图 4-85（e）

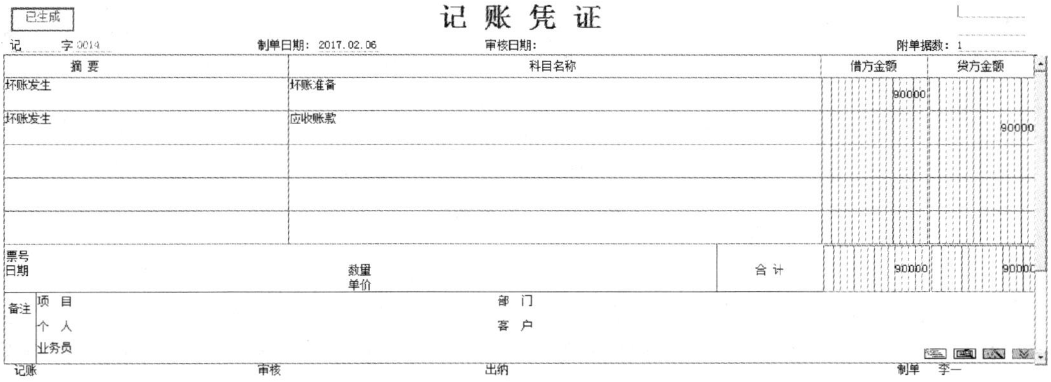

图 4-85（f）

图 4-85　坏账发生

4.6.3 坏账收回

具体操作如下：点击“财务会计”→点击“应收款管理”→点击“坏账处理”→点击“坏账收回”→录入相关信息→点击“确定”→选择立即制单→点击“保存”按钮，如图 4-86 所示。

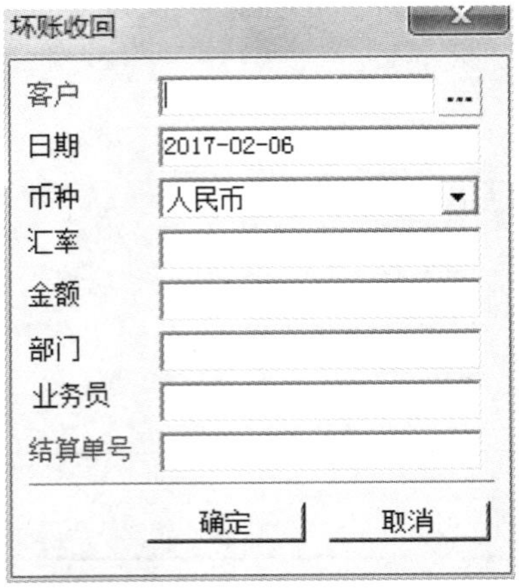

图 4-86（a）

图 4-86（b）

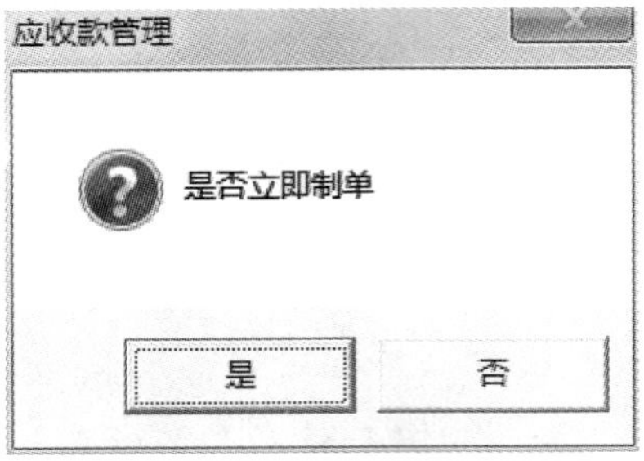

图 4-86（c）

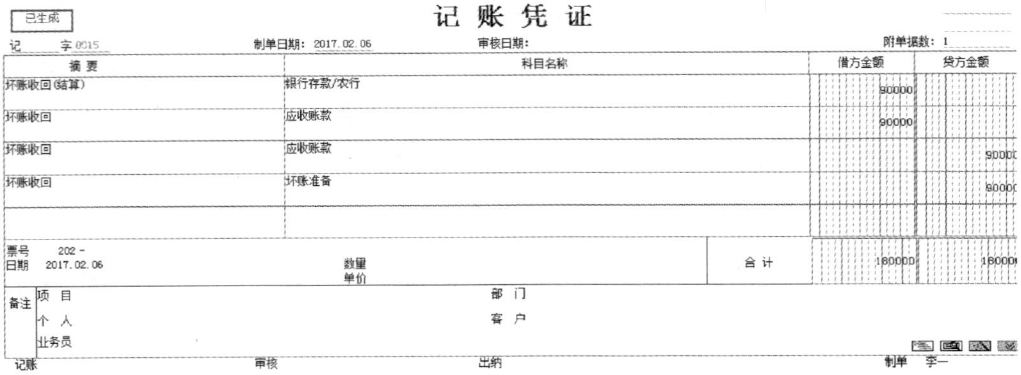

图 4-86（d）

图 4-86 坏账收回

［特别提示］

· 发生的坏账又收回，在填制收款单时，只需要保存即可，不进行审核。

· 在计提坏账准备、坏账发生、坏账收回完成后，可以选择立即制单，也可以在“制单处理”界面生成有关会计凭证。

4.7 制单处理

在应收单据处理、收款单据处理、转账、坏账处理等功能中，发生的相关经济业务完成相关操作后可以立即制单，也可以不立即制单，而在制单处理功能模块中制单，生成会计凭证。

具体操作如下：点击“财务会计”→点击“应收款管理”→点击“制单处理”→选择相关条件→点击“确定”→选中有关记录→点击“制单”→点击“保存”按钮，如图 4-87 所示。

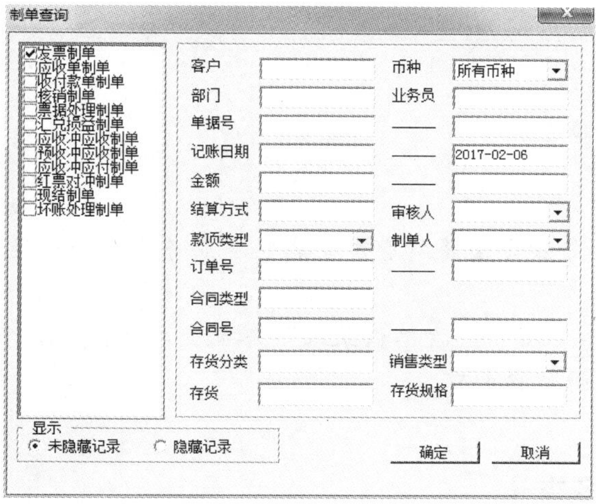

图 4-87（a）

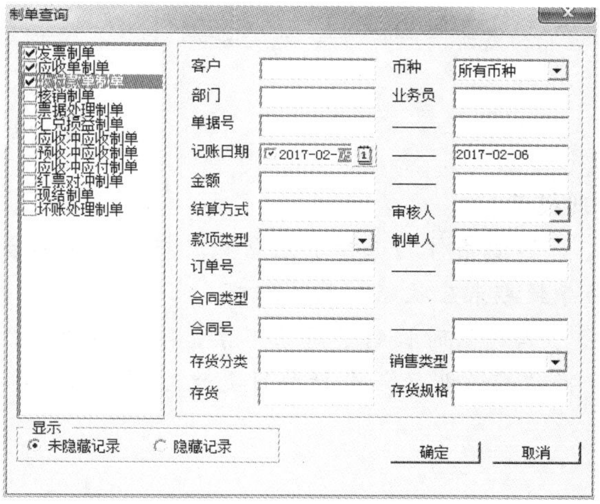

图 4-87（b）

应收制单

凭证类别 记账凭证　制单日期 2017-02-06　共 9 条

选择标志	凭证类别	单据类型	单据号	日期	客户编码	客户名称	部门	业务员	金额
	记账凭证	销售专...	0000000004	2017-02-06	0201	浙江乙公司	销售一部		14,040.00
	记账凭证	销售专...	0000000006	2017-02-05	0101	湖北甲公司	销售二部		1,310.40
	记账凭证	销售专...	0000000007	2017-02-05	0202	辽宁甲公司	销售二部		1,755.00
	记账凭证	销售专...	0000000008	2017-02-06	0001	河南A公司	销售一部		1,170.00
	记账凭证	销售专...	0000000009	2017-02-06	0002	吉林甲公司	销售一部		702.00
	记账凭证	收款单	0000000004	2017-02-06	0101	湖北甲公司			1,872.00
	记账凭证	收款单	0000000005	2017-02-06	0201	浙江乙公司	销售一部		14,040.00
	记账凭证	收款单	0000000006	2017-02-06	0101	湖北甲公司	销售一部		1,872.00
	记账凭证	收款单	0000000007	2017-02-05	0001	河南A公司	销售一部		8,500.00

图 4-87（c）

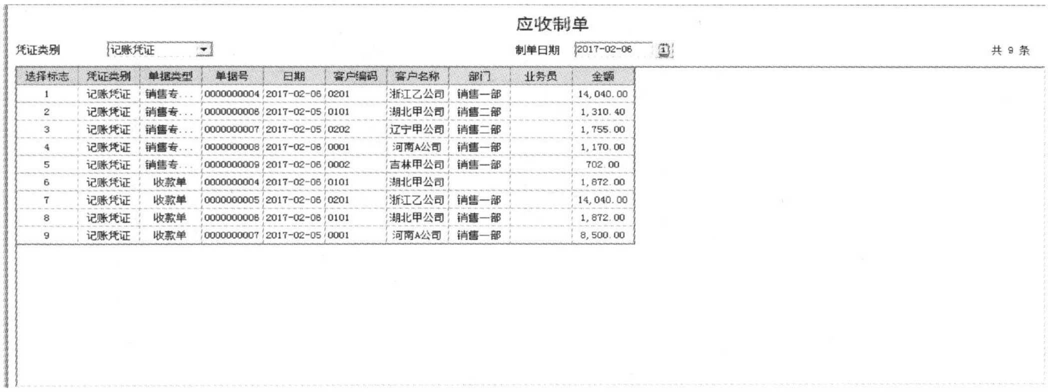

应收制单

凭证类别 记账凭证　制单日期 2017-02-06　共 9 条

选择标志	凭证类别	单据类型	单据号	日期	客户编码	客户名称	部门	业务员	金额
1	记账凭证	销售专...	0000000004	2017-02-06	0201	浙江乙公司	销售一部		14,040.00
2	记账凭证	销售专...	0000000006	2017-02-05	0101	湖北甲公司	销售二部		1,310.40
3	记账凭证	销售专...	0000000007	2017-02-05	0202	辽宁甲公司	销售二部		1,755.00
4	记账凭证	销售专...	0000000008	2017-02-06	0001	河南A公司	销售一部		1,170.00
5	记账凭证	销售专...	0000000009	2017-02-06	0002	吉林甲公司	销售一部		702.00
6	记账凭证	收款单	0000000004	2017-02-06	0101	湖北甲公司			1,872.00
7	记账凭证	收款单	0000000005	2017-02-06	0201	浙江乙公司	销售一部		14,040.00
8	记账凭证	收款单	0000000006	2017-02-06	0101	湖北甲公司	销售一部		1,872.00
9	记账凭证	收款单	0000000007	2017-02-05	0001	河南A公司	销售一部		8,500.00

图 4-87（d）

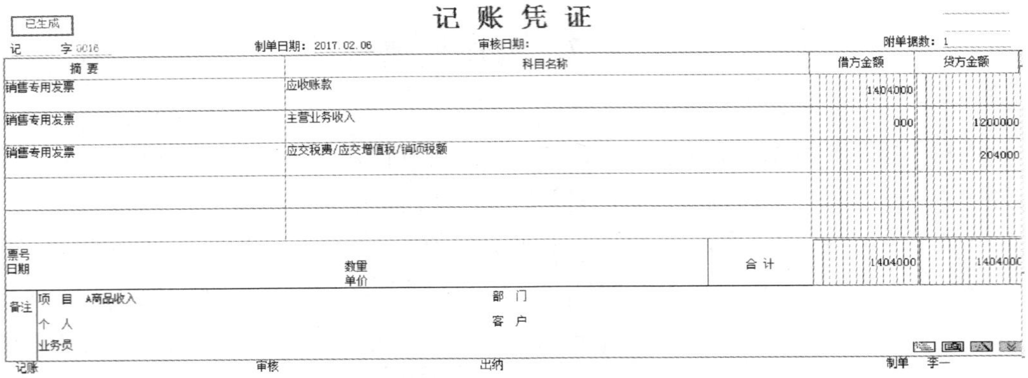

图 4-87（e）

图 4-87　制单处理

［特别提示］

· 过滤条件的选择十分重要，条件选择不合理会导致无法将所有发生的经济业务生成会计凭证，进而导致期末应收账款无法结账。

· 若销售时收到了商业汇票，有关数据仍然需要录入“应收单据录入”界面，在生成会计凭证时，将“应收账款”会计科目更改为“应收票据”会计科目即可。

4.8　单据查询

4.8.1　发票查询

具体操作如下：点击“财务会计”→点击“应收款管理”→点击“单据查询”→点击“发票查询”→选择相关条件→点击“确定”按钮，如图 4-88 所示。

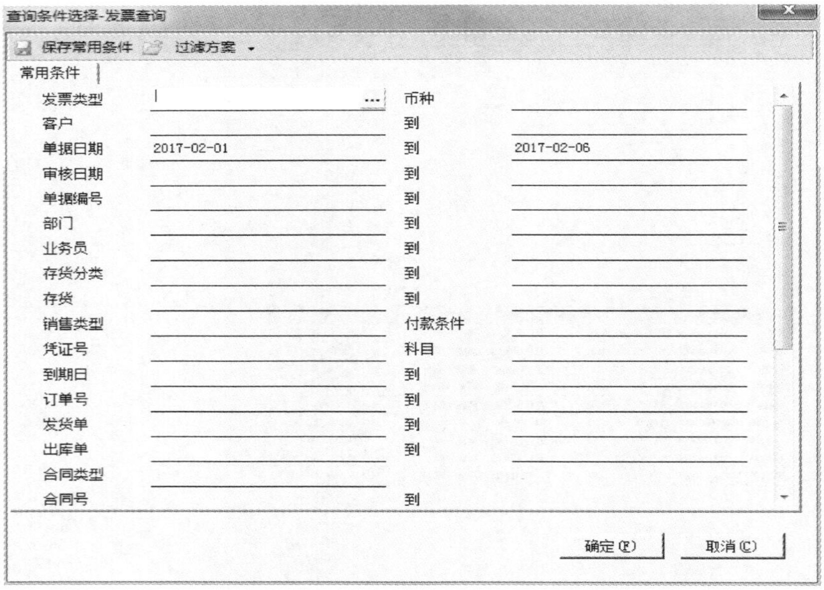

图 4-88（a）

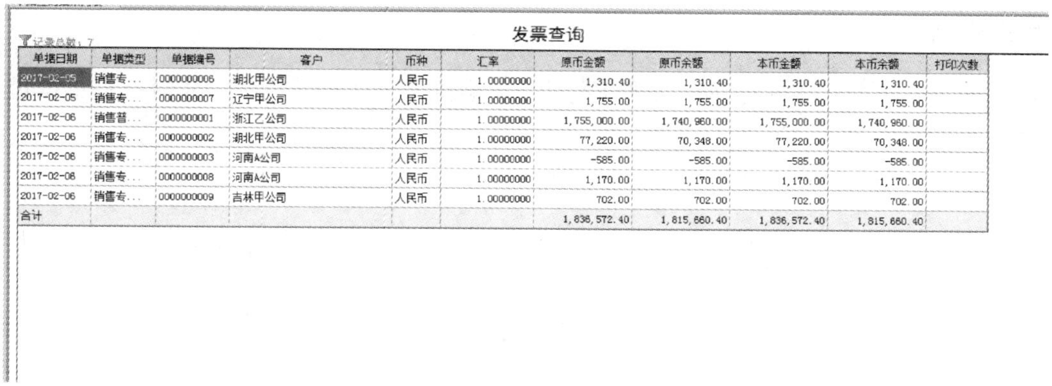

发票查询

记录总数：7

单据日期	单据类型	单据编号	客户	币种	汇率	原币金额	原币余额	本币金额	本币余额	打印次数
2017-02-05	销售专...	0000000006	湖北甲公司	人民币	1.00000000	1,310.40	1,310.40	1,310.40	1,310.40	
2017-02-05	销售专...	0000000007	辽宁甲公司	人民币	1.00000000	1,755.00	1,755.00	1,755.00	1,755.00	
2017-02-06	销售普...	0000000001	浙江乙公司	人民币	1.00000000	1,755,000.00	1,740,960.00	1,755,000.00	1,740,960.00	
2017-02-06	销售专...	0000000002	湖北甲公司	人民币	1.00000000	77,220.00	70,348.00	77,220.00	70,348.00	
2017-02-06	销售专...	0000000003	河南A公司	人民币	1.00000000	-585.00	-585.00	-585.00	-585.00	
2017-02-06	销售专...	0000000008	河南A公司	人民币	1.00000000	1,170.00	1,170.00	1,170.00	1,170.00	
2017-02-06	销售专...	0000000009	吉林甲公司	人民币	1.00000000	702.00	702.00	702.00	702.00	
合计						1,836,572.40	1,815,660.40	1,836,572.40	1,815,660.40	

图 4-88（b）

图 4-88　发票查询

4.8.2　收付款单查询

具体操作如下：点击“财务会计”→点击“应收款管理”→点击“单据查询”→点击“收付款单查询”→选择相关条件→点击“确定”按钮，如图 4-89 所示。

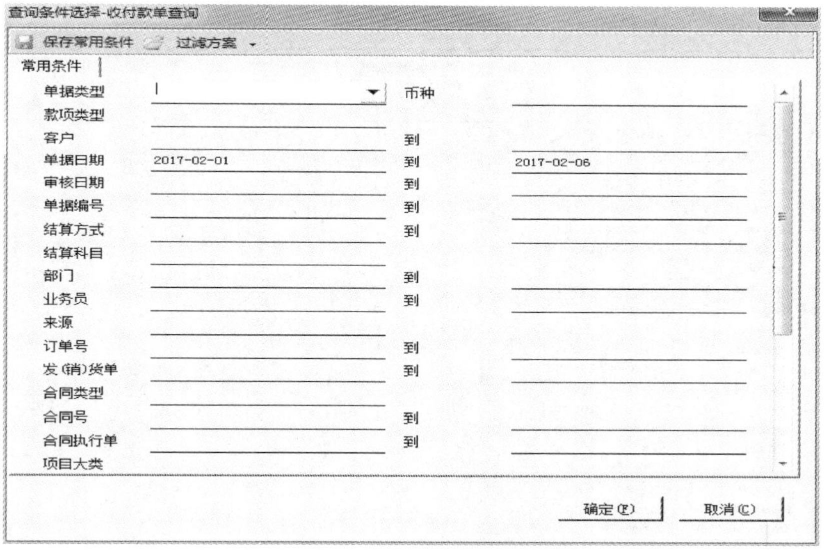

图 4-89（a）

收付款单查询

打印模版 AR48 应收收款单打

记录总数：1

选择打印	单据日期	单据类型	单据编号	客户	币种	汇率	原币金额	原币余额	本币金额	本币余额	打印次数
	2017-02-06	收款单	0000000003	河南A公司	人民币	1.00000000	10,000.00	9,000.00	10,000.00	9,000.00	0
合计							10,000.00	9,000.00	10,000.00	9,000.00	

图 4-89（b）

图 4-89　收付款单查询

4.8.3 凭证查询

若发现已经生成的会计凭证存在错误，在此功能下删除某一张会计凭证，先对有关单据进行修改、审核，然后生成正确的会计凭证。

若认为此凭证完全不再需要，可以进行删除处理。

［特别提示］

不能在总账系统中将在应收账款系统生成的会计凭证进行修改和作废操作。

具体操作如下：点击“财务会计”→点击“应收款管理”→点击“单据查询”→点击“凭证查询”→选择相关条件→点击“确定”按钮，如图 4-90 所示。

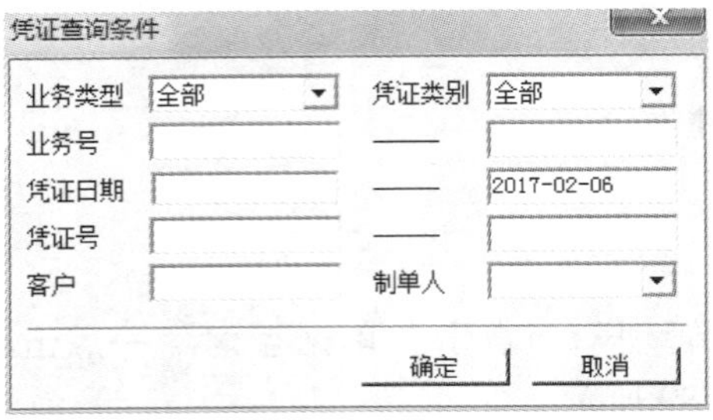

图 4-90（a）

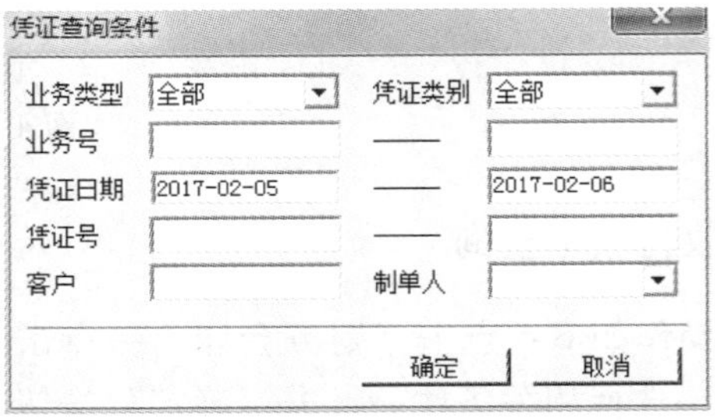

图 4-90（b）

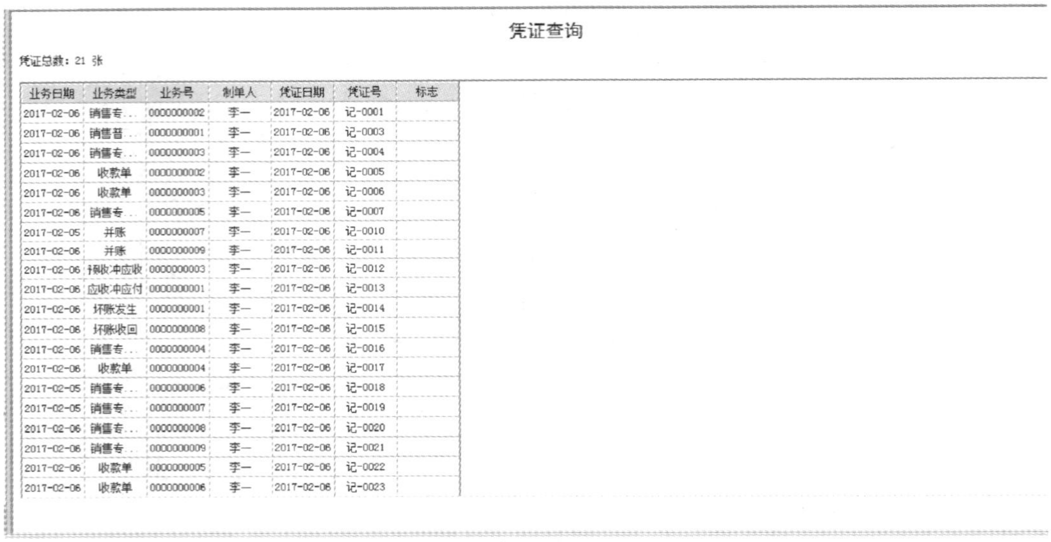

凭证查询

凭证总数：21 张

业务日期	业务类型	业务号	制单人	凭证日期	凭证号	标志
2017-02-06	销售专...	0000000002	李一	2017-02-06	记-0001	
2017-02-06	销售普...	0000000001	李一	2017-02-06	记-0003	
2017-02-06	销售专...	0000000003	李一	2017-02-06	记-0004	
2017-02-06	收款单	0000000002	李一	2017-02-06	记-0005	
2017-02-06	收款单	0000000003	李一	2017-02-06	记-0006	
2017-02-06	销售专...	0000000005	李一	2017-02-06	记-0007	
2017-02-05	并账	0000000007	李一	2017-02-06	记-0010	
2017-02-06	并账	0000000009	李一	2017-02-06	记-0011	
2017-02-06	预收冲应收	0000000003	李一	2017-02-06	记-0012	
2017-02-06	应收冲应付	0000000001	李一	2017-02-06	记-0013	
2017-02-06	坏账发生	0000000001	李一	2017-02-06	记-0014	
2017-02-06	坏账收回	0000000008	李一	2017-02-06	记-0015	
2017-02-06	销售专...	0000000004	李一	2017-02-06	记-0016	
2017-02-06	收款单	0000000004	李一	2017-02-06	记-0017	
2017-02-05	销售专...	0000000006	李一	2017-02-06	记-0018	
2017-02-05	销售专...	0000000007	李一	2017-02-06	记-0019	
2017-02-06	销售专...	0000000008	李一	2017-02-06	记-0020	
2017-02-06	销售专...	0000000009	李一	2017-02-06	记-0021	
2017-02-06	收款单	0000000005	李一	2017-02-06	记-0022	
2017-02-06	收款单	0000000006	李一	2017-02-06	记-0023	

图 4-90（c）

图 4-90　凭证查询

4.9　账表管理

4.9.1 业务总账

具体操作如下：点击“财务会计”→点击“应收款管理”→点击“账表管理”→点击“业务总账”→选择相关条件→点击“确定”按钮，如图 4-91 所示。

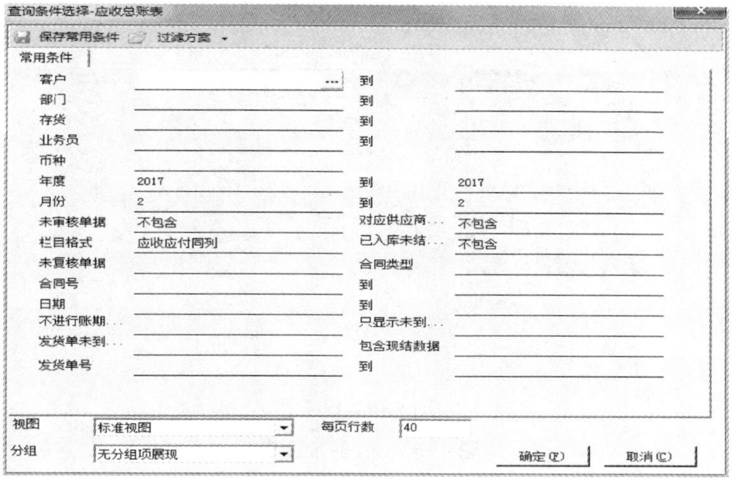

图 4-91（a）

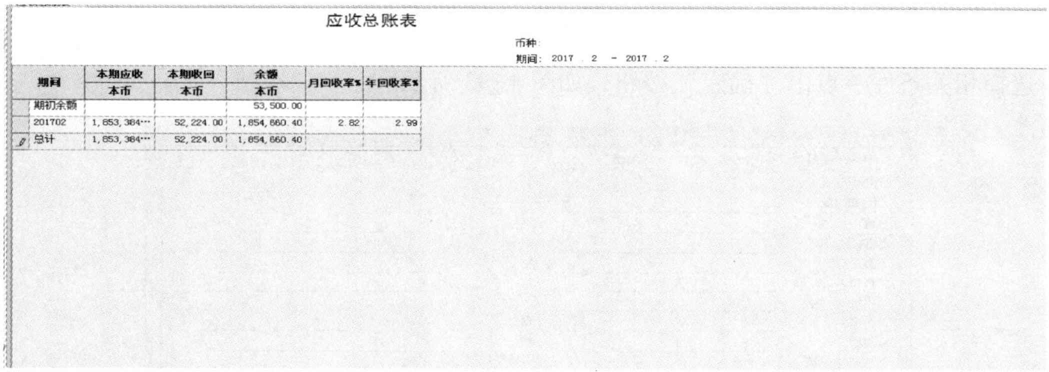

期间	本期应收	本期收回	余额	月回收率%	年回收率%
	本币	本币	本币		
期初余额			53,500.00		
201702	1,853,384···	52,224.00	1,854,660.40	2.82	2.99
总计	1,853,384···	52,224.00	1,854,660.40		

图 4-91（b）

图 4-91　业务总账

4.9.2　业务余额表

具体操作如下：点击“财务会计”→点击“应收款管理”→点击“账表管理”→点击“业务余额表”→选择相关条件→点击“确定”按钮，如图 4-92 所示。

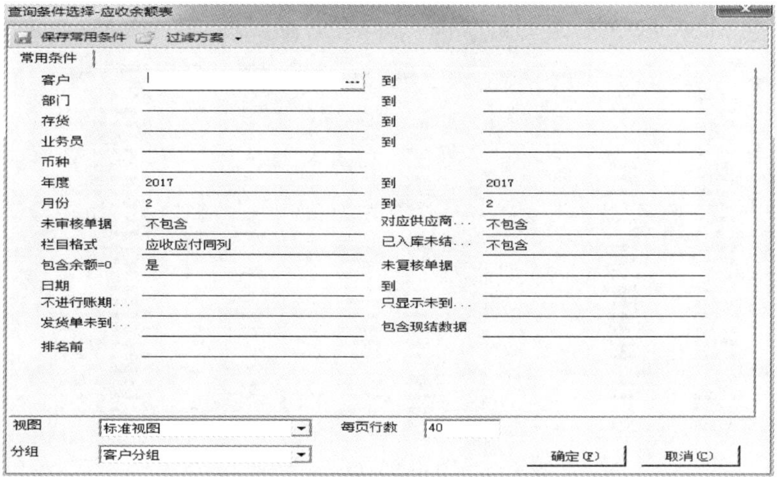

图 4-92（a）

应收余额表

币种

期间 2017 . 2 - 2017 . 2

客户编码	客户名称	期初	本期应收	本期收回	余额	周转率	周转天数
		本币	本币	本币	本币	本币	本币
0001	河南A公司	58, 500. 00	2, 342. 00	20, 400. 00	40, 442. 00	0. 05	540. 00
(小计)…		58, 500. 00	2, 342. 00	20, 400. 00	40, 442. 00		
0002	吉林甲公司	0. 00	600. 00	0. 00	600. 00	2. 00	13. 50
(小计)…		0. 00	600. 00	0. 00	600. 00		
0101	湖北甲公司	-5, 000. 00	80, 402. 40	3, 744. 00	71, 658. 40	2. 41	11. 20
(小计)…		-5, 000. 00	80, 402. 40	3, 744. 00	71, 658. 40		
0201	浙江乙公司	0. 00	1, 769, 040. 00	28, 080. 00	1, 740, 960. 00	2. 03	13. 30
(小计)…		0. 00	1, 769, 040. 00	28, 080. 00	1, 740, 960. 00		
0202	辽宁甲公司	0. 00	1, 000. 00	0. 00	1, 000. 00	2. 00	13. 50
(小计)…		0. 00	1, 000. 00	0. 00	1, 000. 00		
总计		53, 500. 00	1, 853, 384. 40	52, 224. 00	1, 854, 660. 40		

图 4-92（b）

图 4-92　业务余额表

4.9.3　业务明细账

具体操作如下：点击“财务会计”→点击“应收款管理”→点击“账表管理”→点击“业务明细账”→选择相关条件→点击“确定”按钮，如图 4-93 所示。

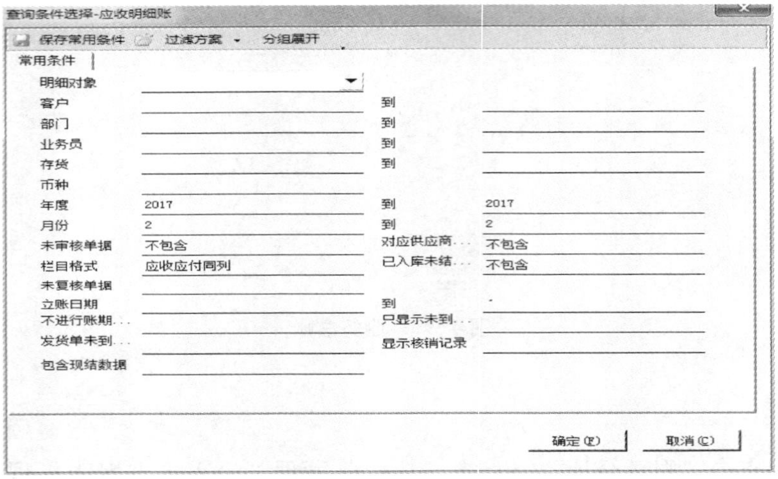

图 4-93（a）

应收明细账

币种：　全部

期间：　2　-　2

年	月	日	凭证号	客户编码	客户名称	摘要	订单号	发货单	出库单	单据类型	单据号	币种	本期应收	本期收回	余额	到期日
													本币	本币	本币	
				0001	河南A公司	期初余额									58, 500. 00	
2017	2	5	记-0024	0001	河南A公司	收款单				收款单	0000000007	人民币		8, 500. 00	50, 000. 00	2017-02-05
2017	2	5	记-0010	0001	河南A公司	并账				并账	BZAR0000...	人民币	755. 00		50, 755. 00	2017-02-05
2017	2	6	记-0004	0001	河南A公司	销售专...				销售专...	0000000003	人民币	-585. 00		50, 170. 00	2017-02-06
2017	2	6	记-0006	0001	河南A公司					收款单	0000000003	人民币		10, 000. 00	40, 170. 00	2017-02-06
2017	2	6	记-0020	0001	河南A公司	销售专...				销售专...	0000000008	人民币	1, 170. 00		41, 340. 00	2017-02-06
2017	2	6	记-0011	0001	河南A公司	并账				并账	BZAR0000...	人民币	102. 00		41, 442. 00	2017-02-06
2017	2	6	记-0013	0001	河南A公司	应收冲应付				应收冲应付	YCFAP000...	人民币		100. 00	41, 342. 00	2017-01-31
2017	2	6	记-0014	0001	河南A公司	坏账发生				坏账发生	HZAR0000...	人民币		900. 00	40, 442. 00	2017-01-31
2017	2	6	记-0015	0001	河南A公司	坏账收回				坏账收回	HZAR0000...	人民币	900. 00	900. 00	40, 442. 00	2017-02-06
				(0001)...									2, 342. 00	20, 400. 00	40, 442. 00	
2017	2	6	记-0021	0002	吉林甲公司	销售专...				销售专...	0000000009	人民币	702. 00		702. 00	2017-02-06
2017	2	6	记-0011	0002	吉林甲公司	并账				并账	BZAR0000	人民币	-102. 00		600. 00	2017-02-06
				(0002)...									600. 00		600. 00	
				0101	湖北甲公司	期初余额									-5, 000. 00	
2017	2	5	记-0018	0101	湖北甲公司	销售专...				销售专...	0000000006	人民币	1, 310. 40		-3, 689. 60	2017-02-05
2017	2	6	记-0001	0101	湖北甲公司	销售专				销售专	0000000002	人民币	77, 220. 00		73, 530. 40	2017-02-06
2017	2	6	记-0007	0101	湖北甲公司	销售专...				销售专...	0000000005	人民币	1, 872. 00		75, 402. 40	2017-02-06
2017	2	6	记-0017	0101	湖北甲公司	收款单				收款单	0000000004	人民币		1, 872. 00	73, 530. 40	2017-02-06
2017	2	6	记-0023	0101	湖北甲公司	销售专...				收款单	0000000006	人民币		1, 872. 00	71, 658. 40	2017-02-06
				(0101)...									80, 402. 40	3, 744. 00	71, 658. 40	
2017	2	6	记-0003	0201	浙江乙公司	销售普...				销售普...	0000000001	人民币	1, 755, 0...		1, 755, 000. 00	2017-02-06
2017	2	6	记-0016	0201	浙江乙公司	销售专...				销售专...	0000000004	人民币	14, 040. 00		1, 769, 040. 00	2017-02-06
2017	2	6	记-0005	0201	浙江乙公司	收款单				收款单	0000000002	人民币		14, 040. 00	1, 755, 000. 00	2017-02-06
2017	2	6	记-0022	0201	浙江乙公司	收款单				收款单	0000000005	人民币		14, 040. 00	1, 740, 960. 00	2017-02-06

图 4-93（b）

图 4-93　业务明细账

4.10 期末处理

期末处理系统期末一定要结账，结账后对该系统的数据就不能进行录入、修改了。若结账后发现有数据错误，可以进行反结账，数据修改完成后，再进行结账。

只有期末处理系统结账后，总账系统期末才能够进行结账处理。

4.10.1 期末结账

为保证本月月末结账工作顺利完成，本月期末结账系统所有生成的单据应当全部制单并记账，否则期末结账工作无法顺利完成。

具体操作如下：点击“财务会计”→点击“应收款管理”→点击“期末结账”→双击“结账标志”下对应的空栏→点击“下一步”→点击“完成”按钮，如图4-94所示。

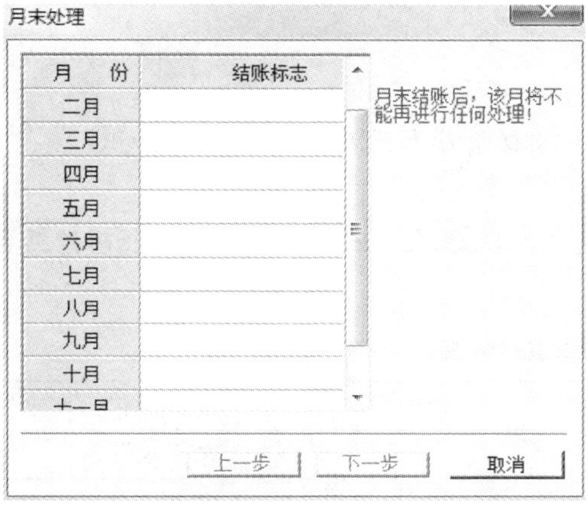

图4-94（a）

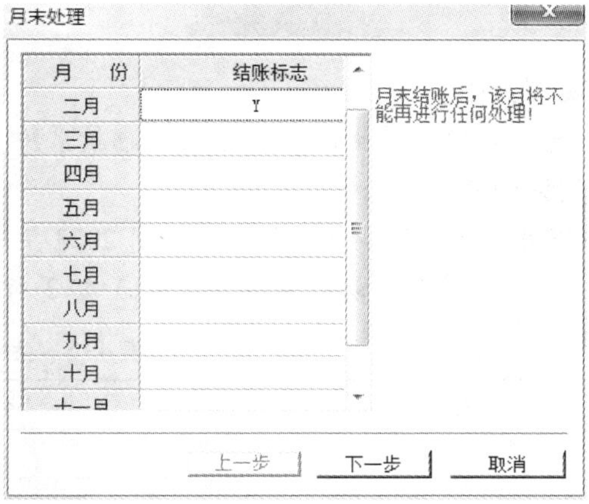

图4-94（b）

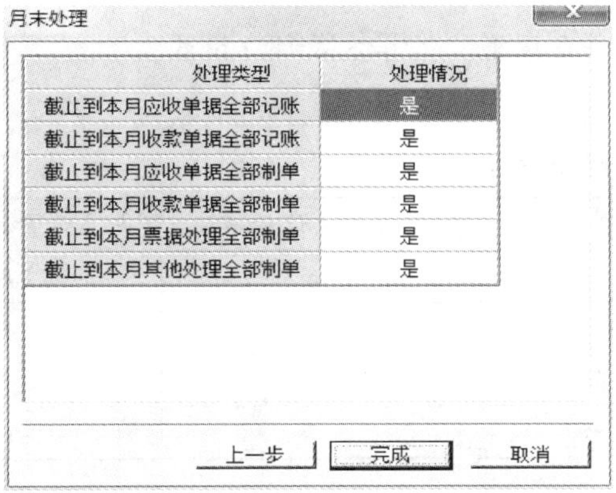

图4-94（c）

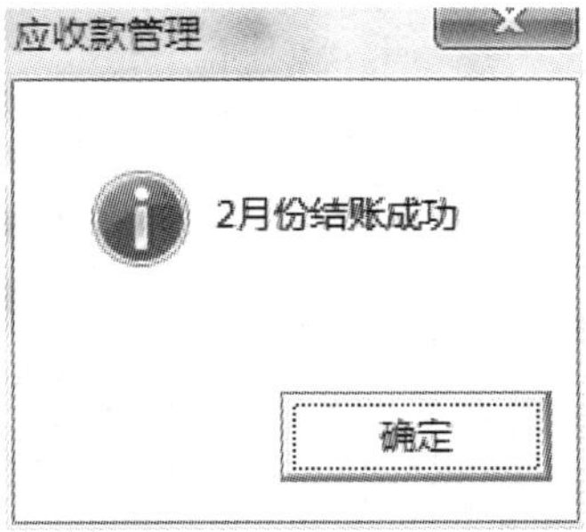

图4-94（d）

图4-94 期末结账

4.10.2 取消月结

具体操作如下：点击“财务会计”→点击“应收款管理”→点击“取消月结”→点击“确定”按钮，如图4-95所示。

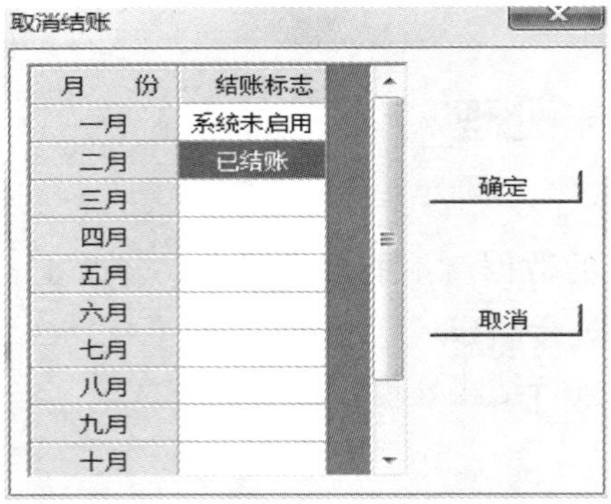

图 4-95（a）

图 4-95（b）

图 4-95 取消月结

实训一 应收账款系统设置实训

[实训目的]

通过本实训，学生能够掌握应收账款系统初始设置、期初余额和选项的相关操作知识。

[实训内容]

以下是广东珠江实业股份有限公司 2023 年 4 月 1 日有关应收账款、应收票据的期初余额数据资料。

（1）会计科目辅助核算设置表如表 4-3 所示。

表 4-3 会计科目辅助核算设置表

序号	会计科目	辅助核算
1	应收账款	客户往来
2	应收票据	客户往来
3	预收账款	客户往来

（2）完成基本科目设置、控制科目设置、产品科目设置、结算方式科目设置。

（3）计量单位组如表 4-4 所示。

表 4-4 计量单位组

分组编码	计量单位组名称	二级编码	计量单位名称	是否为主计量单位	与主计量单位换算率
02	混合计量组	0201	个	否	固定换算率
		0202	件	否	固定换算率
		0203	箱	否	固定换算率
		0204	台	否	固定换算率

（4）单位开户行有关资料如表 4-5 所示。

表 4-5 开户行有关资料

编码	01	银行账号	123456789012
账户名称	广东珠江实业股份有限公司	开户时间	2010-01-05
币种	人民币	开户银行	工行广东分行
所属银行	中国工商银行	联行号	95588

5 应付账款系统

应付账款系统由设置、应付单据处理、付款单据处理、核销处理、转账、制单处理、单据查询、账表管理、期末处理等内容组成。

应付账款系统的主要功能是通过期初的设置，录入与应付账款、应付票据、预付账款相关的期初余额数据、本期发生的相关数据（在没有启用供应链的前提下），生成与应付账款、应付票据、预付账款相关的会计凭证；根据管理需要，查询每个客户的应付账款、应付票据、预付账款等会计科目的明细账和总账，获取有关财务数据。

5.1 设置

设置由初始设置和期初余额录入两部分内容组成。

5.1.1 初始设置

5.1.1.1 基本科目设置

进行此操作的前提是应在“基础设置”中将“应付账款”“应付票据”“预付账款”等会计科目设定为供应商往来辅助核算类科目，否则无法进行操作。

由于存货的核算方法有计划成本法和实际成本法两种核算方法，因此在计划成本法下采购科目应设置为“材料采购”，在实际成本法下采购科目应设置为“原材料”或“库存商品”。

具体操作如下：点击“业务工作”→点击“财务会计”→点击“应付款管理”→点击“设置”→点击“初始设置”→点击“基本科目设置”→点击“增加”按钮，并录入相关信息，如图 5-1 所示。

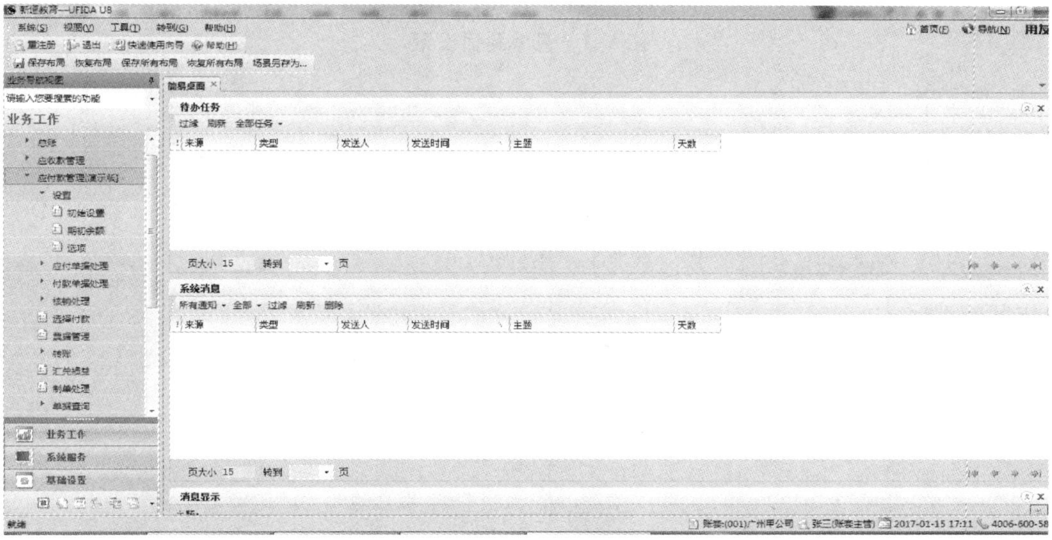

图 5-1（a）

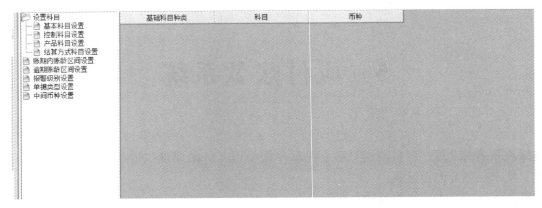

图 5-1（b）

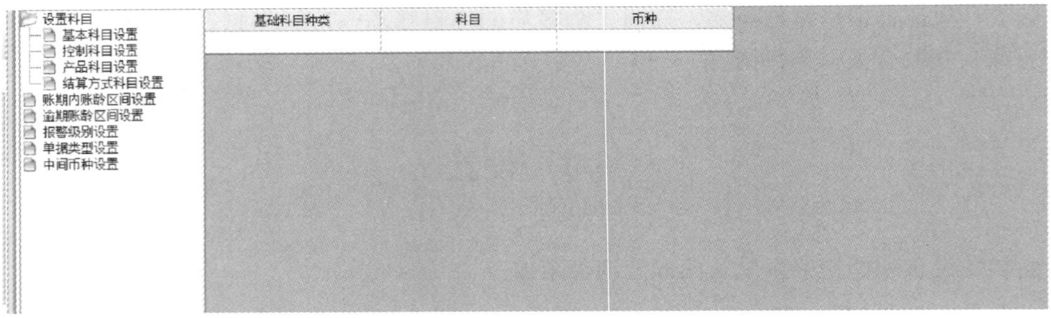

图 5-1（c）

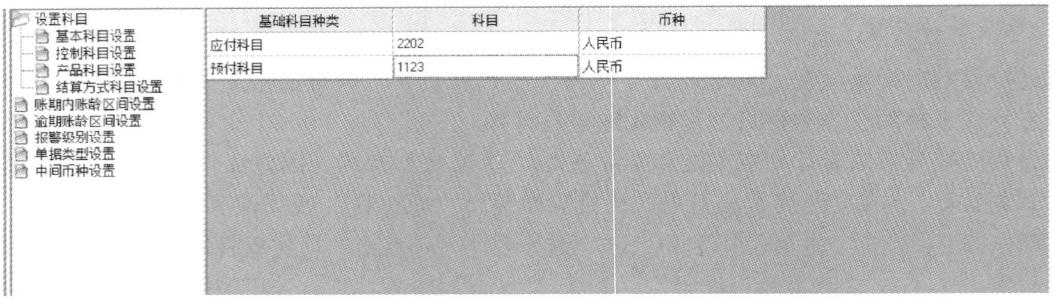

图 5-1（d）

图 5-1　基本科目设置

5.1.1.2　控制科目设置

具体操作如下：点击“业务工作”→点击“财务会计”→点击“应付款管理”→点击“设置”→点击“初始设置”→点击“控制科目设置”按钮，并录入相关信息，如图 5-2 所示。

图 5-2（a）

供应商编码	供应商简称	应付科目	预付科目
010010001	辽宁A公司	2202	1123
010010002	辽宁B公司	2202	1123

图 5-2（b）

图 5-2　控制科目设置

5.1.1.3　产品科目设置

具体操作如下：点击“业务工作”→点击“财务会计”→点击“应付款管理”→点击“设置”→点击“初始设置”→点击“产品科目设置”按钮，并录入相关信息，如图 5-3 所示。

类别编码	类别名称	采购科目	产品采购税金科目	税率
01	原材料			
02	库存商品			
0201	空调			
020101	柜式空调			
02010101	格力			
0201010...	5匹空调			
02010102	海尔			
0201010...	5匹空调			
020102	窗式空调			
02010201	格力			
0201020...	2匹空调			
02010202	海尔			
0201020...	2匹空调			
0202	电脑			
03	周转材料			

图 5-3（a）

类别编码	类别名称	采购科目	产品采购税金科目	税率
01	原材料	1403	22210102	
02	库存商品	1405	22210102	
0201	空调	1405	22210102	
020101	柜式空调	1405	22210102	
02010101	格力	1405	22210102	
0201010...	5匹空调	1405	22210102	
02010102	海尔	1405	22210102	
0201010...	5匹空调	1405	22210102	
020102	窗式空调	1405	22210102	
02010201	格力	1405	22210102	
0201020...	2匹空调	1405	22210102	
02010202	海尔	1405	22210102	
0201020...	2匹空调	1405	22210102	
0202	电脑	1405	22210102	
03	周转材料			

图 5-3（b）

图 5-3　产品科目设置

5.1.1.4　结算方式科目设置

具体操作如下：点击“业务工作”→点击“财务会计”→点击“应付款管理”→点击“设置”→点击“初始设置”→点击“结算方式科目设置”按钮，并录入相关信息，如图 5-4 所示。

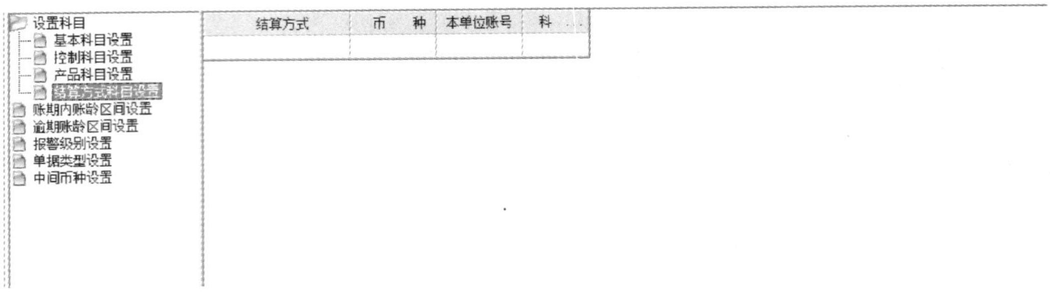

图 5-4（a）

图 5-4（b）

图 5-4　结算方式科目设置

5.1.1.5　账期内账龄区间设置

每个企业根据管理工作的实际需要，设置满足管理需要的应付账款管理天数，以加强对应付账款的管理工作。

例如，××公司以 30 天为时间段，对应付账款进行管理。

具体操作如下：点击“业务工作”→点击“财务会计”→点击“应付款管理”→点击“设置”→点击“初始设置”→点击“账期内账龄区间设置”按钮，并录入相关信息，如图 5-5 所示。

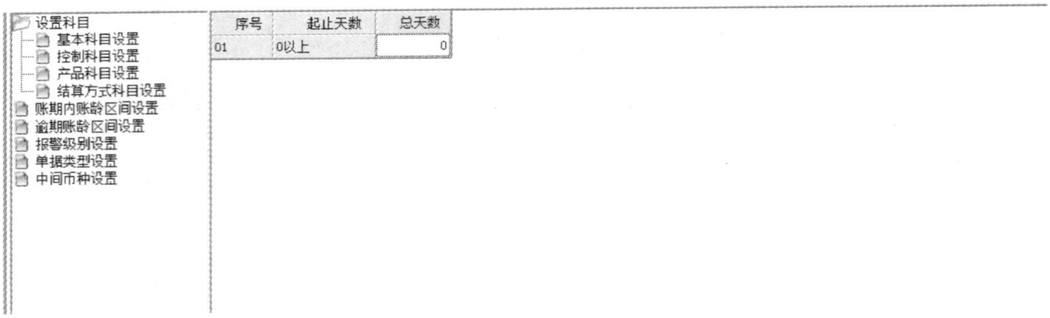

图 5-5（a）

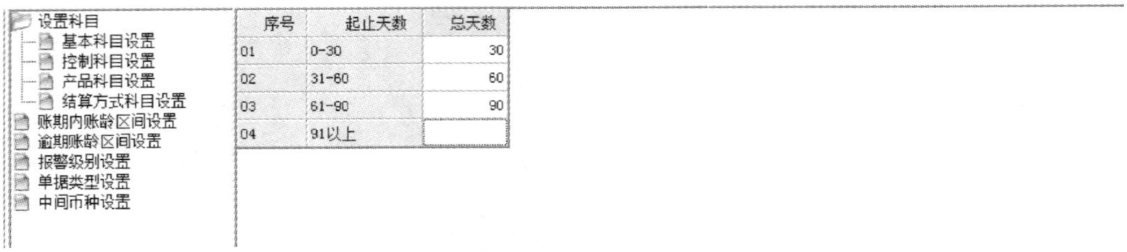

图 5-5（b）

图 5-5　账期内账龄区间设置

[特别提示]

录入总天数后，按“Enter”键就会自动弹出下一栏。

5.1.1.6 逾期账龄区间设置

每个企业根据管理工作的实际需要，设置应付账款逾期时间段，以加强对逾期应付账款的管理工作。

例如，××公司以30天为时间段，对应付账款进行管理。

具体操作如下：点击“业务工作”→点击“财务会计”→点击“应付款管理”→点击“设置”→点击“初始设置”→点击“逾期账龄区间设置”按钮，并录入相关信息，如图5-6所示。

图5-6（a）

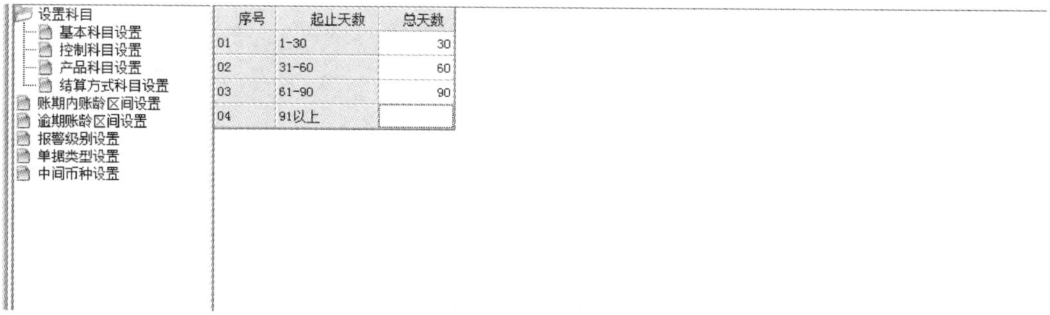

图5-6（b）

图5-6 逾期账龄区间设置

[特别提示]

录入总天数后，按“Enter”键就会自动弹出下一栏。

5.1.2 期初余额录入

期初余额录入可以分为三大类，分别是应付账款期初余额的录入、应付票据期初余额的录入和预付账款期初余额的录入。应付账款期初余额的录入又可以分为采购时取得增值税专用发票形成的应付账款期初余额的录入和采购时取得增值税普通发票形成的应付账款期初余额两大类。

5.1.2.1 应付账款期初余额的录入

第一，采购时取得增值税专用发票形成的应付账款期初余额的录入。

具体操作如下：点击“业务工作”→点击“财务会计”→点击“应付款管理”→点击“设置”→点击“期初余额”→选择“采购发票和采购专用发票”→点击“确定”→点击“增加”→点击“确定”→点击“增加”→录入相关信息→点击“保存”按钮，如图5-7所示。

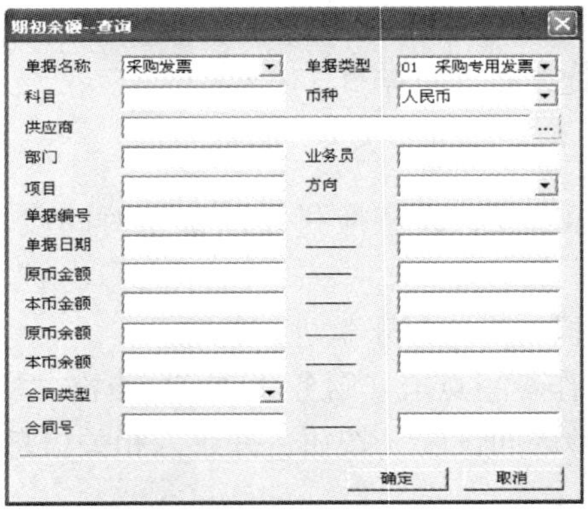

图 5-7（a）

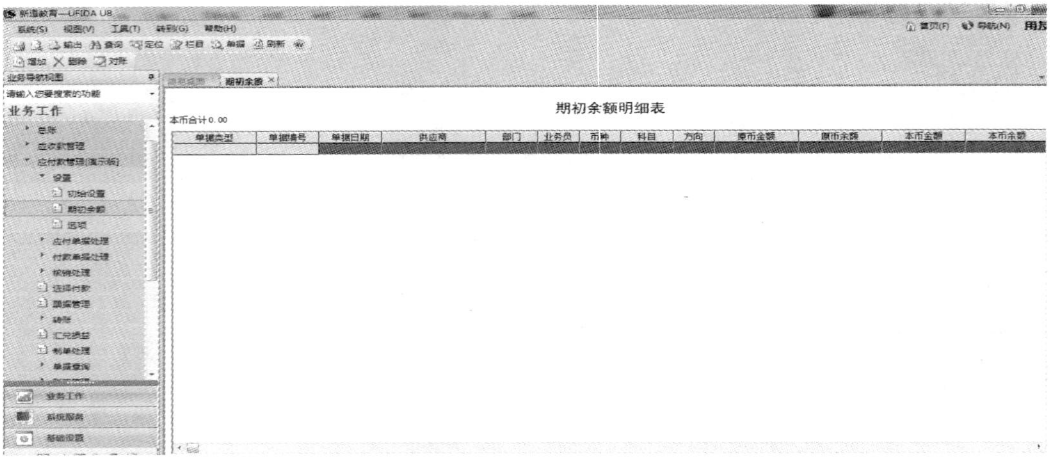

图 5-7（b）

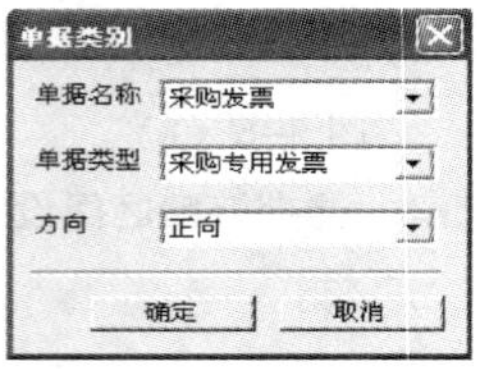

图 5-7（c）

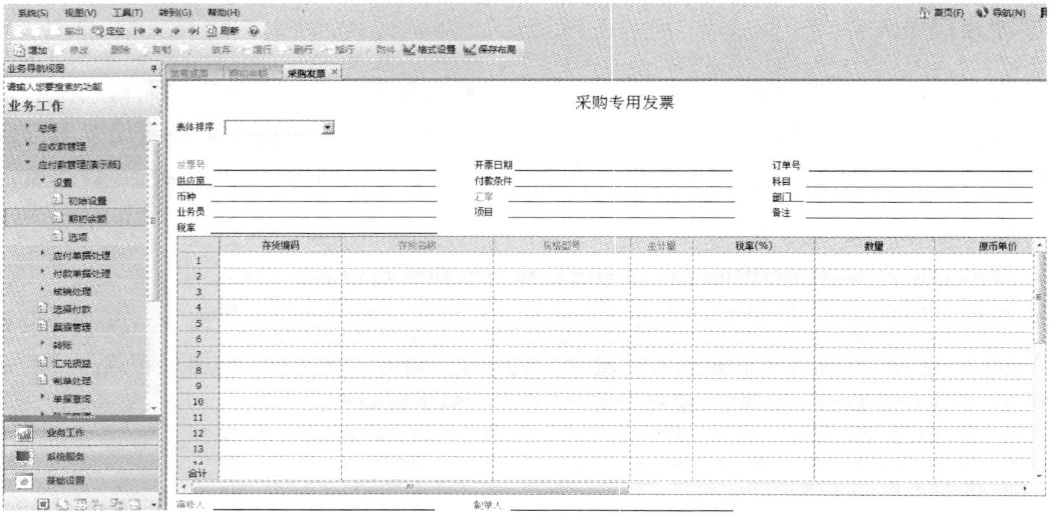

图 5-7（d）

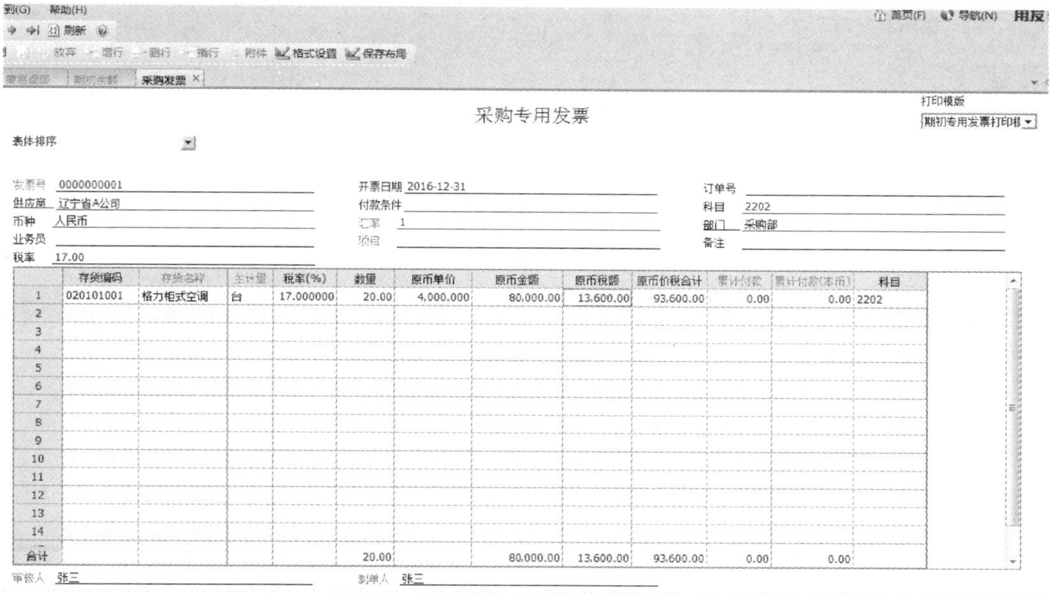

图 5-7（e）

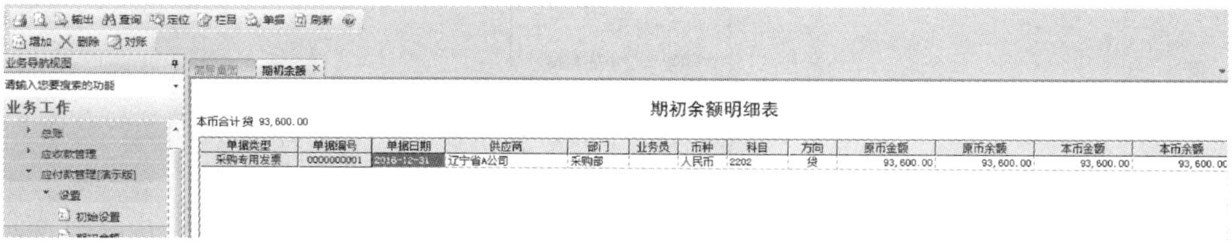

图 5-7（f）

图 5-7　采购时取得增值税专用发票形成的应付账款期初余额的录入

第二，采购时取得增值税普通发票形成的应付账款期初余额的录入。

具体操作如下：点击“业务工作”→点击“财务会计”→点击“应付款管理”→点击“设置”→点击“期初余额”→选择“采购发票和采购普通发票”→点击“确定”→点击“增加”→选择“采购普通发票”→点击“确定”→点击“增加”→录入相关信息→点击“保存”按钮，如图 5-8 所示。

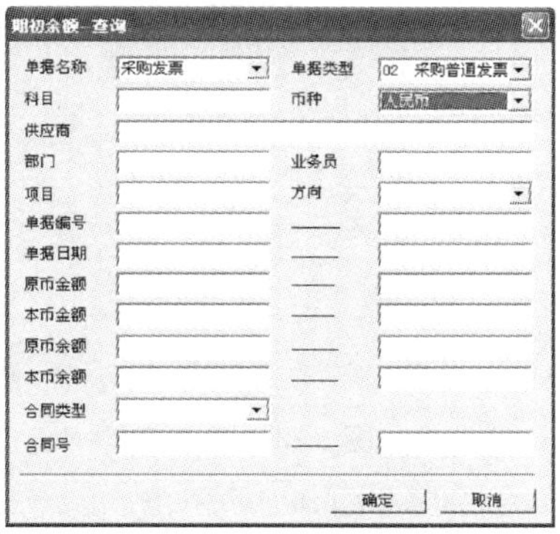

图 5-8（a）

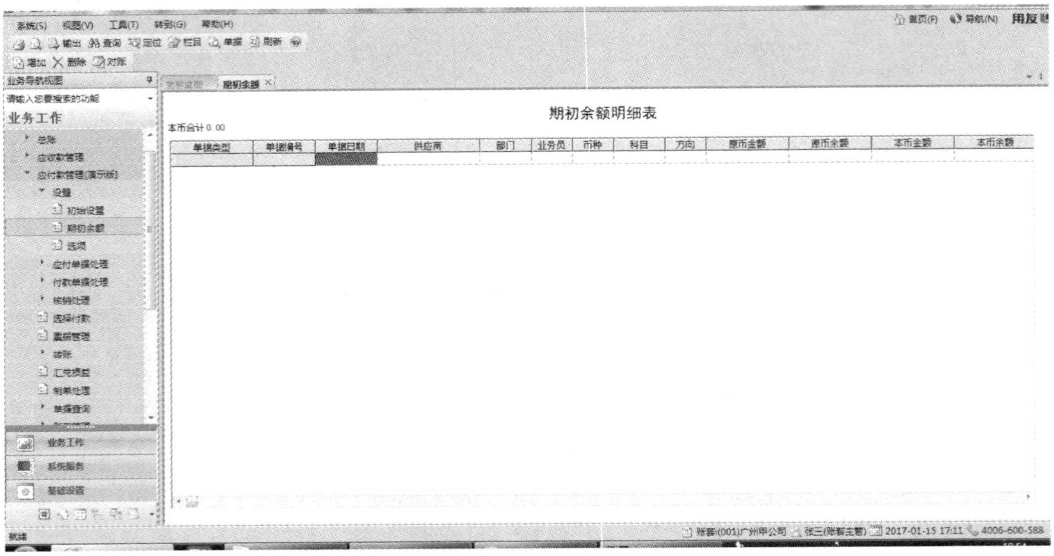

图 5-8（b）

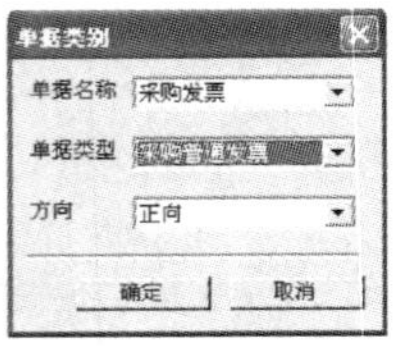

图 5-8（c）

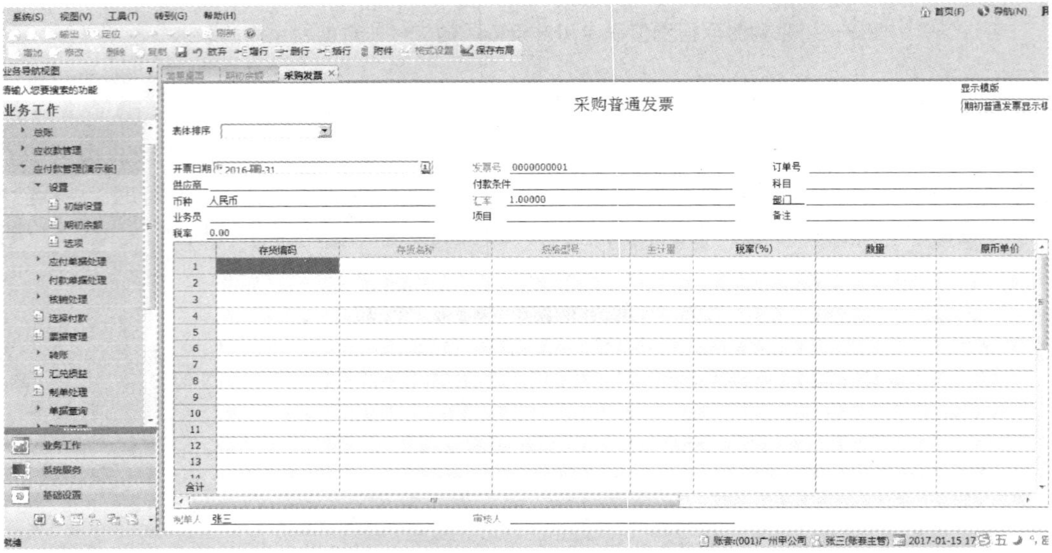

图 5-8（d）

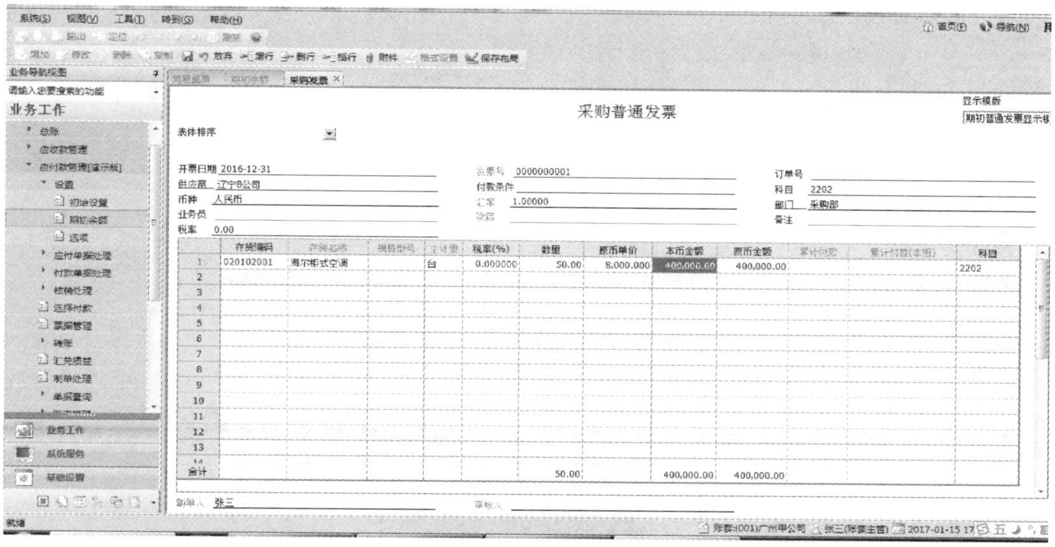

图 5-8（e）

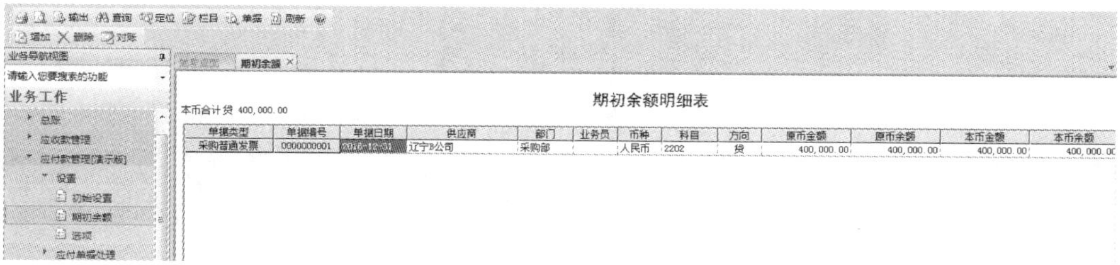

图 5-8（f）

图 5-8　采购时取得增值税普通发票形成的应付账款期初余额的录入

［特别提示］

录入增值税普通发票有关信息时，税率应当录入为 0。

5.1.2.2　应付票据期初余额的录入

具体操作如下：点击“业务工作”→点击“财务会计”→点击“应付款管理”→点击“设置”→点击“期初余额”→单据名称处选择“应付票据”选项，单据类型处选择“应付票据”“商业承兑汇票”或“银行承兑汇票”→点击“确定”→点击“增加”→选择“应付票据”“商业承兑汇票”或“银行承兑汇票”→点击“确定”→录入相关信息→点击“保存”按钮，如图 5-9 所示。

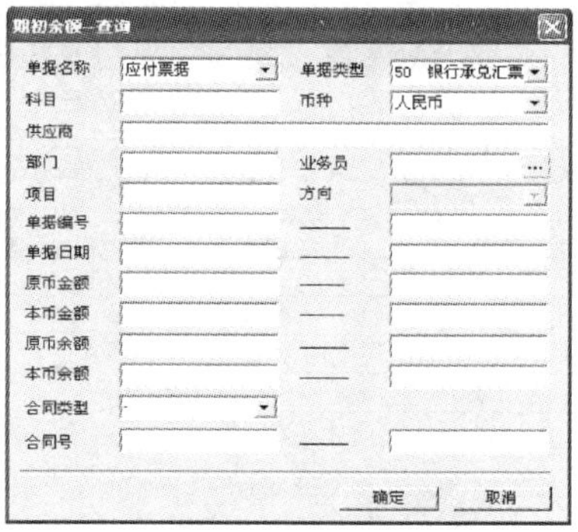

图 5-9（a）

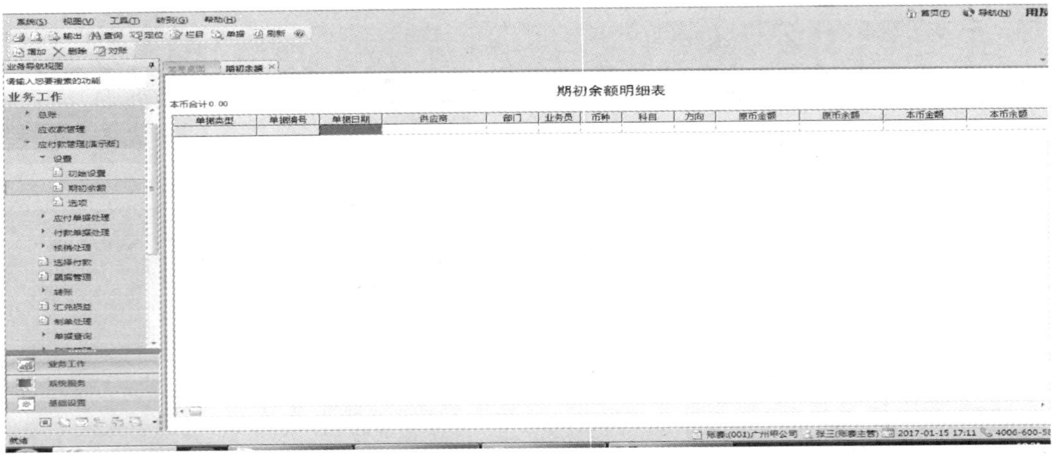

图 5-9（b）

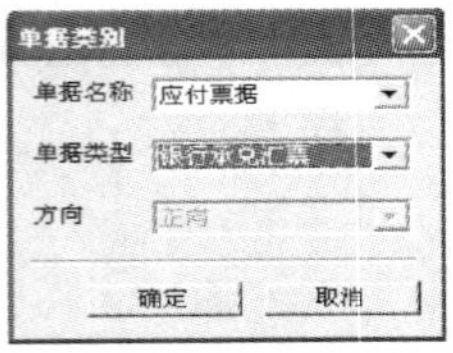

图 5-9（c）

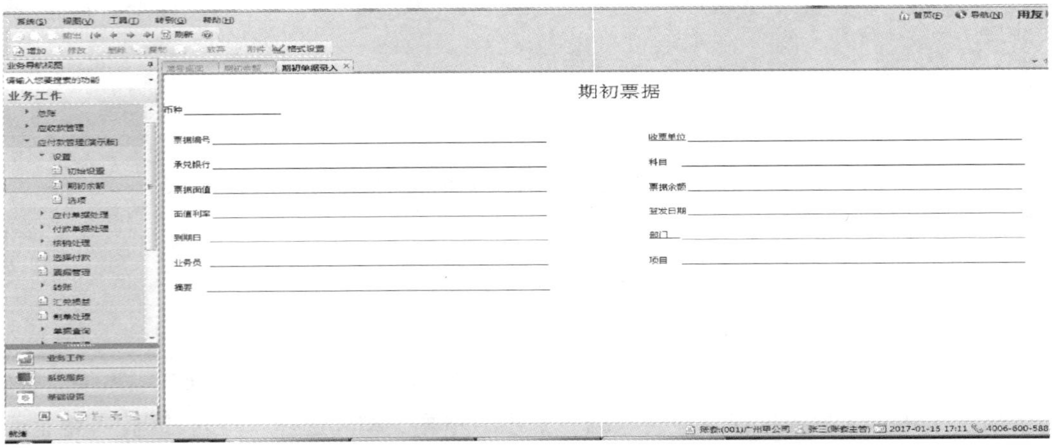

图 5-9（d）

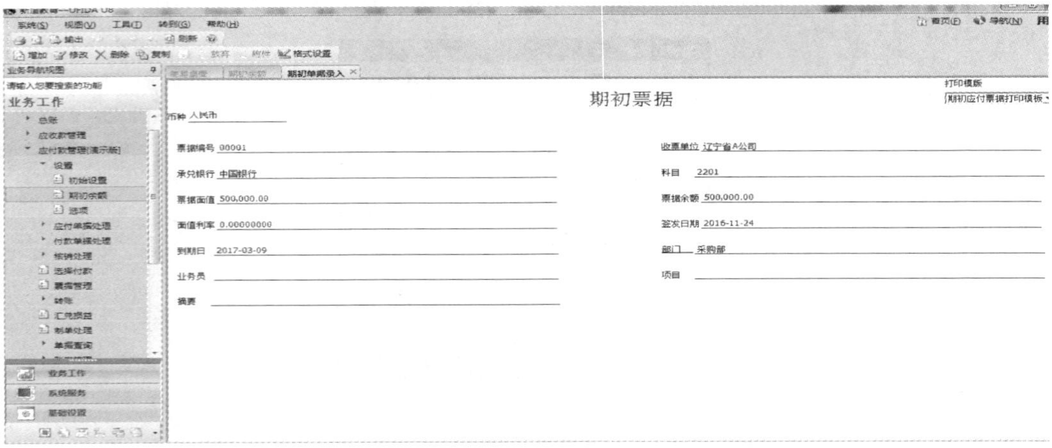

图 5-9（e）

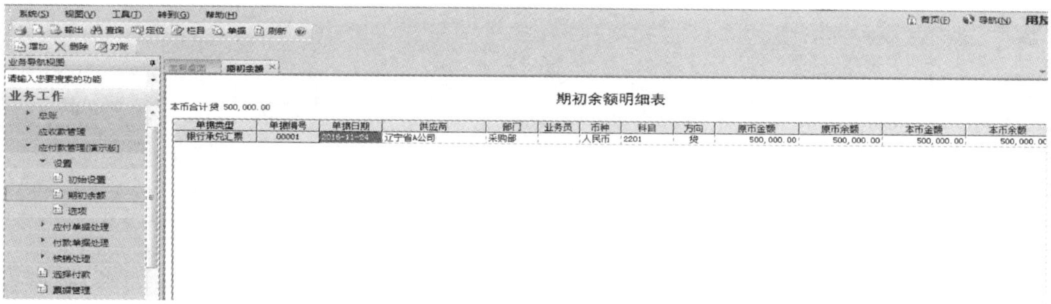

图 5-9（f）

图 5-9 应付票据期初余额的录入

5.1.2.3 预付账款期初余额的录入

具体操作如下：点击“业务工作”→点击“财务会计”→点击“应付款管理”→点击“设置”→点击“期初余额”→选择“预付款”和“付款单”→点击“确定”→点击“增加”→选择“预付款”和“付款单”→点击“确定”→点击“增加”→录入相关信息→点击“保存”按钮，如图 5-10 所示。

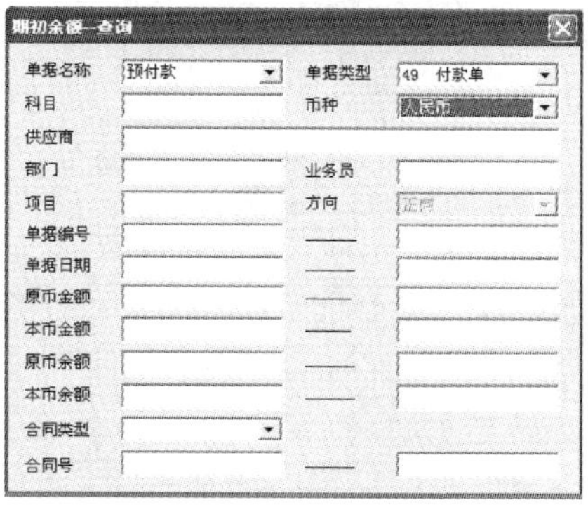

图 5-10（a）

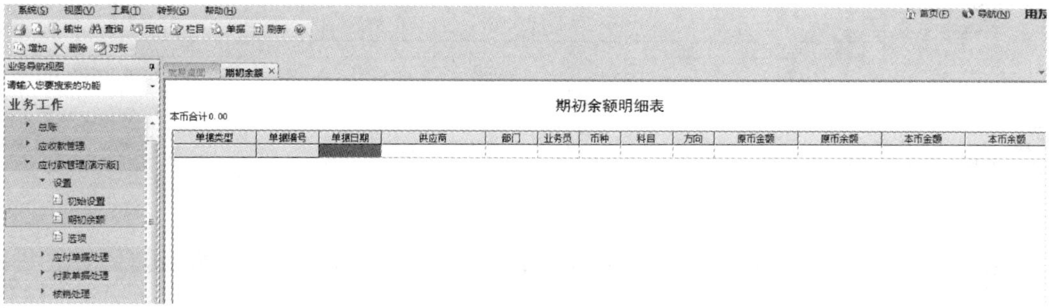

图 5-10（b）

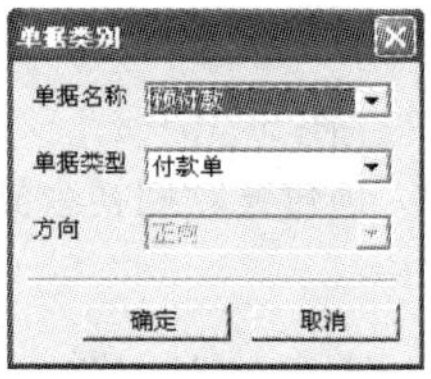

图 5-10（c）

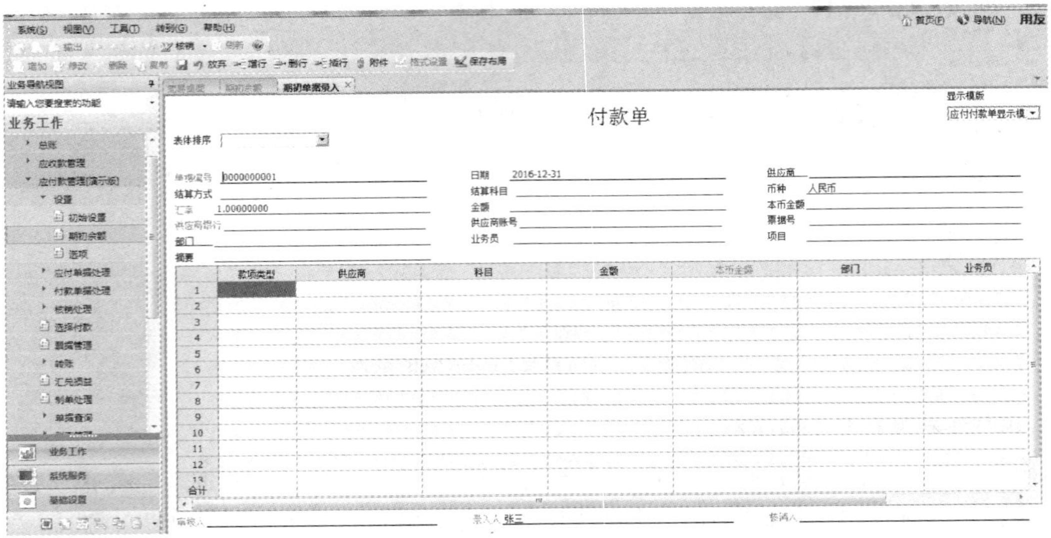

图 5-10（d）

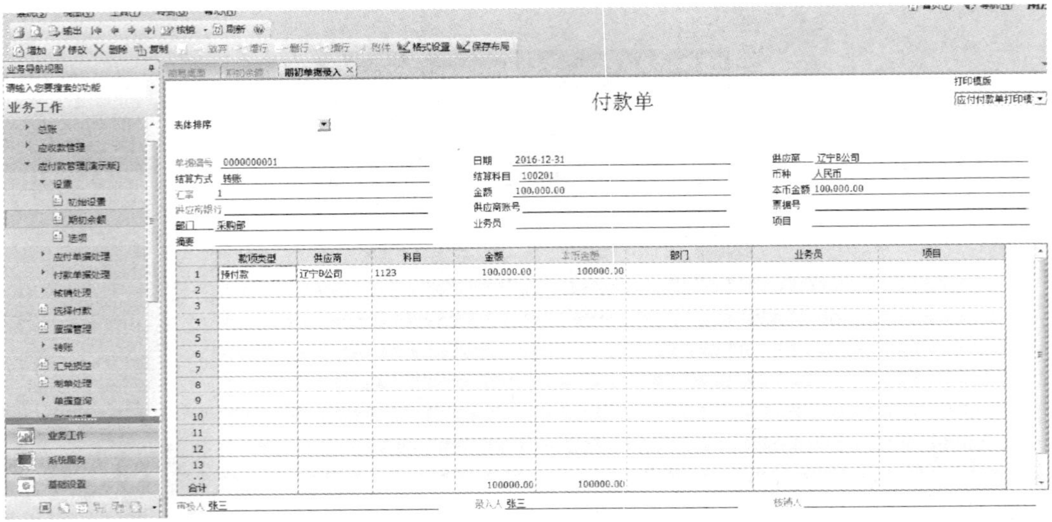

图 5-10（e）

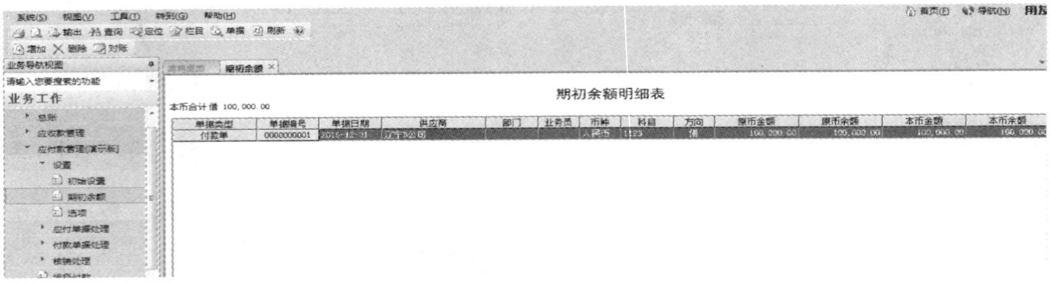

图 5-10（f）

图 5-10　预付账款期初余额的录入

［特别提示］

录入付款单中的“款项类型栏”时要选择“预付款”。

5.2 应付单据处理

应付单据处理主要由应付单据录入和应付单据审核两部分内容组成，主要用于处理当期采购业务所形成的“应付账款”或“应付票据”业务。

5.2.1 应付单据录入

在此功能下，制单人和审核人可以是同一人。

具体操作如下：点击“应付单据录入”→选择单据类别→点击“确定”→点击“增加”→录入相关信息→点击“保存”→点击“审核”→选择立即制单→点击“保存”按钮。

第一，若购进时取得了增值税专用发票，操作过程如图 5-11 所示。

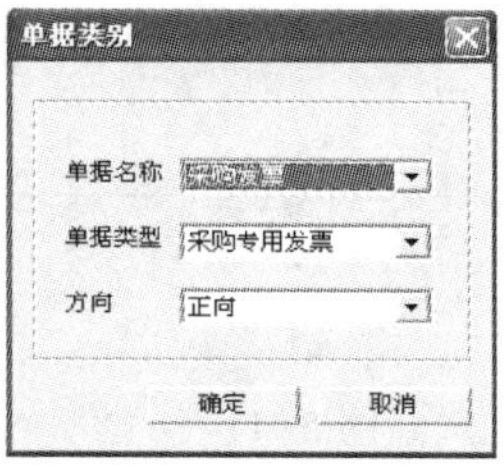

图 5-11（a）

图 5-11（b）

图 5-11（c）

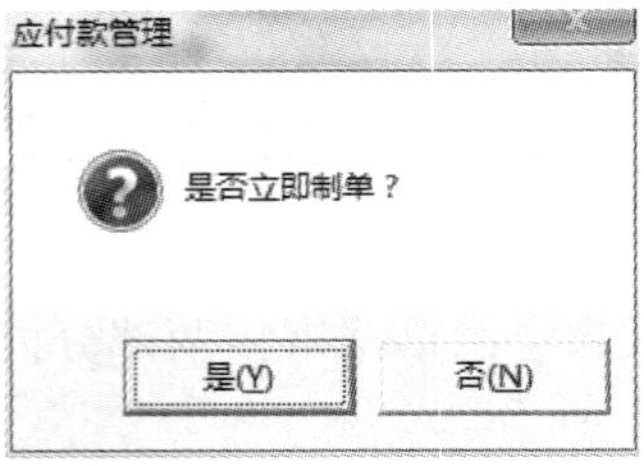

图 5-11（d）

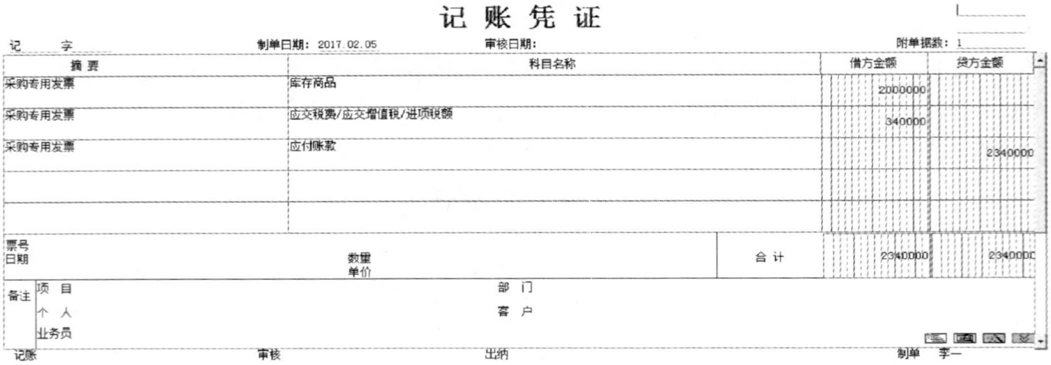

图 5-11（e）

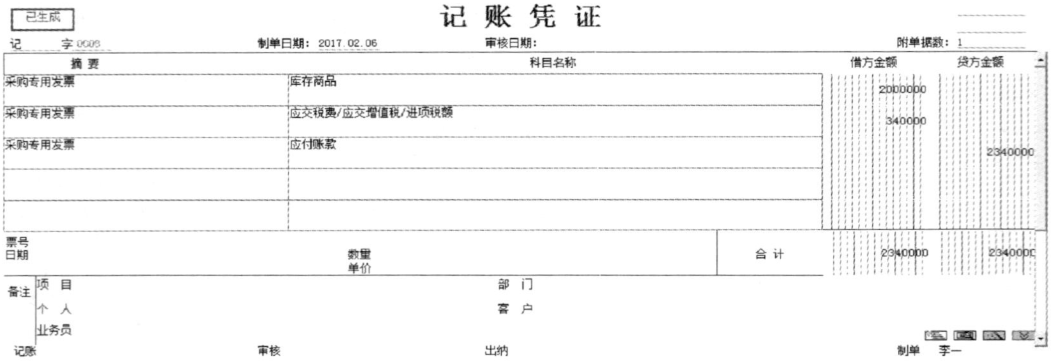

图 5-11（f）

图 5-11　取得增值税专用发票的应付单据录入

第二，若购进时取得的是增值税普通发票，操作过程如图 5-12 所示。

图 5-12（a）

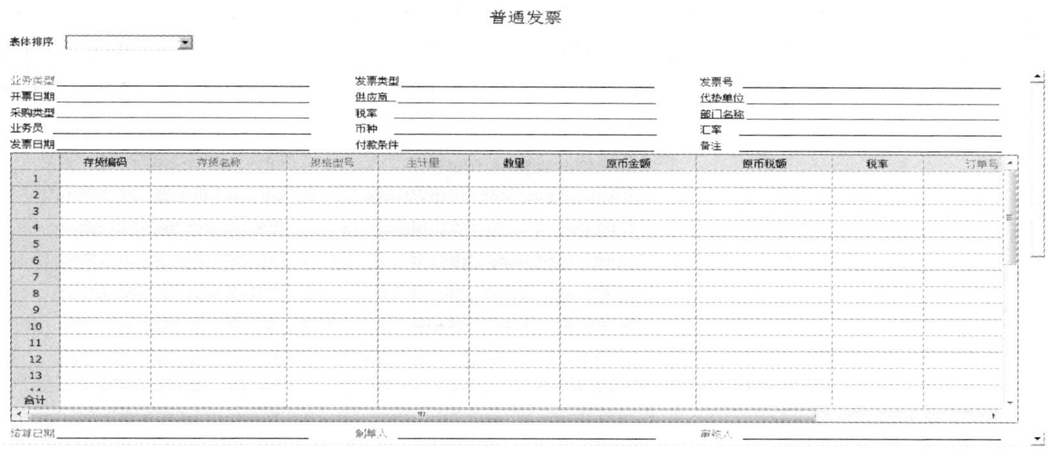

图 5-12（b）

图 5-12（c）

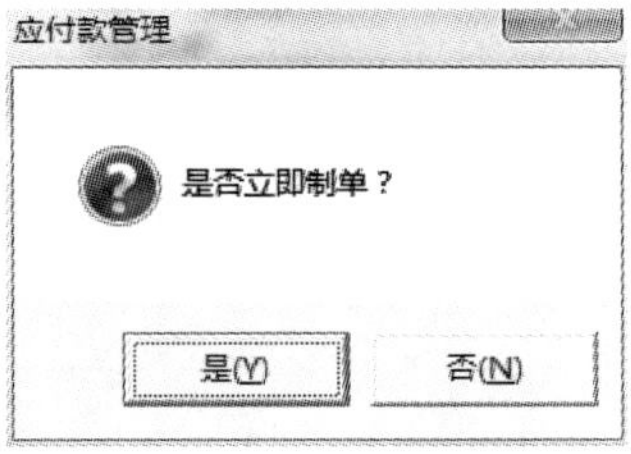

图 5-12（d）

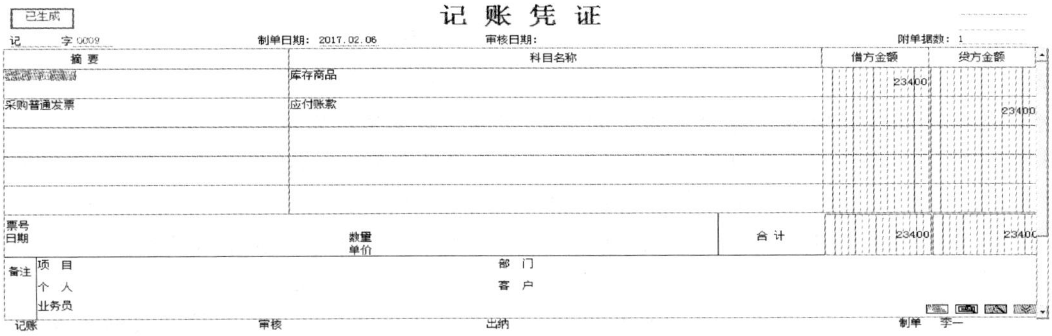

图 5-12（e）

图 5-12　取得增值税普通发票的应付单据录入

第三，若因采购的原材料、商品存在质量等原因，导致采购退货的，可以进行如下操作。

具体操作如下：点击“应付单据录入”→选择采购发票的类型和方向→点击“确定”→点击“增加”→点击“确定”→点击“增加”→录入相关信息→点击“保存”→点击“审核”→选择是否立即制单，如图 5-13 所示。

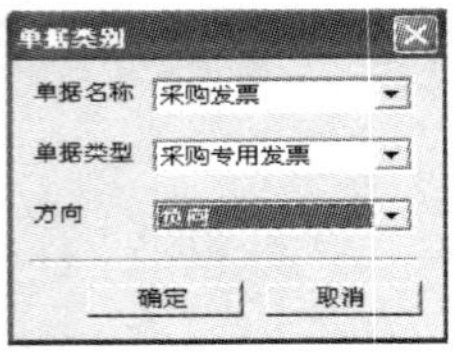

图 5-13（a）

图 5-13（b）

图 5-13（c）

图 5-13　采购退货情况

［特别提示］

· 可以在此界面进行审核，也可以在应付单据审核界面中进行审核。

· 审核工作完成后，可以立即生成有关应付账款的记账凭证，也可以不在此界面生成有关应付账款的记账凭证，而是在制单处理界面中生成有关应付账款的记账凭证。

· 发生采购退回时，在录入销售发票“数量”时，不能录入正数，要录入负数。

· 若启用了供应链系统，应付单据是不需要再进行人工录入当期采购业务的相关数据的，完成了供应链系统的相关操作后，采购材料、商品形成的应付数据可以在供应链系统中的存货核算系统中生成应付账款的相关记账凭证。这些采购数据也会传送到应付账款系统中，可以在应付账款系统中生成应付账款的相关记账凭证，没有收回的应付账款在以后会计期间收回，在“付款单据处理”界面进行操作即可。

5.2.2 应付单据审核

在应付单据录入功能下，若没有对应付单据进行审核，则可以在此功能下进行审核。

具体操作如下：点击“应付单据审核”→录入相关条件→点击“确定”→选中需要审核的记录→点击“审核”按钮，如图 5-14 所示。

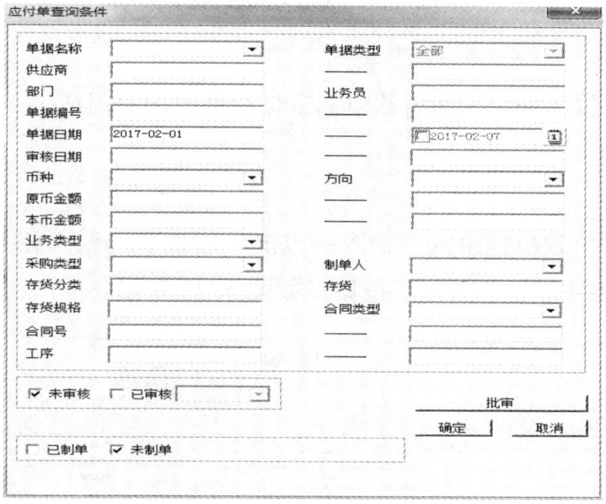

图 5-14（a）

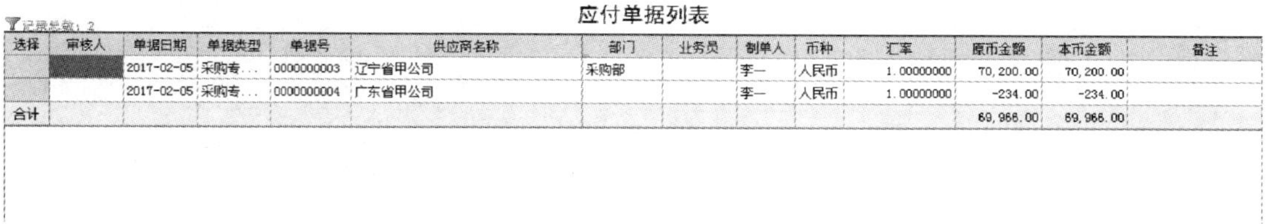

选择	审核人	单据日期	单据类型	单据号	供应商名称	部门	业务员	制单人	币种	汇率	原币金额	本币金额	备注
		2017-02-05	采购专...	0000000003	辽宁省甲公司	采购部		李一	人民币	1.00000000	70,200.00	70,200.00	
		2017-02-05	采购专...	0000000004	广东省甲公司			李一	人民币	1.00000000	-234.00	-234.00	
合计											69,966.00	69,966.00	

图 5-14（b）

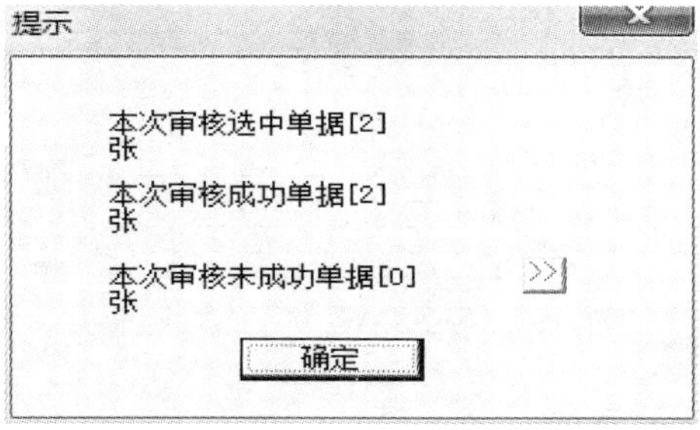

图 5-14（c）

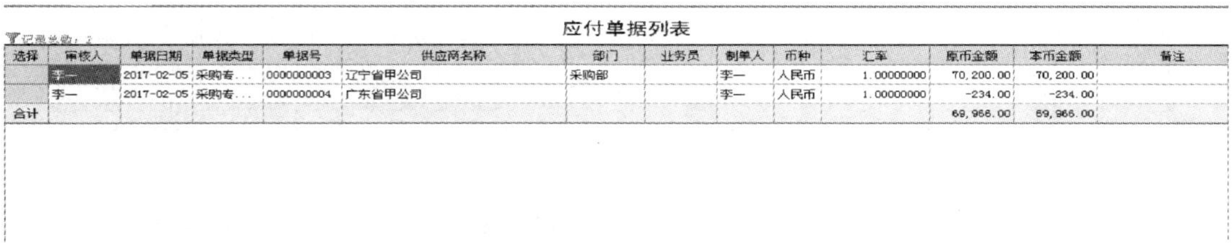

选择	审核人	单据日期	单据类型	单据号	供应商名称	部门	业务员	制单人	币种	汇率	原币金额	本币金额	备注
	李一	2017-02-05	采购专...	0000000003	辽宁省甲公司	采购部		李一	人民币	1.00000000	70,200.00	70,200.00	
	李一	2017-02-05	采购专...	0000000004	广东省甲公司			李一	人民币	1.00000000	-234.00	-234.00	
合计											69,966.00	69,966.00	

图 5-14（d）

图 5-14 应付单据审核

[特别提示]

若应付单据审核完成后，发现应付单据中有关数据存在错误，点击“弃审”后，就可以对有关数据进行修改，修改完成后再点击“审核”按钮。

5.3　付款单据处理

付款单据处理主要由付款单据录入和付款单据审核两部分内容组成。

5.3.1　付款单据录入

具体操作如下：点击“付款单据录入”命令→点击“增加”→录入相关信息→点击“保存”→点击“审核”→选择立即制单→点击“保存”按钮，如图 5-15 所示。

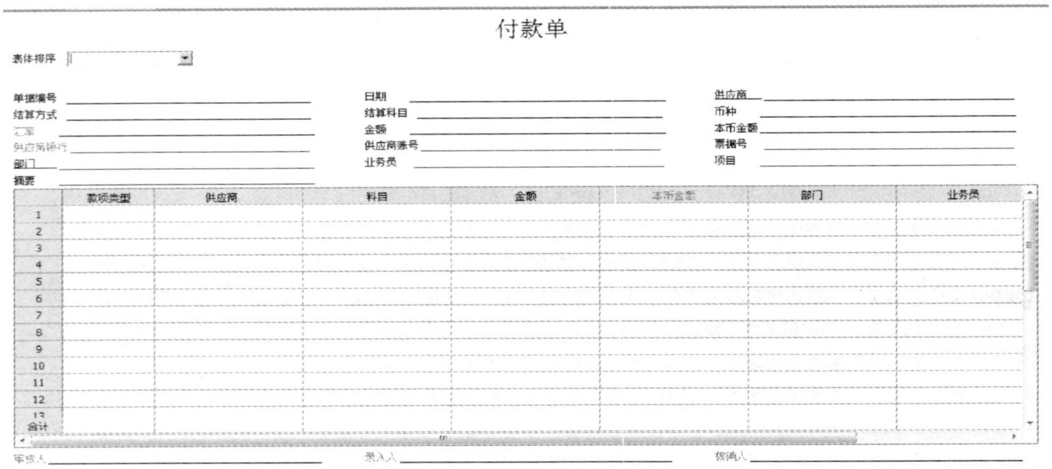

图 5-15（a）

图 5-15（b）

图 5-15　付款单据录入

若采用预付账款方式进行结算，具体操作如下：点击“付款单据录入”→点击“增加”→录入相关信息→点击“保存”→点击“审核”→选择立即制单→点击“保存”按钮，如图 5-16 所示。

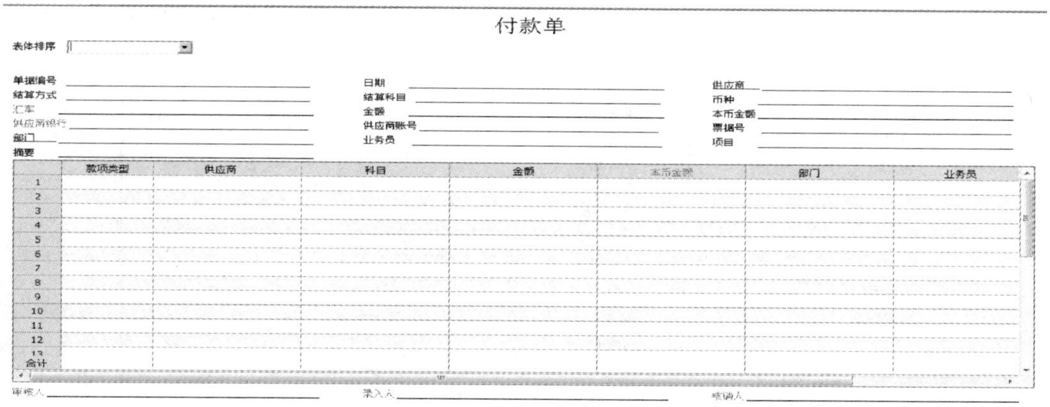

图 5-16（a）

图 5-16（b）

图 5-16　付款单据录入（预付账款方式结算）

［特别提示］

在付款单中，“款项类型”要选择为“预付款”，否则后面无法自动生成有关预付账款的会计凭证，预付冲应付的操作也无法完成。

5.3.2　付款单据审核

在付款单据录入功能下，若没有对付款单据进行审核，就可以在此功能下进行审核。

具体操作如下：点击“付款单审核”→录入相关条件→点击“确定”→选中需要审核的记录→点击“审核”按钮，如图 5-17 所示。

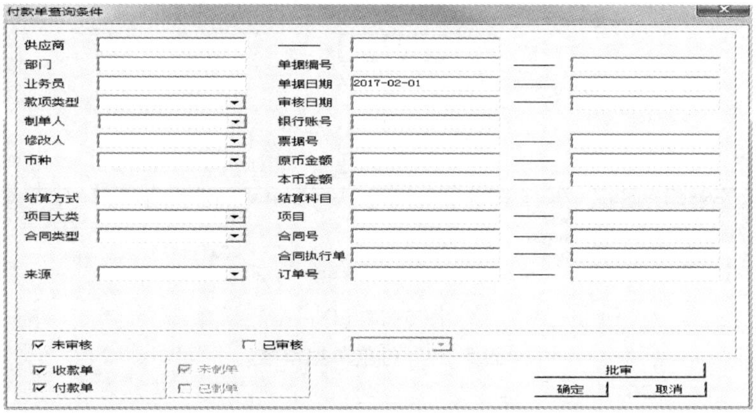

图 5-17（a）

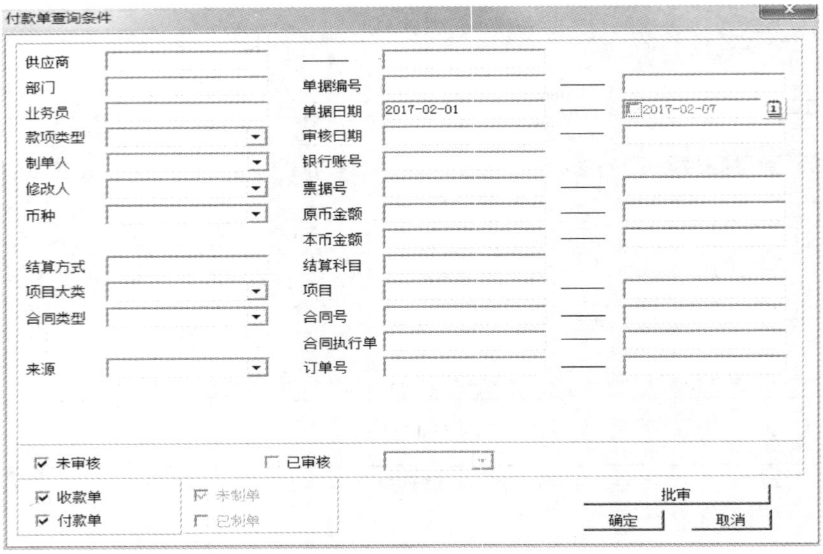

图 5-17（b）

收付款单列表

记录总数：3

选择	审核人	单据日期	单据类型	单据编号	供应商	部门	业务员	结算方式	票据号	币种	汇率	原币金额
		2017-02-05	付款单	0000000002	广东省甲公司			转账		人民币	1.00000000	23,400.00
		2017-02-05	付款单	0000000003	辽宁省甲公司			转账		人民币	1.00000000	10,200.00
		2017-02-05	付款单	0000000004	吉林省甲公司			转账		人民币	1.00000000	10,000.00
合计												43,600.00

图 5-17（c）

收付款单列表

记录总数：3

选择	审核人	单据日期	单据类型	单据编号	供应商	部门	业务员	结算方式	票据号	币种	汇率	原币金额
Y		2017-02-05	付款单	0000000002	广东省甲公司			转账		人民币	1.00000000	23,400.00
Y		2017-02-05	付款单	0000000003	辽宁省甲公司			转账		人民币	1.00000000	10,200.00
Y		2017-02-05	付款单	0000000004	吉林省甲公司			转账		人民币	1.00000000	10,000.00
合计												43,600.00

图 5-17（d）

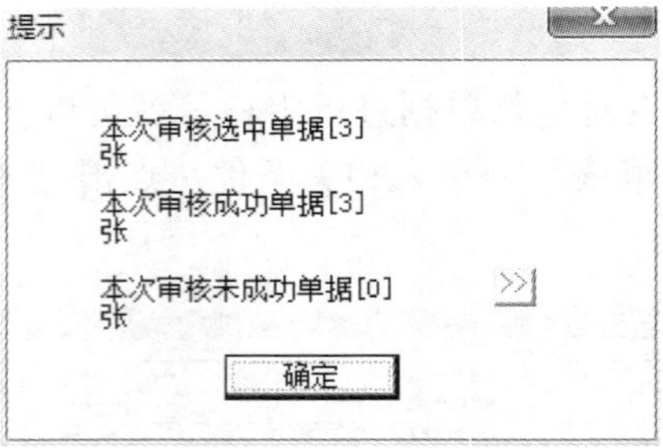

图 5-17（e）

收付款单列表

记录总数：3

选择	审核人	单据日期	单据类型	单据编号	供应商	部门	业务员	结算方式	票据号	币种	汇率	原币金额
	李一	2017-02-05	付款单	0000000002	广东省甲公司			转账		人民币	1.00000000	23,400.0
	李一	2017-02-05	付款单	0000000003	辽宁省甲公司			转账		人民币	1.00000000	10,200.0
	李一	2017-02-05	付款单	0000000004	吉林省甲公司			转账		人民币	1.00000000	10,000.0
合计												43,600.0

图 5-17（f）

图 5-17　付款单据审核

5.4 核销处理

核销处理有两种方式：一种是手工核销，另一种是自动核销。

5.4.1 手工核销

手工核销是指付款单据与它们对应的应付单据的核销工作，即从应付账款总额中冲抵已经支付的款项。我们根据查询条件选择需要核销的单据，然后手工核销，以加强应付账款的管理工作。

进入单据核销界面，上边列表显示该客户可以核销的收付款单记录，下边列表显示该客户符合核销条件的对应单据。

录入本次结算金额，上下列表中的结算金额必须保持一致。

可以点击“分摊”按钮，系统将收付单据中的本次结算金额自动分摊到核销单据列表的本次结算栏。

具体操作如下：点击“手工核销”→录入相关信息→点击“确定”→录入结算金额或点击“分摊”→点击“保存”按钮，如图 5-18 所示。

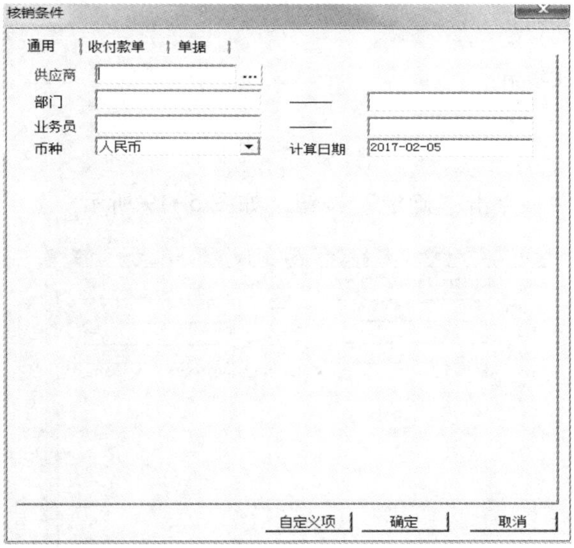

图 5-18（a）

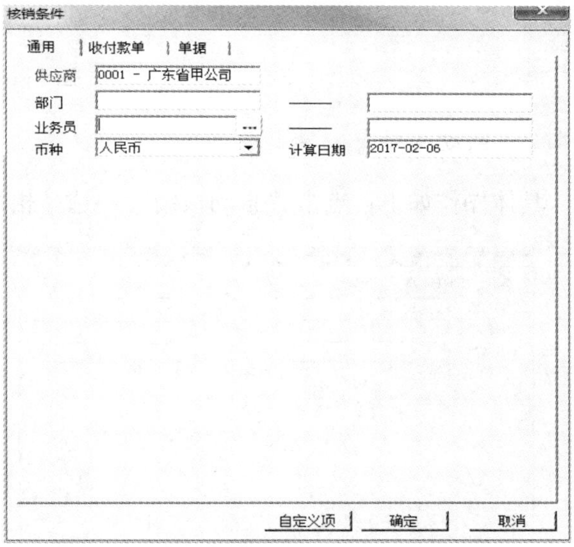

图 5-18（b）

单据日期	单据类型	单据编号	供应商	款项...	结算方式	币种	汇率	原币金额	原币余额	本次结算	订单号
2017-01-31	付款单	0000000001	广东省甲公司	预付款	转账	人民币	1.00000000	10,000.00	10,000.00		
2017-02-05	付款单	0000000002	广东省甲公司	应付款	转账	人民币	1.00000000	23,400.00	23,400.00	23,400.00	
合计								33,400.00	33,400.00	23,400.00	

单据日期	单据类型	单据编号	到期日	供应商	币种	原币金额	原币余额	可享受折扣	本次折扣	本次结算	订单号	凭证号
2017-01-31	采购专...	0000000001	2017-01-31	广东省甲公司	人民币	117,000.00	117,000.00	0.00				
2017-02-05	采购专...	0000000002	2017-02-05	广东省甲公司	人民币	23,400.00	23,400.00	0.00				记-0008
合计						140,400.00	140,400.00	0.00				

图 5-18（c）

单据日期	单据类型	单据编号	供应商	款项	结算方式	币种	汇率	原币金额	原币余额	本次结算	订单号
2017-01-31	付款单	0000000001	广东省甲公司	预付款	转账	人民币	1.00000000	10,000.00	10,000.00		
2017-02-05	付款单	0000000002	广东省甲公司	应付款	转账	人民币	1.00000000	23,400.00	23,400.00	23,400.00	
合计								33,400.00	33,400.00	23,400.00	

单据日期	单据类型	单据编号	到期日	供应商	币种	原币金额	原币余额	可享受折扣	本次折扣	本次结算	订单号	凭证号
2017-01-31	采购专...	0000000001	2017-01-31	广东省甲公司	人民币	117,000.00	117,000.00	0.00	0.00	23,400.00		
2017-02-05	采购专...	0000000002	2017-02-05	广东省甲公司	人民币	23,400.00	23,400.00	0.00				记-0008
合计						140,400.00	140,400.00	0.00	0.00	23,400.00		

图 5-18（d）

单据日期	单据类型	单据编号	供应商	款项...	结算方式	币种	汇率	原币金额	原币余额	本次结算	订单号
2017-01-31	付款单	0000000001	广东省甲公司	预付款	转账	人民币	1.00000000	10,000.00	10,000.00		
合计								10,000.00	10,000.00		

单据日期	单据类型	单据编号	到期日	供应商	币种	原币金额	原币余额	可享受折扣	本次折扣	本次结算	订单号	凭证号
2017-01-31	采购专...	0000000001	2017-01-31	广东省甲公司	人民币	117,000.00	93,600.00	0.00				
2017-02-05	采购专...	0000000002	2017-02-05	广东省甲公司	人民币	23,400.00	23,400.00	0.00				记-0008
合计						140,400.00	117,000.00					

图 5-18（e）

图 5-18　手工核销

5.4.2　自动核销

具体操作如下：点击“自动核销”→选择相关条件→点击“确定”按钮，如图 5-19 所示。

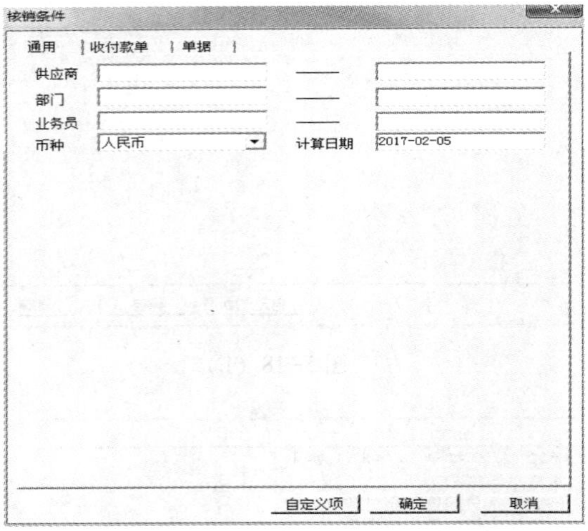

图 5-19（a）

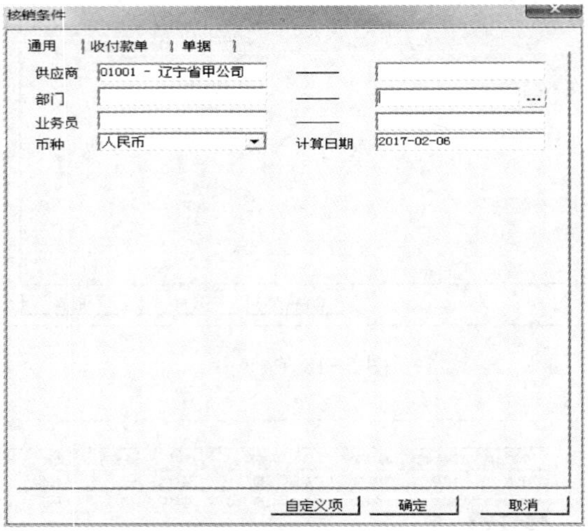

图 5-19（b）

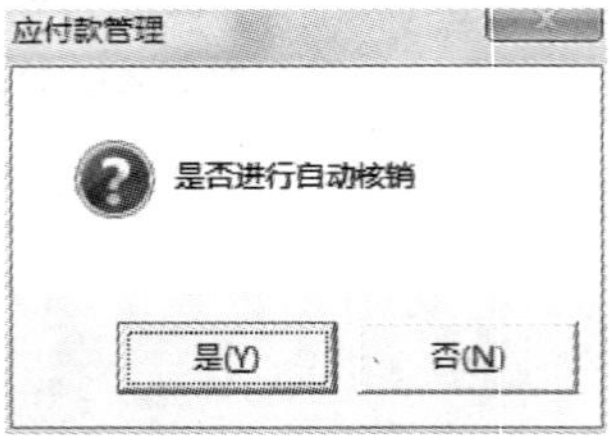

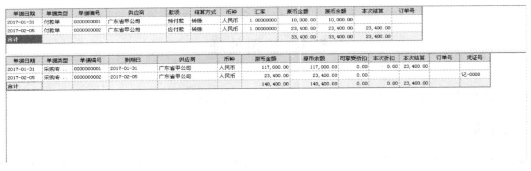

图 5-19（c）

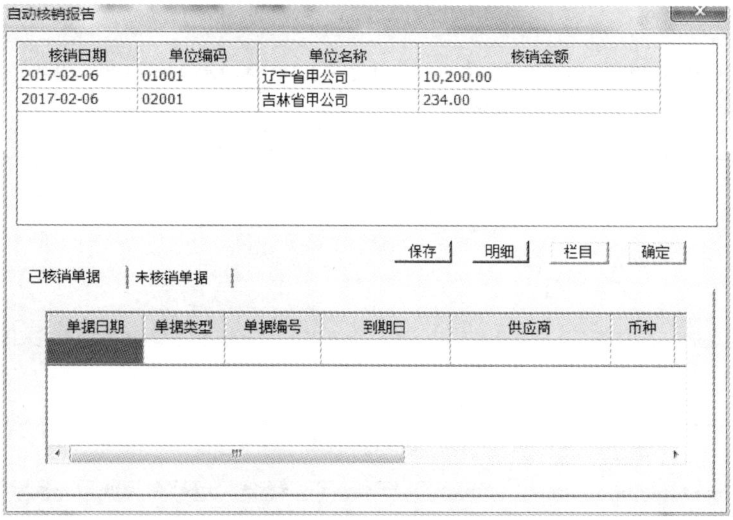

图 5-19（d）

图 5-19　自动核销

选择付款具体操作：点击“应付款管理”→点击“选择付款”→点击“增加”→选择供应商→点击“增加”→点击“确定”→录入付款金额→点击“确认”→录入结算方式→点击“确定”按钮，如图 5-20 所示。

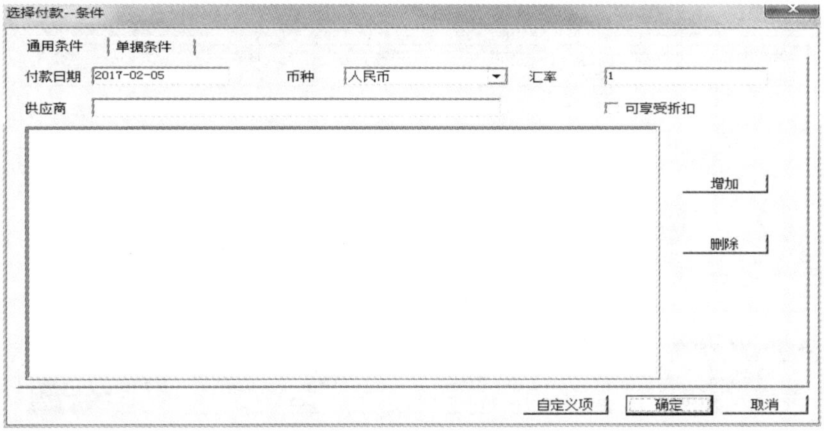

图 5-20（a）

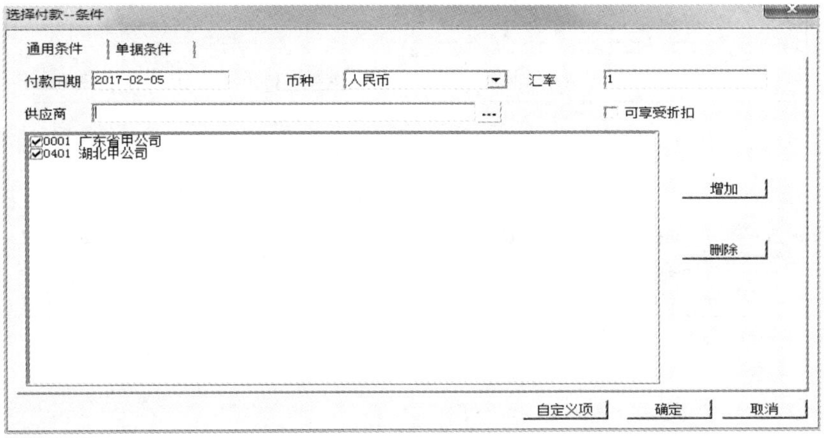

图 5-20（b）

选择付款列表

付款总计

供应商	单据类型	单据编号	摘要	单据日期	到期日	原币金额	原币余额	可享受折扣	本次折扣	付款金额	合同	合同名称	项目编码
广东省甲公司	采购专...	0000000001		2017-01-31	2017-01-31	117, 000. 00	93, 600. 00	0. 00					
湖北甲公司	采购专...	0000000005		2017-02-05	2017-02-05	1, 287. 00	1, 287. 00	0. 00					
广东省甲公司	采购专...	0000000002	采购专用...	2017-02-05	2017-02-05	23, 400. 00	23, 400. 00	0. 00					
合计						141, 687. 00	118, 287. 00	0. 00					

图 5-20（c）

选择付款列表

付款总计 3400. 00

供应商	单据类型	单据编号	摘要	单据日期	到期日	原币金额	原币余额	可享受折扣	本次折扣	付款金额	合同	合同名称	项目编码
广东省甲公司	采购专...	0000000001		2017-01-31	2017-01-31	117, 000. 00	93, 600. 00	0. 00					
湖北甲公司	采购专...	0000000005		2017-02-05	2017-02-05	1, 287. 00	1, 287. 00	0. 00					
广东省甲公司	采购专...	0000000002	采购专用...	2017-02-05	2017-02-05	23, 400. 00	23, 400. 00	0. 00		3, 400			
合计						141, 687. 00	118, 287. 00	0. 00		3, 400. 00			

图 5-20（d）

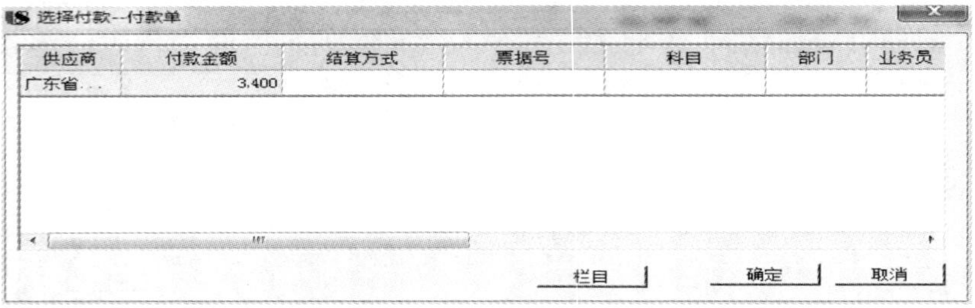

选择付款--付款单

供应商	付款金额	结算方式	票据号	科目	部门	业务员
广东省...	3.400					

栏目 确定 取消

图 5-20（e）

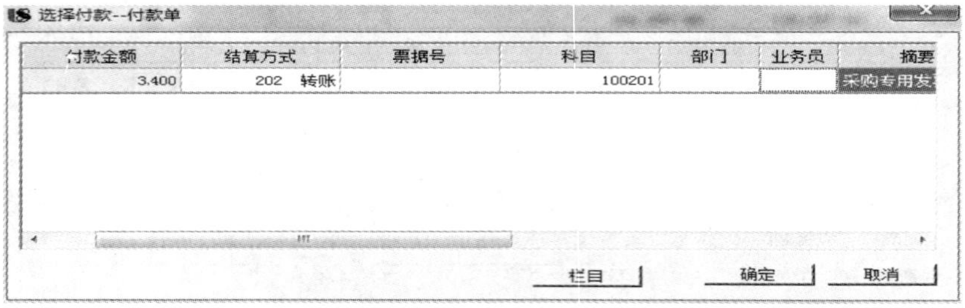

选择付款--付款单

付款金额	结算方式	票据号	科目	部门	业务员	摘要
3.400	202 转账		100201			采购专用发

栏目 确定 取消

图 5-20（f）

选择付款列表

付款总计

供应商	单据类型	单据编号	摘要	单据日期	到期日	原币金额	原币余额	可享受折扣	本次折扣	付款金额	合同	合同名称	项目编码
广东省甲公司	采购专...	0000000001		2017-01-31	2017-01-31	117, 000. 00	93, 600. 00	0. 00					
广东省甲公司	采购专...	0000000002	采购专用...	2017-02-05	2017-02-05	23, 400. 00	20, 000. 00	0. 00					
湖北甲公司	采购专...	0000000005		2017-02-05	2017-02-05	1, 287. 00	1, 287. 00	0. 00					
合计						141, 687. 00	114, 887. 00	0. 00					

图 5-20（g）

图 5-20 选择付款

若在基础设置—基础档案—收付结算中做了票据管理操作，则在票据管理界面就可以查到相关资料，如图 5-21 所示。

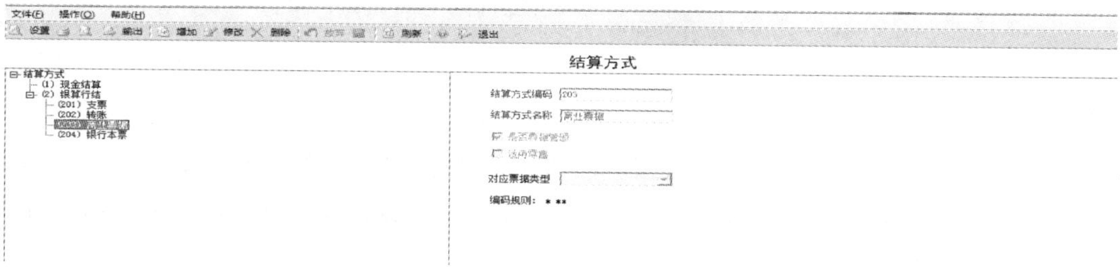

图 5-21（a）

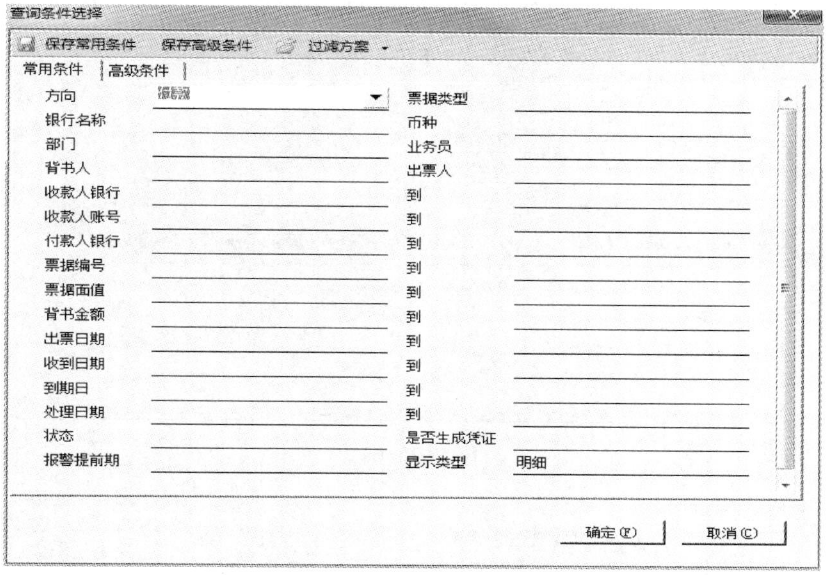

图 5-21（b）

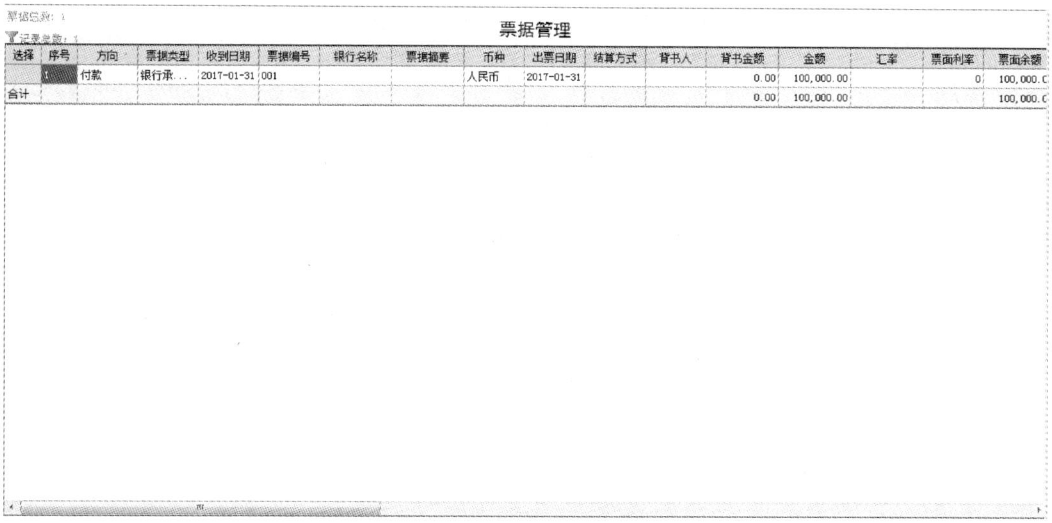

图 5-21（c）

图 5-21　票据管理

5.5 转账

5.5.1 应付冲应付

我们举例说明应付冲应付的含义：甲公司应向 A 公司支付款项 5 000 元，又应向 B 公司支付款项 6 000 元，A 公司欠 B 公司款项 5 000 元。通过协商，各方可以达成某种协议，由甲公司代替 A 公司向 B 公司偿还所欠的 5 000 元款项。

具体操作如下：点击“应付款管理”→点击“转账”→点击“应付冲应付”→选择相关条件→点击“过滤”→录入并账金额→点击“保存”→选择立即制单→点击“保存”按钮，如图 5-22 所示。

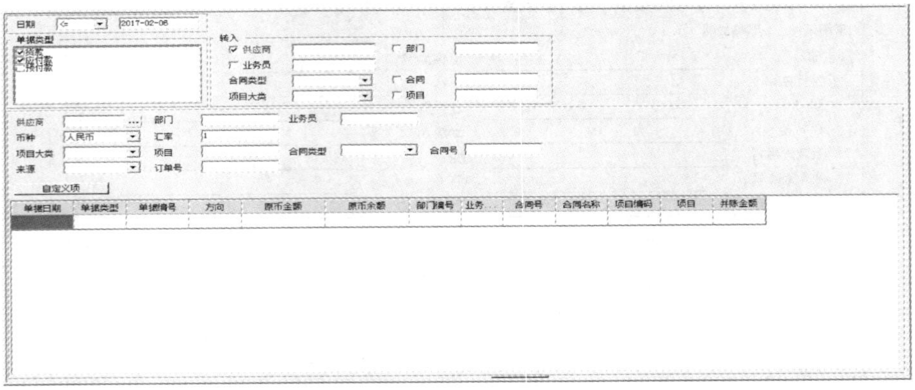

图 5-22（a）

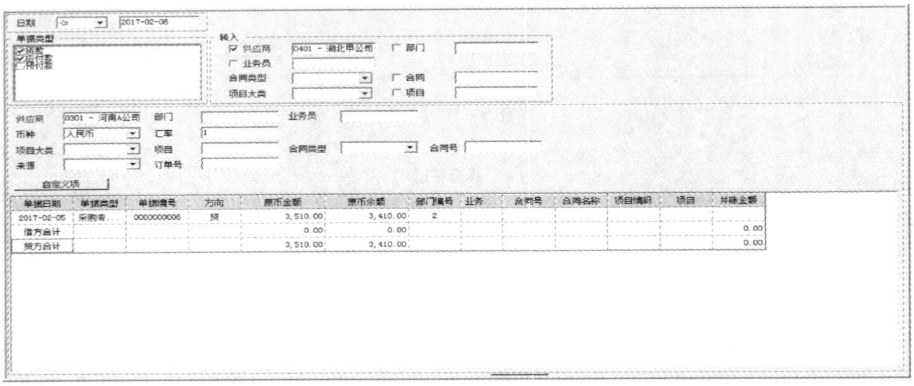

图 5-22（b）

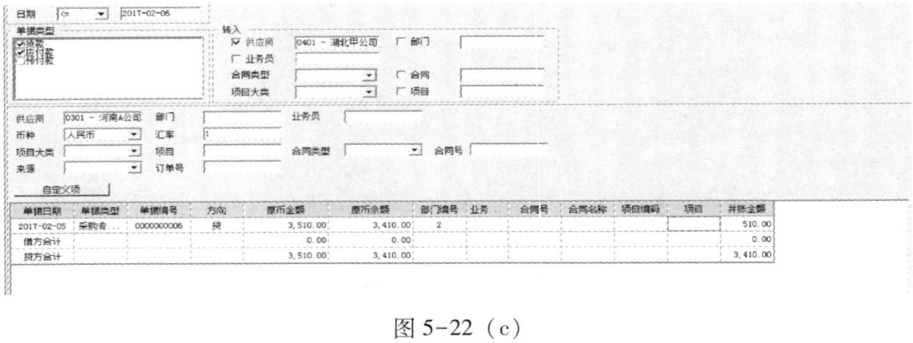

图 5-22（c）

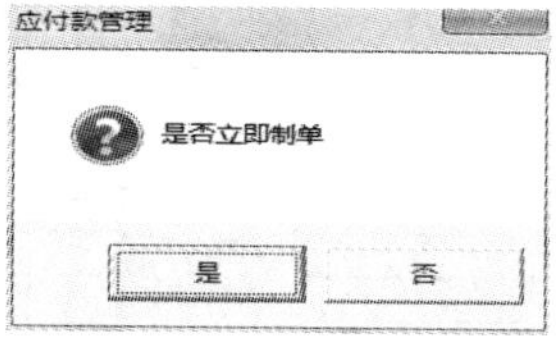

图 5-22（d）

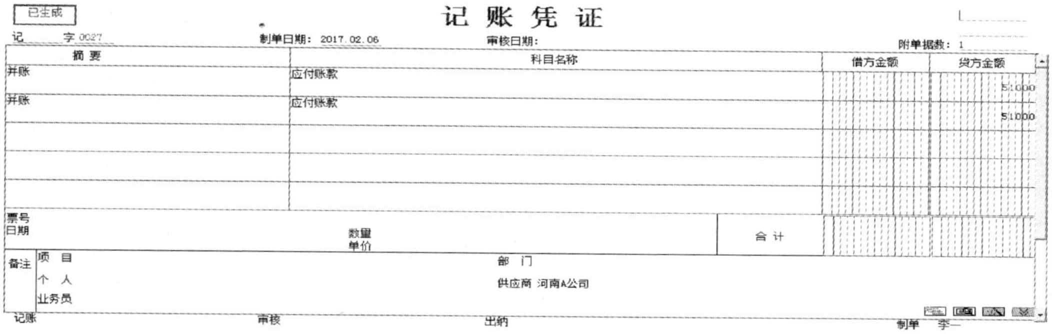

图 5-22（e）

图 5-22　应付冲应付

5.5.2 预付冲应付

具体操作如下：点击“应付款管理”→点击“转账”→点击“预付冲应付”→选择相关条件→点击“过滤”→点击“应付款”→点击“过滤”→录入“转账总金额”→点击“自动转账”→选择立即制单→点击“保存”按钮，如图 5-23 所示。

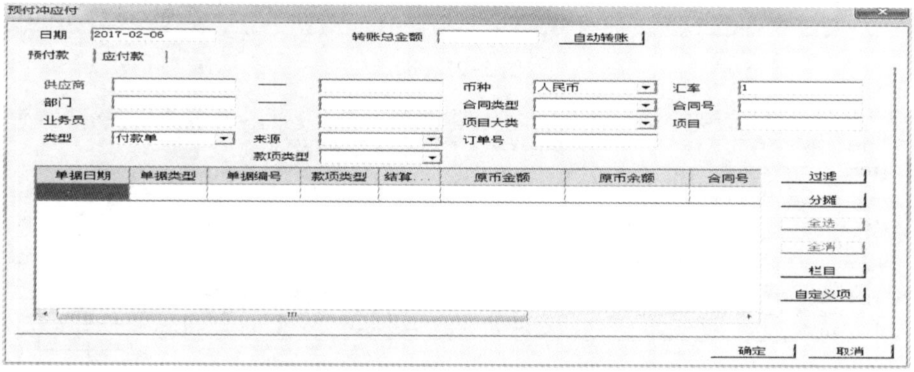

图 5-23（a）

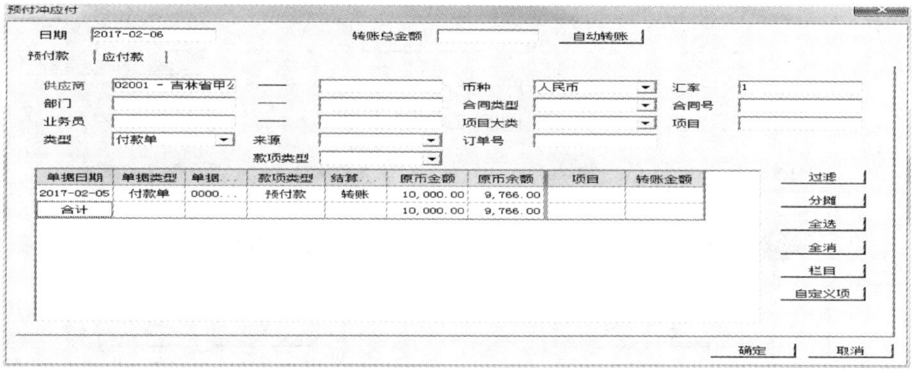

图 5-23（b）

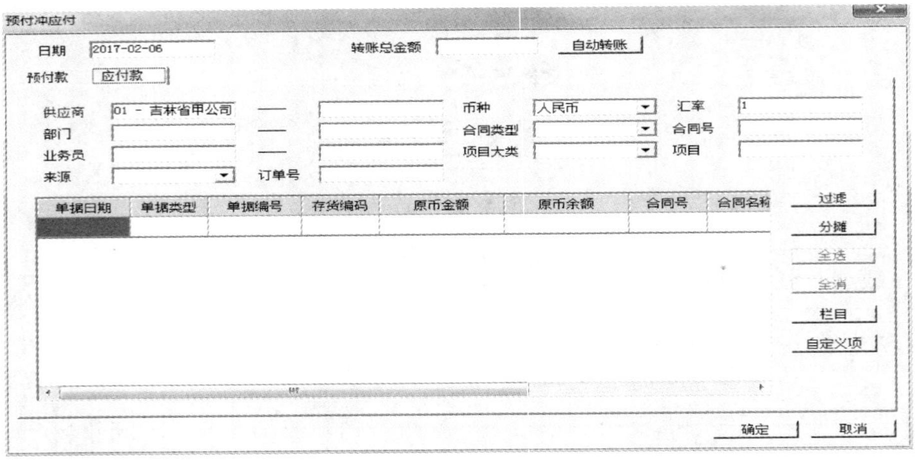

图 5-23（c）

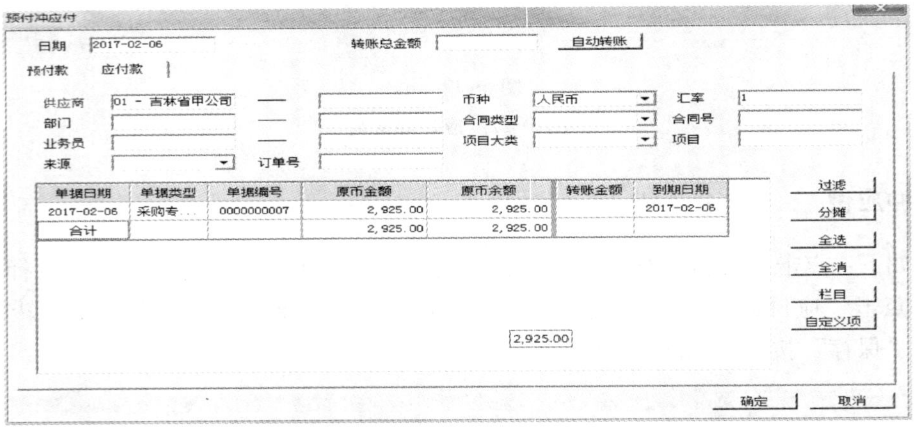

图 5-23（d）

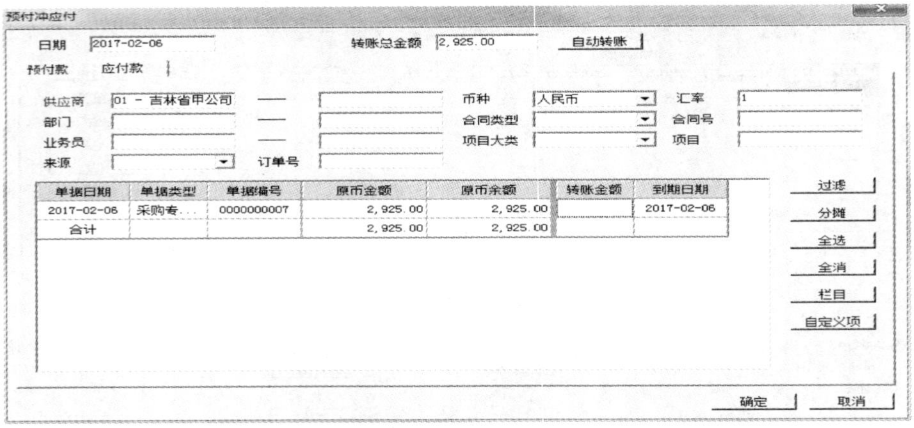

图 5-23（e）

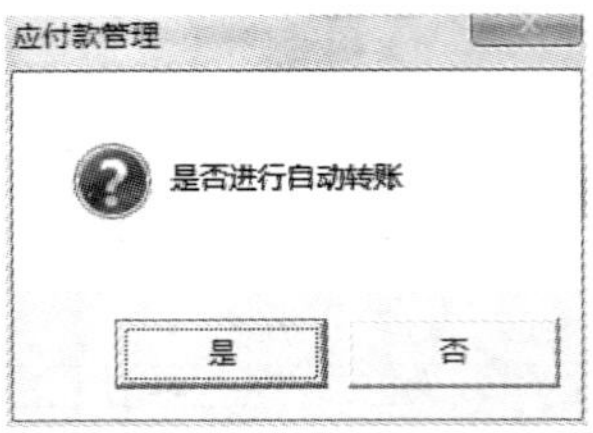

图 5-23（f）

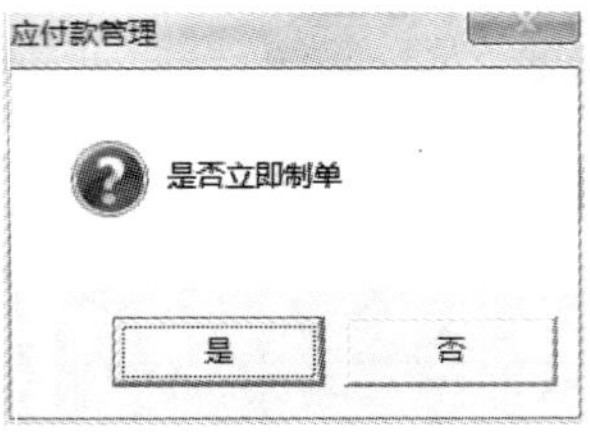

图 5-23（g）

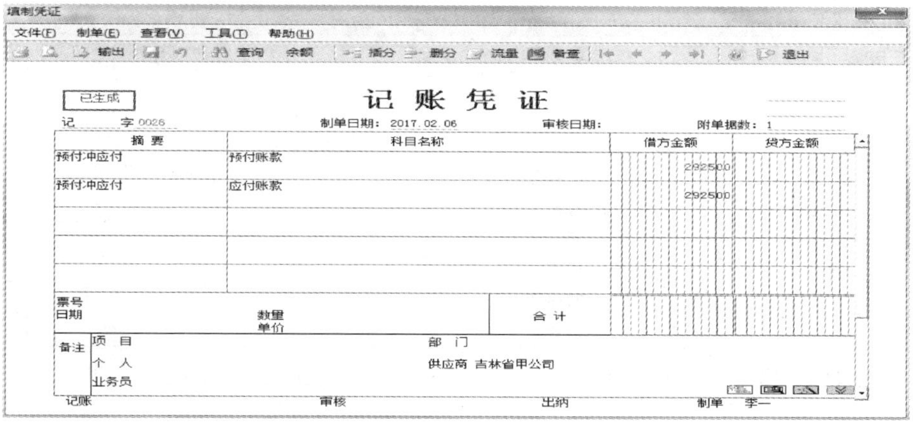

图 5-23（h）

图 5-23 预付冲应付

5.5.3 应付冲应收

具体操作如下：点击“应付款管理”→点击“转账”→点击“应付冲应收”→选择相关条件→点击“应收”→选择相关条件→点击“确定”→录入转账金额→点击“自动转账”→选择立即制单→点击“保存”按钮，如图 5-24 所示。

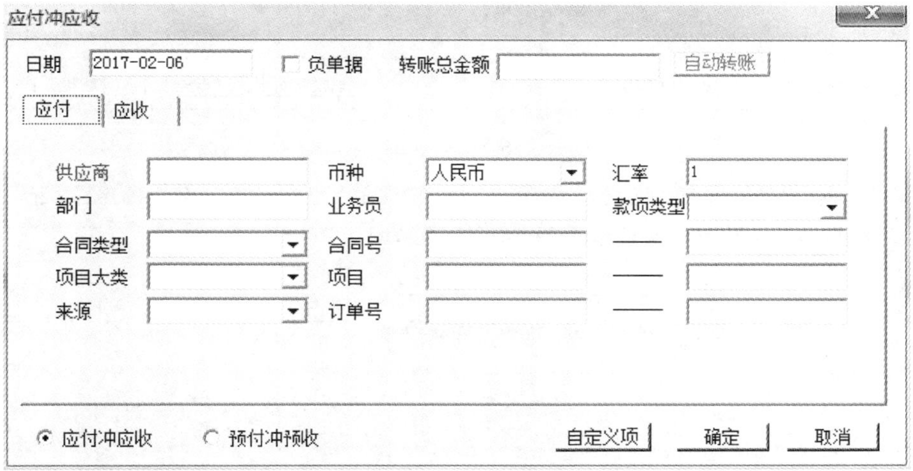

图 5-24（a）

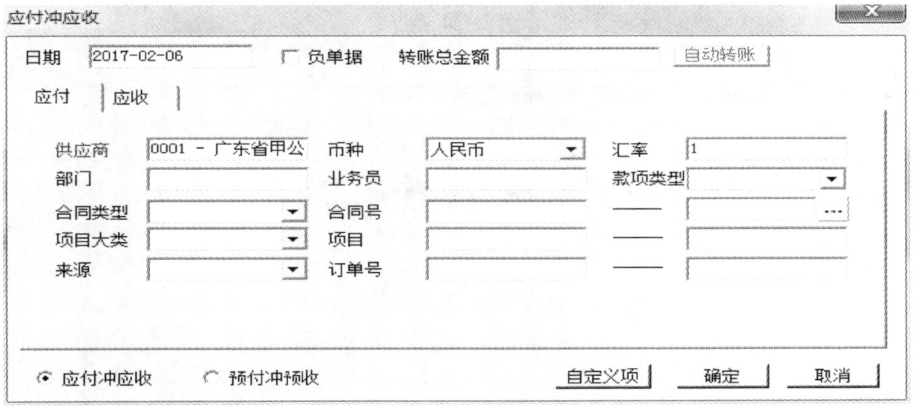

图 5-24（b）

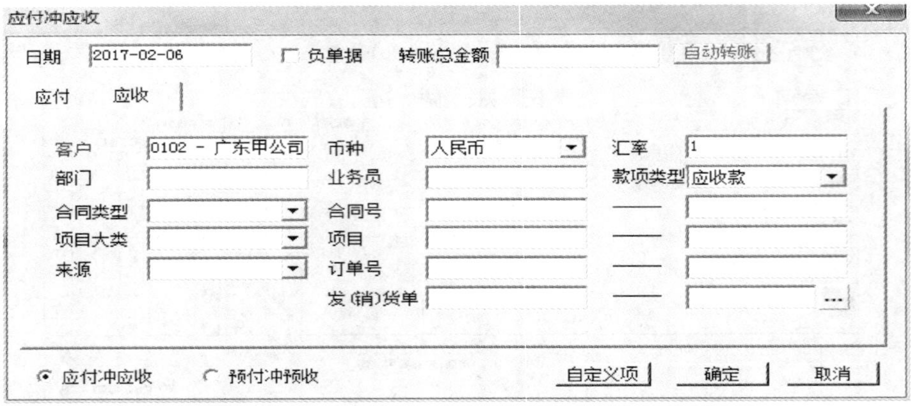

图 5-24（c）

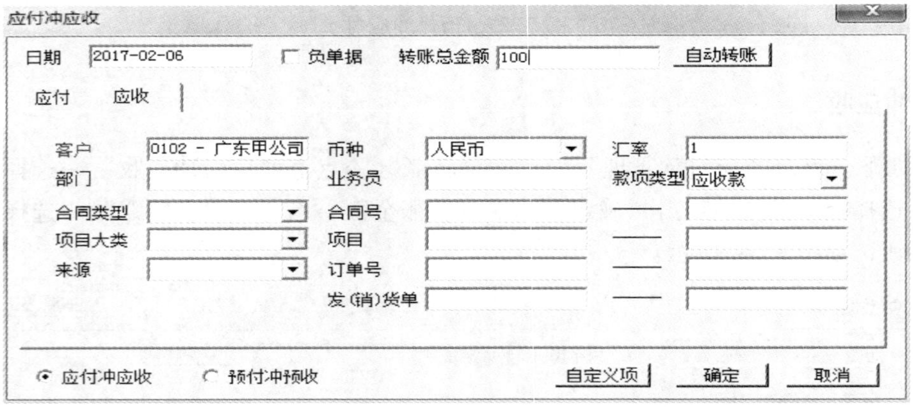

图 5-24（d）

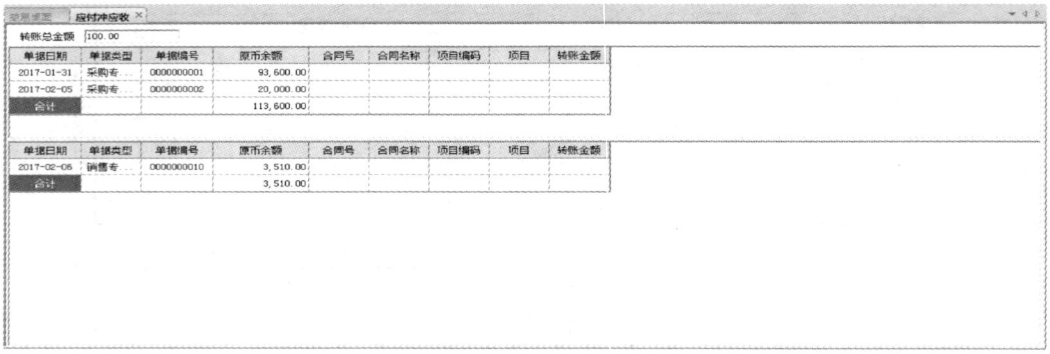

图 5-24（e）

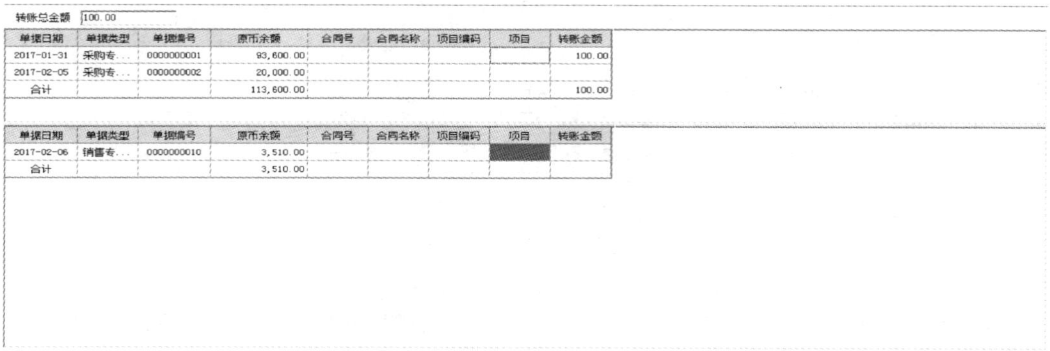

图 5-24（f）

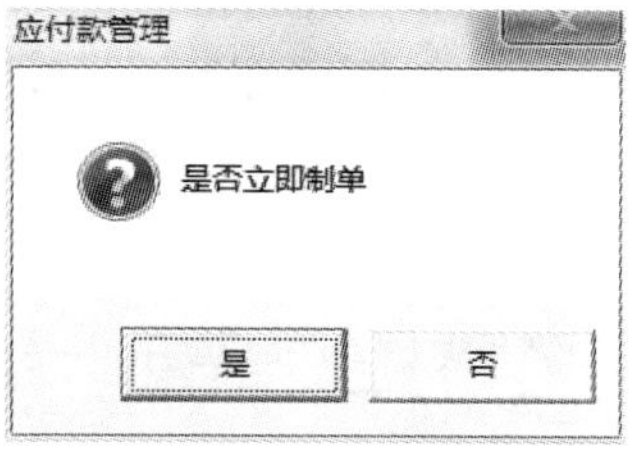

图 5-24（g）

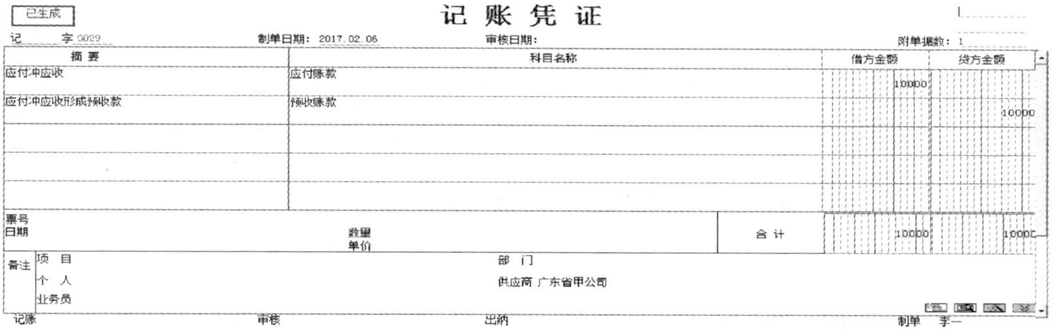

图 5-24（h）

图 5-24　应付冲应收

［特别提示］

应付冲应付、预付冲应付、应付冲应收操作完成后，可以选择立即进行制单，也可以放弃立即进行制单，而放在“制单处理”界面进行制单。

5.6　制单处理

在应付单据处理、付款单据处理、转账等功能中，发生的经济业务完成相关操作后可以立即进行制单，也可以不立即进行制单，而在制单处理界面中进行制单，生成相关的会计凭证。

具体操作如下：点击“应付款管理”→点击“制单处理”→选择相关条件→点击“确定”→选中需要制单的记录→点击“制单”→点击“保存”按钮，如图 5-25 所示。

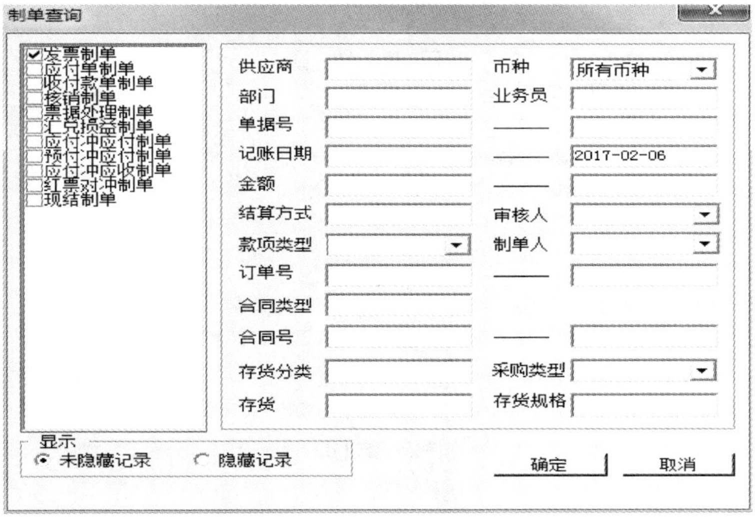

图 5-25（a）

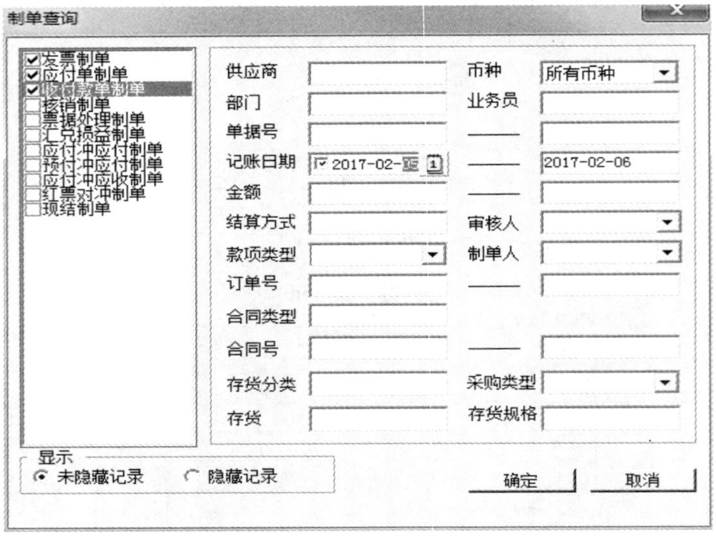

图 5-25（b）

应付制单

凭证类别 记账凭证　　制单日期 2017-02-06　　共 9 条

选择标志	凭证类别	单据类型	单据号	日期	供应商编码	供应商名称	部门	业务员	金额
	记账凭证	采购专...	0000000003	2017-02-05	01001	辽宁省...	采购部		70,200.00
	记账凭证	采购专...	0000000004	2017-02-05	0001	广东省...			-234.00
	记账凭证	采购专...	0000000005	2017-02-05	0401	湖北甲公司	采购部		1,287.00
	记账凭证	采购专...	0000000006	2017-02-05	0301	河南A公司	采购部		3,510.00
	记账凭证	采购专...	0000000007	2017-02-06	02001	吉林省...	采购部		2,925.00
	记账凭证	付款单	0000000002	2017-02-05	0001	广东省...			23,400.00
	记账凭证	付款单	0000000003	2017-02-05	01001	辽宁省...			10,200.00
	记账凭证	付款单	0000000004	2017-02-05	02001	吉林省...			10,000.00
	记账凭证	付款单	0000000005	2017-02-05	0001	广东省...			3,400.00

图 5-25（c）

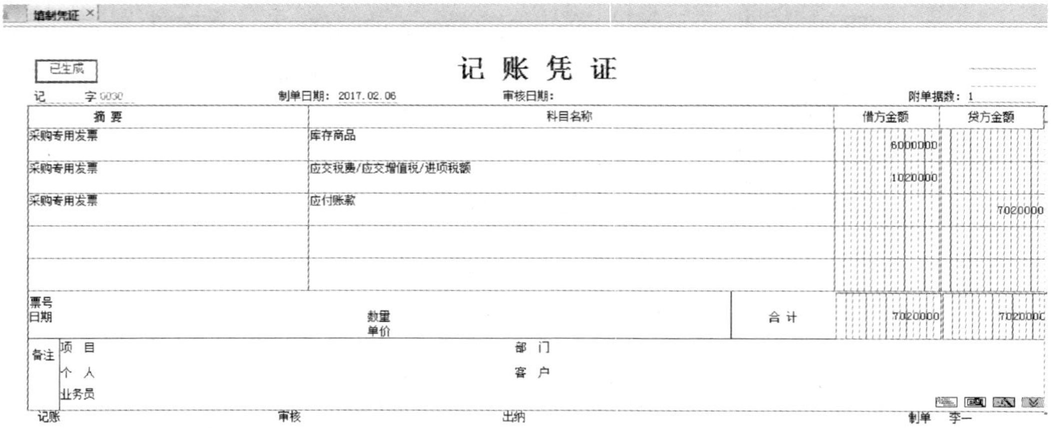

图 5-25（d）

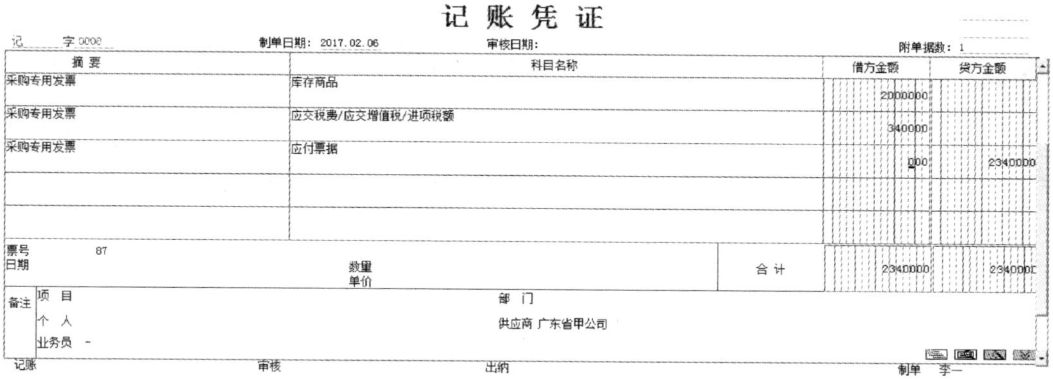

图 5-25（e）

图 5-25 制单处理

[特别提示]

· 选择过滤条件十分重要，操作人员应当将所有发生的经济业务全部制单，否则应付账款系统无法完成期末结账工作。

· 若采购时开出了商业汇票，操作人员应当将会计凭证中的“应付账款”会计科目更改为“应付票据”会计科目。

5.7 单据查询

单据查询包括发票查询、收付款单查询和凭证查询三部分内容。

5.7.1 发票查询

具体操作如下：点击“应付款管理”→点击“单据查询”→点击“发票查询”→选择相关条件→点击“确定”按钮，如图 5-26 所示。

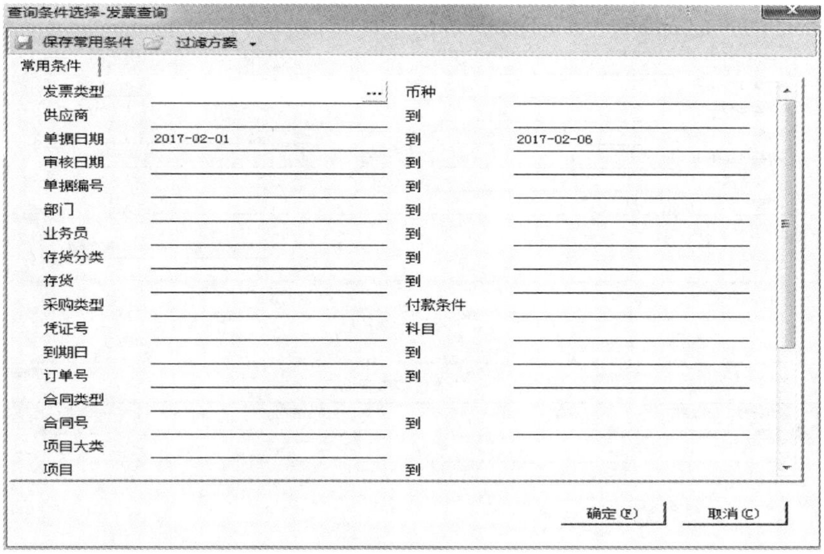

图 5-26（a）

发票查询

记录总数：5

单据日期	单据类型	单据编号	供应商	币种	汇率	原币金额	原币余额	本币金额	本币余额	打印次数
2017-02-05	采购专…	0000000002	广东省甲公司	人民币	1.00000000	23,400.00	20,000.00	23,400.00	20,000.00	0
2017-02-05	采购专…	0000000003	辽宁省甲公司	人民币	1.00000000	70,200.00	60,000.00	70,200.00	60,000.00	0
2017-02-05	采购专…	0000000004	广东省甲公司	人民币	1.00000000	-234.00	-234.00	-234.00	-234.00	0
2017-02-05	采购专…	0000000005	湖北甲公司	人民币	1.00000000	1,287.00	1,287.00	1,287.00	1,287.00	0
2017-02-05	采购专…	0000000006	河南A公司	人民币	1.00000000	3,510.00	3,410.00	3,510.00	3,410.00	0
合计						98,163.00	84,463.00	98,163.00	84,463.00	

图 5-26（b）

图 5-26　发票查询

5.7.2　收付款单查询

具体操作如下：点击“应付款管理”→点击“单据查询”→点击“收付款单查询”→选择相关条件→点击“确定”按钮，如图 5-27 所示。

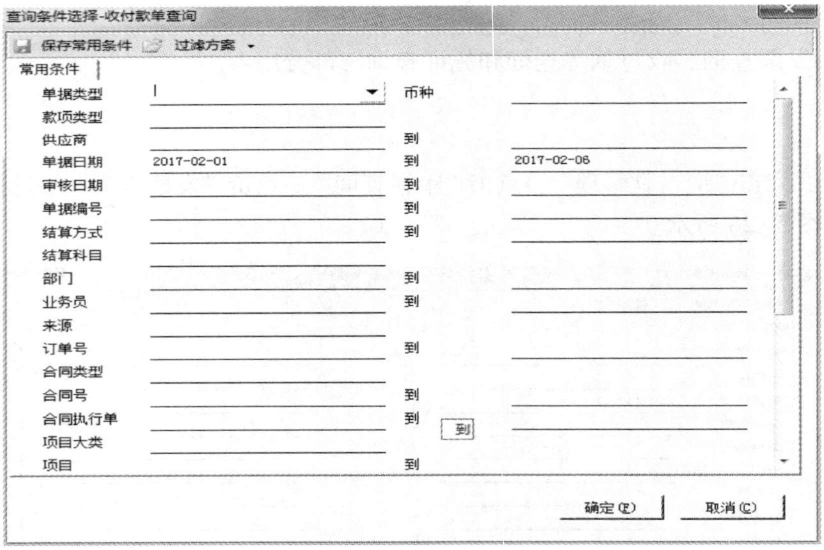

图 5-27（a）

收付款单查询

打印模版 AP49 应付付款单打

记录总数：1

选择打印	单据日期	单据类型	单据编号	供应商	币种	汇率	原币金额	原币余额	本币金额	本币余额	打印次数
	2017-02-05	付款单	0000000004	吉林省甲公司	人民币	1.00000000	10,000.00	6,841.00	10,000.00	6,841.00	0
合计							10,000.00	6,841.00	10,000.00	6,841.00	

图 5-27（b）

收付款单查询

打印模版 应付收款单打印模

记录总数：1

选择打印	单据日期	单据类型	单据编号	供应商	币种	汇率	原币金额	原币余额	本币金额	本币余额
	2013-01-06	付款单	0000000003	A公司	人民币	1.00...	5,000.00	5,000.00	5,000.00	5,000.00
合计							5,000.00	5,000.00	5,000.00	5,000.00

图 5-27（c）

图 5-27 收付款单查询

5.7.3 凭证查询

若发现已经生成的会计凭证存在错误，要在此功能下删除某张会计凭证，需先对有关单据进行修改、审核，然后生成正确的会计凭证。

若认为此凭证完全不再需要，则可以进行删除处理。

［特别提示］

不能在总账系统中将在应付账款系统中生成的会计凭证进行修改和作废操作。

具体操作如下：点击“应付款管理”→点击“单据查询”→点击“凭证查询”→选择相关条件→点击“确定”按钮，如图 5-28 所示。

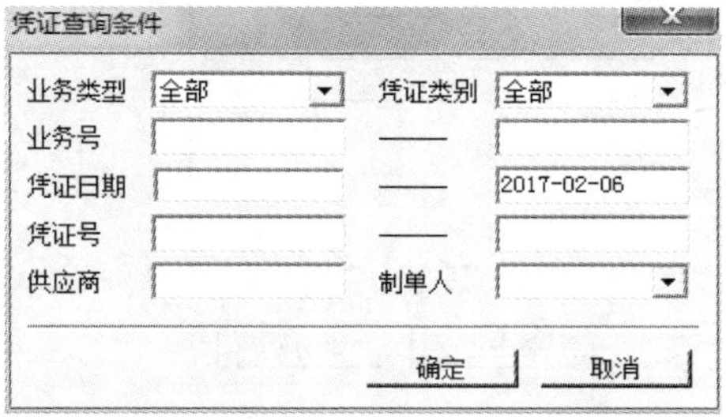

图 5-28（a）

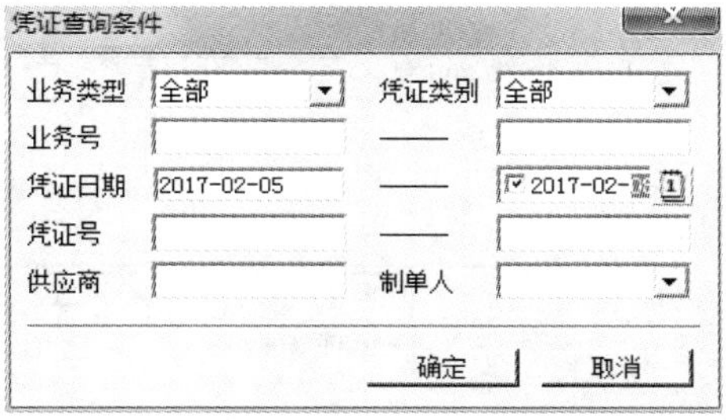

图 5-28（b）

凭证查询

凭证总数：14 张

业务日期	业务类型	业务号	制单人	凭证日期	凭证号	标志
2017-02-05	采购专...	0000000002	李一	2017-02-06	记-0008	
2017-02-05	采购普...	0000000001	李一	2017-02-06	记-0009	
2017-02-06	并账	0000000006	李一	2017-02-06	记-0027	
2017-02-06	预付冲应付	0000000007	李一	2017-02-06	记-0028	
2017-02-06	应付冲应收	0000000001	李一	2017-02-06	记-0029	
2017-02-05	采购专...	0000000003	李一	2017-02-06	记-0030	
2017-02-05	采购专...	0000000004	李一	2017-02-06	记-0031	
2017-02-05	采购专...	0000000005	李一	2017-02-06	记-0032	
2017-02-05	采购专...	0000000006	李一	2017-02-06	记-0033	
2017-02-06	采购专...	0000000007	李一	2017-02-06	记-0034	
2017-02-05	付款单	0000000002	李一	2017-02-06	记-0035	
2017-02-05	付款单	0000000003	李一	2017-02-06	记-0036	
2017-02-05	付款单	0000000004	李一	2017-02-06	记-0037	
2017-02-05	付款单	0000000005	李一	2017-02-06	记-0038	

图 5-28（c）

图 5-28 凭证查询

5.8 账表管理

账表管理包括业务总账、业务余额表和业务明细表三部分内容。

5.8.1 业务总账

具体操作如下：点击“应付款管理”→点击“账表管理”→点击“业务报表”→点击“业务总账”→选择相关条件→点击“确定”按钮，如图5-29所示。

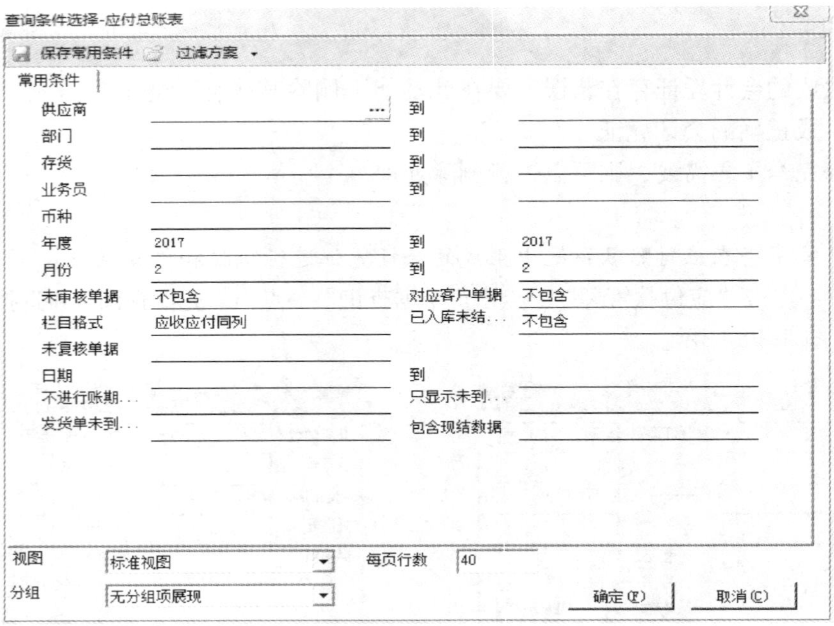

图5-29（a）

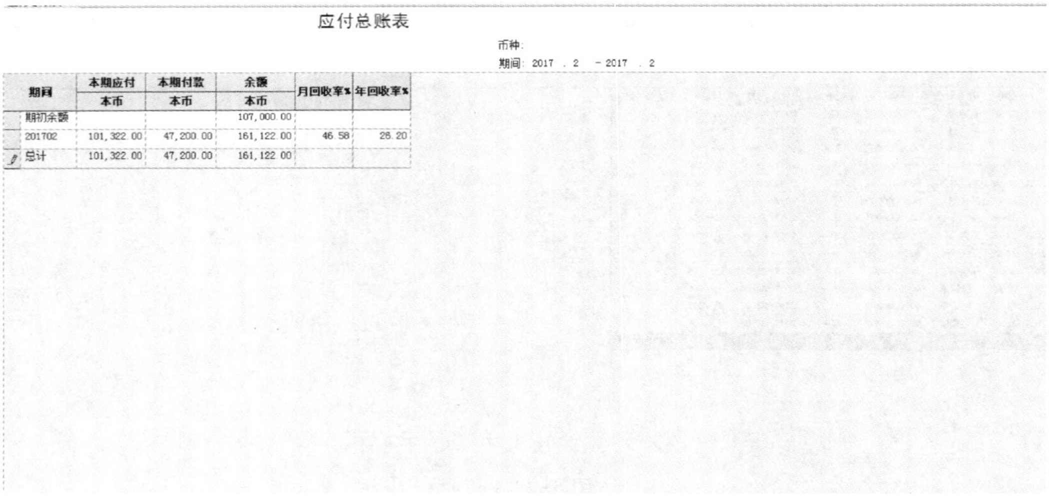
应付总账表

币种:

期间: 2017 . 2 - 2017 . 2

期间	本期应付	本期付款	余额	月回收率%	年回收率%
	本币	本币	本币		
期初余额			107,000.00		
201702	101,322.00	47,200.00	161,122.00	46.58	26.20
总计	101,322.00	47,200.00	161,122.00		

图5-29（b）

图5-29 业务总账

5.8.2 业务余额表

具体操作如下：点击“应付款管理”→点击“账表管理”→点击“业务报表”→点击“业务余额表”→选择相关条件→点击“确定”按钮，如图 5-30 所示。

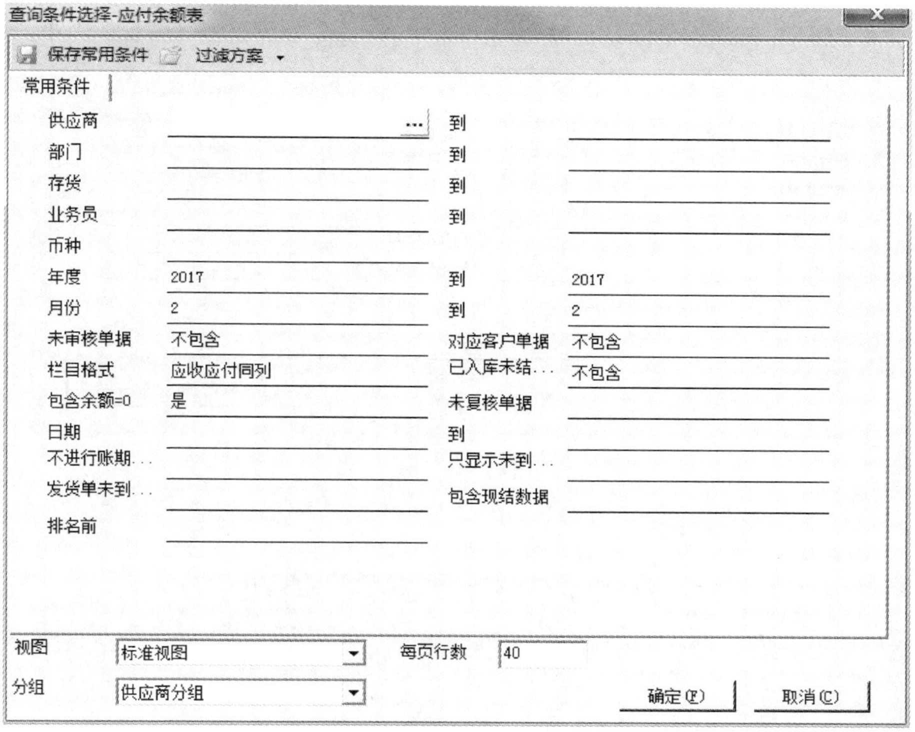

图 5-30（a）

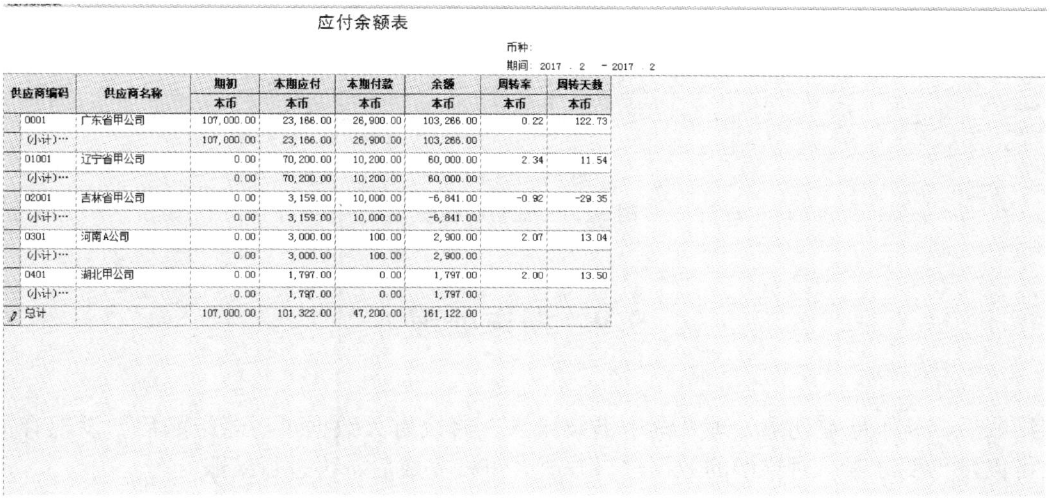

应付余额表

币种:

期间: 2017 . 2 - 2017 . 2

供应商编码	供应商名称	期初	本期应付	本期付款	余额	周转率	周转天数
		本币	本币	本币	本币	本币	本币
0001	广东省甲公司	107,000.00	23,166.00	26,900.00	103,266.00	0.22	122.73
(小计)…		107,000.00	23,166.00	26,900.00	103,266.00		
01001	辽宁省甲公司	0.00	70,200.00	10,200.00	60,000.00	2.34	11.54
(小计)…		0.00	70,200.00	10,200.00	60,000.00		
02001	吉林省甲公司	0.00	3,159.00	10,000.00	-6,841.00	-0.92	-29.35
(小计)…		0.00	3,159.00	10,000.00	-6,841.00		
0301	河南A公司	0.00	3,000.00	100.00	2,900.00	2.07	13.04
(小计)…		0.00	3,000.00	100.00	2,900.00		
0401	湖北甲公司	0.00	1,797.00	0.00	1,797.00	2.00	13.50
(小计)…		0.00	1,797.00	0.00	1,797.00		
总计		107,000.00	101,322.00	47,200.00	161,122.00		

图 5-30（b）

图 5-30 业务余额表

5.8.3 业务明细账

具体操作如下：点击“应付款管理”→点击“账表管理”→点击“业务报表”→点击“业务明细账”→选择相关条件→点击“确定”按钮，如图 5-31 所示。

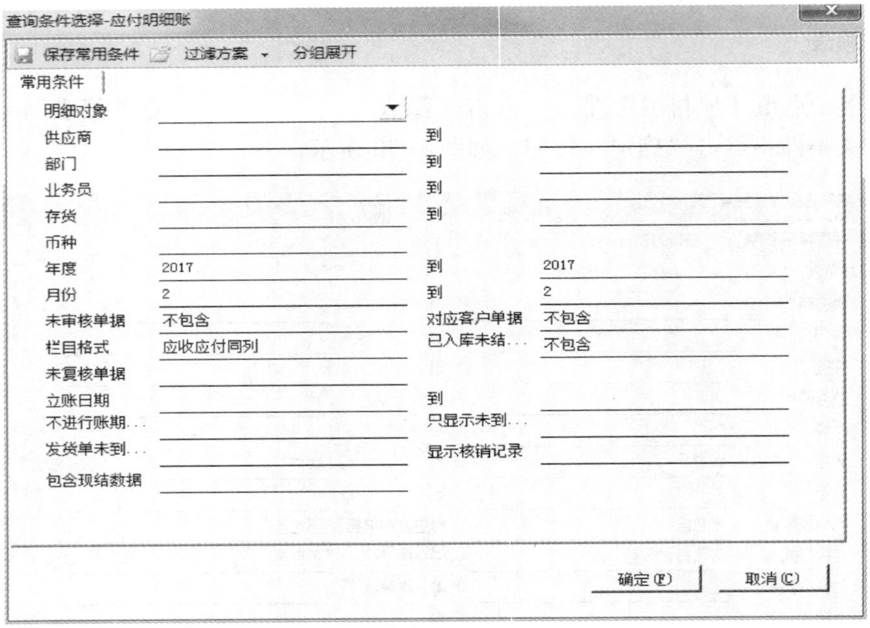

图 5-31（a）

应付明细账

币种：　全部
期间：　2　-　2

年	月	日	凭证号	供应商 编码	供应商 名称	摘要	单据类型	单据号	订单号	币种	本期应付 本币	本期付款 本币	余额 本币	到期日
				0001	广东省甲公司	期初余额							107,000.00	
2017	2	5	记-0008	0001	广东省甲公司	采购专...	采购专...	0000000002		人民币	23,400.00		130,400.00	2017-02-05
2017	2	5	记-0031	0001	广东省甲公司	采购专...	采购专...	0000000004		人民币	-234.00		130,166.00	2017-02-05
2017	2	5	记-0035	0001	广东省甲公司	付款单	付款单	0000000002		人民币		23,400.00	106,766.00	2017-02-05
2017	2	5	记-0038	0001	广东省甲公司	采购专...	付款单	0000000005		人民币		3,400.00	103,366.00	2017-02-05
2017	2	6	记-0029	0001	广东省甲公司	应付冲应收	应付冲应收	FCYAR00...		人民币		100.00	103,266.00	2017-01-31
				(0001)小计							23,166.00	26,900.00	103,266.00	
2017	2	5	记-0030	01001	辽宁省甲公司	采购专...	采购专...	0000000003		人民币	70,200.00		70,200.00	2017-02-05
2017	2	5	记-0036	01001	辽宁省甲公司	付款单	付款单	0000000003		人民币		10,200.00	60,000.00	2017-02-05
				(01001)小计							70,200.00	10,200.00	60,000.00	
2017	2	5	记-0009	02001	吉林省甲公司	采购普...	采购普...	0000000001		人民币	234.00		234.00	2017-02-05
2017	2	5	记-0037	02001	吉林省甲公司		付款单	0000000004		人民币		10,000.00	-9,766.00	2017-02-05
2017	2	6	记-0034	02001	吉林省甲公司	采购专...	采购专...	0000000007		人民币	2,925.00		-6,841.00	2017-02-06
				(02001)小计							3,159.00	10,000.00	-6,841.00	
2017	2	5	记-0033	0301	河南A公司	采购专...	采购专...	0000000006		人民币	3,510.00		3,510.00	2017-02-05
2017	2	6	记-0013	0301	河南A公司	应收冲应付	应收冲应付	TCFAP00...		人民币		100.00	3,410.00	2017-02-05
2017	2	6	记-0027	0301	河南A公司	并账	并账	BZAP000...		人民币	-510.00		2,900.00	2017-02-05
				(0301)小计:							3,000.00	100.00	2,900.00	
2017	2	5	记-0032	0401	湖北甲公司	采购专...	采购专...	0000000005		人民币	1,287.00		1,287.00	2017-02-05
2017	2	6	记-0027	0401	湖北甲公司	并账	并账	BZAP000...		人民币	510.00		1,797.00	2017-02-05
				(0401)小计:							1,797.00		1,797.00	
合...											101,322.00	47,200.00	161,122.00	

图 5-31（b）

图 5-31　业务明细账

5.9　期末处理

期末结账后，就不能在期末处理系统中继续录入、修改有关数据了。若结账后，发现有关数据存在错误，可以进行反结账，对错误的数据进行修改、审核完成后，再进行结账。

应付账款系统期末一定要结账。只有在此系统结账后，总账系统期末才能够进行结账处理。

[特别提示]

- 期末结账前，所有发生的经济业务都要全部制单。
- 期末结账前，所有的会计凭证都要进行审核、记账。

5.9.1　期末结账

具体操作如下：点击“应付款管理”→点击“月末处理”→点击“期末结账”→双击“结账标

志”下对应的空栏→点击“下一步”→点击“完成”按钮，如图 5-32 所示。

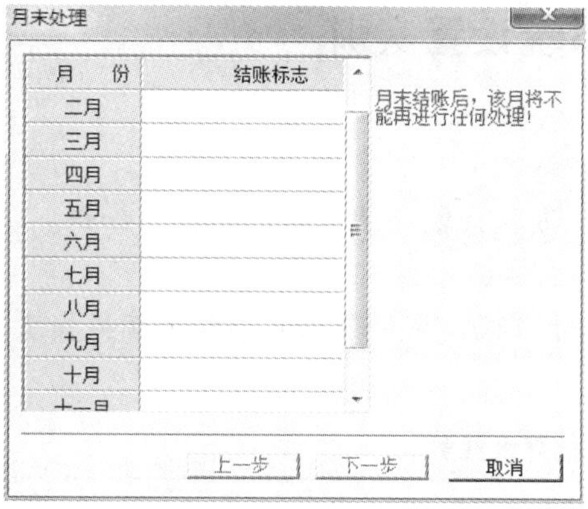

图 5-32（a）

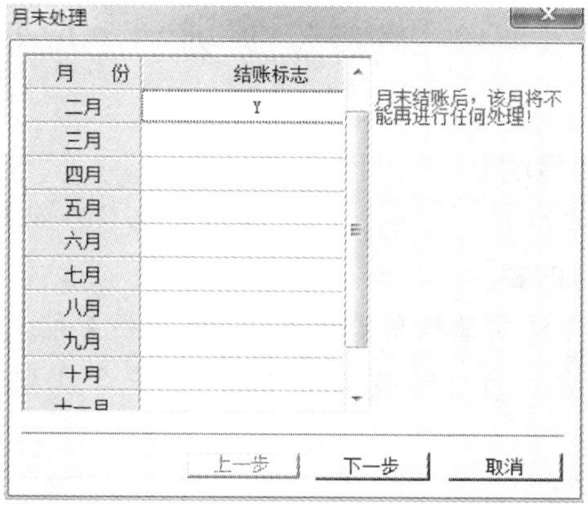

图 5-32（b）

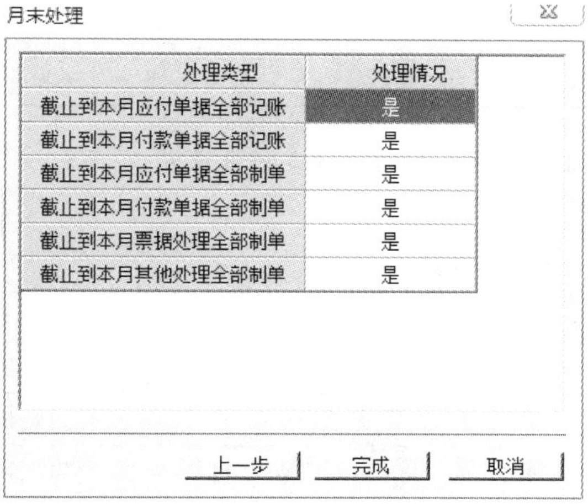

图 5-32（c）

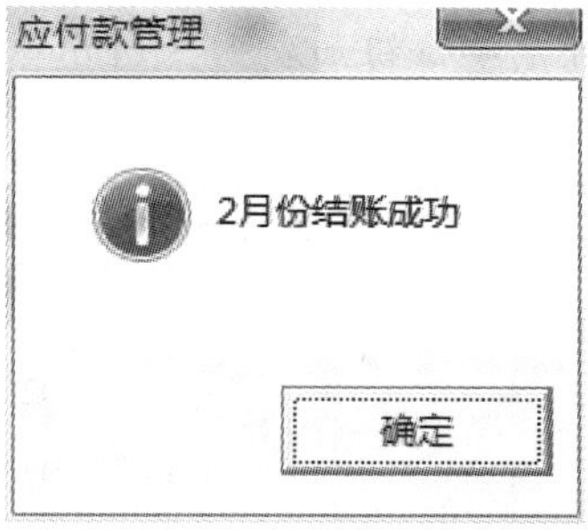

图 5-32（d）

图 5-32　期末结账

5.9.2　取消月结

具体操作如下：点击“应付款管理”→点击“月末处理”→点击“取消月结”→点击“确定”按钮，如图 5-33 所示。

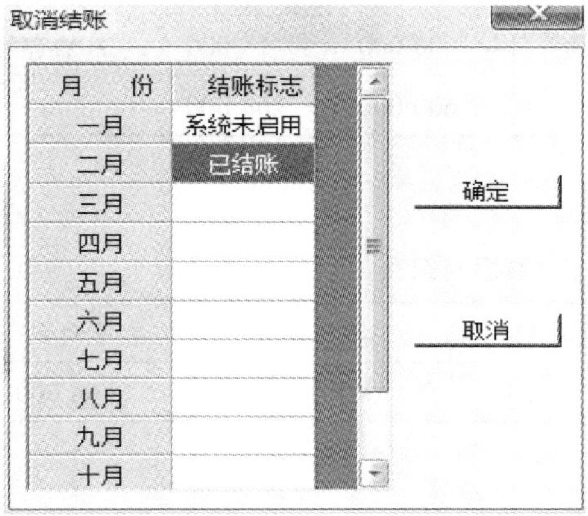

图 5-33（a）

图 5-33（b）

图 5-33　取消月结

实训一　应付账款系统设置实训

[实训目的]

通过本实训，学生能够掌握应付账款系统初始设置、期初余额的录入等相关操作知识。

[实训内容]

广东珠江实业股份有限公司 2023 年 4 月 1 日有关应付账款、应付票据的期初余额数据资料如下：

（1）会计科目辅助核算设置表如表 5-1 所示。

表 5-1　会计科目辅助核算设置表

序号	会计科目	辅助核算
1	应付账款	供应商往来
2	应付票据	供应商往来
3	预付账款	供应商往来

（2）完成基本科目设置、控制科目设置、产品科目设置、结算方式科目设置。

（3）计量单位组如表 5-2 所示。

表 5-2　计量单位组

分组编码	计量单位组名称	二级编码	计量单位名称	是否为主计量单位	与主计量单位换算率
02	混合计量组	0201	个	否	固定换算率
		0202	件	否	固定换算率
		0203	箱	否	固定换算率
		0204	台	否	固定换算率

（4）应付账款明细表如表 5-3 所示。

表 5-3　应付账款明细表

供应商名称	品种	计量单位	库存数量	不含税单价/元	不含税总金额/元	税额/元	部门	开户行
A 公司	C 材料	个	1 000	1 000	1 000 000	130 000	采购部	工行广东分行
B 公司	D 材料	个	750	800	600 000	78 000	采购部	工行广东分行
合计					1 600 000	208 000		

（5）应付票据明细表如表 5-4 所示。

表 5-4　应付票据明细表

供应商名称	票据号	承兑银行	签发日期	到期日	票据面值/元	部门
A 公司	1263	农行广州分行	2023. 2. 20	2023. 6. 20	468 000	采购部

（6）预付账款明细表如表 5-5 所示。

表 5-5 预付账款明细表

供应商名称	付款方式	金额/元	付款日期	部门
甲公司	支票	200 000	2023. 12. 14	采购部

（7）本单位开户行有关资料表如表 5-6 所示。

表 5-6 开户行有关资料

编码	01	银行账号	123456789012
账户名称	广东珠江实业股份有限公司	开户时间	2010-01-05
币种	人民币	开户银行	工行广东分行
所属银行	中国工商银行	联行号	95588

［实训要求］

（1）完成“应付账款”“应付票据”“预付账款”等会计科目的辅助核算设置。

（2）完成初始设置的相关操作。

（3）录入应付账款、应付票据的期初余额，并引入总账系统的期初余额。

实训二 应付账款系统日常业务处理实训

［实训目的］

通过本实训，学生能够掌握应付账款系统中的应付单据处理、付款单据处理、核销、转账、制单处理和期末结账等相关的操作知识。

［实训内容］

期初资料利用本章实训一的资料。

2023 年 4 月广东珠江实业股份有限公司发生下列经济业务（该公司适用增值税税率为 13%）：

（1）2023 年 4 月 2 日采购部购进 A 公司生产的 A 材料，购进数量为 1 000 个，不含税购进单价为 50 元，取得了增值税专用发票，款项还没有支付。

（2）2023 年 4 月 3 日采购部购进 B 公司生产的 B 材料，购进数量为 2 000 个，购进单价（含税）为 40 元，取得了增值税普通发票，款项还没有支付；开出了商业承兑汇票一张，票据面值为 80 000 元，出票日期为 2022 年 1 月 3 日，到期日为 2023 年 4 月 3 日。

（3）2023 年 4 月 4 日开出支票一张，支票号码是 001，支票金额为 67 800 元，开户行为中国工商银行广东分行，支付前欠 B 公司货款。

（4）2023 年 4 月 5 日因需要采购 C 材料，采购部向 B 公司预付货款 234 000 元，支票号码是 002，支票金额为 234 000 元，开户行为中国工商银行广东分行。

（5）2023 年 4 月 6 日采购部向 C 公司采购 D 材料，采购数量为 500 个，不含税购进单价为 20 元，取得了增值税专用发票，货款还没有支付。

（6）2023 年 4 月 8 日采购部向 B 公司采购 C 材料，采购数量为 2 000 个，不含税购进单价为 200 元，取得了增值税专用发票，货款还没有支付。

（7）2023 年 4 月 9 日采购部向 D 公司预付货款 117 000 元，用于采购 A 材料，支票号码是 003，支票金额为 117 000 元，开户行为中国工商银行广东分行。

（8）2023 年 4 月 15 日采购部向 D 公司采购 A 材料，采购数量为 2 000 个，不含税购进单价为 60 元，取得了增值税专用发票，货款还没有支付。

(9) 2023 年 4 月 16 日因 A 公司提供的 A 材料存在质量问题，采购部向 A 公司退回 A 材料 10 个，并已办妥了退回手续。

(10) 2023 年 4 月 20 日采购部向 D 公司采购 A 材料，采购数量为 500 个，不含税购进单价为 60 元，取得了增值税专用发票；开出支票一张支付货款，支票号码是 004，支票金额为 33 900 元，开户行为中国工商银行广东分行。

(11) 2023 年 4 月 20 日采购部向 B 公司支付货款 468 000 元，支票号码是 005，支票金额为 468 000 元，开户行为中国工商银行广东分行。

(12) 2023 年 4 月 25 日采购部向 D 公司采购 A 材料，采购数量为 1 000 个，不含税购进单价为 58 元，取得了增值税专用发票，货款还没有支付；已办理入库手续，发票已经收到。

[实训要求]

(1) 根据上述发生的经济业务，进行应付单据处理和付款单据处理。

(2) 生成有关应付账款经济业务的会计凭证。

(3) 进行预付账款冲抵应付账款业务的处理，并生成相应的会计凭证。

(4) 进行手工核销处理。

(5) 进行月末结账处理。

6　固定资产管理系统

固定资产管理系统主要由设置、卡片、处理和账表等部分构成。

固定资产管理系统的主要功能是录入固定资产原值、累计折旧额、使用年限、残值率等有关财务数据，计提折旧额，生成与固定资产计提折旧相关的会计凭证，查询与固定资产原值、累计折旧额等相关的财务数据。

6.1　固定资产管理系统初始化

双击固定资产管理系统，如图 6-1 和图 6-2 所示。

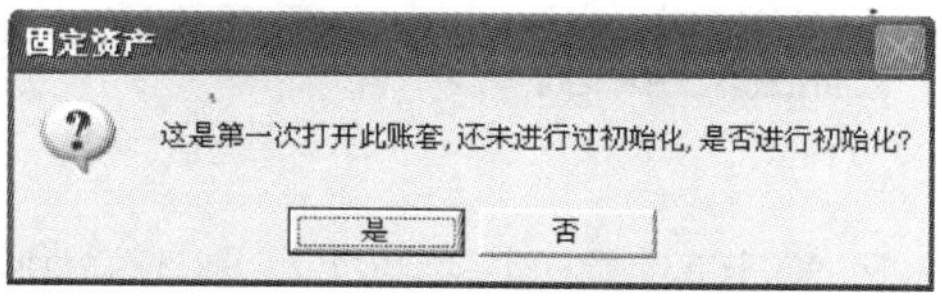

图 6-1　固定资产管理系统

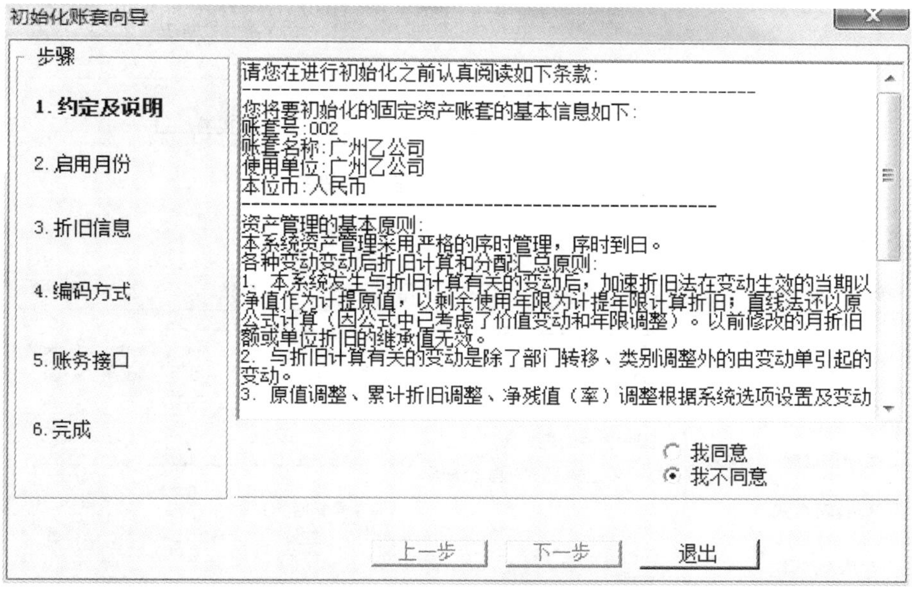

图 6-2　选择是否需要固定资产管理系统初始化

点击“下一步”按钮，如图 6-3 所示。

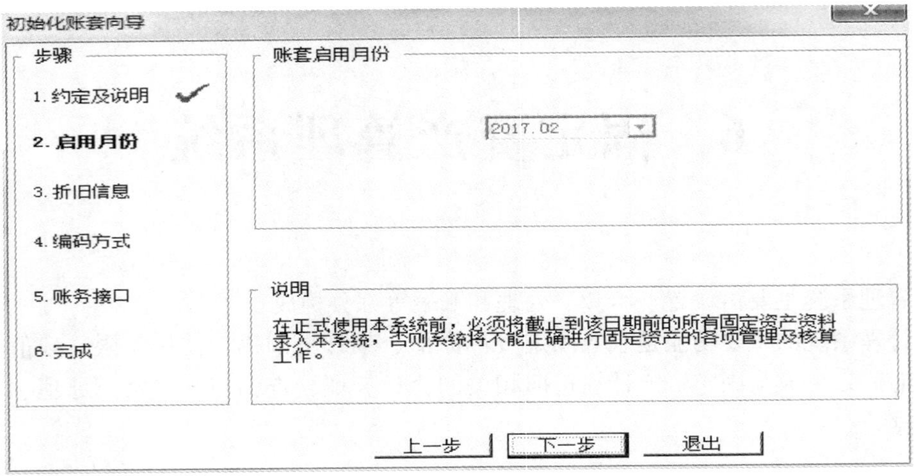

图 6-3　账套启用月份设置

选择固定资产折旧方法，如图 6-4 所示。

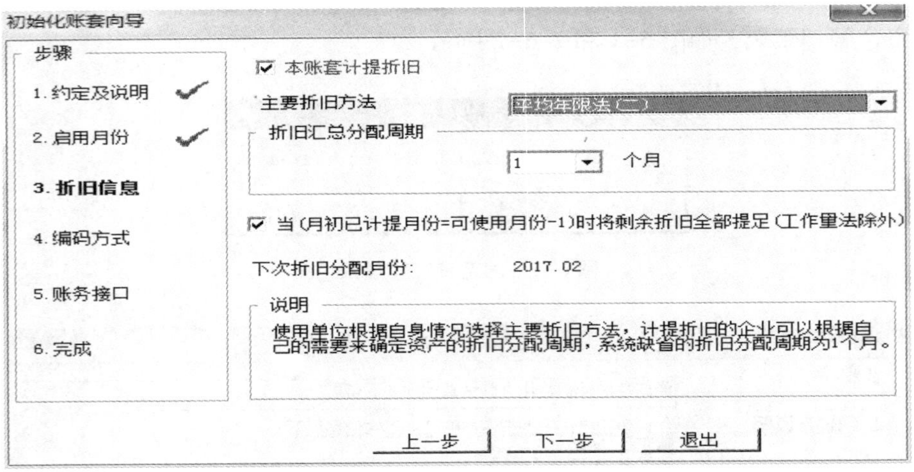

图 6-4　固定资产折旧方法设置

选择固定资产编码方式，如图 6-5 所示。

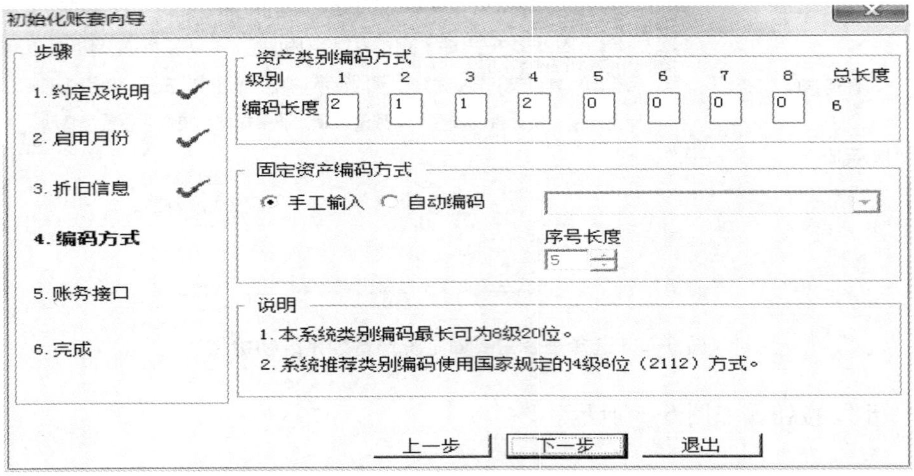

图 6-5　固定资产编码方式设置

录入与固定资产相关的会计科目，如图 6-6 所示。

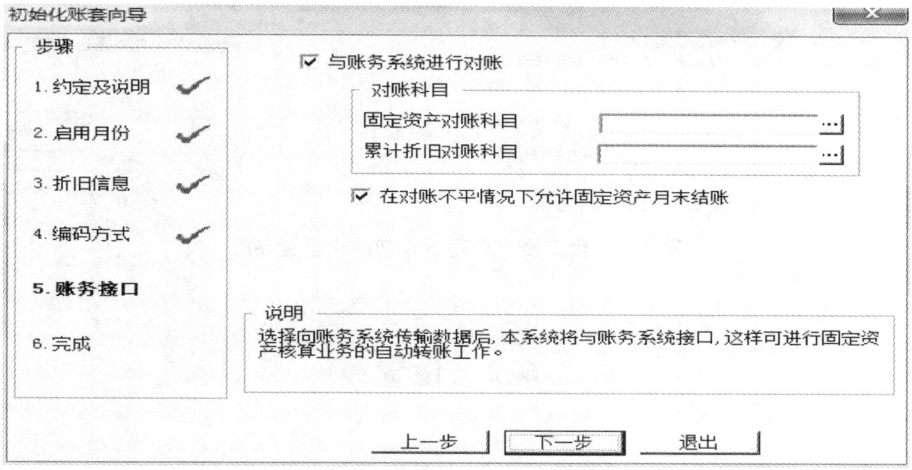

图 6-6（a）

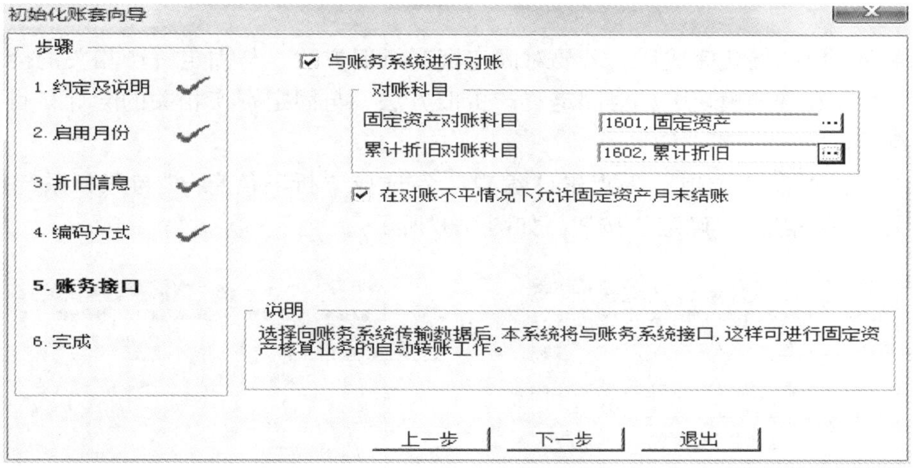

图 6-6（b）

图 6-6　设置与固定资产相关的会计科目

完成固定资产管理系统初始化工作，如图 6-7 所示。

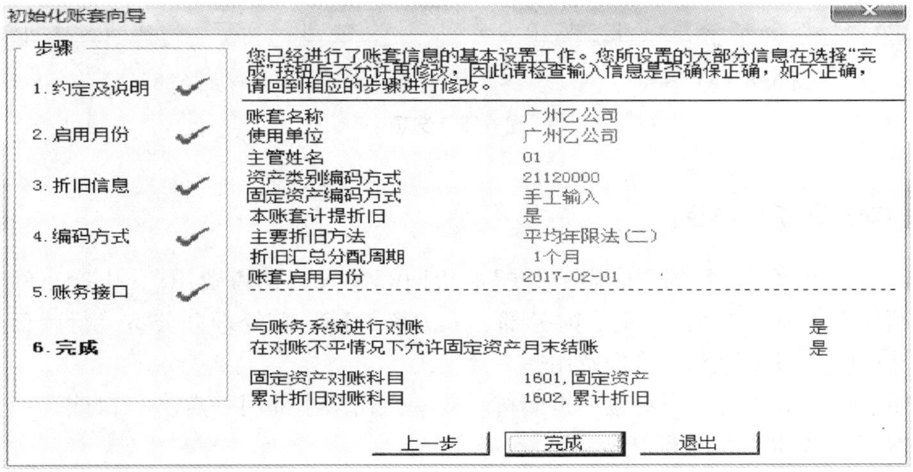

图 6-7（a）

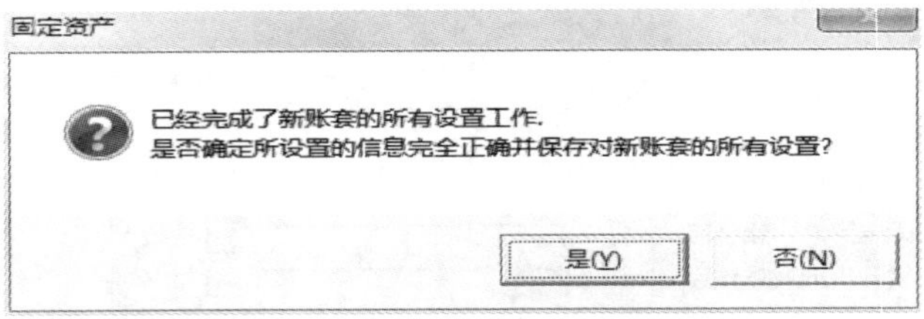

图 6-7（b）

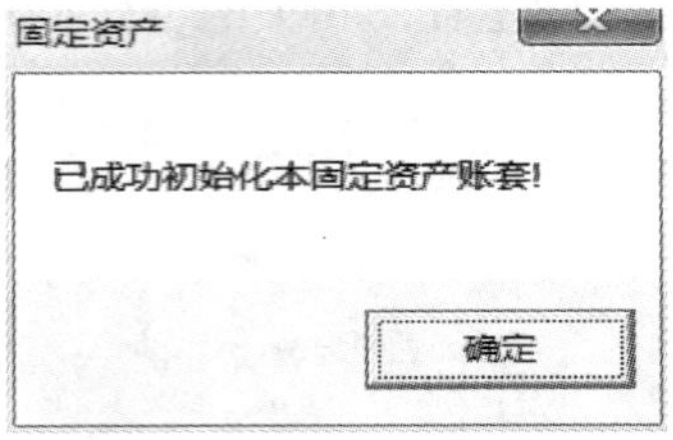

图 6-7（c）

图 6-7　固定资产管理系统初始化设置完成

6.2　设置

设置主要由选项、与部门对应的折旧科目和资产类别等部分组成。

6.2.1　选项

固定资产管理系统初始化完成后，若要对固定资产折旧方法、与固定资产相关的会计科目等内容进行相关修改，可以在选项模块下，对固定资产折旧方法、与固定资产相关的会计科目、固定资产编码方式进行重新设置。

具体操作如下：点击“选项”→点击“编辑”→选择“折旧信息”“与账务系统接口”或“其它”→修改相关内容→点击“确定”按钮，如图 6-8 所示。

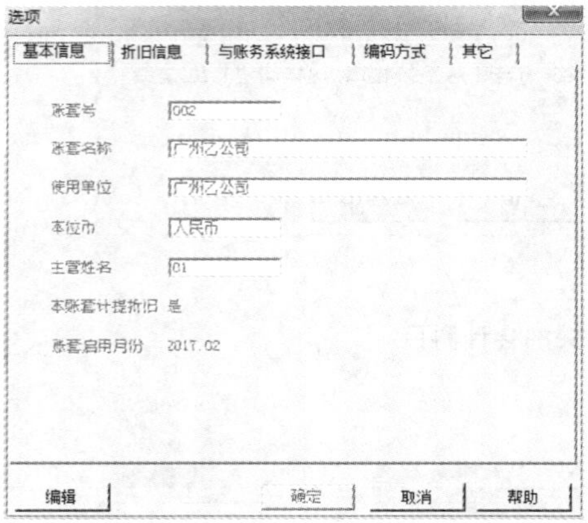

图 6-8（a）

图 6-8（b）

图 6-8　选项

6.2.2　与部门对应的折旧科目

对企业来说，销售部门使用的固定资产计提的折旧额计入“销售费用”，生产车间使用的固定资产计提的折旧额计入“制造费用”，企业财务部、人力资源部、总经理办公室、行政部等管理部门使用的固定资产计提的折旧额计入“管理费用”。

具体操作如下：点击“与部门对应的折旧科目”→点击某个部门→点击“修改”→选择相关会计科目→点击“保存”按钮，如图 6-9 所示。

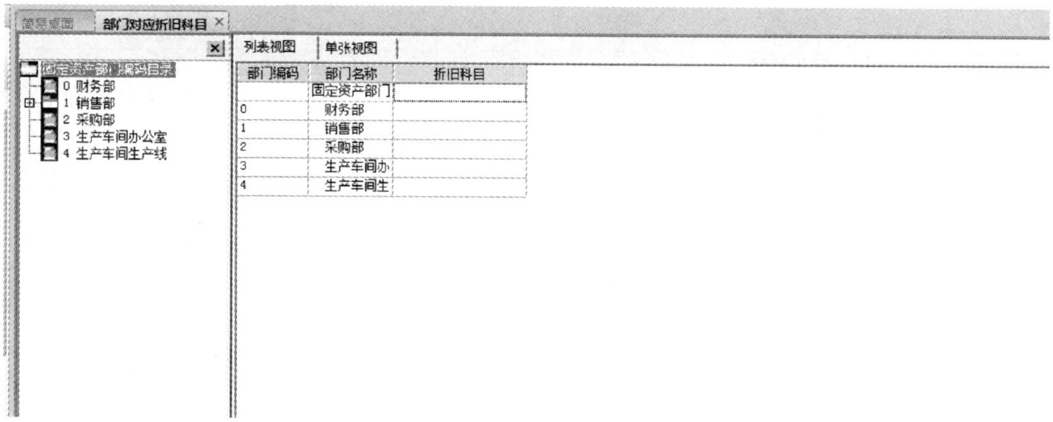

图 6-9（a）

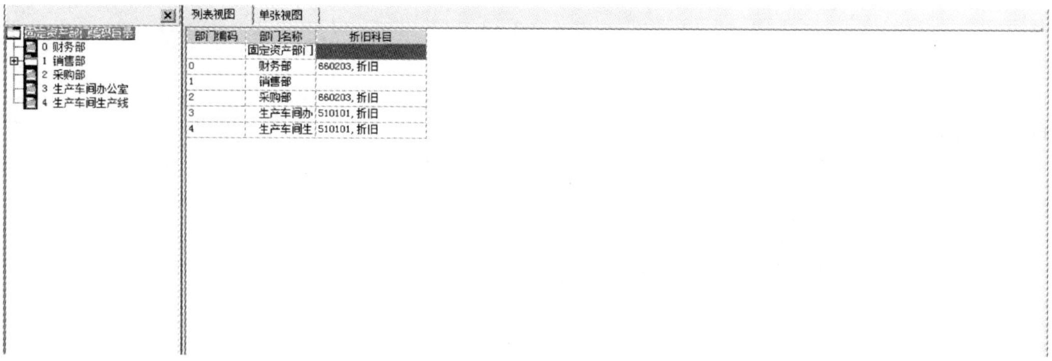

图 6-9（b）

图 6-9　与部门对应的折旧科目

6.2.3　资产类别

具体操作如下：点击“资产类别”→点击“增加”→录入资产类别等相关信息→点击“保存”按钮，如图 6-10 所示。

若某一大类别固定资产中包含下一级类别固定资产，但下一级类别固定资产在使用年限、残值率等方面都不相同时，在录入第一级大类别固定资产相关信息时，不需要录入使用年限、残值率等相关信息，使用年限、残值率等这些相关信息录入下一级类别固定资产信息中。

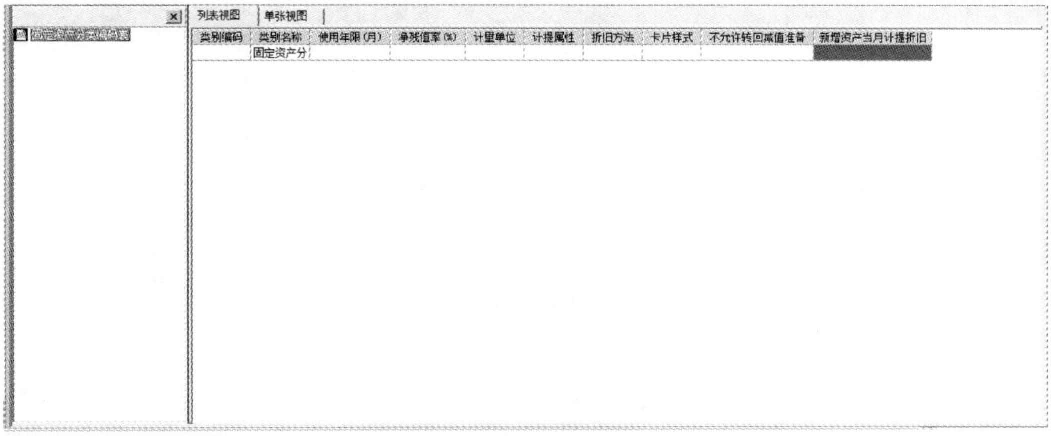

图 6-10（a）

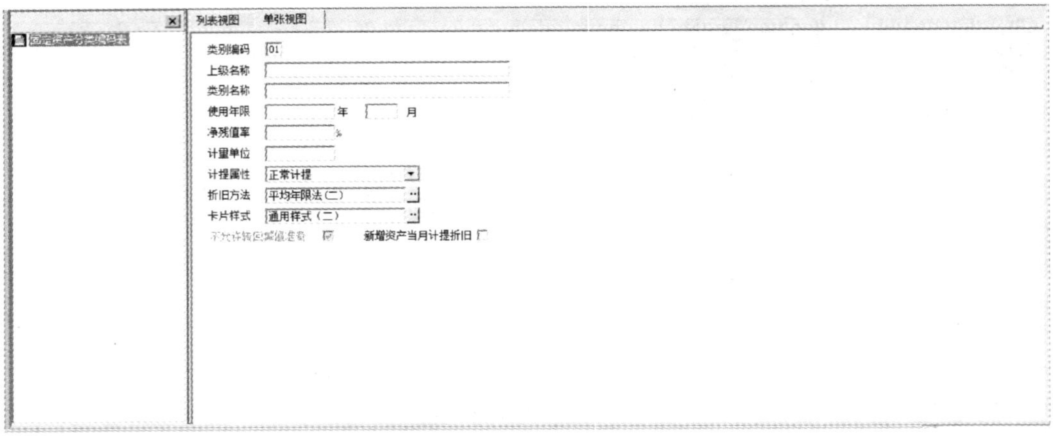

图 6-10（b）

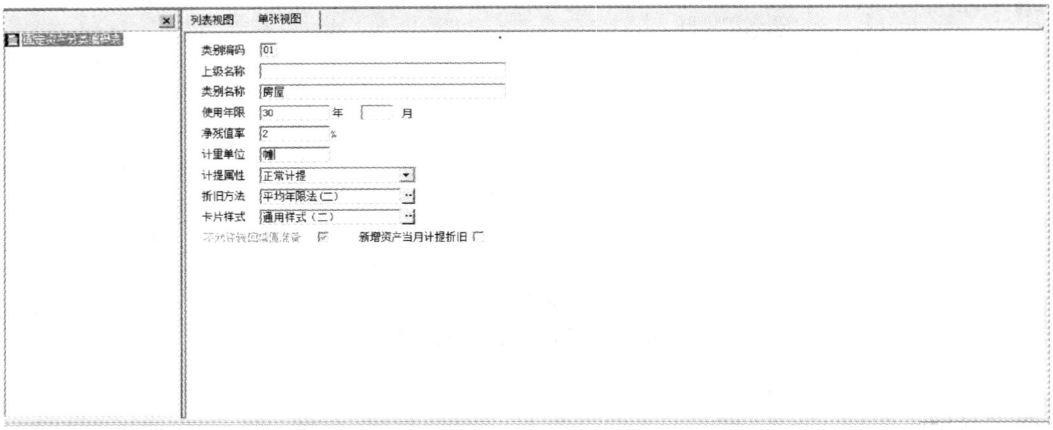

图 6-10（c）

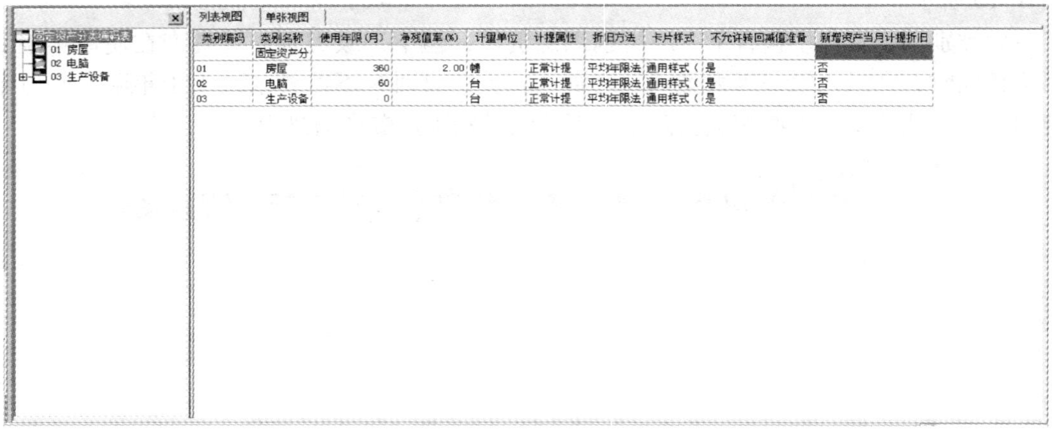

图 6-10（d）

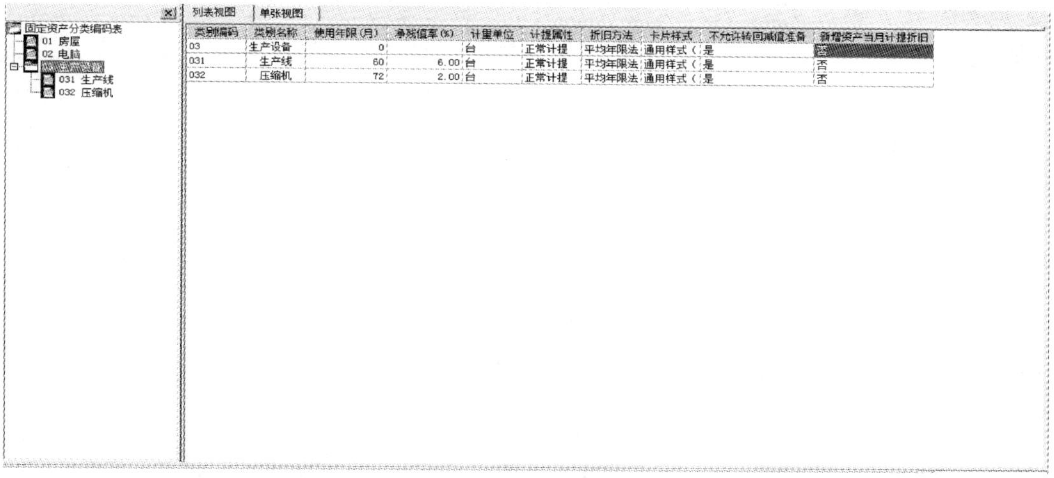

图 6-10（e）

图 6-10　资产类别

6.3　卡片

卡片主要由卡片管理、录入原始卡片、资产增加和资产减少等部分组成。

6.3.1　卡片管理

在没有录入与固定资产相关的数据前，卡片管理功能不能反映任何数据。录入原始卡片等工作完成后，该功能就会反映与固定资产相关的财务数据，如图 6-11 所示。

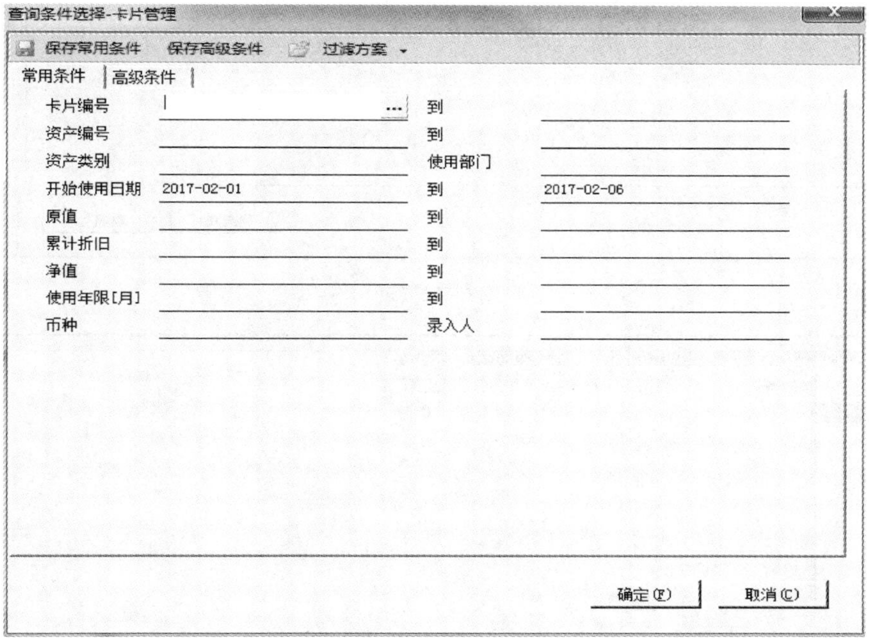

图 6-11（a）

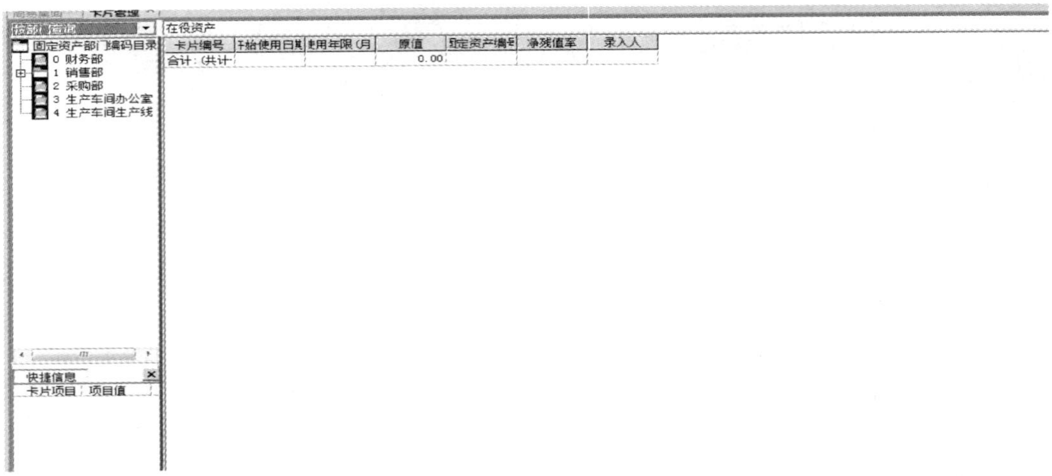

图 6-11（b）

图 6-11　卡片管理（1）

有关固定资产原始数据、固定资产增加数据录入完成后，该功能就能够反映与固定资产相关的数据，如图 6-12 所示。

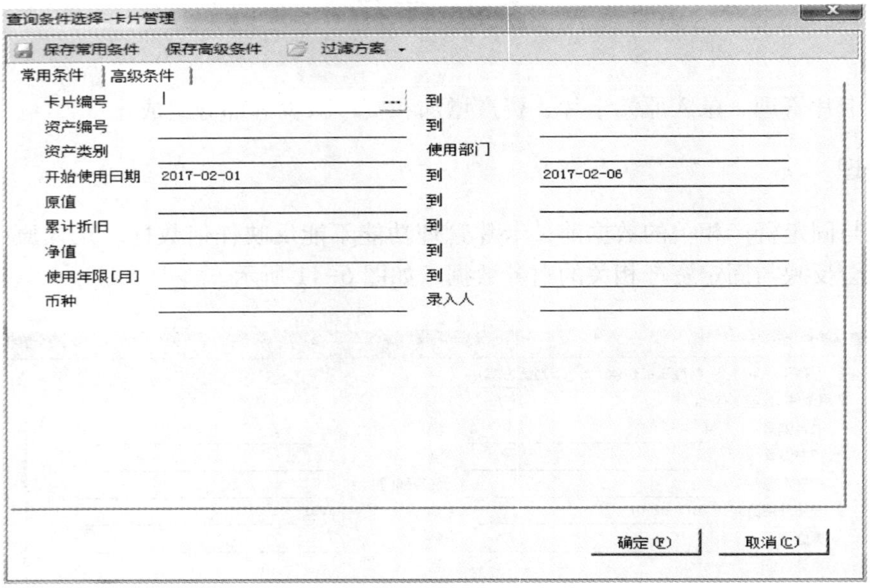

图 6-12（a）

图 6-12（b）

图 6-12　卡片管理（2）

6.3.2 录入原始卡片

在启用财务软件进行财务处理前，在手工账簿中已经存在的有关固定资产的原始数据需要录入此模块中。

有关固定资产开始使用时间一定是在账套启用时间以前（不含账套启用当天的时间）。

固定资产可能由一个部门使用，也可能由多个部门共同使用。当某些固定资产由多个部门共同使用时，需要确定每个部门承担的固定资产折旧额比例，所有比例的总和一定要等于100%。

6.3.2.1 单个部门使用的固定资产数据录入

具体操作如下：点击“录入原始卡片”→点击“确定”→录入相关信息→点击“保存”按钮，如图6-13所示。

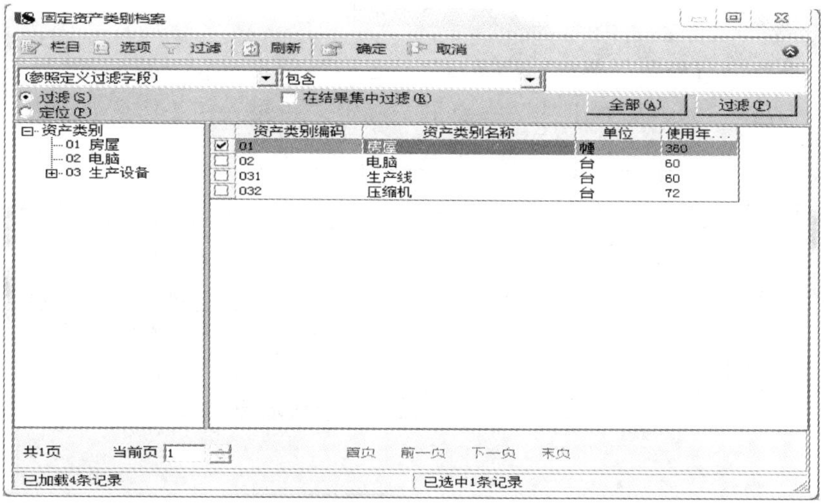

图6-13（a）

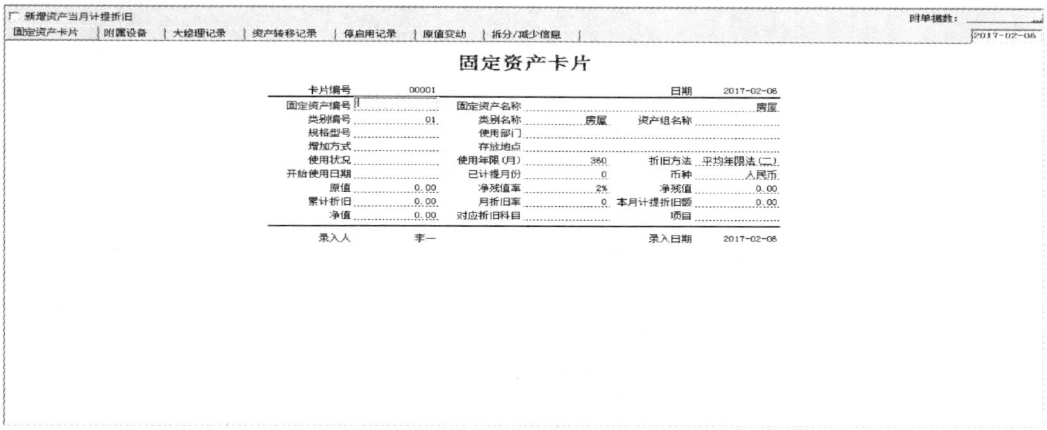

图6-13（b）

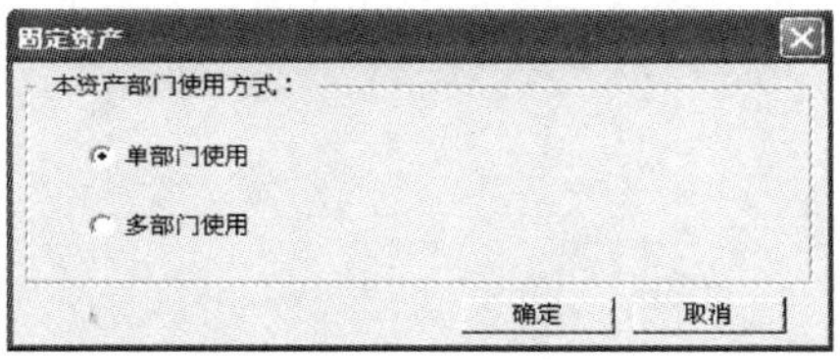

图6-13（c）

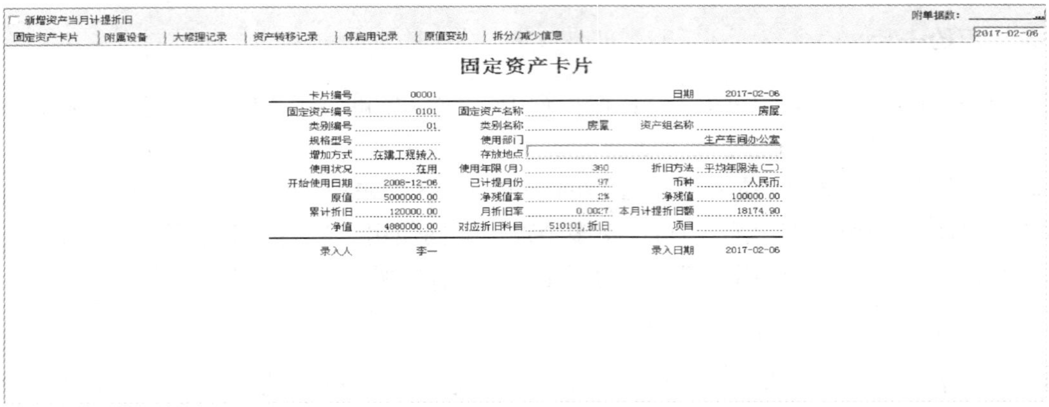

图 6-13（d）

图 6-13　录入原始卡片（1）

6.3.2.2　多个部门使用的固定资产数据录入

具体操作如下：点击“录入原始卡片”→点击“确定”→录入相关信息→点击“保存”按钮，如图 6-14 所示。

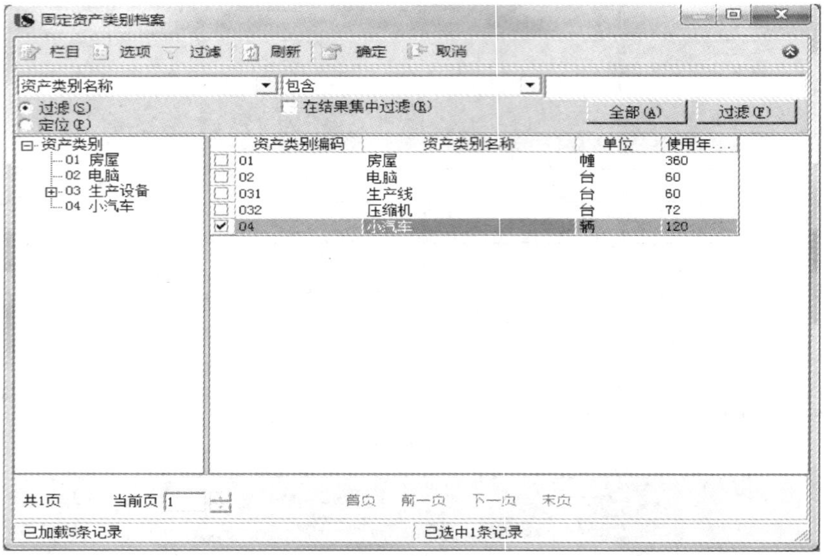

图 6-14（a）

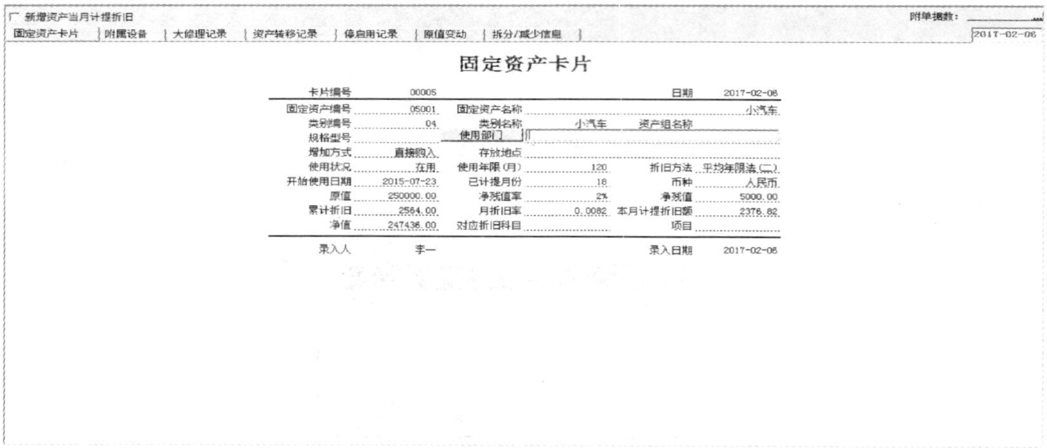

图 6-14（b）

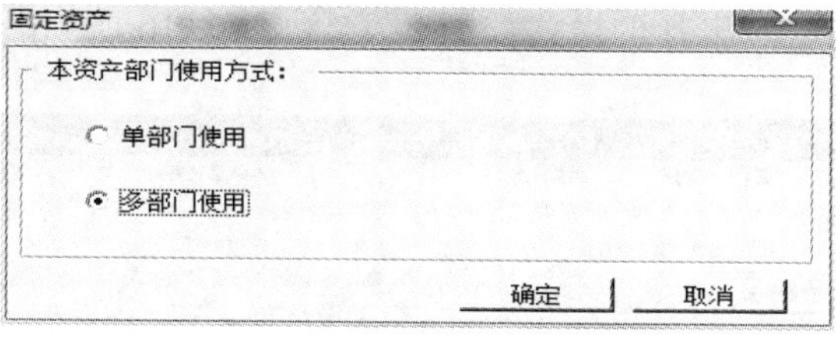

图 6-14（c）

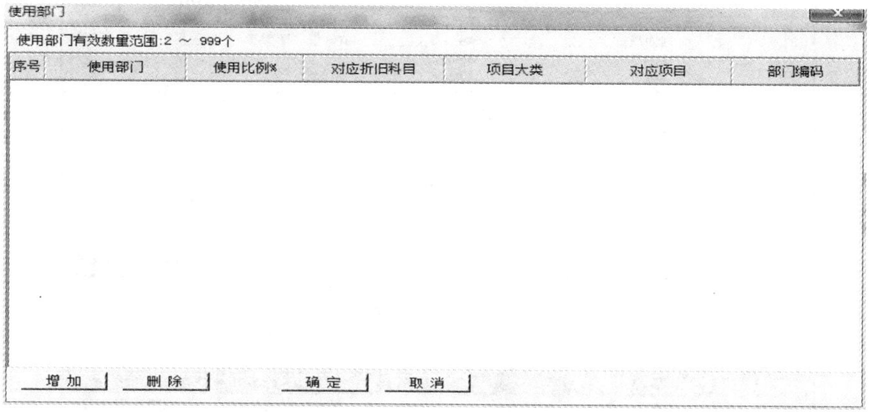

图 6-14（d）

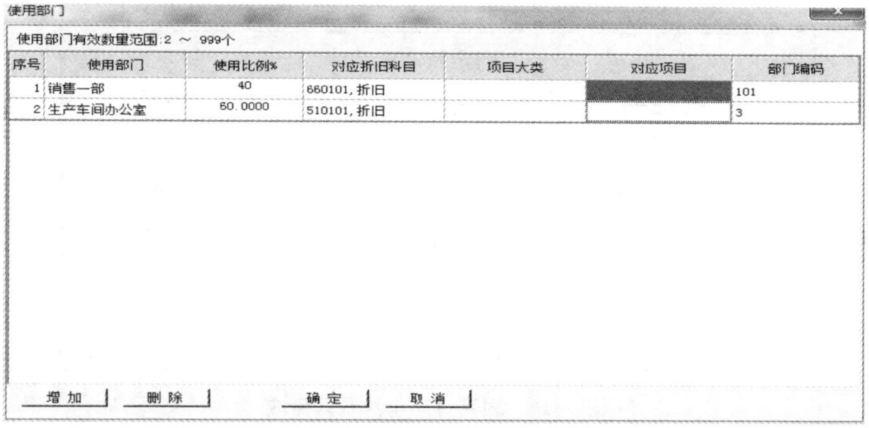

图 6-14（e）

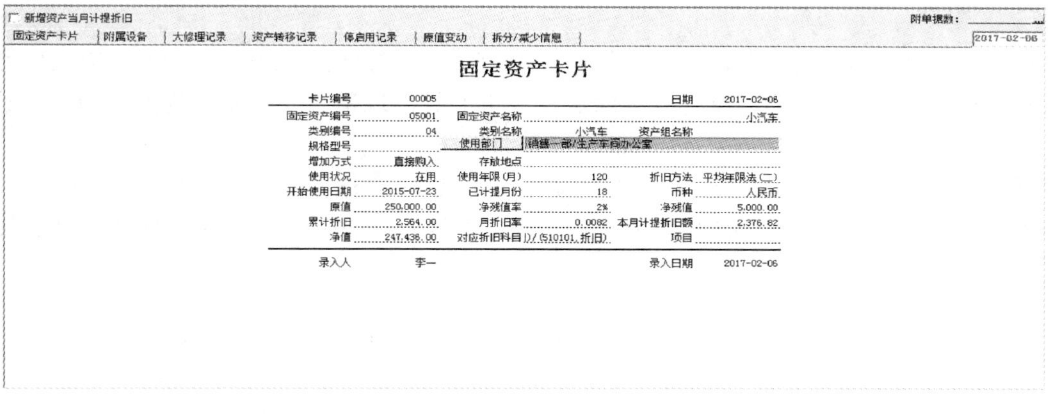

图 6-14（f）

图 6-14　录入原始卡片（2）

若采用工作量法计提折旧，其卡片的样式如图 6-15 和图 6-16 所示。

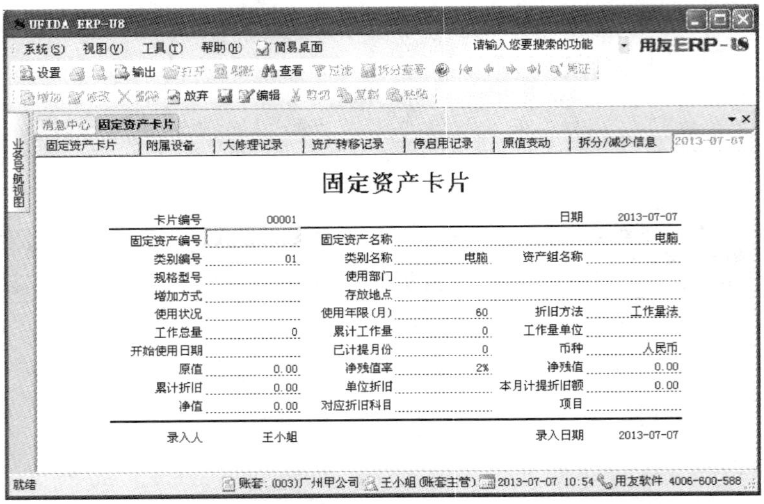

图 6-15　固定资产卡片

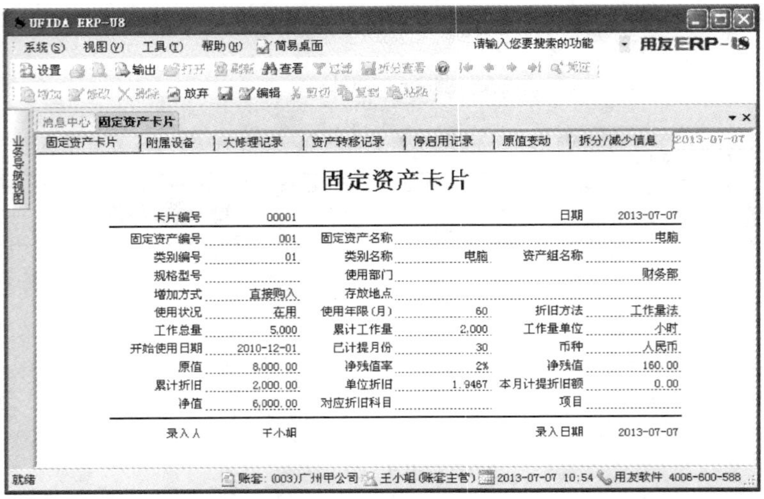

图 6-16　固定资产卡片录入完成

6.3.3　资产增加

从启用财务软件进行会计处理的当期开始，无论何种原因导致的与固定资产增加有关的数据，都应该录入本模块中，否则会导致每期计提的固定资产折旧额出现错误，从而影响到每期财务数据的准确性。

有关固定资产开始使用时间一定是在账套启用时间以后（含账套启用当天）。

具体操作如下：点击“资产增加”→点击“确定”→录入相关信息→点击“保存”按钮，如图 6-17 所示。

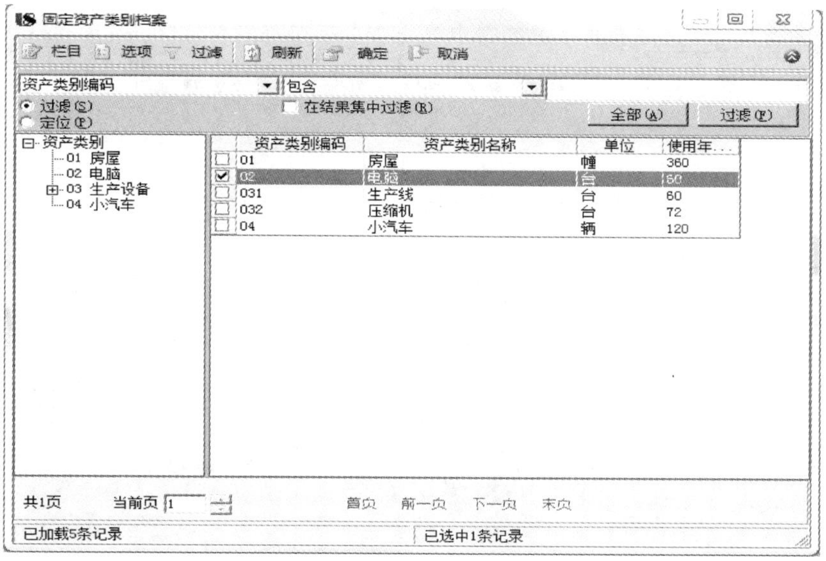

图 6-17（a）

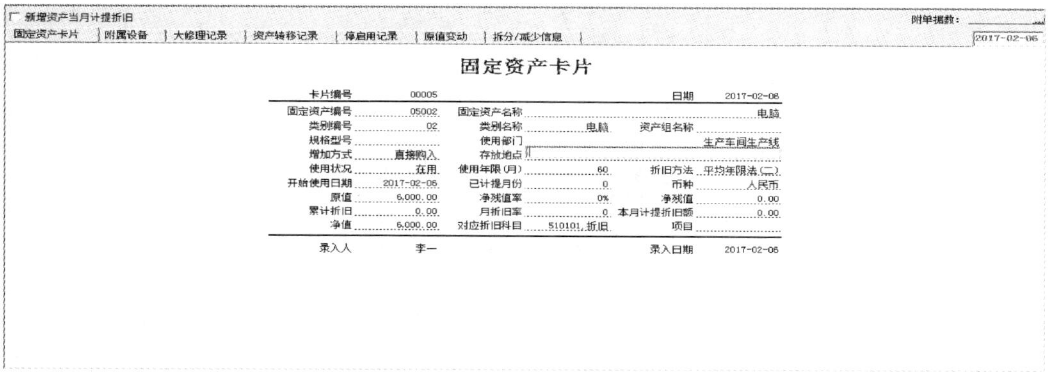

图 6-17（b）

图 6-17 资产增加

6.3.4 资产减少

由出售、报废等原因导致的与固定资产减少相关的数据录入本模块中。

在操作此功能之前，应当计提本期折旧额，否则本功能无法进行操作。

具体操作如下：点击“资产减少”→选择“卡片编号”→点击“增加”→双击“减少方式”下对应的空栏→点击“确定”按钮，如图 6-18 所示。

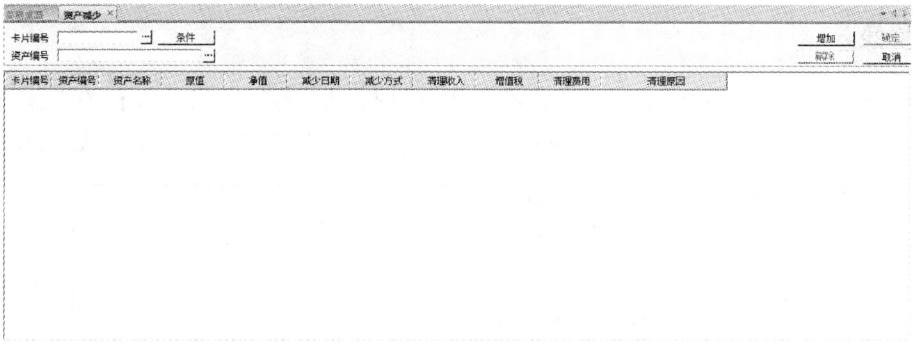

图 6-18（a）

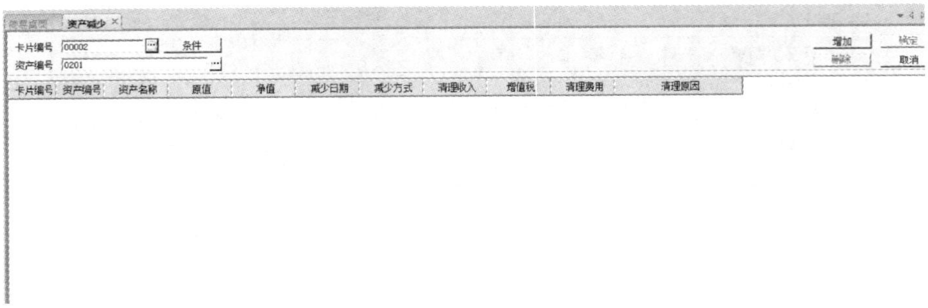

图 6-18（b）

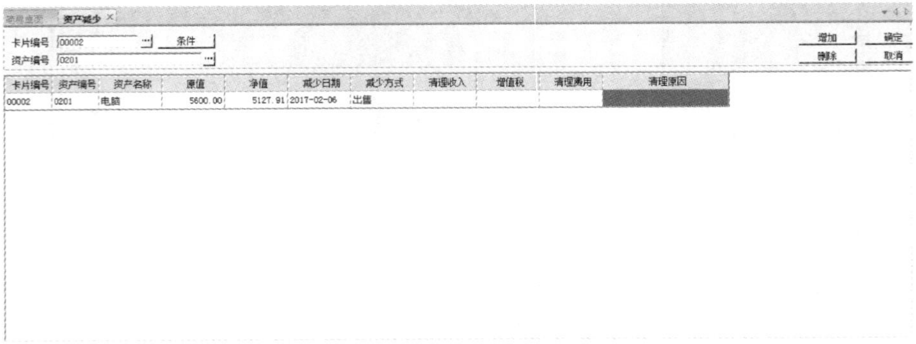

图 6-18（c）

图 6-18（d）

图 6-18　资产减少

6.4　处理

处理由工作量录入、计提本月折旧、折旧清单、折旧分配表、批量制单、凭证查询、月末结账等部分组成。

6.4.1　工作量录入

若固定资产折旧方法采用的是工作量法，在计提当期折旧额前就应当录入有关工作量数据。

具体操作如下：点击“工作量录入”→录入相关信息→点击“保存”按钮，如图 6-19 所示。

图 6-19（a）

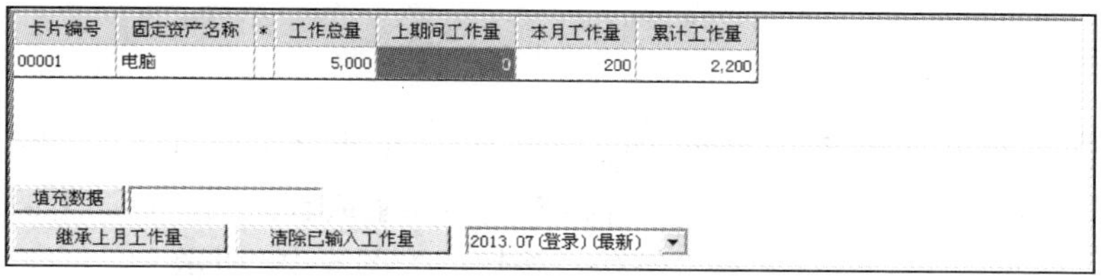

图 6-19（b）

图 6-19　工作量录入

6.4.2　计提本月折旧

执行此功能后，一是可以计提本期折旧额，二是可以生成与固定资产折旧相关的会计凭证。这里也可放弃立即生成会计凭证，而在“批量制单”界面生成有关固定资产折旧的会计凭证。

具体操作如下：点击“计提本月折旧”→选择“是”→点击“退出”→点击“凭证”→点击“保存”按钮，如图 6-20 所示。

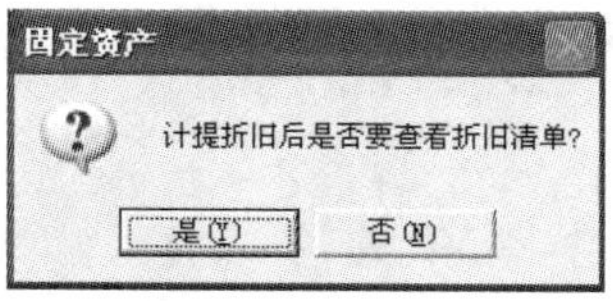

图 6-20（a）

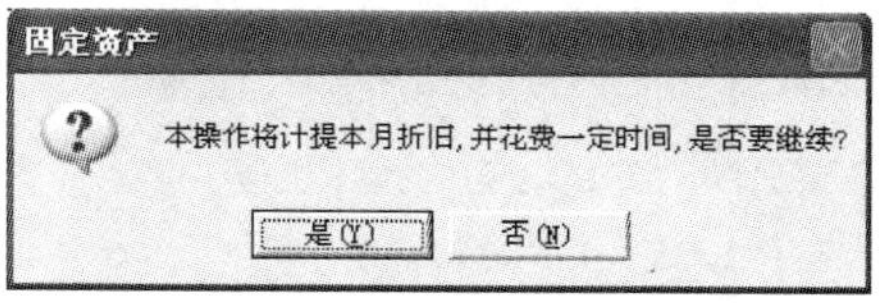

图 6-20（b）

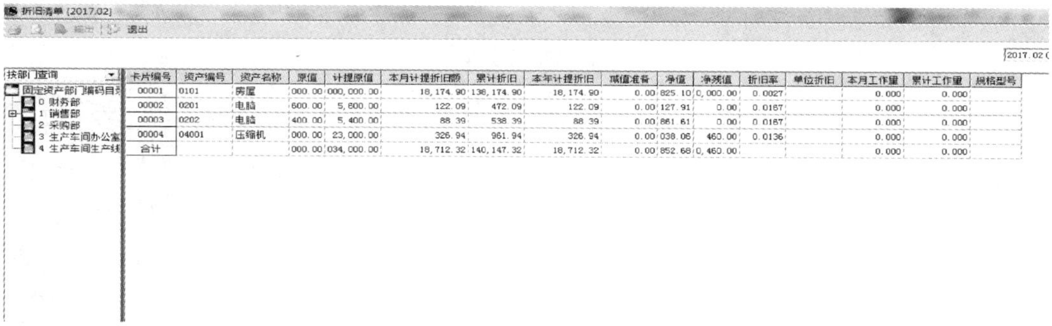

图 6-20（c）

图 6-20　计提本月折旧

6.4.3　折旧清单

执行此功能后，主要是能够查看每项固定资产的原值、本月计提的折旧额、累计折旧、净值、净残值和折旧率等相关信息，如图 6-21 所示。

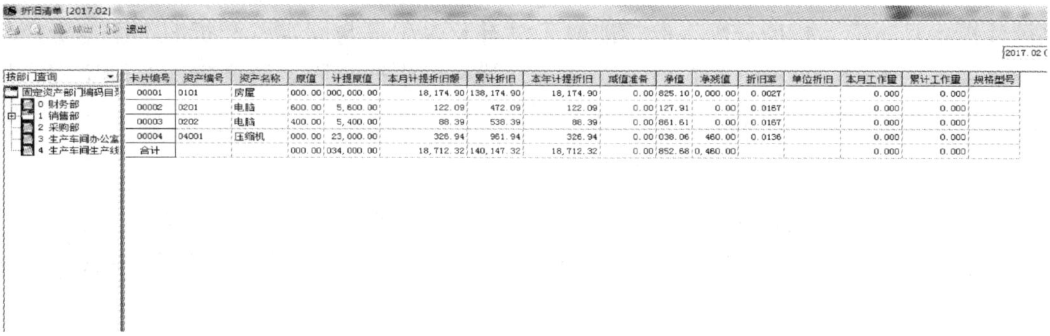

图 6-21　折旧清单

6.4.4 折旧分配表

此功能能够按部门查询每一个部门当期提取的折旧额，也能生成与固定资产折旧有关的会计凭证。这里也可以放弃立即生成会计凭证，而在“批量制单”界面生成有关固定资产折旧的会计凭证。

具体操作如下：点击“凭证”→点击“保存”按钮，如图 6-22 所示。

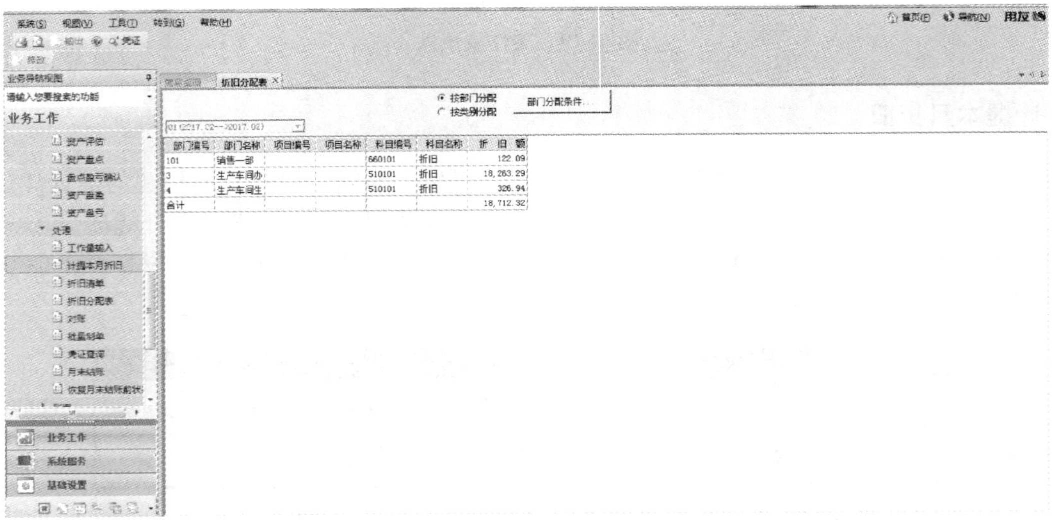

图 6-22（a）

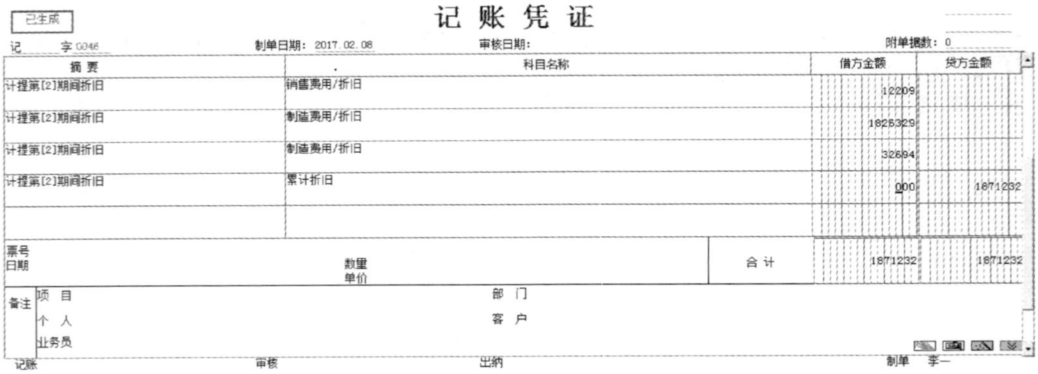

图 6-22（b）

图 6-22 折旧分配表

6.4.5 批量制单

在执行计提本月折旧、折旧分配表等功能时，没有及时生成与固定资产折旧、固定资产增加和固定资产减少等事项相关的会计凭证，执行此功能后，就可以生成与固定资产折旧、固定资产增加和固定资产减少等事项相关的会计凭证。

6.4.5.1 计提本月折旧的制单过程

具体操作如下：点击“批量制单”命令→录入过滤条件→点击“确定”→双击“选择”下对应的空栏或点击“全选”→点击“制单设置”选项卡→录入相关信息→点击“凭证”→点击“保存”按钮，如图 6-23 所示。

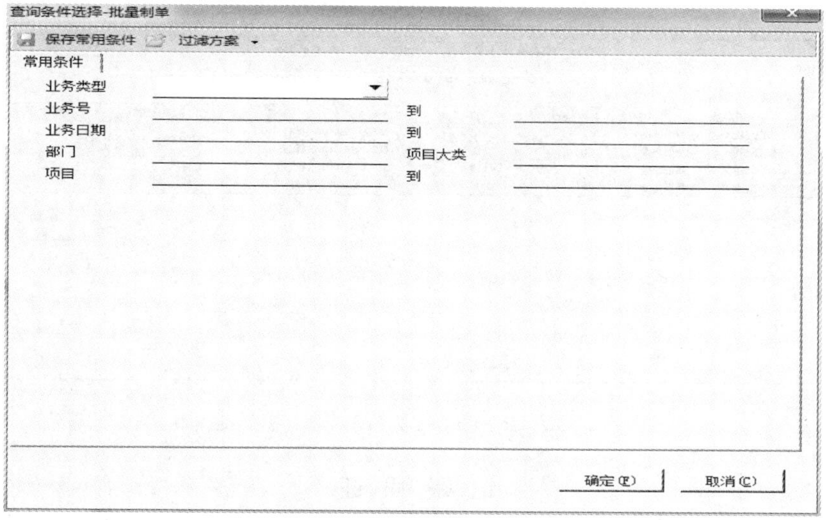

图 6-23（a）

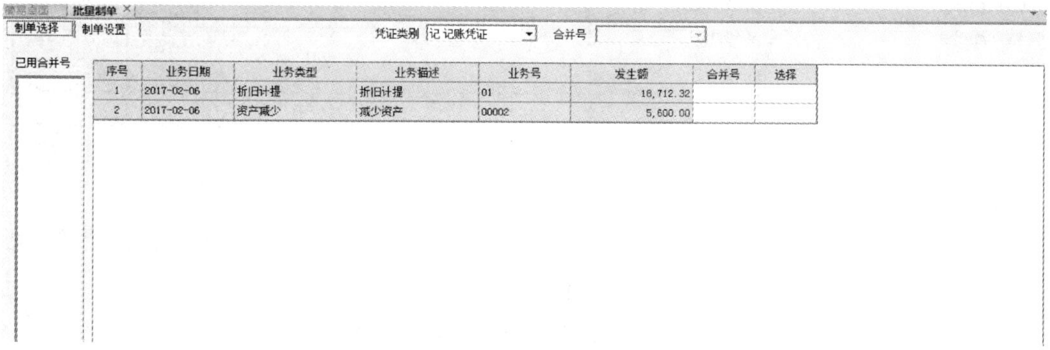

图 6-23（b）

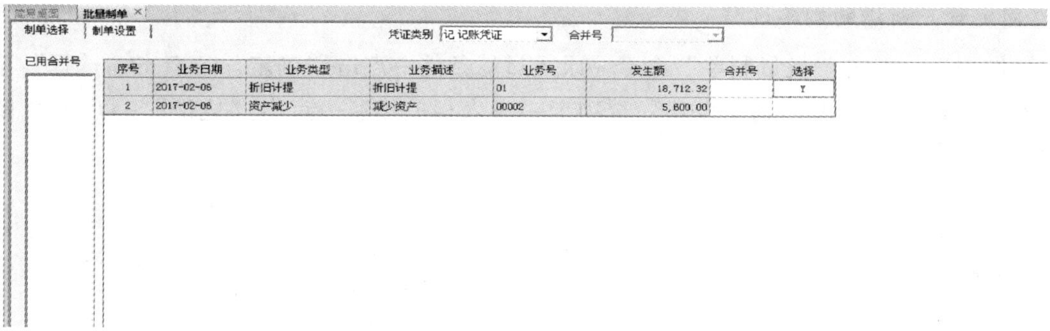

图 6-23（c）

图 6-23（d）

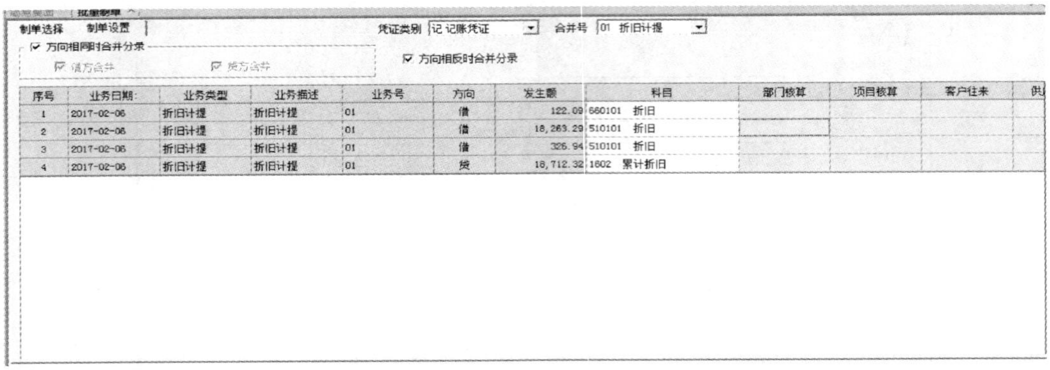

图 6-23（e）

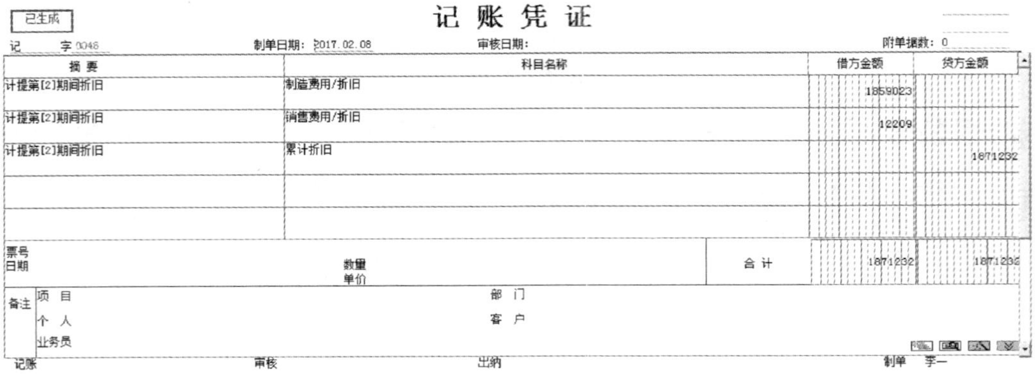

图 6-23（f）

图 6-23　计提本月折旧的制单过程

6.4.5.2　固定资产新增的制单过程

具体操作如下：点击“批量制单”命令→录入过滤条件→点击“确定”→双击“选择”下对应的空栏或点击“全选”→点击“制单设置”选项卡→录入相关信息→点击“凭证”→点击“保存”按钮，如图 6-24 所示。

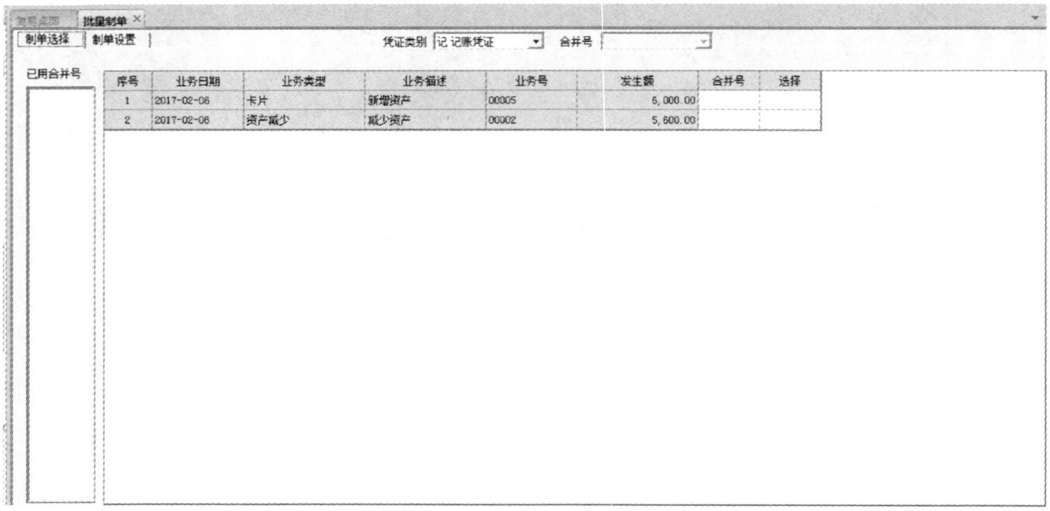

图 6-24（a）

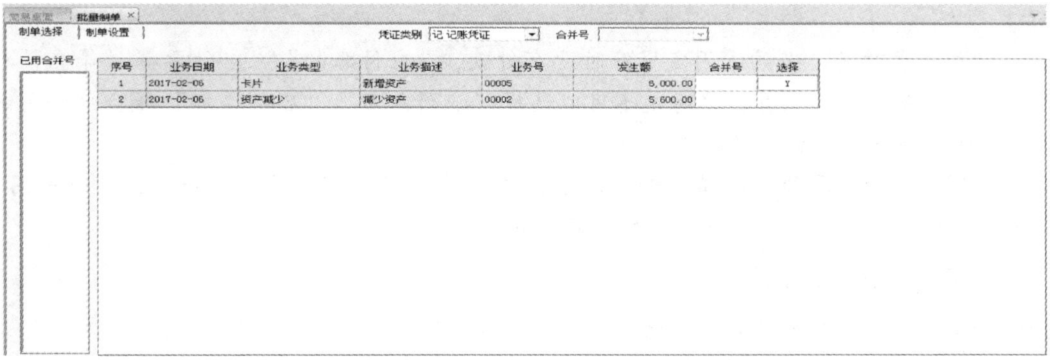

图 6-24（b）

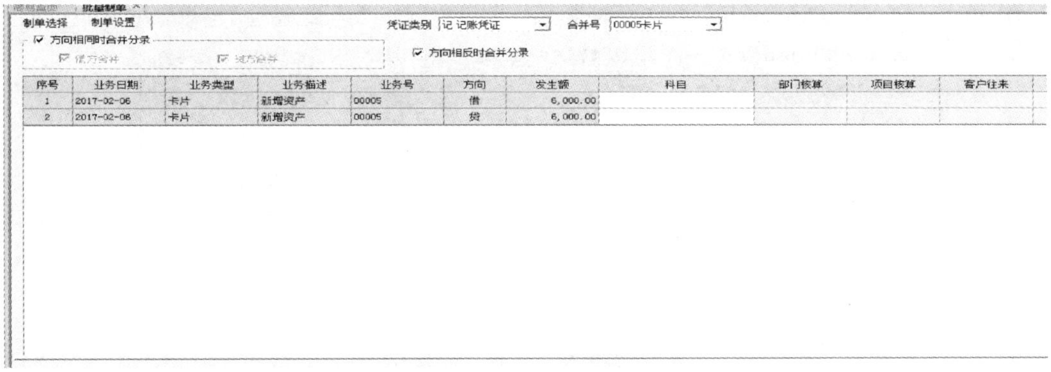

图 6-24（c）

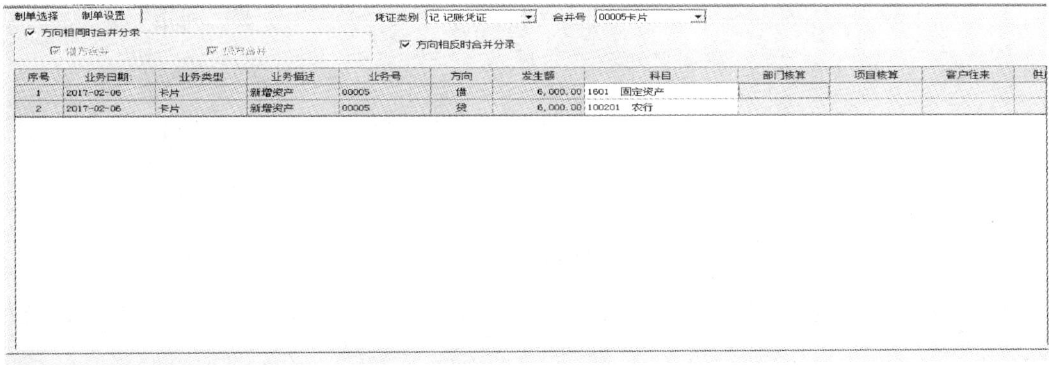

图 6-24（d）

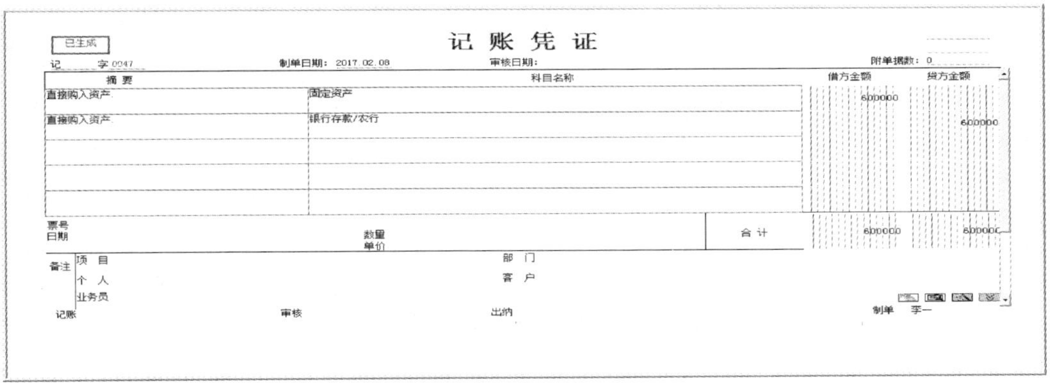

图 6-24（e）

图 6-24 固定资产新增的制单过程

[特别提示]

· 需要特别强调的是，若购进固定资产时没有付款，“应付账款”“应付票据”等会计科目已经设置为“供应商往来”辅助核算，这时是不可以选择“应付账款”“应付票据”等会计科目的，要在总账选项中进行了相关设置后方可操作。

· 若购进固定资产时取得了增值税专用发票，并且进项税额可以进行抵扣，也可以利用“插分”功能插入一空行，选择相关的会计科目，生成正确的会计凭证。

6.4.5.3 固定资产减少的制单过程

具体操作如下：点击“批量制单”命令，录入过滤条件→点击“确定”→双击“选择”下对应的空栏或点击“全选”→点击“制单设置”选项卡→录入相关信息→点击“凭证”→点击“保存”按钮，如图 6-25 所示。

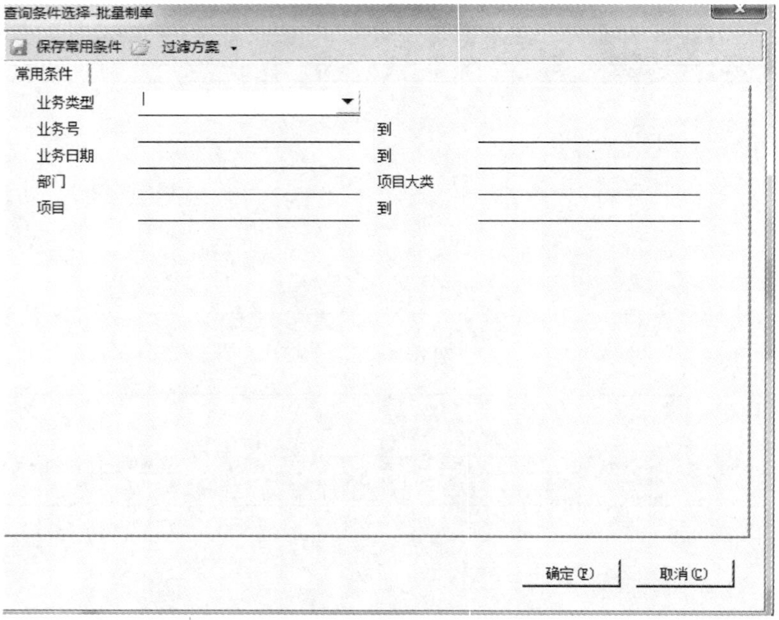

图 6-25（a）

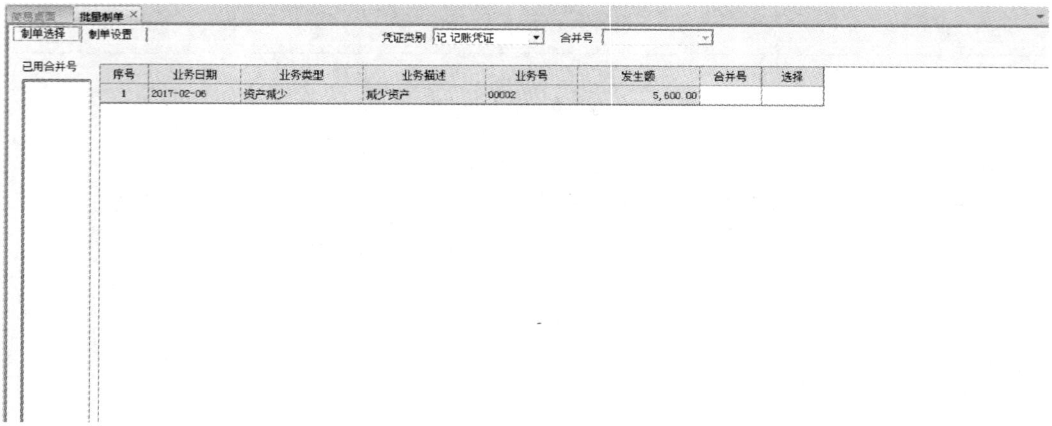

图 6-25（b）

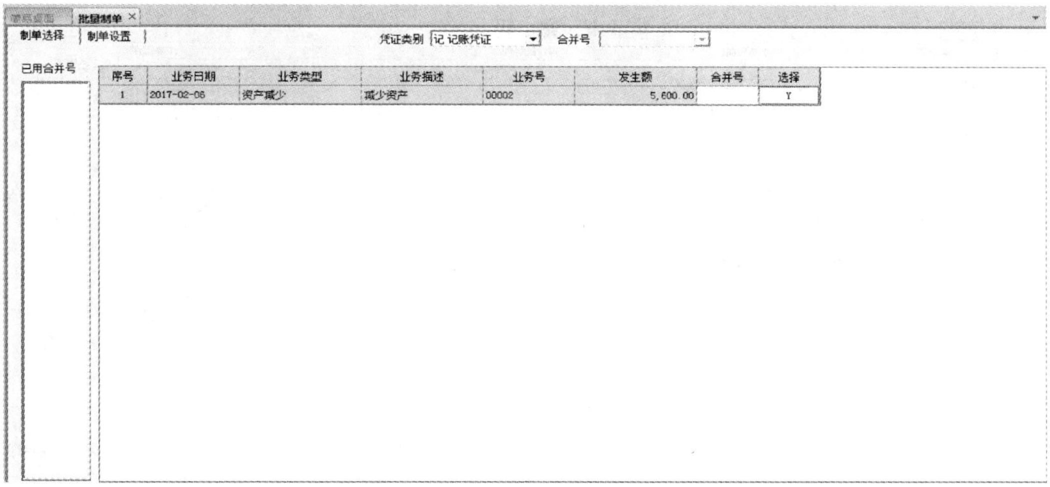

图 6-25（c）

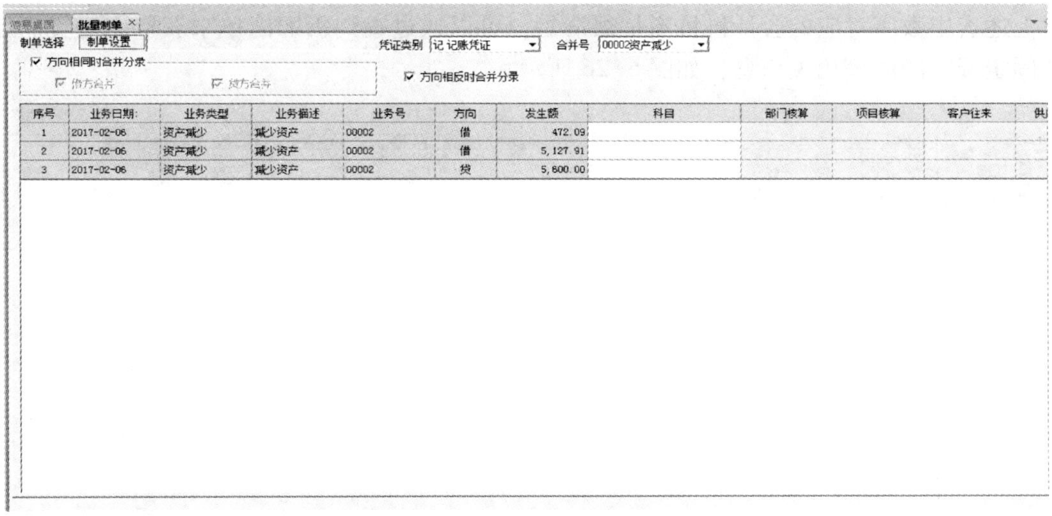

图 6-25（d）

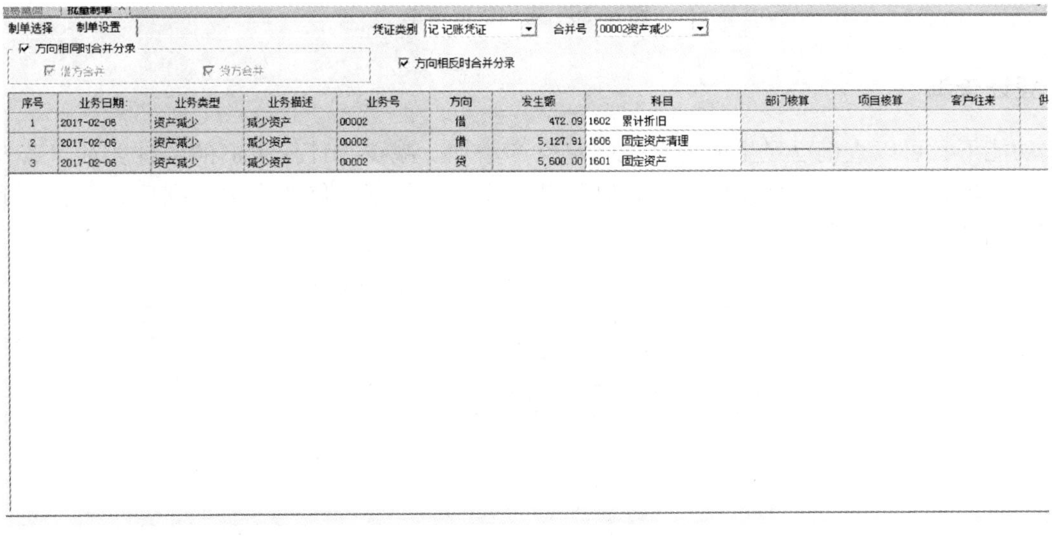

图 6-25（e）

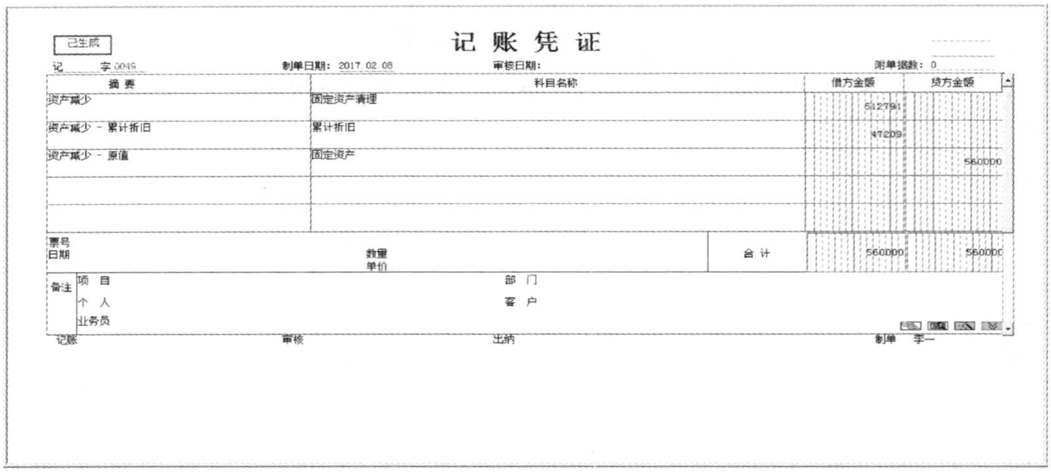

图 6-25（f）

图 6-25 固定资产减少的制单过程

若对上述表中数字对应的会计科目不是很清楚，可以通过查询折旧清单来获取固定资产原值、累计折旧和固定资产净值等相关信息，如图 6-26 所示。

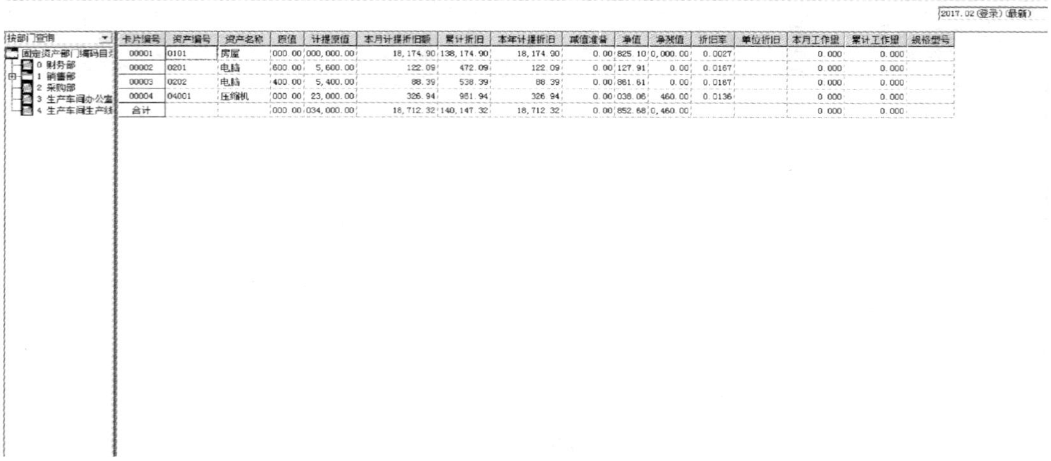

卡片编号	资产编号	资产名称	原值	计提原值	本月计提折旧额	累计折旧	本年计提折旧	减值准备	净值	净残值	折旧率	单位折旧	本月工作量	累计工作量	规格型号
00001	0101	房屋	000.00	000,000.00	18,174.90	138,174.90	18,174.90	0.00	825.10	0,000.00	0.0027		0.000	0.000	
00002	0201	电脑	600.00	5,600.00	122.09	472.09	122.09	0.00	127.91	0.00	0.0167		0.000	0.000	
00003	0202	电脑	400.00	5,400.00	88.39	538.39	88.39	0.00	861.61	0.00	0.0167		0.000	0.000	
00004	04001	压缩机	000.00	23,000.00	326.94	981.94	326.94	0.00	038.06	460.00	0.0136		0.000	0.000	
合计			000.00	034,000.00	18,712.32	140,147.32	18,712.32	0.00	852.68	0,460.00			0.000	0.000	

图 6-26 查询折旧清单

6.4.6 凭证查询

在此功能下，可以查询已经生成的有关固定资产增加、减少、计提折旧的会计凭证。若发现已经生成的会计凭证存在错误，在此功能下可以删除某一张会计凭证，修改有关数据后，重新生成正确的会计凭证，如图 6-27 所示。

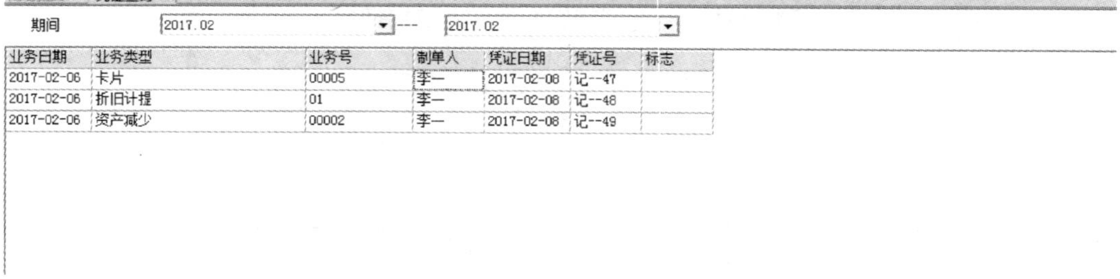

业务日期	业务类型	业务号	制单人	凭证日期	凭证号	标志
2017-02-06	卡片	00005	李一	2017-02-08	记--47	
2017-02-06	折旧计提	01	李一	2017-02-08	记--48	
2017-02-06	资产减少	00002	李一	2017-02-08	记--49	

图 6-27 凭证查询

［特别提示］

在固定资产管理系统生成的会计凭证不能在总账系统中进行修改和作废操作。

6.4.7 月末结账

当月有关固定资产增加、减少、计提折旧等工作完成后，就可以进行月末结账了。若本系统月末没有进行结账工作，最终会导致总账系统月末无法完成结账工作。

具体操作如下：点击“月末结账”→点击“开始结账”按钮，如图6-28所示。

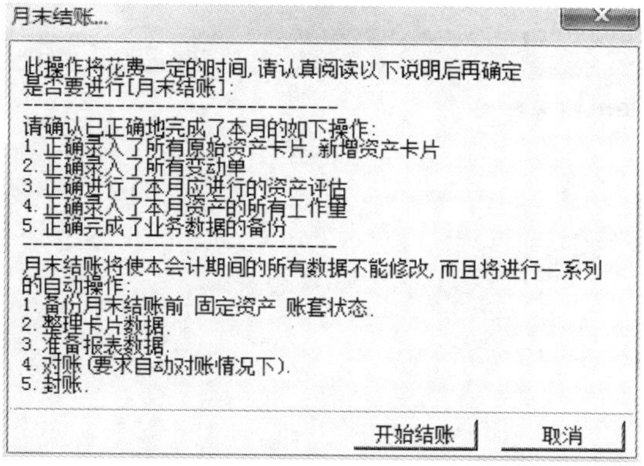

图6-28（a）

图6-28（b）

图6-28　月末结账

若结账工作完成后，发现有关固定资产增加、减少、计提折旧等工作存在错误，可以进行反结账。反结账工作完成后，就可以对存在有关错误的数据进行修改。修改完成后，再次进行月末结账工作。

具体操作如下：点击“恢复月末结账前状态”→点击“是”按钮，如图6-29所示。

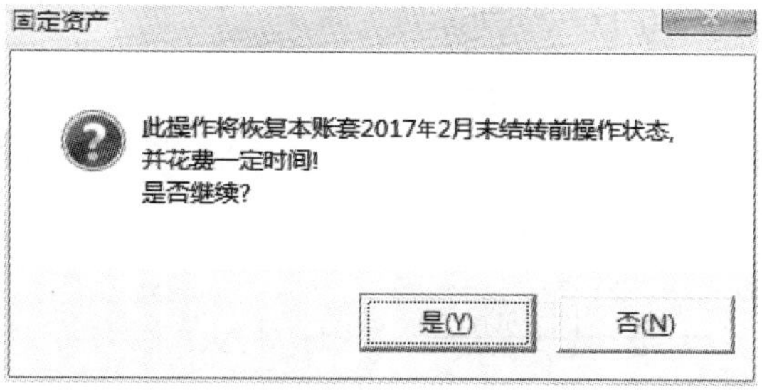

图6-29（a）

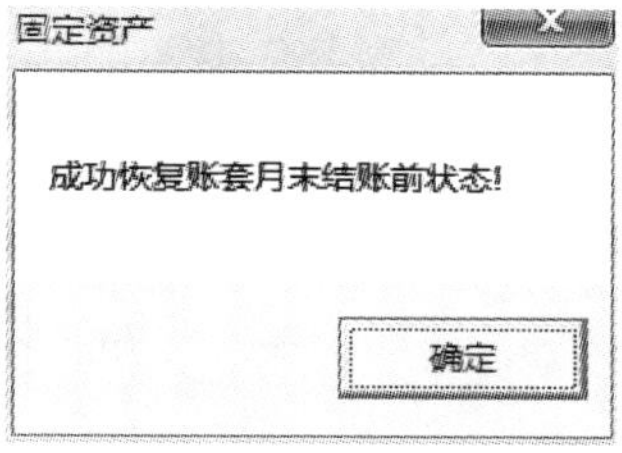

图6-29（b）

图6-29　恢复账套月末结账前状态

6.5 账表

通过账表功能能够查询与固定资产折旧等相关的财务数据。

6.5.1 （部门）折旧计提汇总表

具体操作如下：点击“账表”→点击“我的账表”→点击“折旧表”→点击“（部门）折旧计提汇总表”→点击“确定”按钮，如图6-30和图6-31所示。

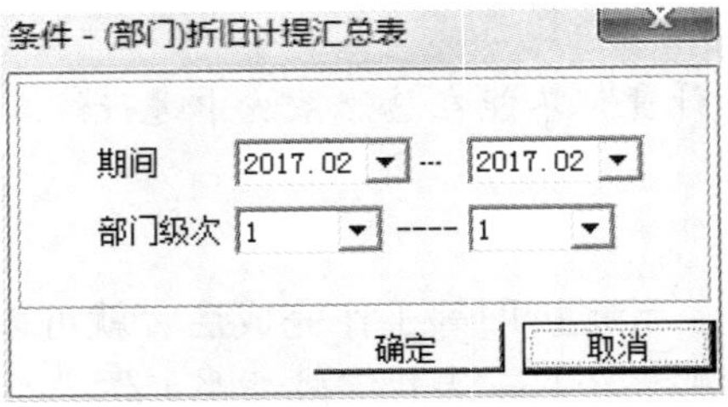

图 6-30 （部门）折旧计提汇总表

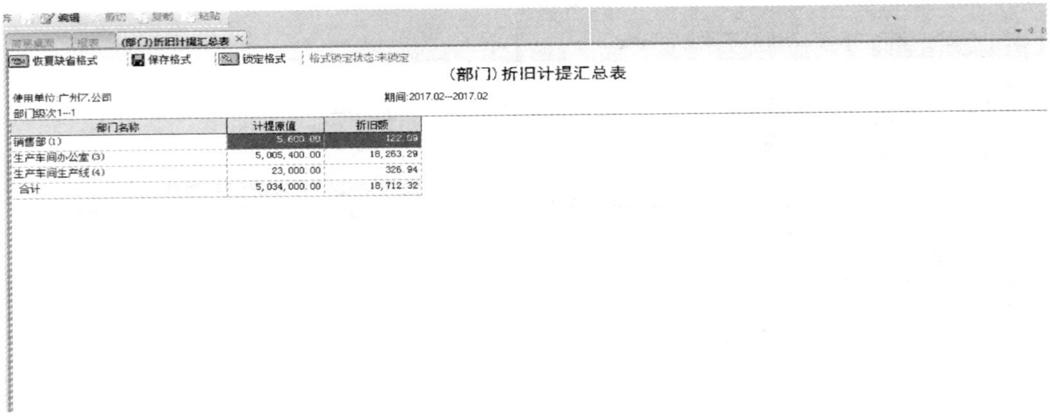

恢复缺省格式 保存格式 锁定格式 格式锁定状态:未锁定

（部门）折旧计提汇总表

使用单位:广州7,公司　期间:2017.02---2017.02

部门级次1---1

部门名称	计提原值	折旧额
销售部(1)	5,600.00	122.09
生产车间办公室(3)	5,005,400.00	18,263.29
生产车间生产线(4)	23,000.00	326.94
合计	5,034,000.00	18,712.32

图 6-31 查询（部门）折旧计提汇总表结果

6.5.2 固定资产及累计折旧表（一）

具体操作如下：点击“账表”→点击“我的账表”→点击“折旧表”→点击“固定资产及累计折旧表（一）”→点击“确定”按钮，如图 6-32 和图 6-33 所示。

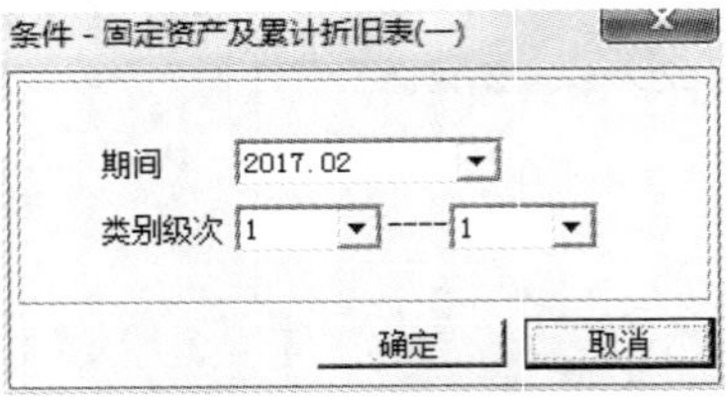

图 6-32 固定资产及累计折旧表（一）

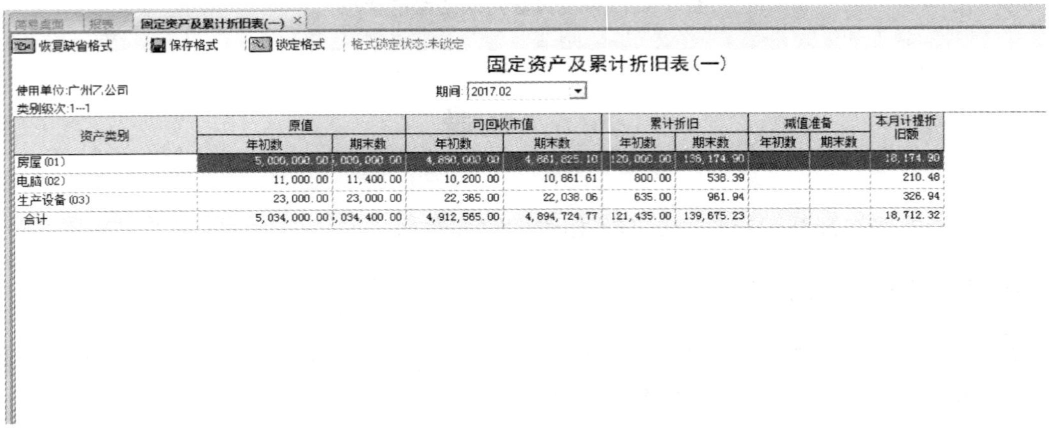

恢复缺省格式 保存格式 锁定格式 格式锁定状态:未锁定

固定资产及累计折旧表(一)

使用单位:广州7,公司　期间 2017.02

类别级次:1---1

资产类别	原值		可回收市值		累计折旧		减值准备		本月计提折旧额
	年初数	期末数	年初数	期末数	年初数	期末数	年初数	期末数	
房屋(01)	5,000,000.00	,000,000.00	4,880,000.00	4,861,825.10	120,000.00	138,174.90			18,174.90
电脑(02)	11,000.00	11,400.00	10,200.00	10,861.61	800.00	538.39			210.48
生产设备(03)	23,000.00	23,000.00	22,365.00	22,038.06	635.00	961.94			326.94
合计	5,034,000.00	,034,400.00	4,912,565.00	4,894,724.77	121,435.00	139,675.23			18,712.32

图 6-33 查询固定资产及累计折旧表（一）结果

6.5.3 固定资产及累计折旧表（二）

具体操作如下：点击“账表”→点击“我的账表”→点击“折旧表”→点击“固定资产及累计折旧表（二）”→点击“确定”按钮，如图 6-34 和图 6-35 所示。

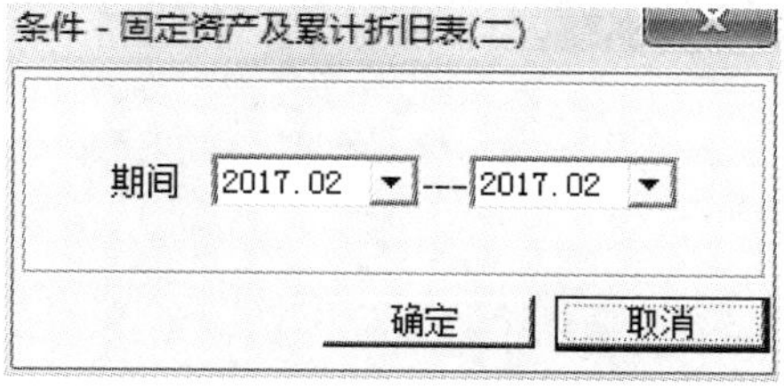

图 6-34 固定资产及累计折旧表（二）

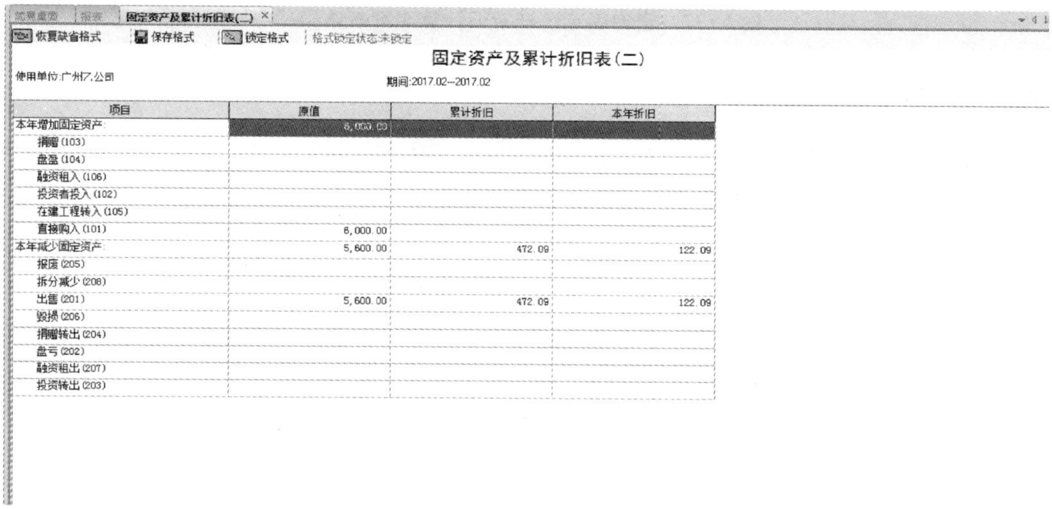

固定资产及累计折旧表(二)

使用单位:广州乙公司

期间:2017.02--2017.02

项目	原值	累计折旧	本年折旧
本年增加固定资产	6,000.00		
捐赠(103)			
盘盈(104)			
融资租入(106)			
投资者投入(102)			
在建工程转入(105)			
直接购入(101)	6,000.00		
本年减少固定资产	5,600.00	472.09	122.09
报废(205)			
拆分减少(208)			
出售(201)	5,600.00	472.09	122.09
毁损(206)			
捐赠转出(204)			
盘亏(202)			
融资租出(207)			
投资转出(203)			

图 6-35 查询固定资产及累计折旧表（二）结果

6.5.4 固定资产折旧计算明细表

具体操作如下：点击“账表”→点击“我的账表”→点击“折旧表”→点击“固定资产折旧计算明细表”→点击“确定”按钮，如图 6-36 和图 6-37 所示。

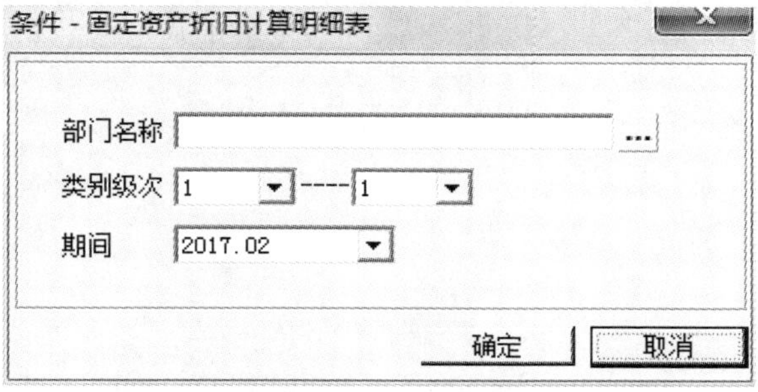

图 6-36 固定资产折旧计算明细表

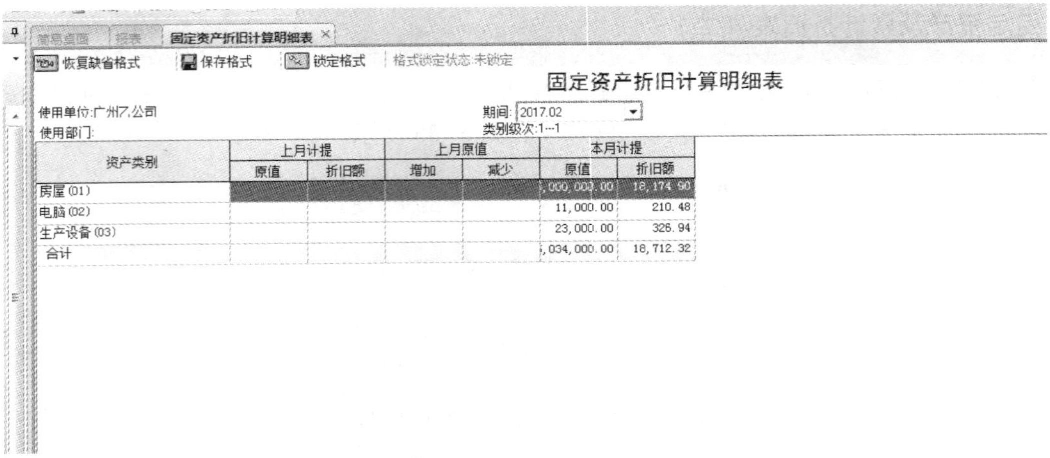

资产类别	上月计提		上月原值		本月计提	
	原值	折旧额	增加	减少	原值	折旧额
房屋(01)					,000,000.00	18,174.90
电脑(02)					11,000.00	210.48
生产设备(03)					23,000.00	326.94
合计					,034,000.00	18,712.32

图 6-37　查询固定资产折旧计算明细表结果

6.5.5　固定资产折旧清单表

具体操作如下：点击“账表”→点击“我的账表”→点击“折旧表”→点击“固定资产折旧清单表”→点击“确定”按钮，如图 6-38 和图 6-39 所示。

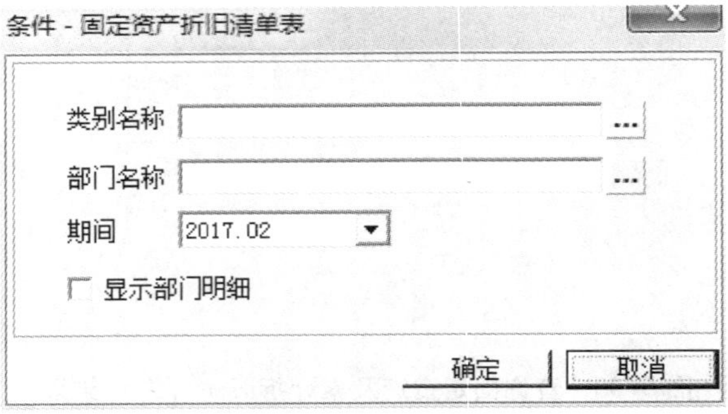

图 6-38　固定资产折旧清单表

卡片编号	资产编号	资产名称	原值	计提原值	本月计提折旧额	本年折旧	累计折旧	减值准备	净值
00001	0101	房屋	5,000,000.00	5,000,000.00	18,174.90	18,174.90	138,174.90		4,861,825.10
00002	0201	电脑	5,600.00	5,600.00	122.09	122.09	472.09		5,127.91
00003	0202	电脑	5,400.00	5,400.00	88.39	88.39	538.39		4,861.61
00004	04001	压缩机	23,000.00	23,000.00	326.94	326.94	961.94		22,038.06
00005	05002	电脑	6,000.00						6,000.00
合计			5,040,000.00	5,034,000.00	18,712.32	18,712.32	140,147.32		4,899,852.68

图 6-39　查询固定资产折旧清单表结果

实训一　固定资产管理系统——工作量法

［实训目的］

通过本实训，学生能够掌握固定资产设置、录入原始卡片、固定资产增加卡片、固定资产减少卡片、计提折旧、生成与固定资产业务相关的会计凭证、期末结账等相关操作知识。

［实训内容］

（1）固定资产管理系统启用时间为2023年4月1日。

（2）折旧方法为工作量法。

（3）资产类别编码规则为2-2-1-2。手工录入固定资产编码。若固定资产采用自动编码，编码规则为类别编码+三位自然序号。

（4）固定资产类别表如表6-1所示。

表6-1　固定资产类别表

一级类别编码	一级类别名称	二级类别编码	二级类别名称	使用年限/年	计量单位	净残值率/%	计提属性
01	房屋	0101	行政大楼	50	幢	6	正常计提
		0102	生产大楼	45	幢	4	正常计提
02	电脑			5	台	3	正常计提
03	生产设备			10	台	4	正常计提
04	汽车			25	辆	5	正常计提
05	空调			8	台	3	正常计提
06	办公设备			5	个	2	正常计提

（5）企业部门设置表如表6-2所示。

表6-2　企业部门设置表

一级部门编码	一级部门名称	二级部门编码	二级部门名称
1	财务部		
2	总经理办公室		
3	采购部		
4	销售部	401	销售一部
		402	销售二部
5	生产车间	501	车间办公室
		502	车间生产线
6	人力资源部		

（6）固定资产增加方式为直接购入，固定资产减少方式为出售。

（7）行政大楼由销售部、财务部、人力资源部、行政部共同使用。分摊比例为销售部为30%、财务部25%、人力资源部35%、行政部10%。

（8）2023年3月31日固定资产有关资料如表6-3所示。

表 6-3　固定资产

名称	编码	原值/元	累计折旧/元	工作总量	累计工作量	开始使用时间	使用及存放部门
行政大楼	0101001	5 000 000	256 000	250 000	3 000	2021-10-09	行政部
生产大楼	0102002	3 680 000	189 000	300 000	2 500	2020-11-25	生产车间
电脑 A	02001	6 800	200	2 000	50	2021-10-03	财务部
电脑 B	02002	5 600	350	2 000	60	2022-09-01	行政部
电脑 C	02003	4 860	420	2 000	80	2021-08-02	人力资源部
电脑 D	02004	4 980	610	2 000	95	2021-05-09	车间办公室
生产设备 A	03001	5 680 000	460 000	450 000	26 000	2019-06-12	车间生产线
生产设备 B	03002	2 769 000	876 000	600 000	15 600	2019-01-23	车间生产线
汽车 A	04001	268 000	12 980	300 000	6 000	2023-09-08	行政部
汽车 B	04002	159 250	12 800	200 000	5 000	2022-08-25	车间办公室
空调 A	05001	8 940	560	20 000	460	2021-09-24	行政部
空调 B	05002	6 850	1 200	20 000	250	2022-08-12	财务部
空调 C	05003	3 250	260	20 000	240	2021-04-28	车间办公室
办公设备 A	06001	12 600	780	35 000	1 285	2020-08-26	行政部
办公设备 B	06002	6 810	965	25 000	654	2021-08-29	财务部
办公设备 C	06003	19 800	1 340	30 000	300	2022-01-26	人力资源部
办公设备 D	06004	5 640	410	18 000	320	2020-02-16	人力资源部
办公设备 E	06005	5 830	135	16 800	186	2022-08-08	人力资源部
合计		17 648 210	1 814 010				

（9）本月新增加的固定资产有关资料如表 6-4 所示。

表 6-4　本月新增固定资产

名称	编码	原值/元	累计折旧/元	工作总量	累计工作量	开始使用时间	使用及存放地点
电脑 E	02005	6 950	0	1 800	0	2023-04-01	车间办公室
汽车 C	04003	245 360	0	295 000	0	2023-04-08	行政部
办公设备 E	06006	12 612	0	18 900	0	2023-04-12	财务部
空调 D	05004	4 620	0	5 000	0	2023-04-13	车间办公室
生产设备 C	03003	1 894 650	0	345 000	0	2023-04-20	车间生产线

以上新增的固定资产通过银行已经全部付款，假设购进时全部取得了增值税专用发票，进项税额全部可以抵扣。以上原值中不包含增值税。使用状况全部为在用状态中。

（10）本月减少的固定资产有关资料如表 6-5 所示。

表 6-5　本月减少固定资产

名称	编码	存放地点	退出原因	退出使用时间
电脑 A	02001	财务部	报废	2023-04-25
空调 C	05003	车间办公室	报废	2023-04-16

（11）本月工作量有关资料如表 6-6 所示。

表 6-6 本月工作量有关资料

名称	编码	本月工作量
行政大楼	0101001	5 000
生产大楼	0102002	5 000
电脑 A	02001	150
电脑 B	02002	120
电脑 C	02003	100
电脑 D	02004	80
生产设备 A	03001	5 000
生产设备 B	03002	3 000
汽车 A	04001	1 230
汽车 B	04002	820
空调 A	05001	30
空调 B	05002	20
空调 C	05003	10
办公设备 A	06001	25
办公设备 B	06002	30
办公设备 C	06003	40
办公设备 D	06004	45
办公设备 E	06005	26

[实训要求]

（1）录入固定资产原始资料以及固定资产增加、固定资产减少有关资料。

（2）计提本月固定资产折旧额。

（3）生成有关固定资产增加、固定资产减少、固定资产折旧的会计凭证。

（4）完成固定资产管理系统的期末结账工作。

实训二 固定资产管理系统——年限平均法

[实训目的]

通过本实训，学生能够掌握固定资产设置、录入原始卡片、固定资产增加卡片、固定资产减少卡片、计提折旧、生成与固定资产业务相关的会计凭证、期末结账等相关操作知识。

[实训内容]

（1）固定资产管理系统启用时间为 2023 年 4 月 1 日。

（2）折旧方法为年限平均法。

（3）资产类别编码规则为 2-2-1-2。手工录入固定资产编码。固定资产自动编码规则为类别编码+三位自然序号。

（4）固定资产类别表如表 6-7 所示。

表 6-7　固定资产类别表

一级类别编码	一级类别名称	二级类别编码	二级类别名称	使用年限/年	计量单位	净残值率/%	计提属性
01	房屋	0101	行政大楼	50	幢	6	正常计提
		0102	生产大楼	45	幢	4	正常计提
02	电脑			5	台	3	正常计提
03	生产设备			10	台	4	正常计提
04	汽车			25	辆	5	正常计提
05	空调			8	台	3	正常计提
06	办公设备			5	个	2	正常计提

（5）企业部门设置表如表 6-8 所示。

表 6-8　企业部门设置表

一级部门编码	一级部门名称	二级部门编码	二级部门名称
1	财务部		
2	总经理办公室		
3	采购部		
4	销售部	401	销售一部
		402	销售二部
5	生产车间	501	车间办公室
		502	车间生产线
6	人力资源部		

（6）固定资产增加方式为直接购入，固定资产减少方式为出售。

（7）行政大楼由销售部、财务部、人力资源部、行政部共同使用。分摊比例为：销售部 40%、财务部 25%、人力资源部 25%、行政部 10%。

（8）2023 年 3 月 31 日固定资产有关资料如表 6-9 所示。

表 6-9　固定资产

名称	编码	原值/元	累计折旧/元	工作总量	累计工作量	开始使用时间	使用及存放部门
行政大楼	0101001	5 000 000	256 000	250 000	3 000	2021-10-09	行政部
生产大楼	0102002	3 680 000	189 000	300 000	2 500	2020-11-25	生产车间
电脑 A	02001	6 800	200	2 000	50	2021-10-03	财务部
电脑 B	02002	5 600	350	2 000	60	2021-09-01	行政部
电脑 C	02003	4 860	420	2 000	80	2022-08-02	人力资源部
电脑 D	02004	4 980	610	2 000	95	2021-05-09	车间办公室
生产设备 A	03001	5 680 000	460 000	450 000	26 000	2019-06-12	车间生产线
生产设备 B	03002	2 769 000	876 000	600 000	15 600	2019-01-23	车间生产线
汽车 A	04001	268 000	12 980	300 000	6 000	2023-09-08	行政部
汽车 B	04002	159 250	12 800	200 000	5 000	2022-08-25	车间办公室

表6-9(续)

名称	编码	原值/元	累计折旧/元	工作总量	累计工作量	开始使用时间	使用及存放部门
空调 A	05001	8 940	560	20 000	460	2021-09-24	行政部
空调 B	05002	6 850	1 200	20 000	250	2022-08-12	财务部
空调 C	05003	3 250	260	20 000	240	2021-04-28	车间办公室
办公设备 A	06001	12 600	780	35 000	1 285	2020-08-26	行政部
办公设备 B	06002	6 810	965	25 000	654	2021-08-29	财务部
办公设备 C	06003	19 800	1 340	30 000	300	2022-01-26	人力资源部
办公设备 D	06004	5 640	410	18 000	320	2020-02-16	人力资源部
办公设备 E	06005	5 830	135	16 800	186	2022-08-08	人力资源部
合计		17 648 210	1 814 010				

（9）本月新增固定资产有关资料如表 6-10 所示。

表 6-10　本月新增固定资产

名称	编码	原值/元	累计折旧/元	预计使用年限/年	开始使用时间	存放地点
电脑 E	02005	6 950	0	5	2023-04-01	车间办公室
汽车 C	04003	245 360	0	12	2023-04-08	行政部
办公设备 E	06006	12 612	0	6	2023-04-12	财务部
空调 D	05004	4 620	0	5	2023-04-13	车间办公室
生产设备 C	03003	1 894 650	0	15	2023-04-20	车间生产线

以上新增的固定资产通过银行已经全部付款，购进时全部取得了增值税专用发票，进项税额全部可以抵扣。以上原值中不包含增值税。使用状况全部为在用状态中。

（10）本月减少的固定资产有关资料如表 6-11 所示。

表 6-11　本月减少固定资产

名称	编码	存放地点	退出原因	退出使用时间
电脑 A	02001	财务部	报废	2023-04-25
空调 C	05003	车间办公室	报废	2023-04-16

[实训要求]

（1）录入固定资产原始资料以及固定资产增加、固定资产减少等有关资料。

（2）计提本月固定资产折旧额。

（3）生成有关固定资产增加、固定资产减少、固定资产折旧的会计凭证。

（4）完成固定资产管理系统的期末结账工作。

7　薪资管理系统

薪资管理系统主要由设置、业务处理和凭证查询等部分组成。

薪资管理系统的主要功能是录入与员工工资有关的财务数据，生成与工资相关的会计凭证，根据管理需要，提供与工资相关的报表。

7.1　薪资管理系统初始化

7.1.1　单个工资类别

选择单个工资类别，如图 7-1 和图 7-2 所示。

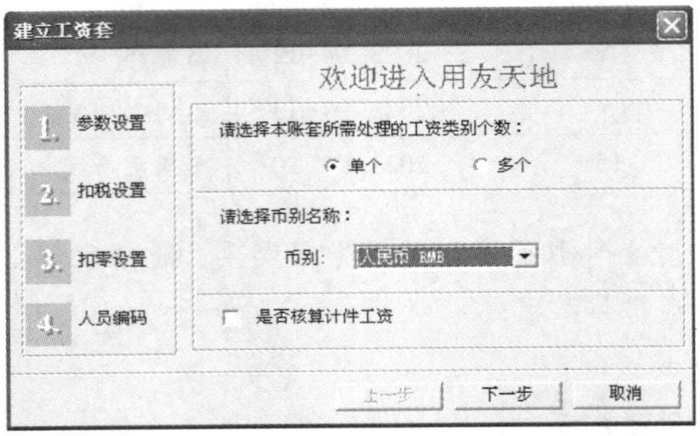

图 7-1　首次进入薪资管理系统

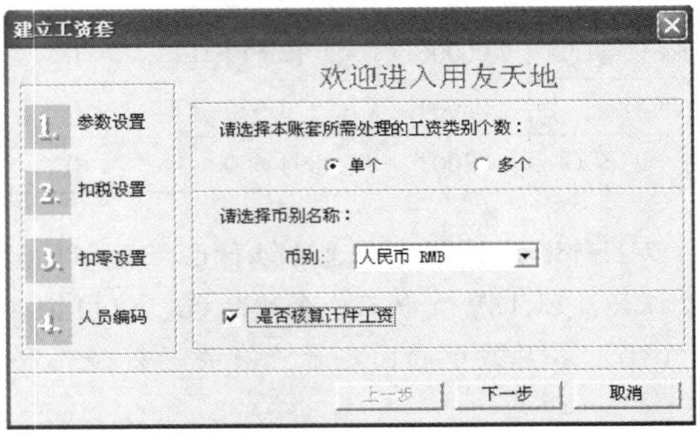

图 7-2　单个工资类别

选择是否代扣个人所得税，如图 7-3 所示。

选择是否扣零，如图 7-4 所示。

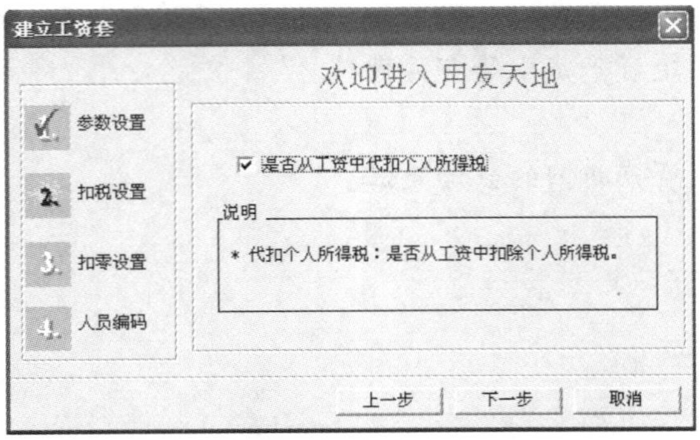

图 7-3　是否代扣个人所得税

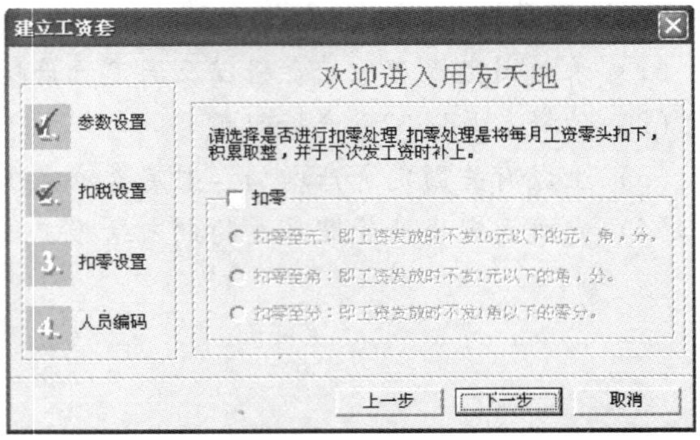

图 7-4　是否扣零

完成薪资管理系统初始化工作，如图 7-5 所示。

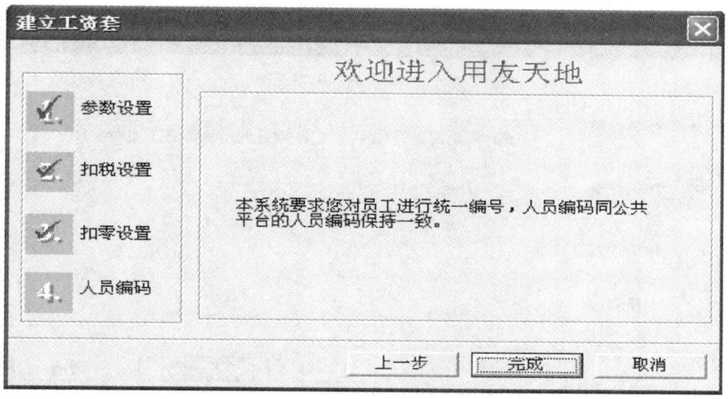

图 7-5　薪资管理系统初始化完成

7.1.2　多个工资类别

选择多个工资类别，如图 7-6 所示。

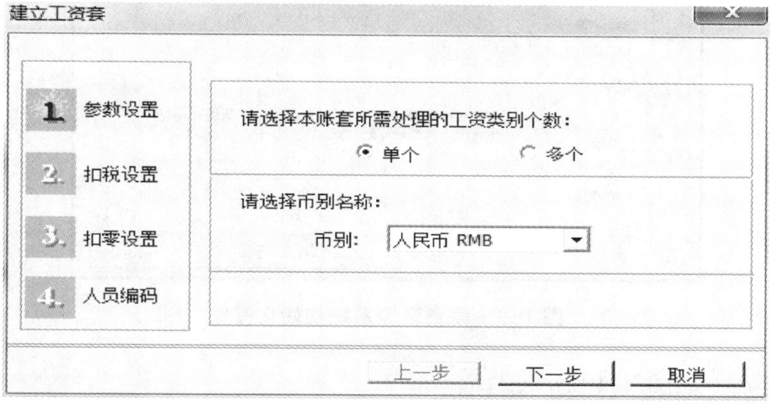

图 7-6　多个工资类别

选择是否代扣个人所得税，如图 7-7 所示。

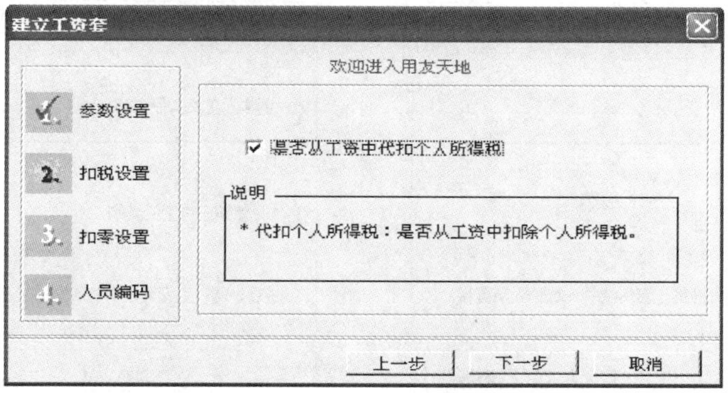

图 7-7　是否代扣个人所得税

选择是否扣零，如图 7-8 所示。

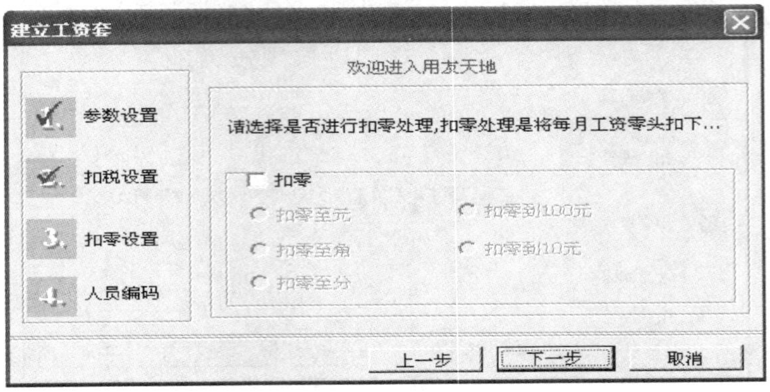

图 7-8　是否扣零

完成薪资管理系统初始化工作，如图 7-9 所示。

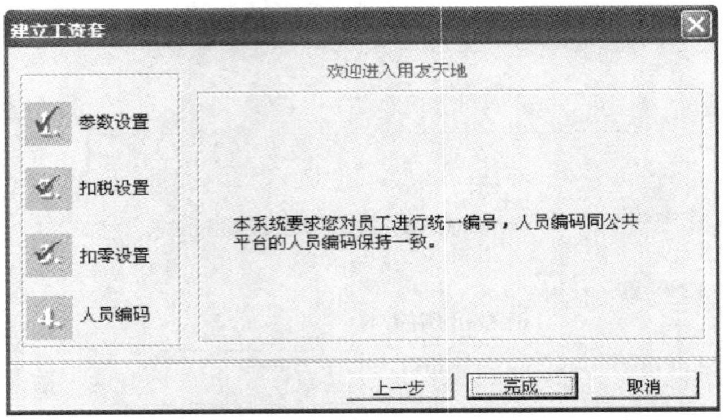

图 7-9　薪资管理系统初始化完成

建立多个工资类别，如图 7-10 所示。

具体操作如下：点击“工资类别”→选择“录入新建工资类别名称”→点击“下一步”→选中某些部门→点击“完成”按钮。

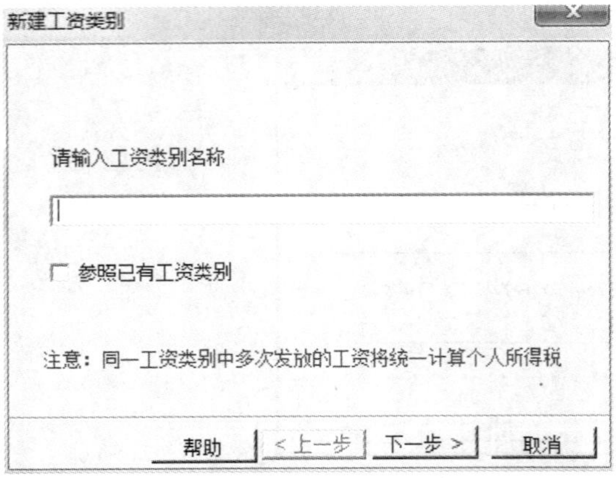

图 7-10（a）

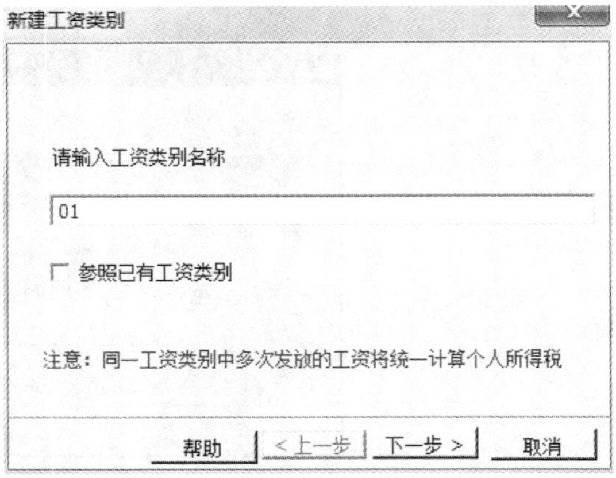

图 7-10（b）

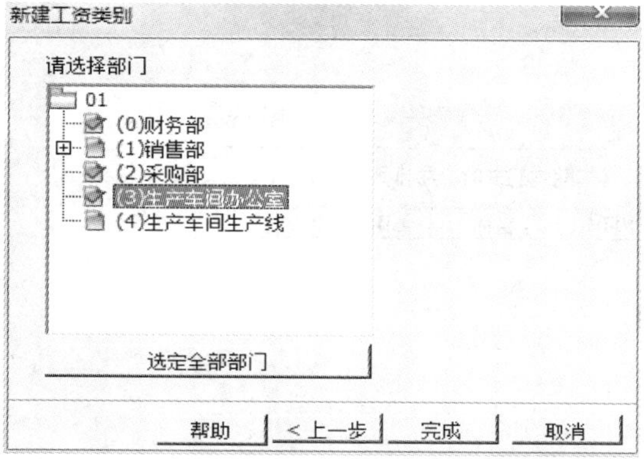

图 7-10（c）

图 7-10（d）

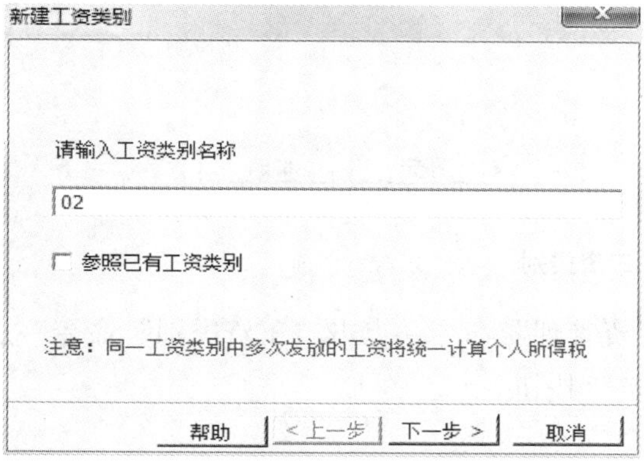

图 7-10（e）

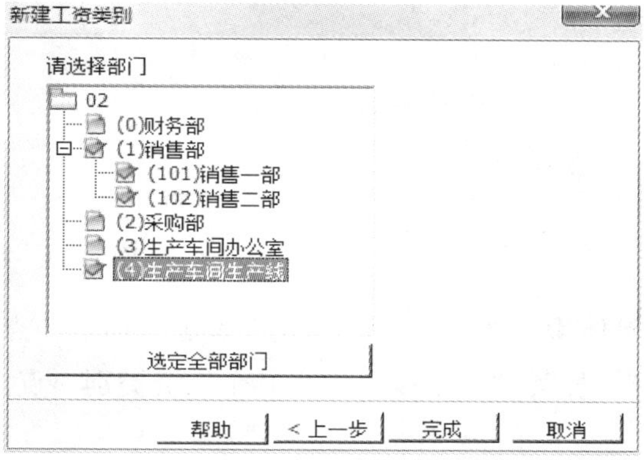

图 7-10（f）

图 7-10（g）

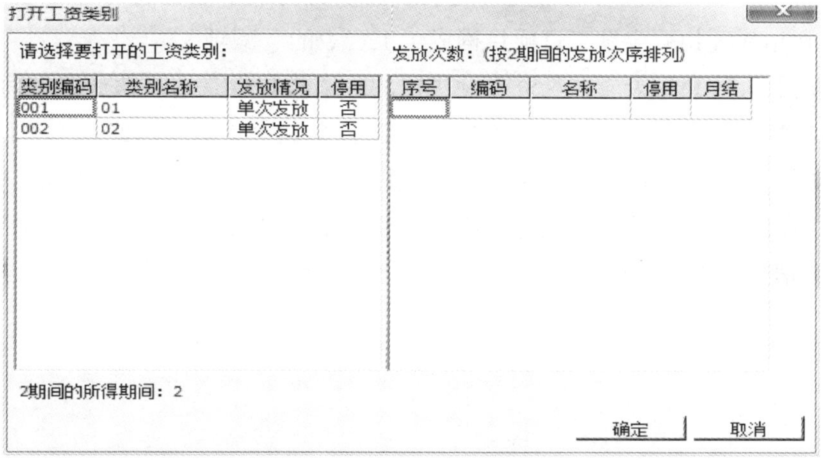

图 7-10（h）

图 7-10　建立多个工资类别

打开多个工资类别，如图 7-11 所示。

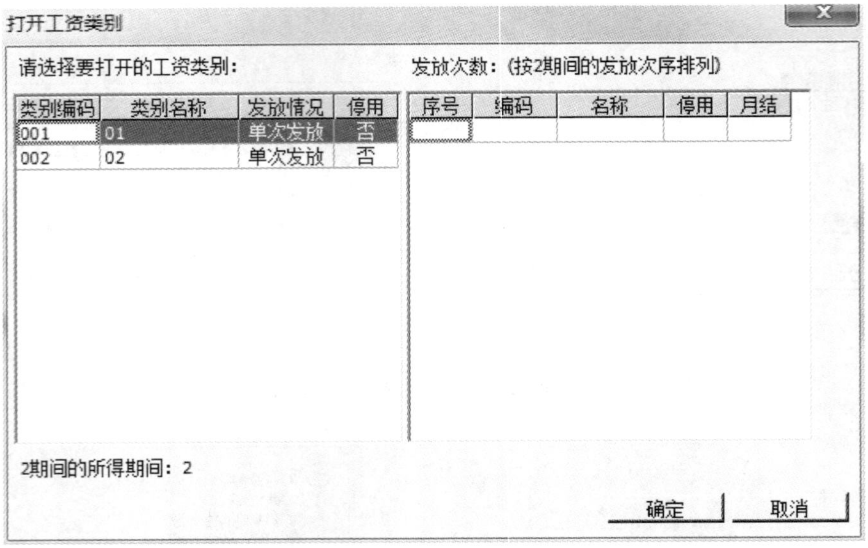

图 7-11　打开多个工资类别

具体操作如下：点击“人力资源”命令→点击“薪资管理”命令→点击“工资类别”命令→点击“打开工资类别”命令，选中某个工资类别→点击“确定”按钮。

7.2　设置

设置主要由工资项目设置、人员档案和选项等部分组成。

7.2.1　工资项目设置

每个企业的工资表构成项目是不同的，每个企业可以根据自己的实际管理需要来设定工资表的构成项目。

基本工资、奖金、浮动工资和绩效工资等应发工资项目构成了工资表的“增项”；病假扣款、事假扣款和旷工及迟到扣款等扣减应发工资项目构成了工资表的“减项”。

病假扣款是由病假天数和每天应扣工资金额决定的；事假扣款是由事假天数和每天应扣工资金额决定的；旷工迟到扣款是由旷工迟到次数和每次应扣工资金额决定的。因此，“病假天数”“事假天数”“旷工迟到次数”在录入增减项栏目时要选择“其它”，而不能选择“增项”或“减项”。

具体操作如下：点击“人力资源”→点击“薪资管理”→点击“设置”→点击“工资项目设置”→点击“增加”→录入相关信息→点击“确定”按钮，如图 7-12 所示。

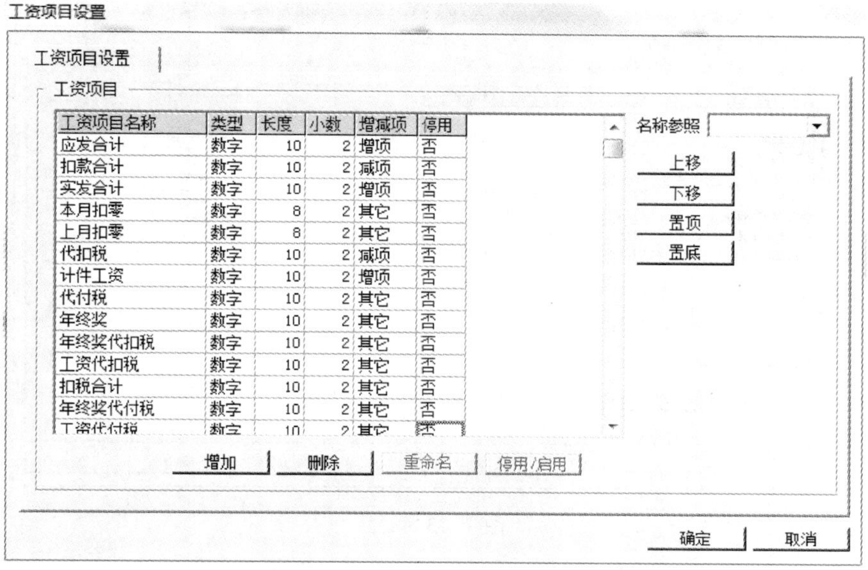

图 7-12（a）

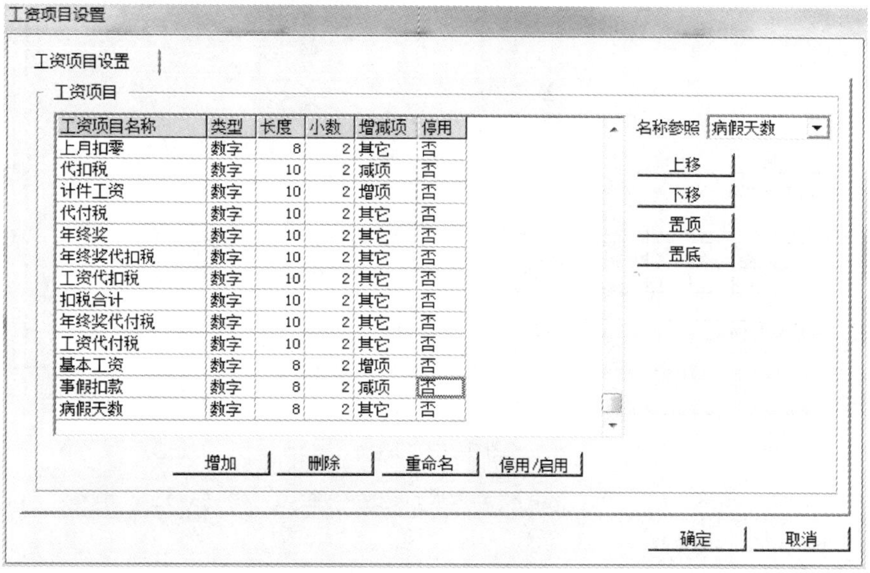

图 7-12（b）

图 7-12 工资项目设置

［特别提示］

若选择了多工资类别，要想对工资“项目设置”进行操作，必须先选择“关闭工资类别”。

公式设置的具体操作如下：点击“人力资源”→点击“薪资管理”→点击“设置”→点击“工资项目设置”→点击“公式设置”选项卡→点击“增加”→选择有关工资项目并设置公式→点击“公式确认”→点击“确定”按钮，如图 7-13 所示。

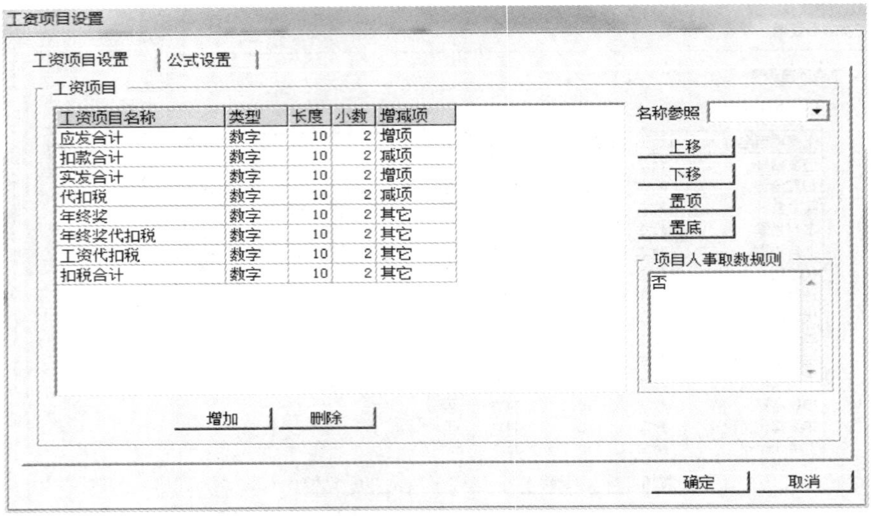

图 7-13（a）

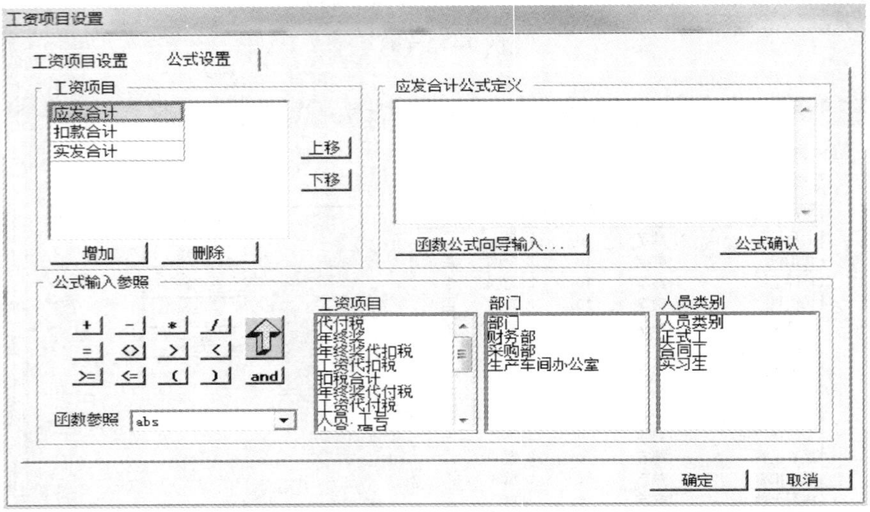

图 7-13（b）

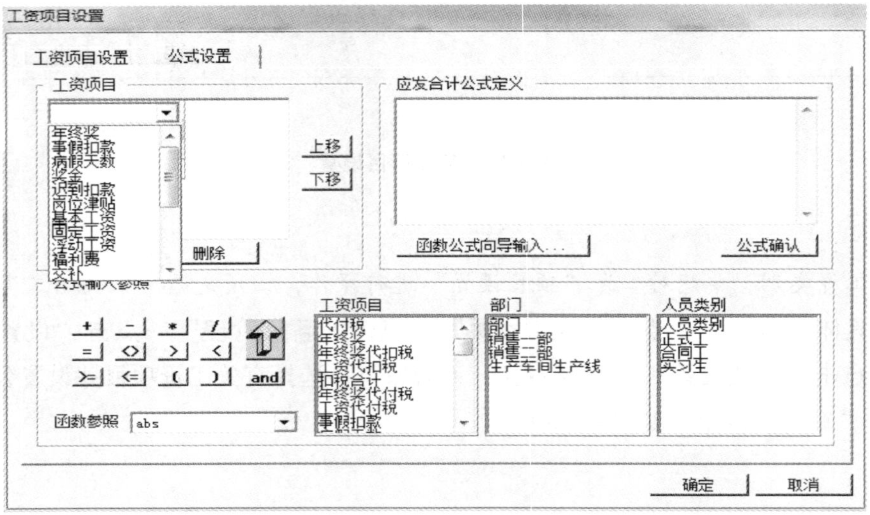

图 7-13（c）

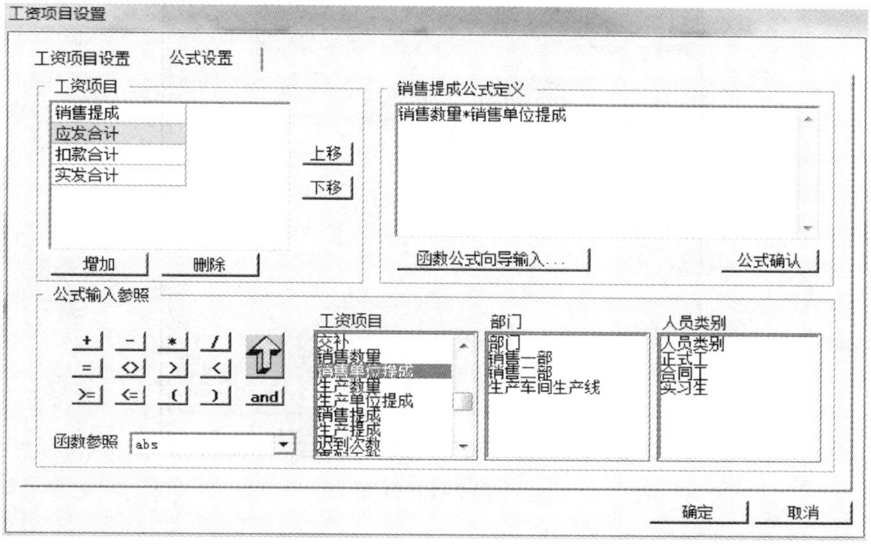

图 7-13（d）

图 7-13　公式设置

［特别提示］

· 公式前不能有等号出现。

· 公式需要录入的数字和符号不能通过电脑键盘录入，而只能通过此界面上左下角的键盘来录入，通过点击“箭头”来实现数字和符号之间的转换。

· 只有人员档案操作完成后方能进行此功能的操作。

7.2.2　人员档案

人员档案主要录入人员编号、人员类别、人员姓名、薪资部门名称、出生日期、账号、身份证号码等信息。其中，人员编号、人员类别、人员姓名、薪资部门名称是必填项目，出生日期、账号、身份证号码等信息是非必填项目。

要完成人员档案界面的操作，首先要完成“设置”→“基础档案”→“人员档案”界面操作。

方法一：每次录入一个人员的相关信息。

具体操作如下：点击“人力资源”→点击“薪资管理”→点击“设置”→点击“人员档案”→点击“增加”→录入相关信息→点击“确定”按钮，如图 7-14 所示。

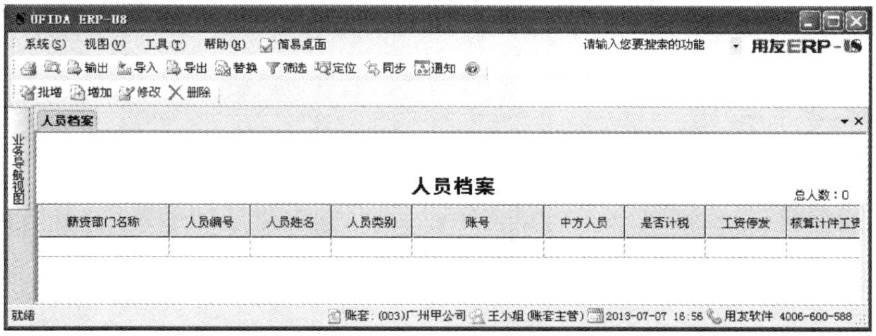

图 7-14（a）

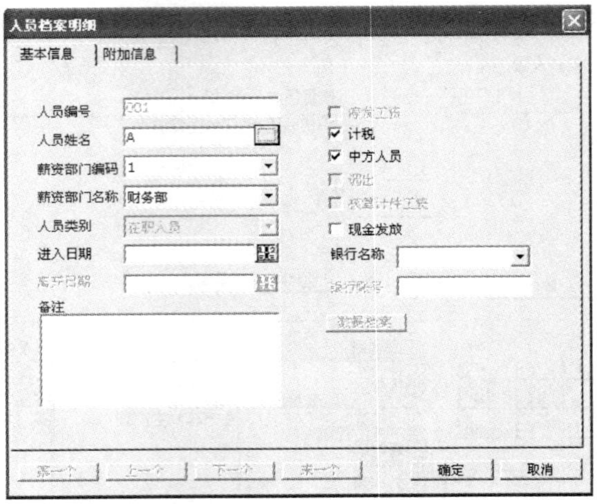

图 7-14（b）

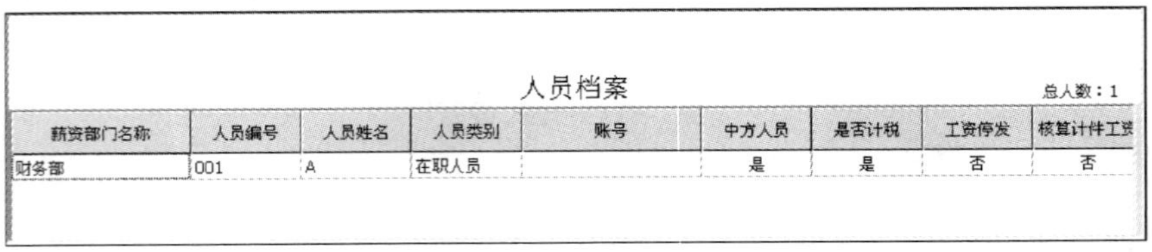

人员档案　总人数：1

薪资部门名称	人员编号	人员姓名	人员类别	账号	中方人员	是否计税	工资停发	核算计件工资
财务部	001	A	在职人员		是	是	否	否

图 7-14（c）

图 7-14　每次录入一个人员的相关信息

方法二：点击“批增”按钮，一次性地完成人员档案录入工作。

具体操作如下：点击“人力资源”→点击“薪资管理”→点击“设置”→点击“人员档案”→点击“批增”→选择人员类别→点击“全选”→点击“确定”按钮，如图 7-15 所示。

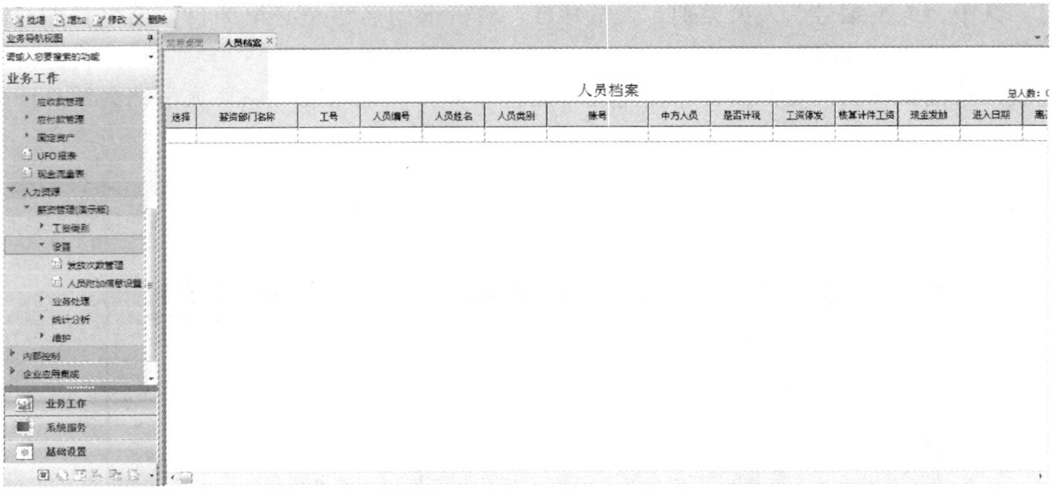

图 7-15（a）

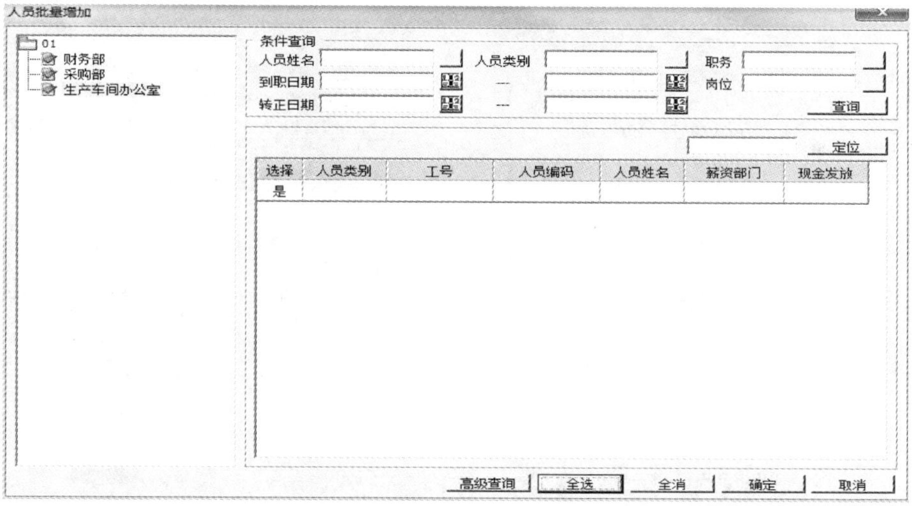

图 7-15（b）

图 7-15（c）

图 7-15 一次性地完成人员档案录入工作

7.2.3 选项

选项的主要功能是对扣缴个人所得税的免征额、个人所得税的税率进行更改，以适应最新的有关个人所得税税法的要求。

具体操作如下：点击“人力资源”→点击“薪资管理”→点击“设置”→点击“选项”→点击“编辑”→点击“税率设置”→进行相关设置→点击“确定”按钮，如图 7-16 所示。

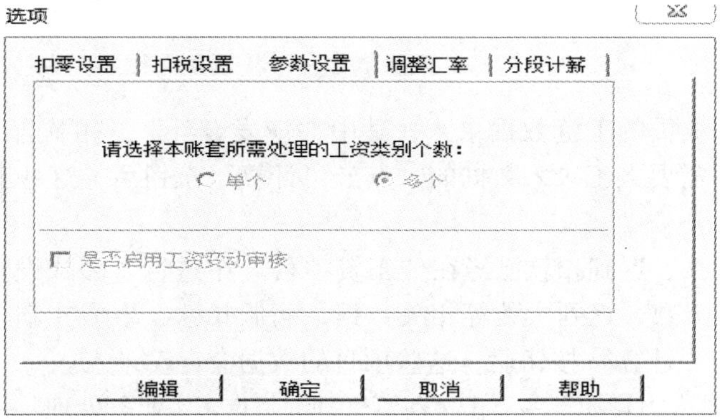

图 7-16（a）

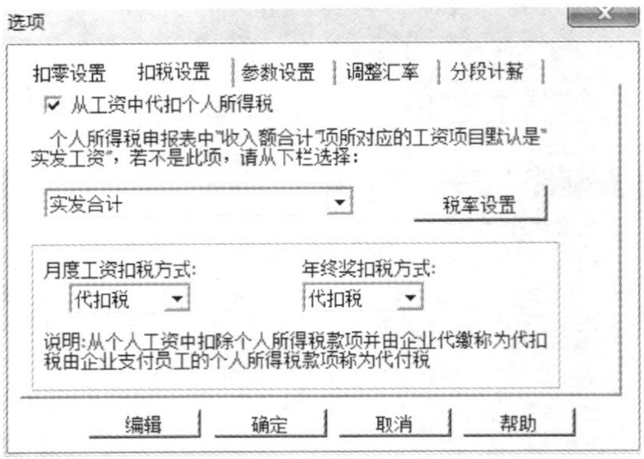

图 7-16（b）

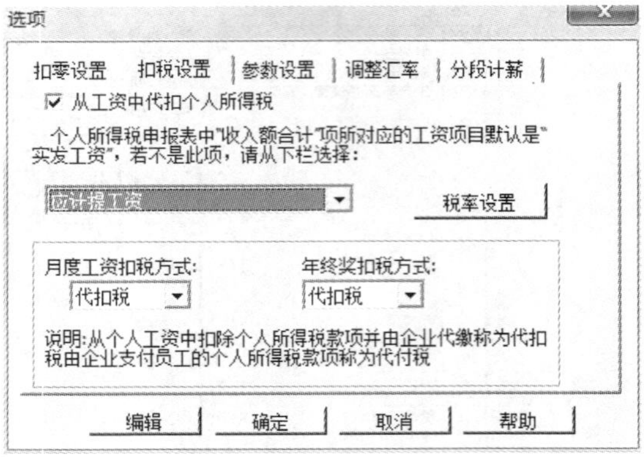

图 7-16（c）

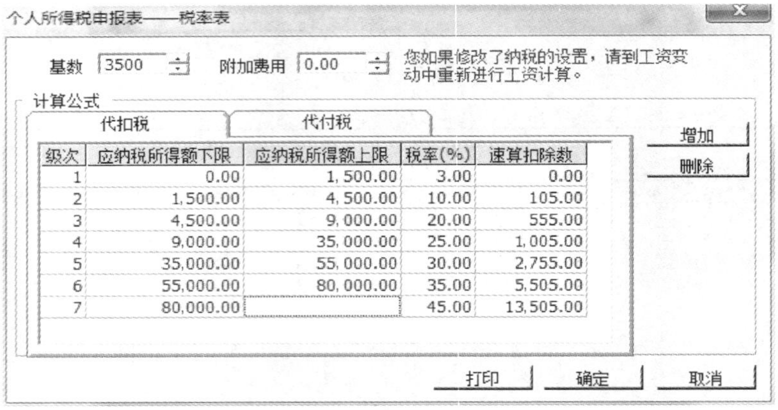

级次	应纳税所得额下限	应纳税所得额上限	税率(%)	速算扣除数
1	0.00	1,500.00	3.00	0.00
2	1,500.00	4,500.00	10.00	105.00
3	4,500.00	9,000.00	20.00	555.00
4	9,000.00	35,000.00	25.00	1,005.00
5	35,000.00	55,000.00	30.00	2,755.00
6	55,000.00	80,000.00	35.00	5,505.00
7	80,000.00		45.00	13,505.00

图 7-16（d）

图 7-16　选项

［特别提示］

· 在选项界面进行个人所得税免征额、税率的相关更改操作后，在“工资变动”界面需要重新计算一次，否则扣缴的个人所得税计算将存在错误。

· 在此处要做好计提工资项目的设置，否则计提的工资总额是错误的。

7.3　业务处理

业务处理主要由工资变动、扣缴个人所得税、工资分摊、期末处理和反结账等部分构成。

7.3.1　工资变动

在此功能下，将有关人员的工资数据录入，其中“应发合计”“扣款合计”“实发合计”“代扣税”这四个工资项目是不需要人工录入数据的，点击“计算”按钮后，这些工资项目会自动录入有关工资数据。

若病假扣款、事假扣款、迟到扣款已经在“工资项目”中进行了公式设置，在工资变动表中则只需要录入病假天数、事假天数、迟到次数等相关数据，病假扣款、事假扣款、迟到扣款等相关数据是不需要人工录入的，点击“计算”按钮后，这些项目的数据会自动录入。

具体操作如下：点击“人力资源”→点击“薪资管理”→点击“业务处理”→点击“工资变动”→录入相关数据→点击“计算”按钮，如图 7-17 所示。

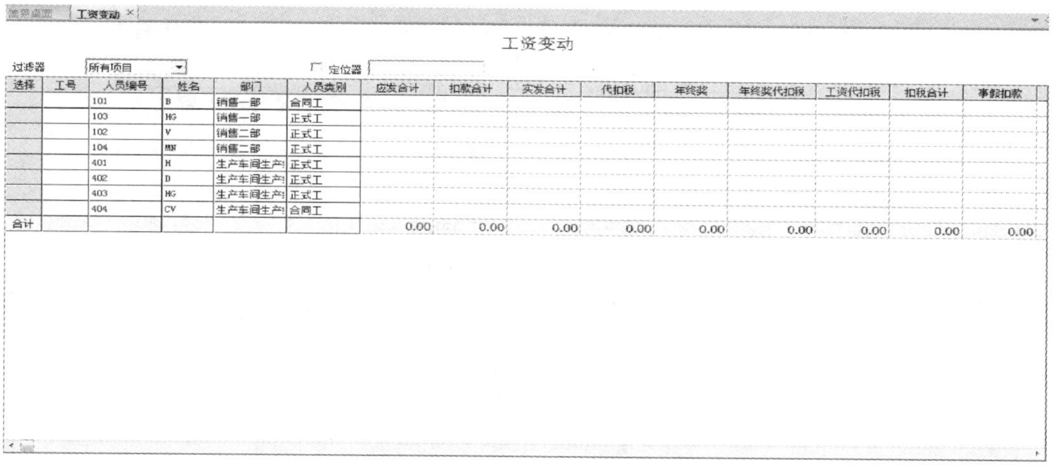

工资变动

过滤器 所有项目 定位器

选择	工号	人员编号	姓名	部门	人员类别	应发合计	扣款合计	实发合计	代扣税	年终奖	年终奖代扣税	工资代扣税	扣税合计	事假扣款
		101	B	销售一部	合同工									
		103	HG	销售一部	正式工									
		102	V	销售二部	正式工									
		104	MN	销售二部	正式工									
		401	H	生产车间生产	正式工									
		402	D	生产车间生产	正式工									
		403	HG	生产车间生产	正式工									
		404	CV	生产车间生产	合同工									
合计						0.00	0.00	0.00	0.00	0.00	0.00	0.00	0.00	0.00

图 7-17（a）

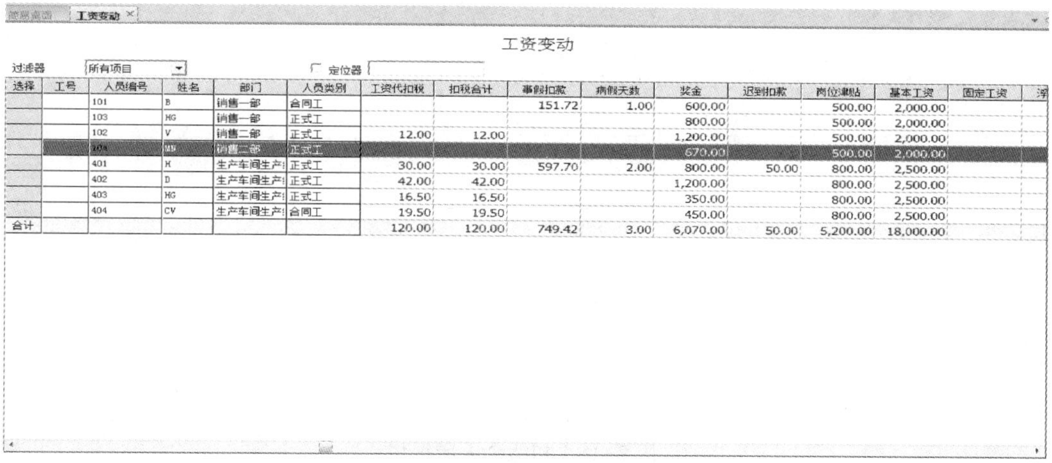

工资变动

过滤器 所有项目 定位器

选择	工号	人员编号	姓名	部门	人员类别	工资代扣税	扣税合计	事假扣款	病假天数	奖金	迟到扣款	岗位津贴	基本工资	固定工资	浮
		101	B	销售一部	合同工			151.72	1.00	600.00		500.00	2,000.00		
		103	HG	销售一部	正式工					800.00		500.00	2,000.00		
		102	V	销售二部	正式工	12.00	12.00			1,200.00		500.00	2,000.00		
		404	MN	销售二部	正式工					670.00		500.00	2,000.00		
		401	H	生产车间生产	正式工	30.00	30.00	597.70	2.00	800.00	50.00	800.00	2,500.00		
		402	D	生产车间生产	正式工	42.00	42.00			1,200.00		800.00	2,500.00		
		403	HG	生产车间生产	正式工	16.50	16.50			350.00		800.00	2,500.00		
		404	CV	生产车间生产	合同工	19.50	19.50			450.00		800.00	2,500.00		
合计						120.00	120.00	749.42	3.00	6,070.00	50.00	5,200.00	18,000.00		

图 7-17（b）

图 7-17 工资变动

7.3.2 扣缴个人所得税

此功能能够自动生成个人所得税纳税申报表。

具体操作如下：点击“人力资源”→点击“薪资管理”→点击“业务处理”→点击“扣缴所得税”→选中相关表格→点击“打开”→点击“确定”按钮，如图 7-18 所示。

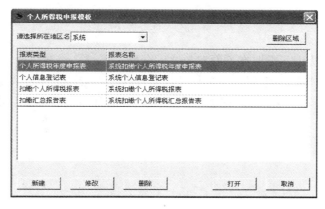

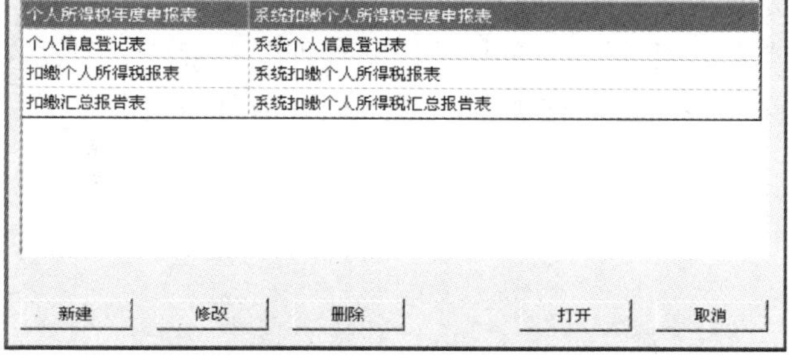

个人所得税申报模板

请选择所在地区名 系统 删除区域

报表类型	报表名称
个人所得税年度申报表	系统扣缴个人所得税年度申报表
个人信息登记表	系统个人信息登记表
扣缴个人所得税报表	系统扣缴个人所得税报表
扣缴汇总报告表	系统扣缴个人所得税汇总报告表

新建 修改 删除 打开 取消

图 7-18（a）

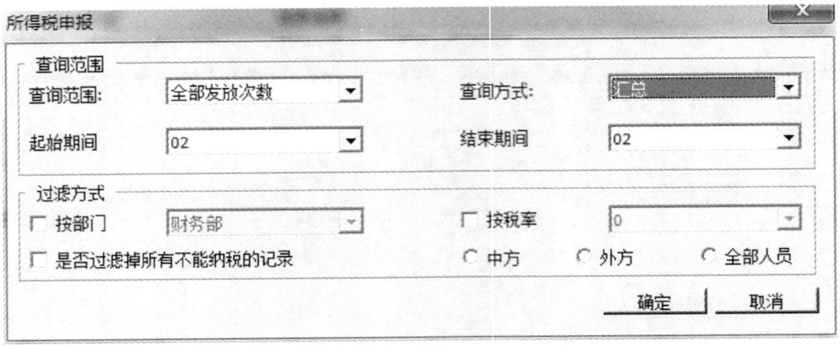

图 7-18（b）

系统扣缴个人所得税年度申报表

2017年2月 – 2017年2月

总人数：8

姓名	证件号码	所得项目	所属期间...	所属期间...	收入额	减费用额	应纳税所...	税率	速算扣除数	应纳税额	已扣缴税款
B		工资	20170101	20171231			0.00	0	0.00	0.00	0.00
V		工资	20170101	20171231			400.00	3	0.00	12.00	12.00
HG		工资	20170101	20171231			0.00	0	0.00	0.00	0.00
MN		工资	20170101	20171231			0.00	0	0.00	0.00	0.00
H		工资	20170101	20171231			1000.00	3	0.00	30.00	30.00
D		工资	20170101	20171231			1400.00	3	0.00	42.00	42.00
HG		工资	20170101	20171231			550.00	3	0.00	16.50	16.50
CV		工资	20170101	20171231			650.00	3	0.00	19.50	19.50
合计							4000.00		0.00	120.00	120.00

图 7-18（c）

图 7-18　扣缴个人所得税

7.3.3　工资分摊

此功能能够进行预提工资的设置工作。销售部门人员的工资计入“销售费用”，车间管理人员的工资计入“制造费用”，车间一线生产工人的工资计入“生产成本”，企业行政管理人员的工资计入“管理费用”。

在实际工作中，有些人员的工资费用要在不同对象之间进行分配，分配比例之和应该等于 1。

例如，一个生产车间生产 A、B 两种产品，因此要将本车间的生产工人在 A、B 两种产品之间进行合理分配。

7.3.3.1　工资分摊设置

第一，有关人员工资费用不需要在不同对象之间分配。

具体操作如下：点击“人力资源”→点击“薪资管理”→点击“业务处理”→点击“工资分摊”命令→点击“工资分摊设置”→点击“增加”→录入相关信息→点击“下一步”→录入相关信息→点击“完成”按钮，如图 7-19 所示。

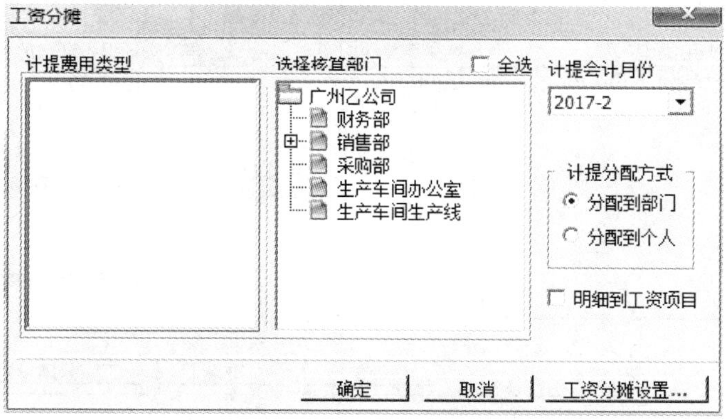

图 7-19（a）

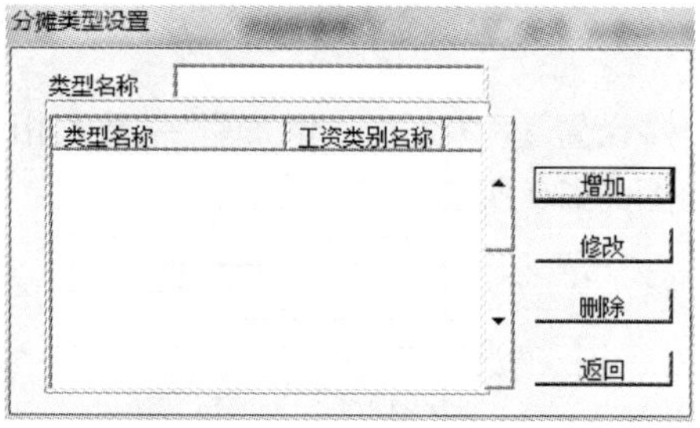

图 7-19（b）

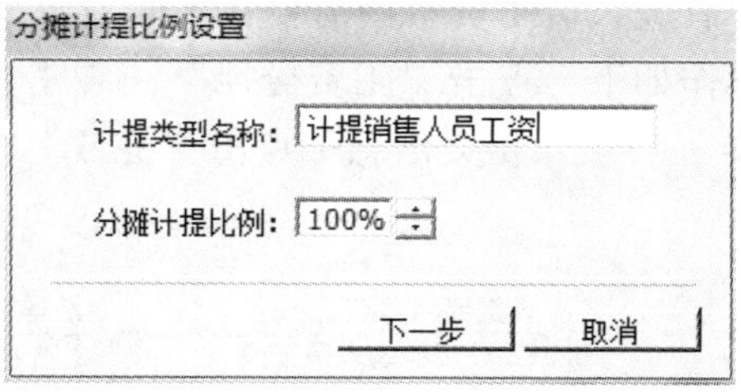

图 7-19（c）

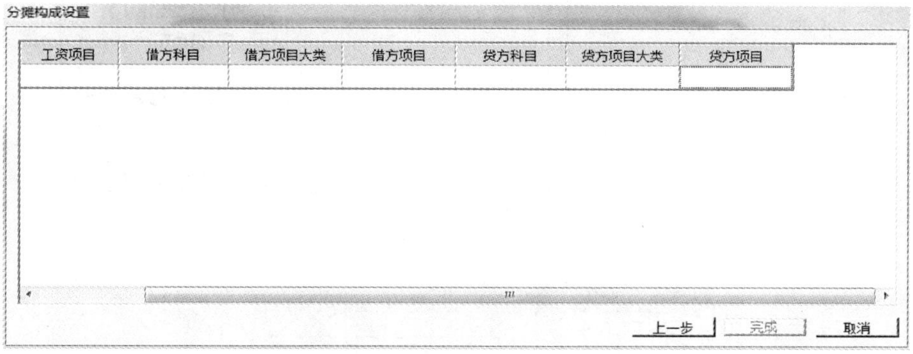

图 7-19（d）

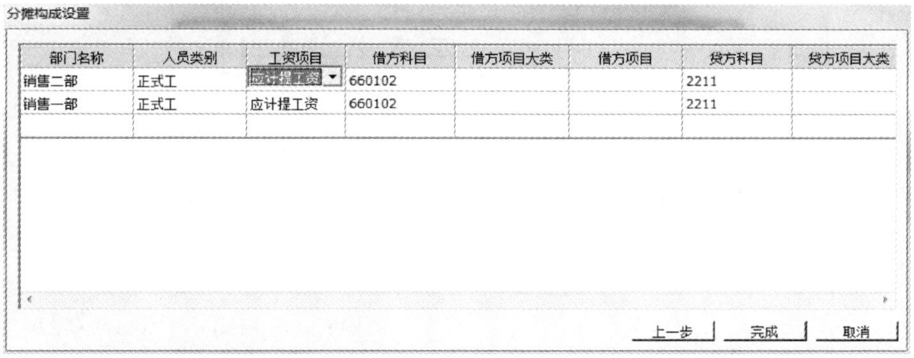

图 7-19（e）

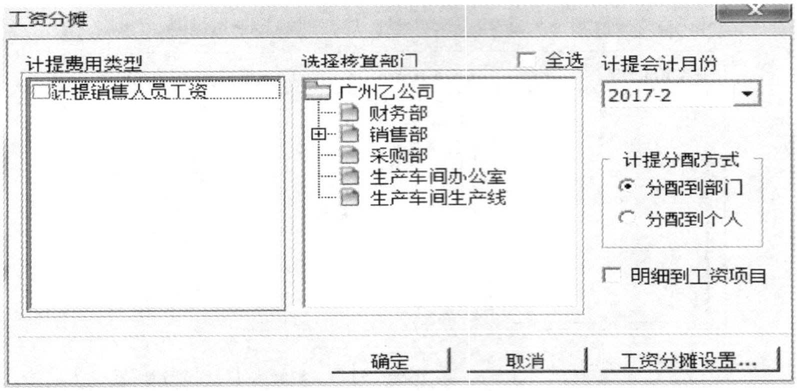

图 7-19（f）

图 7-19　工资分摊设置完成（不需要在不同对象之间分配）

第二，有关人员工资费用需要在不同对象之间分配。

具体操作如下：点击“工资分摊”→点击“工资分摊设置”→点击“增加”→录入相关信息→点击“下一步”→录入相关信息→点击“完成”按钮，如图 7-20 所示。

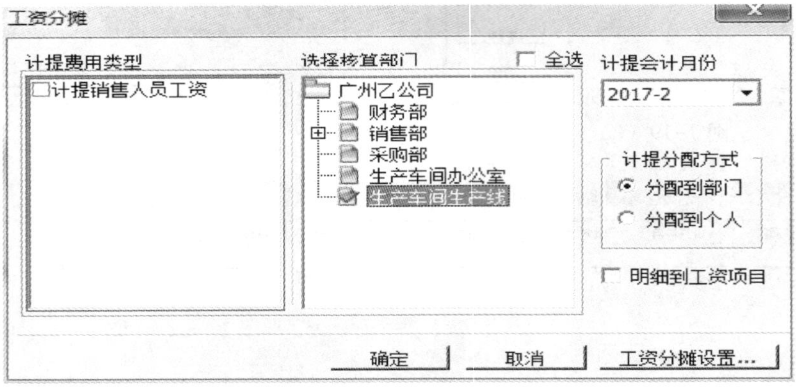

图 7-20（a）

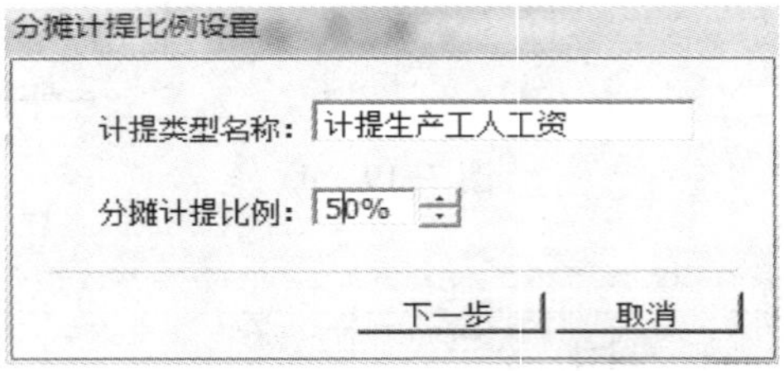

图 7-20（b）

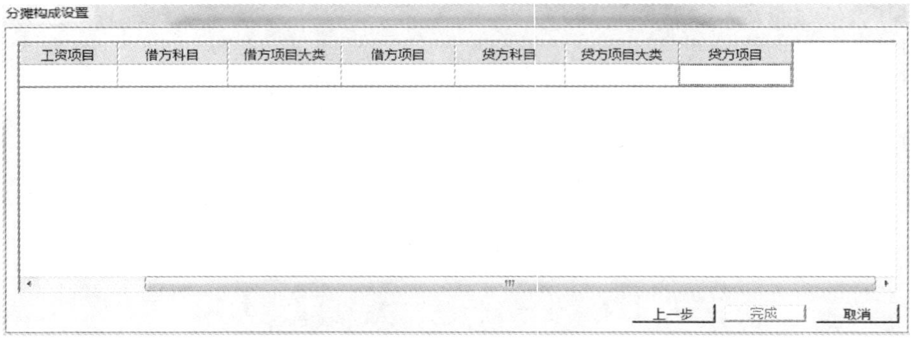

图 7-20（c）

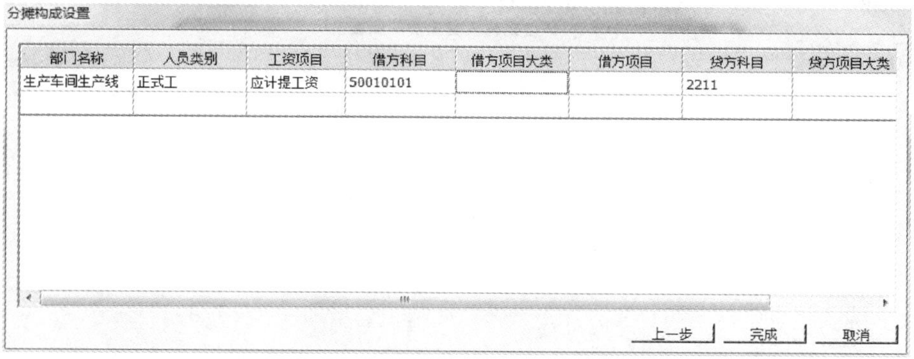

图 7-20（d）

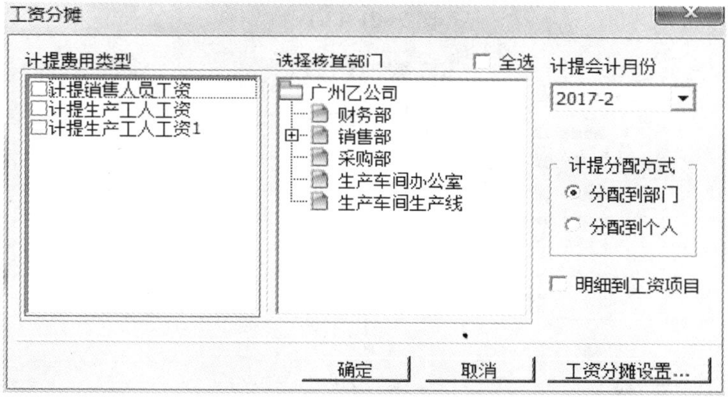

图 7-20（e）

图 7-20 工资分摊设置完成（需要在不同对象之间分配）

7.3.3.2 生成计提职工薪酬的会计凭证

该项操作每次只能选中一个部门，不能同时选中多个部门。

具体操作如下：选中某一个部门→点击“确定”→再次设置会计科目→点击“制单”→点击“保存”按钮，如图 7-21 所示。

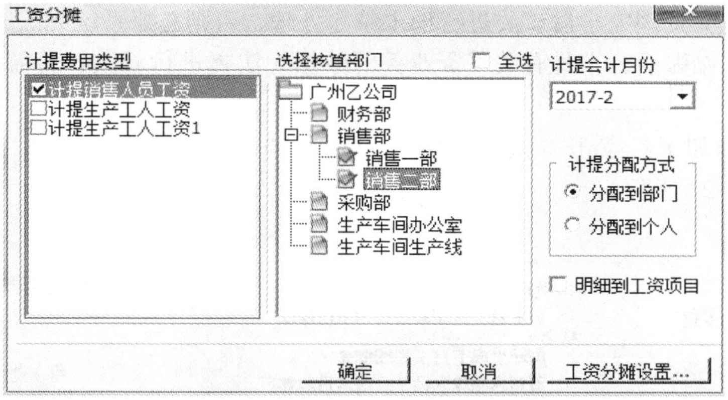

图 7-21（a）

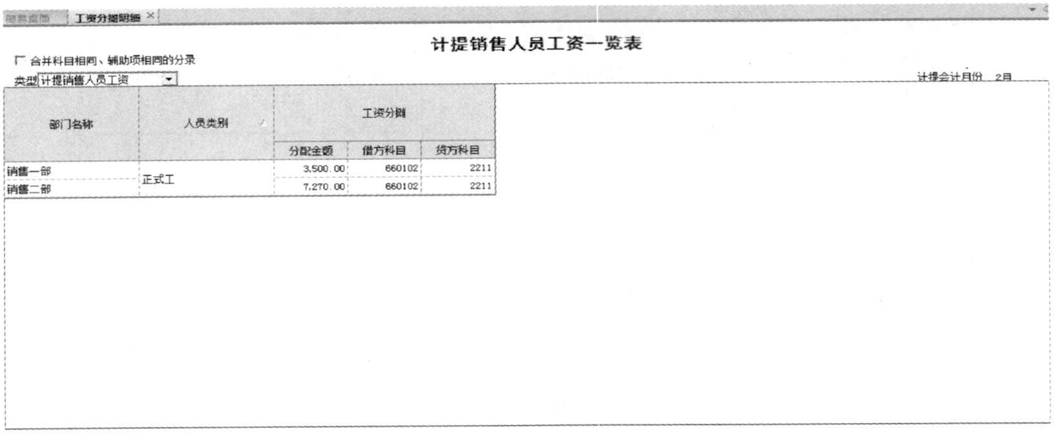

图 7-21（b）

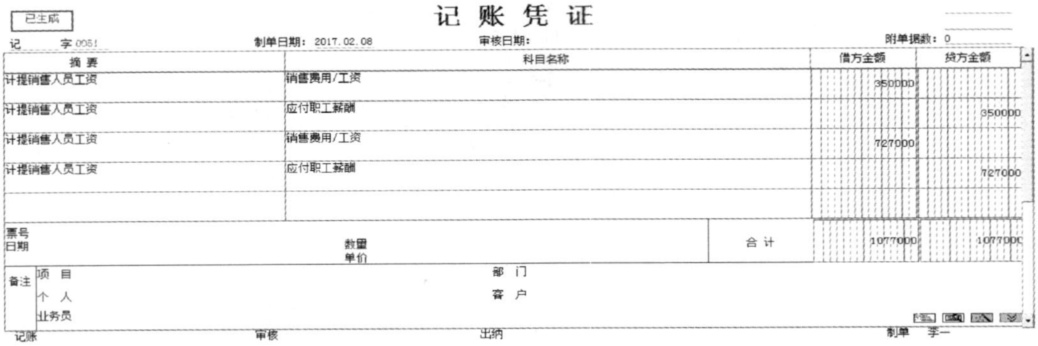

图 7-21（c）

图 7-21　生成计提职工薪酬的会计凭证

［特别提示］

·“人员类别”不能选择为“无类别”，否则在此系统中无法生成有关计提工资的会计凭证。

·“计提费用类型”同“选择核算部门”之间要一一对应。

7.3.4　期末处理

所有有关工资的业务处理完毕后，要进行期末结账处理，否则总账系统无法完成期末结账工作。

薪资管理系统期末结账后，本月有关工资业务的数据无法再进行修改，若需要进行有关数据的修改，只有进行反结账。

期末结账具体操作如下：点击“人力资源”→点击“薪资管理”→点击“期末处理”→点击“确定”按钮，如图 7-22 所示。

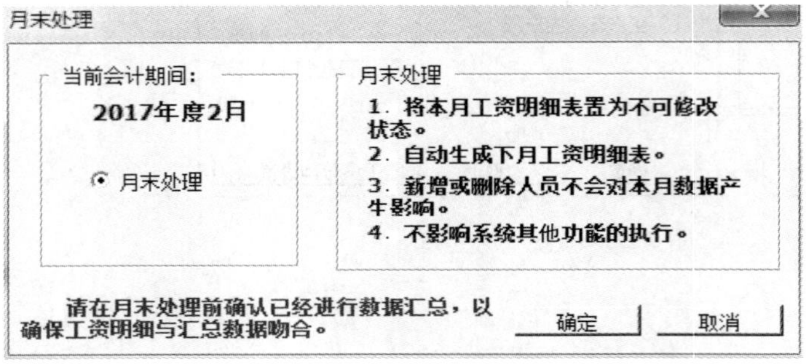

图 7-22（a）

图 7-22（b）

图 7-22　期末处理

7.3.5 反结账

以结账月份的次月时间进入用友 U8 系统才能进行反结账工作。

具体操作如下：点击“人力资源”→点击“薪资管理”→点击“反结账”→点击“确定”按钮，如图 7-23 所示。

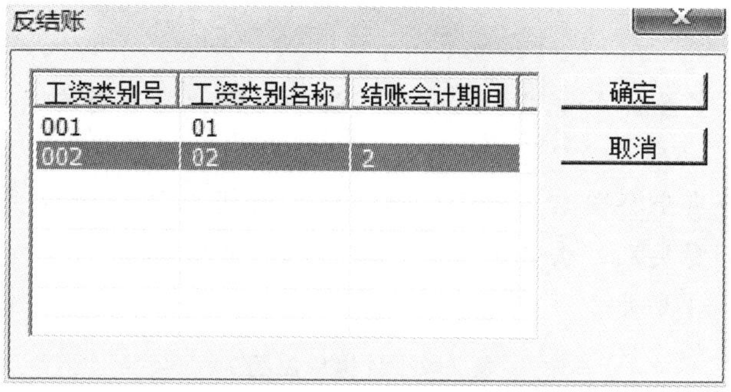

图 7-23（a）

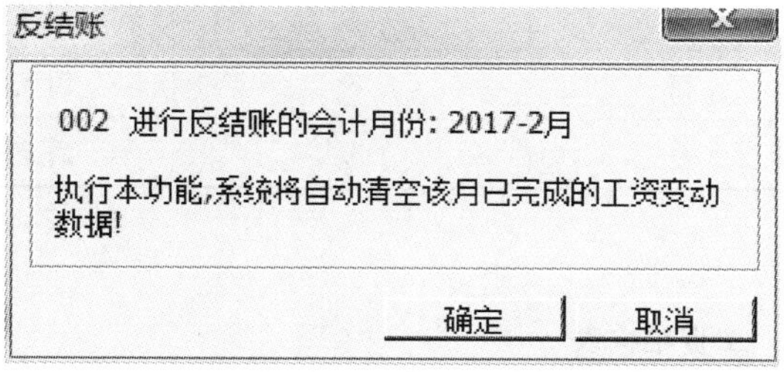

图 7-23（b）

图 7-23（c）

图 7-23 反结账

7.4 凭证查询

凭证查询具体操作如下：点击“人力资源”→点击“薪资管理”→点击“统计分析”→点击“凭证查询”按钮，如图 7-24 所示。

凭证查询
删除
冲销
单据
凭证
修改
退出
业务日期
业务类型
业务号
制单人
凭证日期
凭证号
标志
2017-02-08
计提销售人员工资
1
李一
2017-02-08
记-51
未审核
2017-02-08
计提生产工人工资
2
李一
2017-02-08
记-52
未审核
2017-02-08
计提生产工人工资1
3
李一
2017-02-08
记-53
未审核

图 7-24 凭证查询

凭证查询系统生成的会计凭证，在总账系统中是不能作废的，若发现有关工资数据是错误的，要进行修改时，需要在此界面将有关凭证删除，然后修改有关数据，重新生成有关会计凭证。

实训　薪资管理实训

[实训目的]

通过本实训，学生能够掌握薪资管理系统设置、业务处理、凭证查询、期末结账等相关操作知识。

[实训内容]

(1) 广东珠江实业股份有限公司启用薪资管理系统的时间为2023年4月5日。

(2) 该公司实行多个工资类别，由公司代扣代缴个人所得税。

(3) 计量单位组如表7-1所示。

表7-1　计量单位组

分组编码	计量单位组名称	二级编码	计量单位名称	是否为主计量单位	与主计量单位换算率
02	混合计量组	0201	个	否	固定换算率
		0202	件	否	固定换算率
		0203	箱	否	固定换算率
		0204	台	否	固定换算率

(4) 该公司工资结构表如表7-2所示。

表7-2　工资结构表

序号	工资项目	增减项
1	基本工资	增项
2	岗位工资	增项
3	奖金	增项
4	津贴	增项
5	交通补贴	增项
6	浮动工资	增项
7	事假扣款	减项
8	事假天数	其他
9	病假扣款	减项
10	病假天数	其他
11	迟到扣款	减项
12	迟到次数	其他

该公司财务制度规定，事假扣款标准是（基本工资+岗位工资+奖金+津贴+交通补贴+浮动工资）÷21.75；病假扣款标准是（基本工资+岗位工资+奖金+津贴+交通补贴+浮动工资）÷21.75×30%；迟到扣款标准是每次100元。

(5) 该公司人员档案表如表7-3所示。

表 7-3 人员档案表

部门编码	部门名称	编号	姓名	人员类别	是否计税	是否为计件工资
1	财务部	103	李一	在职人员	是	否
		104	李二	在职人员	是	否
		105	李三	在职人员	是	否
2	总经理办公室	203	张一	在职人员	是	否
		204	张二	在职人员	是	否
		205	张三	在职人员	是	否
3	采购部	303	王一	在职人员	是	否
		304	王二	在职人员	是	否
		305	王三	在职人员	是	否
4	销售一部	40103	毛一	在职人员	是	是
		40104	毛二	在职人员	是	是
	销售二部	40203	毛三	在职人员	是	是
		40204	毛四	在职人员	是	是
5	车间生产线	50103	黄一	在职人员	是	是
		50104	黄二	在职人员	是	是
		50105	黄三	在职人员	是	是
	车间办公室	50203	叶一	在职人员	是	否
		50204	叶二	在职人员	是	否
		50205	叶三	在职人员	是	否
6	人力资源部	603	邱一	在职人员	是	否
		604	邱二	在职人员	是	否

（6）2023 年 4 月考勤表如表 7-4 所示。

表 7-4 考勤表

部门编码	部门名称	编号	姓名	迟到次数/次	请假天数/天	病假天数/天
1	财务部	103	李一	2		
2	总经理办公室	203	张一		1	
3	采购部	304	王二			3
4	销售一部	40104	毛二	1		
5	车间生产线	50104	黄二		3	
5	车间办公室	50204	叶二		2	

（7）2023 年 4 月工资表（部分）如表 7-5 所示。

表 7-5 工资表（部分）

单位：元

部门编码	部门名称	编号	姓名	基本工资	岗位工资	奖金	津贴	交通补贴	浮动工资
1	财务部	103	李一	3 600	500	250	360	400	650
		104	李二	2 500	300	150	240	400	350
		105	李三	1 800	200	100	200	400	220

表7-5(续)

部门编码	部门名称	编号	姓名	基本工资	岗位工资	奖金	津贴	交通补贴	浮动工资
2	总经理办公室	203	张一	4 200	600	300	360	400	800
		204	张二	3 800	400	250	300	400	500
		205	张三	2 200	200	180	200	400	260
3	采购部	303	王一	4 300	500	360	380	400	600
		304	王二	3 500	400	300	200	400	350
		305	王三	1 800	200	100	80	400	200
4	销售一部	40103	毛一	1 000					
		40104	毛二	1 000					
	销售二部	40203	毛三	1 000					
		40204	毛四	1 000					
5	车间生产线	50103	万一						
		50104	万二						
		50105	万三						
	车间办公室	50203	叶一	5 000	600	450	350	400	800
		50204	叶二	4 200	500	400	300	400	600
		50205	叶三	3 000	400	300	200	400	400

（8）2023 年 4 月销售数量明细表如表 7-6 所示。

表 7-6　销售数量明细表

部门	姓名	销售数量/个	单件销售提成/元
销售一部	毛一	500	8
销售一部	毛二	400	8
销售二部	毛三	420	8

（9）2023 年 4 月生产数量明细表如表 7-7 所示。

表 7-7　生产数量明细表

部门	姓名	生产完工数量/个	单件生产提成/元
车间生产线	万一	500	6
车间生产线	万二	400	6
车间生产线	万三	420	6

（10）2023 年 4 月生产、销售产品数量表如表 7-8 所示。

表 7-8　生产、销售产品数量表

部门编码	部门名称	编号	姓名	销售数量/个	生产数量/个
4	销售一部	40103	毛一	500	
		40104	毛二	400	
	销售二部	40203	毛三	420	

表7-8(续)

部门编码	部门名称	编号	姓名	销售数量/个	生产数量/个
5	车间生产线	50103	万一		500
		50104	万二		400
		50105	万三		420

（11）个人所得税税率表如表7-9所示。

表7-9 个人所得税税率表（综合所得适用）

级数	全月应纳税所得额	税率/%	速算扣除数
1	不超过36 000元的	3	0
2	超过36 000元至144 000元的部分	10	2 520
3	超过144 000元至300 000元的部分	20	16 920
4	超过300 000元至420 000元的部分	25	31 920
5	超过420 000元至660 000元的部分	30	52 920
6	超过660 000元至960 000元的部分	35	85 920
7	超过960 000元的部分	45	181 920

注：个人所得税的起征点是5 000元。

[实训要求]

（1）根据上述资料，将本月有关工资数据录入薪资管理系统。

（2）生成有关预提本月工资的相关会计凭证。

（3）完成月末结账工作。

8　库存管理系统

库存管理系统的主要作用是记录各种货物期初结存数据、本期入库数据、本期出库数据以及期末结存数据。

库存管理系统主要由初始设置、入库业务、出库业务、调拨业务、盘点业务、报表、月末结账等部分组成。

工业版账套系统中存货和货物是指原材料、材料、包装物、低值易耗品、委外加工材料以及企业自行生产的半成品、产成品等。

工业版用户可以使用产成品入库、材料出库、领料申请、限额领料等模块，但不能使用受托代销业务模块。

商业版账套系统中的存货是指库存商品，货物是指商品。

商业版用户不能使用产成品入库、委外加工入库、材料出库相关模块，商业企业可以设置受托代销业务模块。

8.1　初始设置

8.1.1　选项

根据管理要求，进行选项设置。

具体操作如下：点击“供应链”→点击“库存管理”→点击“选项”→选中相关条件→点击“确定”按钮，如图 8-1 所示。

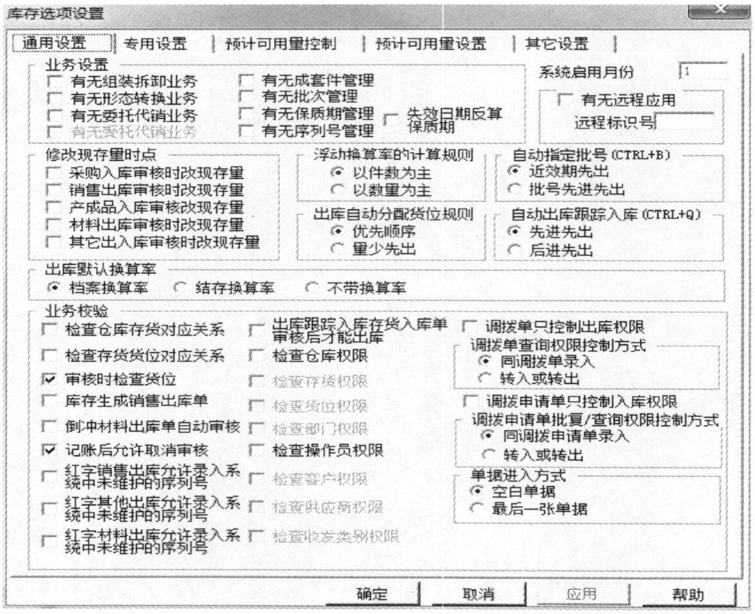

图 8-1　选项

8.1.2 期初结存

在此界面，主要是录入存货的期初结存相关数据，主要内容包括仓库、存货名称、数量、单价、金额等。

具体操作如下：点击“供应链”→点击“库存管理”→点击“期初结存”→点击“修改”→录入相关数据→点击“保存”→点击“审核”按钮，如图 8-2 所示。

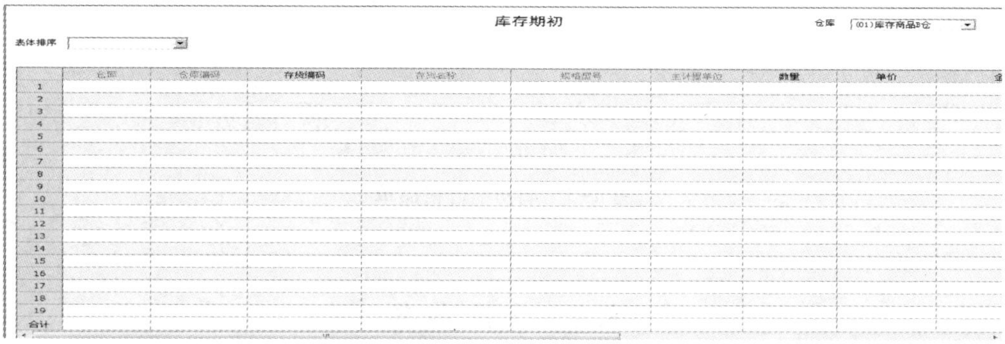

图 8-2（a）

图 8-2（b）

图 8-2 期初结存

8.1.3 期初不合格品单

期初存在不合格的存货，就录入此界面中。

具体操作如下：点击“供应链”→点击“库存管理”→点击“期初不合格品”→点击“增加”→录入相关内容→点击“保存”按钮，如图 8-3 所示。

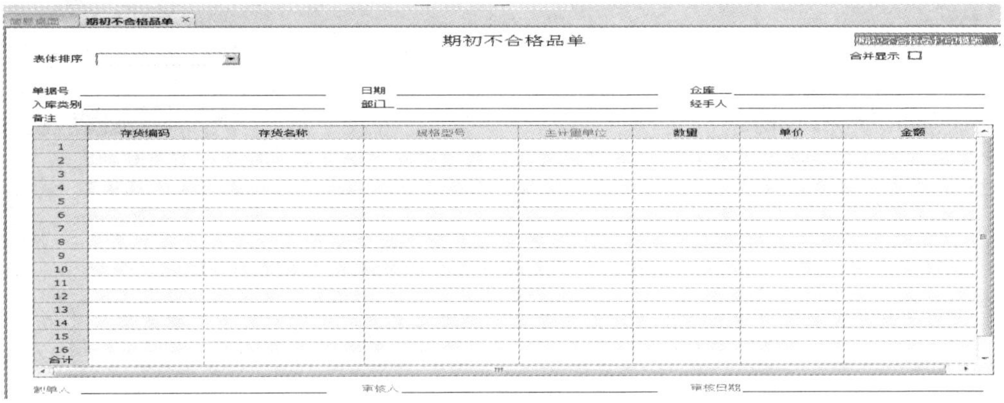

图 8-3（a）

图 8-3（b）

图 8-3　期初不合格品单

8.2　入库业务

8.2.1　采购入库单

（方法一）具体操作如下：点击“供应链”→点击“库存管理”→点击“入库业务”→点击“采购入库单”→点击“增加”→录入相关内容→点击“保存”→点击“审核”按钮，如图 8-4 所示。

图 8-4（a）

图 8-4（b）

图 8-4　采购入库单

（方法二）具体操作如下：点击“供应链”→点击“库存管理”→点击“入库业务”→点击“采购入库单”→选择生单条件→选择过滤条件→点击“全选”或选择某一条记录→点击“确定”→点击“保存”→点击“审核”按钮，如图 8-5 所示。

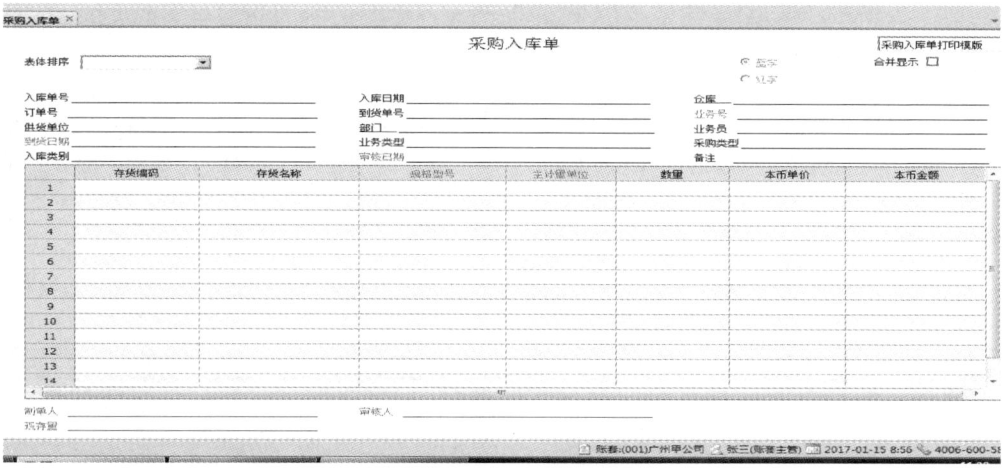

图 8-5（a）

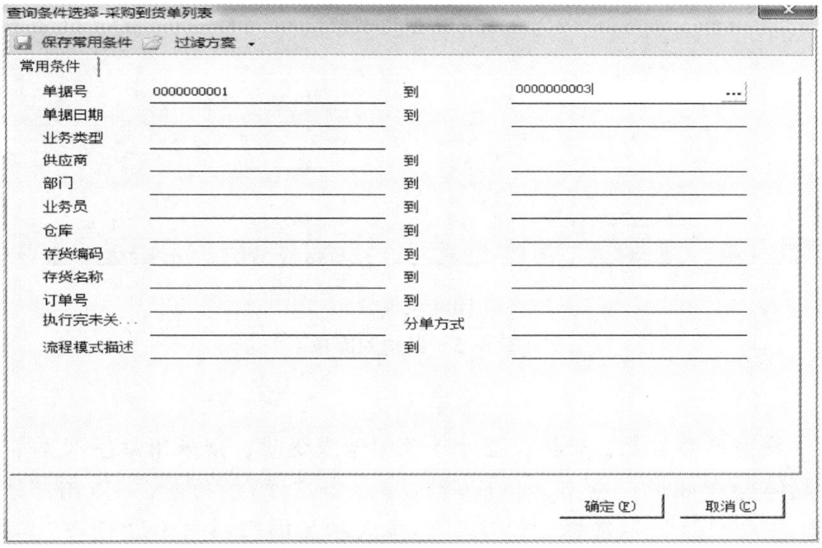

图 8-5（b）

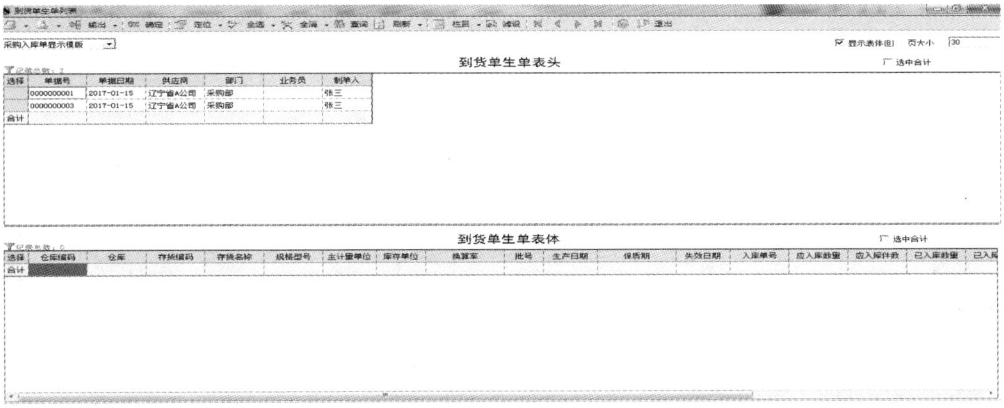

图 8-5（c）

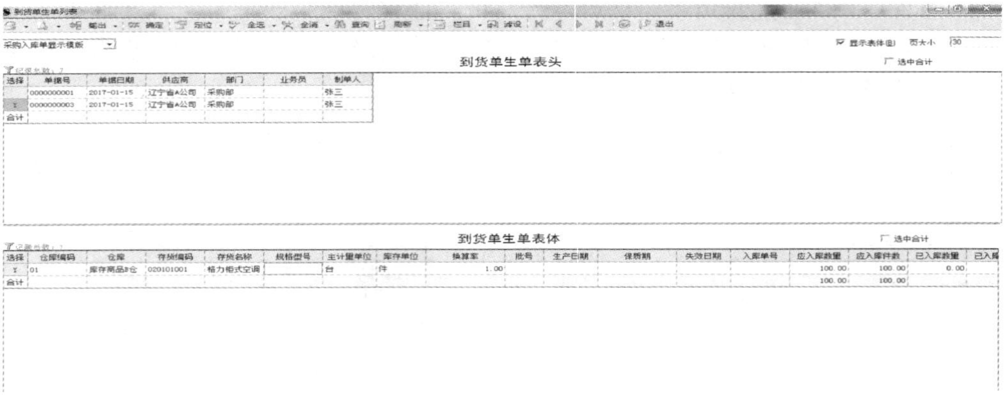

图 8-5（d）

图 8-5（e）

图 8-5　采购入库单

［特别提示］

若采购入库的货物因产品质量、规格、型号等原因造成退货，则采用红字入库单。

红字入库单的具体操作如下：点击“供应链”→点击“库存管理”→点击“入库业务”→点击“采购入库单”→点击“增加”→选择“红字”→录入相关内容→点击“保存”→点击“审核”按钮，如图 8-6 所示。

图 8-6（a）

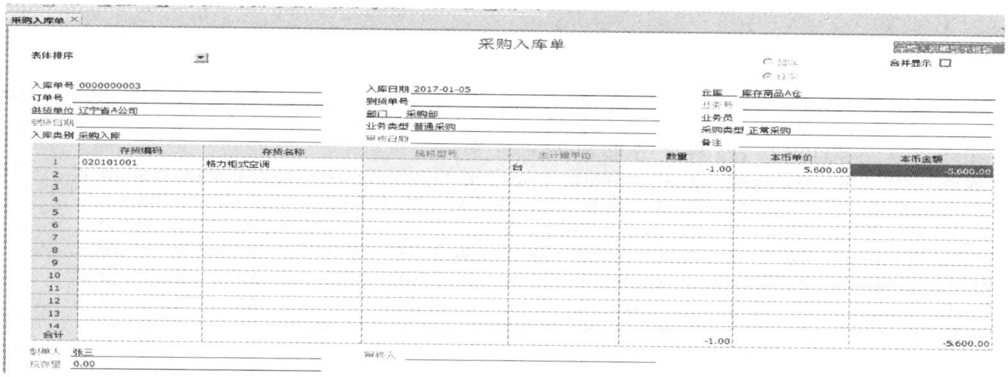

图 8-6（b）

图 8-6　红字入库单

［特别提示］

退货数量要录入成负数，不能录入成正数。

8.2.2　产成品入库单

产成品入库单一般是指工业企业产成品验收入库时所填制的入库单据。

产成品一般在入库时无法确定产品的总成本和单位成本，因此在填制产成品入库单时，一般只有数量，没有单价和金额。

具体操作如下：点击“供应链”→点击“库存管理”→点击“入库业务”→点击“产成品入库单”→点击“增加”→录入相关内容→点击“保存”→点击“审核”按钮，如图 8-7 所示。

图 8-7（a）

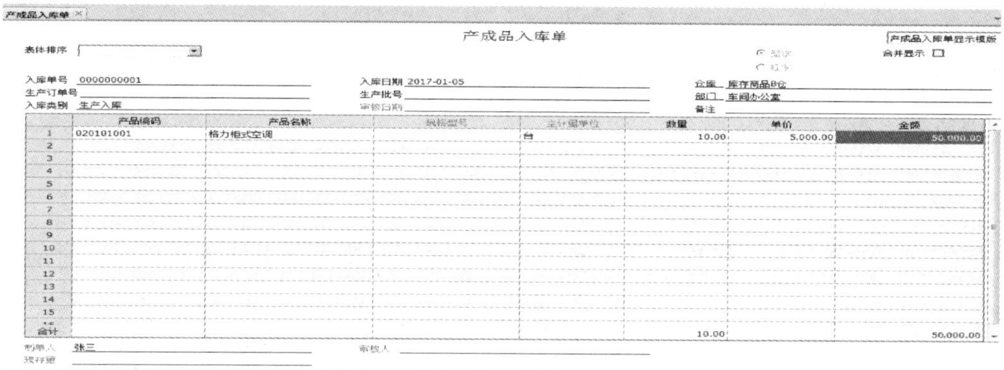

图 8-7（b）

图 8-7　产成品入库单

8.2.3 其他入库单

其他入库单是指除采购入库、产成品入库之外的其他入库业务产生的单据，如调拨入库、盘盈入库、组装拆卸入库、形态转换入库等业务形成的入库单。

其他入库单一般由系统根据其他业务单据自动生成，也可以手工填制，如图 8-8 所示。

图 8-8（a）

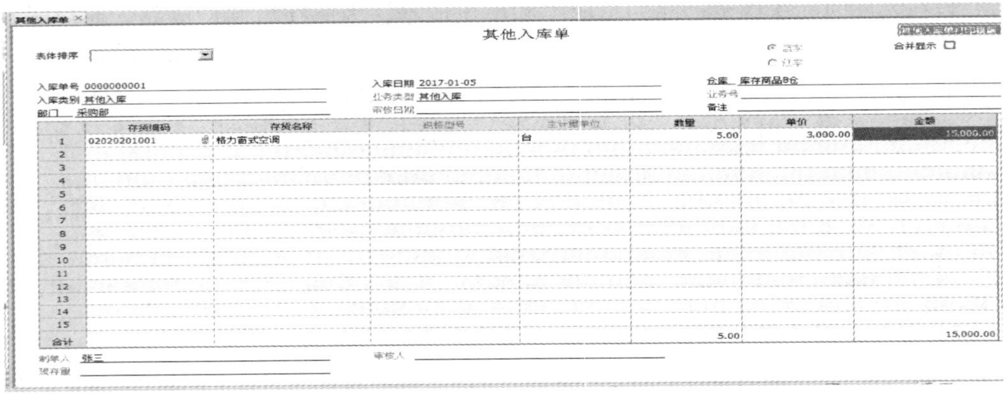

图 8-8（b）

图 8-8 其他入库单

8.3 出库业务

8.3.1 销售出库单

销售出库单的形成方法如下：

第一，在销售管理模块选项中进行设置。

第二，销售管理模块自动生成销售出库单。

第三，销售管理的发货单、销售发票、零售日报、销售调拨单在审核或复核时，自动生成销售出库单。

库存管理模块不可修改出库存货、出库数量，即一次发货一次全部出库。

销售出库单生成如图 8-9 所示。

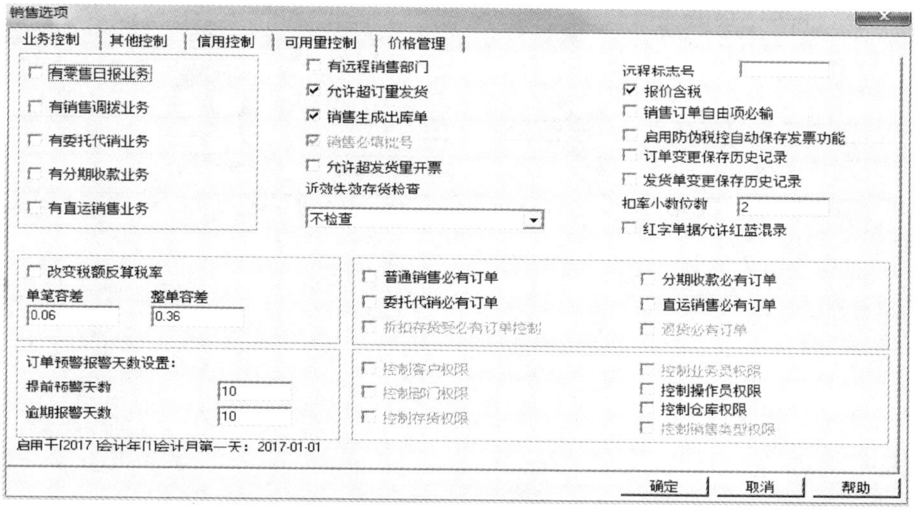

图 8-9（a）

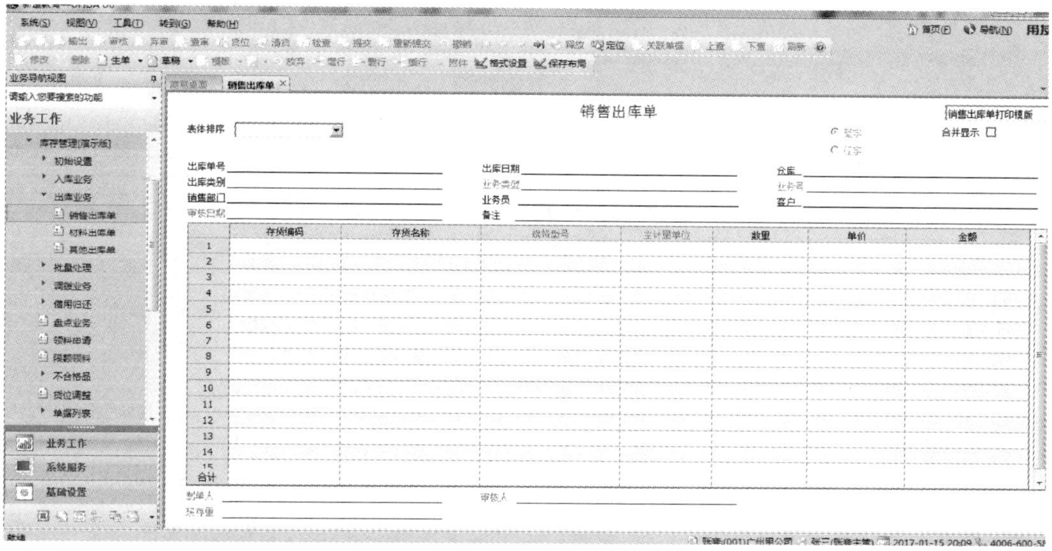

图 8-9（b）

图 8-9 销售出库单

若在销售管理子系统的选项中进行了设置，在库存管理子系统中销售出库单不能做任何形式的操作，其选项全部显示为灰色。

8.3.2 材料出库单

一般是工业生产企业才会使用材料出库单。

具体操作如下：点击“供应链”→点击“库存管理”→点击“出库业务”→点击“材料出库单”→点击“增加”→录入相关内容→点击“保存”→点击“审核”按钮，如图 8-10 所示。

图 8-10（a）

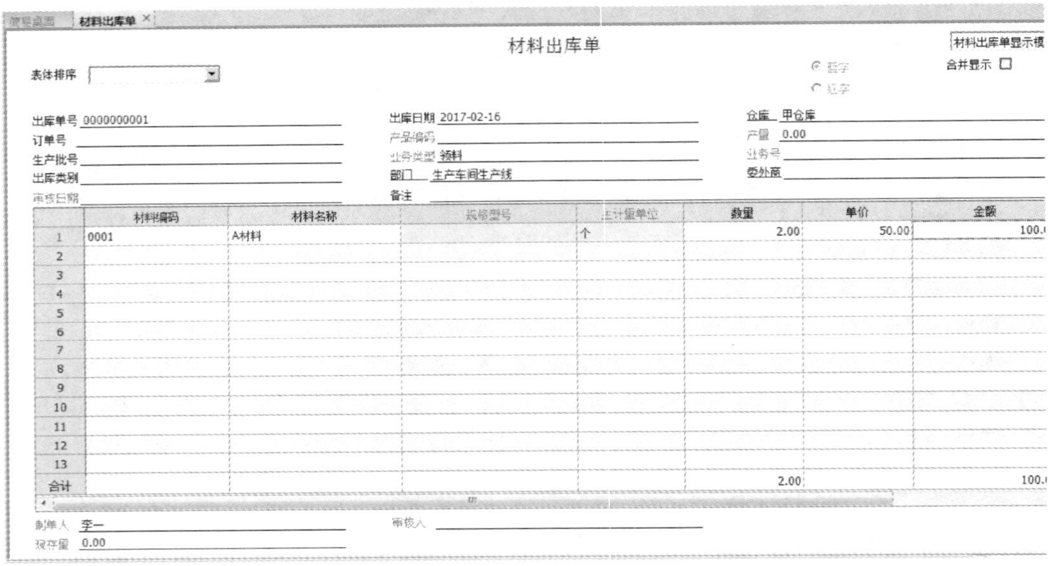

图 8-10（b）

图 8-10　材料出库单

8.3.3　其他业务出库单

其他业务出库单是指除销售出库、材料出库之外的其他出库业务形成的单据，如调拨出库、盘亏出库、组装拆卸出库、形态转换出库、不合格品记录等业务形成的出库单。

其他业务出库单一般由系统根据其他业务单据自动生成，也可以手工填制。

8.4　调拨业务

调拨单是指用于仓库之间存货的转库业务或部门之间的存货调拨业务的单据。

8.4.1 调拨申请单

具体操作如下：点击“供应链”→点击“库存管理”→点击“调拨业务”→点击“调拨申请单”→点击“增加”→录入相关内容→点击“保存”→点击“审核”按钮，如图 8-11 所示。

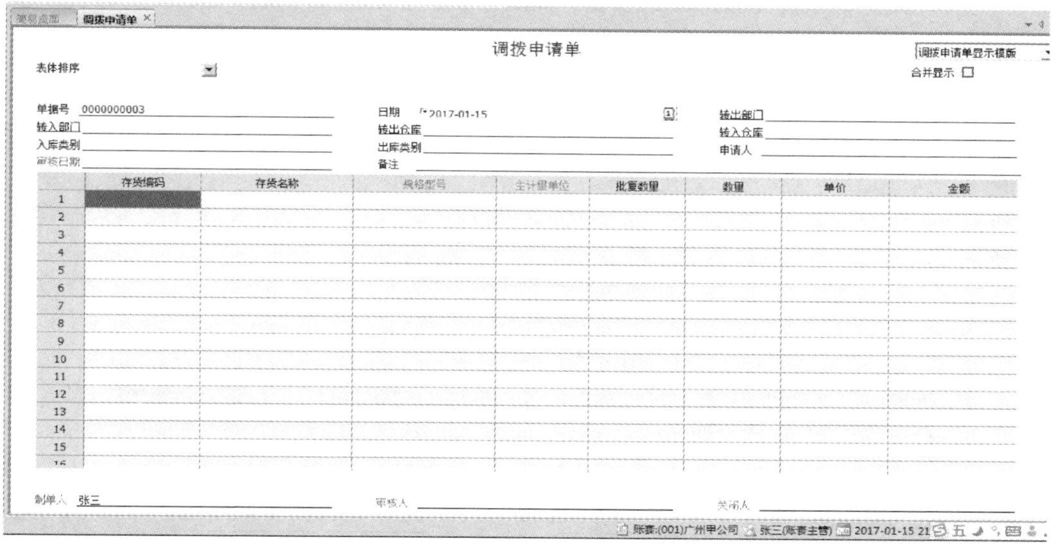

图 8-11（a）

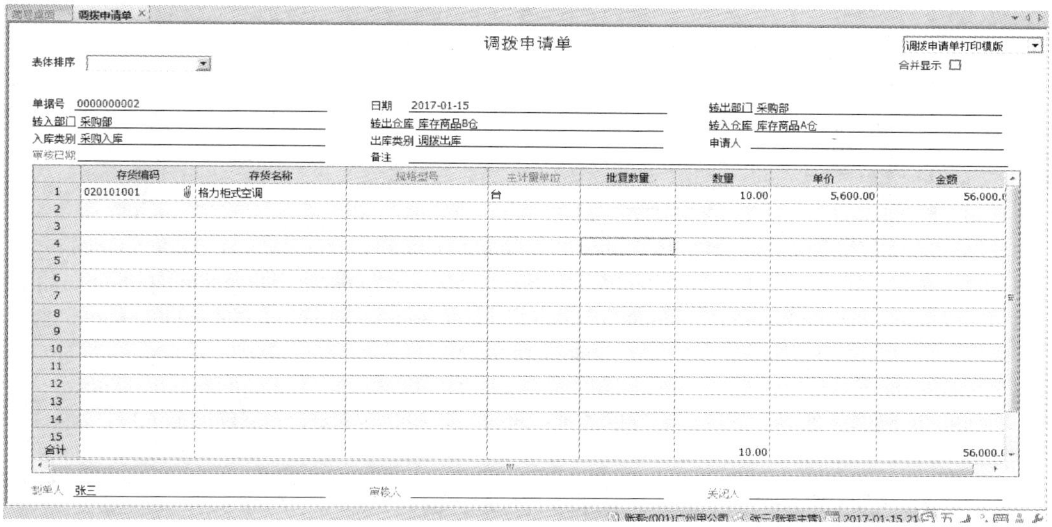

图 8-11（b）

图 8-11　调拨申请单

8.4.2 调拨单

（方法一）具体操作如下：点击“供应链”→点击“库存管理”→点击“调拨业务”→点击“调拨单”→点击“增加”→点击“生单”→选择生单方式→录入相关内容→点击“保存”→点击“审核”按钮。

生单方式有根据调拨申请单、蓝字入库单、销售订单三种形式。

图 8-12 是根据蓝字入库单生成的调拨单。

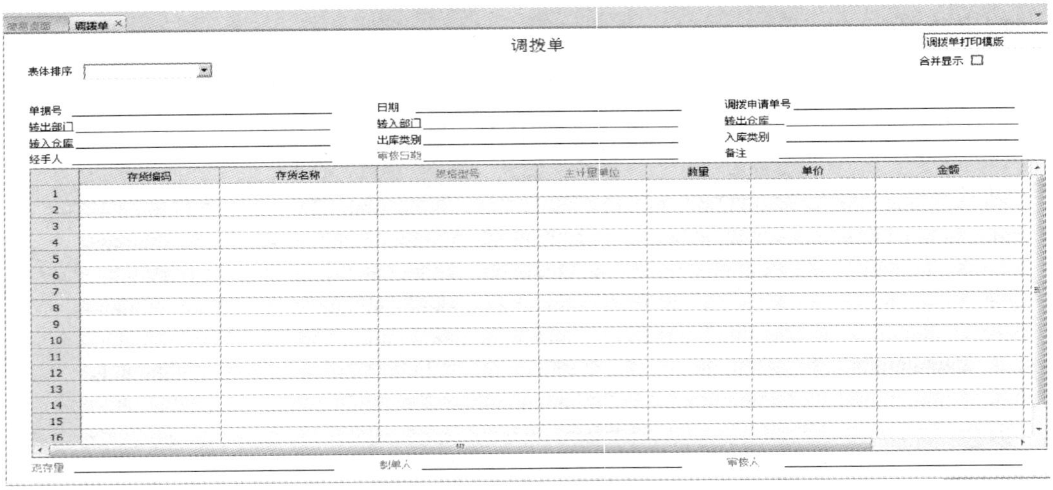

图 8-12（a）

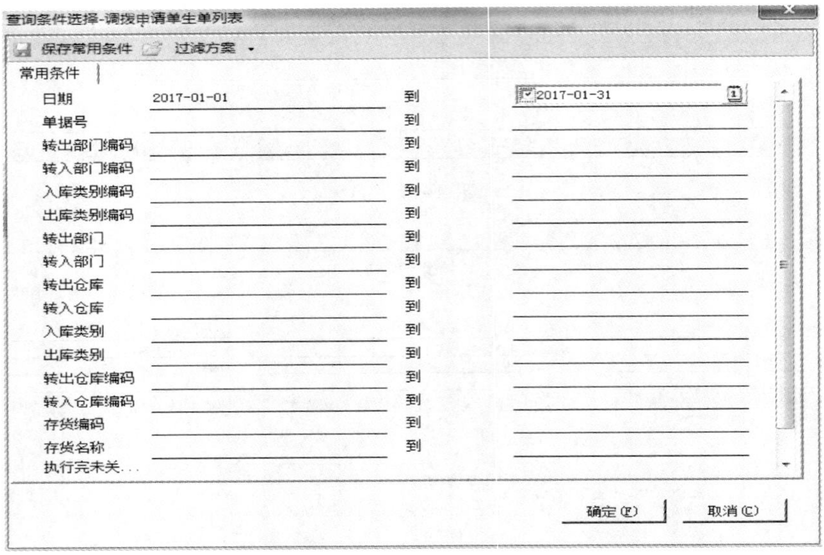

图 8-12（b）

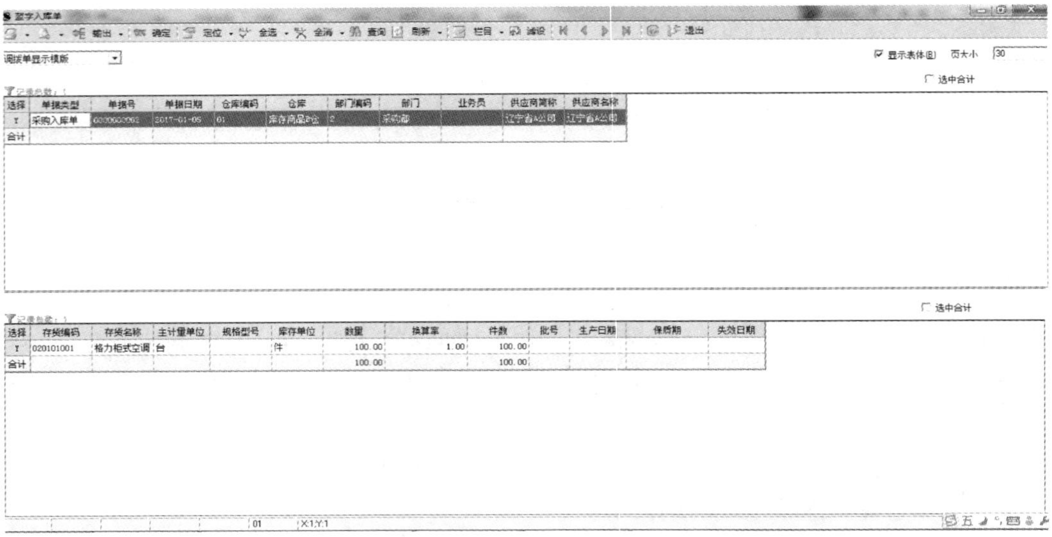

图 8-12（c）

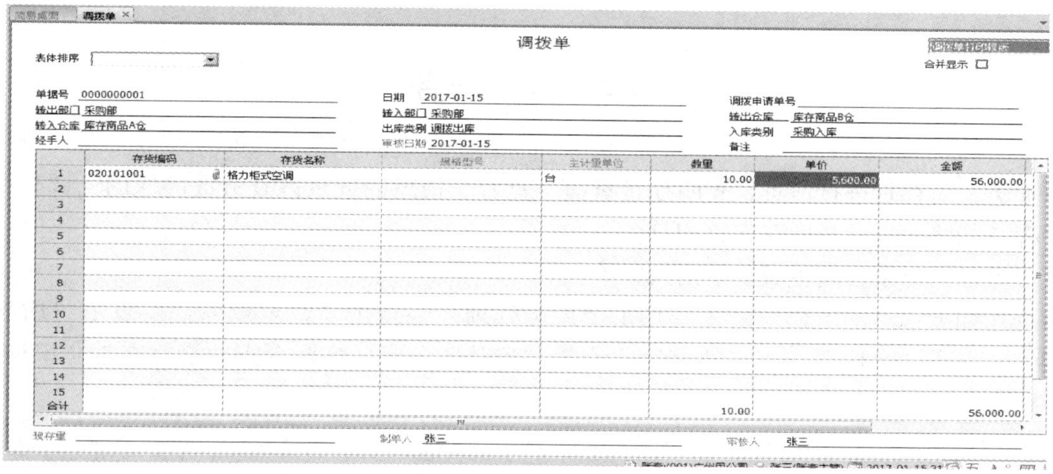

图 8-12（d）

图 8-12 调拨单（1）

（方法二）具体操作如下：点击“供应链”→点击“库存管理”→点击“调拨业务”→点击“调拨单”→点击“增加”→录入相关内容→点击“保存”→点击“审核”按钮，如图 8-13 所示。

图 8-13（a）

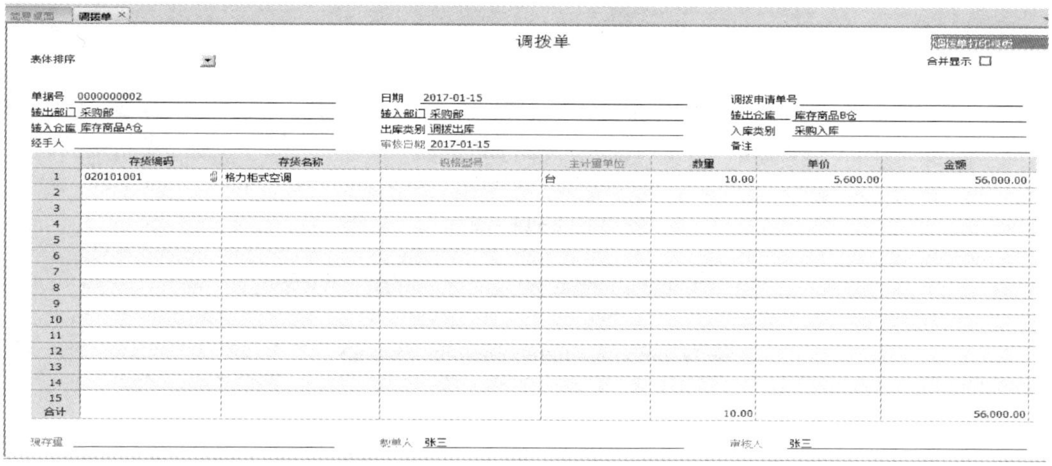

图 8-13（b）

图 8-13 调拨单（2）

8.5 盘点业务

盘点业务是对存货进行清查，查明存货盘盈、盘亏、损毁的数量以及造成的原因，调整存货的实存数，使存货的账面记录与库存实物相符。

盘盈、盘亏的结果自动生成其他出入库单。

具体操作如下：点击“供应链”→点击“库存管理”→点击“盘点业务”→点击“增加”→录入相关内容→点击“盘库”→点击“是”→点击“确认”→录入实际盘点数量→点击“审核”按钮，如图 8-14 所示。

图 8-14（a）

图 8-14（b）

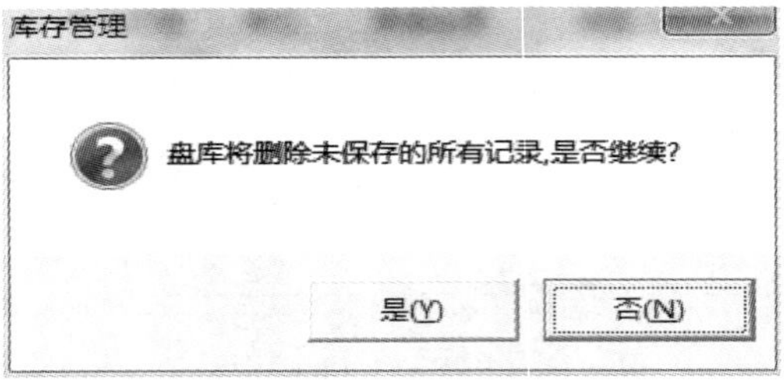

图 8-14（c）

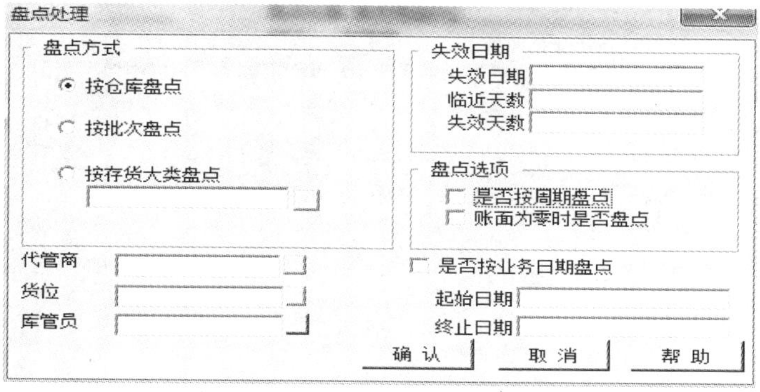

图 8-14（d）

图 8-14（e）

图 8-14 盘点单

8.6 报表

8.6.1 现存量查询

具体操作如下：点击“供应链”→点击“库存管理”→点击“报表”→点击“库存账”→点击“现存量查询”按钮，如图 8-15 所示。

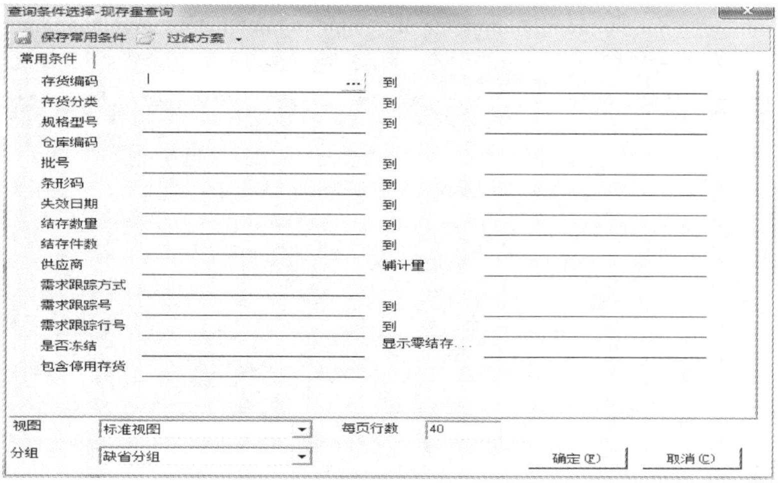

图 8-15（a）

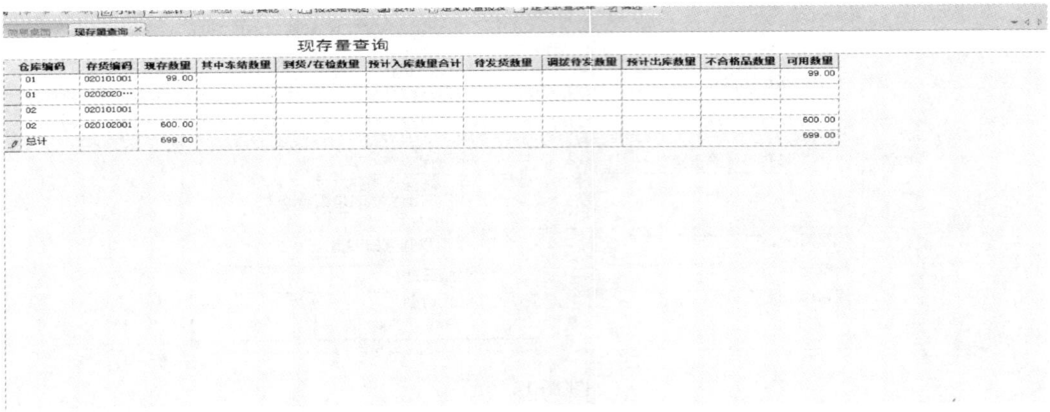

图 8-15（b）

图 8-15　现存量查询

8.6.2　出入库流入账

具体操作如下：点击“供应链”→点击“库存管理”→点击“报表”→点击“库存账”→点击“出入库流入账”按钮，如图 8-16 所示。

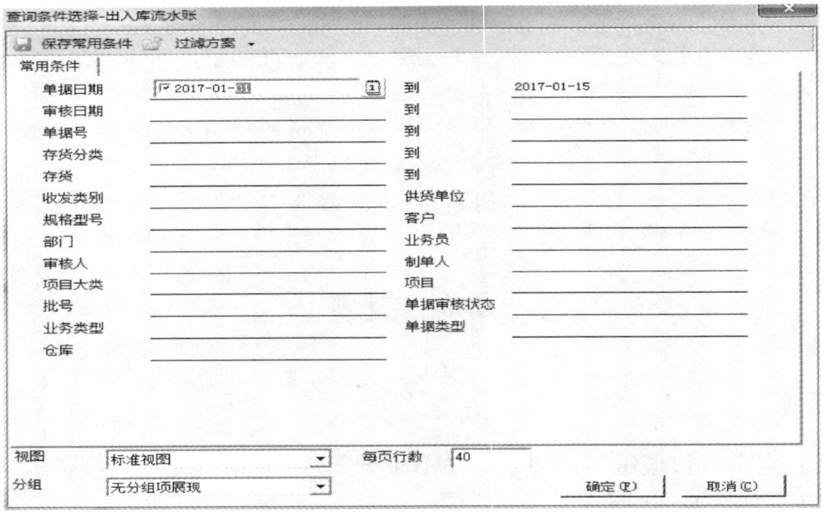

图 8-16（a）

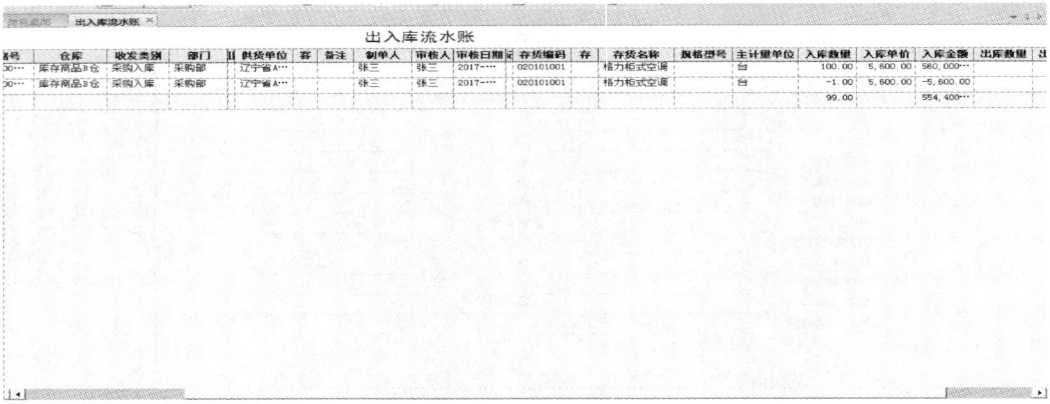

图 8-16（b）

图 8-16　出入库流入账

8.6.3 库存台账

具体操作如下：点击“供应链”→点击“库存管理”→点击“报表”→点击“库存账”→点击“库存台账”按钮，如图 8-17 所示。

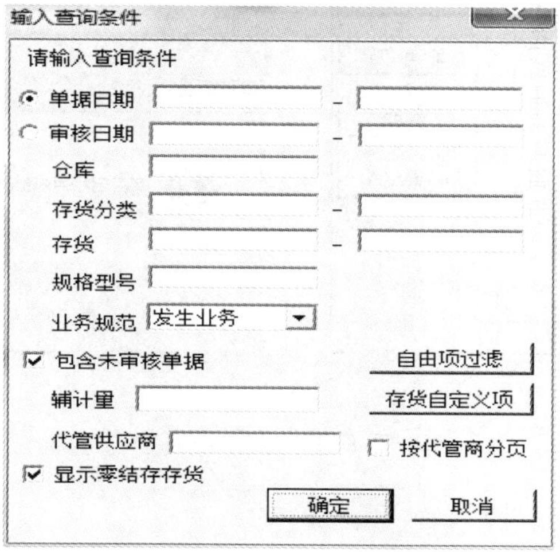

图 8-17（a）

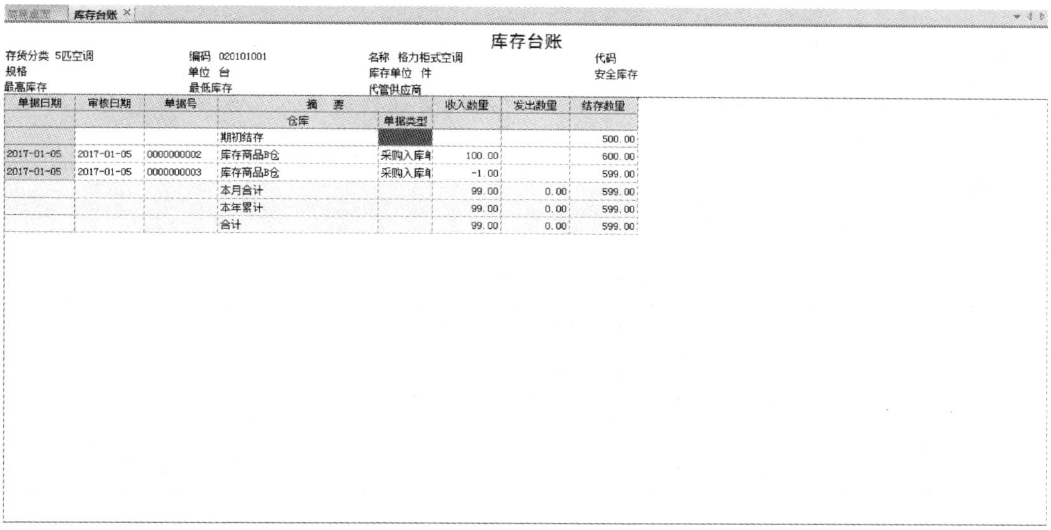

库存台账

存货分类 5匹空调　编码 020101001　名称 格力柜式空调　代码
规格　单位 台　库存单位 件　安全库存
最高库存　最低库存　代管供应商

单据日期	审核日期	单据号	摘要		收入数量	发出数量	结存数量
			仓库	单据类型			
			期初结存				500.00
2017-01-05	2017-01-05	0000000002	库存商品B仓	采购入库单	100.00		600.00
2017-01-05	2017-01-05	0000000003	库存商品B仓	采购入库单	-1.00		599.00
			本月合计		99.00	0.00	599.00
			本年累计		99.00	0.00	599.00
			合计		99.00	0.00	599.00

图 8-17（b）

图 8-17 库存台账

8.7 月末结账

具体操作如下：点击“供应链”→点击“库存管理”→点击“月末结账”→点击“结账”按钮，如图 8-18 所示。

[特别提示]

只有在销售管理子系统结账后，此子系统方可期末结账。

图 8-18（a）

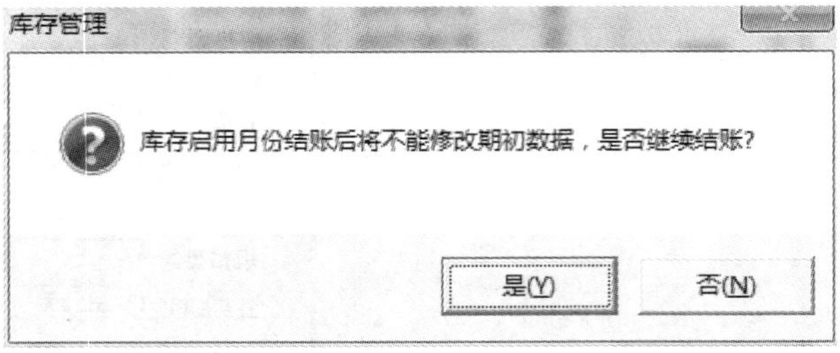

图 8-18（b）

图 8-18　月末结账

实训　库存管理实训

[实训目的]

通过本次实训，学生能够掌握库存管理系统中的期初结存数的录入、采购入库、采购退货、销售出库、销售退货、月末结账等相关操作知识。

[实训内容]

（1）仓库货位分类表如表 8-1 所示。

表 8-1　仓库货位分类表

仓库名称	仓库编	货位名称	货位编码	备注
商品仓	01	A 货位	01	商品全部存放于 A 货位
原材料仓	02	B 货位	02	原材料全部存放于 B 货位
周转材料仓	03	C 货位	03	周转材料全部存放于 C 货位

（2）库存商品期初明细表如表 8-2 所示。

表 8-2　库存商品期初明细表

名称	计量单位	数量	单价/元	总额/元	仓库	货位
甲产品	个	20 000	90.5	1 810 000	商品仓	A 货位
乙产品	个	10 000	100	1 000 000	商品仓	A 货位
丙产品	个	10 000	100	1 000 000	商品仓	A 货位
合计				3 810 000		

（3）原材料期初明细表如表 8-3 所示。

表 8-3 原材料期初明细表

名称	计量单位	数量	单价/元	总额/元	仓库	货位
A 材料	个	12 000	50	600 000	材料仓	B 货位
B 材料	个	5 000	100	500 000	材料仓	B 货位
合计				1 100 000		

（4）周转材料期初明细表如表 8-4 所示。

表 8-4 周转材料期初明细表

名称	计量单位	数量	单价/元	总额/元	仓库	货位
A 包装物	个	10 000	10.01	100 100	周转材料仓	C 货位
B 包装物	个	15 200	5	76 000	周转材料仓	C 货位
合计				176 100		

（5）根据采购管理系统实训中发生的采购入库、采购退库业务来处理相关的采购入库、采购退货业务。

（6）根据销售管理系统实训中发生的销售出库、销售退库业务来处理相关的销售出库、销售退货业务。

（7）月末存货盘点明细表如表 8-5 所示。

表 8-5 月末存货盘点明细表

商品名称	计量单位	账面数量	盘点数量	盈亏数
甲产品	个	18 600	18 600	
乙产品	个	6 850	6 850	
丙产品	个	7 405	7 400	-5
A 材料	个	16 490	16 500	10
B 材料	个	7 000	7 000	
C 材料	个	2 000	2 000	
D 材料	个	500	500	

［实训要求］

（1）根据上述发生的经济业务，进行采购入库、采购退货的业务处理。

（2）根据上述发生的经济业务，进行销售出库、销售退库的业务处理。

（3）根据上述发生的经济业务，进行期末盘点业务的处理。

（4）进行月末结账处理。

9 采购管理系统

采购管理系统主要由设置、供应商管理、请购、采购订货、采购到货、采购入库、采购发票、采购结算、现存量查询、月末结账、报表等内容构成。该系统主要用于反映采购管理方面的数据。

9.1 设置

9.1.1 采购期初记账

货到票未到，即存货已入库，但没有取得供货单位的采购发票，做期初暂估入库业务处理。

票到货未到，即已取得供货单位的采购发票，但货物没有入库，做期初在途存货业务处理。

将采购期初数据记入采购账，期初记账后，期初数据不能增加、修改，除非取消期初记账。

没有期初数据时，也必须进行期初记账，以便录入日常采购单据。

具体操作如下：点击“供应链”→点击“采购管理”→点击“设置”→点击“采购期初记账”→点击“记账”按钮，如图 9-1 所示。

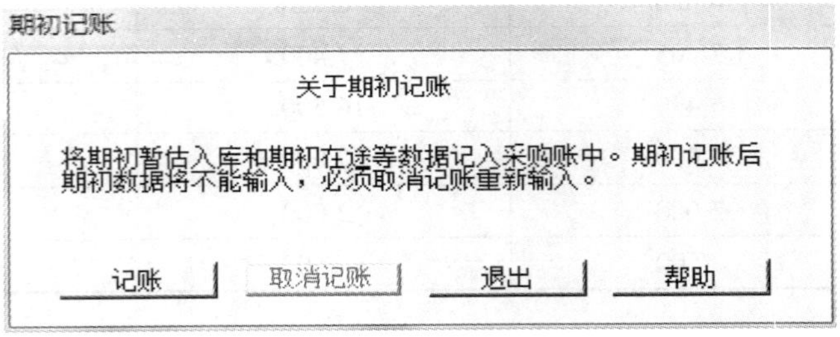

图 9-1（a）

图 9-1（b）

图 9-1 采购期初记账

9.1.2 采购选项

采购选项可以根据管理需要进行相关设置。

具体操作如下：点击“供应链”→点击“采购管理”→点击“设置”→点击“采购选项”→进行选项设置→点击“确定”按钮，如图 9-2 所示。

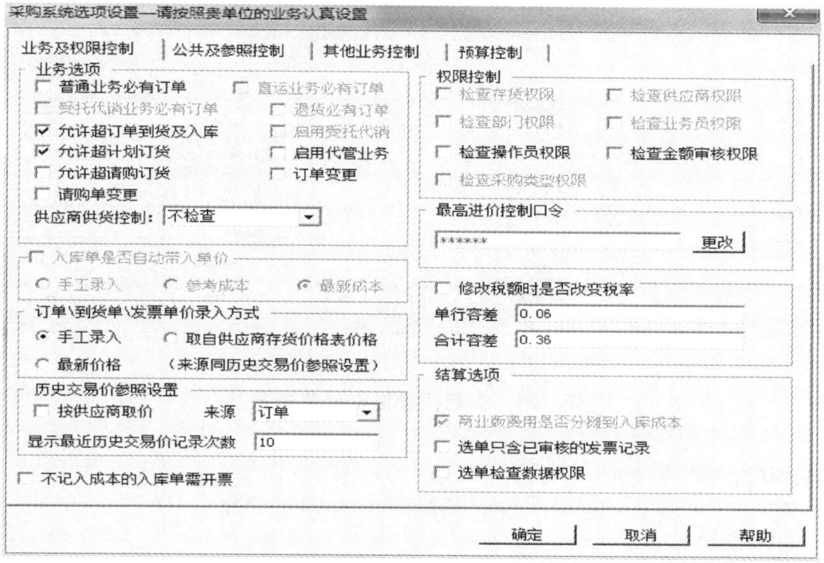

图 9-2 采购选项

9.2 供应商管理

9.2.1 供应商资格审批

9.2.1.1 供应商资格审批表

具体操作如下：点击“供应链”→点击“采购管理”→点击“供应商管理”→点击“供应商资格审批”→点击“点击供应商资格审批表”→点击“增加”→录入相关内容→点击“保存”→点击“审核”按钮，如图 9-3 所示。

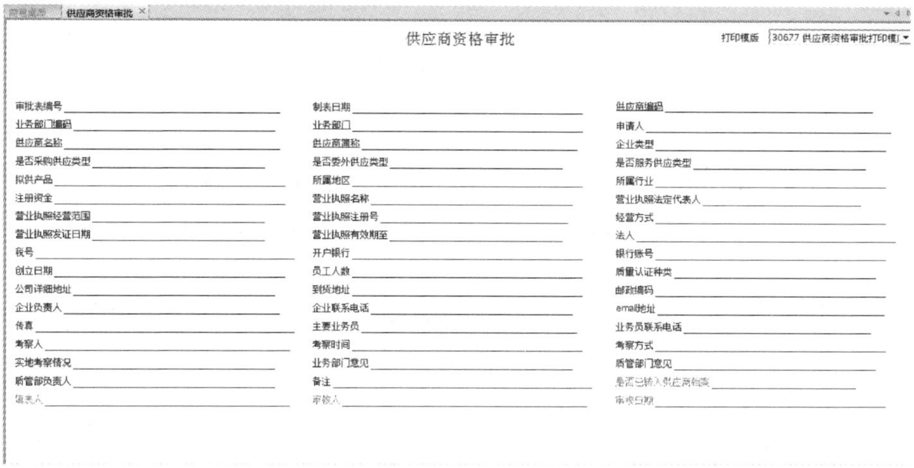

图 9-3 供应商资格审批表

9.2.1.2 供应商资格审批变更表

具体操作如下：点击“供应链”→点击“采购管理”→点击“供应商管理”→点击“供应商资格审批”→点击“供应商资格审批变更表”→点击“增加”→录入相关内容→点击“保存”→点击“审核”按钮，如图 9-4 所示。

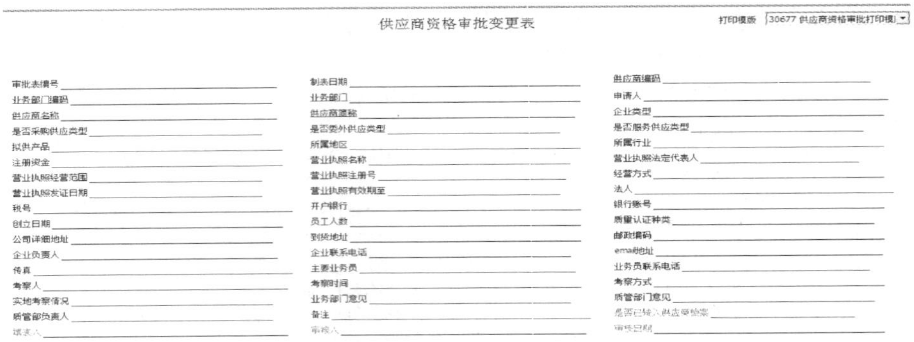

图 9-4　供应商资格审批变更表

9. 2. 2　供应商供货审批

9. 2. 2. 1　供应商供货资格审批表

具体操作如下：点击“供应链”→点击“采购管理”→点击“供应商管理”→点击“供应商供货审批”→点击“供应商供货审批表”→点击“增加”→录入相关内容→点击“保存”→点击“审核”按钮，如图 9-5 所示。

图 9-5　供应商供货资格审批表

9. 2. 2. 2　供应商供货资格审批变更表

具体操作如下：点击“供应链”→点击“采购管理”→点击“供应商管理”→点击“供应商供货审批”→点击“供应商供货审批变更表”→点击“增加”→录入相关内容→点击“保存”→点击“审核”按钮，如图 9-6 所示。

图 9-6　供应商供货资格审批变更表

9.3 请购

请购是公司各部门根据生产和经营管理的需要提出的各项采购计划。

具体操作如下：点击“供应链”→点击“采购管理”→点击“请购”→点击“增加”→录入相关内容→点击“保存”→点击“审核”按钮，如图 9-7 所示。

图 9-7（a）

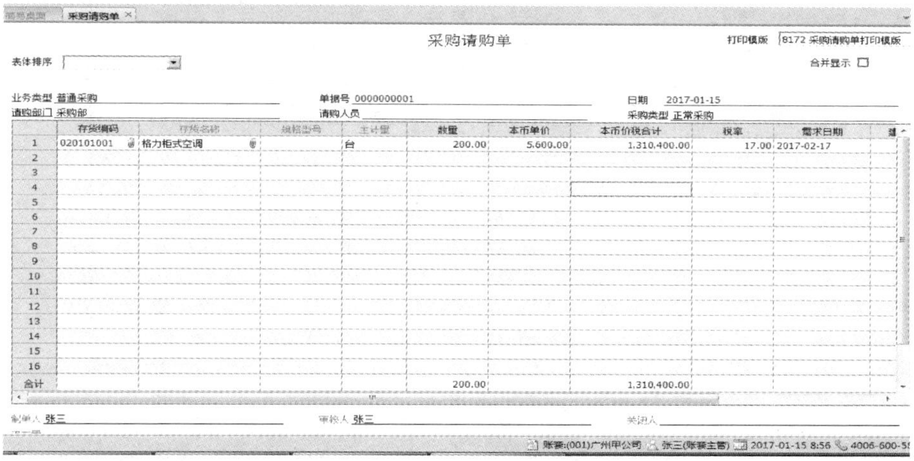

图 9-7（b）

图 9-7 请购

［特别提示］

当采购订单与采购申请单的数据不一致时，可以在采购订单中修改相关数据。

9.4 采购订货

采购订货是采购部门根据公司的采购申请向外发出的订货申请。采购订货的数据可能同采购申请的数据是一致的，也可能是不一致的。

具体操作方法有两种。

方法一：点击“供应链”→点击“采购管理”→点击“采购订货”→点击“采购订单”→点击“增加”→录入相关内容→点击“保存”→点击“审核”按钮。

方法二：点击“供应链”→点击“采购管理”→点击“采购订货”→点击“采购订单”→点击“增加”→点击“生单”→选择生单条件→选择过滤条件→点击“确定”→点击“全选”或单选一条记录→点击“确定”→录入相关内容→点击“保存”→点击“审核”按钮。

操作过程如图 9-8 所示。

图 9-8（a）

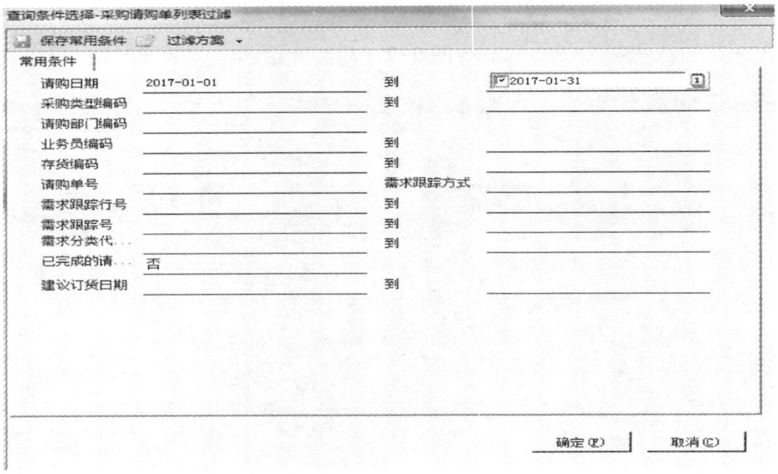

图 9-8（b）

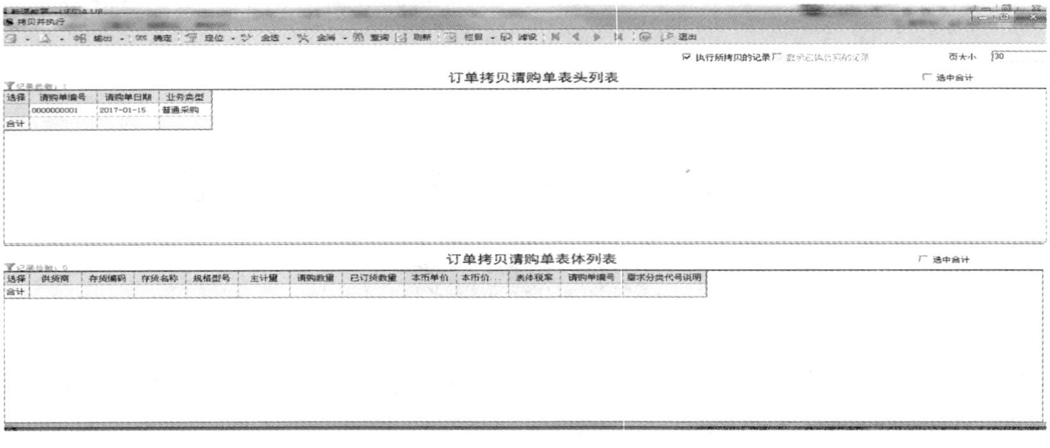

图 9-8（c）

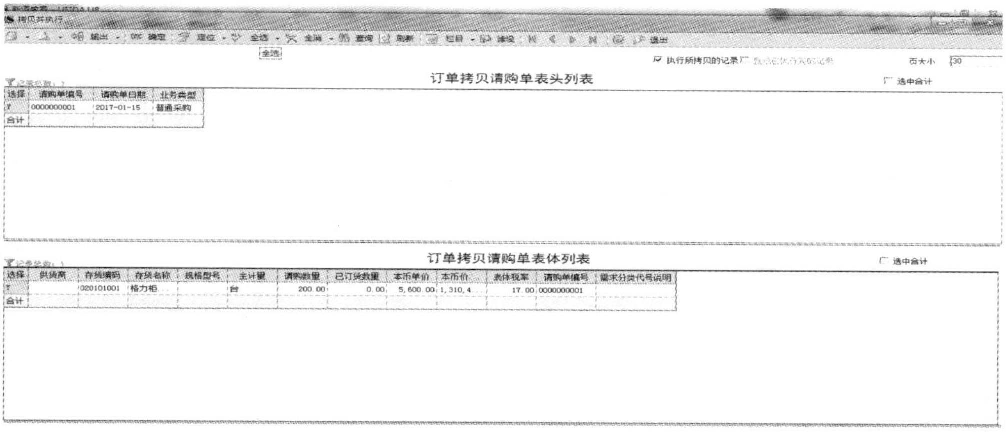

图 9-8（d）

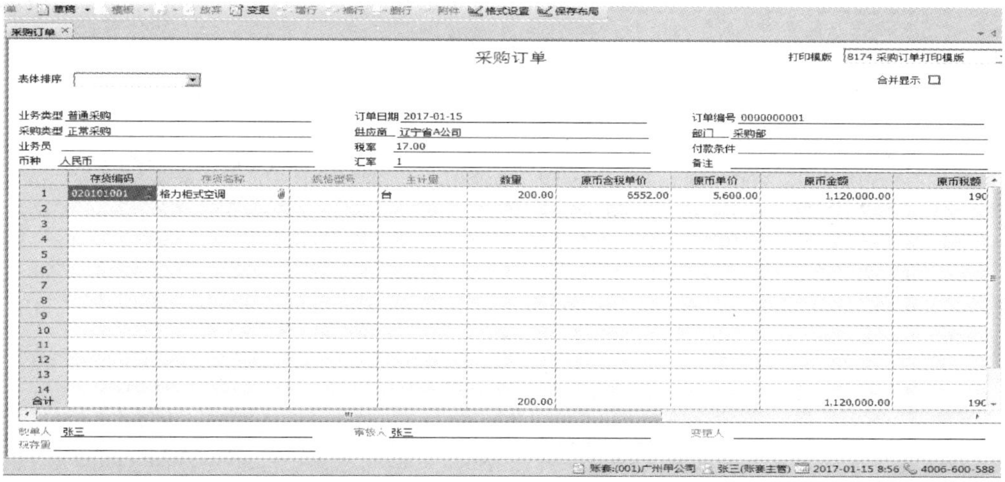

图 9-8（e）

图 9-8　采购订货

［特别提示］

当采购订单与采购申请单的数据不一致时，可以在采购订单中修改相关数据。

9.5　采购到货

9.5.1　到货单

采购的货物到货后，就要在此界面进行操作。

具体操作方法有两种。

方法一：点击“供应链”→点击“采购管理”→点击“采购到货”→点击“到货单”→点击“增加”→录入相关内容→点击“保存”→点击“审核”按钮。

方法二：点击“供应链”→点击“采购管理”→点击“采购到货”→点击“到货单”→点击“增加”→点击“生单”→选择生单条件→选择过滤条件→点击“确定”→点击“全选”或单选一条记录→点击“确定”→录入相关内容→点击“保存”→点击“审核”按钮。

操作过程如图 9-9 所示。

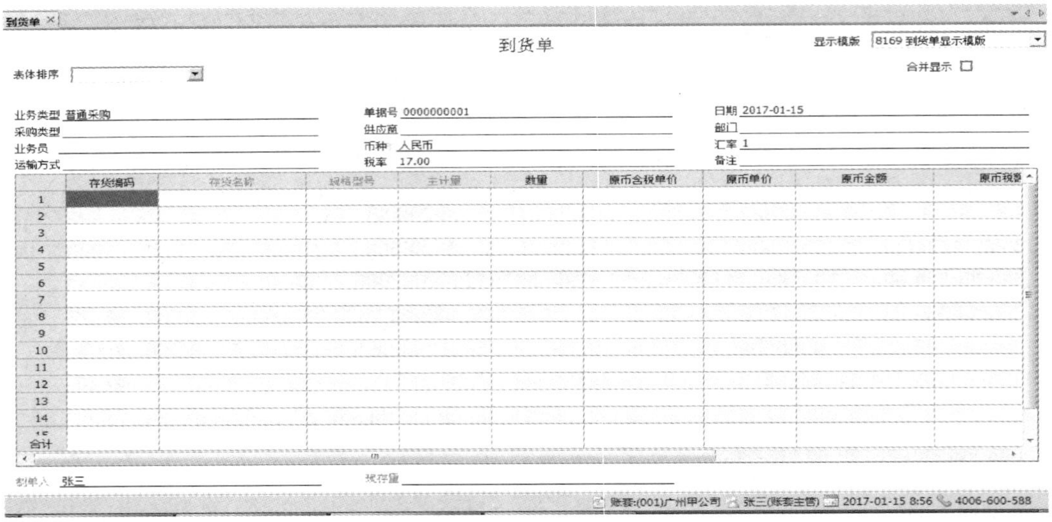

图 9-9（a）

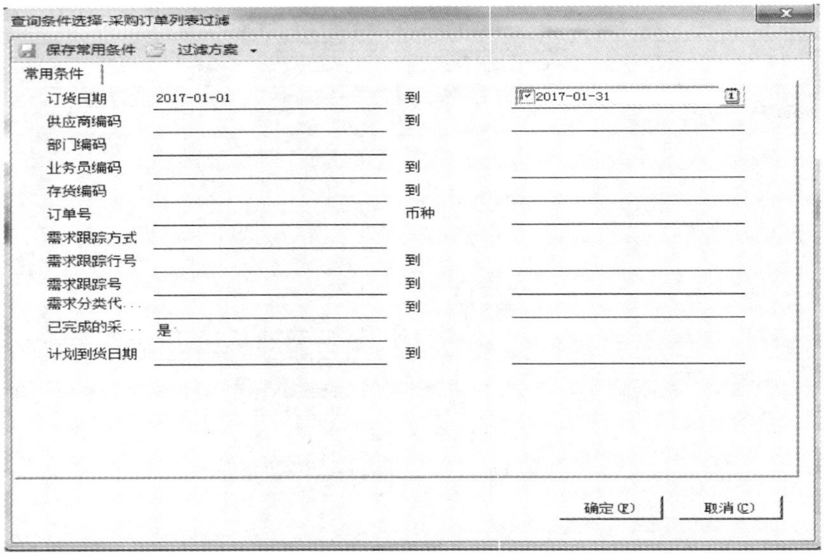

图 9-9（b）

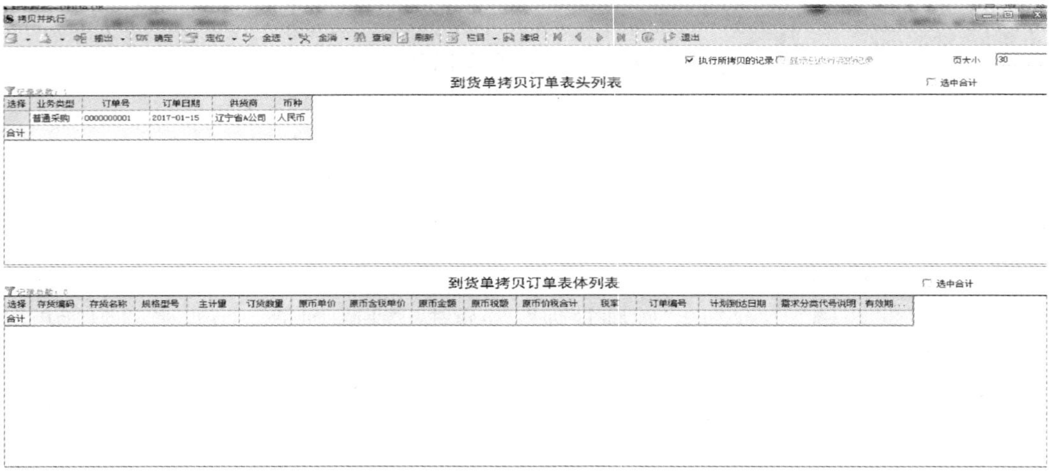

图 9-9（c）

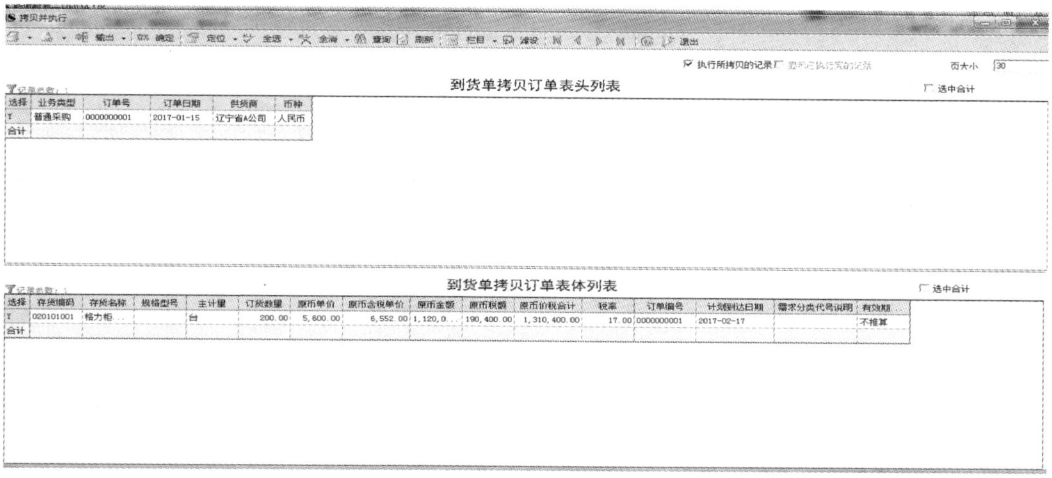

图 9-9（d）

图 9-9（e）

图 9-9　到货单

［特别提示］

当到货数量与采购订单的数据不一致时，可以在到货单中修改相关数据。

9.5.2　采购退货单

因产品质量、规格、型号等原因造成的退货，需要填写采购退货单。

具体操作方法有两种。

方法一：点击“供应链”→点击“采购管理”→点击“采购到货”→点击“采购退货单”→点击“增加”→录入相关内容→点击“保存”→点击“审核”按钮。

方法二：点击“供应链”→点击“采购管理”→点击“采购到货”→点击“采购退货单”→点击“增加”→点击“生单”→选择生单条件→选择过滤条件→点击“确定”→点击“全选”或单选一条记录→点击“确定”→录入相关内容→点击“保存”→点击“审核”按钮。

操作过程如图 9-10 所示。

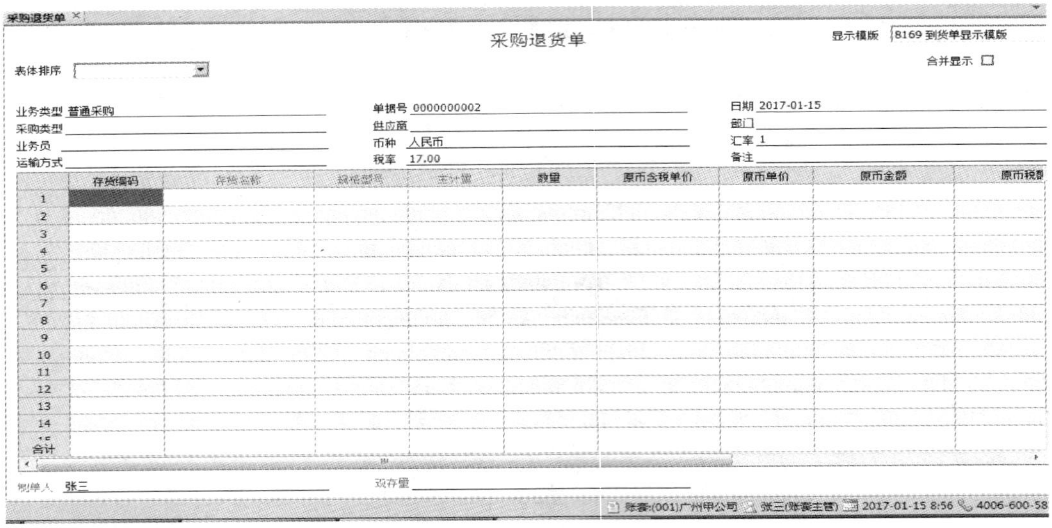

图 9-10（a）

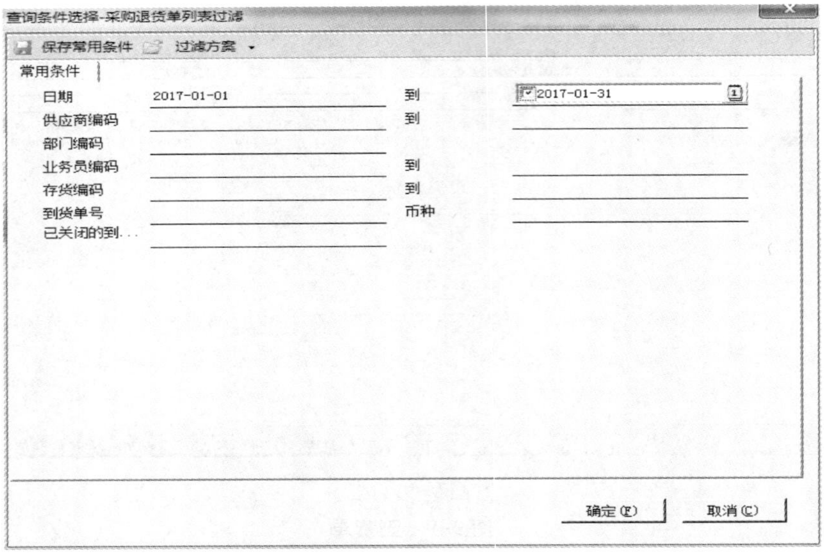

图 9-10（b）

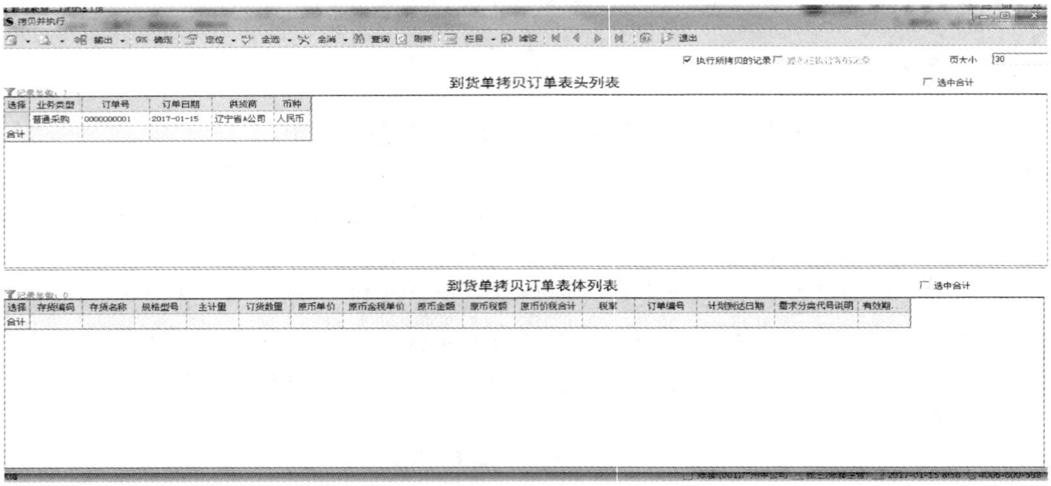

图 9-10（c）

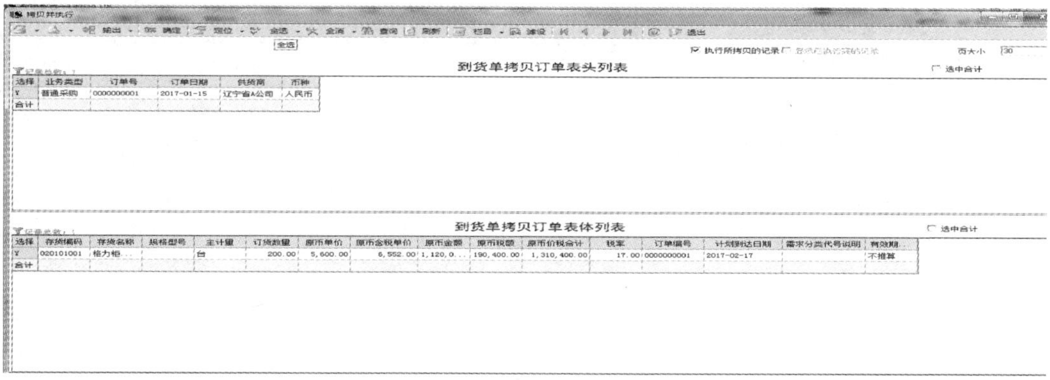

图 9-10（d）

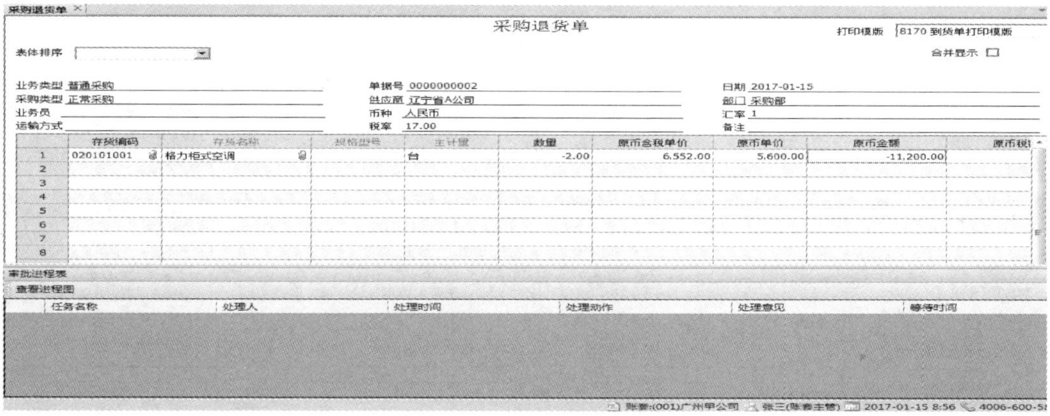

图 9-10（e）

图 9-10　采购退货单

［特别提示］

当根据采购订单生成采购退货单时，可以根据实际退货数量修改相关数据。

9.6　采购入库

9.6.1　采购入库单

采购的货物到货后，就要办理货物入库手续，如图 9-11 所示。

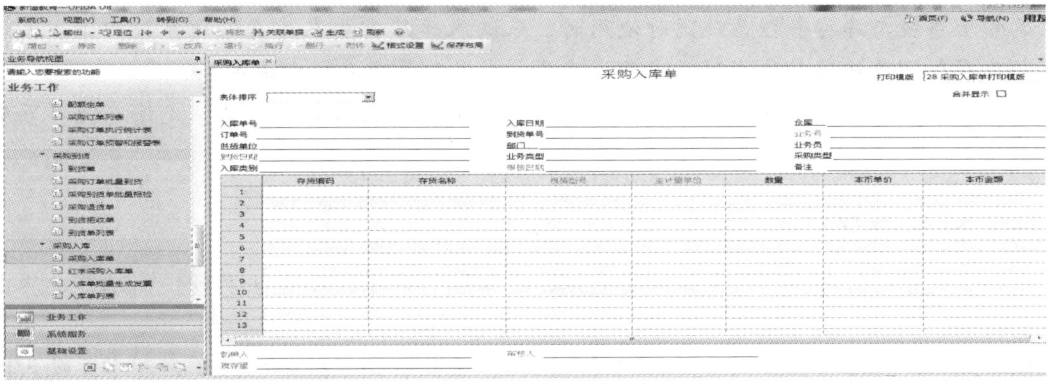

图 9-11（a）

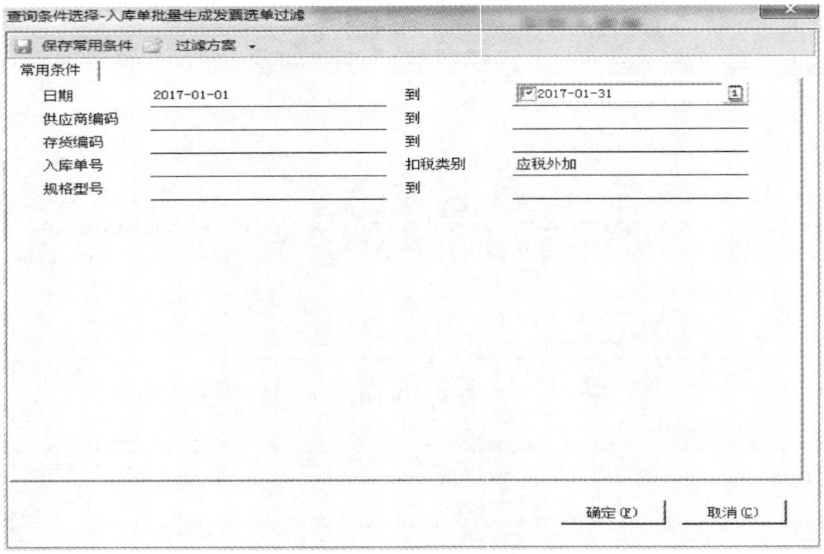

图 9-11（b）

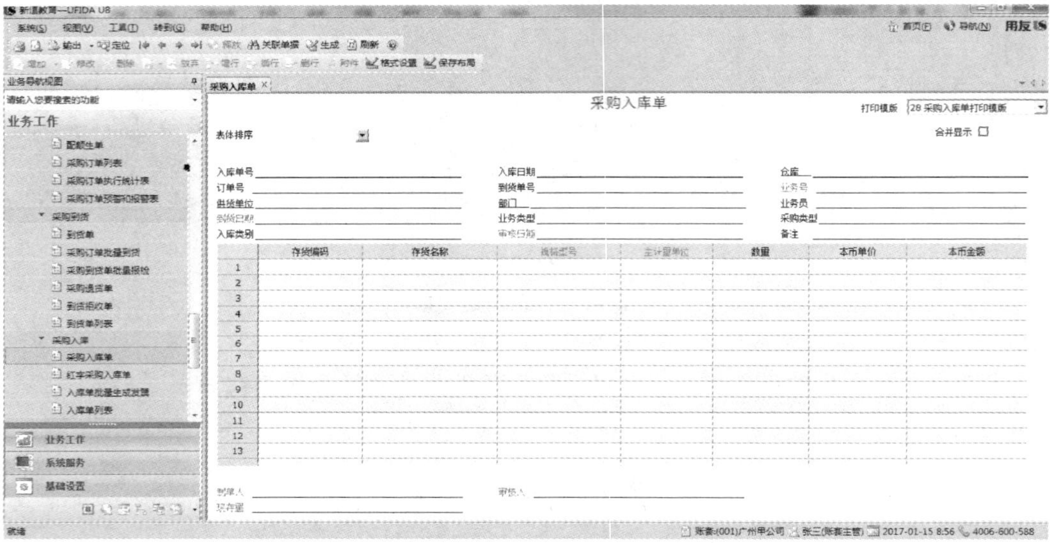

图 9-11（c）

图 9-11　采购入库单

［特别提示］

当采购管理系统与库存管理系统同时使用时，采购入库单需要在库存管理系统中录入。当采购管理系统不与库存管理系统同时使用时，采购入库业务在采购管理系统中录入。

由于采购管理系统与库存管理系统同时使用，因此上述界面为全灰色的，无法在此界面完成采购入库操作。

9.6.2　红字采购入库单

由于采购管理系统和库存管理系统同时启用，在采购管理系统中无法实现任何功能，界面全部显示为灰色。

若采购管理系统和库存管理系统没有同时启用，在采购管理系统中可以实现红字采购入库单的操作，如图 9-12 所示。

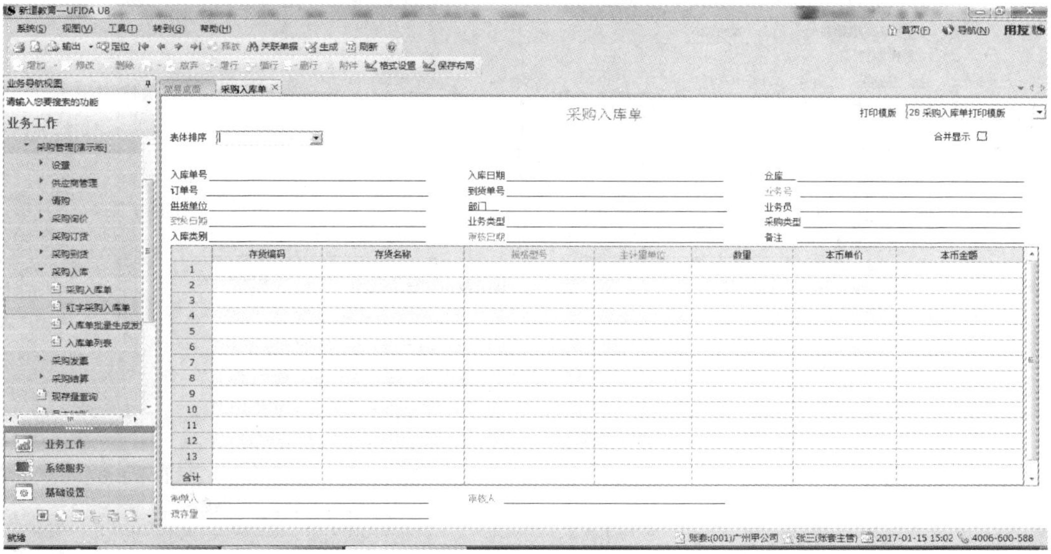

图 9-12　红字采购入库单

9.7　采购发票

9.7.1　专用采购发票

若购进货物取得了增值税专用发票，就在此界面进行操作。

具体操作如下：点击“供应链”→点击“采购管理”→点击“采购发票”→点击“专用采购发票”→点击“增加”→选择生单条件→点击“全选”或选择某一条记录→点击“确定”→点击“保存”按钮，如图 9-13 所示。

若通过现金或银行存款进行了结算，点击“现付”按钮，也可以在此界面点击“结算”按钮，还可以在“采购结算”界面进行结算。

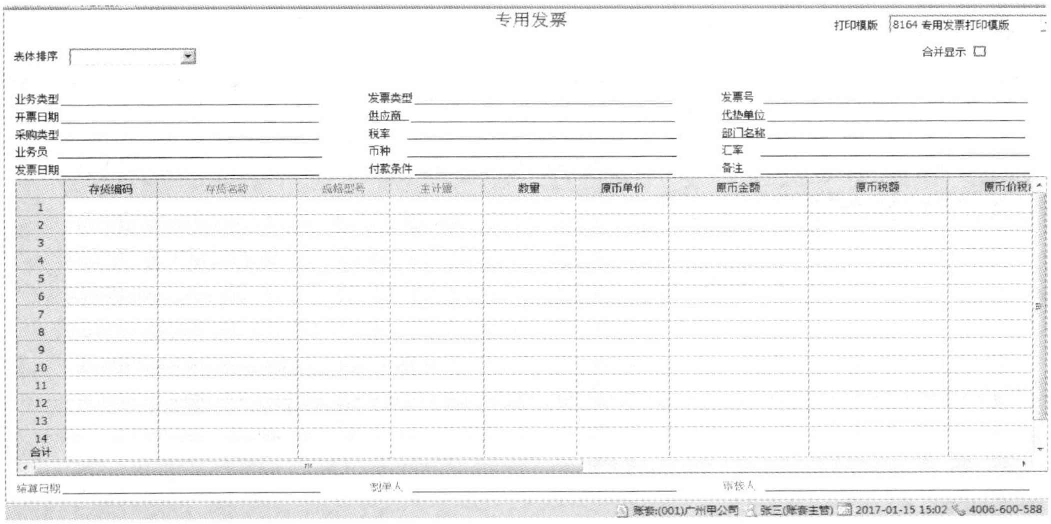

图 9-13（a）

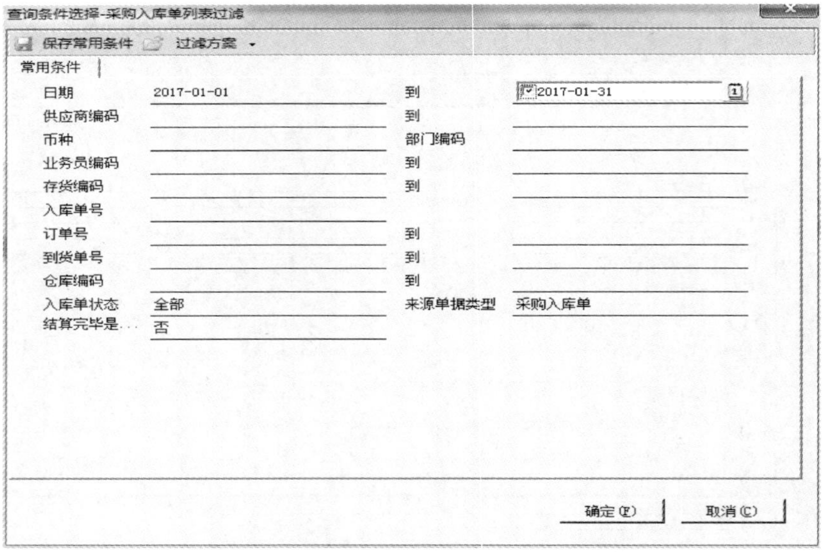

图 9-13（b）

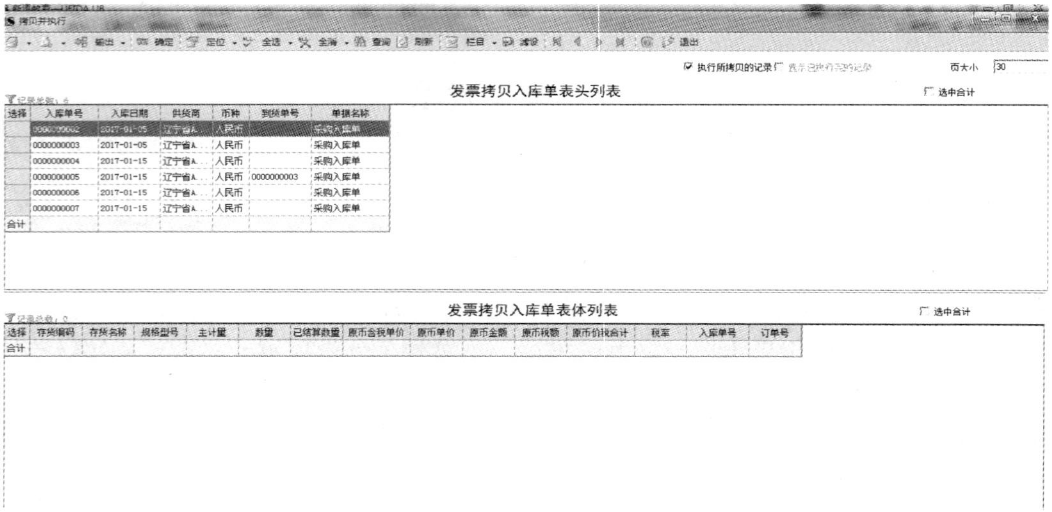

图 9-13（c）

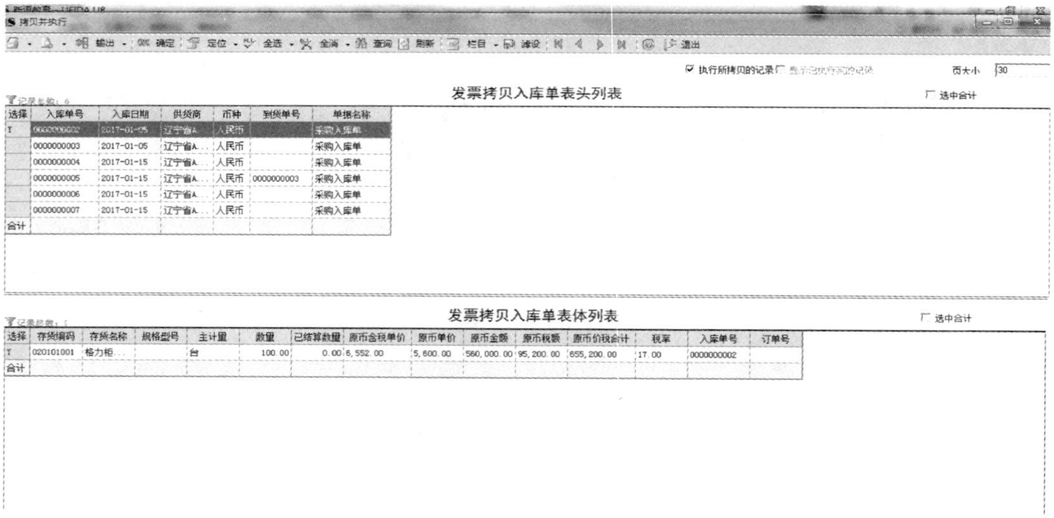

图 9-13（d）

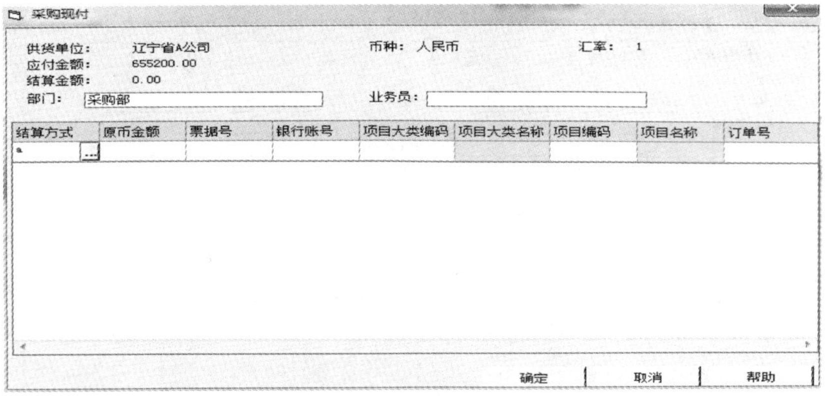

图 9-13（e）

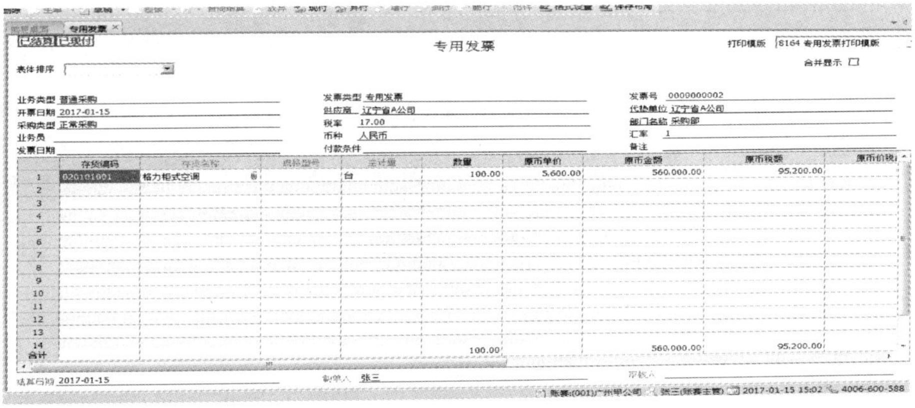

图 9-13（f）

图 9-13　专用采购发票

9.7.2　普通采购发票

若购进货物取得了增值税普通发票，就在此界面进行操作。

具体操作如下：点击“供应链”→点击“采购管理”→点击“采购发票”→点击“普通采购发票”→点击“增加”→选择生单条件→点击“全选”或选择某一条记录→点击“确定”→点击“保存”按钮，如图 9-14 所示。

若通过现金或银行存款进行了结算，点击“现付”按钮，也可以在此界面点击“结算”按钮，还可以在“采购结算”界面进行结算。

图 9-14（a）

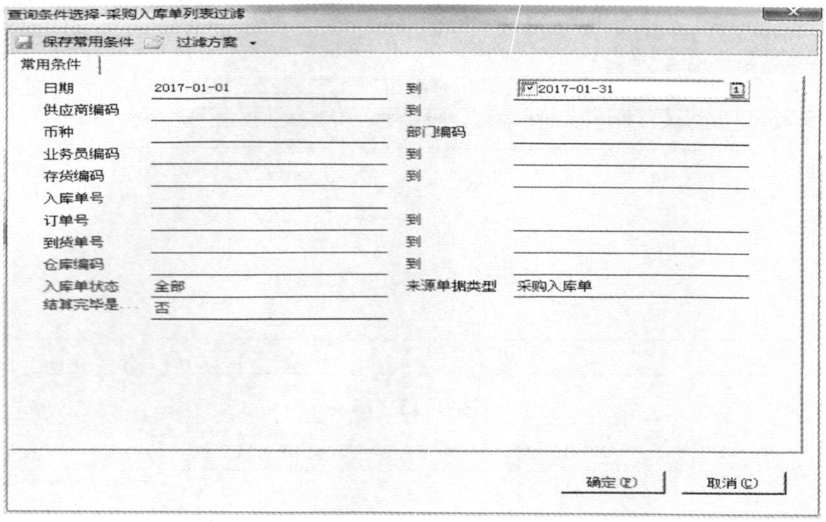

图 9-14（b）

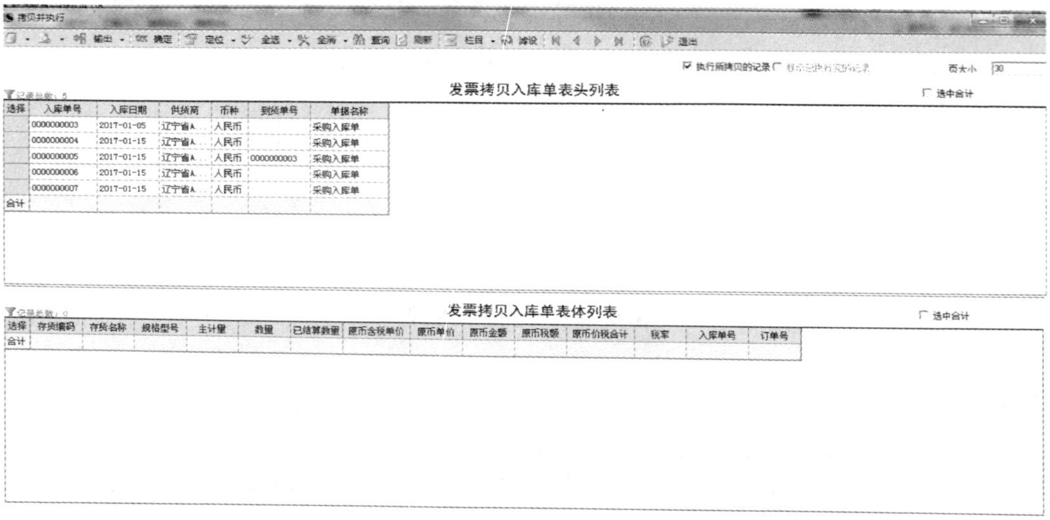

图 9-14（c）

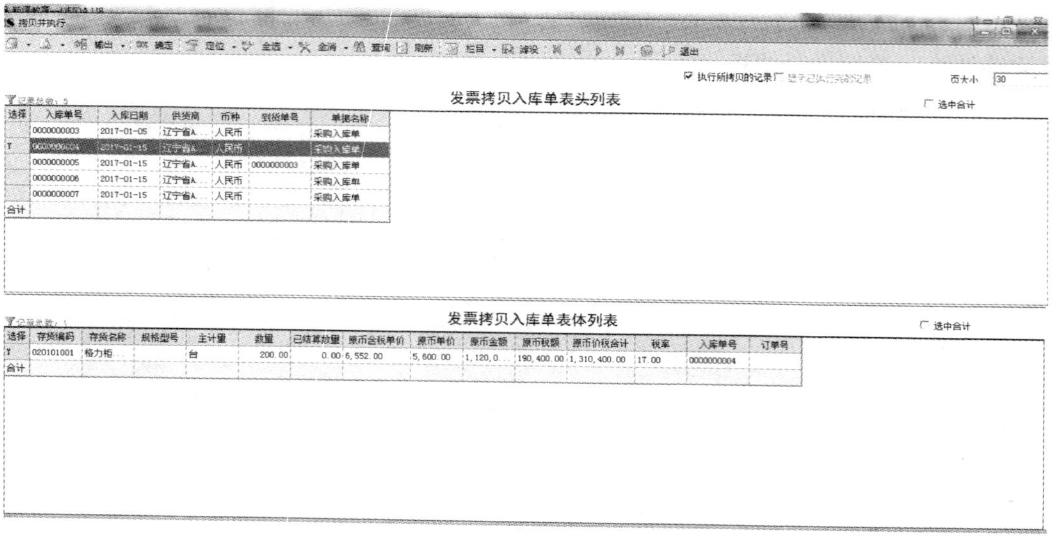

图 9-14（d）

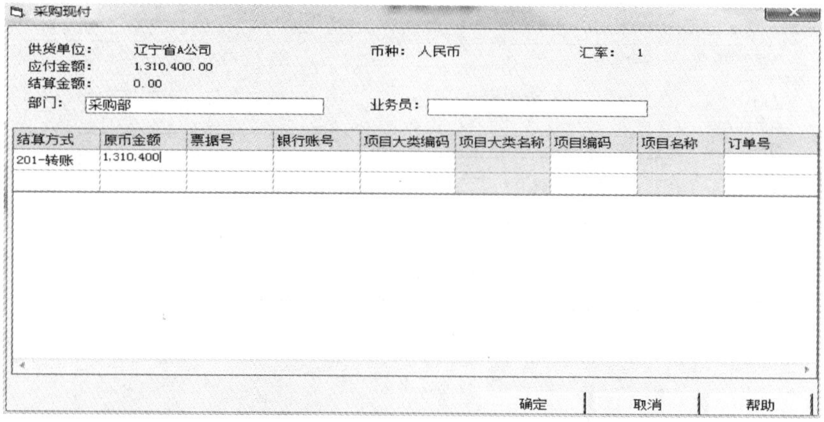

图 9-14（e）

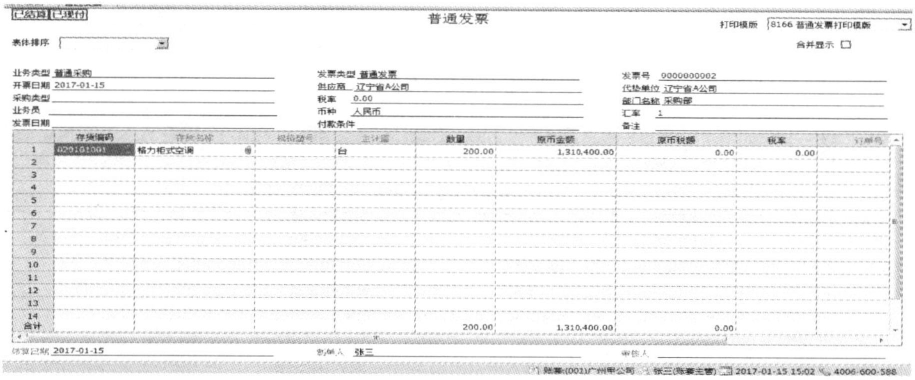

图 9-14（f）

图 9-14 普通采购发票

9.7.3 运费发票

具体操作如下：点击“供应链”→点击“采购管理”→点击“采购发票”→点击“运费发票”→点击“增加”→选择生单条件→点击“全选”或选择某一条记录→点击“确定”→点击“保存”按钮，如图 9-15 所示。

若通过现金或银行存款进行了结算，点击“现付”按钮。

图 9-15（a）

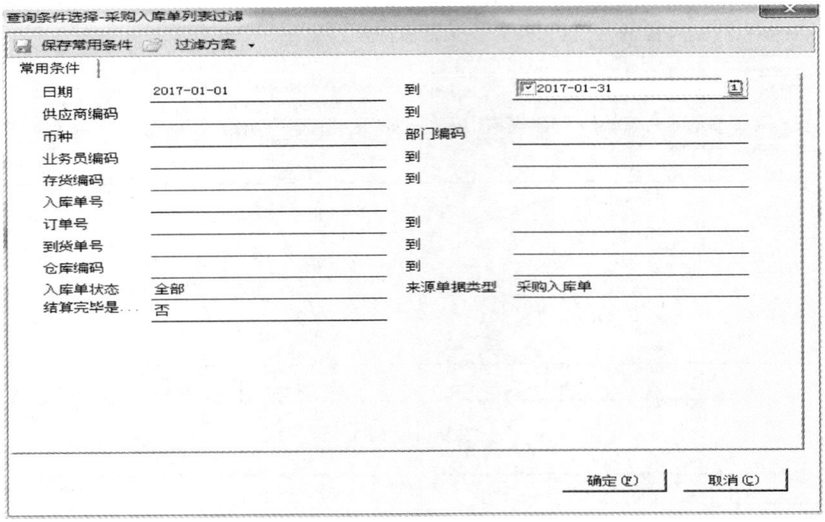

图 9-15（b）

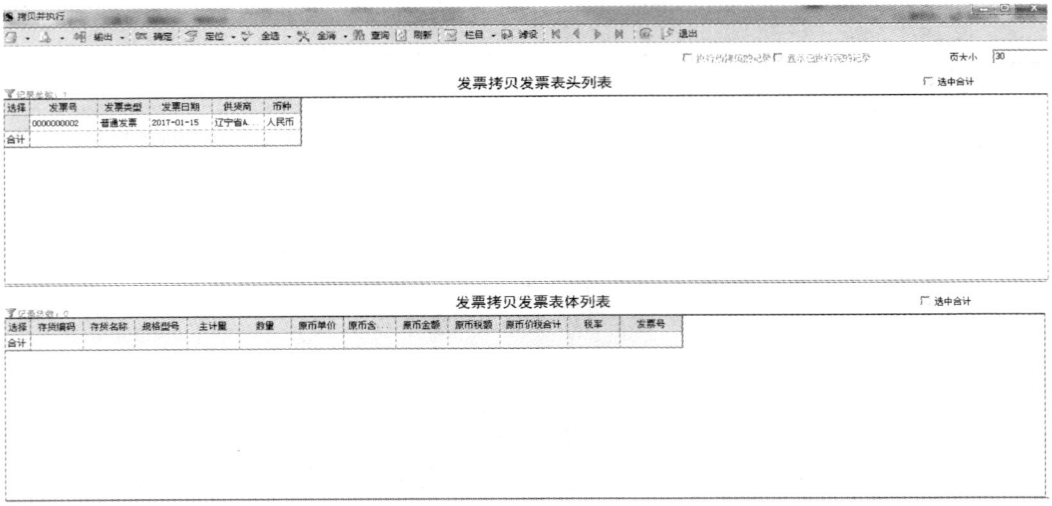

图 9-15（c）

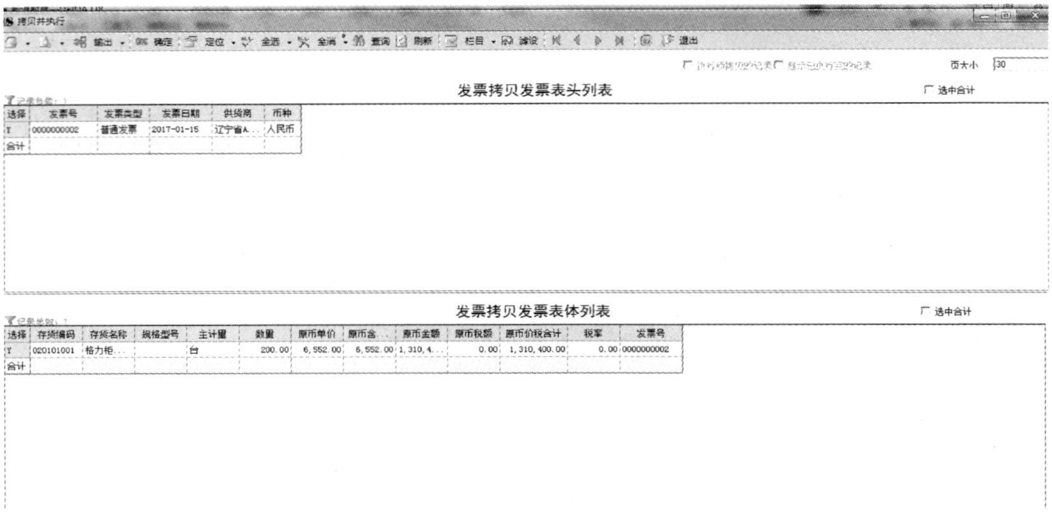

图 9-15（d）

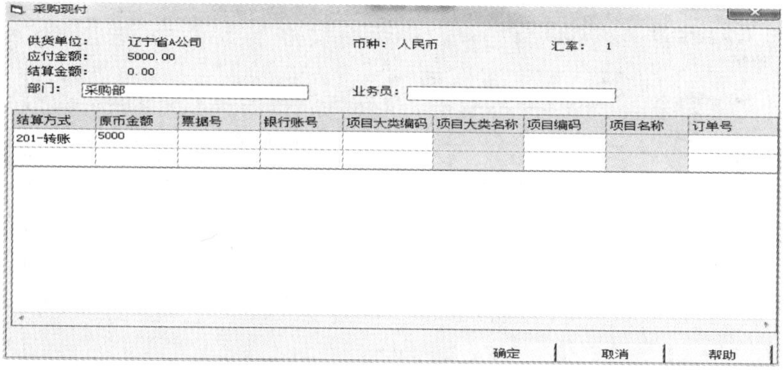

图 9-15（e）

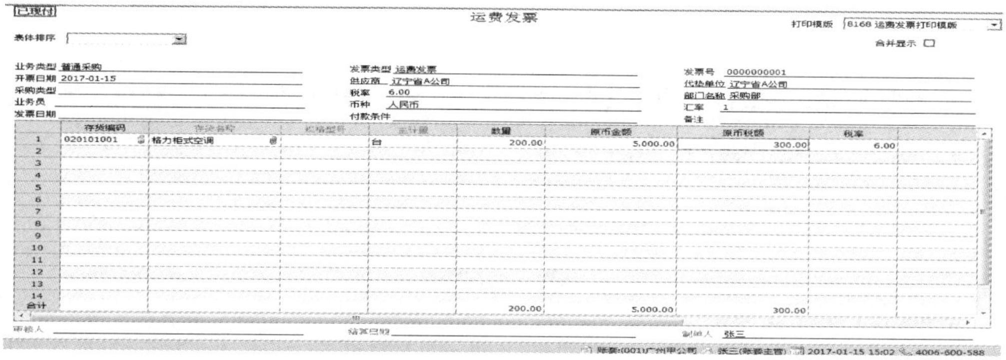

图 9-15（f）

图 9-15　运费发票

［特别提示］

根据采购发票生单，应当将运费发票的相关内容做一定程度的修改，而不能不做修改就直接使用。

9.7.4　红字专用采购发票

若对方已经将增值税专用发票开出后又因产品质量、规格、型号等原因发生了退货，就在此界面进行操作。

具体操作如下：点击“供应链”→点击“采购管理”→点击“采购发票”→点击“红字专用采购发票”→点击“增加”→选择生单条件→点击“全选”或选择某一条记录→点击“确定”→点击“保存”按钮，如图 9-16 所示。

若通过现金或银行存款进行了结算，点击“现付”按钮。

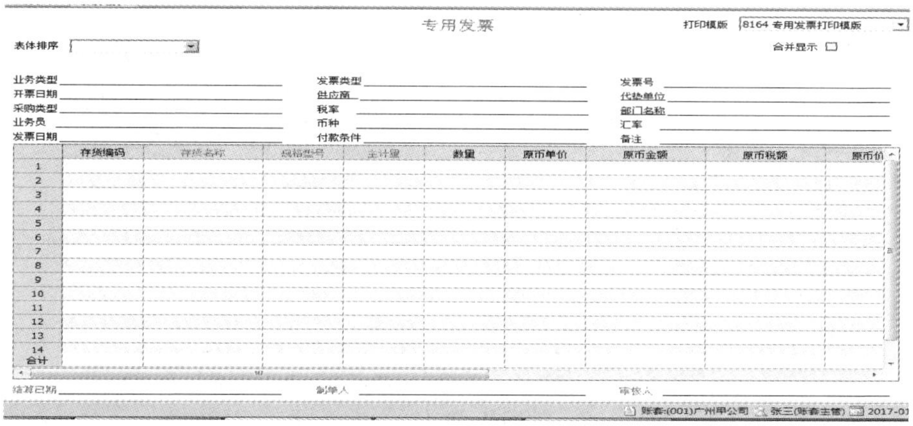

图 9-16（a）

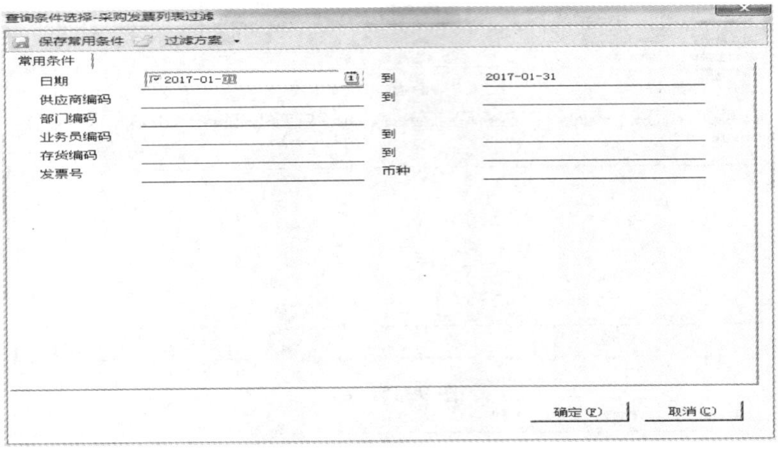

图 9-16（b）

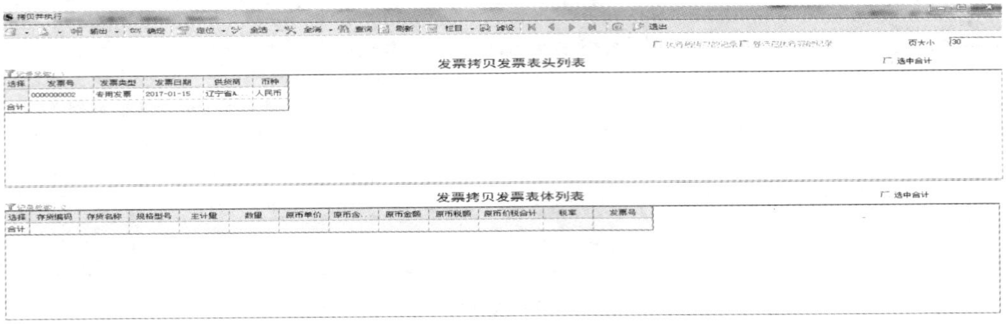

图 9-16（c）

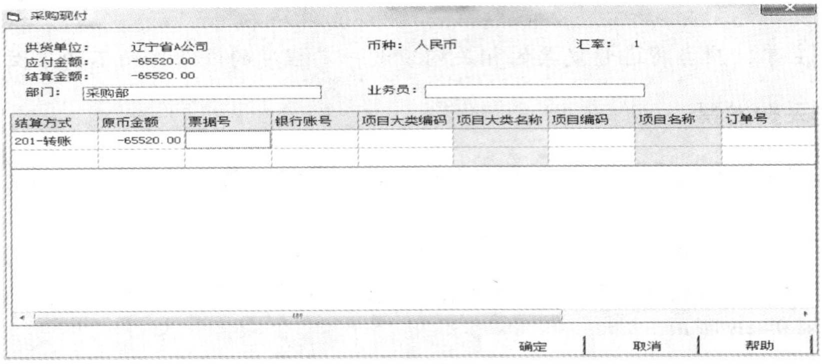

图 9-16（d）

图 9-16（e）

图 9-16　红字专用采购发票

[特别提示]

根据采购发票生单，应当将红字专用采购发票的相关内容做一定程度的修改，而不能不做修改就直接使用。

9.7.5 红字普通采购发票

若对方已经将增值税普通发票开出后又因产品质量、规格、型号等原因发生了退货，就在此界面进行操作。

具体操作如下：点击“供应链”→点击“采购管理”→点击“采购发票”→点击“红字普通采购发票”→点击“增加”→选择生单条件→点击“全选”或选择某一条记录→点击“确定”→点击“保存”按钮，如图9-17所示。

若通过现金或银行存款进行了结算，点击“现付”按钮。

图9-17（a）

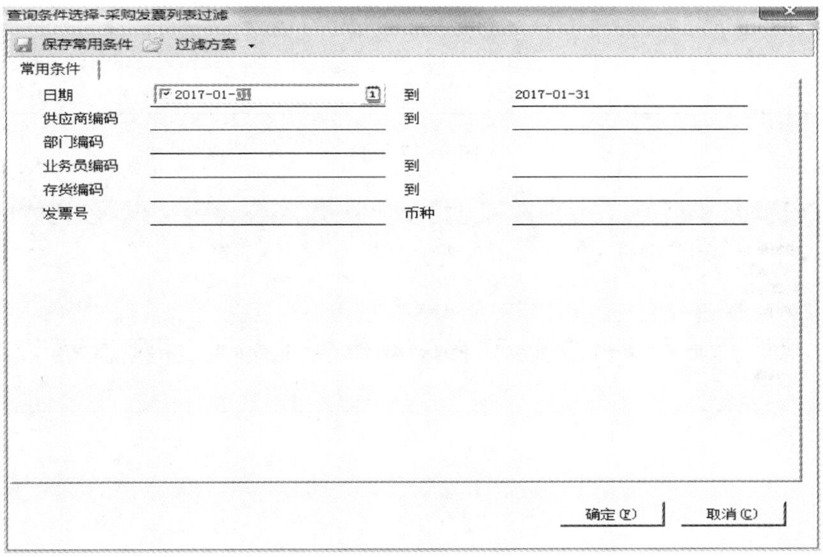

图9-17（b）

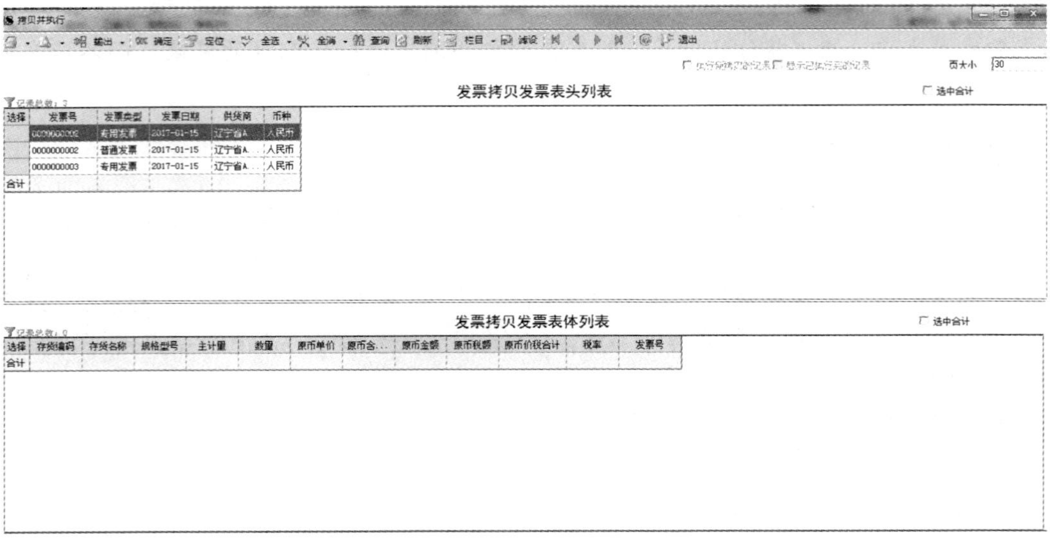
拷贝并执行
发票拷贝发票表头列表
发票拷贝发票表体列表

图 9-17（c）

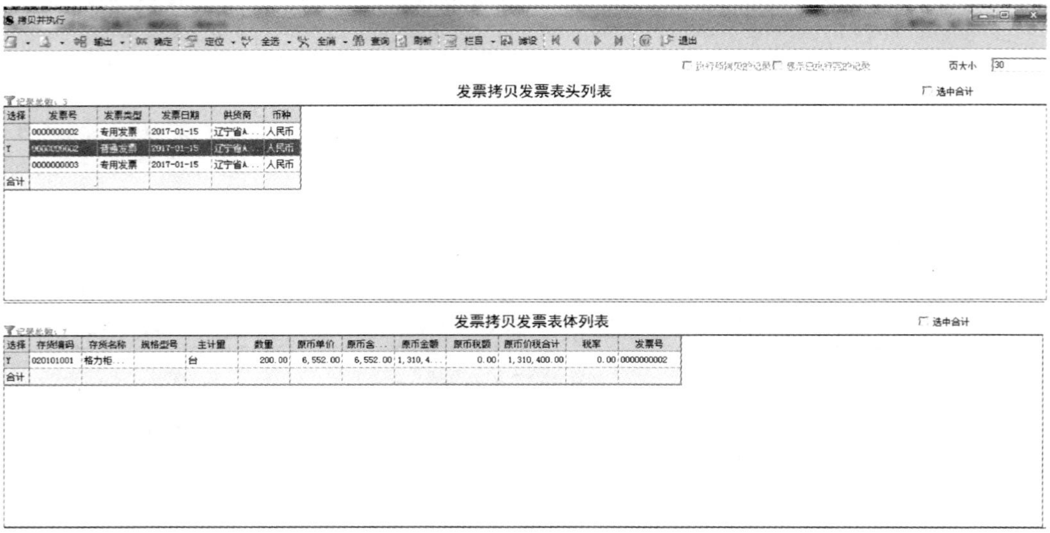
拷贝并执行
发票拷贝发票表头列表
发票拷贝发票表体列表

图 9-17（d）

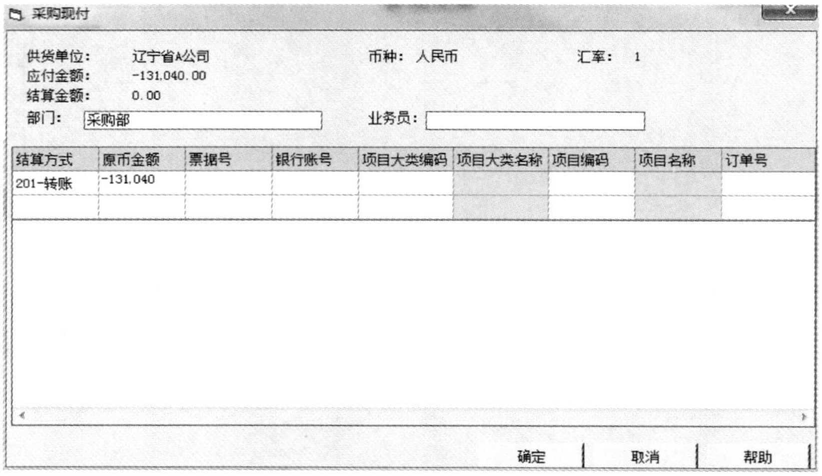
采购现付
供货单位：辽宁省A公司
币种：人民币
汇率：1
应付金额：-131,040.00
结算金额：0.00
部门：采购部
业务员：
结算方式
原币金额
票据号
银行账号
项目大类编码
项目大类名称
项目编码
项目名称
订单号
201-转账
-131,040
确定
取消
帮助

图 9-17（e）

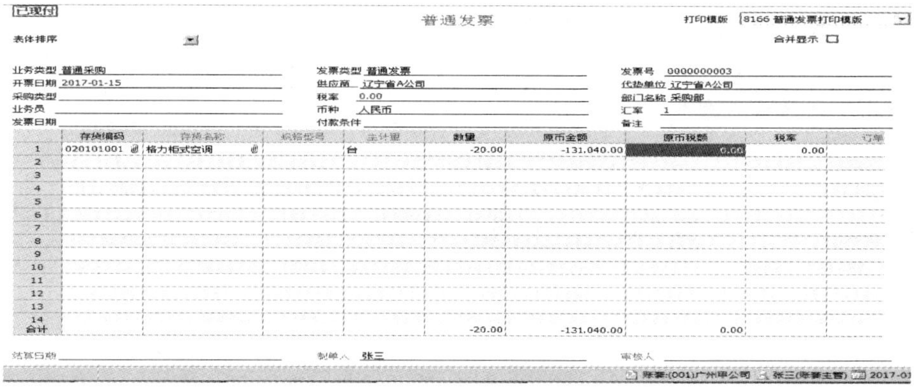

图 9-17（f）

图 9-17　红字普通采购发票

［特别提示］

根据采购发票生单，应当将红字普通采购发票的相关内容做一定程度的修改，而不能不做修改就直接使用。

9.7.6 红字运费发票

由于发票开具不符合要求等原因需要重新开具运费发票的，可以在此界面进行操作。

具体操作如下：点击“供应链”→点击“采购管理”→点击“采购发票”→点击“红字运费采购发票”→点击“增加”→选择生单条件→点击“全选”或选择某一条记录→点击“确定”→点击“保存”按钮，如图 9-18 所示。

若通过现金或银行存款进行了结算，点击“现付”按钮。

图 9-18（a）

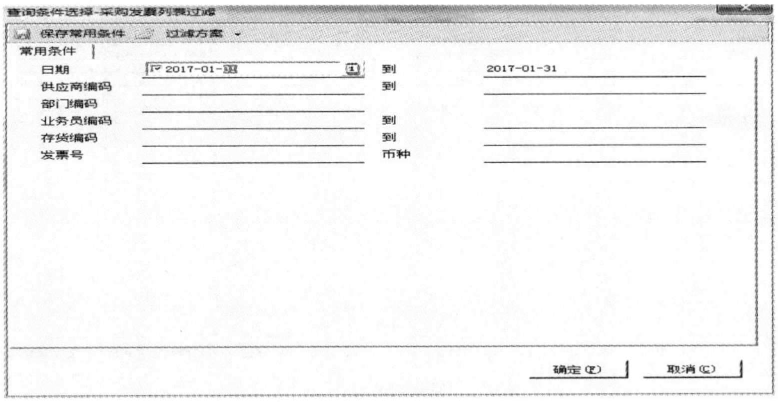

图 9-18（b）

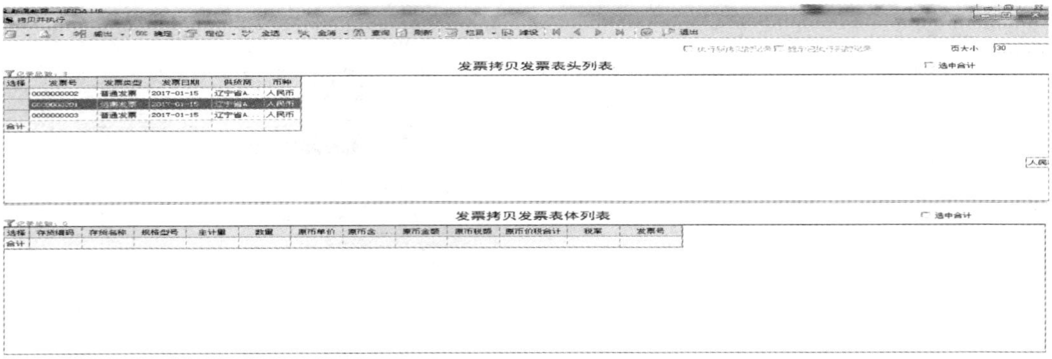

图 9-18（c）

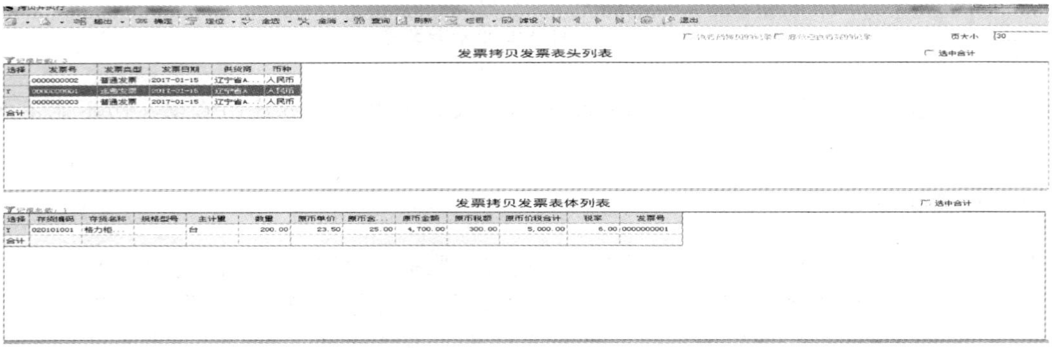

图 9-18（d）

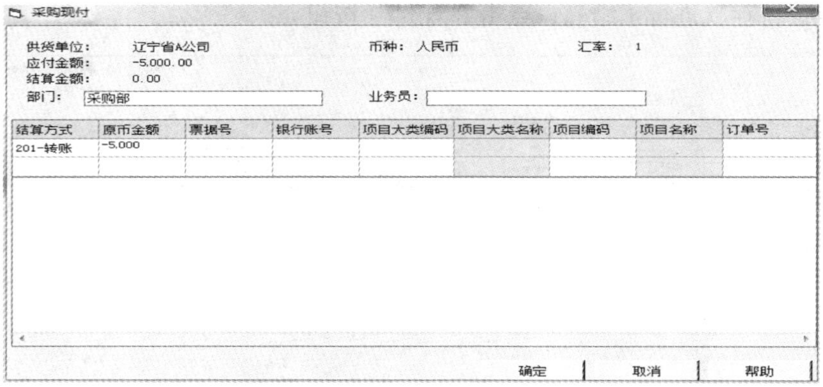

图 9-18（e）

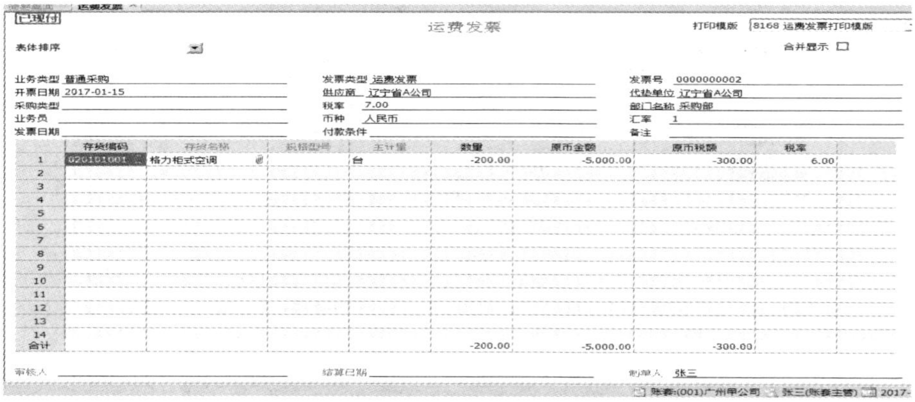

图 9-18（f）

图 9-18　红字运费发票

9.8 采购结算

采购结算有两种方式：一种是自动结算，另一种是手工结算。

9.8.1 自动结算

具体操作如下：点击“供应链”→点击“采购管理”→点击“采购结算”→点击“自动结算”→选择过滤条件→点击“确定”按钮，如图 9-19 所示。

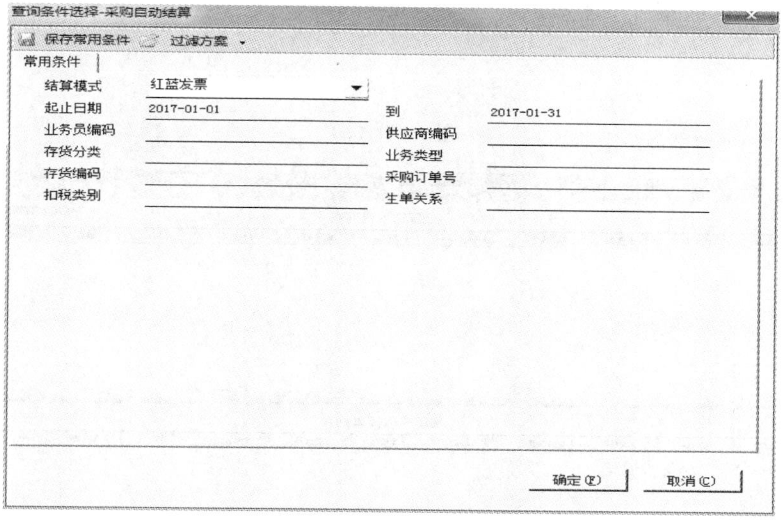

图 9-19（a）

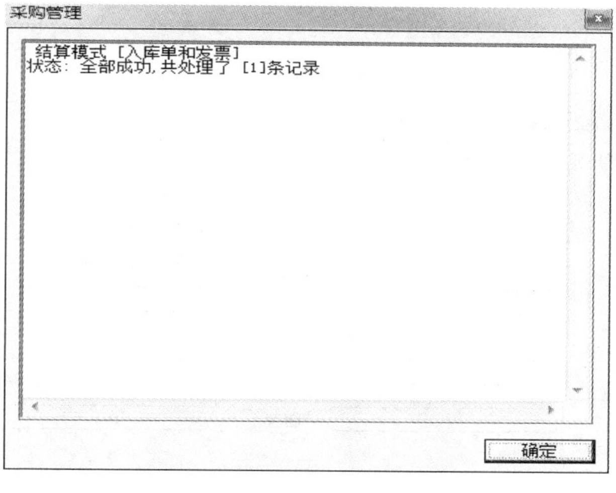

图 9-19（b）

图 9-19 自动结算

9.8.2 手工结算

具体操作如下：点击“供应链”→点击“采购管理”→点击“采购结算”→点击“手工结算”→点击“选单”→点击“查询”→选择过滤条件→点击“全选”或选择某一条记录→点击“确定”→ 点击“结算”按钮，如图 9-20 所示。

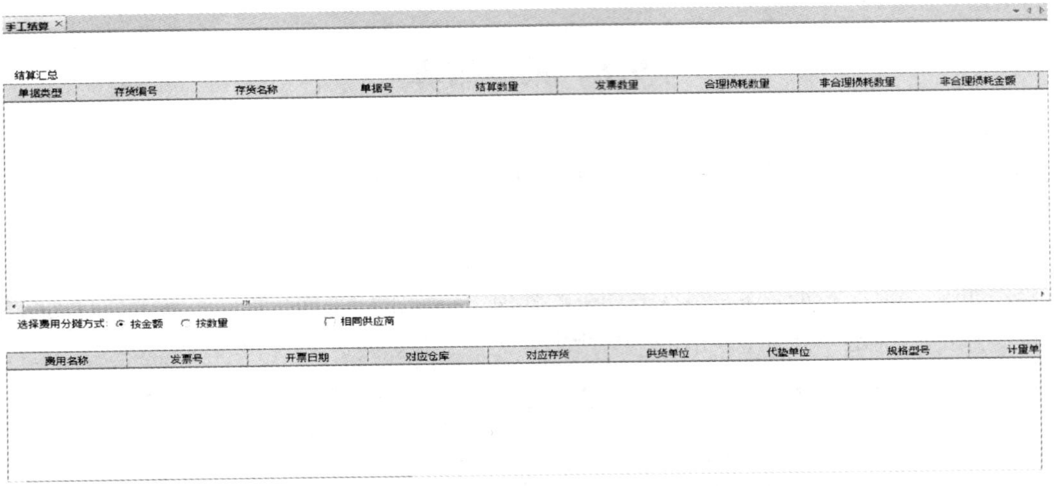

图 9-20（a）

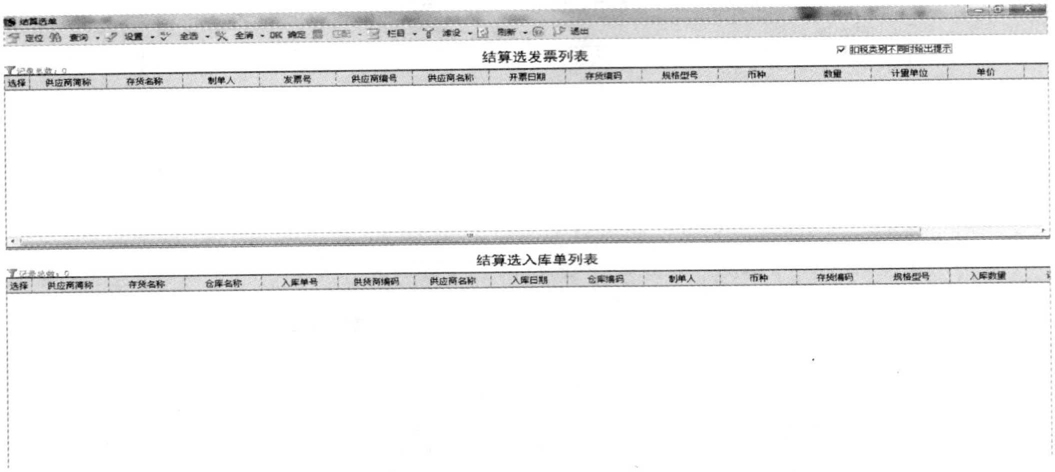

图 9-20（b）

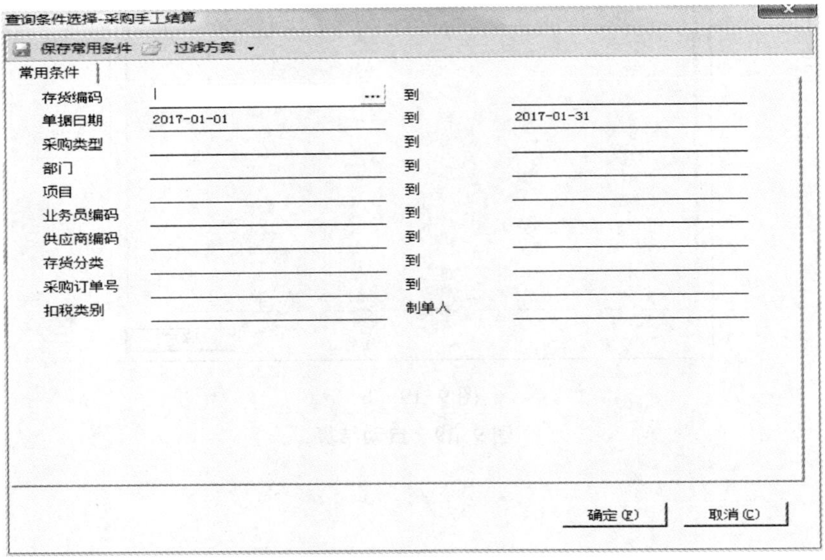

图 9-20（c）

图 9-20（d）

图 9-20（e）

图 9-20（f）

图 9-20　手工结算

9.9　现存量查询

具体操作如下：点击“供应链”→点击“采购管理”→点击“现存量查询”→选择过滤条件，如图 9-21 所示。

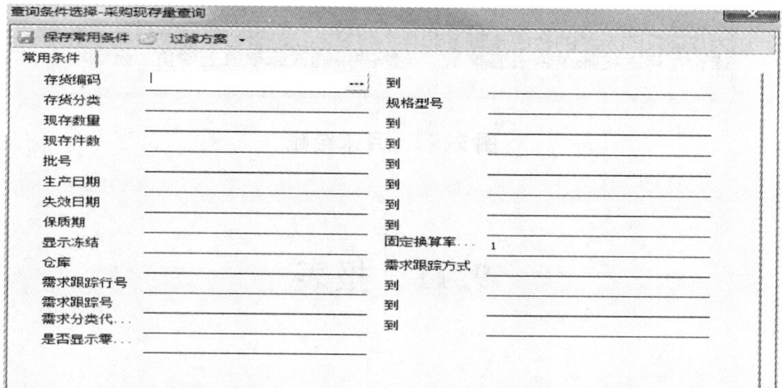

图 9-21（a）

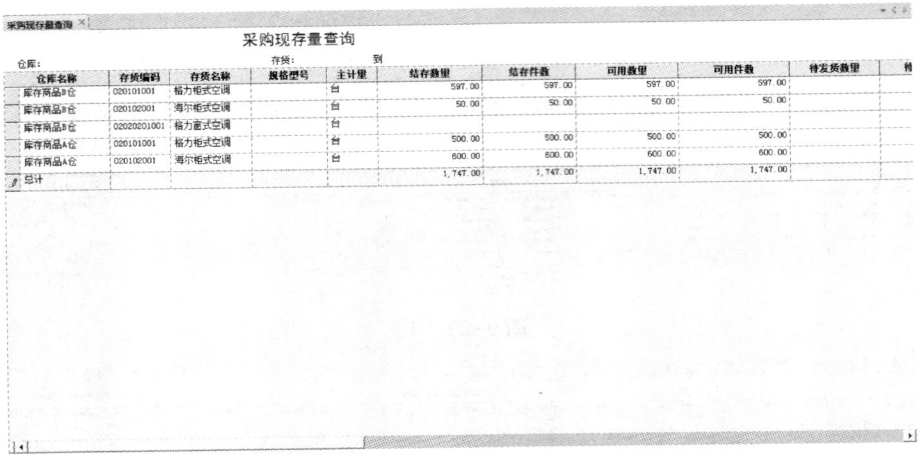

图 9-21（b）

图 9-21　现存量查询

9.10　月末结账

具体操作如下：点击“供应链”→点击“采购管理”→点击“月末结账”→点击“结账”按钮，如图 9-22 所示。

图 9-22　月末结账

9.11　报表

9.11.1　到货明细表

具体操作如下：点击“供应链”→点击“采购管理”→点击“报表”→点击“到货明细表”→选择过滤条件→点击“确定”按钮，如图 9-23 所示。

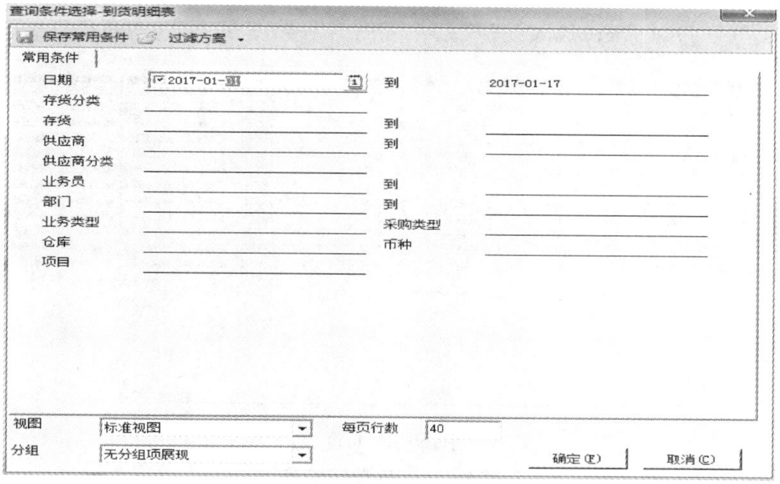

图 9-23（a）

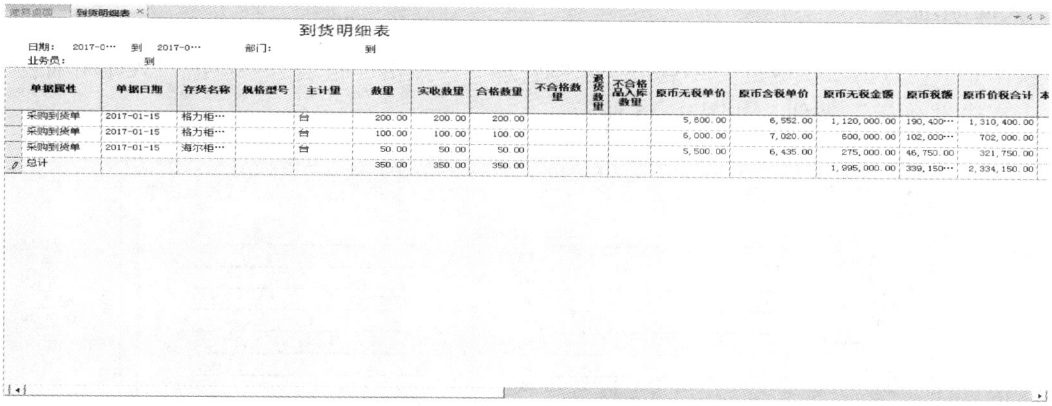

到货明细表

日期： 2017-0… 到 2017-0… 部门： 到
业务员： 到

单据属性	单据日期	存货名称	规格型号	主计量	数量	实收数量	合格数量	不合格数量	退货数量	不合格品入库数量	原币无税单价	原币含税单价	原币无税金额	原币税额	原币价税合计	本
采购到货单	2017-01-15	格力柜…		台	200.00	200.00	200.00				5,600.00	6,552.00	1,120,000.00	190,400…	1,310,400.00	
采购到货单	2017-01-15	格力柜…		台	100.00	100.00	100.00				6,000.00	7,020.00	600,000.00	102,000…	702,000.00	
采购到货单	2017-01-15	海尔柜…		台	50.00	50.00	50.00				5,500.00	6,435.00	275,000.00	46,750.00	321,750.00	
总计					350.00	350.00	350.00						1,995,000.00	339,150…	2,334,150.00	

图 9-23（b）

图 9-23 到货明细表

9.11.2 采购明细表

具体操作如下：点击“供应链”→点击“采购管理”→点击“报表”→点击“采购明细表”→选择过滤条件→点击“确定”按钮，如图 9-24 所示。

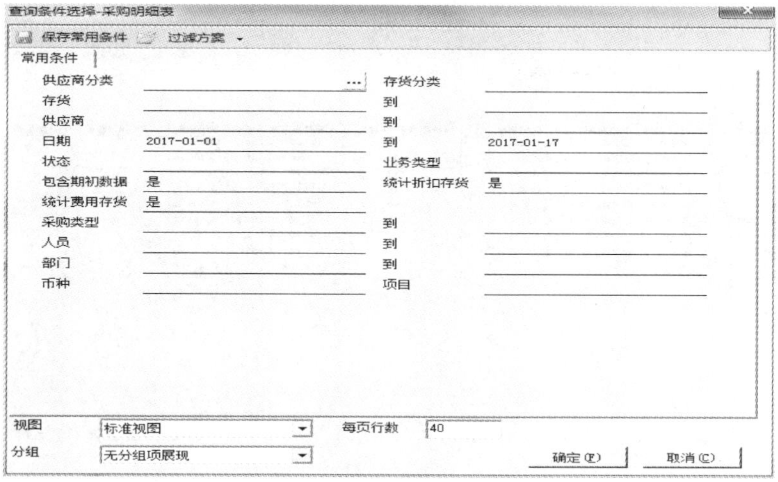

图 9-24（a）

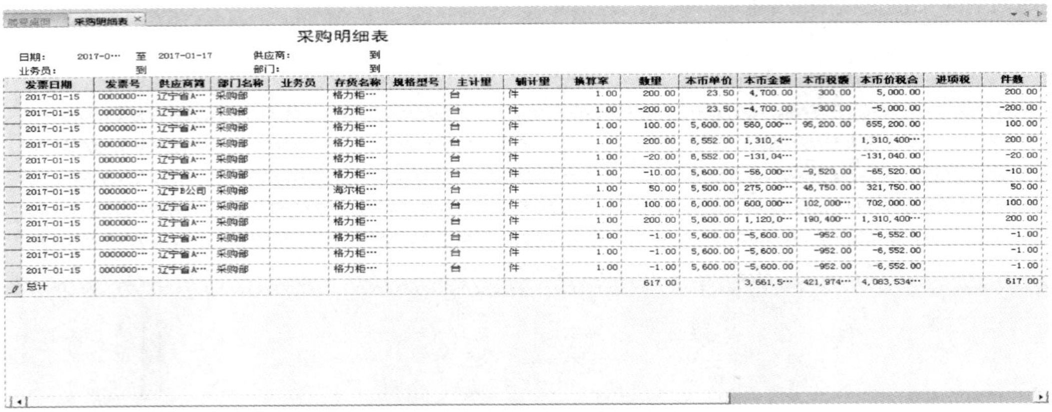

采购明细表

日期： 2017-0… 至 2017-01-17 供应商： 到

业务员： 到 部门： 到

发票日期	发票号	供应商简	部门名称	业务员	存货名称	规格型号	主计量	辅计量	换算率	数量	本币单价	本币金额	本币税额	本币价税合	进项税	件数
2017-01-15	0000000…	辽宁省A…	采购部		格力柜…		台	件	1.00	200.00	23.50	4,700.00	300.00	5,000.00		200.00
2017-01-15	0000000…	辽宁省A…	采购部		格力柜…		台	件	1.00	-200.00	23.50	-4,700.00	-300.00	-5,000.00		-200.00
2017-01-15	0000000…	辽宁省A…	采购部		格力柜…		台	件	1.00	100.00	5,600.00	560,000…	95,200.00	655,200.00		100.00
2017-01-15	0000000…	辽宁省A…	采购部		格力柜…		台	件	1.00	200.00	6,552.00	1,310,4…		1,310,400…		200.00
2017-01-15	0000000…	辽宁省A…	采购部		格力柜…		台	件	1.00	-20.00	6,552.00	-131,04…		-131,040.00		-20.00
2017-01-15	0000000…	辽宁省A…	采购部		格力柜…		台	件	1.00	-10.00	5,600.00	-56,000…	-9,520.00	-65,520.00		-10.00
2017-01-15	0000000…	辽宁B公司	采购部		海尔柜…		台	件	1.00	50.00	5,500.00	275,000…	46,750.00	321,750.00		50.00
2017-01-15	0000000…	辽宁省A…	采购部		格力柜…		台	件	1.00	100.00	6,000.00	600,000…	102,000…	702,000.00		100.00
2017-01-15	0000000…	辽宁省A…	采购部		格力柜…		台	件	1.00	200.00	5,600.00	1,120,0…	190,400…	1,310,400…		200.00
2017-01-15	0000000…	辽宁省A…	采购部		格力柜…		台	件	1.00	-1.00	5,600.00	-5,600.00	-952.00	-6,552.00		-1.00
2017-01-15	0000000…	辽宁省A…	采购部		格力柜…		台	件	1.00	-1.00	5,600.00	-5,600.00	-952.00	-6,552.00		-1.00
2017-01-15	0000000…	辽宁省A…	采购部		格力柜…		台	件	1.00	-1.00	5,600.00	-5,600.00	-952.00	-6,552.00		-1.00
总计										617.00		3,661,5…	421,974…	4,083,534…		617.00

图 9-24（b）

图 9-24　采购明细表

9.11.3　入库明细表

具体操作如下：点击“供应链”→点击“采购管理”→点击“报表”→点击“入库明细表”→选择过滤条件→点击“确定”按钮，如图 9-25 所示。

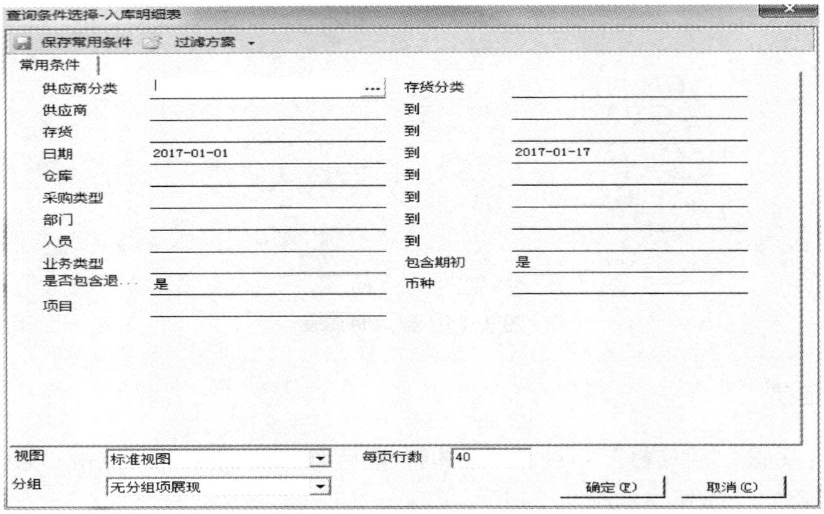

图 9-25（a）

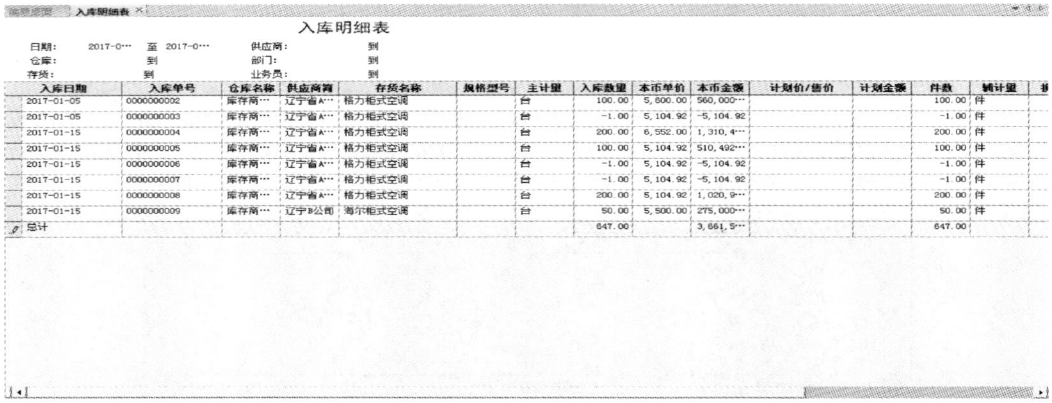

入库明细表

日期： 2017-0… 至 2017-0… 供应商： 到

仓库： 到 部门： 到

存货： 到 业务员： 到

入库日期	入库单号	仓库名称	供应商简	存货名称	规格型号	主计量	入库数量	本币单价	本币金额	计划价/售价	计划金额	件数	辅计量
2017-01-05	0000000002	库存商…	辽宁省A…	格力柜式空调		台	100.00	5,600.00	560,000…			100.00	件
2017-01-05	0000000003	库存商…	辽宁省A…	格力柜式空调		台	-1.00	5,104.92	-5,104.92			-1.00	件
2017-01-15	0000000004	库存商…	辽宁省A…	格力柜式空调		台	200.00	6,552.00	1,310,4…			200.00	件
2017-01-15	0000000005	库存商…	辽宁省A…	格力柜式空调		台	100.00	5,104.92	510,492…			100.00	件
2017-01-15	0000000006	库存商…	辽宁省A…	格力柜式空调		台	-1.00	5,104.92	-5,104.92			-1.00	件
2017-01-15	0000000007	库存商…	辽宁省A…	格力柜式空调		台	-1.00	5,104.92	-5,104.92			-1.00	件
2017-01-15	0000000008	库存商…	辽宁省A…	格力柜式空调		台	200.00	5,104.92	1,020,9…			200.00	件
2017-01-15	0000000009	库存商…	辽宁B公司	海尔柜式空调		台	50.00	5,500.00	275,000…			50.00	件
总计							647.00		3,661,5…			647.00	

图 9-25（b）

图 9-25　入库明细表

9.11.4　结算明细表

具体操作如下：点击“供应链”→点击“采购管理”→点击“报表”→点击“结算明细表”→选择过滤条件→点击“确定”按钮，如图 9-26 所示。

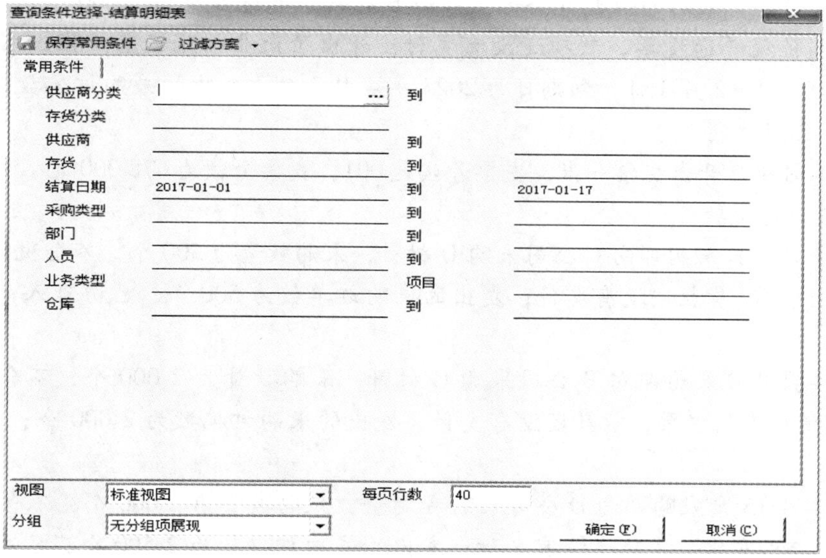

图 9-26（a）

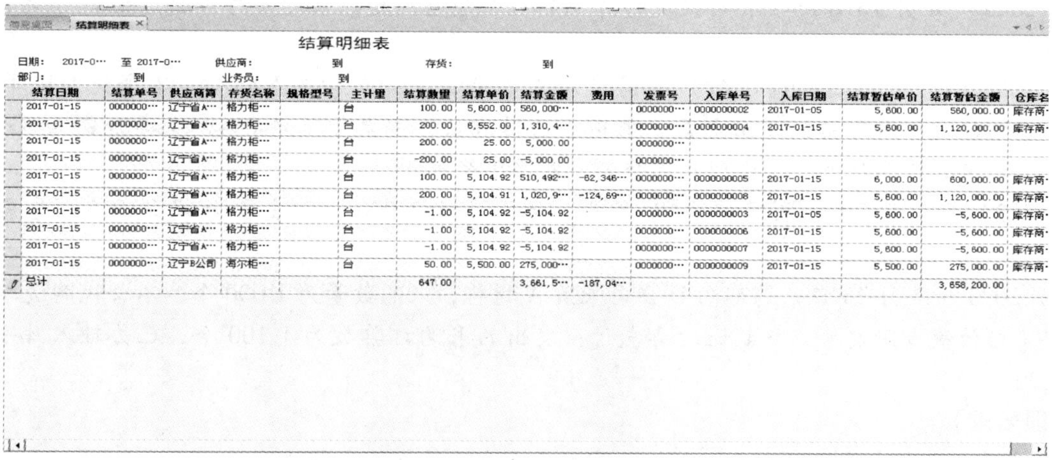

结算明细表

日期：2017-0… 至 2017-0…　供应商：　到　存货：　到
部门：　到　业务员：　到

结算日期	结算单号	供应商简	存货名称	规格型号	主计量	结算数量	结算单价	结算金额	费用	发票号	入库单号	入库日期	结算暂估单价	结算暂估金额	仓库名
2017-01-15	0000000…	辽宁省A…	格力柜…		台	100.00	5,600.00	560,000…		0000000…	0000000002	2017-01-05	5,600.00	560,000.00	库存商·
2017-01-15	0000000…	辽宁省A…	格力柜…		台	200.00	6,552.00	1,310,4…		0000000…	0000000004	2017-01-15	5,600.00	1,120,000.00	库存商·
2017-01-15	0000000…	辽宁省A…	格力柜…		台	200.00	25.00	5,000.00		0000000…					
2017-01-15	0000000…	辽宁省A…	格力柜…		台	-200.00	25.00	-5,000.00		0000000…					
2017-01-15	0000000…	辽宁省A…	格力柜…		台	100.00	5,104.92	510,492…	-62,346…	0000000…	0000000005	2017-01-15	6,000.00	600,000.00	库存商·
2017-01-15	0000000…	辽宁省A…	格力柜…		台	200.00	5,104.91	1,020,9…	-124,69…	0000000…	0000000008	2017-01-15	5,600.00	1,120,000.00	库存商·
2017-01-15	0000000…	辽宁省A…	格力柜…		台	-1.00	5,104.92	-5,104.92		0000000…	0000000003	2017-01-05	5,600.00	-5,600.00	库存商·
2017-01-15	0000000…	辽宁省A…	格力柜…		台	-1.00	5,104.92	-5,104.92		0000000…	0000000006	2017-01-15	5,600.00	-5,600.00	库存商·
2017-01-15	0000000…	辽宁省A…	格力柜…		台	-1.00	5,104.92	-5,104.92		0000000…	0000000007	2017-01-15	5,600.00	-5,600.00	库存商·
2017-01-15	0000000…	辽宁B公司	海尔柜…		台	50.00	5,500.00	275,000…		0000000…	0000000009	2017-01-15	5,500.00	275,000.00	库存商·
总计						647.00		3,661,5…	-187,04…					3,658,200.00	

图 9-26（b）

图 9-26　结算明细表

实训　采购管理实训

[实训目的]

通过本实训，学生能够掌握采购管理系统中的采购入库、采购退货、核销、月末结账等相关操作知识。

[实训内容]

2023 年 4 月，广东珠江实业股份有限公司发生下列经济业务（增值税税率为 13%，供应商的开户银行及纳税人号码随意编写）：

（1）2023 年 4 月 2 日采购部购进 A 公司生产的 A 材料，购进数量为 1 000 个，不含税购进单价为 50 元，取得了增值税专用发票，款项还没有支付；发出的采购订单数为 1 200 个；已办理入库手续，发票已经收到。

（2）2023 年 4 月 3 日采购部购进 B 公司生产的 B 材料，购进数量为 2 000 个，购进单价（含税）为 40 元，取得了增值税普通发票，款项还没有支付；开出了商业承兑汇票一张，票据面值为 80 000 元，出票日期为 2022 年 12 月 3 日，到期日为 2023 年 4 月 3 日；发出的采购订单数为 2 000 个；已办理入库手续，发票已经收到。

（3）2023 年 4 月 4 日开出支票一张，支票号码是 001，支票金额为 678 000 元，开户行为工行广东分行，支付前欠 B 公司货款。

（4）2023 年 4 月 6 日采购部向 C 公司采购 D 材料，采购数量为 500 个，不含税购进单价为 20 元，取得了增值税专用发票，货款还没有支付；发出的采购订单数为 500 个；已办理入库手续，发票已经收到。

（5）2023 年 4 月 8 日采购部向 B 公司采购 C 材料，采购数量为 2 000 个，不含税的购进单价为 200 元，取得了增值税专用发票，货款还没有支付；发出的采购订单数为 2 000 个；已办理入库手续，发票已经收到。

（6）2023 年 4 月 15 日采购部向 D 公司采购 A 材料，采购数量为 2 000 个，不含税购进单价为 60 元，取得了增值税专用发票，货款还没有支付；发出的采购订单数为 2 500 个；已办理入库手续，发票已经收到。

（7）2023 年 4 月 16 日因 A 公司提供的 A 材料存在质量问题，采购部向 A 公司退回 A 材料 10 个，并已办妥退回手续。

（8）2023 年 4 月 20 日采购部向 D 公司采购 A 材料，采购数量为 500 个，不含税购进单价为 60 元，取得了增值税专用发票；开出支票一张用于支付货款，支票号码是 004，支票金额为 33 900 元；发出的采购订单数为 500 个；已办理入库手续，发票已经收到。

（9）2023 年 4 月 20 日采购部向 B 公司支付货款 452 000 元，支票号码是 015，支票金额为 452 000 元。

（10）2023 年 4 月 25 日采购部向 D 公司采购 A 材料，采购数量为 1 000 个，不含税购进单价为 58 元，取得了增值税专用发票，货款还没有支付；发出的采购订单数为 1 100 个；已办理入库手续，发票已经收到。

［实训要求］

（1）根据上述发生的经济业务，进行采购入库、采购退货的业务处理。

（2）根据上述发生的经济业务，进行核销的业务处理。

（3）进行月末结账处理。

10 销售管理系统

销售管理系统主要用于反映企业有关销售方面的数据，主要由设置、销售订货、销售发货、销售开票、代垫费用单、销售现存量查询、月末结账、报表等部分组成。

10.1 设置

10.1.1 选项

这一模块根据企业管理需要进行相关设置。

具体操作如下：点击“供应链”→点击“销售管理”→点击“设置”→点击“销售选项”→进行相关设置→点击“确定”按钮，如图 10-1 所示。

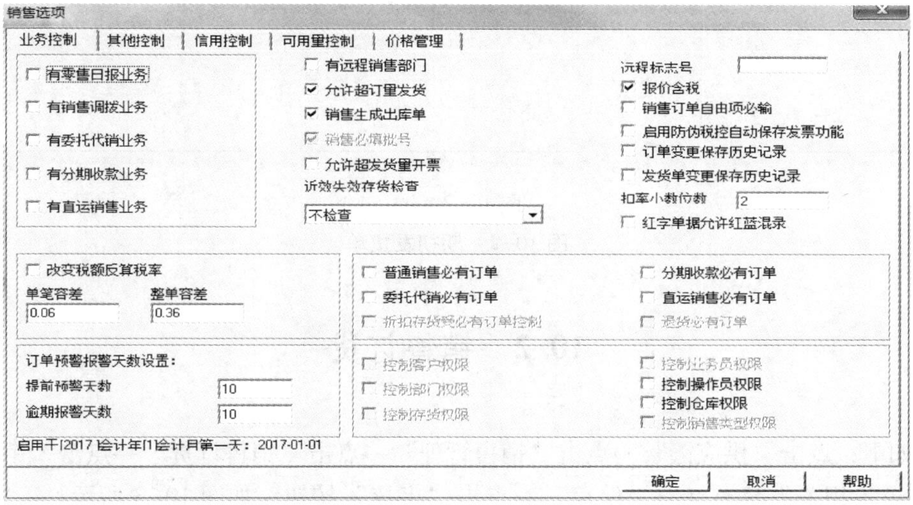

图 10-1 选项

10.1.2 期初发货单

这一模块处理建账日之前已经发货、出库，尚未开发票的业务，包括普通销售、分期收款发货单。

具体操作如下：点击“供应链”→点击“销售管理”→点击“设置”→点击“期初录入”→点击“期初发货单”→点击“增加”→录入相关内容→点击“保存”→点击“审核”按钮，如图 10-2 所示。

图 10-2（a）

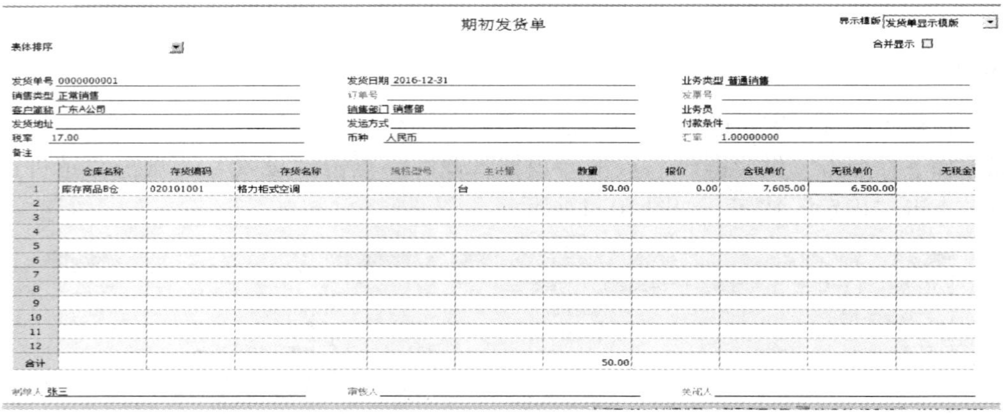

图 10-2（b）

图 10-2　期初发货单

10.2　销售订货

具体操作如下：点击“供应链”→点击“销售管理”→点击“销售订货”→点击“销售订单”→点击“增加”→录入相关内容→点击“保存”→点击“审核”按钮，如图 10-3 所示。

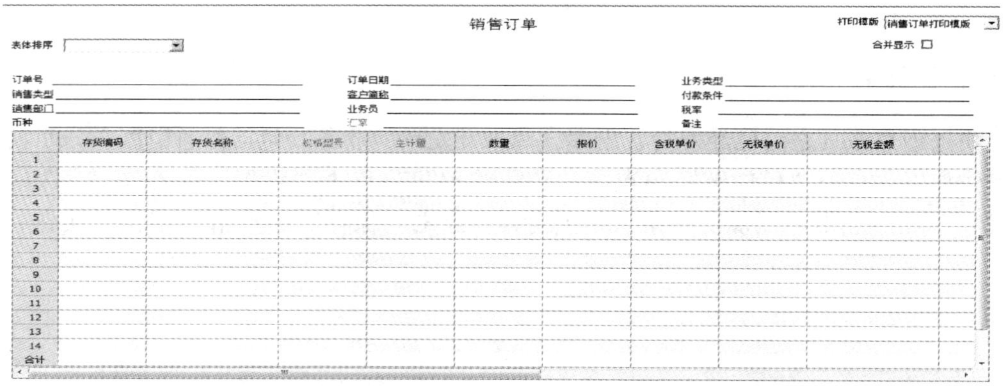

图 10-3（a）

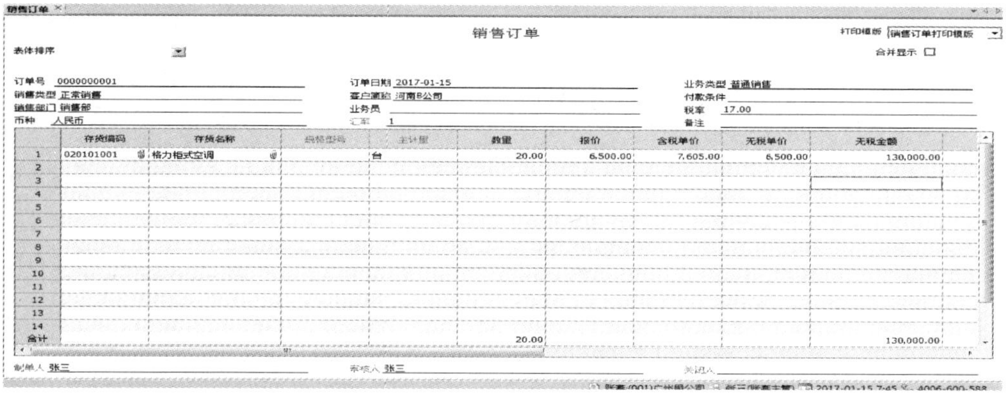

图 10-3（b）

图 10-3 销售订货

10.3 销售发货

10.3.1 发货单

具体操作如下：点击“供应链”→点击“销售管理”→点击“销售发货”→点击“发货单”→点击“增加”→选择过滤条件→选择“全选”或选择某一条记录→点击“确定”→点击“保存”→点击“审核”按钮，如图 10-4 所示。

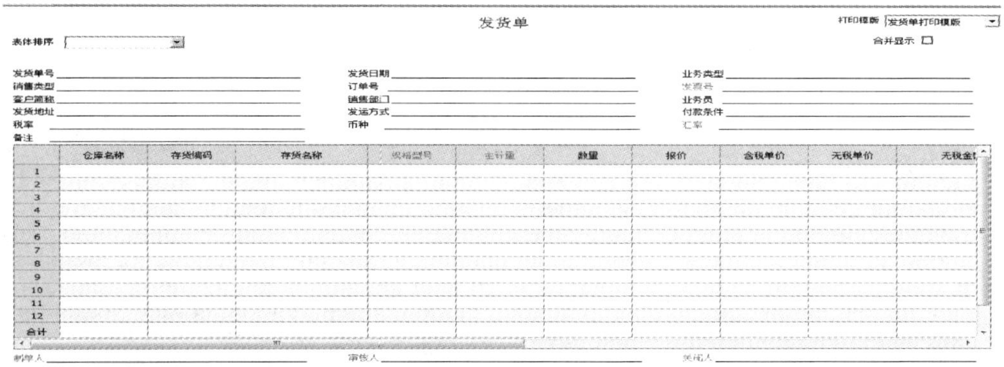

图 10-4（a）

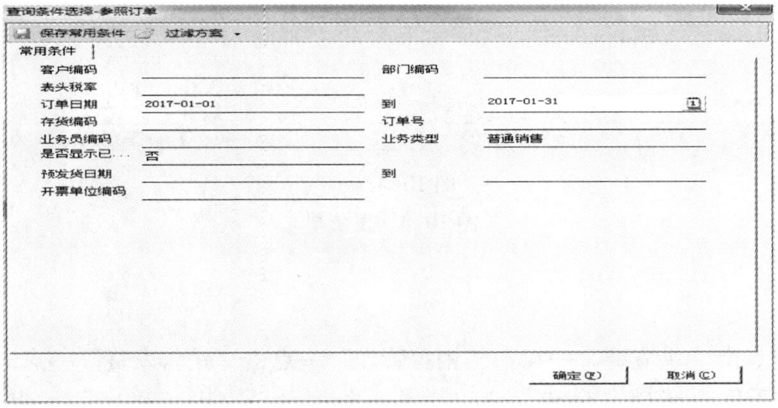

图 10-4（b）

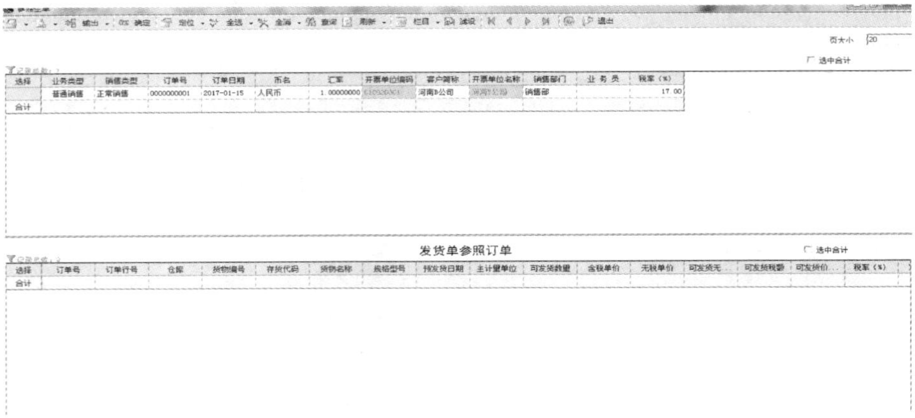

图 10-4（c）

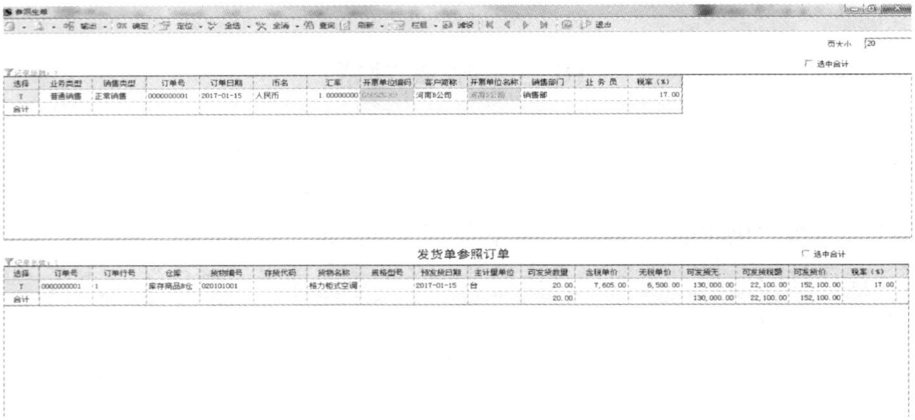

图 10-4（d）

图 10-4（e）

图 10-4　发货单

10.3.2　退货单

具体操作如下：点击“供应链”→点击“销售管理”→点击“销售发货”→点击“退货单”→点击“增加”→选择过滤条件→选择“全选”或选择某一条记录→点击“确定”→点击“保存”→点击“审核”按钮，如图 10-5 所示。

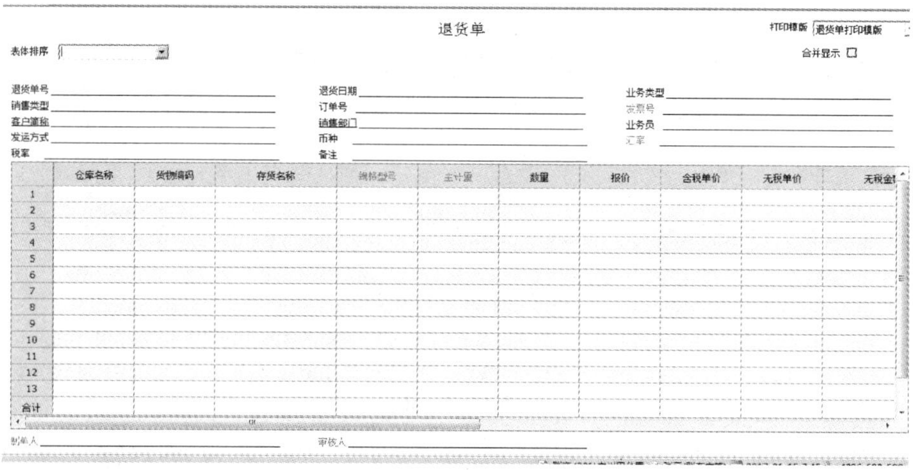

图 10-5（a）

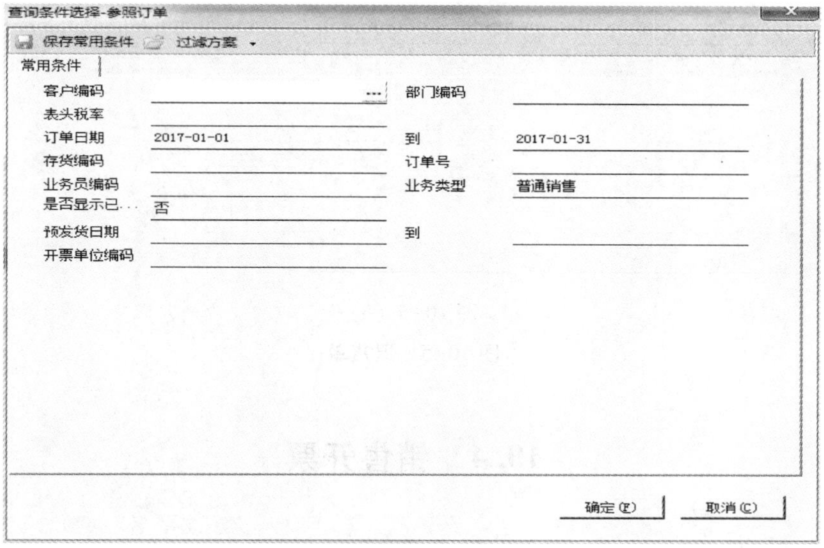

图 10-5（b）

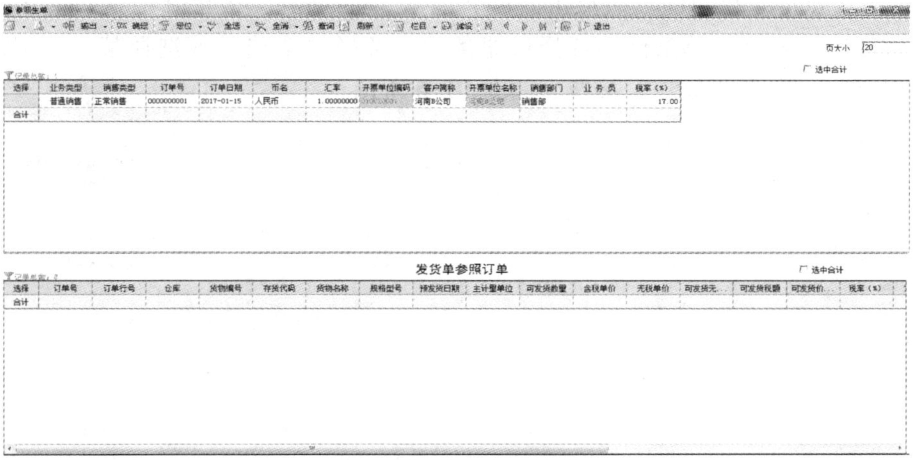

图 10-5（c）

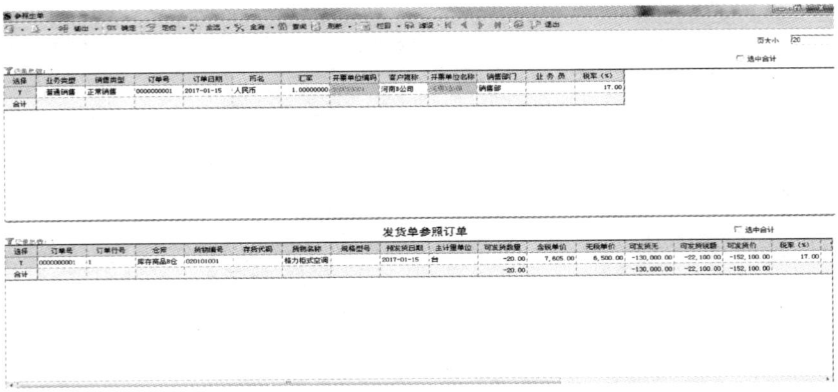

图 10-5（d）

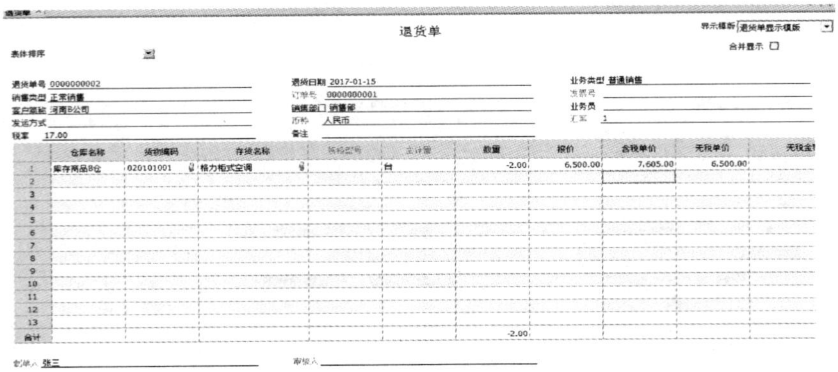

图 10-5（e）

图 10-5　退货单

10.4　销售开票

10.4.1　开具销售专用发票

具体操作如下：点击“供应链”→点击“销售管理”→点击“销售开票”→点击“销售专用发票”→点击“增加”→选择生单条件→选择过滤条件→选择“全选”或选择某一条记录→点击“确定”→点击“保存”→点击“复核”按钮，如图 10-6 所示。

图 10-6（a）

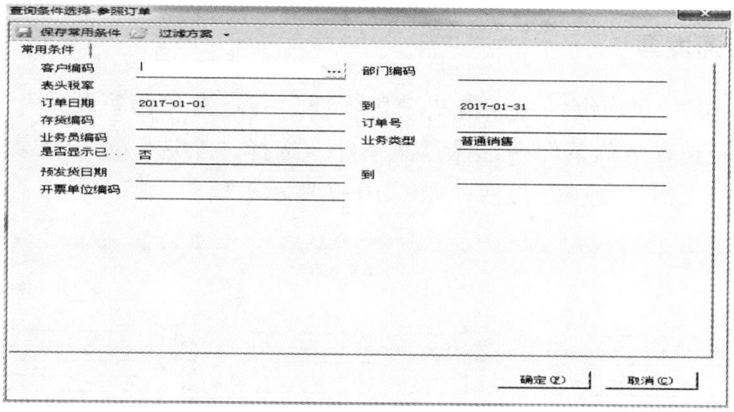

图 10-6（b）

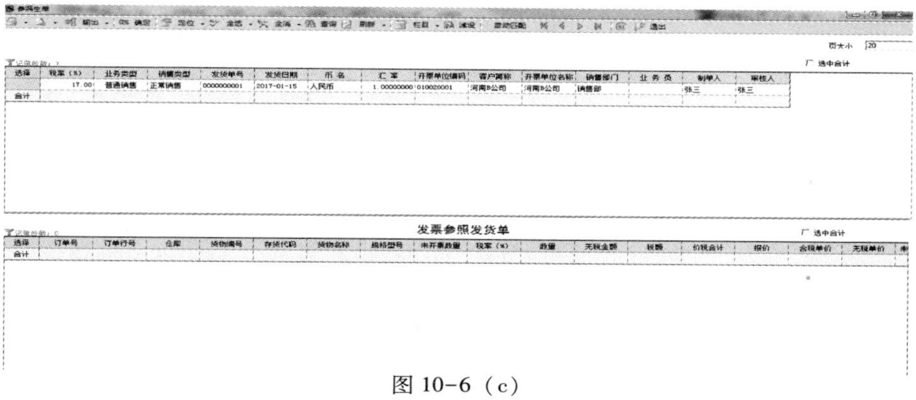

图 10-6（c）

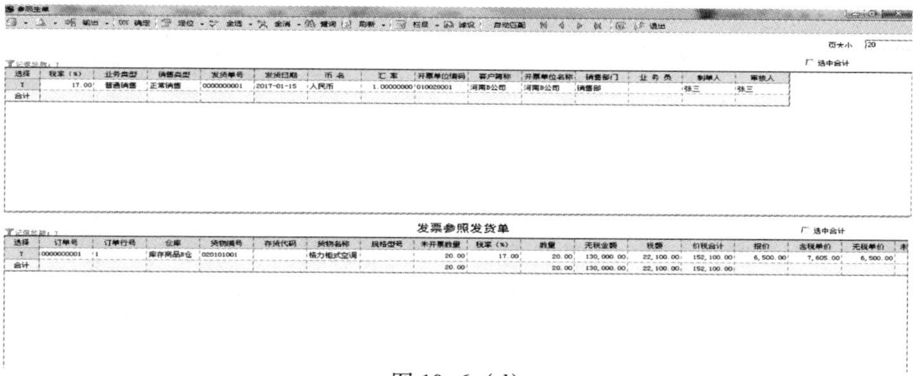

图 10-6（d）

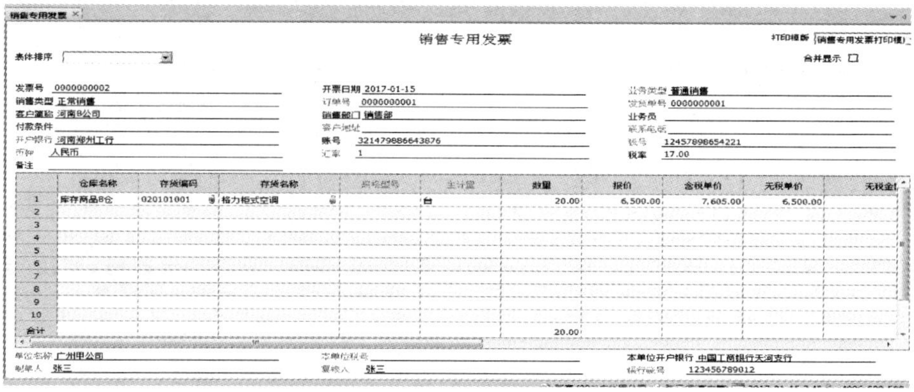

图 10-6（e）

图 10-6　销售专用发票

10.4.2 开具销售普通发票

具体操作如下：点击“供应链”→点击“销售管理”→点击“销售开票”→点击“销售普通发票”→点击“增加”→选择生单条件→选择过滤条件→选择“全选”或选择某一条记录→点击“确定”→点击“保存”→点击“复核”按钮，如图 10-7 所示。

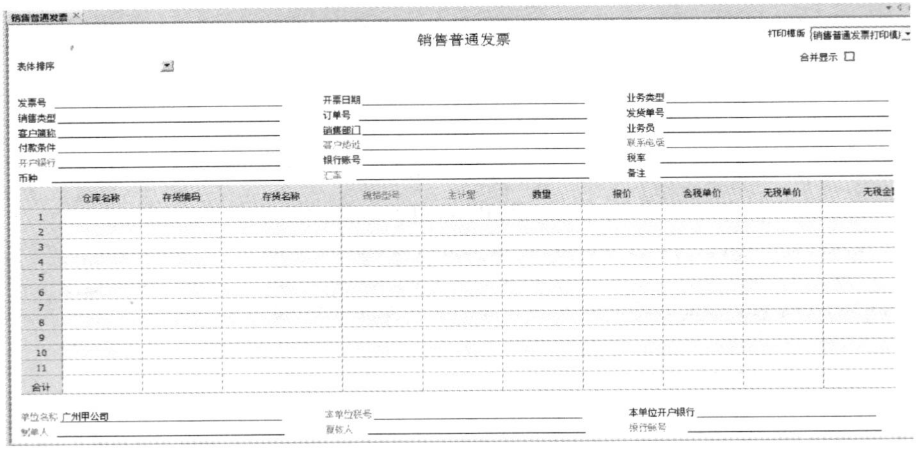

图 10-7（a）

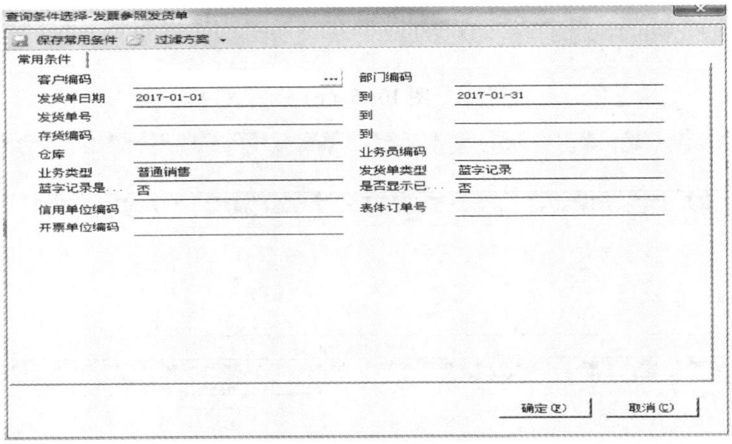

图 10-7（b）

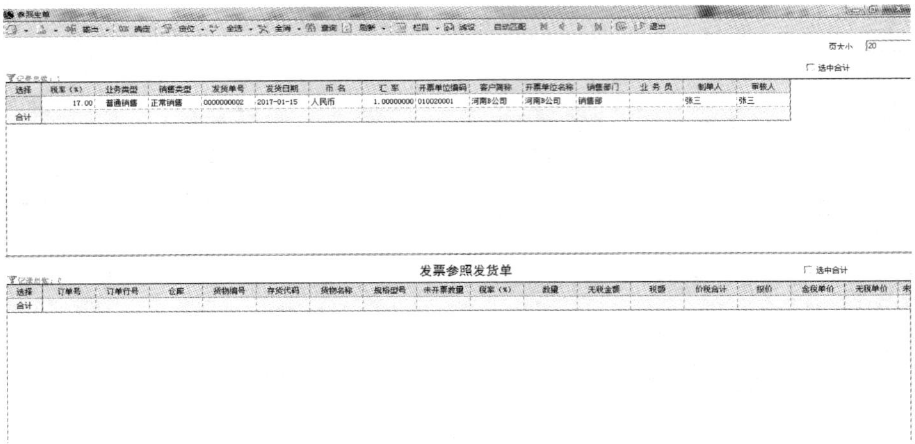

图 10-7（c）

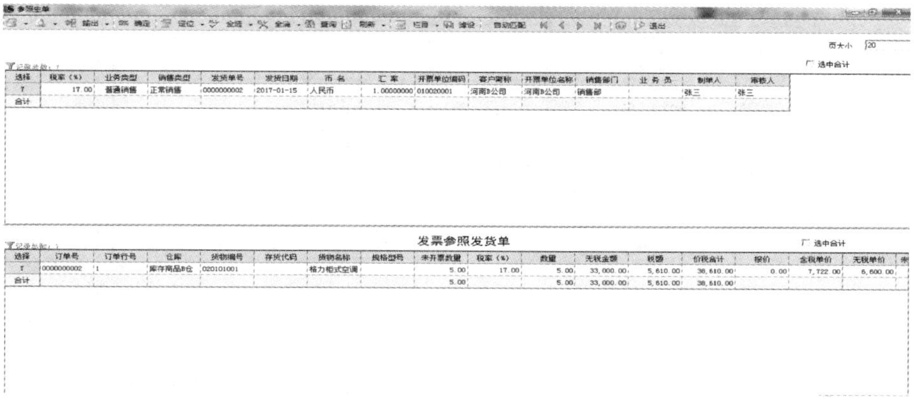

图 10-7（d）

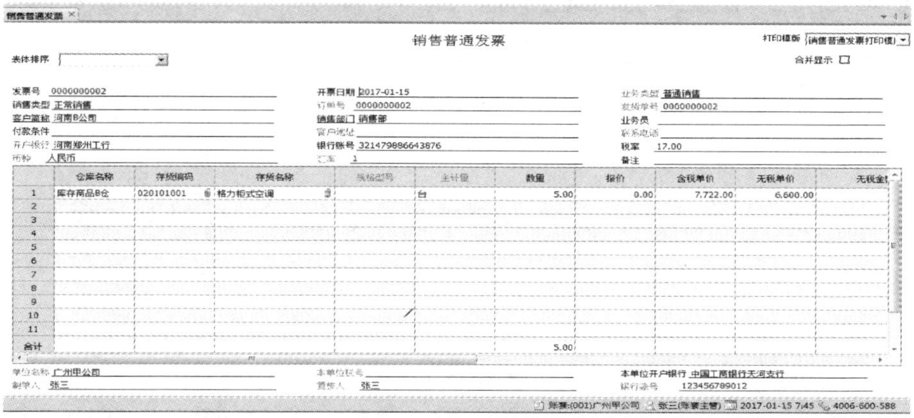

图 10-7（e）

图 10-7 销售普通发票

10.4.3 开具红字销售专用发票

销售出去的货物因产品质量、规格、型号等原因发生了退货，同时已经开具增值税专用发票的就在此界面操作。

具体操作如下：点击“供应链”→点击“销售管理”→点击“销售开票”→点击“红字销售专用发票”→点击“增加”→选择过滤条件→选择“全选”或选择某一条记录→点击“确定”→点击“保存”→点击“复核”按钮，如图 10-8 所示。

图 10-8（a）

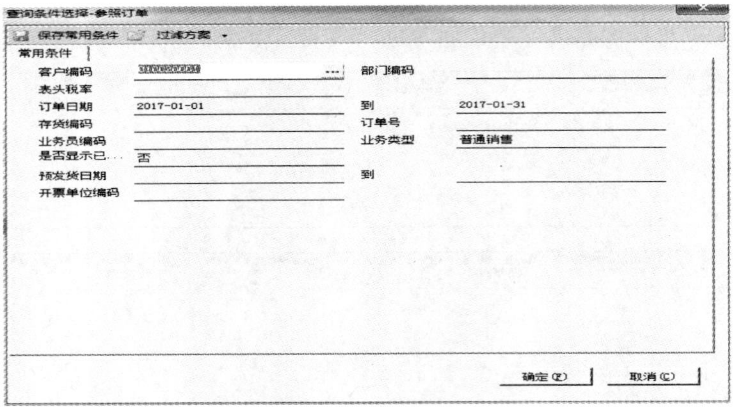

图 10-8（b）

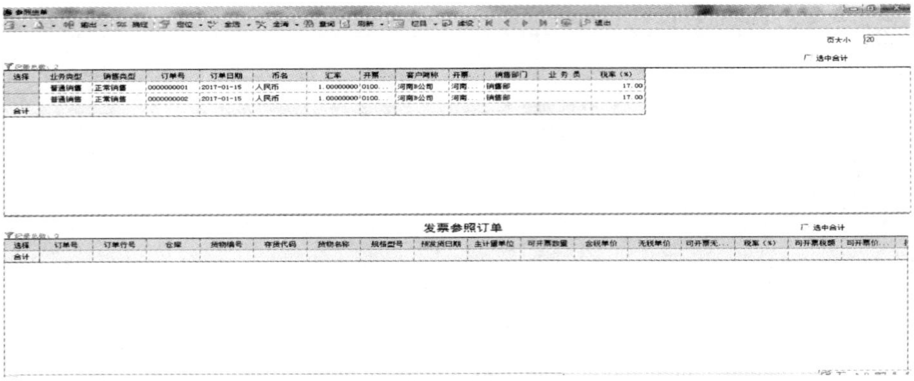

图 10-8（c）

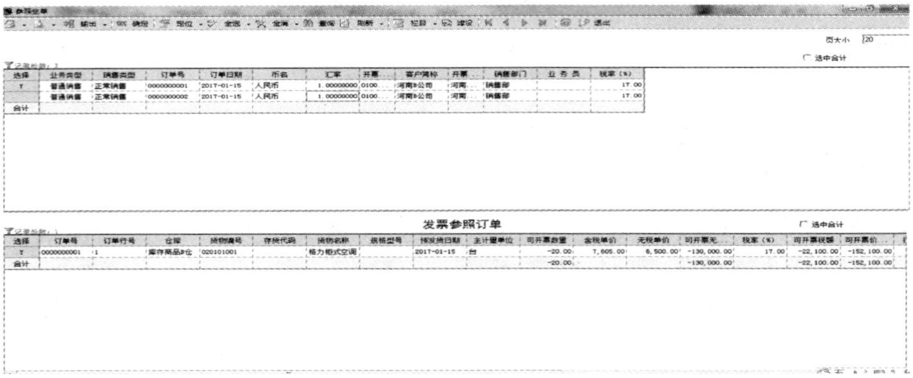

图 10-8（d）

图 10-8（e）

图 10-8　红字销售专用发票

10.4.4 开具红字销售普通发票

销售出去的货物因产品质量、规格、型号等原因发生了退货，同时已经开具增值税普通发票的就在此界面操作。

具体操作如下：点击“供应链”→点击“销售管理”→点击“销售开票”→点击“红字销售普通发票”→点击“增加”→选择过滤条件→选择“全选”或选择某一条记录→点击“确定”→点击“保存”→点击“复核”按钮，如图 10-9 所示。

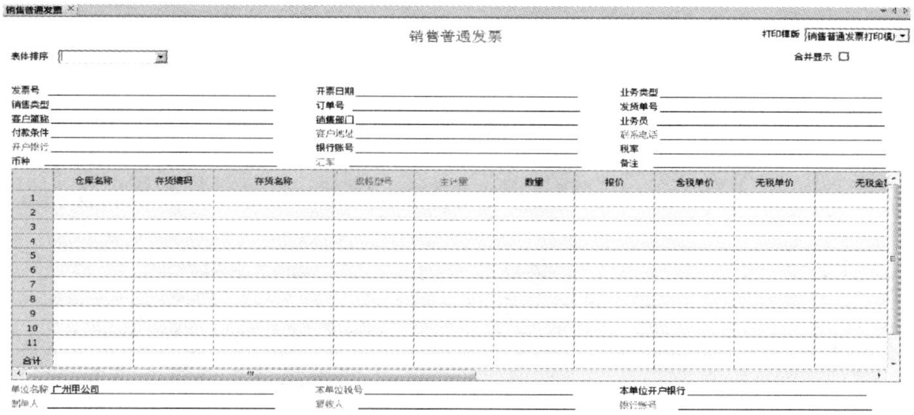

图 10-9（a）

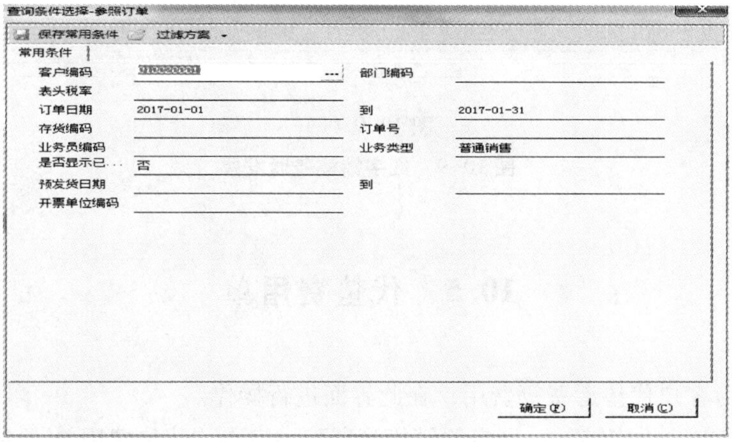

图 10-9（b）

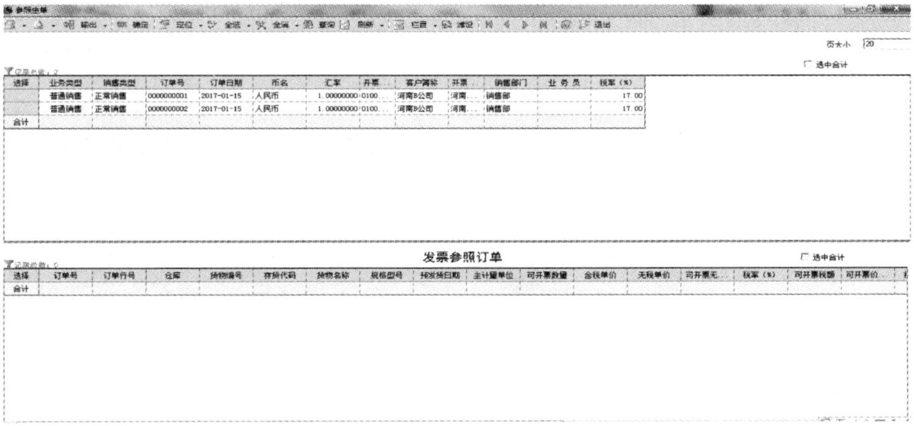

图 10-9（c）

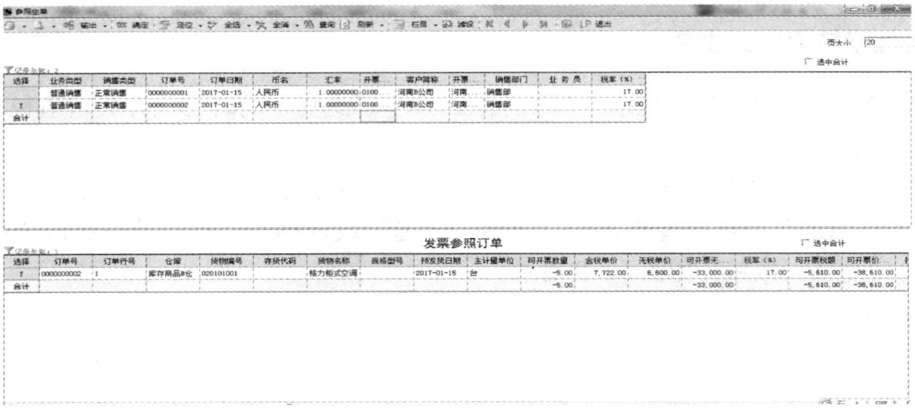

图 10-9（d）

图 10-9（e）

图 10-9　红字销售普通发票

10.5　代垫费用单

企业若在销售时为客户代垫运费等费用，在此界面进行操作。

具体操作如下：点击“供应链”→点击“销售管理”→点击“代垫费用单”→点击“增加”→点击“保存”→点击“审核”按钮，如图 10-10 所示。

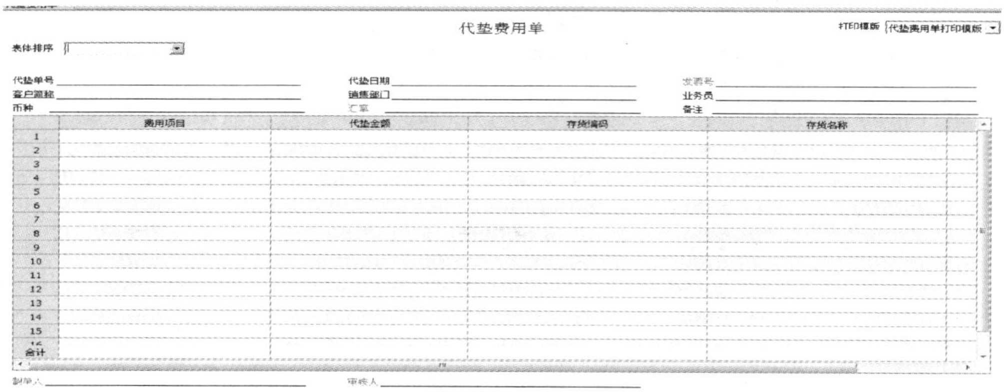

图 10-10（a）

代垫费用单
表体排序
显示模版 代垫费用单显示模版
代垫单号 0000000001
代垫日期 2017-01-15
发票号
客户简称 河南B公司
销售部门
业务员
币种 人民币
汇率 1.00000000
备注

	费用项目	代垫金额	存货编码	存货名称
1	运费	2,500.00	020101001	格力柜式空调
合计		2,500.00		

制单人 张三
审核人

图 10-10（b）

图 10-10　代垫费用单

10.6　销售现存量查询

具体操作如下：点击“供应链”→点击“销售管理”→点击“销售现存量查询”→选择过滤条件→点击“确定”按钮，如图 10-11 所示。

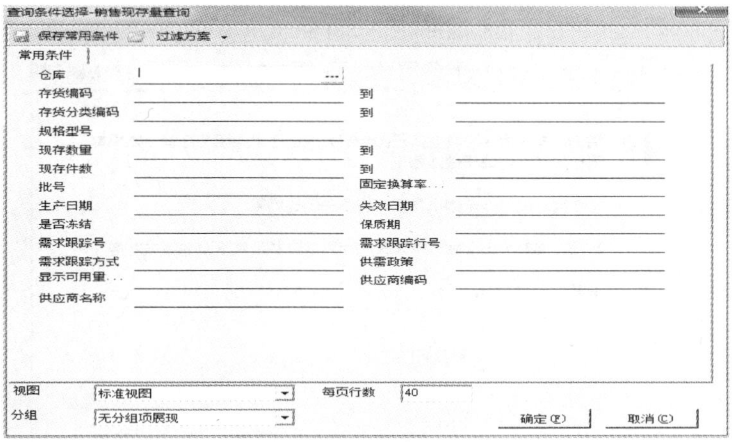

图 10-11（a）

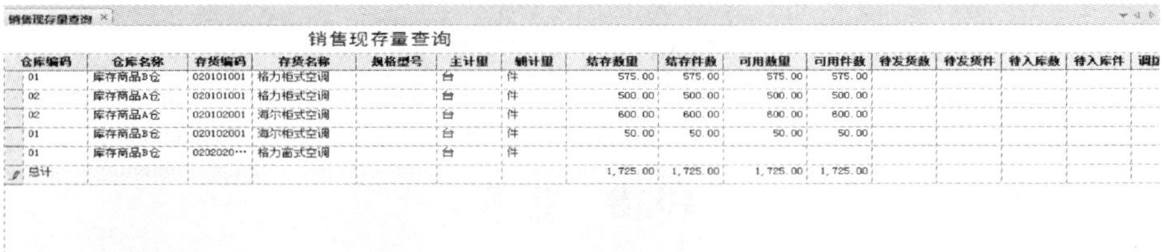
销售现存量查询

仓库编码	仓库名称	存货编码	存货名称	规格型号	主计量	辅计量	结存数量	结存件数	可用数量	可用件数	待发货数	待发货件	待入库数	待入库件	调拔
01	库存商品B仓	020101001	格力柜式空调		台	件	575.00	575.00	575.00	575.00					
02	库存商品A仓	020101001	格力柜式空调		台	件	500.00	500.00	500.00	500.00					
02	库存商品A仓	020102001	海尔柜式空调		台	件	600.00	600.00	600.00	600.00					
01	库存商品B仓	020102001	海尔柜式空调		台	件	50.00	50.00	50.00	50.00					
01	库存商品B仓	0202020···	格力亩式空调		台	件									
总计							1,725.00	1,725.00	1,725.00	1,725.00					

图 10-11（b）

图 10-11　销售现存量查询

10.7 月末结账

具体操作如下：点击“供应链”→点击“销售管理”→点击“月末结账”→点击“结账”按钮，如图 10-12 所示。

图 10-12（a）

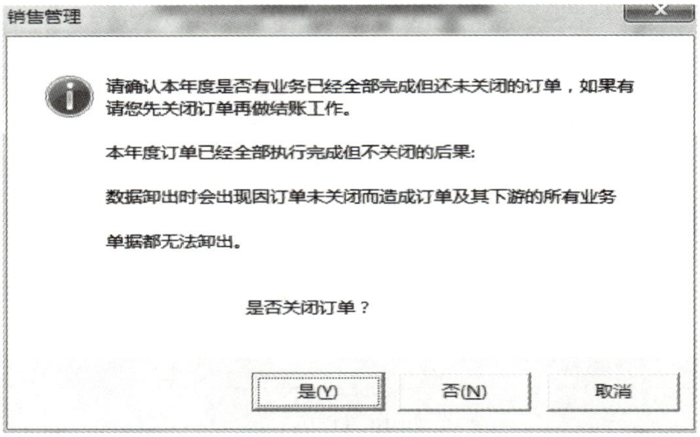

图 10-12（b）

图 10-12　月末结账

10.8 报表

10.8.1 销售统计表

具体操作如下：点击“供应链”→点击“销售管理”→点击“报表”→点击“我的报表”→点击“销售统计表”→选择过滤条件→点击“确定”按钮，如图 10-13 所示。

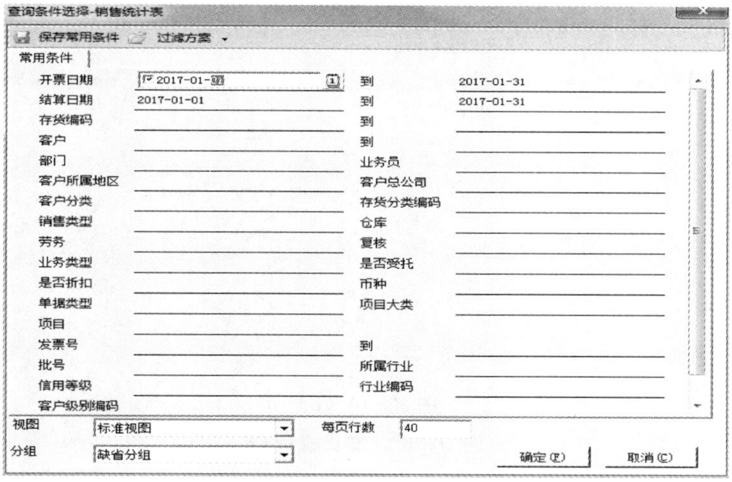

图 10-13（a）

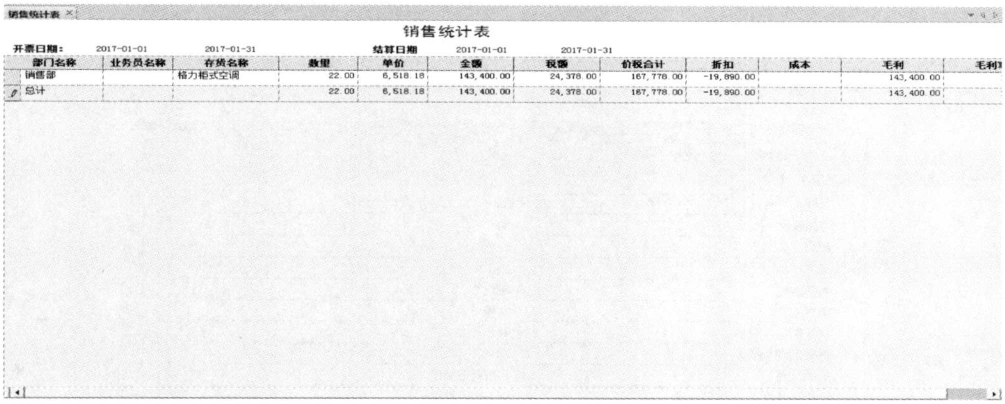

销售统计表

开票日期：2017-01-01　2017-01-31　结算日期　2017-01-01　2017-01-31

部门名称	业务员名称	存货名称	数量	单价	金额	税额	价税合计	折扣	成本	毛利	毛利率
销售部		格力柜式空调	22.00	6,518.18	143,400.00	24,378.00	167,778.00	-19,890.00		143,400.00	
总计			22.00	6,518.18	143,400.00	24,378.00	167,778.00	-19,890.00		143,400.00	

图 10-13（b）

图 10-13　销售统计表

10.8.2　发货统计表

具体操作如下：点击“供应链”→点击“销售管理”→点击“报表”→点击“我的报表”→点击“发货统计表”→选择过滤条件→点击“确定”按钮，如图 10-14 所示。

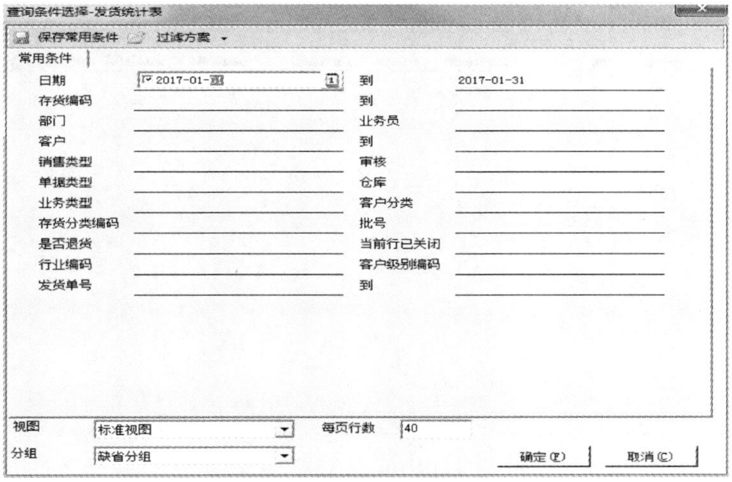

图 10-14（a）

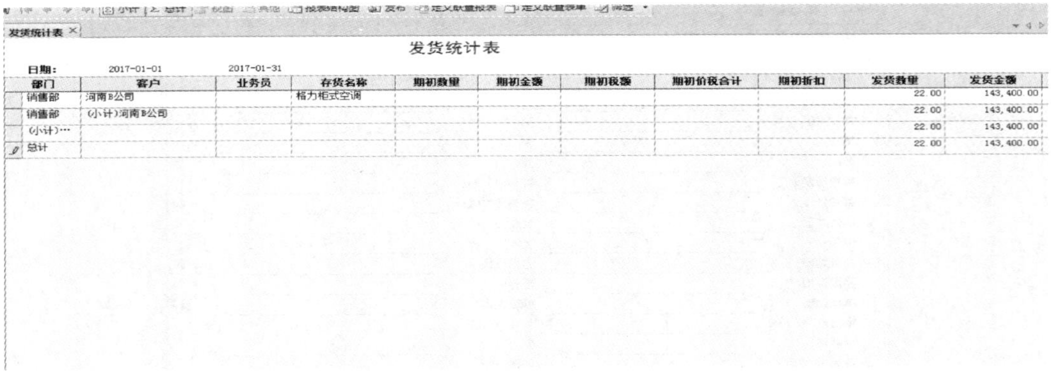

发货统计表

日期: 2017-01-01 2017-01-31

部门	客户	业务员	存货名称	期初数量	期初金额	期初税额	期初价税合计	期初折扣	发货数量	发货金额
销售部	河南B公司		格力柜式空调						22.00	143,400.00
销售部	(小计)河南B公司								22.00	143,400.00
(小计)…									22.00	143,400.00
总计									22.00	143,400.00

图 10-14（b）

图 10-14　发货统计表

10.8.3　发货汇总表

具体操作如下：点击“供应链”→点击“销售管理”→点击“报表”→点击“我的报表”→点击“发货汇总表”→选择过滤条件→点击“确定”按钮，如图 10-15 所示。

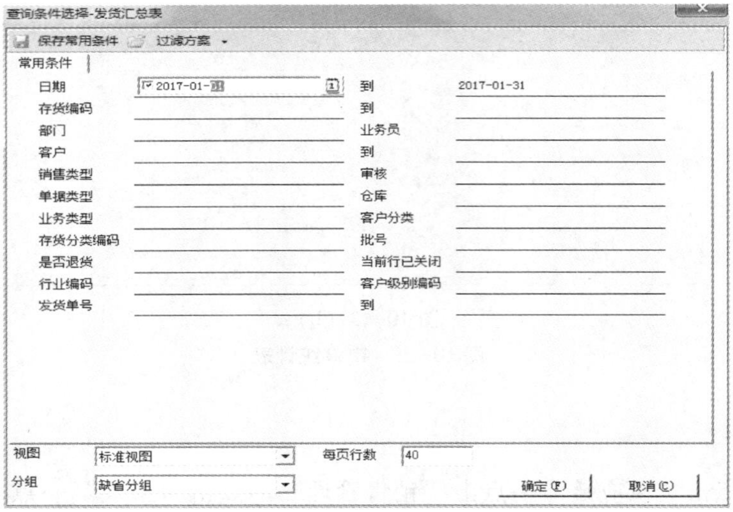

图 10-15（a）

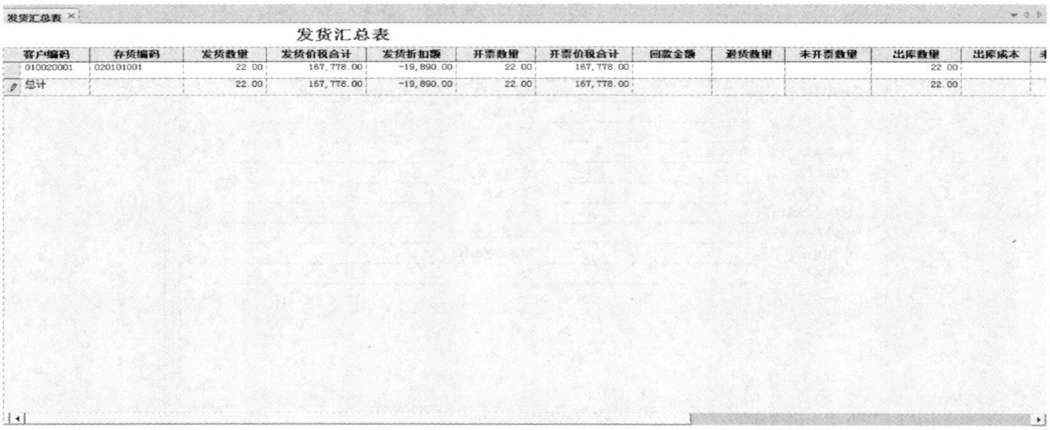

发货汇总表

客户编码	存货编码	发货数量	发货价税合计	发货折扣额	开票数量	开票价税合计	回款金额	退货数量	未开票数量	出库数量	出库成本
010020001	020101001	22.00	167,778.00	-19,890.00	22.00	167,778.00				22.00	
总计		22.00	167,778.00	-19,890.00	22.00	167,778.00				22.00	

图 10-15（b）

图 10-15　发货汇总表

实训 销售管理实训

［实训目的］

通过本实训，学生能够掌握销售过程中出库、退货、开具发票、收款等相关操作知识。

［实训内容］

2023 年 4 月广东珠江实业股份有限公司发生了如下经济业务（该公司适用的增值税税率为 13%）：

（1）2023 年 4 月 2 日销售部销售甲产品给上海 B 公司，销售数量为 1 000 个，不含税销售单价为 160 元，开具了增值税专用发票，款项没有收到；销售订单数量为 1 000 个。

（2）2023 年 4 月 3 日销售部销售乙产品给辽宁化工公司，销售数量为 500 个，不含税销售单价为 200 元，开具了增值税普通发票；辽宁化工公司开具了一张银行承兑汇票，开票日期为 2023 年 4 月 3 日，票面金额为 113 000 元，期限为 3 个月，票据号是 01；销售订单数量为 500 个。

（3）2023 年 4 月 3 日收到开户行进账通知单，进账单号是 001，收到江苏 D 公司预付购买丙产品货款 117 000 元。

（4）2023 年 4 月 4 日销售部销售丙产品给上海 B 公司，销售数量为 2 000 个，不含税销售单价为 120 元，开具了增值税专用发票，款项没有收到；销售订单数量为 2 000 个。

（5）2023 年 4 月 5 日收到开户行进账通知单，进账单号是 002，收到黑龙江三洋公司所欠货款 565 000 元。

（6）2023 年 4 月 6 日销售部销售乙产品给辽宁化工公司，销售数量为 600 个，不含税销售单价为 200 元，开具了增值税普通发票；辽宁化工公司于同日通过银行转账方式付清了全部货款，转账单号是 003；销售订单数量为 600 个。

（7）2023 年 4 月 7 日销售部销售丙产品给江苏 D 公司，销售数量为 600 个，不含税销售单价为 120 元，开具了增值税普通发票，款项还没有收到；销售订单数量为 600 个。

（8）2023 年 4 月 10 日收到开户银行进账通知单，进账单号是 004，收到 4 月 2 日销售给上海 B 公司的货款及税金，共计 180 800 元。

（9）2023 年 4 月 10 日销售部销售乙产品给浙江纺织进出口公司，销售数量为 2 000 个，不含税销售单价为 110 元，开具了增值税专用发票，货物已发出，款项还没有收到；销售订单数量为 2 000 个。

（10）2023 年 4 月 20 日收到开户银行的进账通知单，进账单号是 005，收到 4 月 7 日销售给江苏 D 公司的货款，款项共计 81 360 元。

（11）2023 年 4 月 25 日收到客户江苏 D 公司的退货通知，2023 年 4 月 7 日销售的货物中有一部分货物（丙产品）中不符合合同要求，因产品质量存在问题发生退货，已办理退货入库手续，退货数量为 5 个。

（12）2023 年 4 月 26 日销售货物甲产品一批给辽宁化工公司，数量为 500 个，不含税销售单价为 200 元，收到转账支票一张，支票号码是 004，含税金额是 113 000 元，增值税税率为 13%，开具了增值税专用发票；销售订单数量为 500 个。

（13）2023 年 4 月 28 日销售货物乙产品一批给浙江纺织进出口公司，数量为 50 个，不含税销售单价为 200 元，价款合计共计 11 300 元，增值税税率为 13%，款项还没有收到，开具了增值税专用发票。

（14）2023 年 4 月 30 日收到客户上海 B 公司的退货通知，2023 年 4 月 2 日销售的货物中有一部分货物（甲产品）中不符合合同要求，客户将一部分货物退回，数量为 100 个，退货含税金额为 18 080 元；开出中国工商银行广州分行转账支票一张，支票号码是 005，增值税税率为 13%。

[实训要求]

(1) 根据上述发生的经济业务，进行销售出库、销售退货的业务处理。

(2) 根据上述发生的经济业务，进行开具发票的业务处理。

(3) 根据上述发生的经济业务，进行核销的业务处理。

(4) 进行月末结账处理。

11 存货核算系统

存货核算系统主要由初始设置、日常业务、业务核算、财务核算、账表等内容组成。该系统主要用于采购、销售的会计核算和会计处理。

11.1 初始设置

11.1.1 选项录入

具体操作如下：点击“供应链”→点击“存货核算”→点击“初始设置”→点击“选项”→点击“选项录入”→进行相关选择→点击“确定”按钮，如图 11-1 所示。

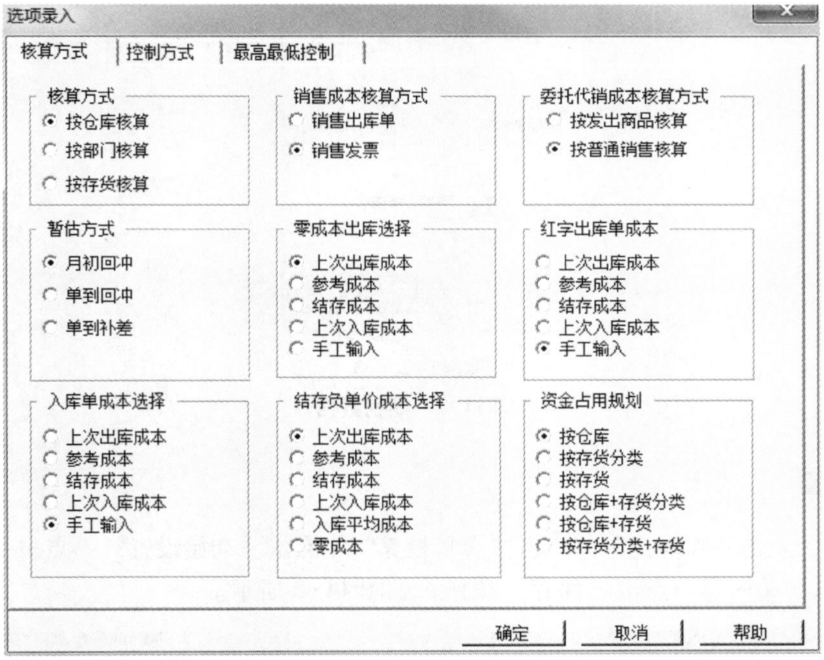

图 11-1 选项录入

11.1.2 期初数据

具体操作如下：点击“供应链”→点击“存货核算”→点击“初始设置”→点击“期初数据”→点击“期初余额”→选择仓库→点击“取数”→点击“记账”按钮，如图 11-2 所示。

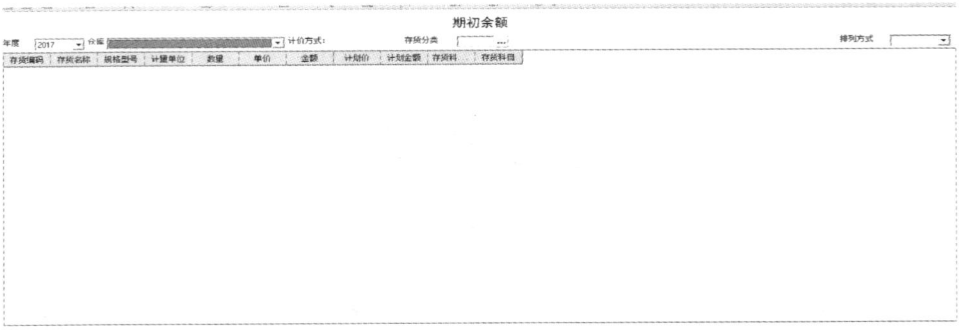

图 11-2（a）

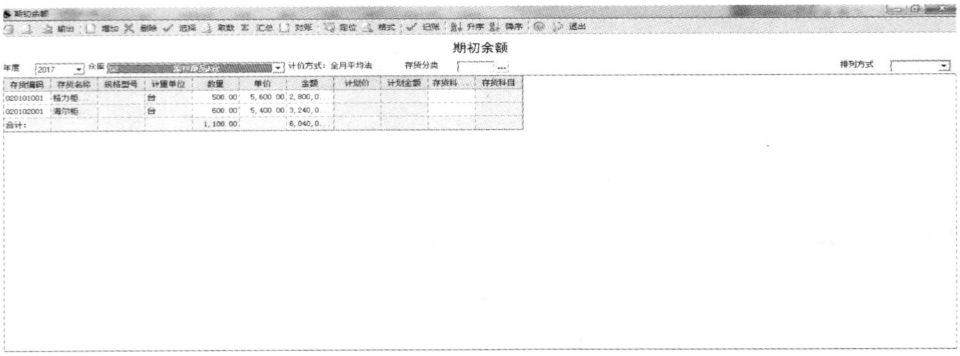

图 11-2（b）

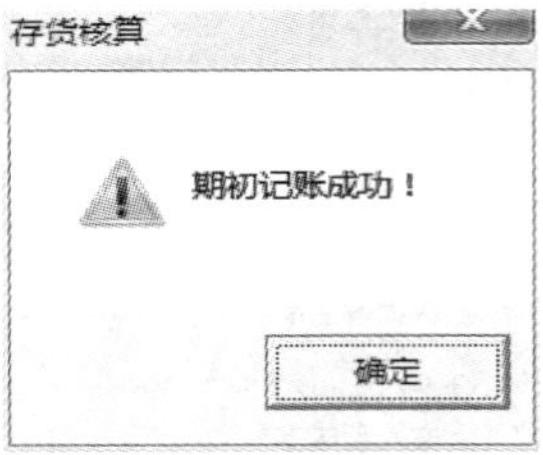

图 11-2（c）

图 11-2　期初数据

11.1.3　科目设置

具体操作如下：点击“供应链”→点击“存货核算”→点击“初始设置”→点击“科目设置”→点击“增加”→录入相关内容→点击“保存”按钮，如图 11-3 所示。

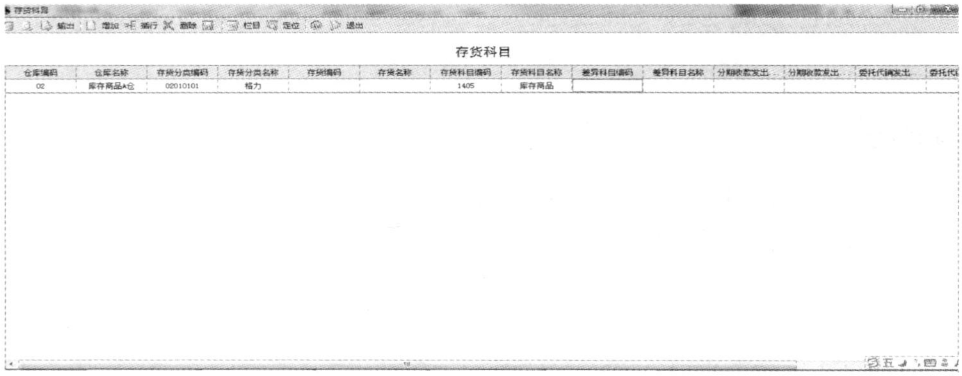

图 11-3（a）

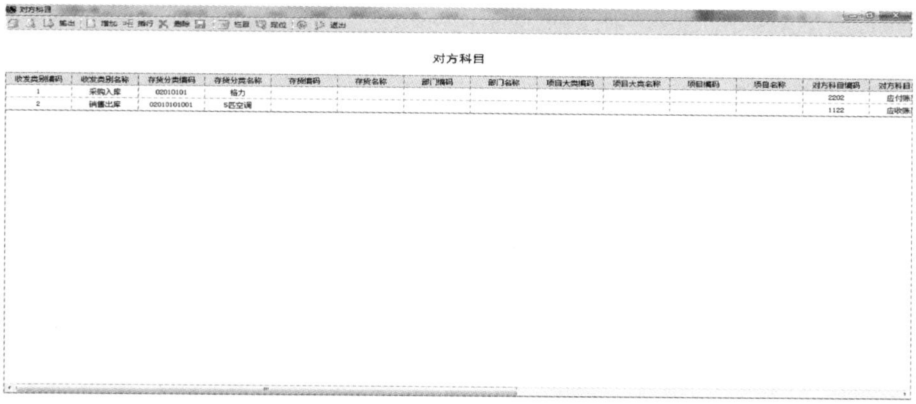

对方科目

收发类别编码	收发类别名称	存货分类编码	存货分类名称	存货编码	存货名称	部门编码	部门名称	项目大类编码	项目大类名称	项目编码	项目名称	对方科目编码	对方科目
1	采购入库	02010101	格力									2202	应付账
2	销售出库	02010101001	5匹空调									1122	应收账

图 11-3（b）

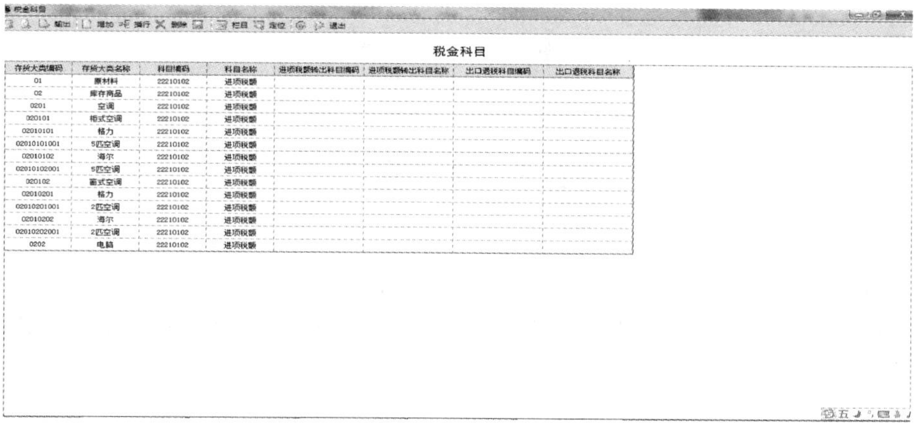

税金科目

存货大类编码	存货大类名称	科目编码	科目名称	进项税额转出科目编码	进项税额转出科目名称	出口退税科目编码	出口退税科目名称
01	原材料	22210102	进项税额				
02	库存商品	22210102	进项税额				
0201	空调	22210102	进项税额				
020101	柜式空调	22210102	进项税额				
02010101	格力	22210102	进项税额				
02010101001	5匹空调	22210102	进项税额				
02010102	海尔	22210102	进项税额				
02010102001	5匹空调	22210102	进项税额				
020102	窗式空调	22210102	进项税额				
02010201	格力	22210102	进项税额				
02010201001	2匹空调	22210102	进项税额				
02010202	海尔	22210102	进项税额				
02010202001	2匹空调	22210102	进项税额				
0202	电脑	22210102	进项税额				

图 11-3（c）

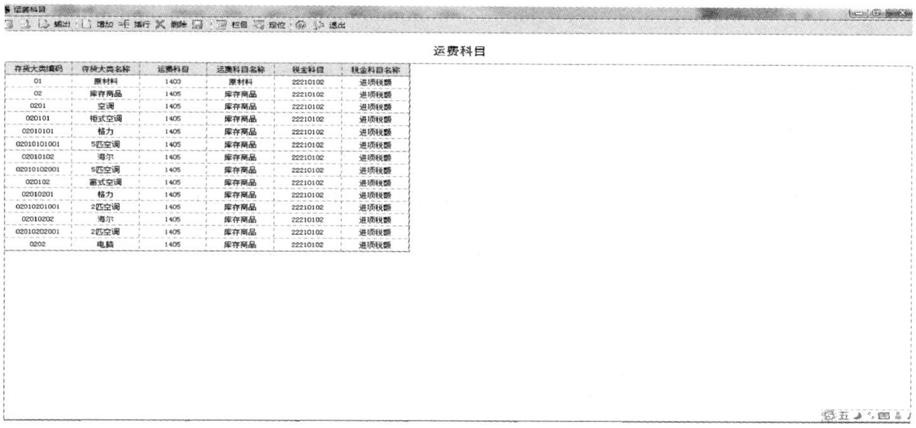

运费科目

存货大类编码	存货大类名称	运费科目	运费科目名称	税金科目	税金科目名称
01	原材料	1403	原材料	22210102	进项税额
02	库存商品	1405	库存商品	22210102	进项税额
0201	空调	1405	库存商品	22210102	进项税额
020101	柜式空调	1405	库存商品	22210102	进项税额
02010101	格力	1405	库存商品	22210102	进项税额
02010101001	5匹空调	1405	库存商品	22210102	进项税额
02010102	海尔	1405	库存商品	22210102	进项税额
02010102001	5匹空调	1405	库存商品	22210102	进项税额
020102	窗式空调	1405	库存商品	22210102	进项税额
02010201	格力	1405	库存商品	22210102	进项税额
02010201001	2匹空调	1405	库存商品	22210102	进项税额
02010202	海尔	1405	库存商品	22210102	进项税额
02010202001	2匹空调	1405	库存商品	22210102	进项税额
0202	电脑	1405	库存商品	22210102	进项税额

图 11-3（d）

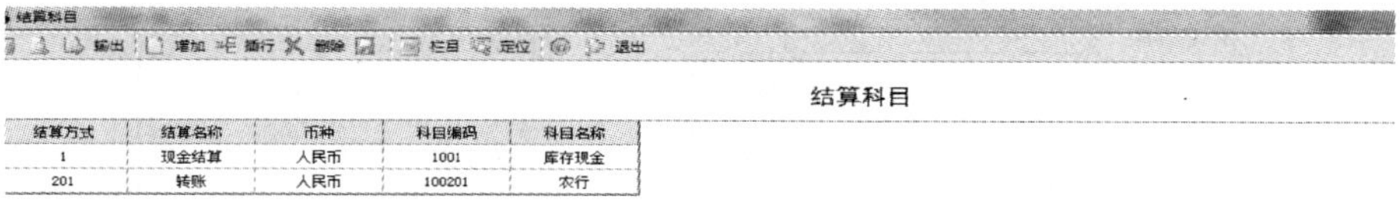

结算科目

结算方式	结算名称	币种	科目编码	科目名称
1	现金结算	人民币	1001	库存现金
201	转账	人民币	100201	农行

图 11-3（e）

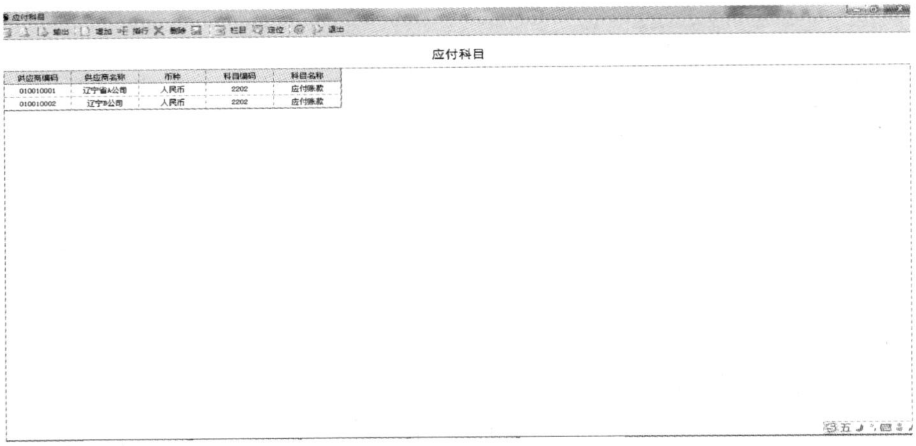

图 11-3（f）

图 11-3 科目设置

11.2 日常业务

日常业务主要由采购入库单、产成品入库单、其他入库单、销售出库单、材料出库单、其他出库单等内容组成。在采购管理系统、销售管理系统、库存管理系统、存货核算系统四个供应链子系统同时使用的情况下，只能此界面进行查询及修改（有关单据不能结算）。

11.3 业务核算

11.3.1 正常单据记账

具体操作如下：点击“供应链”→点击“存货核算”→点击“业务核算”→点击“正常单据记账”→选择过滤条件→点击“全选”或选择某一条记录→点击“记账”按钮，如图 11-4 所示。

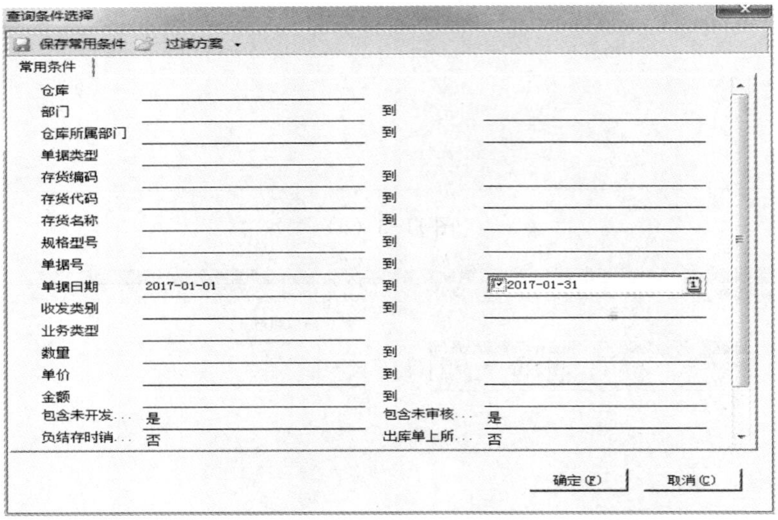

图 11-4（a）

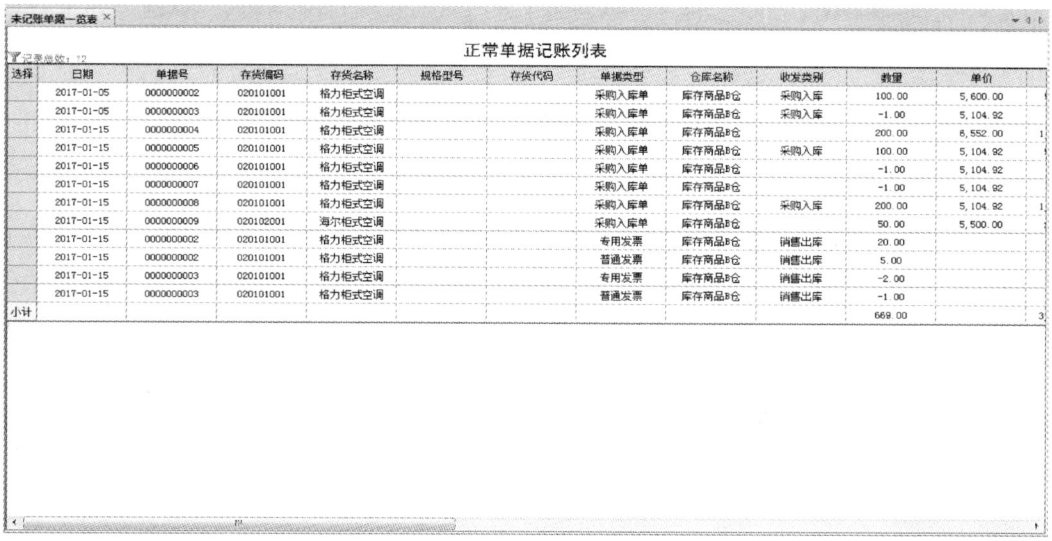

未记账单据一览表

正常单据记账列表

记录总数：12

选择	日期	单据号	存货编码	存货名称	规格型号	存货代码	单据类型	仓库名称	收发类别	数量	单价
	2017-01-05	0000000002	020101001	格力柜式空调			采购入库单	库存商品B仓	采购入库	100.00	5,600.00
	2017-01-05	0000000003	020101001	格力柜式空调			采购入库单	库存商品B仓	采购入库	-1.00	5,104.92
	2017-01-15	0000000004	020101001	格力柜式空调			采购入库单	库存商品B仓		200.00	6,552.00
	2017-01-15	0000000005	020101001	格力柜式空调			采购入库单	库存商品B仓	采购入库	100.00	5,104.92
	2017-01-15	0000000006	020101001	格力柜式空调			采购入库单	库存商品B仓		-1.00	5,104.92
	2017-01-15	0000000007	020101001	格力柜式空调			采购入库单	库存商品B仓		-1.00	5,104.92
	2017-01-15	0000000008	020101001	格力柜式空调			采购入库单	库存商品B仓	采购入库	200.00	5,104.92
	2017-01-15	0000000009	020102001	海尔柜式空调			采购入库单	库存商品B仓		50.00	5,500.00
	2017-01-15	0000000002	020101001	格力柜式空调			专用发票	库存商品B仓	销售出库	20.00	
	2017-01-15	0000000002	020101001	格力柜式空调			普通发票	库存商品B仓	销售出库	5.00	
	2017-01-15	0000000003	020101001	格力柜式空调			专用发票	库存商品B仓	销售出库	-2.00	
	2017-01-15	0000000003	020101001	格力柜式空调			普通发票	库存商品B仓	销售出库	-1.00	
小计										669.00	

图 11-4（b）

未记账单据一览表

正常单据记账列表

记录总数：12

选择	日期	单据号	存货编码	存货名称	规格型号	存货代码	单据类型	仓库名称	收发类别	数量	单价
Y	2017-01-05	0000000002	020101001	格力柜式空调			采购入库单	库存商品B仓	采购入库	100.00	5,600.00
Y	2017-01-05	0000000003	020101001	格力柜式空调			采购入库单	库存商品B仓	采购入库	-1.00	5,104.92
Y	2017-01-15	0000000004	020101001	格力柜式空调			采购入库单	库存商品B仓		200.00	6,552.00
Y	2017-01-15	0000000005	020101001	格力柜式空调			采购入库单	库存商品B仓	采购入库	100.00	5,104.92
Y	2017-01-15	0000000006	020101001	格力柜式空调			采购入库单	库存商品B仓		-1.00	5,104.92
Y	2017-01-15	0000000007	020101001	格力柜式空调			采购入库单	库存商品B仓		-1.00	5,104.92
Y	2017-01-15	0000000008	020101001	格力柜式空调			采购入库单	库存商品B仓	采购入库	200.00	5,104.92
Y	2017-01-15	0000000009	020102001	海尔柜式空调			采购入库单	库存商品B仓		50.00	5,500.00
Y	2017-01-15	0000000002	020101001	格力柜式空调			专用发票	库存商品B仓	销售出库	20.00	
Y	2017-01-15	0000000002	020101001	格力柜式空调			普通发票	库存商品B仓	销售出库	5.00	
Y	2017-01-15	0000000003	020101001	格力柜式空调			专用发票	库存商品B仓	销售出库	-2.00	
Y	2017-01-15	0000000003	020101001	格力柜式空调			普通发票	库存商品B仓	销售出库	-1.00	
小计										669.00	

图 11-4（c）

图 11-4（d）

图 11-4　正常单据记账

11.3.2　恢复记账

具体操作如下：点击“供应链”→点击“存货核算”→点击“业务核算”→点击“恢复记账”→选择过滤条件→点击“全选”或选择某一条记录→点击“恢复”按钮，如图 11-5 所示。

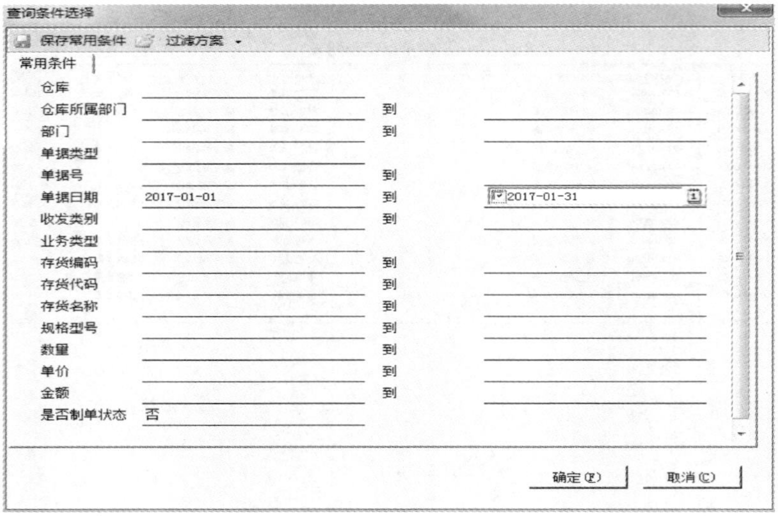

图 11-5（a）

恢复记账

记录总数：12

选择	记账日期	单据号	仓库名称	仓库所属部门	单据类型	收发类别	存货编码	存货代码	存货名称	规格型号	计量单位
	2017-01-15	0000000003	库存商品B仓		普通发票	销售出库	020101001		格力柜式空调		台
	2017-01-15	0000000003	库存商品B仓		专用发票	销售出库	020101001		格力柜式空调		台
	2017-01-15	0000000002	库存商品B仓		普通发票	销售出库	020101001		格力柜式空调		台
	2017-01-15	0000000002	库存商品B仓		专用发票	销售出库	020101001		格力柜式空调		台
	2017-01-15	0000000009	库存商品B仓		采购入库单		020102001		海尔柜式空调		台
	2017-01-15	0000000008	库存商品B仓		采购入库单	采购入库	020101001		格力柜式空调		台
	2017-01-15	0000000007	库存商品B仓		采购入库单		020101001		格力柜式空调		台
	2017-01-15	0000000006	库存商品B仓		采购入库单		020101001		格力柜式空调		台
	2017-01-15	0000000005	库存商品B仓		采购入库单	采购入库	020101001		格力柜式空调		台
	2017-01-15	0000000004	库存商品B仓		采购入库单		020101001		格力柜式空调		台
	2017-01-15	0000000003	库存商品B仓		采购入库单	采购入库	020101001		格力柜式空调		台
	2017-01-15	0000000002	库存商品B仓		采购入库单	采购入库	020101001		格力柜式空调		台
小计											

图 11-5（b）

恢复记账

记录总数：12

选择	记账日期	单据号	仓库名称	仓库所属部门	单据类型	收发类别	存货编码	存货代码	存货名称	规格型号	计量单位
Y	2017-01-15	0000000003	库存商品B仓		普通发票	销售出库	020101001		格力柜式空调		台
Y	2017-01-15	0000000003	库存商品B仓		专用发票	销售出库	020101001		格力柜式空调		台
Y	2017-01-15	0000000002	库存商品B仓		普通发票	销售出库	020101001		格力柜式空调		台
Y	2017-01-15	0000000002	库存商品B仓		专用发票	销售出库	020101001		格力柜式空调		台
Y	2017-01-15	0000000009	库存商品B仓		采购入库单		020102001		海尔柜式空调		台
Y	2017-01-15	0000000008	库存商品B仓		采购入库单	采购入库	020101001		格力柜式空调		台
Y	2017-01-15	0000000007	库存商品B仓		采购入库单		020101001		格力柜式空调		台
Y	2017-01-15	0000000006	库存商品B仓		采购入库单		020101001		格力柜式空调		台
Y	2017-01-15	0000000005	库存商品B仓		采购入库单	采购入库	020101001		格力柜式空调		台
Y	2017-01-15	0000000004	库存商品B仓		采购入库单		020101001		格力柜式空调		台
Y	2017-01-15	0000000003	库存商品B仓		采购入库单	采购入库	020101001		格力柜式空调		台
Y	2017-01-15	0000000002	库存商品B仓		采购入库单	采购入库	020101001		格力柜式空调		台
小计											

图 11-5（c）

图 11-5（d）

图 11-5　恢复记账

11.3.3 平均单价计算

具体操作如下：点击“供应链”→点击“存货核算”→点击“业务核算”→点击“平均单价计算”按钮，如图 11-6 所示。

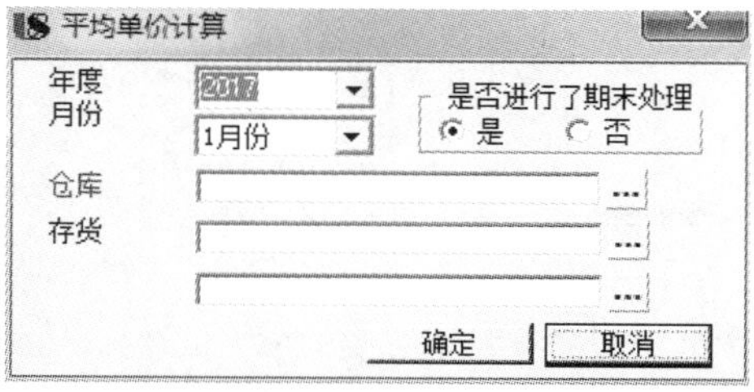

图 11-6（a）

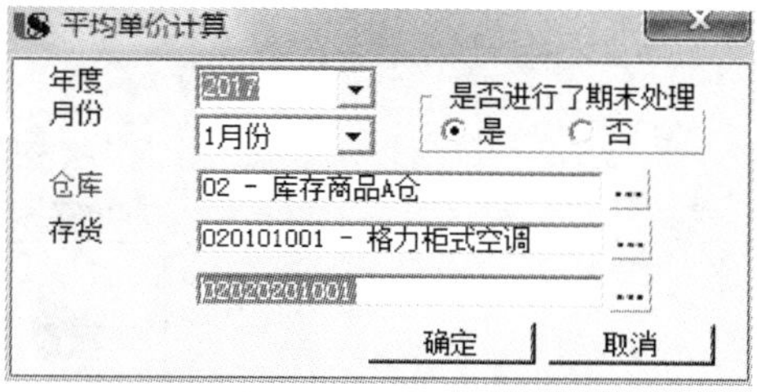

图 11-6（b）

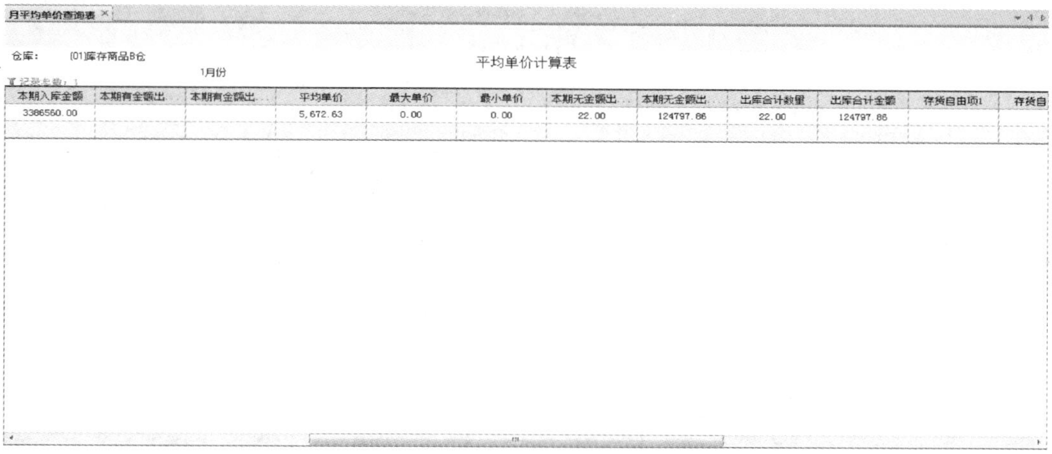

图 11-6（c）

图 11-6　平均单价计算

11.3.4 月末处理

具体操作如下：点击“供应链”→点击“存货核算”→点击“业务核算”→点击“月末处理”→点击“处理”→点击“确定”按钮，如图 11-7 所示。

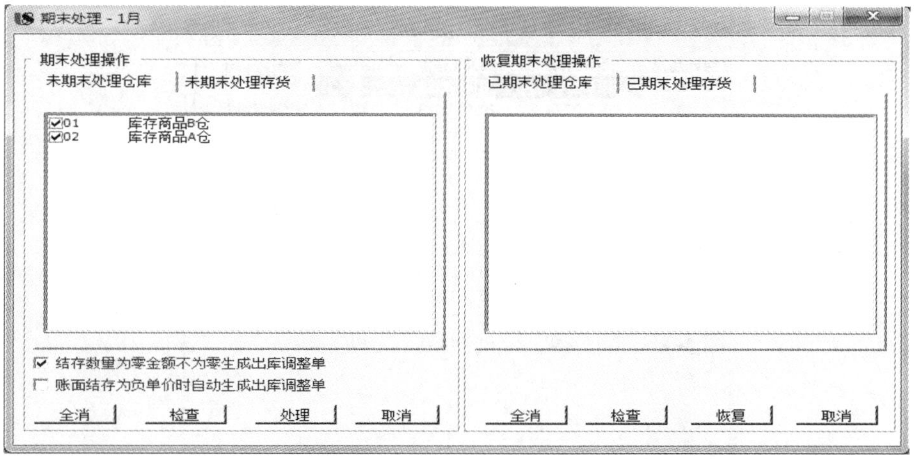

图 11-7（a）

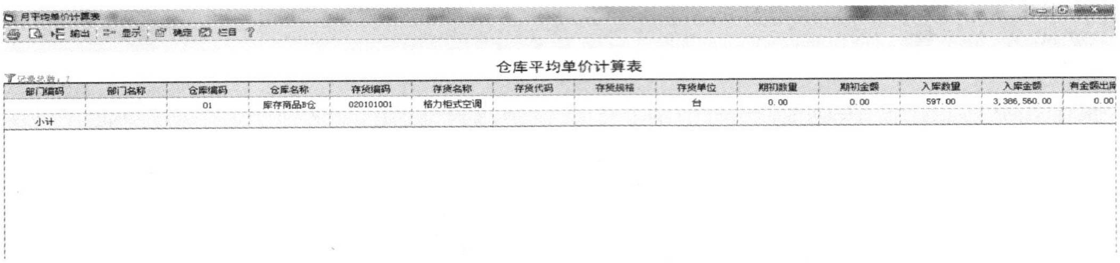

图 11-7（b）

图 11-7（c）

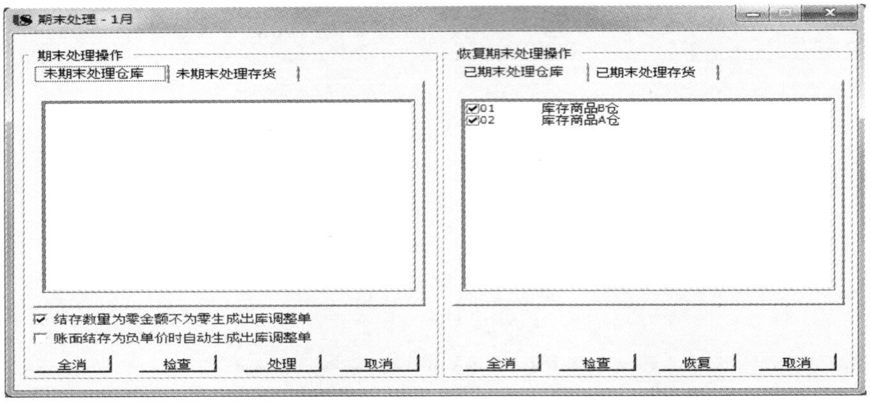

图 11-7（d）

图 11-7 月末处理

11.3.5 月末结账

具体操作如下：点击“供应链”→点击“存货核算”→点击“业务核算”→点击“月末结账”→点击“结账”按钮，如图 11-8 所示。

图 11-8 月末结账

11.4 财务核算

11.4.1 生成凭证

具体操作如下：点击“供应链”→点击“存货核算”→点击“财务核算”→点击“生成凭证”→点击“选择”→点击“确定”→点击“全选”或选择某一条记录→点击“确定”→点击“生成”→点击“保存”按钮，如图 11-9 所示。

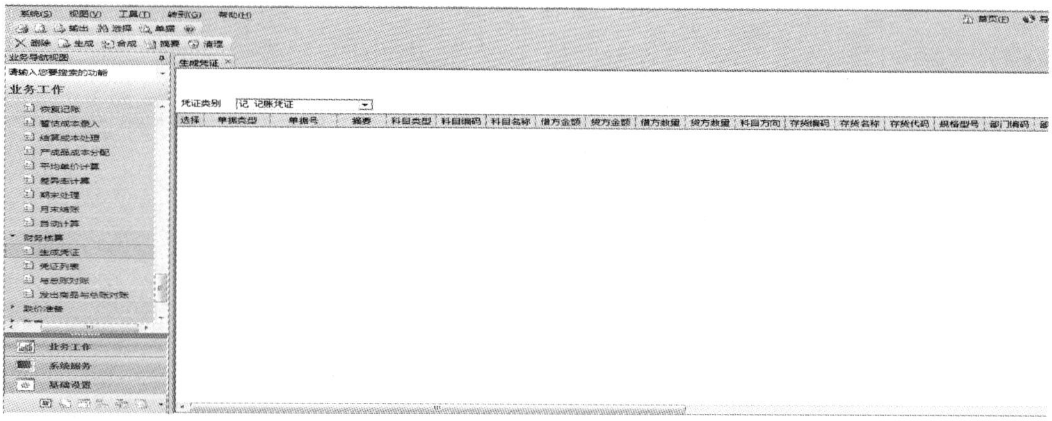

图 11-9（a）

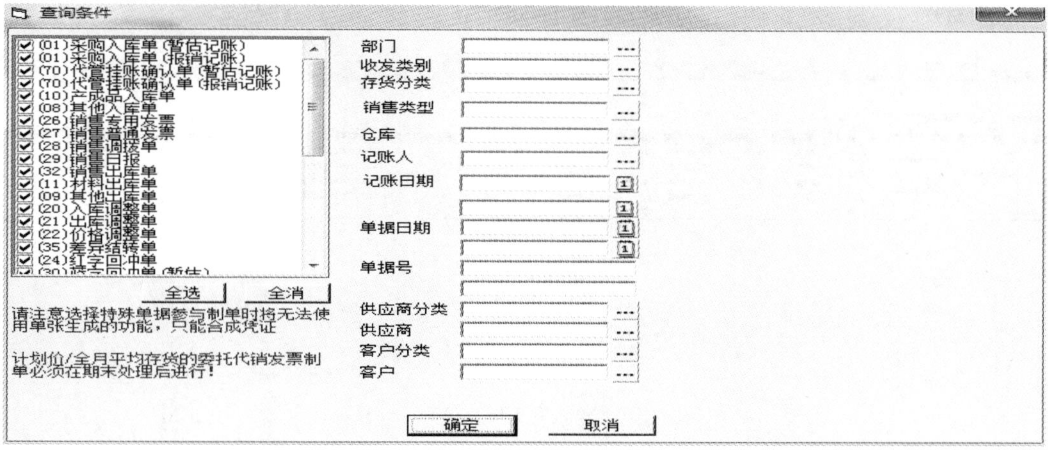

图 11-9（b）

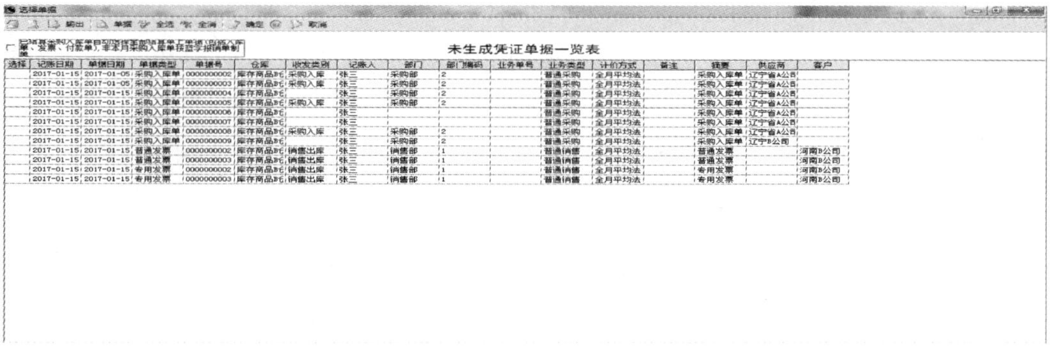

图 11-9（c）

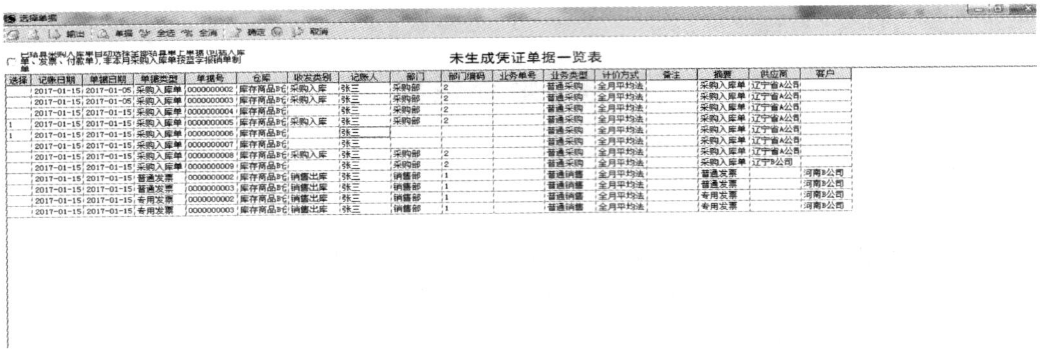

图 11-9（d）

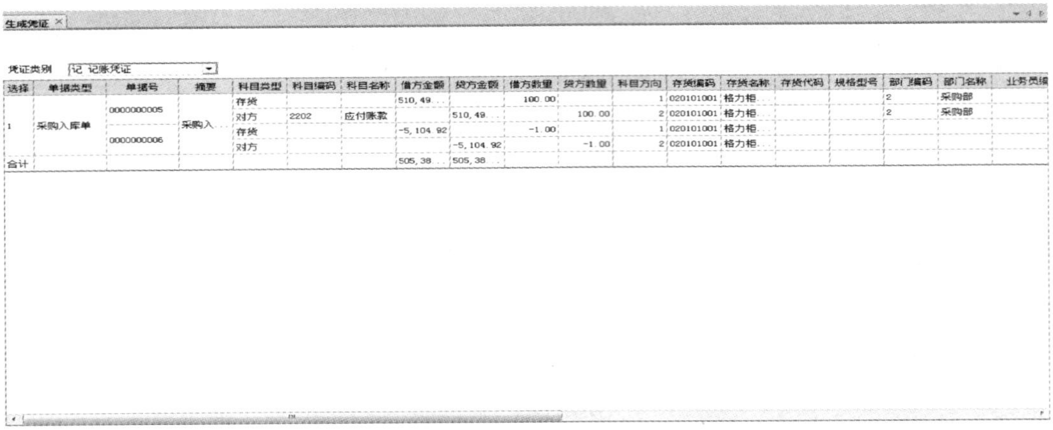

图 11-9（e）

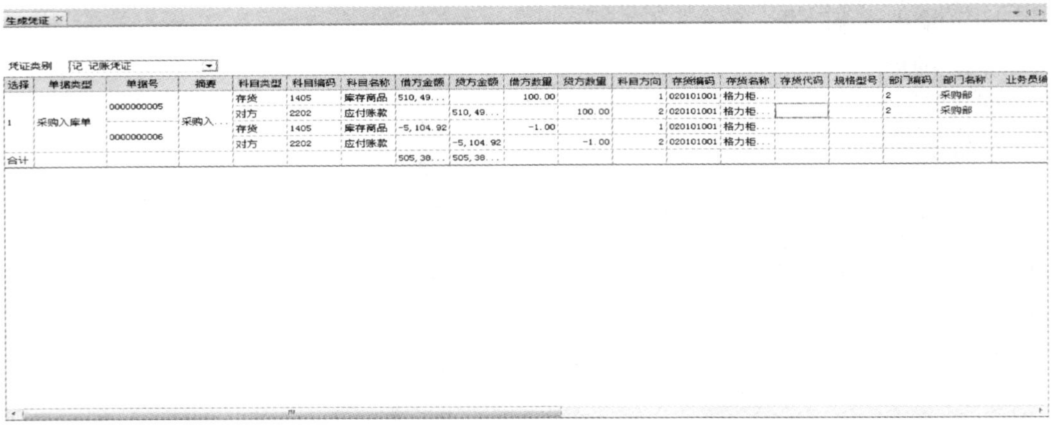

图 11-9（f）

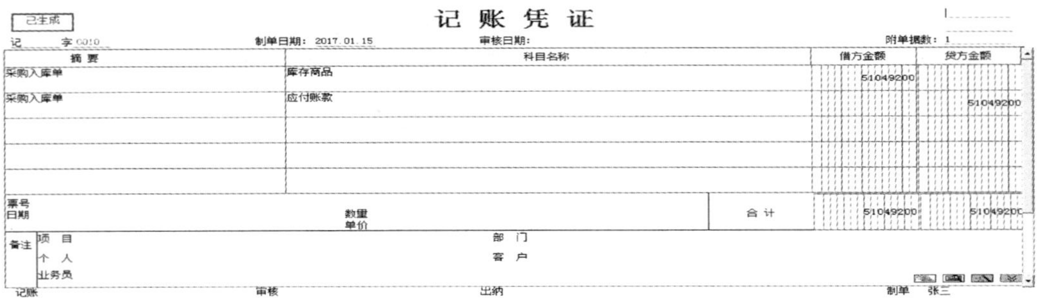

已生成
记 账 凭 证
制单日期：2017.01.15
审核日期：
附单据数：1
摘 要
科目名称
借方金额
贷方金额
采购入库单
库存商品
采购入库单
应付账款
合 计
记账
审核
出纳
制单 张三

图 11-9（g）

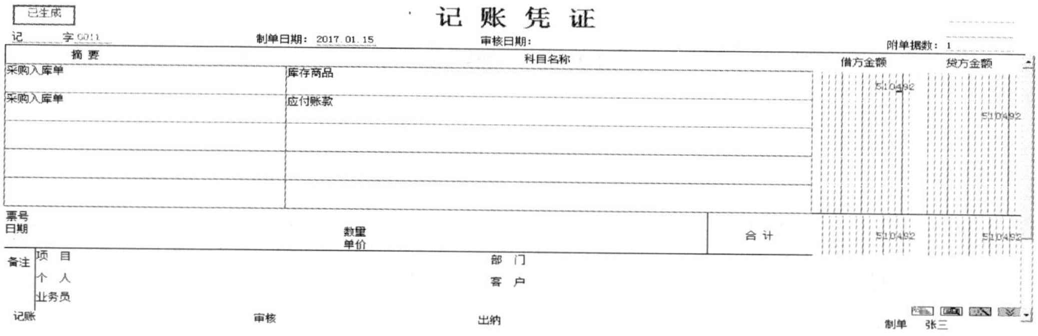

图 11-9（h）

图 11-9 生成凭证

11.4.2 凭证列表

具体操作如下：点击“供应链”→点击“存货核算”→点击“财务核算”→点击“凭证列表”→选择查询条件→点击“确定”按钮，如图 11-10 所示。

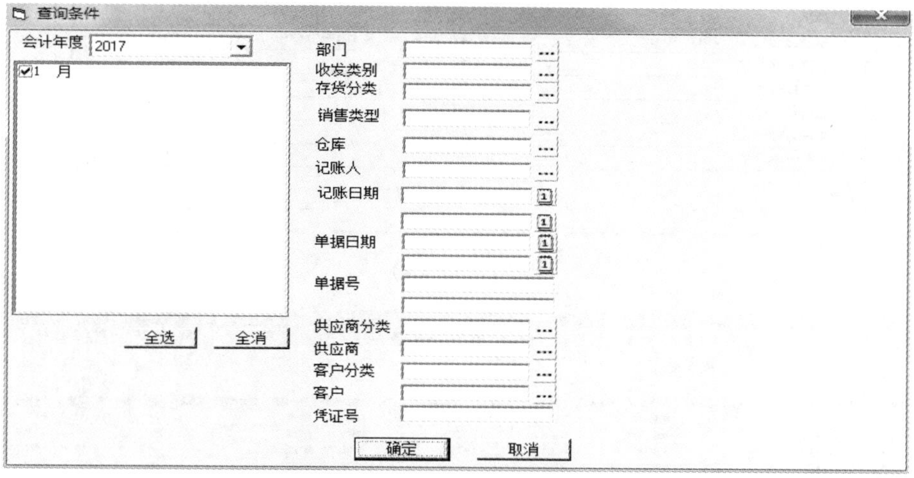

图 11-10（a）

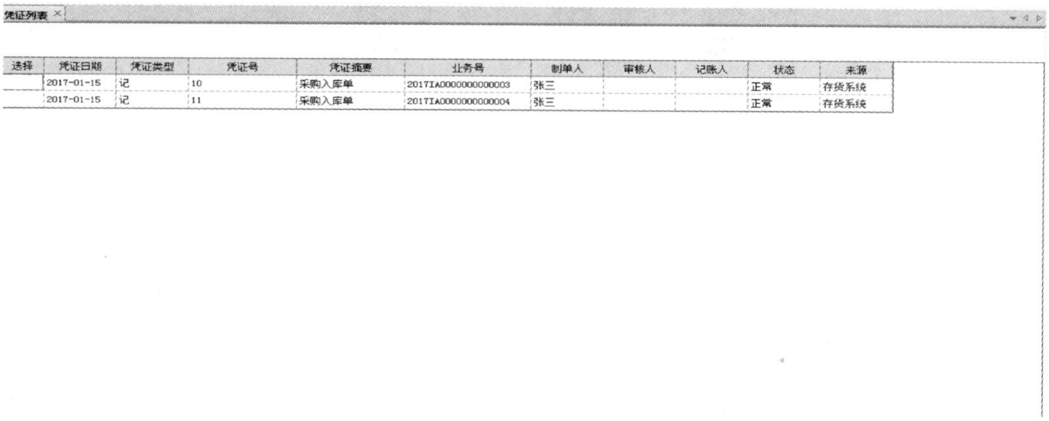

选择	凭证日期	凭证类型	凭证号	凭证摘要	业务号	制单人	审核人	记账人	状态	来源
	2017-01-15	记	10	采购入库单	2017IA0000000000003	张三			正常	存货系统
	2017-01-15	记	11	采购入库单	2017IA0000000000004	张三			正常	存货系统

图 11-10（b）

图 11-10 凭证列表

11.5 账表

11.5.1 流水账

具体操作如下：点击“供应链”→点击“存货核算”→点击“账表”→点击“账簿”→点击“流水账”→选择查询条件→点击“确定”按钮，如图 11-11 所示。

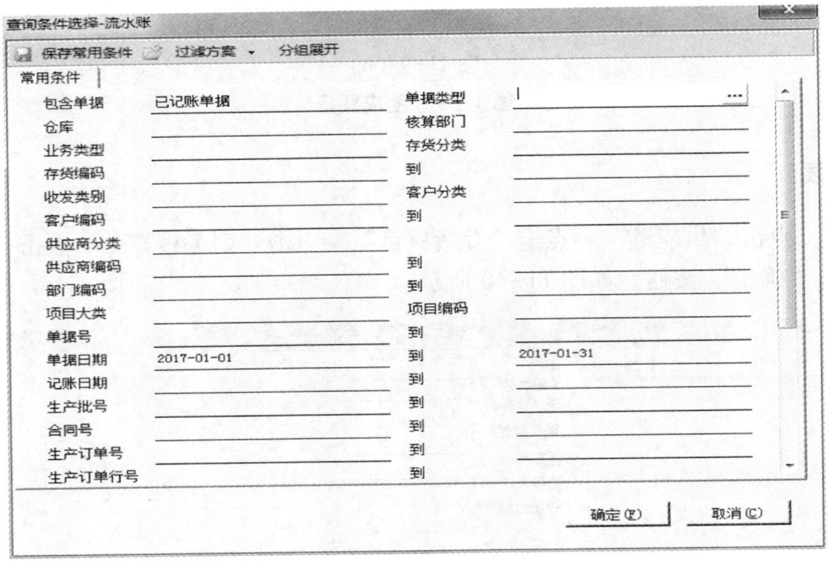

图 11-11（a）

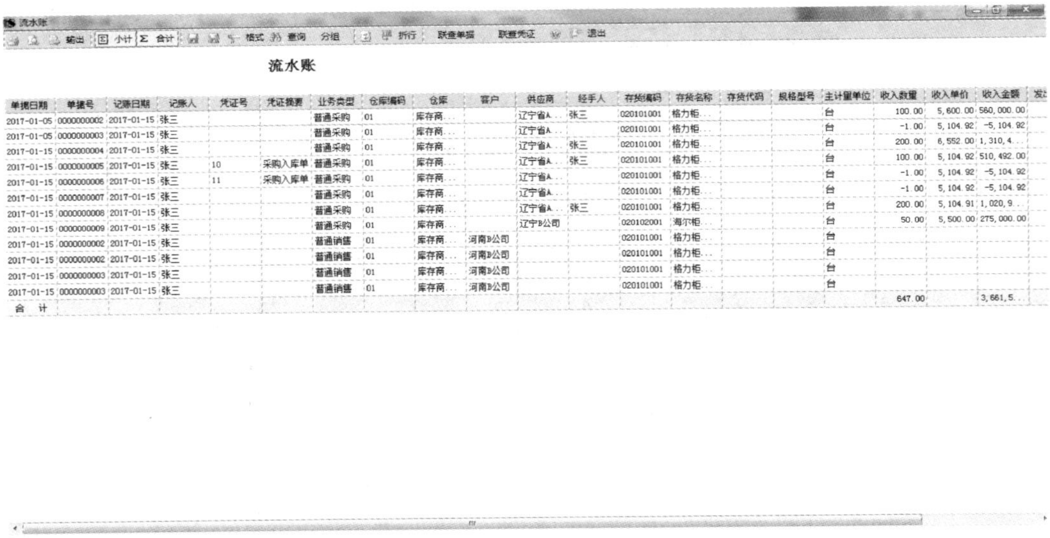

流水账

单据日期	单据号	记账日期	记账人	凭证号	凭证摘要	业务类型	仓库编码	仓库	客户	供应商	经手人	存货编码	存货名称	存货代码	规格型号	主计量单位	收入数量	收入单价	收入金额
2017-01-05	0000000002	2017-01-15	张三			普通采购	01	库存商...		辽宁省A...	张三	020101001	格力柜...			台	100.00	5, 600.00	560, 000.00
2017-01-05	0000000003	2017-01-15	张三			普通采购	01	库存商...		辽宁省A...		020101001	格力柜...			台	-1.00	5, 104.92	-5, 104.92
2017-01-15	0000000004	2017-01-15	张三			普通采购	01	库存商...		辽宁省A...	张三	020101001	格力柜...			台	200.00	6, 552.00	1, 310, 4...
2017-01-15	0000000005	2017-01-15	张三	10	采购入库单	普通采购	01	库存商...		辽宁省A...	张三	020101001	格力柜...			台	100.00	5, 104.92	510, 492.00
2017-01-15	0000000006	2017-01-15	张三	11	采购入库单	普通采购	01	库存商...		辽宁省A...		020101001	格力柜...			台	-1.00	5, 104.92	-5, 104.92
2017-01-15	0000000007	2017-01-15	张三			普通采购	01	库存商...		辽宁省A...		020101001	格力柜...			台	-1.00	5, 104.92	-5, 104.92
2017-01-15	0000000008	2017-01-15	张三			普通采购	01	库存商...		辽宁省A...	张三	020101001	格力柜...			台	200.00	5, 104.91	1, 020, 9...
2017-01-15	0000000009	2017-01-15	张三			普通采购	01	库存商...		辽宁B公司		020102001	海尔柜...			台	50.00	5, 500.00	275, 000.00
2017-01-15	0000000002	2017-01-15	张三			普通销售	01	库存商...	河南B公司			020101001	格力柜...			台			
2017-01-15	0000000002	2017-01-15	张三			普通销售	01	库存商...	河南B公司			020101001	格力柜...			台			
2017-01-15	0000000003	2017-01-15	张三			普通销售	01	库存商...	河南B公司			020101001	格力柜...			台			
2017-01-15	0000000003	2017-01-15	张三			普通销售	01	库存商...	河南B公司			020101001	格力柜...			台			
合 计																	647.00		3, 661, 5...

图 11-11（b）

图 11-11　流水账

11.5.2 明细账

具体操作如下：点击“供应链”→点击“存货核算”→点击“账表”→点击“账簿”→点击“明细账”→选择查询条件→点击“确定”按钮，如图 11-12 所示。

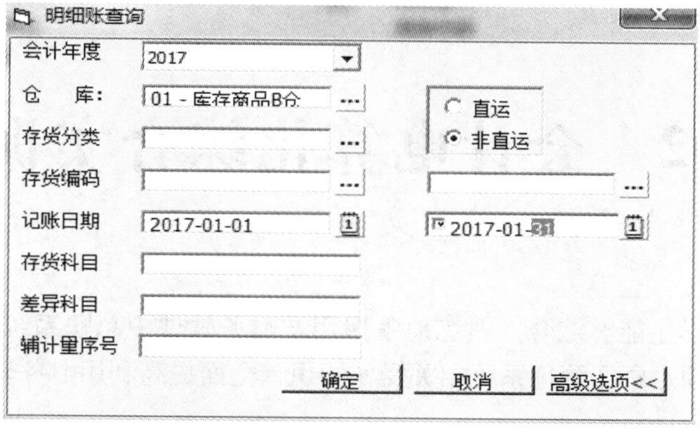

图 11-12（a）

明细账

仓库：(01) 库存商品B仓
存货：(020101001)格力柜式空调　　　　规格型号：
计量单位：台　　　　存货代码：
最高存量：　　最低存量：　　安全库存量：

记账日期:	2017年		凭证号	摘要		收入			发出			结存		
	月	日		凭证摘要	收发类别	数量	单价	金额	数量	单价	金额	数量	单价	金额
				期初结存								0.00		0.00
2017-01-15	1	15			采购入库	100.00	5,600.00	560,000.00				100.00	5,600.00	560,000.00
2017-01-15	1	15			采购入库	-1.00	5,104.92	-5,104.92				99.00	5,605.00	554,895.08
2017-01-15	1	15				200.00	6,552.00	310,400.00				299.00	6,238.45	865,295.08
2017-01-15	1	15	记 10	采购入库单	采购入库	100.00	5,104.92	510,492.00				399.00	5,954.35	375,787.08
2017-01-15	1	15	记 11	采购入库单		-1.00	5,104.92	-5,104.92				398.00	5,956.49	370,682.16
2017-01-15	1	15				-1.00	5,104.92	-5,104.92				397.00	5,958.63	365,577.24
2017-01-15	1	15			采购入库	200.00	5,104.91	020,982.76				597.00	5,672.63	386,560.00
2017-01-15	1	15			销售出库				20.00	5,672.63	113,452.60	577.00	5,672.63	273,107.40
2017-01-15	1	15			销售出库				5.00	5,672.63	28,363.15	572.00	5,672.63	244,744.25
2017-01-15	1	15			销售出库				-2.00	5,672.63	-11,345.26	574.00	5,672.63	256,089.51
2017-01-15	1	15			销售出库				-1.00	5,672.63	-5,672.63	575.00	5,672.63	261,762.14
				1月合计		597.00		386,560.00	22.00		124,797.86	575.00	5,672.63	261,762.14
				本年累计		597.00		386,560.00	22.00		124,797.86			

图 11-12（b）

图 11-12　明细账

实训　存货核算实训

［实训目的］

通过本实训，学生能够掌握存货核算系统中的初始设置、日常业务、业务核算、财务核算等相关操作知识。

［实训内容］

先将采购管理系统实训、销售管理系统实训、库存管理系统实训中发生的各项经济业务处理完毕，然后进入本系统中根据实训要求进行相关的业务操作。

［实训要求］

（1）启用存货核算系统，进行初始设置。

（2）进入本系统进行正常记账、平均单价计算，并根据平均单价计算结果结转相关的销售成本。

（3）将本期发生的采购、销售业务处理完毕后，生成正确的记账凭证。

（4）进行月末结账处理。

12 会计电算化综合实训

通过本部分的实训，学生能够综合、熟练地掌握用友财务软件中总账系统、应收账款系统、应付账款系统、薪资管理系统和固定资产管理系统相关操作知识，全面提高利用财务软件进行财务处理的能力。

12.1 4月份实训资料

[实训内容]

2023年4月份发生的经济业务资料如下：

广州市××实业股份有限公司（以下简称公司）于2023年4月1日启用财务软件进行会计业务处理。

（1）公司基本情况。

公司名称：广州市××实业股份有限公司。

公司法定代表人：张××。

公司电话：020-12345678。

公司地址：广州市天河区黄埔大道8号。

邮政编码：510440。

公司成立时间：2010年3月15日。

公司是一家生产性企业，主要生产和销售甲产品和乙产品；只有一个生产车间进行生产，车间名称为第一生产车间；第一生产车间所发生的费用甲产品承担55%，乙产品承担45%。

甲产品销售时需要缴纳增值税和消费税，乙产品销售时只需要缴纳增值税。公司具有一般纳税人资格，增值税税率为13%，消费税税率为10%，城市维护建设税税率为7%，教育费附加为3%。

甲产品对外出口，采用美元进行结算，在建行广东分行开设外币账户。

（2）公司组织部门框架如表12-1所示。

表12-1 公司组织部门框架

一级部门编码	一级部门名称
1	总经理办公室
2	财务部
3	审计部
4	采购部
5	销售部
6	车间办公室
7	车间生产线
8	人力资源部

（3）人员档案表如表 12-2 所示。

表 12-2 人员档案表

部门编码	部门名称	编号	姓名	人员类别	是否计税	是否为计件工资	职务
1	总经理办公室	101	陈一	在职人员	是	否	
		102	陈二	在职人员	是	否	
		103	陈三	在职人员	是	否	
2	财务部	201	张一	在职人员	是	否	经理
		202	张二	在职人员	是	否	出纳
		203	张三	在职人员	是	否	制单
		204	张四	在职人员	是	否	记账
3	审计部	301	王一	在职人员	是	否	审核
		302	王二	在职人员	是	否	
		303	王三	在职人员	是	否	
4	采购部	401	邓一	在职人员	是	是	业务员
		402	邓二	在职人员	是	是	业务员
		403	邓三	在职人员	是	是	业务员
5	销售部	501	吴一	在职人员	是	是	销售员
		502	吴二	在职人员	是	是	销售员
		503	吴三	在职人员	是	是	销售员
6	车间办公室	601	万一	在职人员	是	否	
		602	万二	在职人员	是	否	
		603	万三	在职人员	是	否	
7	车间生产线	701	叶一	在职人员	是	是	
		702	叶二	在职人员	是	是	
		703	叶三	在职人员	是	是	
		704	叶四	在职人员	是	是	
8	人力资源部	801	周一	在职人员	是	否	
		802	周二	在职人员	是	否	
		803	周三	在职人员	是	否	

（4）客户分类表如表 12-3 所示。

表 12-3 客户分类表

一级编码	一级名称	二级编码	二级名称	三级编码	三级名称
01	东北地区	01001	黑龙江	010010001	A 公司
		01002	吉林	010020002	B 公司
		01003	辽宁	010030002	C 公司
02	华东地区	02001	上海	020010001	D 公司
		02002	浙江	020020002	E 公司
		02003	江苏	020030003	F 公司
03	华中地区	03001	湖北	030010001	G 公司
		03002	湖南	030020002	H 公司
		03003	河南	030030003	I 公司

（5）供应商分类表如表 12-4 所示。

表 12-4　供应商分类表

一级编码	一级名称	二级编码	二级名称
01	大供应商	01001	M 公司
		01002	N 公司
02	中供应商	02001	O 公司
		02002	P 公司
03	小供应商	03001	Q 公司
		03002	X 公司

（6）存货分类表如表 12-5 所示。

表 12-5　存货分类表

一级编码	一级名称	二级编码	二级名称	三级编码	三级名称	存货属性
01	原材料	0101	A 材料			外购、生产
		0102	B 材料			外购、生产
		0103	C 材料			外购、生产
		0104	D 材料			外购、生产
02	库存商品	0201	甲产品			生产、销售
		0202	乙产品			生产、销售
03	周转材料	0301	包装物	030101	纸箱 A	外购、销售
				030102	纸箱 B	外购、销售
		0302	低值易耗品	030201	扳手	外购、销售
				030202	老虎钳	外购、销售

（7）计量单位组如表 12-6 所示。

表 12-6　计量单位组

分组编码	计量单位名称	二级编码	计量单位名称	是否为主计量单位	与主计量单位换算率
01	混合计量组	0101	个	否	固定换算率
		0102	件	否	固定换算率

（8）仓库货位分类表如表 12-7 所示。

表 12-7　仓库货位分类表

仓库名称	仓库编码	货位	货位编码	备注
商品仓	01	A 货位	01	商品全部存放于 A 货位
原材料仓	02	B 货位	02	原材料全部存放于 B 货位
周转材料仓	03	C 货位	03	周转材料全部存放于 C 货位

（9）开户银行资料如表 12-8 所示。

表 12-8　开户银行资料

编码	01	银行账号	123456789012
账户名称	广州市××实业股份有限公司	开户时间	2010-01-05
币种	人民币	开户银行	工行天河支行
所属银行	中国工商银行	联行号	95588

（10）结算方式如表 12-9 所示。

表 12-9 结算方式

一级结算方式编码	一级结算方式名称	二级结算方式编码	二级结算方式名称	是否为票据管理
1	现金结算			否
2	银行结算	201	支票结算	否
		202	银行转账	否
3	商业汇票	301	银行承兑汇票	否
		302	商业承兑汇票	否

（11）会计科目辅助核算表如表 12-10 所示。

表 12-10 会计科目辅助核算表

会计科目	辅助核算	现金科目	银行科目	银行账	日记账
库存现金		是			是
银行存款			是	是	是
银行存款——工行			是	是	是
银行存款——建行	外币（美元）		是	是	是
应收账款	客户往来				
应收票据	客户往来				
预收账款	客户往来				
其他应收款	个人往来				
应付票据	供应商往来				
应付账款	供应商往来				
预付账款	供应商往来				
其他应付款	个人往来				
管理费用	部门核算				
主营业务收入	项目核算				
生产成本	项目核算				

（12）应收票据期初余额明细表如表 12-11 所示。

表 12-11 应收票据期初余额明细表

客户名称	票据号	承兑银行	签发日期	到期日	票据面值/元	部门
A 公司	001	建行广州支行	2023-03-01	2023-06-01	351 000	销售部
C 公司	002	农行广州支行	2023-02-15	2023-07-15	58 500	销售部
D 公司	003	农行广州支行	2023-03-20	2023-08-20	117 000	销售部
合计					526 500	

（13）应收账款期初余额明细表如表 12-12 所示。

表 12-12 应收账款期初余额明细表

客户名称	品种	计量单位	销售数量	不含税单价/元	不含税总金额/元	税额/元	部门	开户行
A 公司	甲产品	个	5 000	120	600 000	78 000	销售部	工行天河支行
B 公司	甲产品	个	1 000	130	130 000	16 900	销售部	工行天河支行
C 公司	乙产品	个	500	100	50 000	6 500	销售部	工行天河支行

表12-12(续)

客户名称	品种	计量单位	销售数量	不含税单价/元	不含税总金额/元	税额/元	部门	开户行
D 公司	乙产品	个	600	90	54 000	7 020	销售部	工行天河支行
E 公司	甲产品	个	2 000	130	260 000	33 800	销售部	工行天河支行
F 公司	甲产品	个	3 000	120	360 000	46 800	销售部	工行天河支行
G 公司	乙产品	个	200	100	20 000	2 600	销售部	工行天河支行
合计					1 474 000	191 620	销售部	工行天河支行

（14）预付账款期初余额明细表如表 12-13 所示。

表 12-13　预付账款期初余额明细表

供应商名称	预付方式	预付金额/元	部门	业务员	预付时间
M 公司	支票	100 000	采购部	邓一	2023-02-25
N 公司	转账	50 000	采购部	邓二	2023-02-26
O 公司	支票	120 000	采购部	邓三	2023-02-20
P 公司	转账	200 000	采购部	邓一	2023-01-20
合计		470 000			

（15）应付账款期初余额明细表如表 12-14 所示。

表 12-14　应付账款期初余额明细表

供应商名称	品种	计量单位	购进数量	不含税单价/元	不含税总金额/元	税额/元	部门	开户行
M 公司	A 材料	个	6 000	30	180 000	23 400	采购部	工行天河支行
N 公司	B 材料	个	3 000	20	60 000	7 800	采购部	工行天河支行
O 公司	C 材料	个	6 000	10	60 000	7 800	采购部	工行天河支行
P 公司	D 材料	个	4 000	6	24 000	3 120	采购部	工行天河支行
Q 公司	A 材料	个	2 500	30	75 000	9 750	采购部	工行天河支行
X 公司	B 材料	个	2 000	20	40 000	5 200	采购部	工行天河支行
合计		个			439 000	57 070	采购部	工行天河支行

（说明：购进时都取得了增值税专用发票）

（16）应付票据期初余额明细表如表 12-15 所示。

表 12-15　应付票据期初余额明细表

供应商名称	票据号	承兑银行	签发日期	到期日	票据面值/元	部门
M 公司	050	工行天河支行	2022-12-20	2023-04-20	468 000	采购部
N 公司	051	工行天河支行	2023-02-05	2023-05-05	234 000	采购部
O 公司	052	工行天河支行	2023-02-10	2023-05-10	46 800	采购部
P 公司	053	工行天河支行	2023-03-05	2023-05-05	117 000	采购部
合计					865 800	

（17）预收账款期初余额明细表如表 12-16 所示。

表 12-16 预收账款期初余额明细表

客户名称	预收方式	预收金额/元	部门	业务员	预收时间
B 公司	支票	150 000	销售部	吴一	2023-01-05
C 公司	转账	250 000	销售部	吴二	2023-03-08
D 公司	支票	100 000	销售部	吴三	2023-02-15
E 公司	转账	200 000	销售部	吴一	2023-03-28
合计		700 000			

（18）会计凭证类别设置为收款凭证、付款凭证和转账凭证。

（19）外汇汇率采用浮动汇率，1～10 日的汇率为 1∶6. 335 1；11～20 日的汇率为 1∶6. 236 4；21～30 日的汇率为 1∶6. 284 6；31 日的汇率为 1∶6. 325 8。

（20）计提坏账准备的方法是应收账款余额百分比法，计提坏账准备的比例是 0. 5%。

（21）计提固定资产折旧方法采用年限平均折旧法（二）；资产类别编码规则为 2-2-1-2；手工录入固定资产编码；固定资产增加方式为直接购入或自行建造；固定资产减少方式为出售。

（22）固定资产类别表如表 12-17 所示。

表 12-17 固定资产类别表

一级类别编码	一级类别名称	二级类别编码	二级类别名称	使用年限/年	计量单位	净残值率/%	计提属性
01	房屋	0101	行政大楼	60	幢	5	正常计提
		0102	生产大楼	50	幢	4	正常计提
02	电脑			5	台	3	正常计提
03	生产设备			10	台	4	正常计提
04	汽车	0401	卡车	15	辆	5	正常计提
		0401	小汽车	20	辆	2	正常计提
05	空调			8	台	3	正常计提
06	办公设备			5	个	2	正常计提

（23）2023 年 3 月 31 日有关固定资产资料如表 12-18 所示。

表 12-18 固定资产资料

编码	名称	原值/元	累计折旧/元	开始使用时间	使用及存放部门
0101001	行政大楼	4 126 540. 00	251 456. 00	2015-10-15	人力资源部
0102002	生产大楼	2 894 126. 00	421 697. 23	2015-10-20	车间办公室
02001	电脑 A	8 500. 00	426. 00	2022-11-10	总经理办公室
02002	电脑 B	7 560. 00	562. 00	2022-05-06	财务部
02003	电脑 C	6 250. 00	512. 00	2022-04-06	审计部
02004	电脑 D	5 420. 00	658. 00	2022-02-02	采购部
02005	电脑 E	4 650. 00	510. 00	2022-10-01	销售部
02006	电脑 F	3 650. 00	356. 00	2022-10-01	车间办公室
02007	电脑 G	6 530. 00	630. 00	2022-10-01	车间生产线
02008	电脑 H	5 560. 00	560. 00	2022-10-01	人力资源部
03001	生产设备 A	563 200. 00	32 165. 40	2019-10-01	车间办公室
03002	生产设备 B	456 821. 00	30 258. 00	2020-10-01	车间办公室

表12-18(续)

编码	名称	原值/元	累计折旧/元	开始使用时间	使用及存放部门
03003	生产设备 C	236 982.00	8 564.00	2021-10-01	车间办公室
03004	生产设备 D	125 850.00	3 265.00	2022-10-01	车间办公室
04001	小汽车 A	258 620.00	12 365.00	2021-10-01	总经理办公室
04002	小汽车 B	168 500.00	56 980.00	2020-10-05	总经理办公室
04003	卡车	125 680.00	25 632.00	2021-12-05	车间办公室
05001	空调 A	12 500.00	6 532.00	2022-10-01	总经理办公室
05002	空调 B	5 642.00	126.00	2021-10-01	财务部
05003	空调 C	4 560.00	152.00	2022-10-01	审计部
05004	空调 D	3 580.00	160.00	2023-01-01	采购部
05005	空调 E	3 650.00	140.00	2023-01-01	销售部
05006	空调 F	4 260.00	182.00	2022-10-01	车间办公室
06001	办公设备 A	36 520.00	2 568.00	2020-10-01	总经理办公室
06002	办公设备 B	8 560.00	856.00	2022-10-01	财务部
06003	办公设备 C	4 589.00	654.00	2022-10-01	审计部
06004	办公设备 D	3 850.00	235.00	2023-01-01	采购部
合计		9 092 150.00	858 201.63		

（24）2023 年 3 月 31 日有关科目余额明细表如表 12-19 所示。

表 12-19　科目余额明细表

单位：元

科目名称	1~3 月累计数		借方余额	科目名称	1~3 月累计数		贷方余额
	累计借方	累计贷方			累计借方	累计贷方	
库存现金	34 200	17 320	25 000	短期借款			
银行存款				工行	1 260 000	1 870 000	2 560 000
工行	3 165 000	3 867 000	3 684 000	应付账款	1 854 000	1 287 480	496 070
建行（USD）			258 000	应付票据	632 000	753 000	865 800
			1 640 054.4	预收账款	0	0	700 000
应收账款	1 534 200	1 649 800	1 665 620	应付职工薪酬			
预付账款	0	0	470 000	工资	1 318 864.2	1 194 200	642 105
坏账准备	0	0	-6 800	应交税费			
应收票据	123 000	218 000	526 500	应交消费税	48 378	54 300	56 891.4
交易性金融资产	0	0	253 000	应交城建税	3 386.46	3 801	4 792.22
其他应收款	0	0	27 500	未交增值税	97 650	102 860	11 568.85
原材料	1 839 700	1 732 100	2 689 000	其他应付款	0	0	1 200
库存商品	1 185 000	976 010	1 863 250	教育费附加	1 451.34	1 629	2 053.81
周转材料	5 400	6 200	12 680	长期借款	2 765 000	3 168 000	4 562 300
固定资产	65 800	0	9 092 150	实收资本	0	0	12 000 000
累计折旧		-62 450	-858 201.63	资本公积	0	0	20 000
在建工程	0	0	586 000	盈余公积	0	0	4 000
工程物资	28 430	31 290	125 986	未分配利润	0	0	322 517.49
无形资产			453 560				
合计	7 980 730	8 435 270	22 249 298.77	合计	7 980 730	8 435 270	22 249 298.77

（25）其他应收款期初余额明细表如表 12-20 所示。

表 12-20 其他应收款期初余额明细表

部门编码	部门名称	编号	姓名	金额/元
1	总经理办公室	101	陈一	6 000
4	采购部	401	邓一	5 500
		402	邓二	8 500
5	销售部	501	吴一	4 500
		502	吴二	3 000
合计				27 500

（26）其他应付款期初余额明细表如表 12-21 所示。

表 12-21 其他应付款期初余额明细表

部门编码	部门名称	编号	姓名	金额/元
7	车间生产线	701	叶一	300
		702	叶二	300
		703	叶三	300
		704	叶四	300
合计				1 200

（27）工资类别及统计标准表如表 12-22 所示。

表 12-22 工资类别及统计标准表

部门	工资类别	统计标准	计件工资标准/元
车间生产线	计件工资	完工产品数量	0. 3
销售部	计件工资	销售甲产品	1
		销售乙产品	0. 8
其他部门	固定工资		

（28）工资结构表如表 12-23 所示。

表 12-23 工资结构表

序号	工资项目	增减项
1	基本工资	增项
2	岗位工资	增项
3	奖金	增项
4	津贴	增项
5	交通补贴	增项
6	浮动工资	增项
7	事假扣款	减项
8	事假天数	其他
9	病假扣款	减项
10	病假天数	其他
11	迟到扣款	减项
12	迟到次数	其他

该公司财务制度规定，事假扣款标准是（基本工资+岗位工资+奖金+津贴+交通补贴+浮动工资）÷21.75；病假扣款标准是（基本工资+岗位工资+奖金+津贴+交通补贴+浮动工资）÷21.75×20%；迟到扣款标准是每次 100 元。

（29）2023 年 4 月公司考勤表如表 12-24 所示。

表 12-24　考勤表

部门名称	编号	姓名	迟到次数/次	事假天数/天	病假天数/天
总经理办公室	101	陈一	1		
	102	陈二		1	
	103	陈三			1
财务部	201	张一	1		
	202	张二			
	203	张三		2	
	204	张四			
审计部	301	王一	1		
	302	王二			1
	303	王三		2	
采购部	401	邓一			1
	402	邓二			
	403	邓三			1
销售部	501	吴一			
	502	吴二		1	
	503	吴三			
车间办公室	601	万一	1		
	602	万二			
	603	万三			
车间生产线	701	叶一	1		
	702	叶二			2
	703	叶三			
	704	叶四		1	
人力资源部	801	周一		1	
	802	周二			
	803	周三			

（30）2023 年 4 月份工资表部分数据如表 12-25 所示。

表 12-25　工资表（部分）

单位：元

部门编码	部门名称	编号	姓名	基本工资	岗位工资	奖金	津贴	交通补贴	浮动工资
1	总经理办公室	101	陈一	2 500	500	600	400	500	750
		102	陈二	1 800	400	500	350	500	650
		103	陈三	2 200	400	500	350	500	550

表12-25(续)

部门编码	部门名称	编号	姓名	基本工资	岗位工资	奖金	津贴	交通补贴	浮动工资
2	财务部	201	张一	3 600	800	1 000	400	500	800
		202	张二	2 600	700	800	400	500	700
		203	张三	2 500	600	700	350	500	700
		204	张四	1 800	400	500	200	500	300
3	审计部	301	王一	4 000	600	600	500	500	600
		302	王二	2 200	350	500	400	500	400
		303	王三	1 800	200	300	300	500	200
4	采购部	401	邓一	3 200	500	450	400	500	550
		402	邓二	2 000	300	300	200	500	300
		403	邓三	2 500	400	300	200	500	250
5	销售部	501	吴一					200	
		502	吴二					200	
		503	吴三					200	
6	车间办公室	601	万一	5 000	500	450	500	500	800
		602	万二	4 200	500	400	300	500	750
		603	万三	3 000	400	300	300	500	500
7	车间生产线	701	叶一					200	
		702	叶二					200	
		703	叶三					200	
		704	叶四					200	
8	人力资源部	801	周一	3 500	450	400	500	500	600
		802	周二	2 000	320	300	450	500	400
		803	周三	2 500	350	350	400	500	500

（31）2023 年 4 月计件工资统计表如表 12-26 所示。

表 12-26　计件工资统计表　　单位：个

部门编码	部门名称	编号	姓名	完工产品数量	销售甲产品数量	销售乙产品数量
5	销售部	501	吴一		15 000	50
		502	吴二		2 000	7 000
		503	吴三		3 000	990
7	车间生产线	701	叶一	40 000		
		702	叶二	35 000		
		703	叶三	45 000		
		704	叶四	30 000		

（32）个人所得税税率表如表 12-27 所示。

表 12-27 个人所得税税率表（综合所得适用）

级数	全月应纳税所得额	税率/%	速算扣除数
1	不超过 36 000 元的部分	3	0
2	超过 36 000 元至 144 000 元的部分	10	2 520
3	超过 144 000 元至 300 000 元的部分	20	16 920
4	超过 300 000 元至 420 000 元的部分	25	31 920
5	超过 420 000 元至 660 000 元的部分	30	52 920
6	超过 660 000 元至 960 000 元的部分	35	85 920
7	超过 960 000 元的部分	45	181 920

注：个人所得税的起征点是 5 000 元。

（33）库存商品明细表如表 12-28 所示。

表 12-28 库存商品明细表

名称	计量单位	数量	单价/元	总额/元	仓库	货位
甲产品	个	20 000	43. 162 5	863 250	商品仓	A 货位
乙产品	个	20 000	50	1 000 000	商品仓	A 货位
合计				1 863 250		

（34）库存原材明细表如表 12-29 所示。

表 12-29 库存原材明细表

名称	计量单位	数量	单价/元	总额/元	仓库	货位
A 材料	个	50 000	30	1 500 000	原材料仓	B 货位
B 材料	个	42 500	20	850 000	原材料仓	B 货位
C 材料	个	31 500	10	315 000	原材料仓	B 货位
D 材料	个	4 000	6	24 000	原材料仓	B 货位
合计				2 689 000		

（35）库存周转材料明细表如表 12-30 所示。

表 12-30 库存周转材料明细表

名称	计量单位	数量	单价/元	总额/元	仓库	货位
纸箱 A	个	1 670	4	6 680	周转材料仓	C 货位
纸箱 B	个	3 000	2	6 000	周转材料仓	C 货位
合计				12 680		

（36）2023 年 4 月公司发生了如下经济业务（销售货物适用的增值税税率为 13%）：

① 4 月 1 日财务部张一出差，向财务部借款 1 000 元，财务部以现金支付。

② 4 月 1 日支付本月水费 4 600 元，开出工行转账支票一张，支票号码是 001 号；总经理办公室承担水费 600 元，销售部门承担水费 200 元，生产车间承担水费 3 800 元；取得了增值税普通发票。

③ 4 月 2 日从工行提现 50 000 元，开出工行现金支票一张，支票号码是 002 号。

④ 4 月 2 日采购部邓一出差向财务部借款 2 000 元，财务部以现金支付。

⑤ 4 月 2 日开出工行转账支票一张，支付上月员工工资 200 000 元，支票号码是 003 号。

⑥ 4 月 3 日采购部从 M 公司采购 A 材料，数量是 2 000 个，不含税单价是 25 元，取得了增值税专

用发票，开出工行转账支票一张支付货款，金额共计 56 500 元，支票号码是 004 号，材料已经入库。

⑦ 4 月 3 日采购部从 N 公司采购 B 材料，数量是 1 000 个，含税采购单价是 21 元，取得了增值税普通发票，款项没有支付，材料已经入库。

⑧ 4 月 3 日为了采购 C 材料，向 O 公司预付采购货款 35 100 元，开出工行转账支票一张，支票号码是 005 号。

⑨ 4 月 3 日从工行借入 500 000 元，期限为 1 年，利率为 6%，进账单号是 051 号。

⑩ 4 月 4 日采购部支付 M 公司前欠货款 203 400 元，开出工行转账支票一张，支票号码是 006 号。

⑪ 4 月 4 日采购部从 M 公司采购 A 材料 7 000 个，不含税采购单价 30 元，取得了增值税专用发票，款项还没有支付，材料已经入库。

⑫ 4 月 4 日采购部从 P 公司采购 C 材料 5 000 个，不含税采购单价 12 元，取得了增值税专用发票，款项还没有支付，材料已经入库。

⑬ 4 月 5 日采购部支付前欠 P 公司货款 27 120 元，开出工行转账支票一张，支票号码是 007 号。

⑭ 4 月 5 日以现金支付总经理办公室餐费 560 元，取得了增值税普通发票。

⑮ 4 月 5 日支付公司电话费，总计金额为 4 250 元，其中销售部承担 250 元，总经理办公室承担 3 000 元，车间办公室承担 1 000 元；开出工行转账支票一张，支票号码是 008 号；取得了增值税普通发票。

⑯ 4 月 5 日生产车间为生产甲产品、乙产品从仓库领料。其中，为生产甲产品领用 A 材料 4 500 个，为生产乙产品领用 B 材料 3 600 个，C 材料 7 200 个。

⑰ 4 月 5 日以现金为生产车间办公室支付办公费用 680 元，取得了增值税普通发票。

⑱ 4 月 5 日财务部张一报销差旅费用 820 元，取得了增值税普通发票。

⑲ 4 月 5 日人力资源部以现金转账支票支付人才招聘费用 2 500 元，支票号码是 009 号。

⑳ 4 月 6 日以现金向生产线工人叶一返还工衣款 300 元。

㉑ 4 月 6 日以现金支票支付生产设备 A 修理费用 3 600 元，工行支票号码是 010 号，取得了增值税普通发票。

㉒ 4 月 6 日以工行现金支票支付本月生产车间电费 26 820 元，支票号码是 011 号，取得了增值税普通发票。

㉓ 4 月 6 日销售甲产品 5 000 个给 A 公司，不含税销售单价是 110 元，货款尚未收到，开具了增值税专用发票，业务员是吴一。

㉔ 4 月 6 日销售甲产品 2 000 个给 B 公司，不含税销售单价是 95 元，对方以现金支票支付，开具了增值税普通发票，进账单号是 052 号，业务员是吴二。

㉕ 4 月 7 日销售乙产品 1 000 给个 C 公司，不含税销售单价是 90 元，对方还没有支付货款，开具了增值税专用发票，业务员是吴三。

㉖ 4 月 7 日以工行现金支票支付公司会计报表年审费用 5 600 元，支票号码是 012 号。

㉗ 4 月 7 日以工行现金支票支付公司甲产品广告费用 25 826 元，支票号码是 013 号，取得了增值税普通发票。

㉘ 4 月 8 日以工行现金支票支付公司小汽车 A、小汽车 B 过路过桥费 6 235 元，支票号码是 014 号。

㉙ 4 月 9 日以工行现金支票支付生产车间办公室卡车高速公路通行费 3 620 元，支票号码是 015 号。

㉚ 4 月 9 日以现金 250 元购买小汽车 A 的修理配件。

㉛ 4 月 9 日以现金支付公司桶装水费用 1 620 元，其中公司人力资源部承担 320 元，销售部承担 300 元，生产车间承担 1 000 元，取得了增值税普通发票。

㉜ 4 月 9 日以现金支付生产车间办公室打印纸 5 箱，共计支付现金 650 元，取得了增值税普通发票。

㉝ 4 月 10 日以工行存款缴纳上月增值税 11 568.85 元，消费税 56 891.4 元，城市维护建设税 4 792.22 元，教育费附加 2 053.81 元，银行转账单号是 016 号。

㉞ 4 月 10 日销售乙产品给 D 公司，销售数量是 5 000 元，不含税销售单价是 80 元，开具了增值税普通发票，D 公司同时开具了一张银行承兑汇票，承兑银行是农行广州分行，票据面值为 452 000 元，期限为 3 个月，到期日 2023 年 4 月 10 日，业务员是吴一。

㉟ 4 月 10 日以现金为生产车间购买扳手等小修理工具，共花费了 360 元，取得了增值税普通发票。

㊱ 4 月 11 日以工行转账支票支付本年度财产保险费用 45 600 元，其中生产车间承担 35 600 元，公司总经理办公室承担 8 000 元，销售部承担 2 000 元，支票号码是 17 号，取得了增值税普通发票。

㊲ 4 月 11 日采购部购买 Q 公司的 D 材料，购买数量是 10 000 个，不含税购买单价是 8 元，同时开出一张 3 个月工行承兑的商业汇票一张，面值是 90 400 元，取得了增值税专用发票。

㊳ 4 月 11 日销售部销售乙产品给 G 公司，销售数量为 2 000 个，不含税销售单价为 90 元，款项还没有收到，开具了增值税普通发票，业务员是吴二。

㊴ 4 月 11 日销售部收到 B 公司预付货款 117 000 元，银行进账单号是 053 号。

㊵ 4 月 11 日以现金支付销售部餐费 820 元，取得了增值税普通发票。

㊶ 4 月 12 日以工行转账支票支付公司法律诉讼费用 4 620 元，支票号码是 18 号，取得了增值税普通发票。

㊷ 4 月 12 日以工行转账支票支付公司的电费 248 000 元，其中生产车间办公室承担 220 000 元，销售部门承担 8 000 元，公司总经理办公室承担 20 000 元，支票号码是 19 号，取得了增值税普通发票。

㊸ 4 月 12 日以工行现金支票支付公司的移动电话费用 23 400 元，其中总经理办公室承担 10 000 元，人力资源部承担 3 400 元，销售部承担 8 000 元，生产车间办公室承担 2 000 元，支票号码是 20 号，取得了增值税普通发票。

㊹ 4 月 12 日以工行支票支付公司物业管理费用 32 500 元，其中销售部承担 2 500 元，人力资源部承担 30 000 元，支票号码是 21 号，取得了增值税普通发票。

㊺ 4 月 13 日以工行支票购买生产设备 E，取得了增值税专用发票，不含税金额是 500 000 元，支票金额为 565 000 元，支票号码为 22 号。该生产设备使用年限 10 年，由生产车间负责使用和管理，残值率为 4%。

㊻ 4 月 13 日以工行支票购买办公设备 E，由人力资源部使用，价税合计 6 500 元，取得了增值税普通发票，支票号码是 23 号，使用年限为 5 年，残值率为 2%。

㊼ 4 月 14 日销售部预收 F 公司货款 160 000 元，进账单号是 54 号。

㊽ 4 月 14 日销售乙产品给 D 公司，不含税销售单价为 85 元，销售数量为 3 000 个，开具了增值税专用发票，D 公司同日开具了一张商业汇票，票据面值共计 288 150 元，业务员是吴二。

㊾ 4 月 14 日以现金支票支付公司车辆加油费 42 000 元，其中公司总经理办公室承担 22 000 元，销售部承担 15 000 元，车间办公室承担 5 000 元，支票号码是 24 号，取得了增值税普通发票。

㊿ 4 月 14 日经公司总经理批准，处理 A 公司应收账款坏账损失 5 000 元。

51 4 月 14 日出口甲产品到美国，销售数量为 2 000 个，销售单价是 30 美元，款项已存入建行外币户，支票号码是 25 号，业务员是吴三。

52 4 月 14 日计提本月公司应承担“五险一金”共计 156 800 元，其中公司人力资源部承担 56 800 元，车间生产线承担 40 000 元，车间办公室承担 30 000 元，销售部承担 30 000 元。

53 4 月 15 日收到工行进账单通知，银行存款利息收入 365.25 元，进账单号是 55 号。

(54) 4 月 15 日发生销售退货，退货公司是 C 公司，退货数量为 10 个，当时不含税销售单价为 90 元，退回的商品是乙产品，仓库已经办好入库手续。客户还没有支付货款。销售时开具了增值税专用发票；业务员是吴三。

(55) 4 月 15 日发生采购退货，将采购的 A 材料退还给 M 公司，退货数量为 5 个，当时的不含税采购单价是 30 元，购买时取得了增值税专用发票，款项还未支付。

(56) 4 月 16 日将电脑 A 出售，出售时取得价款 5 600 元，购买方以现金支付。

(57) 4 月 16 日购买工行银行支票发生手续费 26 元，银行直接从存款账户上扣款，通知单号是 56 号。

(58) 4 月 16 日因销售的甲产品存在质量问题，向客户支付赔偿费 25 000 元，以工行转账支票支付，支票号码是 27 号。

(59) 4 月 16 日采购部采购了一批办公用品，总金额是 25 120 元，财务部以工行现金支票付款，支票号码是 28 号，其中车间办公室承担 5 120 元，销售部承担 3 000 元，人力资源部承担 17 000 元，取得了增值税普通发票。

(60) 4 月 16 日计提本月应承担的短期借款利息 36 250. 12 元。

(61) 4 月 16 日支付本月应负担的水费，以工行支票支付，支票号码是 29 号，共发生了 14 568. 9 元，其中销售部承担 568. 9 元，车间办公室承担 12 000 元，公司总经理办公室承担 2 000 元。

(62) 4 月 16 日销售部收到 B 公司支付的货款，总金额是 146 900 元，通知单号是 57 号。

(63) 4 月 16 日销售部收到 G 公司支付的货款，总金额是 22 600 元，通知单号是 58 号。

(64) 4 月 17 日采购部向 X 公司支付前欠的货款，金额是 45 200 元，以工行支票支付，支票号码是 30 号。

(65) 4 月 18 日销售部销售乙产品给 E 公司，销售数量是 2 000 个，不含税销售单价是 90 元，开具了增值税专用发票，由于买方资金紧张，收到了同日开具的一张为期 4 个月的广州工行承兑的商业汇票，票据面值为 203 400 元，业务员是吴二。

(66) 4 月 18 日以现金支付总经理办公室征订的报纸杂志费 420 元，取得了增值税普通发票。

(67) 4 月 18 日为生产甲产品从仓库领用材料 4 800 个，为生产乙产品从仓库领用材料 4 000 个、C 材料 8 000 个。

(68) 4 月 18 日购买电脑供财务部使用，以工行支票支付了 4 560 元，取得了增值税普通发票。使用年限为 5 年，残值率为 3%，支票号码是 31 号。

(69) 4 月 20 日采购部从 N 公司采购 B 材料，采购数量是 5 000 个，不含税采购单价是 20 元，取得了增值税专用发票，款项还没有支付，材料已经入库。

(70) 4 月 20 日采购部从 X 公司采购 B 材料，采购数量是 6 000 个，不含税采购单价是 19 元，取得了增值税普通发票，由于公司资金紧张，同日开具了一张工行承兑的 3 个月的商业汇票给 X 公司，材料已经入库。

(71) 4 月 20 日销售部销售 50 个甲产品给 D 公司，不含税的销售单价是 120 元，开具了增值税普通发票，业务员是吴一，D 公司以现金付款。

(72) 4 月 20 日以现金支付总经理办公室交付的工商部门罚款 260 元。

(73) 4 月 20 日采购部为了采购 D 材料向 P 公司预付采购货款 120 000 元，以工行转账支票支付，支票号码是 32 号。

(74) 4 月 20 日销售部向 C 公司销售甲产品 1 000 个，不含税销售单价为 120 元，开具了增值税专用发票，对方以银行存款支付，进账单号是 59 号，业务员是吴三。

(75) 4 月 21 日销售部收回 F 公司前欠货款 203 400 元，银行进账单号是 60 号。

(76) 4 月 21 日销售部向 F 公司销售甲产品 5 000 个，不含税销售单价是 120 元，开具了增值税普通发票，F 公司以银行支票支付，银行进账单号是 61 号，业务员是吴一。

⑦ 4 月 30 日将本月第一车间的制造费用分配给甲产品和乙产品。

⑧ 4 月 30 日本月投产的产品全部完工，计算甲产品和乙产品的成本并做完工入库处理，甲产品完工入库数量为 9 300 个，乙产品完工入库数量为 7 600 个。

⑨ 4 月 30 日计算本月应缴纳的城市维护建设税和教育费附加并做账务处理。

⑩ 4 月 30 日计算并结转本月产品的销售成本。

［实训要求］

（1）根据所给的资料，做好基础设置工作。

（2）完成应收账款系统的全部业务，并进行期末结账工作。

（3）完成应付账款系统的全部业务，并进行期末结账工作。

（4）完成固定资产管理系统的全部业务，并进行期末结账工作。

（5）完成薪资管理系统的全部业务，并进行期末结账工作。

（6）完成总账系统的全部业务和期末结账工作，并完成本月的资产负债表和利润表编制工作。

12.2　5 月份实训资料

［实训内容］

广州市××实业股份有限公司 2023 年 5 月发生的经济业务资料如下：

（1）5 月 1 日以工行支票支付上月工资 120 000 元，支票号码是 001 号。

（2）5 月 1 日以工行支票支付公司的电话费用 15 600 元，其中车间办公室承担 5 600 元，销售部承担 2 000 元，总经理办公室承担 1 000 元，采购部承担 5 000 元，人力资源部承担 2 000 元，支票号码是 002 号，取得了增值税普通发票。

（3）5 月 2 日销售部收到 C 公司预付的货款 234 000 元，进账单号是 050 号。

（4）5 月 2 日销售部销售甲产品给 D 公司，销售数量为 1 000 个，销售单价是 130 元，开具了增值税普通发票，货款还没有收到，业务员是吴一。

（5）5 月 2 日销售部收到 A 公司前期开出的应收票据款，金额总计 351 000 元，进账单号是 051 号。

（6）5 月 2 日人力资源部周二出差借款 2 000 元，财务部以现金支付。

（7）5 月 3 日采购部以工行转账支票支付前欠 O 公司货款 678 000 元，支票号码是 003 号。

（8）5 月 3 日销售部收到 A 公司前欠货款 600 000 元，银行进账单号是 052 号。

（9）5 月 3 日以现金支付财务部办公费用 530 元，取得了增值税普通发票。

（10）5 月 3 日以现金支付总经理办公室报销加油费 820 元，取得了增值税普通发票。

（11）5 月 3 日销售部销售乙产品给 E 公司，销售数量是 1 000 个，不含税销售单价是 80 元，开具了增值税专用发票，款项还没有收到，业务员是吴一。

（12）5 月 4 日销售部收到 E 公司前欠货款 293 800 元，银行进账单号是 053 号。

（13）5 月 4 日以工行现金支票支付总经理办公室酒店住宿费 3 000 元，支票号码是 004 号，取得了增值税普通发票。

（14）5 月 5 日以工行支票支付自来公司水费 13 450 元，其中生产车间办公室承担 12 000 元，总经理办公室承担 1 000 元，销售部承担 450 元，取得了增值税普通发票。

（15）5 月 5 日生产车间领用原材料，其中为生产甲产品领用 6 000 个，为生产乙产品领用 5 000 个，C 材料领用 10 000 个。

（16）5 月 5 日以工行存款上缴上月计提的相关税金，银行单号是 054 号。

（17）5 月 6 日以工行支票支付公司电费 249 120 元，其中生产车间办公室承担 220 000 元，销售部承担 19 120 元，总经理办公室承担 8 000 元，财务部承担 2 000 元，支票号码是 005 号。

（18）5 月 6 日销售部销售甲产品 50 个给 B 公司，不含税销售单价是 110 元，开具了增值税专用发票，购货方以现金支付，业务员是吴二。

（19）5 月 7 日采购部以工行支票支付前欠 P 公司应付票据款 117 000 元，支票号码是 006 号。

（20）5 月 7 日以工行支票支付应由生产车间承担的排污费 56 000 元，支票号码是 007 号。

（21）5 月 7 日销售部销售乙产品给 C 公司，销售数量为 6 000 个，不含税销售单价是 120 元，开具了增值税普通发票，买方以银行转账方式付款，银行进账单号是 054 号，业务员是吴三。

（22）5 月 7 日财务部接到工行扣款通知，从工行存款上扣划转账手续费 5 600 元，银行支付单号是 055 号。

（23）5 月 7 日人力资源部周二报销差旅费用 2 120 元，差额以现金支付。

（24）5 月 7 日采购部从 M 公司采购一台生产设备 F 供生产车间使用，买价为 150 000 元，取得了增值税专用发票，增值税税额为 19 500 元，款项还没有支付。该生产设备使用年限为 10 年，残值率为 4%。

（25）5 月 8 日将生产设备 B 出售，出售取得价款 425 000 元，银行进账单号是 056 号，同时以现金支付清理费用 3 200 元。

（26）5 月 8 日采购部从 M 公司采购 B 材料，采购数量是 8 000 个，不含税采购单价是 20 元，取得了增值税专用发票，货款还没有支付，材料已经入库。

（27）5 月 9 日销售部收回 B 公司前欠货款 120 000 元，工行进账单号是 056 号。

（28）5 月 9 日销售部销售乙产品给 A 公司，销售数量是 2 000 个，不含税销售单价是 100 元，开具了增值税专用发票，款项还没有收到，业务员是吴三。

（29）5 月 9 日销售部销售乙产品给 F 公司，销售数量是 400 个，不含税销售单价是 120 元，开具了增值税专用发票，款项还没有收到，业务员是吴二。

（30）5 月 9 日销售部销售甲产品给 B 公司，销售数量是 800 个，不含税销售单价是 120 元，开具了增值税专用发票，款项还没有收到，业务员是吴一。

（31）5 月 9 日销售部销售乙产品给 A 公司，销售数量是 600 个，不含税销售单价是 100 元，开具了增值税专用发票，款项还没有收到，业务员是吴二。

（32）5 月 9 日计提长期借款利息 36 500 元（计入当期损益）。

（33）5 月 9 日以工行支票支付公司电话费用 13 450 元，其中总经理办公室承担 2 450 元，财务部承担 500 元，人力资源部承担 500 元，生产车间办公室承担 3 000 元，销售部承担 7 000 元，支票号码是 008 号，取得了增值税普通发票。

（34）5 月 10 日以现金支付财务部餐费 415 元，取得了增值税普通发票。

（35）5 月 10 日客户 A 公司退货，退回乙产品 10 个，购买时不含税销售单价为 100 元，开具了增值税专用发票，货款还没有支付。业务员是吴二。

（36）5 月 10 采购部向 M 公司退货，退回 B 材料 30 个，不含税采购单价为 20 元，取得了增值税专用发票，货款尚未支付。

（37）5 月 10 日以工行支票支付电费 35 468 元，其中销售部承担 468 元，总经理办公室承担 5 000 元，生产车间办公室承担 30 000 元，取得了增值税普通发票。

（38）5 月 10 日以工行支票支付材料装卸费和运费（没有取得专用发票）12 400 元，支票号码是 009 号。

（39）5 月 11 日以现金支付销售部运费（没有取得专用发票）680 元。

（40）5 月 11 日销售部销售甲产品给 D 公司，销售数量是 1 000 个，不含税的销售单价是 120 元，开具了增值税专用发票，款项入账，银行进账单号是 57 号，业务员是吴三。

（41）5 月 11 日采购部以工行支票支付前欠 M 公司货款 180 800 元，银行单号是 58 号。

（42）5 月 12 日财务部以现金支付地税局罚款 610 元。

（43）5 月 12 日以现金支付人力资源部新员工培训费用 850 元，取得了增值税普通发票。

（44）5 月 12 日生产车间为生产甲产品领用 A 材料 12 000 个，为生产乙产品领用 B 材 4 000 个，C 材料 8 000 个。

（45）5 月 13 日以工行支票支付生产车间生产设备修理费 3 620 元，支票号码是 010 号。

（46）5 月 13 日销售部销售乙产品给 C 公司，销售数量是 1 000 个，销售单价是 85 元（含税），开具了增值税普通发票；C 公司通过银行转账已付账，银行进账单号是 59 号；业务员是吴二。

（47）5 月 14 日以工行支票支付公司办用品费用 11 680 元，其中财务部承担 680 元，总经理办公室承担 1 000 元，人力资源部承担 2 000 元，销售部承担 3 000 元，生产车间办公室承担 5 000 元，支票号码是 011 号，取得了增值税普通发票。

（48）5 月 20 日以工行支票方式收到 D 公司到期的应收票据款 117 000 元，支票号码是 012 号。

（49）5 月 28 日员工工资部分数据如表 12-31 所示。

表 12-31　员工工资（部分）　　单位：元

部门编码	部门名称	编号	姓名	基本工资	岗位工资	奖金	津贴	交通补贴	浮动工资
1	总经理办公室	101	陈一	2 500	600	600	400	500	800
		102	陈二	1 800	400	500	350	500	650
		103	陈三	2 200	400	500	350	500	550
2	财务部	201	张一	3 600	900	1 000	400	500	800
		202	张二	2 600	700	800	400	500	700
		203	张三	2 500	600	700	350	500	700
		204	张四	1 800	400	500	200	500	300
3	审计部	301	王一	4 000	600	600	500	500	700
		302	王二	2 100	350	500	400	500	400
		303	王三	1 800	200	300	300	500	200
4	采购部	401	邓一	3 200	500	450	400	500	550
		402	邓二	2 000	400	300	200	500	400
		403	邓三	2 500	400	300	200	500	250
5	销售部	501	吴一					200	
		502	吴二					200	
		503	吴三					200	
6	车间办公室	601	万一	5 000	500	450	500	500	800
		602	万二	4 200	450	400	300	500	750
		603	万三	3 000	400	300	300	500	500
7	车间生产线	701	叶一					200	
		702	叶二					200	
		703	叶三					200	
		704	叶四					200	
		705	叶五					200	

表12-31(续)

部门编码	部门名称	编号	姓名	基本工资	岗位工资	奖金	津贴	交通补贴	浮动工资
8	人力资源部	801	周一	3 500	500	400	500	500	500
		802	周二	2 000	320	300	450	500	400
		803	周三	2 500	350	350	400	500	500

（50）5 月员工考勤表如表 12-32 所示。

表 12-32　员工考勤表

部门名称	编号	姓名	迟到次数/次	事假天数/天	病假天数/天
总经理办公室	101	陈一	2		
	102	陈二		1	
	103	陈三		2	
财务部	201	张一	1		
	202	张二		2	
	203	张三		2	
	204	张四			1
审计部	301	王一	2		
	302	王二			1
	303	王三		1	
采购部	401	邓一		2	1
	402	邓二			1
	403	邓三			1
销售部	501	吴一	1		
	502	吴二		1	
	503	吴三			2
车间办公室	601	万一	1		
	602	万二			
	603	万三			
车间生产线	701	叶一	1		
	702	叶二			2
	703	叶三			
	704	叶四		1	
人力资源部	801	周一		1	
	802	周二	1		
	803	周三			

（51）5 月计件工资统计表如表 12-33 所示。

表 12-33　计件工资统计表

单位：件

部门编码	部门名称	编号	姓名	完工产品数量	甲产品销售数量	乙产品销售数量
5	销售部	501	吴一		15 000	1 000
		502	吴二		50	15 990
		503	吴三		7 000	12 000
7	车间生产线	701	叶一	35 000		
		702	叶二	40 000		
		703	叶三	41 000		
		704	叶四	32 000		
		705	叶五	36 000		

（52）将本月第一车间的制造费用分配给甲产品和乙产品。

（53）计提 5 月应缴纳的消费税、城市维护建设税和教育费附加。

（54）计算并结转 5 月销售成本。

（55）5 月投产的产品全部完工，结转 5 月完工入库的产品成本，甲产品完工入库数量为 18 000 个，乙产品完工入库数量为 9 000 个。

[实训要求]

（1）完成应收账款系统的全部业务，并进行期末结账处理。

（2）完成应付账款系统的全部业务，并进行期末结账处理。

（3）完成固定资产管理系统的全部业务，并进行期末结账处理。

（4）完成薪资管理系统的全部业务，并进行期末结账处理。

（5）完成总账系统的全部业务和期末结账工作，并完成本月的资产负债表和利润表的编制工作。